JAN VAN DER MEULEN · ANDREAS SPEER

DIE FRÄNKISCHE KÖNIGSABTEI SAINT-DENIS

JAN VAN DER MEULEN · ANDREAS SPEER

DIE FRÄNKISCHE KÖNIGSABTEI SAINT-DENIS

OSTANLAGE UND KULTGESCHICHTE

Mit Beiträgen von

ANDREA FIRMENICH UND RÜDIGER HOYER

WISSENSCHAFTLICHE BUCHGESELLSCHAFT
DARMSTADT

CIP-Titelaufnahme der Deutschen Bibliothek

Meulen, Jan van der:
Die fränkische Königsabtei Saint-Denis: Ostanlage und Kultgeschichte / Jan van der Meulen; Andreas Speer. Mit Beitr. von Andrea Firmenich u. Rüdiger Hoyer. – Darmstadt: Wiss. Buchges., 1988
ISBN 3-534-03029-X
NE: Speer, Andreas:

Bestellnummer 03029-X

Satz: Maschinensetzerei Janß, Pfungstadt
Druck und Einband: Wissenschaftliche Buchgesellschaft, Darmstadt
Printed in Germany
Schrift: Linotype Times, 9.5/10.5

ISBN 3-534-03029-X

INHALT

VORWORT

Dieses Buch geht aus einer Arbeitsgemeinschaft an der Universität Bonn hervor, ermöglicht durch eine Gastprofessur am Kunsthistorischen Institut 1982–1983 auf Einladung von Herrn Professor Horst Hallensleben. Die neutrale Befragung des Baubefundes verband Teilnehmer verschiedener Fachrichtungen zu einer gemeinsamen Erarbeitung der alten Traditionen, aus denen das Bauwerk hervorgegangen ist. Diese methodologischen Grundsätze wurden mit Unterstützung der Alexander-von-Humboldt-Stiftung schon 1964–1966 an der Kathedrale von Chartres entwickelt und sind 1979 aus Anlaß des von ihr veranstalteten Berliner Symposiums an einer weiteren romanischen Kultstätte, Mozat, zur Geltung gekommen, während die Arbeit an Saint-Denis selbst durch die bahnbrechende Arbeit von Thomas Polk angeregt wurde. Reisen nach Saint-Denis sind vom Deutschen Akademischen Austauschdienst und dem National Endowment for the Humanities unterstützt worden. Die Publikation konnte schließlich nicht zuletzt durch das Entgegenkommen der Herren Ferger und Hootz von der Wissenschaftlichen Buchgesellschaft und mittels einer großzügigen Zuwendung der Cleveland State University im vollen Umfang gesichert werden. Lediglich ein ursprünglich geplanter Kataloganhang der Spolienkapitelle der inneren Krypta, der von Andrea Firmenich bereits vorbereitet war, mußte bis auf weiteres zurückgestellt werden. Im übrigen sei dem Verlag seitens der Autoren auch für die sorgfältige Drucklegung gedankt. Die Erstellung der Unterlagen für die Veröffentlichung wurde durch die freundliche Autorisation von M. B. Brankovic, Architecte des Bâtiments de France, ermöglicht.

Schließlich gilt der Dank der Autoren in besonderer Weise Frau Gesine van der Meulen für die stetige und vielfältige Mitarbeit.

VERZEICHNIS DER HÄUFIG ZITIERTEN LITERATUR

Oft zitierte Werke werden in den Anmerkungen nur mit Autorennamen und Erscheinungsdatum zitiert. Ausführliche bibliographische Angaben folgen unter diesem Kürzel im Literaturverzeichnis

Bandmann (1951):	Günter Bandmann, Mittelalterliche Architektur als Bedeutungsträger, Berlin 1951 (inzw. [8]1985).
Buchner (1927):	Max Buchner, Zur Entstehung und zur Tendenz der ›Gesta Dagoberti‹. Zugleich ein Beitrag zum Eigenkirchenwesen im Frankenreiche. In: Historisches Jahrbuch 47 (1927), S. 252–274.
Buchner (1936–1938):	Max Buchner, Die Areopagitika des Abtes Hilduin von St. Denis und ihr kirchenpolitischer Hintergrund. Studien zur Gleichsetzung Dionysius' des Areopagiten mit dem hl. Dionysius von Paris sowie zur Fälschungstechnik am Vorabend der Entstehung der Pseudiosidorischen Dekretalen. I. Teil und Exkurs I, in: Historisches Jahrbuch 56 (1936), S. 441–480; II. Teil (1. Hälfte), in: Historisches Jahrbuch 57 (1937), S. 31–60; II. Teil (2. Hälfte) und Exkurs II; sowie III. und IV. Teil und Exkurs III, in: Historisches Jahrbuch 58 (1938), S. 55–96 und S. 361–403.
Crosby (1942):	Sumner Crosby, The Abbey of St.-Denis 475–1122, Vol. I, New Haven, 1942 (Yale Historical Publications, History of Art, III).
Crosby (1953):	Sumner Crosby, L'abbaye royale de Saint-Denis, Paris 1953.
Crosby (1963):	Sumner Crosby, Abbot Suger's St.-Denis. The New Gothic, in: Romanesque and Gothic Art. Studies in Western Art, Vol. I, Princeton 1963 (Acts of the Twentieth International Congress of the History of Art), S. 85–91, Tafel 25.
Crosby (1966):	Sumner Crosby, Crypt and Choir Plans at Saint-Denis, in: Gesta, 5 (1966), S. 4–8.
Crosby (1981):	Sumner Crosby; Jane Hayward; Charles Little and William Wixom, The Royal Abbey of Saint-Denis in the time of Abbot Suger (1122–1151), New York 1981. Katalog der Ausstellung im Metropolitan Museum of Art, New York, 31. März–31. Mai 1981. [Aufsätze zur Architektur, Skulptur der Westfassade und Kreuzgang,

Glasmalerei und zu liturgischen Gegenständen mit Bibliographie und Inhaltsverzeichnis.]

Doublet (1625): Jacques Doublet, Histoire de l'abbaye de Saint-Denis en France, Paris 1625.

Félibien (1706): Michael Félibien, Histoire de l'Abbaye Royale de Saint-Denis en France, Paris 1706 (Nachdruck Paris 1973).

Fleury/France-Lanord (1962): Michel Fleury/Albert France-Lanord, Das Grab der Arnegundis in Saint-Denis, in: Germania 40 (1962), S. 341–359.

Fleury/France-Lanord (1984): Michel Fleury/Albert France-Lanord, Les sépultures mérovingiennes de la basilique de Saint-Denis, in: Cahier de la Rotonde 7 (1984), S. 37–69.

Formigé (1960): Jules Formigé, L'abbaye royale de Saint-Denis. Recherches nouvelles, Paris 1960.

Heinzelmann (1979): Martin Heinzelmann, Translationsberichte und andere Quellen des Reliquienkultes (Typologie des sources du moye âge occiental, Fasc. 33), Turnhout 1979.

Heinzelmann/Poulin (1986): M. Heinzelmann/J.-C. Poulin, Les Vies anciennes de sainte Geneviève de Paris, Etudes critiques, Paris 1986.

Krüger (1971): Karl Krüger, Königsgrabkirchen der Franken, Angelsachsen und Langobarden bis zur Mitte des 8. Jahrhunderts. Ein historischer Katalog (Münstersche Mittelalter Schriften, Bd. 4), München 1971. [Für Saint-Denis, siehe S. 171–189. Vgl. unsere Anm. 20. Errata: S. 183, Patrozinium/Entwicklung, Z. 4: Die Immunitätsurkunde wurde von Chlodwig II., nicht von Chlothar II. ausgestellt; S. 187, Die Umbauten des 13. Jahrhunderts erfolgten unter Abt Odo (Eudes); Pierre de Montreuil war der Baumeister.]

Levillain (1907): Léon Levillain, L'église carolingienne de Saint-Denis, in: Bulletin Monumental 71 (1907), S. 211–262.

Levillain (1909): Léon Levillain, Les plus anciennes églises abbatiales de Saint-Denis, in: Mémoires de la Société de l'histoire de Paris et de l'Isle de France, 36 (1909), S. 143–222.

Levillain (1921–1930): Léon Levillain, Etudes sur l'abbaye de Saint-Denis à l'époque mérovingienne, in: Bibliothèque de l'École de Chartres, 82 (1921), S. 5–116; 86 (1925) S. 5–99; 87 (1926), S. 20–97, 245–346; 91 (1930) S. 5–65 und 264–300. [Vgl. die Zusammenfassung von Georges Tessier, Les derniers travaux de M. Levillain sur l'abbaye de Saint-Denis à l'époque mérovinginenne, in: Le Moyen Age, 39 (1929), S. 36–77, bes. 40–47.

Liebman (1935): Charles J. Liebman Jr., La consécration légendaire de la basilique de Saint-Denis, in: Le Moyen Age 45 (1935), S. 252–264.

Lombard-Jourdan (1985): Anne Lombard-Jourdan, La légende de la consécration par le Christ de la basilique mérovingienne de Saint-Denis et de la guérison du lépreux, in: Bulletin Monumental 143 (1985), S. 237–269.

vdM (1975): Jan van der Meulen, Notre-Dame de Chartres. Die vorromanische Ostanlage, Berlin 1975.

vdM (1977): Jan van der Meulen, Die Abteikirche von Saint-Denis und die Entwicklung der Frühgotik, in: Kunstchronik 30 (1977), S. 60–61.

vdM (1982): Jan van der Meulen, Romanische Kultstätten, in: Palast und Hütte. Beiträge zum Bauen und Wohnen im Altertum. Hrsg. D. Papenfuß und V. M. Strocka, Mainz 1982, S. 593–629.

vdM (1985): Jan van der Meulen, Gothic Architecture, in: Dictionary of the Middle Ages, 5 (1985). S. 580–602.

vdM/Hohmeyer (1984): Jan van der Meulen und Jürgen Hohmeyer, Chartres. Biographie der Kathedrale, Köln 1984.

Panofsky (1979): Erwin Panofsky, Abbot Suger on the Abbey Church of Saint-Denis and its Art Treasures (Edited, translated, and annotated), second edition by Gerda Panofsky-Soergel, Princeton, New Jersey 1979. [Ergänzte Ausgabe des ursprünglich 1946 erschienenen, grundlegenden, aber sehr voreingenommenen Werkes. Wir zitieren ausschließlich aus der Ausgabe von 1979.]

Polk (1982): Thomas Polk III, Saint-Denis, Noyon and the Early Gothic Choir. Methodological considerations for the history of early Gothic architecture, Frankfurt am Main/Bern 1982 (Kultstätten der gallisch-fränkischen Kirche, 4).

Sedlmayr (1950, ²1976): Hans Sedlmayr, Die Entstehung der Kathedrale, Zürich 1950, zweite ergänzte Auflage, Graz 1976.

Tessier (1929): siehe Levillain (1921–1930).

Vieillard-Troiekouroff (1965): May Vieillard-Troiekouroff, L'architecture en France du temps de Charlemagne. Fouilles récentes, in: Karolingische Kunst (Hrsg. von Wolfgang Braunfels und Hermann Schnitzler), Düsseldorf 1965, S. 336–335. [Trotz des Titels betrifft diese Untersuchung eher die Forschungslage der der vermuteten karolingischen Basilika vorausgehenden Baugeschichte, vgl. unsere Anm. 16.]

Viollet-le-Duc (1861): Eugéne Viollet-le-Duc, L'église impériale de Saint-Denis, in: Révue archéologique, 2ᵉ série, 3 (1861), S. 301–310 und 345–353.

Nachbemerkung

Erst nach Abschluß unseres Manuskripts wurde die letzte Arbeit Crosbys zu Saint-Denis publiziert, die posthum bereits 1983 in: Gesta XXII/1 auf S. 94 im Nachruf auf Crosby ›The Abbey of Saint-Denis, 475–1219‹ angekündigt worden war und schließlich durch die Crosby-Schülerin Pamela Z. Blum herausgegeben und vervollständigt erst 1987 (Yale University Press, New Haven) unter dem Titel ›The Royal Abbey of Saint-Denis from its Beginnings to the Death of Suger, 475–1151‹ (sic!) als aufwendig gestalteter Folgeband zu Crosbys erster Untersuchung von 1942 im Druck erschienen ist.

Anders aber als Ankündigung und Präsentation suggerieren, legt Crosby keine substantiell neuen Ergebnisse vor. Schon ein erster Überblick zeigt den alten, unzureichenden methodischen Ansatz mit seiner unkritischen Vermischung von Quellen und Bauarchäologie. An keiner Stelle wird deutlich, wie sich bauarchäologische und quellenkritische Fakten kriterienmäßig begründet miteinander verzahnen. Vielmehr wird bereits in den Kapitelüberschriften ein solcher Bezug gleichsam a priori wie ein erwiesenes Faktum postuliert.

Der rund 100 Seiten umfassende erste Teil stellt im wesentlichen eine Wiederholung von Crosbys Erstlingswerk dar, allerdings unter Verzicht auf die eigentliche Stärke der Untersuchung von 1942, der detaillierten Erschließung von Quellenmaterial. So findet etwa die später edierte Quelle von 799 keine Berücksichtigung in Crosbys neuer Arbeit.

Der zweite, umfangreichere, Suger gewidmete Teil liefert gleich zu Beginn die interesseleitenden Stichworte in der Vorabcharakteristik der Sugerschen Tätigkeit als "creativ environment" mit der Absicht "to introduce the Gothic style to the Christian world" (S. 105). Zum unkritischen, mithin immunisierenden Topos gewordene diffuse ideengeschichtliche Zusammenhänge finden sich anstelle einer notwendigen Quellenkritik. Crosby wählt wie die bisherige Saint-Denis-Forschung als Ausgangspunkt nicht eine unvoreingenommene bauarchäologische Analyse, sondern die Schriften Sugers selbst und die darin enthaltenen Aussagen über den vorgefundenen Kirchenbau und die Neubauvorhaben, ohne sich jedoch ihrer vorab quellenkritisch zu versichern. Daran ändern auch die reichhaltigen Abbildungen und die photogrammetrischen Aufnahmen nichts, zumal diese in ihrem bauarchäologischen Befund substantiell uninterpretiert bleiben. Statt dessen verwendet Crosby seine ganze Mühe darauf, auftretende Asymmetrien und Dissonanzen mit den vermeintlich exakten Beschreibungen Sugers ganz im Sinne bewußter planerischer Entwurfsziele zu harmonisieren und gemäß musikalischer Harmonien und mathematischer Intervalle zu interpretieren (S. 240 f.). Erstaunlich breiten Raum nimmt dabei das Westwerk ein, ohne allerdings die schon 1984 erschienenen Ergebnisse Stephen Gardners (siehe unsere Anm. 532), die wichtige Behauptungen Crosbys negieren, zu berücksichtigen, während die Ostanlage trotz ihrer hohen Komplexität und Bedeutung kaum die Hälfte an Raum und Aufmerksamkeit beanspruchen kann. Dabei fällt die große Anzahl an Sugerzitaten auf, so als ob Suger in seinen Schriften eine Baubeschreibung geben wollte.

Auffällig ist Crosbys unverhohlene Frontstellung gegen Formigé sowohl hinsichtlich seiner restauratorischen Arbeiten in Saint-Denis wie seiner kunsthistorischen Interpretationen, von Pamela Z. Blum in ihrem Vorwort beschönigend als „Dialog" bezeichnet, die in Wahrheit aber zu einer Mißachtung der archäologischen Vorarbei-

ten Formigés führt (etwa hinsichtlich der Achsverschiebung der Außenmauerflächen der Hilduinskapelle). Gerade in Hinblick auf die Beurteilung der reich dokumentierten Grabungskampagnen Formigés und Crosbys selbst, die einander wechselweise ablösten, dürfte aber der eigentliche Wert dieser posthum veröffentlichten Crosby-Materialien bestehen. (Verwiesen sei auch auf die ausführlichen Appendices mit ihrem reichen, jedoch weithin uninterpretierten Abbildungsmaterial.)

Soweit sich aber übersehen läßt, bleiben sowohl der methodische Ansatz wie die entscheidenden Argumentationslinien unserer Untersuchung hiervon unberührt. Die entscheidenden Positionen Crosbys sind auf der Grundlage seiner früheren Veröffentlichungen darin ausführlich diskutiert.

I. STAND UND METHODEN DER FORSCHUNG

„Prototypus der Kathedrale“, „Schöpfungsbau der ars nova“, „Geburt des Neuen“ [1] – dieser bedeutungsschweren Begrifflichkeit bedient sich gemeinhin die kunsthistorische Forschung in dem Bestreben, die Ursprünge der gotischen Kathedrale in der scheinbar prototypischen Ideallösung des sogenannten „Sugerchors“ der Königsabtei von Saint-Denis auszumachen und festzuschreiben. Entstanden nicht als konsequente Weiterentwicklung, sondern vielmehr in deutlicher Absetzbewegung von der bestehenden Bautradition werden wir in Saint-Denis gleichsam zu Zeugen einer „Stilgeburt“ [2]. Dieser Eindruck wird noch verstärkt durch den Umstand, daß wir in den Schriften des Abtes Suger nicht nur eine quellenmäßig ungewöhnlich ergiebige Schilderung der Weihen bedeutender Umbauten des 12. Jahrhunderts besitzen, sondern in Suger, im gängigen Verständnis seiner Selbstzeugnisse, sogar den genialischen Schöpfer der epochemachenden „gotischen Stilprinzipien“, wie sie in dem in seiner Amtszeit als Abt von Saint-Denis geweihten Chorhaupt der Abteikirche anscheinend erstmalig Anwendung fanden [3]. Dergleichen Interpretationen aber können die Perspektive nicht leugnen, unter deren Maßgabe sie stehen. Daher gilt es die Frage zu stellen, inwieweit ein solches genie-ästhetisch geprägtes Künstlerbild und ferner auf neuzeitlichem Empfinden beruhende ästhetische Beurteilungen von Bauwerken als Kunstwerken den Versuch, unseren Gegenstand zu beschreiben und zu verstehen, fördern oder eher verdunkeln. Dahinter verbirgt sich letztlich die umfassende Frage nach der jeweiligen „anthropologischen Situation“, in der das entsteht, was wir heute Kunst nennen, und zu dem wir uns zumeist historisch-abstandnehmend verhalten [4]. Exemplarisch für solcherart konservierende Distanznahme ist die generelle Beziehung zur

Werke, die für unsere Fragestellung von größerer Bedeutung sind, werden in dem Verzeichnis der häufig zitierten Literatur vollständig, dafür in den Anmerkungen nur mit Autorennamen, ggf. mit Erscheinungsjahr angeführt.

[1] Sedlmayr (1976), S. 235; s. auch S. 585. Sedlmayr steht hier nur stellvertretend für die fast durchgängig vertretene Forschungsposition: s. auch v. Simson, Gall, Panofsky, Frankl u. a. – Übersicht bei Polk (1982), Kap. 1; dort auch eine Analyse der herkömmlich postulierten Chronologien.

[2] Otto von Simson, Die gotische Kathedrale, Darmstadt ^{2}1972, S. 93.

[3] Maßgeblich für diese Sicht Sugers wurde Panofskys 1946 kommentierte Ausgabe und Übersetzung der vermeintlich die Baugeschichte von Saint-Denis betreffenden Werke: ›De Administratione‹, ›De Consecratione‹, ›Ordinatio‹, vor allem aber seine in vielen Sprachen übersetzte Einleitung.

[4] Vgl. Günter Bandmann (1951), S. 11 f. und 53 f.

sogenannten mittelalterlichen Kunst. Begriffe wie „Mittelalter" und „Gotik" erweisen sich dabei in ihrem entstehungsgeschichtlich pejorativen Bedeutungsnebensinn als verräterisch [5].

Wir haben diese umfassende Fragestellung gleich zu Beginn angeschnitten, weil sie Horizont und Impuls zugleich darstellt für unseren Versuch einer neuen methodischen Annäherung an die Ostanlage von Saint-Denis und dem damit verknüpften Fragenkomplex.

Der Ausgangspunkt unserer Untersuchung muß zunächst in einer objektiven, möglichst maßgerechten Beschreibung unseres Gegenstandes bestehen. Angesichts dieser so selbstverständlich anmutenden methodischen Vorgehensweise erstaunt die Tatsache, daß in der Kathedralforschung dieses Jahrhunderts keiner der Hauptbauten bauarchäologisch durchgreifend erfaßt worden ist. Vielmehr beruhen die beiden vorherrschenden kunsthistorischen Interpretationsschulen, die stilgeschichtliche Bestimmung der mittelalterlichen Kunst einerseits, wie auch die vermeintliche „histoire exacte" der Quellenauslegung andererseits, auf einer übertriebenen Gutgläubigkeit gegenüber den sichtbar erhaltenen Kathedralen als einheitlichen Gesamtkunstwerken [6]. Hinzu treten noch entschiedene immanente Mängel der stilgeschichtlichen wie der auf Quellenauslegung basierenden Methoden, so wie sie von der Forschung bisher betrieben worden sind.

Als casus stantis et cadentis der Stilgeschichte zeigte sich der versuchte Aufweis einer Stilentwicklung mit relativer oder gar absoluter Chronologie. Dabei konnte oftmals beobachtet werden, daß die vermeintlichen chronologischen Fixpunkte, welche die Ausgangsposition markieren sollten, dieselben waren, deren Stichhaltigkeit im Laufe der Analyse zu erhärten waren [7]. Die erstrebte relative Chronologie ist in einem solchen Fall aber nicht mittels eigener Kriterien gewonnen, sondern mit Hilfe vermeintlicher absoluter Anhaltspunkte aufgestellt. Es ist bezeichnend, daß es mit Ausnahme nicht genau bestimmbarer Bauteile von Saint-Denis bis 1194 an sich kein einziges sogenanntes frühgotisches fränkisches Bauwerk gibt, das überhaupt quellenkundig datiert ist – geschweige denn in seinen Detailformen [8]. Nahezu sämtliche Aussagen in diesem Bereich, in dem Saint-Denis aus den genannten Gründen fast zwangsläufig in eine Schlüsselstellung gerät, gründen sich auf nichts als das Stilempfinden des 19. und 20. Jahrhunderts,

[5] vdM (1985), S. 580–582.

[6] vdM (1975), S. 14 und 16. Diese Auffassung wird noch von den jüngsten Publikationen zu Saint-Denis besonders gravierend vertreten.

[7] Diese von der wissenschaftlichen Logik verpönte „petitio principii" ist in einer Argumentation ein gravierender logischer und methodischer Fehler.

[8] Selbstverständlich bildet Canterbury eine außergewöhnliche Ausnahme. Da das Verhältnis der insularen Kirchenbauten zur kontinentalen Entwicklung noch lange nicht aufgeklärt ist, wollen wir dieses Beispiel zunächst beiseite lassen – vgl. vdM (1985), S. 582–584.

obwohl jedes dieser Gebäude Beispiele dafür liefert, daß Stile kraß verschiedener Art zusammengefügt werden, und somit offensichtlich ist, daß das „Stilempfinden“ die Erbauer nicht störte. Faktisch alle Annäherungen an eine absolute Chronologie - mit „um“, „gegen“ und „zwischen“ ausgedrückt – basieren demnach ausschließlich auf einem kaum mit nachprüfbaren Kriterien zu belegenden Geflecht von Vermutungen zu einer „Entwicklung der Gotik“ [9].

Wollen wir uns gegen solche Zirkelschlüsse des Methodischen feien, die die Kunstwissenschaft als ganze desavouieren, so müssen wir von einem im erhaltenen Baukörper nachvollziehbaren archäologischen Sachverhalt und von stichhaltigen und allgemein nachprüfbaren Kriterien ausgehen. Wir wollen daher aus dem Bauwerk selber neue Ansätze für die Forschung freilegen. Unter Verzicht auf manche liebgewordenen Kriterien sollen strengstmöglich die Grenzen der unmittelbar zugänglichen Bauarchäologie respektiert werden. Wenn dabei die einzelnen Grabungsbefunde nicht eingehend besprochen werden, liegt dies an einer weiteren methodologischen Schwäche der Disziplin als solcher: „Mittelalterliche Bauarchäologie“ verläßt sich bis heute noch weitgehend auf die seit Arcisse de Caumont entfaltete Evokationsfähigkeit von anerkannten Autoritäten: gewisses Mauerwerk sei „karolingisch“, weil beispielsweise der Mörtel rötlich sei, anderes gehöre dem „11. Jahrhundert“ an, da etwa das Quaderwerk viel präziser bearbeitet sei [10]. Jedoch wurde diese Verordnung der absoluten Chronologie niemals an die internen Kriterien der archäologischen Disziplinen gekoppelt. Sogar dort, wo Münz- oder Grabfunde zufällig zutage treten, werden diese oft ignoriert [11] oder abstrus zerredet [12]. Als Ausgangspunkt müssen

[9] Vgl. zu dieser Forschungslage die als grundlegend angesehenen Arbeiten von Willibald Sauerländer, Von Sens bis Straßburg, Berlin 1960, und Ernst Gall, Die gotische Baukunst in Deutschland und Frankreich, Leipzig 1925, Braunschweig 1955. Ein solcher Blick in den Stand der Forschung fördert nicht nur zutage, wie sehr die vorgebrachten Beweise, seien es Quellen, archäologische oder stilistische Zeugnisse, der subjektiven Interpretation des einzelnen Kunsthistorikers unterworfen sind, sondern daß selbst sicher dokumentiertes Zeugnis dem Urteil einer solch subjektiv-verworrenen Stilgeschichte unterworfen wird (s. Galls Aussagen zu Lisieux, S. 296). So bleibt Gall bei seinem Versuch einer ebenfalls kritischen Auseinandersetzung mit der Forschungslage (S. 1–8) in seinem eigenen Methodengeflecht gefangen.

[10] Diese Auffassung wurde von Gabriel Plat, L'Art de bâtir en France, des Romains à l'an 1100, d'après les monuments anciens de la Touraine, de l'Anjou et du Vendêmois, Paris 1939, zum bis heute gültigen System erhoben. Kein einziges der von ihm benutzten Denkmäler ist als annähernd datiert zu betrachten. Schon das offen zutageliegende Mauerwerk der Kathedrale von Chartres beweist das Gegenteil: Das frühere, ummantelnde Mauerwerk der Ostanlage ist bedeutend feinfugiger als die spätere äußere Ummantelung des Untergeschosses, dieses wiederum „besser“ als das getragene „gotische“ Mauerwerk.

[11] Typisch ist nicht nur das gravierende Chartreser Beispiel aus dem 13. Jh., siehe

daher zuvörderst die Bauverhältnisse im allgemeinen dienen, wohingegen alle vorgefaßten Meinungen zur Chronologie des gallisch-fränkischen Mauerwerks zu vermeiden sind. Der Befund kann zunächst vom Einzelforscher ohne größeren technischen Aufwand weitestmöglich ermittelt und vor Ort nachgeprüft werden. Darüber hinaus dienen als Forschungsgrundlage die von Crosby, insbesondere aber von Formigé veröffentlichten Grabungsbefunde und aufgenommenen Grundrisse, so unvollkommen diese auch sind [13]; eine eingehende Bearbeitung des Erhaltungszustandes wird dafür nicht gefordert [14]. Auf diese Weise können Kriterien hinreichend beigebracht werden, um eine Rekonstruktion der Vorgänge an dem Ort Saint-Denis zu ermöglichen, die unseren methodischen Prinzipien Genüge leistet. Dementsprechend sind die meisten unserer Zeichnungen und Skizzen auch eher Lehrgerüste; eine genaue Aufnahme mit präzisen Maßangaben wäre dann das Ziel eines umfassenden künftigen Forschungsprojektes, welches unser methodischer Zugang womöglich zu befördern imstande ist.

Erst auf dem Hintergrund einer gesicherten relativen Chronologie, die aus dem bauarchäologischen Befund erhoben werden muß, kann eine absolute Datierung aus den Quellen versucht werden. Eine solche absolute Datierung hängt aber zumeist von einer Zufallsdokumentation der bruchstückhaften Überlieferung ab, deren unmittelbarer Bezug auf das Einzelbauwerk angesichts seiner differenzierten Entstehungsgeschichte und der nicht immer eindeutigen Quellenlage ohne ein gesichertes Bild der relativen Chronologie nicht möglich und noch weniger sinnvoll ist [15]. Dieser methodische Grundsatz ist bisher von der Forschung kaum beachtet worden, vielmehr werden die Quellenaussagen oftmals als ein Hauptkriterium schon bei der Aufstellung der relativen Chronologie herangezogen und mit stilistischen Beobachtungen zu einer verfrühten absoluten Chronologie verquickt. Wie sehr dies gerade für die Abteikirche von Saint-Denis zutrifft, zeigen die bisherigen Standardwerke von Crosby, Formigé und Vieillard-

vdM (1975), S. 96, Anm. 117, sondern auch die Münz- und Marmorfunde, die ebenda auf dem Grabungsschemata, S. 129 ff., angeführt werden.

[12] Wie dies in bezug auf die gallo-römischen Bestattungen in Saint-Denis vorgekommen ist, siehe unten, Kapitel II, 4.

[13] Crosby (1942), Formigé (1960); vgl. unten, Anm. 16.

[14] Eine detaillierte Bearbeitung der zugänglichen Unterlagen zum Erhaltungszustand, sowie auch zu früheren Zeichnungen und Stichen der Abteikirche, sollten dem vorliegenden Werk beigefügt werden. Des Umfangs wegen mußte dies unterbleiben, jedoch steht das Material Interessenten gerne zur Verfügung. Einen Überblick über die Umbauten, Zerstörungen und Restaurierungen vom 13. durchgehend bis in dieses Jahrhundert ergibt sich aus Louis Grodeckis Einführung in die Problematik der Verglasung, S. 29–61, nebst einem Verzeichnis der Archivalien und gedruckten Quellen, S. 138–142 – Les vitraux de Saint-Denis, I (Corpus vitrearum Medii Aevi, France, Série «Ètudes», I), Paris 1976.

[15] Vgl. vdM (1975), S. 17 f.

Troiekouroff, die ihre Baugeschichte von Saint-Denis in einer beständigen Vermischung archäologischer und quellenmäßiger Kriterien gewinnen, ohne beide für sich vorher entsprechend gesichert und kritisch geprüft zu haben[16]. Dies gilt erst recht für den Text der so gut überlieferten Sugerquelle und die darin erwähnten Baumaßnahmen[17]: In drei Schriften werden die neuen An- und Umbauten auf ihr Verhältnis zu bestehenden und weitgehend beizubehaltenden Bauteilen bezogen. Ohne diese noch erhaltenen bzw. archäologisch rekonstruierbaren Teile zu erforschen und festzulegen, können Sugers Absichten und Tätigkeit nicht sinnvoll ausgelegt werden. Dieser methodische Grundsatz wurde jedoch bisher stets umgekehrt: anhand einer durch neuzeitliche Baupraxis voreingenommenen Auslegung der Schriften Sugers wurde zunächst der Umfang seiner Bautätigkeit vor-

[16] Vieillard-Troiekouroff (1965), auf dem Gebiet der Quellenforschung hoch anerkannt, bezichtigt mit Recht die vorausgehenden Publikationen, vor allem die von Crosby und Formigé (vgl. hierzu unsere Anm. 35, 41–43, und 64), «d'une façon fragmentaire et parfois contradictoire . . . malheureusement décevant et irritant . . . incomplète et peu cohérente et interprétés avec peu de sérieux . . . pas la conviction» (Anm. 1). Daß diese Untersuchungen «une grande confusion» verursachen, bestätigen Vieillard-Troiekouroffs eigene Auslegungen: Obwohl «Il n'est pas possible, dans les plans publiés par (Crosby) de distinguer ce qui a été découverte de ce qui a été restitué arbitrairement», während zudem «Les légendes ou commentaires . . . sont fantaisistes ou erronés», werden diese und die nach Vieillard-Troiekouroff noch viel unzuverlässigeren Berichte von Formigé zu einem noch heute als gesichert geltenden Grundriß des „karolingischen" Bauzustandes kombiniert (Fig. 1 auf S. 340), ein Unternehmen, daß ohne «la grande science et le patient travail» eines sonst bei der Erforschung von Saint-Denis nicht bekannten Pierre Rousseau nicht zustande gekommen wäre. M. Rousseaus eigene grande confusion wird spätestens in der Darstellung der Teile östlich der Apsis offensichtlich; eine Erklärung hierfür wird nicht geboten. Gerade diese Teile sind aber für die Erforschung des Themas von Vieillard-Troiekourofs Artikel von primärem Interesse. Jedoch wird ihnen nur eine unverfängliche halbe Seite am Ende gewidmet, nachdem das Gros des Aufsatzes (17 Seiten) nützliche, wenn auch etwas verwirrende Informationen zur vorausgehenden Geschichte und bisherigen Meinungen gebracht hat. Darauf folgt, nach 15zeiligen (sic) Quellenbemerkungen zur «église que nous interesse ici», eine Zusammenfügung von Crosbys Grabungen (unverstanden und unverständlich auf viereinhalb Seiten, unter selektiver Heranziehung von Quellen und Meinungen) und Formigés Beschreibung der Ur-Apsis (auf drei weiteren Seiten, streckenweise verbatim, obwohl nicht als solche ausgewiesen). Der Grabungsplan hält sich auch an den von Formigé gegebenen Bestand der Sarkophage – der Arnegundis-Sarkophag, den Vieillard-Troiekouroff wiederholt erwähnt, wird hingegen weggelassen!

[17] Hier sei exemplarisch auf die von Suger angesprochenen Umbauten im Chorbereich verwiesen: *De consecratione* IV (Panofsky [1979], S. 98/100; Kommentar auf S. 238–40 mit Bezug auf Crosby; vgl. Teilübersetzung Gall, S. 97 f.), und auf die in der Forschung sehr unklare Lage, wie weit Suger nach Westen in den Vierungs- und Langschiffbereich hinein gebaut hat (Crosby hat hierzu seine Meinung viermal geändert).

ausgesetzt und erst dann das damals Bestehende rekonstruiert. Ein solches Vorgehen setzt die Negierung archäologischer Kriterien und der relativen Chronologien bestehender Bauwerke voraus. Darüber hinaus darf nicht übersehen werden, daß es nicht in der Absicht von Dokumenten dieser Art lag, Auskunft über Bauwerke zu vermitteln, die unseren Erwartungen einer exakten Baubeschreibung vor Ort entsprechen würden. So wendet Suger etwa ein- und dieselbe Beschreibung von Unzulänglichkeiten bestehender Anlagen sowohl auf die Westfront wie auf das Sanktuarium im Osten an [18] – andernfalls bliebe völlig unklar, worüber Suger spricht. Ferner ist seine als Augenzeugenbericht zu verstehende Beschreibung der zu seiner Zeit stehenden Basilika weitgehend den ›Gesta Dagoberti‹, einer Fälschung des 9. Jahrhunderts, verbatim entnommen [19]. Es zeigt sich also, daß die Verwendung der Schriftquellen nicht nur eine strenge Überprüfung ihres Aussagewerts voraussetzt, sondern auch ihres Verhältnisses zu den übrigen Quellen.

Die folgende Untersuchung erstrebt somit zunächst eine strikte Trennung zwischen bauarchäologischem Befund und Quellenanalyse, zwischen relativer und absoluter Chronologie. Demnach gliedert sie sich in zwei große Teile: während der erste Teil (Kap. II) über eine genaue Untersuchung des bauarchäologischen Befundes zu einer weitmöglichst gesicherten, jedenfalls nachprüfbaren relativen Chronologie gelangen will, stellt der zweite Teil (Kap. III) den Versuch dar, diese relative Baufolge mit Hilfe einer gründlichen Quellenanalyse in eine absolute Chronologie zu überführen. Gegenstand der Quellenanalyse sind dabei neben den üblichen Geschichtsquellen auch Quellen der liturgischen und kirchlichen Traditionen, sind doch die Kathedralen nicht als Kunstwerke, sondern als christliche Kultstätten entstanden [20].

Dieses strenge Postulat der Trennung von Bauarchäologie und Quellen wird auch nicht durch den Umstand unterminiert oder außer Kraft gesetzt, daß bei der Erstellung der relativen Chronologie der *terminus ante quem* durch unangefochtene archäologische Befunde in die vorchristliche Zeit festgesetzt wird. Die heutige Kategorisierung der Disziplinen darf die

[18] *Ordinatio* (Panofsky [1979], S. 134, 11–23; auf die Ostanlage bezogen); *De Consecratione* II (Panofsky, S. 86, 31 bis 88, 12; Westfront); *De Administratione* XXV (Panofsky, S. 42, 23–25; Westfront).

[19] Suger, *De Consecratione* II (Panofsky [1979], S. 86, 10–17; auf S. 224 f. die Stelle aus den *Gesta Dagoberti*).

[20] Crosby brachte 1942 eine sehr brauchbare Einführung in die Quellen heraus, die heute aber veraltet ist. Das exemplarische quellenkritische Werk von Krüger (1971) zu den Königsgrabkirchen ist von der Kunstgeschichtsschreibung bisher ignoriert worden; siehe Anm. 307 f. Schwach ist Krügers Werk nur dort, wo es sich seinerseits auf den Stand der kunstgeschichtlichen Forschung stützt: So bezeichnet Krüger (S. 177/ *Grabungen*) Vieillard-Troiekouroffs Grundriß als „den neuesten Grabungsplan".

Geschichte des christlichen Kultes in Gallien nicht bestimmen: die Erforschung des von den iroschottischen Mönchen bis ins 8. Jahrhundert mühsam bekämpften gallo-römischen Elements im merowingischen Christentum setzt eher die Disziplin der Christlichen Archäologie als die der Kunstgeschichte Vasaris voraus. Den über tausend quellenkundlich überlieferten merowingischen Kirchen- und Klostergründungen fehlen Baunachrichten nicht zufällig, da jene Gründungen weitestgehend auf bestehende antike Bauwerke bezogen wurden[21]. Diese Sparte der Kunstgeschichte darf aber nicht der Disziplin der Klassischen Archäologie überlassen werden, nicht zuletzt weil dort das Gallo-Römische nach Winckelmannschen Qualitätsbegriffen als „provinzial“ verpönt und vernachlässigt wird. Bei dieser für die herkömmliche Auffassung unbequemen Streckung der absoluten Chronologie muß aus Gründen einer argumentativ geschlossenen Darstellung auf Aussagen von Quellen vorgegriffen werden, die erst im zweiten Hauptteil (Kap. III) kritisch behandelt werden. Aber auch in einem solchen Fall wird das methodische Nacheinander von Bauarchäologie und Quellenbefund streng gewahrt und in dieser Anordnung deutlich gemacht.

Unsere Untersuchung erhebt gleichwohl nicht den Anspruch, das Saint-Denis-Problem einer endgültigen Lösung zuführen zu können – dazu ist unser Gegenstand zu komplex, sind die Ausgangsbedingungen vielfach zu ungünstig. Vieles muß daher den Rang eines vorläufigen Ergebnisses haben. Das mindert aber in keiner Weise den eingeschlagenen Weg, der den Versuch eines neuen grundlegenden methodischen Zugangs darstellt, um die bisherige Forschung aus ihrer neue Perspektiven verunmöglichenden Kreisbewegung herauszuholen, und zugleich der Gefahr bloß subjektiver Interpretationsversuche die notwendige objektive Grundlage nachprüfbarer Kriterien entgegenzustellen. Dieser methodische Anspruch will sich somit nicht an die Stelle der Interpretation des historischen Bildes setzen, das genuiner Bestandteil der Aufgaben der Kunstgeschichte bleiben muß. Doch wäre eine solche Interpretation nichts anderes als ein blindes Taumeln, das

[21] Albrecht Mann, Großbauten vorkarlischer Zeit und aus der Epoche von Karl dem Großen bis zu Lothar I, in: Karolingische Kunst, Düsseldorf 1965 (Karl der Große, Bd. 3), S. 320–322, 2 Karten, belegt 1122 Großbauten, die vor 768 nur im Dreieck Bayonne – Hamburg – Viterbo bekannt sind. Auf ein Jahrzehnt umgerechnet wurden im 6. Jh. allein im heutigen Frankreich 18 Klöster, im 7. Jh. sogar 22 gegründet (es ist bei Mann nur ein Lapsus, von „errichten“ zu sprechen). Dazu entstanden im ganzen mehr als 7 bzw. knapp 3 Kathedralen pro Jahrzehnt. Diese urkundlich belegten Großbauten sind sozio-ökonomisch nicht zu erklären, wenn nicht die Übernahme antiker Bausubstanz generell vorausgesetzt wird. Der Alternativvorschlag, sie seien allesamt aus vergänglichem Material gebaut worden, entspricht weder der Überlieferung, noch einer systematischen Archäologie. Die von den Karolingern als Villa benutzte gallo-römische Anlage zu Cluny wird von Manns Statistik nur deshalb nicht berücksichtigt, weil ihre Schenkung als Kloster erst am Ende der Deutsch-Karolingerzeit geschieht (vgl. Herausgebervorwort zu Polk [1982]).

den angestrebten Sinn zwangsläufig verfehlen müßte, wenn der „sensus litteralis“ des zu interpretierenden Gegenstandes im Unklaren läge. Der Ergründung dieses „Litteralsinnes“ gilt unser keineswegs glanzvoll erscheinendes Bemühen. Erst auf dem Hintergrund gesicherter historischer und archäologischer Kriterien jedoch kann die gotische Kathedrale, und näherhin die Königsabtei Saint-Denis, Gegenstand der Interpretation werden. Die ästhetische Interpretation ist dann nicht selber eines dieser Kriterien, sie darf kein Mittel sein, sondern muß Ziel der kunsthistorischen Untersuchung bleiben[22]. Nur auf diesem Wege wird sich uns letztlich die Bedeutung der Kathedrale als gestalteter Ritus erschließen[23].

[22] Ein ähnliches Methodengerüst wurde bereits für die Erforschung der Chartreser Ostanlage entwickelt: vdM (1975), S. 13–17; hierauf konnte Bezug genommen werden. Sedlmayr setzt vor die Schilderung der Entstehung der Kathedrale und einer durchgängigen Beschreibung bereits eine Interpretation des „Wesens der Kathedrale“ (S. 23–166).

[23] Vgl. Bandmann, op. cit. Anm. 4, S. 11 f. Bandmann sieht in der Verdeutlichung der damaligen Bedeutung des Kunstwerks im Kontext der anthropologischen Situation ein vorrangiges Anliegen des Verstehens und der Rekonstruktion.

II. DER BAUBEFUND – VERSUCH EINER RELATIVEN CHRONOLOGIE

1. Einleitung: Die Abteikirche und ihre zweigeschossige Ostanlage

Im Mittelschiff der Kreuzbasilika von Saint-Denis liegt der dem Salvator geweihte Hauptaltar im ersten trapezförmigen Joch östlich der Vierung (EI) (Faltplan). Die östlich anschließenden zwei Joche des Sanktuariums (EII und EIII), in dessen Mitte sich seit dem 11. Juni 1144 der Reliquienaltar der Titelheiligen befand, sind an der Jochgrenze (e1) jäh um mehr als 2,50 m terrassenartig über der Unterkirche der Ostanlage erhöht (Plan 1), der obere Langchor kann an beiden Seiten des Hauptaltars über schmale Treppen erreicht werden. Es ergibt sich also eine seltsame Anlage des gesamten Chor-Raumes, scharf abgesetzt *hinter* dem Hauptaltar. An dem *kreisrunden* Chorumgang, der um die irreguläre 7/12 *polygonale* Apsis dieses Sanktuariums führt, sind sieben Radialkapellen angebracht, so daß die regelmäßige Folge ihrer apsidialen Rundungen eine einheitliche Einfassung des Chorhauptes bildet. Weil diesen Kapellen die Trennwände fehlen, verwachsen sie untereinander, was den Anschein eines zweiten Umgangs erweckt. Diese Kapellenfolge, die zum Chorumgang hin nur durch Freisäulen abgesetzt wird, setzt sich um je ein Joch nach Westen fort (Kapellen EIII NII und EIII SII), dadurch das Seitenschiff des Langchors (EIII NI und EIII SI) um die Tiefe der eingefügten, rechteckigen Kapellen verschmälernd. Die daran anschließenden beiden westlichen Joche der Langchor-Seitenschiffe (EI NI – EII NI und AEI SI – EII SI) werden ohnehin von dem sonderbaren fünfschiffigen Querhaus „verschluckt", das im Norden wie Süden um ein Joch vor der Flucht des Chores und des Langhauses ausladet und somit eine gewaltige, quadratische Figur bildet. Hinter den vier Ecktürmen dieses Querhauses wirkt das Chorhaupt von außen fast wie ein Anhängsel. Das gesamte östliche Travée des Querhausquadrats wird jedoch durch die erwähnte terrassenartige Erhöhung vom übrigen Querhaus abgesetzt. Dadurch ist auch das Seitenschiff des Langchores heute nur über zwei monumentale Treppen zu erreichen, die das jeweils nächste Joch (EI NI und EI SI) bis zum Mittelschiff des Querhauses versperren.

Zwischen diesen großen Treppen und dem Hauptaltar befinden sich nun heute die schmalen, unscheinbaren Eingänge in die Unterkirche, die rund 2,00 m tiefer als der heutige Fußboden des Langhauses liegen (Plan 1 und 2). Dieser Raum, dessen Kapellenkranz als Unterbau des Chorhauptes der Oberkirche dient, wird zunächst durch die pfeilerhaft gedrungenen Säulen verstellt, welche die Arkaden des Langchores und der Apsis der Oberkirche tragen. Aber seinen Charakter als ummantelnder Umbau einer bestehenden Anlage bekommt der Raum insbesondere durch die Überreste eines früheren, dreischiffigen Bauwerks, dessen Außenmauern heute die Längswände der Unterkirche bilden, während sein gewölbtes Mittelschiff frei innerhalb der erwähnten Säulenstellung unter dem Langchor der Oberkirche liegt, in dem sich der Reliquienaltar der Titelheiligen heute befindet. Dieser dreischiffige Bau, damit auch die gesamte Ostanlage, ist zu ebener Erde an der Ostseite einer früheren Kirche angebaut, vor deren *erhaltenem* Apsismauerwerk der dem Salvator geweihte Hauptaltar der Basilika sich heute noch befindet, wobei die Reste der alten Apsis allerdings in der „Terrasse" des Langchores verborgen bleiben. Die seltsame Anordnung des gesamten, terrassenartig vom Hauptaltar getrennten Chorraumes in Saint-Denis findet also in dem Vorhandensein dieser Ur-Apsis deutlich ihre Erklärung: Der Bauteil, der beim üblichen Kirchenbau der Romanik und der „Gotik" als vereinheitlichendes liturgisches Zentrum wirkt, wird durch seine zweigeschossige Funktion hinter einer erhaltenen Ur-Apsis zur abgesetzten Ostanlage.

Westlich der Vierung erstreckt sich das dreischiffige Langhaus um sieben Joche, bis zum schmalen, „fünfschiffigen" Anschlußjoch vor dem schweren, zweijochigen Westbau, der drei Portale aufweist. Dieses Anschlußjoch ermöglicht, die unterschiedlichen Maße des Westbaus an die des Langhauses anzugleichen; aber mit ihm endet auch das Langhausdach, und somit effektiv der Kirchenkörper als solcher (Abb. 1). Der massive Westriegel des Westbaus setzt sich nämlich darüber hinaus durch die schmäler eingezogenen „Seitenschiff"-Joche seines flachgedeckten Zwischentravées als selbständiger Baukörper schroff ab. Schließlich wurden diesem sonderbaren Block auf bautechnisch waghalsige Art zwei Türme rittlings über die beiden Joche aufgestülpt, um auf diese Weise seine Selbständigkeit, auch hinsichtlich der Vorderfläche, zu bewahren und ihn keiner Zweiturm*fassade* unterzuordnen (Abb. 2).

Die merkwürdig verrenkte Disposition und die vielfältigen Unregelmäßigkeiten innerhalb der einzelnen Bauglieder werden jedoch bei näherer Betrachtung der Ostanlage evident. Schließlich zeichnet sich das Bauwerk durch disparate Raumteile aus, deren sonderbare Gestaltung wie auch ihr verschachteltes Verhältnis zueinander weitgehend ohne Parallele in der Kirchenbaukunst des kapetingischen Frankenreiches bleiben. Es wird sich aber im folgenden zeigen, wie sich das Gebaute in seiner bewegten Geschichte stets den Erfordernissen des Kultes gefügt hat.

Nun stellen aber das Chorhaupt der Königsabtei von Saint-Denis (Abb. 3 und Plan 2) wie auch das Chorhaupt der Kathedrale von Chartres (Abb. 4) Musterbeispiele dar, an denen, auch ohne Ausgrabungen, die offen zutage liegenden Gebäudeteile kritisch nach ihren Auswirkungen auf unser Vorstellungsbild von der Entstehung der Kathedrale befragt werden können. Daher soll ein kurzer Vergleich uns auf die eigentliche Fragestellung nach der Ostanlage von Saint-Denis führen. In beiden Fällen haben wir es mit früh bezeugten Kultgebäuden zu tun, an deren Ostende jeweils Confessioanlagen angebaut wurden, die schließlich, materiell einbezogen, die Grund- und Detailbauformen des sich entwickelnden sogenannten früh- bzw. hochgotischen Chorhauptes mitbestimmten. Schon Lefèvre-Pontalis hat dies betont[24].

In Chartres ist im früheren Untergeschoß deutlich ein Ummantelungsprozeß sichtbar: Schwere, spitzbogige, „frühgotische“ Mauermassen aus dem 11. Jahrhundert bergen frühere, feinfugigere, rundbogige Zeugnisse in sich, wobei die Deckplatten des darunter exzentrisch angelegten Mauerwerks noch immer die vorromanische Confessioanlage zum Ausdruck bringen[25].

Diese markante Zweischaligkeit ist materielles Zeugnis, ja erstrebter Ausdruck eines „Insichbergens“ der geheiligten Traditionen[26]. Aber während in Chartres die vorausgehenden Bautraditionen durch die weitausladende Art der tiefen Radialkapellen bis in die Außenkantstruktur des Neubaus vorstoßen, scheint es, als ob in Saint-Denis die gleichfalls verpflichtende Ummantelung und Bergung der geheiligten Traditionen in einer integralen zweischaligen Mauerstruktur zum Ausdruck kommt[27] (Abb. 15). Zunächst scheint das dadurch ermöglicht, daß die weit ausgreifende und umfassende Art des Neubaus von Saint-Denis anscheinend einen viel vollendeteren und einheitlicheren Entwurf erlaubt, als dies etwa in Chartres möglich war, wo ähnliche Baumaßnahmen anstanden. Während in Chartres die Existenz der früheren Kapellen eine unregelmäßige Kapellenfolge und eine Uneinheitlichkeit des gesamten Chorhauptes und der Außenerscheinung bewirkte, vermitteln alle veröffentlichten Grundrisse den Eindruck, Sugers Kapellenkranz konnte auf freiem Gelände östlich außerhalb aller beizubehaltenden und sonst möglicherweise den Entwurf störenden Altbauteile errichtet werden[28].

[24] Eugène Lefévre-Pontalis, Le caveau central de la crypte de Saint-Denis, in: Bulletin Monumental, 71 (1907), S. 554–563, bes. S. 558. Vgl. Polk (1982), S. 27 und 118.

[25] Siehe zum Chartreser Untergeschoß die detaillierte Untersuchung, vdM (1975), bes. S. 22 ff. (mit den dazugehörigen Anmerkungen). Neuere Überlegungen zur absoluten Chronologie werden von vdM/Hohmeyer (1984), S. 219–224 angeschnitten.

[26] Zur Chartreser Kultgeschichte: vdM (1975), S. 24 ff., und op. cit. Anm. 25, S. 185–214.

[27] Die Kathedralen sind demnach nicht primär als kreativer Einfall eines Künstlers aufzufassen, sondern im Sinne einer bergenden und verbergenden Kontinuität unter kultgeschichtlicher Maßgabe zu verstehen (vgl. vdM, Chartres. Die Weltschöpfung in historischer Sicht, in: Francia 5 [1977], München 1978, S. 83).

[28] Gall, op. cit. Anm. 9, S. 52. Dieser „verbesserte“ Teilplan, der auf Dehios Taf. 146, 9 zurückgeht (Die Kirchliche Baukunst, 1897 ff.), wird in den meisten Publikationen übernommen, z. B. Sedlmayr (1950, [2]1976), S. 229, von Simson, op. cit. Anm. 2, S. 164. Die falsch dargestellte, manipulativ „gotisierende“ Dienstführung erlaubt die in die Kunstgeschichte eingegangene Vorstellung eines integralen Rip-

In Saint-Denis scheint somit eine vereinheitlichende Regelmäßigkeit des Kapellenkranzes erreicht, die zu der Vorstellung beigetragen hat, dies stelle die perfekte Geniallösung dar, die einer neuen Stilgeburt gleichkommt[29]. Dementsprechend wird der Grundriß des Chorhauptes dann auch in den meisten Veröffentlichungen dargestellt – bezeichnenderweise ohne die westlichen Anschlüsse und ohne Andeutung der ummantelten Teile der Krypta (Abb. 5).

Bevor wir uns der Problematik im einzelnen zuwenden, soll an dieser Stelle die entwicklungsgeschichtliche Stellung dieses Bauwerks knapp erörtert werden: Entscheidend an der Regelmäßigkeit des Kapellenkranzes ist nämlich die damit zusammenhängende Raumvereinheitlichung des Inneren (Abb. 15). Während die einzelnen Radialkapellen romanischer Kirchen dem Chorumgang wie in sich zentrierte Oratorien additiv hinzugefügt wurden, als ob sie „von außen" herangeschoben wären, schließen sich in der nordfränkischen „Frühgotik" diese Trabanten durch Vermehrung der Zahl zusammen: Von außen gesehen wirken die Apsidal-Ausbuchtungen wie ein kontinuierlicher Kranz, wie im Fall der Kathedrale von Noyon, die Sugers Umbauten zu Saint-Denis zeitlich vorauslag[30]. Zu Noyon jedoch bleiben dabei, dem liturgischen Bedarf entsprechend, die einzelnen Kapellen durch Wände getrennt und bewahren somit ihre räumliche Identität. Infolgedessen wird diese Lösung zum Grundtypus getrennter Kapellen der sogenannten Hochgotik des 13. Jahrhunderts. Abseits von dieser Entwicklung stehen nur Chartres und Saint-Denis: Durch Auflösen der Zwischenwände schließt sich die Kapellenfolge – rein formal gesehen – zum „äußeren Chorumgang" zusammen; innerhalb eines vereinheitlichten Gesamtraumes werden die einzelnen Radialkapellen nunmehr nur durch die gezackt ondulierende Peripherie schwach definiert. Jedoch ist in diesem Fall der in die Kunstgeschichte eingegangene Begriff „äußerer Umgang" nur formal zu verstehen. Die liturgisch unsinnige Auflösung der Einzelkapellen wird deswegen in der großräumigen Chartreser Lösung von einem doppelten Stufenabsatz vor dem gesamten Kapellenkranz in ihrer störenden Wirkung abgeschwächt. Durch diese deutliche Trennung im begehbaren Bereich werden dort die Einzelmessen an den Peripheral-Altären aus dem Prozessions- und Alltagsverkehr des inneren, echten Umgangs dieser Bischofskirche herausgelöst.

pengewölbesystems. In Wirklichkeit bildet die Apsis kein Halbrund, sondern ein facettiertes Polygon. Auch die axiale Stellung der Scheitelarkade und der symmetrisch gelegenen Strebepfeiler sind „korrigierend" irreführend. Es gibt an sich keinen einzigen Grundriß einer romanischen oder frühgotischen Kirche, der nicht auf diese Art „korrigiert" worden ist, es sei denn im Sinne von Haas' steingerechter Aufnahme des Speyerer Domes.

29 Vgl. Einleitung.

30 Siehe Polk (1982). Auch die Bauchronologie des wichtigen Vergleichsbeispiels Saint-Leu d'Esserent wird z. Z. von Polk untersucht.

In Saint-Denis handelt es sich heute um eine Kapellenfolge auf gleichem Niveau mit denen des Umgangs[31], die lediglich durch eine mehr oder weniger „hineingestellte" Freisäulenstellung definiert wird[32]. Eine besondere Wirkung im Gesamtraum der Kirche erreichte die gepriesene Raumvereinheitlichung von Saint-Denis ohnehin nicht: wegen der gewaltigen, über 2,50 m betragenden Überhöhung des Chorraumes war vom Langhaus her wenig davon zu spüren (Abb. 17 und 27). Diese Raumanordnung bleibt faktisch gänzlich ohne Nachfolge; sie ergibt sich offenbar lediglich, oder weitgehend, nur aus älteren Traditionen der beiden Kultstätten, die bauarchäologisch nachvollziehbar sind[33].

2. Die unregelmässige Disposition der Ostanlage: Oberkirche

Entgegen den üblichen idealisierenden Grundrissen des Chorhauptes von Saint-Denis hat Crosby schon 1963 erkannt, daß die scheinbare Regelmäßigkeit in Wirklichkeit täuscht. Wir erkennen aus den offen zutage lie-

[31] Die heute etwas klotzig abgeschrägten Sockel unter den Plinthen der Umgangssäulen lassen vermuten, daß ursprünglich auch in Saint-Denis der Kapellenfußboden erhöht gewesen sein könnte.

[32] Es ist anzunehmen, daß die Treppenaufgänge zum etwa 2,50 m überhöhten Chorraum ausschließlich auf den („inneren") Umgang gerichtet waren. An der entsprechenden Stelle befanden sich ursprünglich keine Eingänge in die Unterkirche wie wir sie heute vorfinden.

[33] Wobei zu bedenken ist, daß im Falle der Königsabtei Saint-Denis die *Vorstellung* des doppelten Umgangs doch von der Bedeutung des konstantinisch-kaiserkirchlichen querhauslosen Umgangstypus hätte mitgetragen sein können, siehe vdM/Hohmeyer (1984), S. 23f. Dieser Typus nämlich kommt nur in der Krondomäne im „frühgotischen" Typus von Paris vor (vgl. Sens, Senlis, Mantes und Bourges). Das westfränkisch-kapetingische Bewußtsein kaiserlicher Ansprüche könnte durchaus durch Nachahmung der Familienkirchen Konstantins formbildend gewirkt haben. Die gleichfalls vorbildliche Fünfschiffigkeit der großen Apostel-Basiliken Roms führte schließlich zur echten Verdoppelung der Chorumgänge in der riesigen Residenzkirche von Paris, die bekannterweise in Bourges ihre vereinzelte aber offensichtlich kirchenpolitisch inspirierte Nachfolge fand, bezeichnenderweise unter tastender Hinzufügung von Radialkapellchen (von dort wird dann diese Form unter den veränderten Bedingungen des 13. Jh. nach Spanien getragen). Jedoch schränkt Sugers Betonung des von ihm dringlichst geförderten Querhauses einen bewußten Anschluß an diesen Typus etwas ein. Abschließend soll auf die merkwürdige Lösung in den ebenfalls traditionsgebundenen merowingischen Residenzen in Tournai und Soissons hingewiesen werden: die eingebundenen Gewölbe der Flachkapellenfolge führen formal fast zu einer Art Aufzehrung des Einzel-Umganges durch die Kapellen. Keines dieser Bauwerke ist annähernd genau datiert. Der doppelte Chorumgang von LeMans unterliegt anderen Bedingungen.

genden und somit jedermann zugänglichen Gebäudeteilen[34] sowie aus den von Crosby und Formigé veröffentlichten Grundrissen[35] unschwer, daß beim schließlichen Umbau grundlegende Axialverschiebungen in Kauf genommen wurden und die scheinbare Regelmäßigkeit nur schwer erreicht werden konnte. Dreizehn Unregelmäßigkeiten im Chorhaupt von Saint-Denis wurden bereits von Crosby erkannt[36] und von Polk auf neun Erscheinungen reduziert[37]. Diese Unregelmäßigkeiten lassen sich jedoch auf drei Zusammenhänge zurückführen, mit denen die Eigenheiten des Chorhauptes erfaßt werden können.

Die erklärenden Diagramme (Plan 3, 4 und 5) sind nicht als Grundrisse aufzufassen: Die Farbtrennung verdeutlicht nur die Verhältnisse der Bauteile zueinander und darf nicht als Darstellung von Baufolgen oder von unterschiedlichem Mauerwerk mißverstanden werden. Wir gehen von der Apsis aus:

1. *Die Freisäulen der Apsis und des Umgangs sind konzentrisch, jedoch nicht radial angelegt* (Plan 3). Die zwei freistehenden Säulenstellungen der Apsis und des Chorumgangs sind wohl konzentrisch, jedoch nicht radial zueinander angelegt. Es hat den Anschein, als wären die Interkolumnien der inneren (Apsis-)Arkade im Verhältnis zu breit, so daß sie gegenüber der äußeren Säulenstellung nach Westen hin „abrutschen". Daher bilden die inneren Umgangsjoche die wohlbekannten, sehr unregelmäßigen Trapezoide[38]. Diese Verzerrung wird gen Süden dadurch verschlimmert, daß (von der nördlichen Radialachse a2n an) die inneren Säulenstellungen insgesamt leicht nach Süden wie im Uhrzeigersinn versetzt sind[39].

[34] Jedermann soll sich in dieser Sache nicht unnötig bescheiden geben. Die gröbsten Verschiebungen lassen sich am Orte mittels Sicht-Fluchtlinien konstatieren bzw. nachprüfen; da es sich jeweils um Maß*unterschiede* handelt, können diese *relativen* Verhältnisse sogar ohne Zollstock eingemessen werden, wobei Schuh, Elle oder Hand wieder zu Ehren gelangen.

[35] Crosby (1942), (1953), (1963), und Formigé (1960), S. 180f., Fig. 165. Gleichwohl ist zu vermerken, daß in Wahrheit keine dieser Grundrisse (welche die einzigen brauchbaren veröffentlichten sind) genaue Aufmaße wiedergibt – obwohl beide Forscher mit Ausgrabungen in der Krypta amtlich beauftragt waren. Trotz dieses auf die gesamte Kathedralenforschung zutreffenden schwerwiegenden Defizits bilden diese Grundrisse die für Saint-Denis bislang zuverlässigste veröffentlichte Grundlage. Sie werden auch uns im folgenden, wenngleich mit gebührendem Vorbehalt, als Unterlage für unsere Diagramme dienen. Vgl. ferner Anm. 16, 41, 43 und 64.

[36] Crosby (1966), S. 4–8.

[37] Polk (1982), S. 21–23 und 29–32.

[38] Wir beschränken uns zunächst auf die fünf östlichen oder „mittleren" Joche bzw. die sechs entsprechenden Radialachsen. Die jeweils zwei westlichsten Freistützen (e3 n1 und e3 s1) unterliegen anderen Bedingungen, siehe oben Kap. II, 1 und Einleitung zu Kapitel II, 7 a.

[39] Dies zeigt sich am auffallendsten an der Scheitelarkade. Siehe Polk (1982),

2. *Die sechs äußeren Freisäulen liegen radial zur Gliederung der Außenwand, jedoch nicht konzentrisch mit ihr* (Plan 4). Die äußeren Freisäulen liegen auf den gleichen Radialachsen (schwarz) wie die Wandvorlagen zwischen den einzelnen Radialkapellen, deren Flachkalotten die Peripherie des Chorhauptes bilden (orange). Sie sind aber mit diesen wiederum nicht konzentrisch: Der Mittelpunkt (orange) der Außenwandstruktur der fünf östlichen Radialkapellen liegt östlich des Mittelpunkts der beiden Freisäulenstellungen der Apsis und des Chorumgangs (rot, vgl. auch Plan 3). Die Säulen „des Chorumgangs" – es sei daran erinnert – bilden die eigentlichen Mündungen der Radialkapellen. Als Folge der Exzentrizität ist die Axialkapelle (AmII) erheblich tiefer als die Diagonalkapellen (AII NII und AII SII), während die flankierenden Zwischenkapellen (AIII NII und AIII SII) die Tiefenunterschiede ausgleichen. Zudem weichen die zwei westlichsten Anschlußkapellen (AI NII und AI SII) von diesem System ab: Sie schieben sich nach außen, über die regelrechte Kreislinie der fünf östlichen Kapellen hinaus[40].

Mit anderen Worten, diese Nebenerscheinung führt dazu, daß die Peripherie des gesamten Kapellenkranzes die Form einer unregelmäßigen, leicht abgeplatteten Ellipse annimmt[41].

S. 22 und Anm. 8. Polks weitere Behauptung (S. 29 unten) in bezug auf den „karolingischen" Kirchenbau ist dagegen unwahrscheinlich.

[40] Die unbedachte Vorstellung, das Chorhaupt schübe sich eiförmig nach Osten, hätte wahrhaftig den Ruhm von Saint-Denis gerechtfertigt! Diesen Ruhm zu begründen, werden die gegebenen Formverhältnisse zu oft supprimiert, bestenfalls ignoriert oder mißverstanden – wie etwa von Winterfeld, Gedanken ... in Saint-Denis, in: Martin Gosebruch zu Ehren, 1984, S. 94. Mit einer Beschwörung „der hierarchischen Staffelung von Saint-Martin-des-Champs und Cluny III" (sic), ist der vergleichenden Kunstgeschichte erst recht nicht gedient (vor allem nicht unter Vernachlässigung irgendwelcher Überlegungen zur liturgischen Bedeutung dieser Hierarchie, die leichthin als „zweifellos eine Differenzierung in der Bedeutung der Räume" gedacht wird). Die östliche Chorperipherie der Märtyrerbasilika Saint-Denis richtet sich nach der Regularität der übrigen, nicht genau datierbaren frühgotischen Chöre, sie hat noch nichts von dem „Durchschieben" der Axialkapelle wie bei der späteren Umgestaltung der Marienkirchen von Reims und Amiens – wo die regelrechte Kreisführung der Strebewerkperipherie allerdings noch stets unangetastet bleibt.

[41] Nach den veröffentlichten Unterlagen zu urteilen, könnten die westlichen Anschlußkapellen (AI NII und AI SII) sogar mit den ihnen östlich benachbarten Kapellen (AII NII und AII SII, die somit vermittelnd auf beiden Kreissystemen liegen würden), auf einen gemeinsamen Mittelpunkt bezogen werden, der dann wiederum mit dem Mittelpunkt der inneren Freisäulenstellungen nahezu gleich wäre. So ergäben sich zwei Kreise, die sich notgedrungen überschnitten. Ob aber die unregelmäßige Ovalform überhaupt auf eine solche, keinesfalls zwingende Regelung der beiden hinausgeschobenen Anschlußkapellen zurückgeht oder nicht, ist nebensächlich.

Crosby, dessen diagrammatischer Grundriß (1966), Fig. 3, zur Kontrolle herangezogen werden darf, sieht die vier westlichen Kapellen in diesem gemeinsamen

3. *Außen werden die Strebepfeiler unregelmäßig an der Außenwand angebracht* (Plan 5).

Schließlich sind die weitausladenden Strebepfeiler in die spitzen Winkel zwischen den Radialkapellen asymmetrisch dergestalt angebracht, daß sie im Grundriß auf den Bogenflanken hinauszuklettern scheinen[42]. Dies geschieht mit merkwürdigen Unterschieden: Es hat nämlich den Anschein, als würden die Strebepfeiler an der Axialkapelle den äußeren Umfang symmetrisch verengen, während an den Diagonalkapellen (AII NII und AII SII) das Verhältnis umgekehrt ist; die Zwischenkapellen (AIII NII und AIII SII) werden dadurch asymmetrisch von den Strebepfeilern eingefaßt. Schon die veröffentlichten Unterlagen erlauben es, die Ursache zu erkennen[43]. (Diese wird später durch die Vermessung

Mittelpunkt zentriert. Er geht bei seinen Diagrammen jedoch ausschließlich von den Mittelpunkten der Kapellenrundungen aus, ohne das Mauerwerk der Peripherie oder ihre konstruktive Gliederung zu berücksichtigen. Außerdem entstehen über dem Umweg, von den kurvigen Wandflächen her die Radienkonvergenzen zu ermitteln, zusätzliche Fehlerquellen und Ungenauigkeiten: Bei Crosby (1966), Fig. 3, sind die sieben eingezeichneten Kreise nicht nur von vier verschiedenen Durchmessern (und dabei ohne den Versuch einer Symmetrie bunt durcheinander gemischt, so daß einer der größten, AII SII, einem der kleinsten, AII NII, gegenüberliegt, was nach unserer Vermessung und Formigés Grundriß jedoch falsch sein muß), sondern sechs der sieben Mittelpunkte liegen nicht auf den Radien, was tatsächlich den Gegebenheiten entspricht; darüber hinaus liegen drei dieser Mittelpunkte überdies nicht auf der von ihm zu diesem Zweck postulierten Kreislinie. Zumindest die sowohl untereinander, wie insbesondere in Hinblick auf die benachbarten Freisäulen kraß abweichenden Tangentialverhältnisse hätten hier Verdacht erwecken müssen. Nur mit Hilfe dieser Manipulation des Baubefundes war es Crosby möglich, anstelle der tatsächlichen Fünfergruppe eine östliche *Dreier*gruppe (AIII NI, AmII, AIII SI) postulieren zu können, die jedoch auf einen willkürlich festgelegten und daher fiktiven Punkt „C“ hin zentriert sein soll. Dagegen kann sowohl auf Formigés Kryptagrundriß, wie auch auf Crosbys eigenem (Fig. 2), die viel zuverlässiger zu erfassende Außenwandstruktur der fünf östlichen Kapellen (also einschließlich der beiden Radialkapellen AII NII und AII SII) auf einen einzigen Mittelpunkt bezogen werden. Die Kapellen-Rundungen liegen demnach tangential auf den entsprechenden Kreislinien, wie auf unserem Diagramm Abb. 9 angedeutet. Dies kann beliebig nachgeprüft werden, was Crosbys Versuch für sich nicht in Anspruch nehmen konnte. Der Radius der Fünfergruppe ist größer, der Mittelpunkt entsprechend etwas weiter westlich als Crosbys fiktiver Punkt „C“; es wird sich bauarchäologisch zeigen lassen, daß dieser Mittelpunkt der fünf Kapellen von der früheren Baugeschichte vorbestimmt war. Entscheidend dabei ist die einheitliche Zugehörigkeit der Radialkapellen AII NII und AII SII, wogegen der geringeren Abweichung nur einer Zwischenkapelle (AIII NII), nebensächliche Bedeutung zukommt, vgl. unter Kapitel II, 7 a.

42 Dieser Umstand wurde auf allen früheren Grundrissen einfach „verbessert“, siehe oben, Anm. 28.

43 Bei Formigé (1960), Fig. 165, wird zwar die Breite der Kapellenrundungen richtig, nämlich für alle Kapellen gleich, dargestellt; dies trifft jedoch für die ebenfalls

bestätigt, siehe Kap. II, 7a.) Wenn nämlich durch die Strebepfeiler und die Apsidensäulen Achsen gezogen werden, so treffen sie sich nahezu in einem Mittelpunkt, der mit dem der Apsisarkade übereinstimmt. (Bei der Ungenauigkeit der Unterlagen fällt der Punkt etwas südwestlich, wird jedoch auf unserem Diagramm als übereinstimmend dargestellt.) Es sei daran erinnert, daß die inneren und äußeren Säulenstellungen (von Apsis und Chorumgang) dagegen nicht radial zueinander angelegt sind (Plan 3).

Die drei unregelmäßigen Zusammenhänge sind also auf die Unvereinbarkeit zweier Systeme zurückzuführen, die beide für sich regelrecht kreisrund angelegt sind: Die strukturellen Bedingungen der Apsiseinwölbung mit ihrem zugehörigen Strebepfeiler konnten mit der Gestaltung der Flachkalotten einer gegebenen äußeren Peripherie nicht in Einklang gebracht werden, weil der Apsis-Mittelpunkt nach Westen verlegt wurde[44]. Dabei wurde obendrein die Apsisarkade nach Süden im Uhrzeigersinn gegenüber den Säulen des Chorumgangs versetzt, die wiederum primär als Mündungen der

gleichmäßig abgebildeten Abstände zwischen den Strebepfeilern nicht zu. Bei Crosby (1966), Fig. 2, liegt dafür das mittlere (Scheitelkapellen-)Paar richtigerweise näher zusammen als die anderen Strebepfeiler; an den übrigen Kapellen aber zeigt er die Strebepfeiler im gleichen Abstand voneinander. Darüber hinaus sind weitere kleinere Differenzen zu verzeichnen, die dann auch auf das Chorhaupt der Oberkirche, Fig. 3, übertragen werden. Obwohl täuschend nahezu gleich groß und sogar mit genau entsprechenden Maß-Stäben versehen (sic), d. h. als von gleichem Maßstab ausgewiesen, entsprechen die von Crosby aus den Kapellen-Mittelpunkten angeblich ermittelten Kreisradien der Oberkirche nicht denjenigen der Unterkirche. Gravierender noch: Die sechs Freisäulen der Krypta entsprechen nicht der Apsis-Säulenstellung der Oberkirche. Crosbys Aufsatz von 1966 ist kaum ernstzunehmen. Polks Abb. 9 ist 1974 in einem frühen Stadium dieser Untersuchungen zustande gekommen und spiegelt ein noch etwas weniger gebrochenes Vertrauen zu der Zuverlässigkeit der Unterlagen wider. Unsere Diagramme stützen sich weitgehend auf Formigés Grundriß der Unterkirche, die zumindest auf die fachmännischen Bauaufnahmen dieses Architekten zurückgehen – obwohl auch hier, wegen des Fehlens von Maßangaben, nur bedingter Verlaß ist.

[44] Die roten Achsen zwischen Apsisgewölbe und Strebepfeiler entsprechen der Schublinie vom Apsisschlußstein über Rippen und Strebewerk hin zum Widerlager im Strebepfeiler. Die technischen Bedingungen setzen voraus, daß das Strebewerk auf diese Geraden ausgerichtet sein muß (obwohl es bei anderen Bauten gelegentlich zu Zickzackbildungen kommt). Die geometrische Bedingung führt aber in Saint-Denis dazu, daß die Zwischenstützen des Strebewerks, d. h. die äußeren Umgangsfreisäulen, nicht senkrecht unter dem Strebewerk stehen konnten, die Last dementsprechend von den Scheidbögen abgefangen werden mußte. Die aus diesem Grunde zu erwartende übermäßig stärkere Bildung dieser Bögen ist der früheren Forschung auch immer aufgefallen; sie wurde jedoch nicht aus den Gegebenheiten des Baubefundes erklärt, sondern bei verschiedenen Hypothesen zur Emporengestaltung gebraucht – Übersicht bei Panofsky (1979), S. 240.

Radialkapellen dienen und als solche mit den Flachkalotten der Peripherie radial im Verbund stehen. Um eine gleichmäßige Breite des Chorumgangs zu gewährleisten, mußten jedoch die Kapellenmündungen konzentrisch mit der Apsis angelegt, infolgedessen die fünf östlichen Kapellen zunehmend tiefer werden, als wären ihre Mündungen nach innen gezogen, weg von der Peripherie, zu dem neuen Mittelpunkt hin. Die Tiefenstaffelung schiebt sich nicht nach außen; im Gegenteil, im Verhältnis zu den fünf östlichen Kapellen sind es nur die zwei westlichen Anschlußkapellen, die sich nach außen schieben, um dem Chorhaupt somit seine schließliche, unregelmäßig flachelliptische Form zu geben.

Crosby hat versucht, diese Unregelmäßigkeiten im Sinne bewußter Entwurfsziele bei der Planung der Oberkirche zu erklären. Daß seinen pseudogeometrischen Postulaten die notwendigen Maßunterlagen und bauarchäologischen Belege fehlen[45], ist noch nicht einmal entscheidend, da ihre Anwendung von vornherein verfehlt ist[46]. Daran ändert auch nichts Crosbys Hinweis auf A. C. Crombies Forschungen zur mittelalterlichen Wissenschaftsgeschichte. Vielmehr zeigen gerade Crombies Untersuchungen, auf die sich Crosby gleichwohl beruft, daß die *artes mechanicae* – im Bereich der mechanischen Künste haben auch Baukunst und Architektur ihren Ort – ihre konstruktivistischen Prinzipien nicht von kosmologischen und astronomischen Systemen herleiten[47]. Dagegen sprechen gleichermaßen die verbreiteten Wissenschaftslehren des 11. und 12.Jahrhunderts, die jene beiden von Crosby verbundenen Wissenschaftszweige entschieden trennen[48]. Hingegen werden wir andere Einflüsse zu berücksichtigen haben: Als kultischer Bau unterliegt die Abteikirche von Saint-Denis kultgeschichtlichen Traditionen und Notwendigkeiten. Den maßgeblichen Einfluß auf die Gestaltung des Kultraumes haben daher das Domkapitel oder der Klosterkonvent, nicht ein astronomisch gebildeter Architekt[49].

Führen also die Lösungsversuche im Sinne Crosbys zu keinem annehmbaren Ergebnis, so müssen wir einen eigenen Versuch unternehmen, ausge-

[45] Siehe oben, Anm. 35, 41 und 43.

[46] Polk (1982), S. 47–59, bietet zudem eine praktisch begründete, eingehende Widerlegung der Thesen Crosbys.

[47] Siehe Crosby (1966), S. 6 und Anm. 10. Vgl. A. C. Crombie, von Augustinus bis Galilei. Die Emanzipation der Naturwissenschaft, S. 73–94 und 192–209, zur Architektur: bes. 199–202.

[48] Als Beispiel sei die bedeutendste und einflußreichste Wissenschaftslehre des frühen 12. Jh. angeführt, die ihren Einfluß noch über das 13. Jh. hinaus behielt: das *Didaskalikon* Hugos von St. Viktor (ed. C. H. Buttimer, Washington 1939), siehe dort S. 261–267, bes. 263 f.; vgl. Georg Wieland, Zwischen Naturnachahmung und Kreativität. Zum mittelalterlichen Verständnis der Technik, in: Philosophisches Jahrbuch 90 (1983), S. 258–276, bes. 259–264.

[49] Diese Aussage wird sich im Verlauf unserer Untersuchung in ihrer vollen Tragweite erweisen.

hend von den in den drei Unregelmäßigkeiten zusammengefaßten Einzelbeobachtungen, die Widersprüche in der schließlichen Form der Ostanlage von Saint-Denis zu klären. Hierzu soll uns folgende Ausgangsthese die Alternative der möglichen Untersuchungsrichtungen und -ergebnisse markieren: Entweder bedingt die beabsichtigte Raumwirkung der (Sugerschen) Oberkirche (der Kunstgeschichte) die Anlage des rein funktional zu verstehenden tragenden Kryptamauerwerkes, oder das bestehende Mauerwerk im Kryptabereich bewirkt umgekehrt die Formen und Unregelmäßigkeiten der Oberkirche.

Bevor wir uns jedoch in die Unterkirche begeben, müssen die übrigen Dispositionen der Oberkirche verstanden werden. Bisher haben wir uns, dem Stand der Forschung entsprechend, ausschließlich mit dem Chorrund befaßt. Entscheidend für die Wirkung des Innenraumes, d. h. für die Architektur, ist aber das Hochschiff und mit ihm der Langchor und die Apsis. Auch aus dem Verständnis der Architektur als Kirche, und das bedeutet als gestalteter Kultus, ergibt sich die Notwendigkeit, vom Sanktuarium als dem bestimmenden Element den Ausgang zu nehmen.

Ist wie in unserer einleitenden Beschreibung zunächst von nur zwei Jochen (EII und EIII) im erhöhten Teil des Langchores auszugehen, an den sich die Apsis anschließt, so ergibt sich in Wirklichkeit ein zusätzliches Langchorjoch, das durch ein völlig gebrochenes Verhältnis zwischen den beiden entscheidenden Elementen des Innenraumes entsteht: Der Langchor zerstört ausgerechnet die Vollkommenheit des Halbrundes. Der erhöhte Teil des Langchores (EII – EIII) nämlich wird nach Osten hin schmaler[50], wodurch er an seiner Ostgrenze (Achse e3) gleichfalls schmaler als der Durchmesser der Apsisrundung ist[51]. Somit bildet das östlichste Säulenpaar des Langchores nicht, wie es sein soll, die Grundlinie der Apsis, vielmehr fluchten die Arkaden des Langchores mit den beiden Apsissäulen, die auf den ersten *Radial*achsen des Chorhaupts stehen (a1n und a1s)[52]. Der

[50] Gemessen auf dem Boden an den polygonalen Sockeln der Säulenvorlagen sind die Abstände zwischen den Langchorsäulen auf den Achsen e1 9,34 m; e2 9,22 m; e3 9,03 m; a1 8,91 m.

[51] Der Durchmesser der Apsisrundung, von der hier die Rede ist, ergäbe sich aus der Verdoppelung des Radius der erhaltenen sechs Säulen. Daß dies vom Einzelforscher nicht genau zu ermitteln ist, bedeutet wenig, weil es sich hier lediglich um die geometrischen Verhältnisse handelt. Diese jedoch können mit einfachen Fluchtlinien ermittelt werden.

[52] Die Fluchtlinie wird von der Stirnfläche der betreffenden Bauglieder bestimmt, in unserem Fall von den vordersten Dienstschäften. Auf der Nordseite des Langchores fluchten alle vier, e2n bis a1n (e4n!), was leicht mit Augenmaß zu ermitteln und mit Bindfaden nachzuprüfen ist. Auf der Südseite stößt die Fluchtlinie (Bindfaden!) von e1s über e2s rund 3 cm hinter die Stirnfläche des nächsten Schaftes e3s, während a1s (e4s!) weit zurück liegt. Dieses unregelmäßige Verhältnis bestärkt nur die hier im Haupttext entwickelte Darstellung. Darüber hinaus, wenn überhaupt beabsichtigt,

den Reliquienaltar bergende Langchor stößt damit praktisch um ein Joch (EIV) in den Apsisraum und das Chorhaupt hinein; es gibt daher nicht nur zwei, sondern drei gerade Joche im erhöhten Teil des Langchores, insgesamt also vier Joche von der Vierung aus gezählt. Dies ist schon auf Photographien zu erkennen (Abb. 26). Die Apsis bildet deswegen keinen Halbkreis, sie wird vielmehr zu einem Segment gestutzt. Im Grundriß besteht sie aus fünf Facetten eines Zwölfecks. Jedoch wurde dies im 13. Jahrhundert durch die Rippenführung in der Gewölbezone überspielt und das östlichste gerade Joch (EIV) gleichermaßen als Teil der Apsis („A", also EIV/A) ausgewiesen. Dieses Zwitterjoch bildet nämlich heute die Stelzung des Segmentabschlusses einer „7/12-Apsis, indem auf den östlichen Gurtbogen verzichtet wird und statt dessen die Radialrippen der Apsis auf den Schlußstein dieses Zwitterjoches geführt werden. Entscheidend bei diesem Vorgehen bleibt aber die Verlegung der effektiven Grundlinie der zum Segment verstümmelten Apsis um ein Joch östlich der Grundlinie des äußeren Chorhauptes[53]. Die bisherige Forschung hat sich dieses in der Entwicklung des

könnten die Verhältnisse im östlichsten Joch zum Ausgleich der Wandflucht im Zwikkelfeld über der Arkade führen. Auf der Nordseite nämlich drückt der zusätzliche Diagonalrippendienst die Wandfläche an e3n „zurück", d. h. tiefer hinter die Vorderflucht als dies bei der geringeren Zahl der Dienste an a1n geboten ist. Dadurch entsteht sogar der optische Eindruck, das Joch füge sich auf der Nordseite schon der Rundung der Apsis ein.

[53] In vergleichbaren Kirchen der Frühgotik wird üblicherweise das Gewölbe des letzten geraden Langchorjoches mit dem der 5/10-Apsis integriert (so in Sens, Noyon, Paris, Saint-Leu-d'Esserent, auch Vezelay); dies geschieht auch in der Hochgotik (Soisson, Reims, Bourges). Dort wird aber, im Gegensatz zu Saint-Denis, auf den Schlußstein im Langchorjoch verzichtet und der Mittelpunkt zur Apsis hin verlegt, nämlich auf den Schlußstein des (die zwei Teile nach wie vor trennenden) Gurtbogens, oder besser, der Gurtrippe. Die Rundung der Apsis, bzw. des Chorhauptes wird in ihrer Anlage (Grundriß) durch den Langchor keinesfalls angetastet, sie bleibt östlich der Basislinie des Chorhauptes komplett. Ein Blick auf die Radialführung der Apsisrippen verdeutlicht, daß bei diesen Kirchen die Apsis nicht des Langchorjoches zu ihrer Vervollständigung in der Gewölbezone bedarf, wie dies in Saint-Denis der Fall ist. Die noch rund geführte, siebenteilige Apsis von Mantes dürfte einen Denkanstoß für die verstümmelte Notlösung zu Saint-Denis abgegeben haben. Der Schlußstein, und damit die Gewölbeführung der siebenteiligen Apsiden (so auch Chartres, Amiens und Beauvais), ob leicht gestelzt oder nicht, liegt jedoch grundsätzlich in der Apsis selber. Einschränkend bei alledem: jedes einzelne Vergleichsbeispiel müßte noch ähnlich genau überprüft werden.

Erst im 14. Jh. gibt es z. B. in Rouen, in Saint-Ouen, einen segmentalen Apsisschluß, ähnlich dem von Saint-Denis. Vergleichbar ist er aus dieser Spätzeit jedoch nicht, vielmehr geht dieses freudige Facettieren auf das Konto des individualisierenden Architekten wie, ebenfalls in Rouen, durch den Vier-Facettenschluß von Saint-Maclou (15. Jh.) bestätigt wird. In bezug auf Saint-Denis muß jedoch betont werden: Da die heutige Einwölbung des Chores aus dem 13. Jh. stammt, die unteren Teile aber früher sind, braucht diese Lösung nicht die ursprüngliche Absicht wiederzugeben.

gotischen Chores fast skurrilen Unfalls nicht angenommen[54]: Durch die Voreingenommenheit den Kapellenkranz betreffend wird die äußere Peripheriegestaltung, wie gesagt, üblicherweise für sich ohne den westlichen Anschluß betrachtet (Abb. 5).

Auch dieses Problem setzt die Untersuchung der Krypta voraus und wird sich erst in Anbetracht des baugeschichtlichen Werdegangs lösen lassen.

Im Hinblick auf die Raumdisposition weist die Ausrichtung des Langchores zunächst auf weitere verheerende Verhältnisse zwischen diesem liturgischen Kern des Ganzen und den restlichen Bauteilen hin: Die Achse des Langchores ist nicht gleich derjenigen des Langhauses, richtet sich also nicht auf die Eingangsachse vom Westen her. Vielmehr führt sie auf einen Punkt südlich des Westeingangs, ziemlich genau auf den eingezogenen Zusatzpfeiler des westlichen Anschlußjoches zwischen Langhaus und Westbau. Dieser Umstand ist nicht leichtfertig von der Hand zu weisen, es wird nicht überzeugen, von der Stupidität der „mittelalterlichen Baumeister" zu sprechen: Auf dieser „schiefen" Achse liegt nämlich der Hauptaltar auch heute noch.

Aus dieser Axialverschiebung ergibt sich eine Kette von Folgerungen. Erstens wurde die Ostanlage ursprünglich nicht mit der Absicht ausgeführt, schließlich in einen Gesamtraum einbezogen zu sein, welcher dem heutigen Quer- und Langhaus entspräche. Ferner sind der Westbau und die Ostanlage völlig unabhängig voneinander; erst durch Umgestaltung mußten sie in einen einheitlichen Kirchenbau einverleibt werden; schließlich ist anzunehmen, daß irgendein Bauteil oder Einbau den Blick zwischen dem Langchor und Westbau (bzw. dem Langhaus) versperrt hatte. Dieser Einbau könnte, um die Unterschiede der Achsen nicht störend wirken zu lassen, nur östlich vom Hauptaltar gelegen haben. Gerade hier befindet sich die Ur-Apsis[55]. Die Annahme letztgenannter Vermutung wird durch die gewaltsame Verrenkung der Arkadenachsen im Joch EI, unmittelbar westlich der Ur-Apsis bestätigt[56]. Das Joch – an dessen Ostgrenze der Hauptaltar steht – verengt sich schroff um insgesamt 1,63 m nach Osten zum unregelmäßigen Trapez

[54] Nur Formigé (1960), S. 182, fühlte sich beim Anblick der Apsis zu dem Urteil hingerissen «Il en résulte une cassure de la courbe générale qui est disgracieuse».

[55] Mit den gegebenen Möglichkeiten lassen sich die Axialverhältnisse zwischen der Ur-Apsis und dem Langchor nicht befriedigend klären, auch nicht das Verhaltnis zu der Apsis-Scheitelarkade.

[56] Die Wandfläche über der Arkade wird hinter der Flucht der Säulenvorlagen im Langchor gemessen. An der Achse e1 kann von der Schnur aus bis auf die evident kontinuierliche Wandfläche zurückgemessen werden; auf der Vierungsachse e ist die Wandfläche ebenfalls in dem Kompositpfeiler enthalten, jedoch der verwickelten Gliederung wegen nur mit Vorsicht wiederzufinden. Die Maße betragen an ne 1,72 m, an e1n 0,37 m, während im Süden die entsprechenden Maße an se 0,65 m, und an e1s 0,37 m betragen. Die weitausladenden Vierungspfeiler liegen selber im Norden $0{,}94^{5}$ m, im Süden 0,08 m hinter denjenigen des Langchores zurück.

(Plan 1). Von den 1,63 m fallen volle 1,35 m der Nordseite zu, lediglich 0,28 m der Südseite. Diese große Abweichung (Abb. 27) bewirkt, von der Mittelachse des Langhauses und Westbaus her gesehen, eine symmetrische Ansicht auf diesem Ausgleichsjoch. An sich aber bedeutet dies nur ein rücksichtsloses Plazieren der erneuerten östlichen Vierungspfeiler in die neue Flucht der Langhausarkaden, wovon der Hauptaltar und der Chorraum insgesamt unbetroffen blieben.

3. Die Krypta: Einführende Beschreibung

Da im Falle von Saint-Denis eine bestehende liturgische Tradition im Kryptabereich durch Quellen vielfältig belegt ist und durch liebevoll bewahrtes aufgehendes Mauerwerk bestätigt wird, müssen die Entwurfsbedingungen für die Neuerrichtung des Chorhauptes unter Abt Suger in der ersten Hälfte des 12. Jahrhunderts zunächst von der Krypta her untersucht werden.

In die Krypta herabsteigend, sehen wir sofort deutlich die Zusammenhänge der zwei widersprüchlichen Systeme. Der Grundriß (Plan 2) zeigt das jeweils zusammenhängende Mauerwerk nach verschiedenen Perioden in groben Zügen farbig unterschieden. Es wird sofort deutlich, daß die Freisäulen des äußeren Umganges der Oberkirche dort dem (orangen) Peripheralsystem angehören, weil sie im Kryptenbereich dessen integraler Bestandteil sind: massives Mauerwerk trennt hier die Kapellen so, daß es nur *einen* einfachen (inneren) Umgang gibt; die äußeren Freisäulen der Oberkirche stehen auf dem Komposit-Wandpfeiler an den Kapellenmündungen (Abb. 6). Diese liegen jedoch an einem Halbkreis, der konzentrisch mit der der hineingestellten Freisäulenstellung ist, die wiederum der von ihr getragenen Apsidenarkade der Oberkirche entspricht. Die vorhin diagrammatisch gezeigten Verhältnisse der Oberkirche gelten auch für die Krypta; das (rot gezeigte) homogene Mauerwerk darf nicht darüber hinwegtäuschen, daß es bei seiner Errichtung zwei verschiedenen Kreissystemen (rot und orange) unterworfen worden war, was am auffälligsten in der verschiedenen Tiefe der Kapellen zu sehen ist.

In der Krypta lassen sich ferner drei Gewölbesysteme leicht unterscheiden (Plan 2):

a) das Kreuzgratsystem im östlichen Kapellenkranzbereich (rot; siehe auch Abb. 6 und 8), das durch ein markantes System von Gurtbögen auf freien Wandvorlagen den am Grundriß erkennbar älteren Kern (grün) respektiert. Obwohl dieses System im Westen nochmal erhalten ist, wird es unterbrochen durch

b) das in unregelmäßigem Bruchstein tonnengewölbte (grün gestippelte) *innere* Heiligtum (caveau central) (Abb. 7), welches

c) von erneuten Flachtonnen in den etwa gleich breiten Seitenschiffen flankiert wird (grau); diese Gewölbe sind zusammen mit den mit ihnen zusammenhängenden vier Freistützen – e2n, e3n und e2s, e3s – aus technischen Gründen nachträglich erneuert worden (Abb. 6)[57]. Die jeweils zwei Freistützen (die nicht das Kryptagewölbe tragen, sondern das aufgehende Mauerwerk der Langchor-Hauptarkaden und das Hochschiff der Oberkirche bilden) verstellen wohl den Raum, unterteilen jedoch die als Einheiten gewölbten Seitenschiffe praktisch nicht. Formigé zeigt mit den Buchstaben E, F, G und H mit großer Wahrscheinlichkeit die früheren Stellen dieser vier Säulen, etwas weiter nach außen plaziert (Plan 2)[58]. Diese Stellung ist schon deswegen glaubhaft, weil die ursprüngliche Anlage dadurch eine größere lichte Weite des Langchors und damit eine regelrechte Halbkreisapsis gehabt hätte – und zwar ohne die Achsausrichtung zu ändern.

Die drei Schiffe schließen westlich an leicht abgewinkeltes massives Mauerwerk an. Links und rechts von diesem ermöglichen heute zwei seitliche Öffnungen den Zugang zur Krypta von der Oberkirche aus, während eine breite mittlere Maueröffnung heute den Blick nach Westen auf eine ursprüngliche Martyriums-Ringkrypta innerhalb der großen Ur-Apsis freigibt. Der westliche Abschluß der Ostanlage ist damit als die Ostwand einer Basilika anzusehen, die auffallend nach Südosten orientiert ist[59]. Der Baubefund der Krypta trägt ferner die Züge vielfältiger Umbauten des 19. Jahrhunderts, bis hin zu den Restaurationsarbeiten unter der Leitung von Jules Formigé, die zu einer erneuten tiefgreifenden Restaurierung der Unterkirche von Saint-Denis führten. Mit dieser dürfte aber der heutige Mauerbefund östlich der Ur-Apsis dem Zustand der Ostanlage im Endstadium ihrer ursprünglichen baulichen Entwicklung weitestgehend entsprechen[60].

Diese in einem ersten Angang bereits offenkundig gewordenen Zusammenhänge im Baubefund der Oberkirche und Unterkirche im Chorbereich von Saint-Denis bilden in der Folge den Ausgangspunkt für die weiteren

[57] Siehe unten, Anm. 181.

[58] Formigé (1960), S. 182 und Fig. 165, behauptet, die Stellen E, F, G und H sogar im Plattenbelag eingraviert zu haben, was am Ort heute nicht mehr auffindbar ist. Jedoch versichert der Chantier-Vorsteher, es existiere eine Zeichnung davon in den Archives du Monuments Historiques, im Dossier „Crypte, Formigé". Ob sich jedoch irgendwelche Spuren von Säulen an diesen Stellen durch Grabungen ergeben haben (was nur schwer denkbar ist, weil sich Reste von Säulentrommeln in diesem Verhältnis nicht erhalten haben können), oder ob Formigé mit Bezug auf ein „porte-au-faux" für eine Versetzung zur Zeit der späteren Erneuerung andere Kriterien hatte, geht nicht eindeutig aus seinem Text hervor; siehe Anm. 154, vgl. auch Anm. 231.

[59] Formigé (1960), S. 17.

[60] Wie bereits in Anm. 14 ausgeführt, mußte ein ursprünglich geplantes Kapitel zu den Restaurierungsarbeiten des 19. Jh. im Kryptabereich mitsamt einer bibliographischen Übersicht wegen der Fülle des zu bearbeitenden Materials ausgeklammert werden. Es ist vorgesehen, dieses von Masako Shikida vorgearbeitete Material demnächst in einem Aufsatz zugänglich zu machen.

Untersuchungen, die nach den Ursachen dieser Abhängigkeiten und Unregelmäßigkeiten fragen und dabei zugleich Kriterien für eine relative Chronologie der Baufolge zu gewinnen suchen.

4. Die Urbauten

Kaum in einem anderen Bereich ist der Stand der Saint-Denis-Forschung verwirrender als in bezug auf die Ursprünge der späteren Königsabtei. Die von der bisherigen Forschung vorgeschlagenen Baufolgen und Rekonstruktionen erscheinen in ihrer Unterschiedlichkeit beinahe beliebig und ohne wirkliche Kriterien. Dies gilt für Formigés Rekonstruktion einer «Première Chapelle» bzw. «Première Église»[61] ebenso wie für Crosbys und Vieillard-Troiekouroffs Genovefa-Kirche[62]; demgegenüber sind die früheren Hypothesen insofern noch entschuldbar, als sich die archäologischen Untersuchungen zu der fraglichen Zeit erst in den Anfängen befanden[63]. Gleichwohl macht uns die Frage nach dem Urbau noch einmal überzeugend die Mängel der bisher von der Forschung angewandten Methoden deutlich: archäologische Untersuchungen, die vorgenommen werden, um eine aus einer Quelle abgeleitete und als sicher angenommene Forschungsmeinung nachzuweisen, münden notwendig in den methodischen Zirkelschluß, werden also das Gefundene nur interpretieren lassen als das, was man zu finden erwartet hatte. Erwähnt z. B. eine Quelle ein Bauwerk in chronologisch oder topographisch genehmem Zusammenhang, so kann selbstverständlich das dort Ergrabene entsprechend ausgelegt werden: Ebenso verhält es sich auch mit der Dokumentation archäologischer Befunde, die nur selten einer Norm entsprechen, die sichere Kriterien und die Nachprüfbarkeit der Grabungsergebnisse gewährleistet. Nur selten in den sogenannten Grabungsberichten der „mittelalterlichen Archäologie" wird Gefundenes nach Schnurgitter topographisch geortet, durch Grabungsprofile in festen Niveaubezug oder durch datierte Münzfunde in absoluten chronologischen Bezug gebracht. Diese wissenschaftlichen Voraussetzungen der Schwesterdisziplinen werden durch die Verquickung von Hypothese und angeblich Ergrabenem in den gesamten maßgeblichen Saint-Denis-Publikationen ignoriert[64].

[61] Formigé (1960), S. 2ff. und S. 39ff. Vgl. unten, Anm. 72.

[62] Crosby (1942), S. 66–73; (1953), S. 11f.; Vieillard-Troiekouroff (1965), S. 537f. und S. 343, Anm. 32.

[63] Levillain (1909), S. 148ff.; (1925), S. 84–95.

[64] Vgl. oben Anm. 16, 35 und 41–43. Bei Crosbys (1942) aufwendiger Publikationsweise seiner vielen Ausgrabungen ist nur im seltensten Fall ein brauchbarer Zusammenhang zwischen Grundriß, Schnitt und Photographie herzustellen, sind des Autors Aussagen kaum begründet; stellvertretend für eine eingehende Auseinandersetzung wird hier auf Polks (1982) Zusammenfassung, S. 128–134, verwiesen. Formigé (1960) macht keine Anstalten, seine Grabungen systematisch zu veröffent-

Bei allem Ungenügen dieses Forschungsstandes liegen aber dennoch mittlerweile genügend, wenn auch nicht immer befriedigend publizierte, archäologische Befunde vor, die eine kritische Auseinandersetzung mit der Forschungslage und die Erstellung wirklicher Kriterien zu einem Urbau ermöglichen. Datierte Grabbeigaben gehören als archäologischer Befund in diesen Abschnitt. Sie bilden gewissermaßen den gesicherten absolut-chronologischen Ausgangspunkt für die folgende relative Chronologie, die ohne Bezug auf die Schriftquellen aus dem Baubefund selber erstellt werden muß.

Unbestritten in die Ursprünge von Saint-Denis reicht gemäß den übereinstimmenden Untersuchungen der neueren Forschung die „Ur-Apsis" zurück, die heute den westlichen Abschluß der Ostanlage bildet. Sie wird von starkem Mauerwerk gebildet, wie es nirgends sonst in Saint-Denis anzutreffen ist, einige spätere Turmbasen ausgenommen. Diese Ur-Apsis bildet offensichtlich den östlichen Abschluß eines in gallo-römische Zeit zurückreichenden ausgedehnten Gräberfeldes, das den gesamten Bereich der heutigen Königsabtei bedeckte (Abb. 9)[65]. „Gräber mit Spuren von Holzsärgen" wurden unter merowingischen Gräbern im Verbund mit gallo-römischem Mauerwerk ergraben[66]; Münzfunde sind weitere dokumentierte Indizien für dieses wohl bedeutende spätantike Gräberfeld[67]. Diese Stätte

lichen; es fehlt in vielen Punkten jeglicher Zusammenhang zwischen Text und Grundrißangaben (z. B. werden die entscheidenden Stellen A B C D E F G und H auf seinem Grundriß Fig. 165 nie besprochen).

[65] Fleury/France-Lanord (1962), S. 341–359. Auf S. 341, Anm. 1, befindet sich ein Überblick über die meisten Grabungen, die unsere Fragestellung betreffen. Fleury, Michel, Nouvelle campagne de Fouilles des sépultures de la Basilique de Saint-Denis, in: Académie des inscriptions et belles-lettres, Comptes rendus (1958), Paris 1959, S. 177. Piganiol, André, Circonscription de Paris (Nord), in: Gallia 17 (1959), S. 269–272. – Salin, Eduard, Les tombes gallo-romains et mérovingiennes de la basilique de Saint-Denis, fouilles de janvier–fevrier 1957, in: Mémoires de la Academie des inscriptions et belles-lettres 44 (1958), S. 169–262. – Formigé (1960), S. 2–5, 42–48, 167 und Fig. 31 auf S. 42. – Eine Zusammenstellung weiterer archäologischer Arbeiten und Miszellen, vornehmlich von M. Fleury, findet sich bei J.-C. Poulin, Les cinq premières vitae de Sainte Geneviève, in: Heinzelmann/Poulin (1986), S. 160 unter Anm. 75; insbesondere sei verwiesen auf Fleury/France-Lanord (1984). Dort sei vor allem auf den Lageplan der Sarkophage (fig. 1, S. 50/1) hingewiesen, der eine präzise archäologische Dokumentation insbesondere der Grabungen im Umfeld des Arnegundis-Sarkophags (als p. 49 bezeichnet) bietet und damit eine wertvolle Ergänzung zu Formigés „Plan der laufenden Grabungen" darstellt (siehe unsere Abb. 9 und 10).

[66] France-Lanord/Fleury (1962), S. 341–44.

[67] Auch Formigé (1960), S. 3, dokumentiert einige römische Münzfunde, leider unzureichend, da diese weniger gut in seine Rekonstruktionen passen. Die zufällig älteste Münze, allerdings nördlich außerhalb der Basilika, datiert aus dem 1. Jh. n. Chr. – nicht, wie bei Krüger (S. 173), erst aus dem 3. Jh.

wurde in der Folge vom frühen Christentum nahtlos übernommen[68]. Die betreffenden Steinsarkophage befanden sich innerhalb der Langhausfundamente der Basilika, und zwar dergestalt, daß durch die Fundamente des Bauwerks, welche auf massives aufgehendes Mauerwerk hinweisen, weder ein Sarkophag überschnitten noch eingemauert wird[69]. Da die Lage der Sarkophage somit offenkundig auf bestehendes massives Fundamentmauerwerk Rücksicht nimmt, ergibt sich daraus für eine relative Chronologie, daß zur Zeit dieser Bestattungen bereits ein bedeutendes Bauwerk aus massivem Mauerwerk bestanden haben muß. Gleichfalls fällt auf, daß alle Sarkophage auf die Apsis hin ausgerichtet sind (Bestattung „ad sanctos"). Eine Bestimmung des Alters der merowingischen Bestattungen wurde außer durch diese Münzfunde und Grabbeigaben[70] vor allem durch die genaue Identifizierung eines Steinsarkophags durch France-Lanord und Fleury ermöglicht, welcher der zwischen 565 und 570 gestorbenen merowingischen Königin Arnegundis nicht zuletzt durch einen Siegelring mit der Umschrift und dem Monogramm *Arnegundis Regina* zweifelsfrei zugesprochen werden konnte (Abb. 9 und 10)[71]. Der Sarkophag lag rund 25 m vor der Apsis. Dieser Befund zwingt zumindest die Vorstellung einer Exedra auf, etwa freistehend auf dem gallo-römischen Friedhof, auf dem dann später eine „Basilika" errichtet worden war, in der christlich-königliche Bestattungen vorgenommen wurden. Andererseits deuten die Mauerstärke und vor allen Dingen Fenster (siehe unten) von vornherein auf eine gewölbte Apsis einer sonst flachgedeckten „Basilika" hin. Unbestritten nämlich finden sich im Bereich der Kirche Saint-Denis und damit im Bereich des ursprünglichen gallo-römischen Gräberfeldes gallo-römisches Mauerwerk, antike Blöcke und Fragmente[72].

[68] Vgl. oben, Anm. 65f. Zur grundsätzlichen Bedeutung fortgesetzter christlicher Totenbestattung in den Friedhöfen heidnischer Kultstätten, siehe vdM (1982), bes. S. 600f. Ebenda, Anm. 80: Formigé, der früher selber in Südfrankreich auf diesem Gebiet Erfahrung gesammelt hat, zieht keine Parallele zu Saint-Denis, eben weil es dort um archäologische Arbeit ging, hier, in seiner Vorstellung um ein „mittelalterliches" Kunstwerk.

[69] France-Lanord/Fleury (1962), S. 341–44, Abb. 2, zeigt zwei Sarkophage, die von dem nördlichen Querhausfundament überschnitten sind. Nichts von dem publizierten Material erlaubt diese als christlich anzusehen.

[70] Formigé (1960), S. 43–48, ist in seiner Dokumentation sehr unpräzise.

[71] Fleury/France-Lanord (1962), S. 341ff. Weitere Literatur zum Grab Nr. 49 bei Krüger (1971), S. 179/Königsgräber. Siehe ferner die neueste Grabungsdokumentation bei Fleury/France-Lanord (1984), fig. 1, S. 50f.

[72] Fleury, op. cit. Anm. 65, S. 177: «Le nombre de ces restes (auxquels on pourrait sans doute ajouter bien des blocs de la fondation dont nous ne voyons que le revers), leur volume et leur poids considérables, nous font conclure qu'il devait exister dans le voisinage de la basilique actuelle un édifice gallo-romain d'une certaine importance.» Duval, Paul-Marie, Paris antique des origines au troisième siècle, Paris 1961, S. 210: «Ils [blocs d'une frise] attestent que s'élevait à proximité un édifice

Das Verhältnis des Arnegundis-Grabes zur Apsis bietet für die Kultgeschichte und damit für die Datierung des Bauwerks wichtige Anhaltspunkte. Warum lag Arnegundis, die erste nachweisbare christlich-königliche Bestattung auf diesem Niveau nicht näher zur Apsis hin [73]? Was, muß man fragen, lag dazwischen? Die herkömmliche Vorstellung, Bestattungen „ad sanctos“ seien ausschließlich ein christlicher Brauch, muß durch die Fragestellung nach der heidnisch-christlichen Bestattungskontinuität ersetzt werden [74]. Formigés „Plan der laufenden Grabungen“ von 1960 (unsere Abb. 9), der in dem 1984 von Fleury und France-Lanord veröffentlichten Teilgrabungsplan der merowingischen Bestattungen im Bereich des Arnegundis-Sarkophags (Abb. 10) eine wichtige Ergänzung erfahren hat, bezeichnet ohne Begründung eine «front des sepultures chretiennes» im Sanktuarium unmittelbar vor der Ur-Apsis, gleich westlich von einer großen 3,76 × 1,65 m (heute im Raum der Großausgrabungen verschwundenen) Gruft, deren axiale Lage an der Basislinie der Ur-Apsis sie zweifellos als Kultzentrum ausweist. In dieser Gruft befand sich ein großer, aus der Antike stammender Sarkophag. Als dieser von Viollet-le-Duc bei Umbauten für die neuen Kaisergrüfte im 19. Jahrhundert entdeckt wurde, erwies er sich als schon wiederverwendet. Nach Fleury muß dies, dem Niveau des Sarkophags nach zu urteilen, schon im 6. Jahrhundert geschehen sein [75]; westlich hiervon lagen die Sarkophage in fünf Rängen übereinander, darunter auch gallo-römische Bestattungen, die bis in das 1. oder 2. Jahrhundert zurückreichten [76]. Formigé zeigt drei der fünf östlichsten Sarkophage leicht nach Norden aus der Achse gerichtet, etwa der Abwinklung des östlich der Apsis liegenden Brunnenbaus (siehe die nachfolgenden Ausführungen) ent-

gallo-romain de grandes dimensions.» Piganol, op. cit. Anm. 65, S. 272 «. . . blocs d'architecture gallo-romains . . . on peut conclure à l'existence, à Saint-Denis, de bâtiments gallo-romains d'une certaine importance.» Krüger (1971), S. 177f., beschränkt seine Angaben auf die drei kunsthistorischen Veröffentlichungen. Fleury/France-Lanord (1962), S. 341–344: das unterhalb des „karolingischen Bodenniveaus“ gefundene Fundament läßt sich nicht genau einordnen. Inwieweit diese Mauerreste und Fragmente aber Aufschluß über Fundamentzüge einer «Première Chapelle» geben, muß nach dem jetzigen Stand der archäologischen Grabungen mehr als bezweifelt werden. Formigés Rekonstruktion einer ersten frühchristlichen Kapelle entspringt demnach eher einer Kombination aus Wunschdenken und kühner Hypothese, denn sicheren Kriterien. Vgl. Crosby (1942), S. 67, Anm. 12.

73 Siehe Kapitel III, 4 und bes. Anm. 480. Bei France-Lanord und Fleury (1962) rückt der Sarkophag irrigerweise (wohl nur durch fehlende redaktionelle Nach- und Vorsicht J. Werners) direkt in die Apsis: Auf S. 341 wird der Sarkophag nämlich 5,55 m „östlich der Fluchtlinie der östlichen Vierungspfeiler“ lokalisiert. In Wahrheit liegt er rund 27 m *westlich* der aus dem Text zu verstehenden Stelle.

74 Siehe oben, Anm. 68.

75 Fleury, op. cit. Anm. 65, S. 177.

76 Vieillard-Troiekouroff (1965), S. 337f.

sprechend. Dies schließt nach allgemeiner Meinung christliche Bestattungen aus[77]; jedoch gehen die notwendigen Niveauangaben aus den Grabungsberichten nicht deutlich hervor, und Formigés Plan erfaßt wohl nur die oberste Schicht. Es besteht berechtigte Hoffnung, daß Viollet-le-Ducs Originalaufzeichnung zur Klarheit beitragen könnte: „Im gallo-römischen Schutt unter dem Areal vor der Ur-Apsis" fand er eine gewisse Anzahl von „merowingischen" Steinsarkophagen, von denen aber nur einer grobe Strigilierung und typische christliche Kreuzornamentik trug; die Leichname waren meistens kopflos und wiesen keine besonderen Beigaben auf[78]. Viollet-le-Ducs «figure très-exact de leur position» war nicht zu seiner Zeit „malheureusement perdu"[79], sondern «. . . a été . . . deposé dans les précieuses archives . . . à Saint-Denis». Da nichts im Kult von Saint-Denis auf mehrere Lokalheilige hinweist, deren Köpfe in Reliquiaren aufbewahrt worden wären[80], und überhaupt wegen des Fehlens von besonderen Beigaben, geschweige denn von translatio-Belegen im Grabe, muß gefragt werden, ob hier nicht mit vorchristlichen Kultbräuchen gerechnet werden muß.

Aus den Quellen wissen wir, daß auch der Enkel der Arnegundis und andere königliche Verwandte hier bestattet wurden; von Dagobert I. († 639) an wurde die Kirche dann zur Grablege des neustrischen Königtums[81]. Im Fehlen brauchbarer Angaben jedoch haben diese Quellen auf die Beurteilung des archäologischen Befundes keinen Einfluß, auch nicht darin, daß wir über Dagobert I. wissen, er sei unter einem *arcus* rechts neben dem Märtyrergrab bestattet gewesen. Während der ebenfalls nicht gefundene Bestattungsort Karl Martells (741) „auf der linken Seite" (des Chores?) gleichfalls wenig aussagt, sind die Angaben zum Grab Pippins – *ante limina* der Basilika – für eine Beurteilung des Westbaus äußerst wichtig[82]. Sie betreffen unsere Fragestellung zur Ostanlage insoweit, als sie im Zusammenhang mit späteren karolingischen Quellen beweisen, daß ein Neubau der Basilika selber und damit der Apsis – auch zu dieser Zeit nicht erfolgte, vgl. Kap. III, 4.

Ein früherer Westabschluß des Innenraumes ist nämlich durch ergrabene Reste zweier parallel verlaufender Querfundamente gesichert; das östliche liegt etwa 50 m von dem Ostabschluß der Basilika (Grundlinie der Apsis) entfernt, während das westliche Mauerwerk mittig geöffnet(?) und durch

[77] Idem S. 338, wo auch frühere Literatur angeführt wird.

[78] Viollet-le-Duc (1861), S. 348f.

[79] Wie Vieillard-Troiekouroff (1965), S. 337, Anm. 6, die hier Viollet-le-Duc verfälschend verbatim zitiert.

[80] Die kultische und damit baugeschichtliche Bedeutung kopfloser Bestattungen kann am Beispiel Chartres vergegenwärtigt werden, vgl. vdM (1975), S. 65–79.

[81] Krüger (1971), S. 178–181.

[82] Krüger (1971), S. 181–183 und 186–189.

zwei nach Osten sich spreizende Schrägen gegliedert ist. Diese Anlage wird nun stets als das karolingische Westwerk rekonstruiert. Jedoch, nach Aussage des Ausgräbers Crosby, zeigte das Mauerwerk oben verschiedentliche Abarbeitungen, um die Versenkung einiger Sarkophage zu ermöglichen[83]. Demzufolge muß es älter sein als die Bestattungen. Im Fehlen jeglicher Niveauangaben ist keine genaue Datierung möglich. Jedoch wird ein *terminus ante quem* dadurch gegeben, daß keine Sarkophage in diesem Bereich später als „karolingisch" datiert werden. Das Arnegundis-Grab vom Jahre 565 lag nun mit c. 25 m fast genau halbwegs zwischen dem Ostabschluß der Basilika und diesen Quermauern. Weitere Sarkophage sind auch westlich von diesen gefunden worden und die Bestattungen müssen sich wohl in ununterbrochener Folge nach Westen bis über die etwa 20 Stück hinaus, die im beschränkten Raum der Crosby-Grabungen gefunden wurden, fortgesetzt haben: Es wurde nämlich an der Ostachse des heutigen Westbaus, also nochmals 18,0 m westlich des früheren Westabschlusses, ein ungestörter Steinsarkophag „karolingischen Charakters" gefunden[84]. Noch bezeichnender: Im Jahre 1848 berichtete A. P. M. Gilbert von der Entdeckung mehrerer Stucksarkophage unter dem heutigen nördlichen Westturm, die, Vieillard-Troiekouroff zufolge, wohl in das 7. Jahrhundert zu datieren sind[85].

Ergebnis der publizierten Ausgrabungen ist also, daß eine Sarkophagschicht, die im Osten um 565, im Westen „karolingisch" (?) oder sogar merowingisch zu datieren ist, über ältere Querfundamente hinweg verlegt worden ist. Aus diesen archäologischen Gegebenheiten kann nicht, wie Crosby es vorschlägt, eine „späte Datierung der Sarkophage" abgeleitet werden, sie beweisen vielmehr eine unumkehrbare relative Chronologie des Quermauerwerks, das älter sein muß als die zwischen dem Arnegundisgrab und dem westlichsten „karolingischen" (?) Sarkophag liegende Schicht früh-fränkischer Bestattungen, somit vorkarolingisch sein muß.

In der Saint-Denis-Forschung nie in die Zeit der Ursprünge der Abteikirche gerechnet wurde dagegen die sogenannte Hilduinkapelle (Plan 2,

[83] Sumner Crosby, Excavations in the Abbey Church of St.-Denis 1948. The Facade of Fulrad's Church, in: Proceedings of the American Philosophical Society, 93 (1949), S. 347–361, bes. S. 358f. und Anm. 15.

[84] Crosby, wie Anm. 83, S. 359, Anm. 16. Als Kriterien für die Bestimmung werden angeführt: "The body . . . was wrapped in a simple coarsely woven, woolen shroud without any objects of any type that might assist in its identification. The character of the sarcophagus and of the burial make it possible that it was a Carolingian interment". Die Merkmale der Bestattung, die eine *frühere* Datierung ausschließen sollen, werden nicht erwähnt.

[85] Vieillard-Troiekouroff (1965), S. 342 u. Anm. 32. Ihre disparate Berichterstattung führt dazu, daß Krüger (1971), S. 183/Bischofsgräber, den Sarkophag des Chlodoveus episcopus außerhalb statt innerhalb des Quermauerwerks lokalisiert.

grün). Vielmehr ging die bisherige Forschung – auch unsere von 1976 – davon aus, daß diese Kapelle unter Abt Hilduin (ca. 814–841) an die Apsis einer älteren Basilika angebaut wurde. Eine detaillierte Behandlung dieses Bauteils erfolgt in Kapitel II,6; zunächst aber hat Lioba Theis auf archäologische Befunde verwiesen, welche die oben angeführten Vermutungen zur Baugeschichte keineswegs bestätigen. Im aufgehenden Mauerwerk lassen sich vier genau geostete, parallel verlaufende Mauerzüge (Plan 2, grün) feststellen, die in gleichem Abstand voneinander stehen. Ihre Achse weicht bemerkenswert von jener der leicht südöstlich orientierten angrenzenden Apsis[86] und ebenso von jener des im Osten umlaufenden Radialkapellenkranzes ab. Sowohl im Osten wie möglicherweise auch im Westen ist der Verlauf dieser Mauerzüge gestört, so daß weder ihre Ausdehnung noch die Art ihrer Abschlüsse bekannt sind. Ersichtlich ist aber, daß die spätere räumliche Ummantelung (Plan 2, rot) infolge der Achsabweichungen insbesondere an den östlichen Anschlüssen des ursprünglich älteren Mauerwerks deutliche Unregelmäßigkeiten aufweist.

Im mittleren „Schiff" dieser dreischiffigen oder dreizelligen Anlage trat bei Ausgrabungen Formigés ein Brunnen zutage, den er folgendermaßen beschreibt: von einem ca. 0,65 m im Durchmesser betragenden Brunnenschacht führt ein steinerner Überlauf nach Osten zu einem ovalen Auffangbecken[87]. Er zeichnet diesen Überlauf nach Süden aus der Achse abgewinkelt. Die Tiefe des Brunnens gibt Formigé nicht an; er scheint ihn jedoch nicht in ganzer Tiefe ergraben zu haben, da er keramische Bruchstücke lediglich aus dem 16. und 17. Jahrhundert sowie eine Holzdaube und einen Holzeimer findet[88]. Eine genauere Beschreibung des Brunnens mitsamt Überlauf- und Auffangbecken gibt Formigé aber nicht. In gleicher Weise enthält er sich des Versuchs einer Datierung und der Angabe von Bedeutung und Zweck der Anlage.

Daß diese Brunnenanlage aber noch bis vermutlich in das 17. Jahrhundert hinein funktioniert hat, macht seine Erwähnung in Jacques Doublets 1625 erschienenem Buch über die Königsabtei von Saint-Denis deutlich: «Est à remarquer qu'autant de Chappelles qu'il y a en la partie superieure de l'Eglise, autant il y en a au dessous d'icette, l'entree desquelles est proche du grand escallier qui est en ladite Eglise à main droite, auquel lieu souterain, ou dessous l'Eglise, se void un puys de fort bonne eauë, & tresclaire»[89].

[86] Siehe oben, Anm. 59.

[87] Formigé (1960), S. 182.

[88] Ibid.: «A la base du puits, subsiste encore la douve en vois qui a servi à le forer».

[89] Doublet (1625), Liv. I, Cap. XLII, S. 319. Schon Adolphe Lecocq, La cathédrale de Chartres et ses maîtres de l'œuvre, in: Mémoires de la société archéologique d'Eure-et-Loir, 6 (1876), S. 407, Anm. 20, bezog dieses Zeugnis Doublets auf den Brunnen *puits des Saint-Forts* im Kultus der Kathedrale von Chartres.

Formigé nimmt an, daß dieser Brunnen erst bei der Umwandlung der Hilduin-Kapelle zur Bourbonen-Gruft 1683 zugeschüttet worden ist, wofür auch die im Brunnenschacht gefundenen und von Formigé ins 16. und 17. Jahrhundert datierten keramischen Gefäßfragmente sprechen[90].

Ein weiteres Kriterium muß hinzugezogen werden, bei dem wir uns erneut auf ein Ergebnis der Untersuchungen Formigés stützen können. Müssen seinem Niveauplan der Fundamente und Fußbodenniveaus auch eine Anzahl von Kautelen entgegengebracht werden, die sich auf die Art und Weise der Publikation wie auf offenkundige Fehler beziehen[91], so zeigt eine tragfähige Aussage dieser Untersuchungen, die in Kongruenz von Fundament und Fußbodenniveau unsere dreischiffige Anlage als das eindeutig tiefstgelegene Bauteil von Saint-Denis ausweist (wohl zusammen mit der sogenannten Ur-Apsis, wie der noch heute sichtbare Baubefund zeigt), daß wir für diese dreischiffige Anlage, die keinesfalls mit der um vieles späteren Hilduinkapelle identisch sein muß, eine andere Baugeschichte und eine andere ursprüngliche Funktion in Betracht ziehen müssen. Einen gewichtigen Hinweis liefert uns hierzu der im Mittelschiff befindliche Brunnen mit „Überlauf" und Auffangbecken, welcher kaum als bloßes Wasserreservoir angesehen werden kann. Dagegen spricht schon sein unmittelbares Einbezogensein in eine durch die Ur-Apsis und das ausgedehnte Gräberfeld gebildete kultische Anlage. Eine solche Annahme macht es aber dann wahrscheinlich, die vier (grün gezeichneten) Parallelmauern als einem Bau zugehörig zu betrachten, der den Brunnen in sich barg, ohne dessen Aussehen gänzlich rekonstruieren zu können; das gilt insbesondere für den östlichen und westlichen Abschluß[92]. Allerdings scheint diese Brunnenanlage ursprünglich nicht mit der Apsis verbunden gewesen zu sein.

[90] Formigé (1960), S. 182. Zum Einbau der Bourbonengruft vgl. unten Kap. II, 6. Die Nähe dieses Brunnens zu der im 9. Jh. Maria geweihten Kapelle (siehe Kap. III, 2) erfordert wiederum den Vergleich mit Chartres und den gallischen Kulttraditionen, vgl. vdM (1982), S. 620, Anm. 41, 43 und 44. Das Brunnenheiligtum von Chartres war gleichfalls bis ins 17. Jh. am alten Ort in Funktion, bevor es von den Kanonikern durch Versetzung des Altars getilgt werden konnte, siehe vdM (1975), S. 24–26, jüngst vdM/Hohmeyer (1984), S. 185–198.

[91] Formigé (1960), Fig. 27, S. 36. Formigés Diagramm stellt auf den ersten Blick ein fast unentwirrbares kleines Netz von Linien, Punkten und Zahlen dar, das nur mittels einer Lupe entziffert werden kann. Dabei tun sich einige Unstimmigkeiten und eine Reihe von Ungenauigkeiten auf bis hin zu offensichtlich falsch addierten Maßangaben. Ferner weist Formigé nicht aus, wo er mißt, noch ob er sich auf die Fundamentsoberkante (wahrscheinlich) oder die Fundamentsohle bezieht (in einem solchen Fall wäre die Tiefe der Fundamentgrube wohl angegeben). In gleicher Weise fehlen die Kriterien bezüglich der «Sol viérge», vgl. hierzu wieder vdM (1975), S. 29f.

[92] Eine Rekonstruktion als Brunnenhaus oder Nymphäum bleibt gleichwohl im Rahmen einer Hypothese, da kein antikes aufgehendes Mauerwerk im Bereich der Ostanlage nachgewiesen werden kann (vielleicht ummantelt), welches einen Hin-

Entscheidend aber ist die Tatsache, daß die genaue Ostung dieses Bauwerkes mit der Orientierung der vorchristlichen Sarkophage übereinstimmt (siehe oben). Diese unbestrittene kultgeschichtliche Bestimmung der geosteten Bestattungen in Saint-Denis muß zweifellos auch auf die kultische Ausrichtung dieses Bauwerkes zu beziehen sein. Wenn es hingegen nicht als ein vorchristlicher Kultbau gedeutet werden soll, dann bedürfte dieser Standpunkt des Nachweises, daß die von der Urbasilika abweichende Orientierung sich aus christlich-kultischen Voraussetzungen erklären läßt.

Umgekehrt muß auch die Frage nach der Achsausrichtung der Ur-Basilika gestellt werden. Richtet sich die Achse der Ur-Basilika nach der Orientierung der christlichen Dionysius-Liturgie – etwa bezogen auf den Sonnenaufgang an einem Hauptfesttag des Heiligen –, so dürfen wir damit rechnen, es mit der ersten christlichen Basilika zu tun zu haben. Andernfalls bliebe zu fragen, wonach sich die Liturgien vorchristlicher Kulte, etwa des Dionysos-Kultes, gerichtet haben, beispielsweise nach den Anthesterien oder nach anderen Festen, die im römischen Kalender ebenfalls leidlich dokumentiert sind[93].

weis auf das Aussehen des antiken Baukörpers geben könnte. Wenn auch die Form dreier nebeneinanderliegender „Cellae" den Gedanken an den Tempel einer Trias aufkommen läßt, müssen wir diesen doch als abgelegen betrachten und vielmehr die auf der Mittelachse des Gebäudes sich befindende Brunnenanlage in die Überlegungen zur Funktion eines vermuteten gallo-römischen Gebäudes einbeziehen. Damit wird die Fragestellung in Richtung auf die *fana* gelenkt, einen Typus gallischer Heiligtümer, bei denen ein meistens quadratisches inneres Sanktuarium mittels eines ebenfalls rechteckigen Umgangs zu umschreiten war. Zu den verschiedentlichen Heiligtümern, die so gestaltet wurden, gehören an führender Stelle Gräber, jedoch auch Brunnen. Vgl. Albert Grenier, Manuel d'archéologie gallo-romaine III/1, Paris 1958, mit Angaben früherer Literatur, und Harald Koethe, Die keltischen Rund- und Vielecktempel der Kaiserzeit, in: Berichte der Römisch-Germanischen Kommission 23 (1933), S. 10–108.

[93] Welche bewährten Methoden archäologischer Arbeit in Saint-Denis Anwendung finden könnten, zeigen exemplarisch zum einen die sich streng archäologisch auf Grabungsbefunden stützende Arbeit H. Borgers, Möglichkeiten und Grenzen der Archäologie des Mittelalters, dargelegt an dem Beispiel Xanten, in: Frühmittelalterliche Studien 2 (1968), S. 253–269; sowie die analytisch vorgehende Untersuchung von M. A. Brown, Grave Orientation: A further view, in: The Archaeological Journal 140 (1983), S. 322–328. Hingewiesen sei auch auf den von M. Fleury und P. Périn herausgegebene Colloquiumsband ›Problèmes de chronologie relative et absolue concernant les cimetières mérovingiens d'entre Loire et Rhin‹ (Paris 1978), der Saint-Denis aber nur hinsichtlich des bereits früher dokumentierten Arnegundis-Sarkophags (siehe unsere Anm. 65 und 71) betrifft: M. Fleury, L'origine du décor des sarcophages de plâtre mérovingien de la région parisienne, S. 111–130, davon zum Arnegundis-Sarkophag S. 123–125.

Auch unsere Untersuchung kann die aufgezeigten archäologischen Defizite in

So ergibt sich für die Frage nach dem Urbau ein Ergebnis nicht durch neue Funde oder Quellen, sondern im wesentlichen durch eine Neubewertung bereits bestehender Befunde gemäß einem strengen Kriterienkatalog. Die Ursprünge der späteren Abteikirche von Saint-Denis reichen in die Spätantike zurück. Hier finden wir mit dem Gräberfeld, der Apsis einer Basilika und wahrscheinlich auch dem Brunnenbau eine gallo-römische Kultanlage, die gleichsam nahtlos übergeht in die erste frühchristliche Kultstätte. Diese bestand gleichfalls aus einem weitgedehnten Gräberfeld[94]. Ferner wurde der östliche Abschluß des Gräberfeldes Bestandteil der ersten frühchristlichen Basilika, bzw. wurde die bestehende Basilika mit gewölbter Apsis als erste christliche Kirche geweiht. Diese an frühchristliche Zömeterialanlagen erinnernde Kultstätte[95] muß von Anfang an in Zusammenhang mit dem im Osten liegenden Brunnenhaus (womöglich einem Quellenheiligtum) gestanden haben, das aller Wahrscheinlichkeit nach in ein Taufhaus umgewandelt wurde. Diese Deutung legen nicht nur vielfältige überzeugende bau- und kultgeschichtliche Parallelen nahe[96], sondern auch

Saint-Denis nicht erschöpfend aufarbeiten; wir wollen aber zumindest die für künftige archäologische Forschung notwendigen Fragen stellen.

[94] Das sich nach Formigé (1960), S. 2f., durch eine Bestattung „ad sanctos" bereits von der gallo-römischen Grabanlage unterschied – eine unverständiche Schlußfolgerung, vgl. oben Anm. 68.

[95] Verwiesen sei auf die Zoemeterien in Trier, in: Th. K. Kempf und W. Reusch (Hrsg.), Frühchristliche Zeugnisse im Einzugsgebiet von Rhein und Mosel, Trier 1965. Die Zoemeterien, S. 175ff.

[96] Neben der großen Tradition der frühchristlichen Taufhäuser besticht in seiner Entsprechung vor allem das Beispiel der alten Bischofskirche zu Trier (vgl. aber auch Kölner Dom: die erste Basilika hatte ein eigenes Taufhaus östlich der Apsis). Archäologische Untersuchungen haben nicht nur zu einer dezidierten Dokumentation der gallo-römischen Ursprünge der frühchristlichen Doppelkirchenanlage geführt, sondern vor allem auch zur Ergrabung einer Brunnenanlage gallo-römischen Ursprungs, die später als Taufkapelle gleichfalls das Patrozinium Johannes des Täufers erhielt und in ihrer Funktion das große westliche Baptisterium der Doppelkirchenanlage, an welches sie östlich an der Domseite anschloß, viele Jahrhunderte übertraf. Frappierend ist die Ähnlichkeit dieser Brunnenanlage in Trier mit dem von Formigé ergrabenen Brunnen in Saint-Denis. Gegen diese Einordnung von Saint-Denis in die Tradition solcher Kirchen, die über ein Baptisterium verfügten, spricht auch nicht die Tatsache, daß Saint-Denis ursprünglich keine Bischofskirche gewesen ist, sondern eine aus der Verehrung eines Lokalmärtyrers begründete spätere Abteikirche. Wie nämlich alle einschlägigen kirchengeschichtlichen Standardwerke ausweisen, beginnt vor allem in Spanien und Gallien seit dem 6. Jh. mit der Zunahme der Christen auf dem Lande eine innere Gliederung der Bistümer durch immer zahlreicher werdende sogenannte Taufkirchen, die neben den Bischofskirchen das Taufrecht besaßen und in denen auch der sonntägliche Hauptgottesdienst gefeiert werden durfte. Daß Saint-Denis ganz offensichtlich den Status einer solchen Taufkirche besaß (die Taufkirchen- oder Urkirchenorganisation insgesamt wurde allerdings schon bald

die Tatsache, daß zur Zeit der Baumaßnahmen Hilduins bereits östlich der Apsis der Hauptkirche eine Taufkapelle mit dem Patrozinium Johannes des Täufers bestand[97]. Auch die vielen übrigen Kapellen im „Atrium" genannten Friedhof dürften auf vorchristliche Mausoleen oder andere Grabkultbauten zurückgehen: Wahllos im Atrium oder an seiner Peripherie verstreut[98], teils an Türme, teils aneinanderliegend oder später zu Kirchen

weitgehend durch das Eigenkirchenwesen abgelöst), unterstreicht die anhand der archäologischen Zeugnisse bereits gewonnnene Einsicht in die kultisch-liturgische Bedeutung der in der Kontinuität einer schon vorchristlichen Kultstätte stehenden Basilika über dem Märtyrergrab des Hl. Dionysius.

An Literatur siehe: Alois Thomas, Taufort und Taufspendung in der Bischofskirche zu Trier, in: Zeichen des Glaubens – Studien zu Taufe und Firmung (Festschrift B. Fischer), hrsg. von Hansjörg auf der Mauer und Bruno Kleinberger, Zürich 1972, S. 335–357 (Abb. auf S. 344–347); Theodor K. Kempf, Die vorläufigen Ergebnisse der Ausgrabungen auf dem Gelände des Trierer Domes, in: Germania 29 (1951), S. 47–58 (Abb. auf S. 53); Kempf/Reusch, op. cit. Anm. 95, Die Kultanlage, S. 209–35; R. Kottje/B. Moeller, Ökumenische Kirchengeschichte, Bd. 2 (Mainz ^{3}1983), S. 28–31; H. Jedin (Hrsg.), Handbuch der Kirchengeschichte, Bd. III/1, Freiburg 1966 (1985), S. 220–226 und S. 252/3.

[97] Siehe den Brief Ludwigs des Frommen, zitiert nach Félibien (1706), No. LXXVI, im Kapitel III, 6, Anm. 578. Eugen Ewig, Die Kathedralpatrozinien im römischen und fränkischen Gallien, in: Historisches Jahrbuch 79 (1960), S. 16: „Es ist eine altbekannte Tatsache, daß zu jeder Bischofskirche ein Baptisterium gehörte, und daß die Baptisterien stets Johannes dem Täufer geweiht waren". Ewig sieht das dem Johannes geweihte Baptisterium bis in das 5. Jh. hinabreichend sicher verbürgt (S. 18). Jean Hubert, Bull. de la Soc. nat. des Antiquaires de France (1945–1947), S. 176f., sich auf Fardulf stützend, lokalisiert das „im 8. Jahrhundert gebaute oder rekonstruierte" Baptisterium von Saint-Denis *in atrio*; Formigé (1960), S. 13 und 18, zitiert einen 1860 von Félice d'Ayzac veröffentlichten Plan, worauf es weiter östlich ausgewiesen sein soll.

[98] Siehe den diagrammatischen Plan bei Formige (1960), S. 28f., sowie seine Auslegungen S. 9–18 im Vergleich mit früheren Plänen und Ansichten. Die abweichende Orientierung wird in Zukunft ein Hauptkriterium zur Bestimmung der Entstehungsgeschichte einzelner Kirchen im Verhältnis zueinander bilden. Dies setzt aber genauere Aufnahmen als bisher voraus. Nach Formige (1960), S. 15 und 17, der dort gegraben hat, sind bis auf eine sämtliche Trabantenkapellen etwas nach Südosten, parallel zur Hauptkirche orientiert; nur die Kirche der Trois-Patrons (vgl. Anm. 99) ist wie die „Hilduinkapelle" und die Klostergebäude wirklich geostet. Hubert, op. cit. Anm. 97, behauptet dagegen, ohne Beweise, daß auch die drei weiteren von ihm angeführten Kapellen geostet sind, darunter allerdings auch die Kapelle Saint-Jean-Baptiste, deren genaue Lage (da er diese nicht mit der „Hilduinkapelle" identifiziert) ihm als unbekannt gelten muß. Hubert publiziert diese offenbar falsche Information nur, um sein Gegenargument zu Crosby zu belegen (worin ihm Vieillard-Troiekouroff [1965] unkritisch folgt, S. 342 und Anm. 29, mit weiteren Publikationen von Hubert) – entsprechend der Überzeugung, daß der Leser eher an dem anerkannten Autor als an den nicht bekannten Gegenständen seine Orientierung zu nehmen habe.

zusammengestückelt[99], wurden sie, bevor sie in der Neuzeit untergingen, fast alle für sehr alt, jedenfalls für vorkarolingisch gehalten[100]; sie weisen durchweg typisch frühe Patrozinien auf[101].

Die Schriftquellen belegen (siehe Kapitel III 2), daß Ende des 5. Jahrhunderts auf dem *vicus Catulliacensis*, der alten Ortschaft von Saint-Denis, bereits eine lebendige Verehrung des christlichen Dionysiusgrabes bestand, die offenkundig an gallo-römische Tradition anknüpfen konnte. Dabei wird jedoch weder der genaue Ort innerhalb des riesigen Friedhofs festgelegt, noch der Kirchenbau beschrieben. Weil spätere Quellen auf eine Umbettung des um 250 gestorbenen Heiligen deuten, ist es notwendig, die fortschreitende bauliche Gestaltung der Kultstätte weiter in ihrer relativen Chronologie zu verfolgen, bevor das Verhältnis der schon auf dieser Stufe rekonstruierbaren apsidialen dreischiffigen Basilika zu der späteren Abteikirche anhand der Quellen erforscht wird.

Vieillard-Troiekouroff versucht ihr Postulat, den Bau dieser Kapellen mit der Balthildis-Reform in Verbindung zu bringen, nicht zu begründen; die Umgestaltung bestehender Bauten würde jedoch durchaus zu Balthildis' Tätigkeit passen.

[99] Dieser Vorgang betrifft die Mehrzahl: Saint-Pierre ist seitlich mit La Madeleine und östlich mit Saint-Michel-du-Charnier zusammengebaut, bzw. an diese angelehnt; die drei Kapellen Saint-Geneviève, Saint-Michel-du-Degré und Saint-Barthélémy, mitsamt einem Turm im Westen, wurden nach ihrer Beschädigung unter den Calvinisten als Pfarrkirche Trois-Patrons vereinigt, obschon sie untereinander verschieden hoch waren (dazu kam noch ein Presbyterium); Saint-Remy stand frei, ebenfalls Saint-Paul, letztere scheint aber selber aus zwei Teilen bestanden zu haben und wies eine Krypta auf.

[100] Hier sind sich auch alle Kunsthistoriker einig. Krüger (1971), S. 173, meint zu Unrecht, daß der Friedhof erst seit dem 3. Jh. benutzt wurde und sich erst seit dem 7. Jh., „nun lange christlich", im Norden erstreckte: die Neronische Münze wurde unter der Trois-Patrons-Kirche nebst späteren Münzen und verschiedenen Sarkophagen des 5. oder 6. Jh. gefunden (vgl. Crosby [1942], S. 69). Eine ursprünglich vorchristliche Bestimmung der Kapellen würde keinesfalls die Vorstellung einer christlichen „Belagerung" der Hauptkultstätte beeinträchtigen (vgl. vdM [1975], S. 68f.). Es käme lediglich darauf an, ob die auf dem Friedhof befindlichen Nebenkulte vor oder nach der Hauptkultstätte synkretistisch dem christlichen Kult integriert worden waren. Die Entstehung der sogenannten Kirchenfamilie läßt sich keinesfalls auf einen einzelnen Nenner bringen. Bezeichnenderweise sind weder die in den Schriftquellen erwähnte Taufkapelle noch die Marienkirche als Bauten erfaßt, möglicherweise weil sie faktisch ein und dieselbe Anlage bildeten und schließlich in der Abteikirche selber aufgingen (siehe unten).

[101] Die Patrozinien werden in den obigen Anmerkungen angeführt. Hubert, op. cit. Anm. 97, S. 176, führt mit Recht die „benachbarte" Weihe an die Hln. Apostel Petrus und Paulus als Indiz für ein vorkarolingisches Bestehen der Kirchen an. Weiterführend Ewig, op. cit. Anm. 97.

5. Die Umgestaltung der Ur-Apsis

Spätestens im Jahre 570, zur Zeit der Bestattung der christlichen Königin Arnegundis, steht an der heutigen Stelle eine dreischiffige Basilika von beträchtlichen Ausmaßen und aus massivem Mauerwerk. Ob sie als die Kirche der Genovefa aus dem 5. Jahrhundert zu betrachten ist, soll hier nicht entschieden werden; in jedem Fall führt sie die kultische Tradition fort und birgt alle Elemente eines möglicherweise älteren Kultbaus in sich (z. B. die Apsis). Diese Aussage erscheint auf dem Hintergrund der bisherigen Ergebnisse der Saint-Denis-Forschung genauso überraschend wie die im vorhergehenden Kapitel über den Urbau nachgewiesene offenkundige Kontinuität zwischen spätantiker und frühchristlicher Kultanlage, wurden doch in der bisher üblichen kunsthistorischen Rubrizistik größere Kirchenbauten aus massivem Stein in der Regel frühestens den Karolingern zugeschrieben. So wurde erklärt, daß die große merowingische Kirche ganz innerhalb des „karolingischen" Nachfolgebaus lag, sich in einer Länge von 57 m von Westen bis zu einer Apsis erstreckte, deren Lage mit der „karolingischen" übereinzustimmen schien. Das Langhaus war dreischiffig und insgesamt 17,50 m breit. Das Mittelschiff entspräche demnach mit 9,75 m Breite dem „karolingischen" [102]. Noch 1976 heißt es etwas zweideutig, die Basilika hätte mit einer Länge von 34 m schon die Dimension des „karolingischen" Langhauses gehabt [103]. Bei allen Widersprüchen bleibt von vornherein ungeklärt, weswegen ein „karolingisches" Bauwerk den Vorgänger in gleicher Größe ersetzen sollte [104]. Es erübrigt sich zu fragen, inwieweit es den Verfechtern dieser merkwürdigen These bewußt war, hiermit lediglich der Überlieferung Félibiens aus dem Jahre 1706 beizupflichten: «La dernière église ... construite par ... Charlemagne sur les *anciens fondaments* de celle du roy Dagobert» [105]. Wir werden sehen, daß die Schriftquellen keinen Neubau

[102] So verstand Krüger (1971), S. 177f., Vieillard-Troiekouroffs Auslegungen von 1965, S. 337–343, bes. 339 unten.

[103] May Vieillard-Troiekouroff, Les monuments de la Gaul d'après Grégoire de Tours, Paris 1976, Saint-Denis, S. 252f. Die Länge von nurmehr 34 m bezieht sich hier offenbar auf die inneren Längen des Langhauses. Unter Berufung auf ihre eigene Publikation von 1965, wird behauptet, man habe „die karolingische Kirche" weitgehend rekonstruieren können; der „nur hypothetisch rekonstruierbare" merowingische („Genovefa"- oder „Dagobert"-)Bau «aurait déjà eu les dimensions de la nef carolingienne, soit une longeur de 34 m». Diese beschränkte Information umgeht sämtliche offene Fragen – und reicht selbstverständlich nicht dazu aus, Formigés entsprechende, wenn auch umgekehrte These zu widerlegen (vgl. diesbezüglich ihre Auslegungen von 1965, S. 343 und Anm. 33).

[104] Formigé, S. 59, betont die «fondations excellentes» des Dagobertbaus, die archäologisch belegt sind, fährt dann mit einer rein fiktiven Beschreibung des «fort mediocre» aufgehenden Mauerwerkes fort, obwohl dies nirgends erhalten war.

[105] Félibien (1706), Liv. IV, S. 170, nach Formigé (1960), S. 56.

der Kirche erwähnen, daß keine Neuweihe *der Basilika* beurkundet wird.

Einigkeit besteht in der grundsätzlichen Kontinuität der erhaltenen Reste der Apsis, wonach sich die Bezeichnung Ur-Apsis bestätigt. Diese Apsis ist außen durch sechs Lisenen gegliedert, welche durch große Fenster, wahrscheinlich über zwei Etagen, gerahmt wurden (siehe Abb. 14); die oberen Fensterschwellen waren zufällig in situ geblieben, als die Apsis beim schließlichen Umbau der Ostanlage auf dieses Niveau abgetragen wurde, während die unteren Fenster bei einem früheren Bauvorhaben entweder arg verbaut oder bei dieser Gelegenheit überhaupt erst durchgebrochen wurden. Die Hauptapsis birgt nämlich in der Form einer Ringkrypta ein Martyrium, das eingebaut wurde, um den Zugang zu den Reliquien zu ermöglichen, die sich zunächst noch in der großen längsrechteckigen Gruft westlich vor der Ur-Apsis befanden (vgl. oben Kap. II, 3), oder schon in einer axial angelegten rechteckigen Ausbuchtung im Ringstollen selber (Abb. 9). Das Mauerwerk der inneren Stollenwand besteht aus dünnen, offenbar wiederverwendeten Ziegeln, die in den oberen Abschnitten weitgehend neu verlegt worden zu sein scheinen. Die Ausbildung einer solchen Martyriumsanlage unterhalb der Apsis, die über seitlich herabführende Stufen mittels eines Ringstollens zugänglich war, hatte die Einziehung eines erhöhten Fußbodens im Chorbereich zur Voraussetzung (Abb. 12)[106]: Formigés brauchbarer, aber selektiv unvollständiger Bericht zur Freilegung der Apsis und des Martyriums (bei Tilgung der Bourbon-Kapelle, siehe unten) versucht den Chorfußboden in dieser Höhe als integrierenden Bestandteil der Ur-Apsis darzustellen[107]. Jedoch verweist der Baubefund der Apsis-Innenwand eindeutig auf eine nachträgliche Einflickung von großen Steinplatten in die Apsismauer, welche einerseits diesen Fußboden bildeten, gleichzeitig jedoch als Abdeckung des Martyrium-Ringstollens dienten (Abb. 11, rechts). Abgesehen von der groben, unregelmäßigen Zusammensetzung weist schon eine Art doppelte Ökonomie bei der Verwendung von Steinplatten auf Gegebenheiten am Bau hin, welche diese Notlösung aufzwang: Wäre der Ringstollen von vornherein beim Bau der Apsis vorgesehen gewesen, so hätte er wie üblich mit einem Gewölbe versehen werden können. Daß dies nicht geschah, liegt nicht allein an der Schwierigkeit, ein Gewölbe nachträglich an der Apsis-Innenwand anzubringen (ohne den Platzverlust, der durch Aufmauerung

[106] Der Chorraum läge somit fast auf dem Niveau des heutigen Hauptaltars; das Areal ist offenbar erst nach den jüngsten Ausgrabungen in der Krypta etwas erhöht worden. Dafür lag aber der Fußboden der Basilika rund 1,10 m tiefer als heute. Formigés (1960) Maßangaben (Fig. 27 auf S. 36) erlauben keinesfalls eine präzise Aussage; vgl. auch Crosby (1942), S. 147f.

[107] Formigé (1960), S. 61, 159–163, Fig. 134–143; die Detail-Bebilderung ist durch Vieillard-Troiekouroffs (1965) Gesamtaufnahmen, Fig. 7 und 8, zu ergänzen. Dort sind jedoch Nord und Süd vertauscht. Es sind heute noch insgesamt sieben Fenster im Ringstollen zu erkennen.

einer inneren Mauerschale entstünde), sondern vielmehr an der fehlenden Höhe, welche die Gewölbe beansprucht hätten[108]. Die Schwellen der oberen Fenster lagen nur 1,50 m oder 1,65 m über dem Niveau des neu eingezogenen Fußbodens des erhöhten Chorraumes. Da die als Wandbehang bemalten Stuckreste der Fensterbrüstung erst etwa 40 cm über dem Fußboden ansetzen, muß hier eine Steinbank für die Priester an der Apsiswand herumgeführt gewesen sein (wie Abb. 12 zeigt). Die Steinplatten des erhöhten Chorfußbodens liegen in der Apsiswand direkt auf einer weiteren Schicht waagerechter Steinplatten, welche heute als Sturze der nur rund 0,86 m breiten Fenster dienen und durch steinerne Mittelpfosten gestützt werden[109]. Das beschriebene unbeholfene Flickwerk erklärt sich am ehesten durch die nachträgliche Einziehung des Martyriums in einer Apsis, die ursprünglich zwei gleich große Fensterreihen übereinander aufwies. Die ursprüngliche Breite der oberen Fenster von 1,50 m ist durch ihre erhaltenen Schwellenpartien gesichert. Der neue Zwischenboden hätte die Zumauerung der oberen zwei Drittel der unteren Fenster erforderlich gemacht. Dieses (Füll)mauerwerk wurde von Steinplatten in den großen Fensteröffnungen aufgefangen, die ihrerseits auf die dafür aufgemauerten Fensterlaibungen und die erwähnten Mittelpfosten aufgesetzt sind (die verputzten Fensterlaibungen zeigen Reste von Marmor-Imitationen)[110]. Diese gleich-

[108] Etwas von diesem Fehlen an genügender Kopfhöhe spiegelt sich in Formigés notgedrungen knauserig wirkenden Berechnungen wider, auf die wir jedoch nicht im einzelnen einzugehen brauchen, weil sich das Hauptproblem in dem Höhenbereich zwischen den Fenstern ergab (siehe im folgenden). Der Fußboden des Ringstollens könnte theoretisch so tief gelegt werden wie nötig, um die erforderliche lichte Höhe zu gewinnen, außer es hätte sich hier ebenfalls um ein vorgegebenes Niveau gehandelt, etwa des geweihten Bodens des Ur-Chores. Im Langhaus mußte dieses Niveau wegen der Bodenerhöhung des Erdreichs erhöht werden. Ein Vergleichsbeispiel bietet die Kirche S.-Serge-et-S.-Bacche in Chartres, vgl. vdM (1975), S. 30f. und Anm. 113 und 114 auf S. 96.

[109] Vgl. Formigé (1960), Fig. 134, 135 und 138.

[110] Offenbar sind die äußeren Laibungsschrägen in der Flucht der inneren Schräge zur gleichen Zeit ausgemauert worden, um auch dort die eingezogenen Platten zu tragen. Formigés (1960) Text, S. 163, läßt sich hier wieder nicht sinnvoll mit dem Grundriß, Fig. 143, und Aufriß, Fig. 142, in Verbindung bringen. Sowohl die eingezogenen Deckplatten wie auch die Sohlbänke sind schräg nach außen hoch geführt, siehe Abb. 11 rechts. Entweder sieht Formigé die äußeren Fensterlaibungen irrtümlich als nachträgliche Abarbeitung der Gewände, oder die unteren Fenster waren außen tatsächlich nur schmale Spalten. Seine ohnehin flüchtige Beschreibung widerspricht nicht unserer Rekonstruktion des ursprünglichen Baubefundes. Es sollte Spuren von den ursprünglichen oberen Fensterlaibungen im Mauerwerk geben; daß diese nicht auf Formigés verschönender Ansicht (unsere Abb. 12) erscheinen, besagt nichts mehr als die dort ebenfalls fehlende Störung des Mauerverbandes, die nach Formigés eigener Beschreibung die Laibungen im unteren, umgebauten Fensterbereich auszeichnen müßten. Da die Apsis – und offenbar auch anderes Mauerwerk

sam zu Schießschächten verkleinerten Apsidenfenster im Bereich der Martyriumsanlage können dabei nicht die Funktion von Fenestella gehabt haben: Die Mehrzahl erlaubt keinen Blick auf das Martyrium selber, während die Mittelpfosten obendrein einen offenen Blick in das Innere versperrten. Eine genaue Sichtung des Mauerwerks bzw. Formigés unveröffentlichter Grabungsnotizen dürfte die Auslegung dieses Flickwerks, wie gesagt, als nachträglichen Durchbruch der kleinen Lichtschächte erlauben; als ursprünglicher Bestandteil der stolzen Apsis können sie jedoch nicht angesehen werden. Außen ist sie nämlich in ausgezeichnetem Quaderwerk gemauert und durch die erwähnten Lisenen gegliedert; mittels abgeschrägter Kämpferblöcke verbreitern die Lisenen sich nach oben, und zwar im Bereich der unteren Fensterschwellen (Abb. 11).

Formigé hat offenbar keine Tiefengrabung in diesem Bereich durchgeführt, um die Basen der Pilaster bzw. den Sockel der Apsis zu erkunden, obwohl in anderem Zusammenhang von Fundamenten in 3,20 m Tiefe die Rede ist[111]. So wie bei Formigé dargestellt, kann die Apsis wohl nicht ausgesehen haben; ihre Proportionen müssen vielmehr erheblich (gut zwei Meter?) in die Höhe gestreckt gedacht werden. Bei keiner der Grabungen ist die Erhöhung des Erdreichs in Betracht gezogen worden, es ist stets nur von der vermeintlichen sol vièrge die Rede. Demgegenüber muß eine Erhöhung des Bodenniveaus in der Zeit zwischen der Erbauung der Apsis und der Einziehung des Martyriums angenommen werden.

Zusammenfassend ist festzustellen: Die wahrscheinlich in zwei Rängen übereinander angeordneten Fenster bezeugen eine ursprünglich von Licht durchflutete Apsis. Direkt westlich davor lag ein auf sie bezogenes Grab-Heiligtum, das nachträglich mittels eines Ringstollens innerhalb der Apsismauer zu einer Confessio/Martyriums-Anlage umgestaltet wurde. Um diese kultische Umwandlung zu ermöglichen, mußte ein erhöhter Apsis-Chorboden vorgesehen werden, wodurch die unteren Fenster zwangsläufig geopfert wurden. Ihre unteren Reste konnten noch als Lichtquelle für das

im Westen (vgl. Formigé [1960], S. 59) – nur außen Quaderwerk aufweist, während das innere Bruchsteinmauerwerk verputzt war, muß von vornherein mit einer späteren Verblendung gerechnet werden. Wäre dies nachträglich durchgeführt, so wären die hier besprochenen Unregelmäßigkeiten (Formigés Darstellung entsprechend!) verwischt worden. Formigé spricht auf S. 163 irreführend von dem Apsismauerwerk, als sei es homogen.

[111] Formigé (1960), S. 169, obwohl für das Fundament der „Hilduin"-Kapelle von «3,20 m plus bas que le dallage actuel de la nef» die Rede ist (das rund 2,32 m höher als der aktuelle Fußboden der Krypta ist), würde man dieses Maß in dem gegebenen Zusammenhang eher auf die «nef» der Ostanlage beziehen. Es ist ohnehin absolut ausgeschlossen, daß dieses «niveau qui est le même pour les piliers du Suger au XIIe siécle» als Fundament*sohle* für die Pfeiler der Oberkirche gelten kann. Keine Kathedrale «repose sur la glaise blanche compacte» in etwa 0,88 m Tiefe. Zum Maß von 2,32 m vgl. unsere Anm. 91.

Martyrium beibehalten werden, es war jedoch kein Raum für eine Einwölbung des Ringstollens zwischen den gegebenen Höhen vorhanden. Wie weit dieser erhöhte Chor nach Westen in den Hauptraum hineinragte, läßt sich nur vermuten: daß er der Apsis vorgelagert gewesen sein mußte, bezeugen die seitlichen Zugänge zum Ringstollen; der Abschluß nach vorne könnte durch das ergrabene Querfundament 7 Meter vor der Apsis markiert sein (Abb. 11)[112].

6. Die Bauten östlich der Ur-Apsis und ihre erste Ummantelung

Später, nach der inneren Umgestaltung der Ur-Apsis, muß ein niedriges Bauwerk an ihrer Südseite angebaut gewesen sein. Im Untergeschoß wurde das (schon einmal umgebaute) südlichste Fenster zugemauert. Im Obergeschoß reichte das Dach bis in die Höhe des darüberliegenden Fensters, so daß dessen Sohlbank schräg hochgeführt werden mußte[113].

Sowohl an dieser Süd- wie auch an der Nordflanke der Apsis ist die Außenfläche des Mauerwerks abgearbeitet worden, um die heutigen, noch um vieles später durchbrochenen Zugänge von der Hauptkirche in das Ostanlagen-Untergeschoß bei seiner letztendlichen (heute erhaltenen) Gestaltung zu ermöglichen (siehe Kap. II, 7 und 8). Das angebaute Mauerwerk muß dabei wieder entfernt worden sein, jedoch nicht ganz: Gerade an dieser Stelle an der Südseite der Apsis (heute durch den erwähnten schmalen Zugang davon getrennt) liegt ein Raum (Plan 6), dessen sehr verbautes Mauerwerk noch Teile aufweist, die mit als die ältesten in Saint-Denis angesehen werden[114]. Nun richtet sich dieser Raum nicht nach der Achse der Basilika mit ihrer Apsis, sondern ist deutlich nach Norden abgewinkelt, der präzisen Ostung des Brunnenhauses entsprechend[115]. Der genaue Zusammenhang

[112] Formigés «Façade de la chapelle primitive», bezogen auf eine fiktiv rekonstruierte Kapelle, die auch in der bisherigen Forschung keine Zustimmung gefunden hat.

[113] Formigé (1960), S. 61, 159 und 171. Vgl. unsere Anm. 107. Auf seiner Fig. 31 (unsere Abb. 9) und 143 zeigt er nur zwei Fenster auf der Südseite, hingegen drei im Norden. Irreführend dabei ist seine Darstellung des Mauerwerks auf der Südseite als massiv (schwarz auf Fig. 143), im Gegensatz zur schraffierten Zumauerung des Fensters an der entsprechenden Stelle im Norden, als ob an dieser Stelle nie ein Fenster gewesen wäre. Formigé ist hauptsächlich dort unzuverlässig, wo es um Widersprüche zwischen Text und Planriß geht, bzw. dort, wo wichtige Indizien im Plan oder Aufriß im Text nie zur Sprache kommen. Im vorliegenden Fall muß geschlossen werden, daß seine zweifache Darstellung dieses Fensters als zugemauert zu einer Zeit, da die übrigen noch funktionierten, auf Kriterien beruht, die nie zur Publikation kamen.

[114] Formigé (1960), S. 177 – «carolingienne» bedeutete für den damaligen Stand der Forschung das Älteste überhaupt.

[115] Siehe oben, Anm. 59, vgl. Anm. 98. Leider kann über den entsprechenden Raum im Nordbereich nur wenig gesagt werden, vgl. Formigé (1960), S. 177. Zunächst

läßt sich der vielen Änderungen wegen nicht mehr feststellen: Der heutige Eingang in die Nordmauer scheint (nach Formigé) später durchbrochen worden zu sein; der Raum zeigt Spuren von mehreren solcher durchgreifenden Umbauten, unter anderem der Schließung seines Ostfensters durch den Anbau des Turmuntergeschosses (EIII SII) in Zusammenhang mit dem Kapellenkranz [116].

Wie oben besprochen, dürfte das dreischiffige Brunnenhaus in der frühchristlichen Zeit als Johannes dem Täufer geweihte Taufkapelle gedient haben. Wir erinnern uns ferner: Diese Kernanlage der Krypta wird durch drei Schiffe von etwa gleichem Breitenmaß gebildet. Spätere Umbauten, die im nächsten Kapitel behandelt werden, führten zum unregelmäßigen Abbruch ihrer Ostteile; heute reichen die Mauern des caveau central, d. h. des "Mittelschiffs", weiter nach Osten als die der flankierenden Außenmauer (Plan 6). Während ein Ostabschluß der Seitenschiffe nie festgestellt worden ist *(trotz widersprechender Beteuerungen der Ausgräber* [117]*)*, wurden Anzei-

gibt es bei Formigé die üblichen Widersprüche: auf dem Grundriß winkelt der entsprechende nördliche Raum – der in schier unvorstellbare Mauermassen eingepfercht ist – geringfügig von der Basilika-Apsis nach Norden hin ab (also gar nicht «sur l'axe de Dagobert»), wobei er aber nicht so sehr wie das Brunnenhaus und der ihm entsprechende südliche Raum abweicht. (Wir werden im folgenden Kapitel II, 6 sehen, daß er damit im Zusammenhang mit der letzten, heute erhaltenen Gestaltung des Ostanlage-Untergeschosses gesehen werden muß.) Der heutige Nordeingang in die Krypta steht eindeutig an einer anderen Zwischenstufe der Baufolge als die von uns hier noch behandelten und auf Plan 6 grün verzeichneten Bauteile. Das Durcheinander des aus diesen fortschreitenden Änderungen entstandenen Kryptenmauerwerks ist durch einen Blick auf den Grundriß leicht erkennbar.

[116] Formigé (1960), S. 177. Der Raum ist überhaupt erst später in Quaderwerk eingewölbt, mit Gräten ähnlich denjenigen des Kapellenkranzes. In der Südmauer (Formigé, S. 176, Fig. 161) liegt noch ein Eingang, hoch in der Wand, über Spuren eines später eingezogenen Holzfußbodens, links davon befindet sich ein Fenster, das nach Formigé später durchbrochen und dessen Sohlbank nachträglich bis in halbe Fensterhöhe erhöht wurde.

[117] Crosby (1942), behauptet auf S. 174 einen platten Abschluß („a flat eastern wall") des nördlichen Seitenschiffs durch seine Grabung CR 6 nachgewiesen zu haben. Obwohl die dazugehörigen Figuren Nr. 79 und 80 widersprüchlich und falsch verzeichnet sind (auf Fig. 80 sollen die unteren vier Schnitte offenbar CR 6, 1–4 betreffen) und zudem die Photographien Nr. 58 und 59, vor S. 179, nur schwerlich in Verbindung mit den Zeichnungen (die eine andere Fußboden-Plattenkontur aufweisen) zu bringen sind, kann trotz widersprüchlicher Angaben (die Stufe, um die es sich hier handelt und die auf dem Schnitt B–B erscheint, ist auf dem Schnitt A–A überhaupt nicht vorhanden) aus dem veröffentlichten Material gefolgert werden, daß, wenn überhaupt irgendein querlaufendes Bauelement hier gefunden wurde, es sich um eine Abstufung, keinesfalls um eine Quermauer gehandelt haben kann; Eine – wie Crosby dies beschreibt – „einseitige Mauer" ist je nach Höhe als Stufe oder Terrasse anzusprechen. Spätestens mit Polks Analyse (S. 130) war die Sinnlosigkeit von Crosbys Bemerkungen offenbar. In Frage gestellt wurde Crosbys „Entdeckung"

chen eines Apsidialabschlusses des caveau central von Formigé gefunden [118]. Die Forschungslage erklärt sich aus der Voreingenommenheit unter Bezug auf selber undatierte Vergleichsbeispiele, anstatt die vorliegenden Bedingungen des Baubefundes für sich sprechen zu lassen [119]. Heute wird

ferner durch das Fehlen irgendeines Ostabschlusses des südlichen Seitenschiffs. Der Begriff „Logik" wird über seine Grenzen hinaus gedehnt, wenn der gesuchte, jedoch nicht gefundene Abschluß mit dem Postulat herbeigeredet wird: „It is logical to assume that the southern sideaisle had a similar flat eastern termination, although positive proof for this was not uncovered in the excavation . . .". Unerwartete Unterstützung bekam Crosbys Logik durch Formigés (S. 172 und Fig. 159 und 160) nicht näher belegte «angle rentrant de mur» welche «j'ai trouvé la symétrique au sud» – und zwar genau an der Stelle, wo Crosbys Grabung CR 11–13 im Grundriß (Textfig. 83), Schnitt (Abb. 84) und Text (S. 174) bewiesen hat, daß trotz gründlichen Suchens nichts vorhanden war. Formigé hat Crosbys veröffentlichten Grabungsbericht offensichtlich nicht verstanden, seine Behauptung läßt sich nicht erklären.

118 Formigé (1960), S. 169, ergrub keine Fundamente sondern «la base de son *abside* demi-circulaire, abside de 4,10 m de diamètre hors œuvre. Elle se présente *comme un plateau* massif horizontal, dont la paroi extérieure est revêtue d'un enduit lisse sans aucune trace d'arrachement ni d'empreinte de blocs disparus» (unsere Hervorhebung). Diese Plattform-Rundung wäre somit erheblich schmaler als das Mittelschiff des caveau central, sie wies keine Spur von Absidialmauerwerk auf; ja, ihre Lage im Verhältnis zum erhaltenen Mauerwerk der Kapelle wird nirgends genau festgelegt – außer nach einer nicht ernst zu nehmenden Kalkulation gemäß der «proportion classique de cette époque», wonach die Kapelle 9,60 m lang gewesen wäre (die wiederum durch nicht verständliche Kalkulationen Vieillard-Troiekouroffs auf 14 m gestreckt wurde – ebenda (1965) S. 355, vgl. Grundriß auf S. 340). Wohl darf aber aus der lakonischen Bemerkung «Suger l'a un peu ébréché vers l'est», geschlossen werden, daß die Außenwandung der Plattform bis in den nahen Bereich der Freisäulen im Osten gereicht hat. Crosby (1942), S. 174, sah andererseits in den gekurvten Enden der äußeren Wandflächen des caveau central die Ansätze einer Apsis, jedoch einer in voller Breite des Raumes. Er untermauerte diese naheliegende Theorie durch die verfälschte Angabe von gerundeten Ansätzen auch für die Innenflächen – auf seiner Textfig. 67. Formigé grub offenbar nicht tief genug, um eventuelle Fundamente östlich außerhalb der Plattform zu erforschen. Bis zu einer fachgerecht durchgeführten Grabung kann nicht festgestellt werden, ob vielleicht eine größere Apsis die kleinere innere Apsis zu einer späteren Zeit ersetzte. Vorerst wissen wir nicht einmal mit Sicherheit, in welchem Jahrhundert die Demolierung dieser Apsis erfolgte, obwohl die Führung eines Gurtbogens von der inneren Wandgliederung zur Freisäule hin (a2n, vgl. Plan 2 und Formigé, Fig. 164 links) darauf hinzudeuten scheint, daß die Apsis schon im Zusammenhang mit dem abschließenden Ausbau des Umgangs geopfert worden ist. Ohnehin war der Mittelraum zu Félibiens Zeit im Osten platt geschlossen, und zwar entsprechend einer Orientierung nach früheren Kultbedingungen, siehe Anm. 131.

119 Siehe oben, Kap. II, 4 und Anm. 92. Der Vergleich mit Saint-Philibert-de-Grandlieu drängt sich förmlich auf. Die verschiedenen Formen der Außenkrypten sind aber alle Ausdruck Jahrhunderte währender kultischer Umwandlungen und lassen sich als solche nur intern aus den jeweils eigenen Kultbedingungen – welche ja die jeweiligen Bauvoraussetzungen sind – und dem betreffenden archäologischen

der westliche Abschluß dieses Bauwerks von den Ostmauern der großen Basilika gebildet, jedoch liegt der Brunnen selbst so nahe an der Ur-Apsis, daß der umgekehrte Eindruck erweckt werden könnte, die Basilika sei rücksichtslos in die ursprüngliche Brunnenanlage hineingebrochen, die axiale Ausrichtung – nein, die Ostung alles dort Bestehenden – gewaltsam leicht nach Südosten verrenkend. Andererseits beweist sowohl das Vorhandensein der Fenster wie auch in geringerem Maße die Lisenengliederung, daß diese monumentale Apsis ursprünglich freigestanden haben muß – und zwar über die Zeit ihrer Umgestaltung als Ringkrypta-Martyrium hinaus[120]. Andernfalls wären nämlich zwei der für das Martyrium umgestalteten unteren Fenster von den angebauten Mauern des Mittelschiffs verbaut worden[121].

Baubefund erklären und datieren. Sie lassen sich nicht durch gegenseitige Vergleiche ergänzen und rekonstruieren, als ob sie aus einem (ihnen heute auferlegten) Kunstwollen der Zeit entstanden wären. Gerade im Falle Saint-Philiberts ist die Kultgeschichte ausnahmsweise deutlich erforscht worden und an einem ungewöhnlich übersichtlichen Baubefund abzulesen: Die Basilika des antiken *fundus* Deas wird zuerst zur kreuzförmigen Kirche ausgebaut, später dann die von Noirmoûtier hinübergebrachten Reliquien unter dem Hauptaltar durch eine östlich angebaute Confessio-Anlage zugänglich gemacht.

Die nach den Quellen bewußt gewählte Form der christlichen Kreuzbasilika dürfte zunächst mit römischen Renovatio-Gedanken zusammenhängen. Die „weniger formvollendete" Gestaltung der Außenkrypta kann dagegen vorerst nicht mit anderen undatierten Ostanlagen entwicklungsgeschichtlich in Zusammenhang gebracht werden. Würde die erste Entwicklungsstufe von Saint-Philibert der von Mozat (vgl. vdM [1982], S. 608) oder jener der Johanniskirche zu Dijon (ebenda, Anm. 126) entsprechen, so würden der Bau ihrer *confessio* unter liturgisch gänzlich anderen Vorzeichen und die Formgebung derjenigen von Chartres näherstehen, wie einleitend besprochen wurde. Gleichwohl ist ein umgekehrtes Vorgehen beim Umbau des Oratoriums von Birten bei Xanten durch Gregor von Tours schriftlich überliefert (ebenda, Anm. 127). Es sind diese Jahrhunderte währenden mühsamen Umbildungen der fränkisch-gallischen Kultstätten, die in den ostfränkisch-sächsischen Gebieten als beabsichtigte Entwürfe übernommen und so in merkwürdiger Erstarrung „versteinert" werden. Die ottonischen Erscheinungen als „Schwelle der Romantik" auszulegen, heißt die Kulturgeschichte Westeuropas umkehren zu wollen: zu jener Zeit wurden (spät-)antike Bauwerke nicht nur im normannischen Neuland durch Vorblendungen und Einwölbung quellenkundlich zu Klosterkirchen umgestaltet, sondern im kulturellen Kern Francias erwuchsen schon die sogenannten frühgotischen Versuche zu der schließlichen Synthese der Kathedrale schlechthin. War im vorigen Jahrhundert die Entdeckung der Priorität Francias durch den Deutschen Mertens (vgl. vdM [1975], S. 87, n. 1) zunächst am Nationalismus gescheitert, so überstürzte sich jeder im Nachkriegs-Europa des Jahres 1958, um des polnischen Franzosen Grodecki Bestätigung eines ottonischen «seuil de l'art roman» anzuerkennen. Um den Baubefund der gallischen Vorbilder hingegen kümmerten sich nur wenige.

[120] Die Indizien erlauben tastend die Vorstellung einer Temenos-Anlage mit geschlossenem Mittelbau – etwa wie der Mars-Tempel zu Trier – östlich der späteren Apsis.

[121] Daß die *Außen*mauern tatsächlich bis an die Basilika reichten, bzw. von dieser

Bis hierher – und mit Hilfe der diagrammatischen Angaben von Plan 6 – sind wir nur von den Grundbedingungen der frühesten Bauten im Osten und entsprechend von ihrem Kernmauerwerk ausgegangen. Jedoch sind die vier Parallelmauern zweischalig: einem möglicherweise älteren Mauerbestand ist eine kräftige Gliederung durch Wandarkaden vorgelagert, wodurch die Mauerstärke etwa verdoppelt wird (Abb. 7 und 8 sowie Plan 6). Diese Wandarkaden sind homogen mit dem in Haustein ausgeführten Tonnengewölbe des Mittelschiffs [122]. Eine solche Verstärkung des Mauerwerks durch Hinzufügung von Wandarkaden könnte mit einer späteren Einwölbung zusammenhängen, theoretisch aber auch mit einer Aufstockung. Seit der frühesten Erforschung der Anlage wurden diese äußeren Mauerschalen als nachträgliche Ergänzung einer späteren Bauperiode angesehen [123]. Wir pflichten dieser Vorstellung bei. Wenn wir diesen Sachverhalt auf Plan 6 farbig als getrennte Schale darstellen, soll mithin zunächst kein gesicherter Baubefund, sondern lediglich diese gewichtige Möglichkeit zum Ausdruck gebracht werden.

Ein eigenes, für sich zu betrachtendes Problem stellen dabei die Kapitelle der Wandarkaden dar. Viele stehen nicht im Mauerverband, in den seltensten Fällen gehören sie zu den Säulenschäften oder zu den großen Deckplatten, die fest im Mauerverband verankert sind; manche sind nur durch Flickstücke oder Abarbeitungen unterzubringen gewesen. Die figürlichen Kapitelle, von verschiedener Größe, sind teilweise beschnitten, teilweise so dicht an das Mauerwerk angebracht, daß einst vorhandene Szenen nicht mehr zu erkennen sind. Dieser Befund bezeugt nicht nur eine Wiederverwendung der Kapitelle (Spolien), sondern wahrscheinlicher sogar eine Auswechslung des gesamten Stützensystems der Wandarkaden unterhalb der Kämpferplatten zu einer späteren Zeit [124]. Zudem sind die Wandarkaden

beschnitten wurden, bezeugen die im Süden erhaltenen Baureste (siehe oben). Daß auch die nördliche Außenmauer bis an die Basilika gereicht haben könnte, darf aus dem Indizienbeweis vorfühlend geschlossen werden, demgemäß ihre verlängerte Flucht auf das spätere Portal trifft; hier war ursprünglich nie ein Eingang gewesen, vgl. unten Anm. 126.

[122] Das Gewölbe war ursprünglich und bis 1939 noch verputzt (Crosby [1924], S. 176). Die heute rustikal wirkende „Säuberung“ täuscht eine Primitivität vor, die den ursprünglichen Zweck der Konstruktion auf sinnwidrige Weise leugnet: der Rauhgrund war besser geeignet als Quader, um den Putz aufzunehmen, der für ein besonderes liturgisches Bildprogramm benötigt wurde.

[123] Von Guilhermy (1848) über Viollet-le-Duc (1861) bis hin zu Crosby (1942), S. 170; einen Überblick bietet Polk (1982), Appendix A, S. 111–138, der beweist, daß die verschiedentlich vorgeschlagenen Datierungen zu einer objektiven Fragestellung nichts beitragen.

[124] So auch Formigé (1960), S. 173, der bei der Restaurierung vieles ausgebessert und ersetzt hat und so die Lage aus erster Hand am besten kennt: «Quoi qu'il en soit, sous les tailloirs . . . il y avait primitivement autre chose», ferner auch S. 181.

von Viollet-le-Duc überarbeitet worden[125]. Der Bestand an figürlichen Kapitellen beweist jedoch für sich ein programmatisches Vorhaben, das für die frühere Bau- und Kultgeschichte der Ostanlage bedeutend gewesen sein muß: Die Ikonographie der figürlichen Kapitellplastik böte eine Quelle zur absoluten Datierung, die an Aussagekraft derjenigen der Grabfunde gleichkäme, hätte diese im festen Mauerverband gestanden. Da diese Voraussetzung fehlt, kann die Ikonographie auf dieser Stufe der Untersuchung keinen relevanten Anhaltspunkt bieten. Sie wird dementsprechend unter den übrigen Quellen im folgenden Abschnitt, III, 7 d, behandelt.

Mit dieser Ummantelung wird die Ostanlage endgültig und entschieden an die Basilika angeschlossen: Die Längswände des caveau central werden mittels doppelter Bogenstellungen an Blendmauerwerk angeschlossen, das an der äußeren Rundung der Ur-Apsis so herangebaut ist, daß die Apsis polygonal umgeformt wird; die betreffenden Fenster werden damit verblendet. Es ist anzunehmen, daß der heutige, nördliche Eingang in die Krypta zu dieser Zeit durchbrochen wird, um einen Zugang zum Innenraum der Basilika zu schaffen; die polygonale Brechung der Apsiswand wird hierbei durch eine in der angebauten Mauerflucht liegende Abarbeitung der Apsiswand einheitlich vervollständigt[126]. An der Südflanke der Apsis scheint die Basilikamauer an der entsprechenden Stelle zu jener Zeit noch nicht durchbrochen worden zu sein[127]. Statt dessen wurde ein Zugang durch das ältere, südlich liegende Bauwerk geschaffen, das anscheinend noch zu diesem Zeitpunkt mit der Apsiswand verbunden war: hier wird nämlich kein Versuch unternommen, die Apsiswand wie auf der Nordseite polygonal umzugestalten; vielmehr wird das vorgeblendete Mauerwerk (im Vergleich zum Norden) asymmetrisch verkürzt gebildet. Dies geschieht nicht, um das zweite Apsisfenster zu retten, wie auf den ersten Blick gedacht werden könnte: Das Fenster böte nunmehr ohnehin weder Licht noch Sicht und, von einer Säule der neuen Wandarkade verbaut, war es gewiß zugemauert gewesen. Dieser Abschnitt des Blendmauerwerks nämlich wird, im Gegensatz zum nördlichen Abschnitt, durchgehend mit Wandarkaden gestaltet, wobei eine Arkade dem Eingang aus dem Südbau parallel gegenüberliegt. Damit bekommt die anscheinend unbeholfene Unordnung des Umbaus einen Sinn: Als kleine „Eingangshalle“ gedacht, ist die Raum-(und Achs-)Symmetrie mit der nördlichen Anordnung wiederhergestellt; es sind die beiden Raumbreiten, welche gleich sind, Mauerwerk und Achse richten sich nach Bestehendem, um neue Erfahrungsbereiche zu erschließen, die Grundrisse

[125] Crosby (1942), S. 11.

[126] Vgl. oben, Anm. 121. Die äußere Mauerschale der Ur-Apsis aus Quadern steht möglicherweise nicht einmal im Verband; siehe oben, Anm. 110. Ihre „Abarbeitung“ muß jedenfalls als Abmontieren und Wiederaufbau vorgestellt werden.

[127] So auch bei Vieillard-Troiekouroff (1965) und Heitz (op. cit. Anm. 132), obwohl darüber hinaus das erhaltene aufgehende „karolingische“ Mauerwerk strichliert als ungesichert (?) gezeichnet wird. Eine Erklärung wird nicht gegeben.

dieser Anlagen sind folglich nicht als schöne Entwurfszeichnungen zu beurteilen, sondern ausschließlich als nachträgliche Zeugnisse damals erlebter Liturgien und Entelechien, die uns heute verschlossen bleiben[128].

(Auf diesem Plan [6] sind die späteren Säulen, die beim fortschreitenden Umgestaltungsprozeß als Gewölbeträger vor die Wände gestellt wurden, sowie auch die in die Seitenschiffe hineingestellten Säulen aus Formigés Grundriß entfernt.) Was wir nämlich aus dem Unvermögen der neuzeitlichen Kunstgeschichtsschreibung hier als polygonale Vorblendung der Apsis zu erfassen versucht haben, führte ursprünglich beim Austreten aus dieser „Eingangshalle" den Schrägblick auf den Brunnen, axial symmetrisch durch die im Grundriß asymmetrisch gestaltete doppelte Bogenstellung (Abb. 13). Das Gebaute hatte zur Aufgabe, erlebte Kultvorgänge zu gestalten – wie seit der Römerzeit, abgesteckt am Ort[129]. Die Bedeutung des Blickes durch den „epiphanischen" Rahmen der Bogenstellung wird beim Weiterschreiten nach Osten bestätigt: Die dritte Blendarkade, die entsprechend größer gebildet ist, umrahmt eine Öffnung, welche den Blick wieder axial auf das Taufbecken freigibt, das in der Mitte des Innenraumes jedoch (im Gegensatz zum Brunnen) asymmetrisch aus der Längsachse gerückt ist[130].

[128] Bei der Beurteilung kultisch bedingter Umgestaltungen von beizubehaltenden Sanktuarien (vgl. oben, Anm. 119) müssen die Unregelmäßigkeiten nicht – wie beim „Kunstobjekt" – als fehlerhafte Nachlässigkeit „mittelalterlichen" Unvermögens abgetan werden. Vielmehr handelt es sich beim Bau – besser Aus-Bau – dieser „zeitlosen" liturgischen Instrumente, wie bei der Kirche selber als Institution, um die bedachte Umbildung geheiligter Substanz; nach langen, schmerzvollen Jahrhunderten entstand wohl in beiden Fällen bis zum 13. Jh. eine neue Einheit, deren Verfall bis zum 16. Jh. nicht unbedingt als Sternstunde abendländischer Kultur zu feiern ist.

[129] Zusammengefaßt von Frank Brown, Roman Architecture, New York 1979, S. 9–11: "The architecture of the Romans was, from first to last, an art of shaping space around ritual . . . The form of ritual is a fleeting form, embodied in the act itself . . . But for the Romans it had the power to engender architectural form by the mere fact that it took place in space. Space was informed by ritual . . . A particular segment of space took shape from the formal action that occurred in it. It became a capsule, which would reshape itself whenever the ritual was repeated. This spatial form, belonging to a given ritual and established by repition, acquired independent, architectural existence. . . . It was of a peculiarly functional sort. . . . The worshiper, standing at the middle or at one end, facing in the right direction, established, front and back, right side and left side, axis and cross-axis, gave the 'temple' its symmetry of lines of force, which admitted no deviation."

Im kultischen Zusammenhang bedeutet Orientierung, sich den Gegebenheiten des Universums zu unterwerfen, sich nach dem Sonnenaufgang oder einer ähnlich sphärischen Ordnung des jeweiligen Heiligen auszurichten; diese astronomischen Voraussetzungen des Kultes zu ändern, sich nach anderen himmlischen Zeichen zu orientieren, hieße andere göttliche Mächte anzurufen, ihr Erscheinen im gebauten Kultrahmen zu fördern.

[130] Dem Architekten des 20. Jh., Formigé (1960), S. 173, bleibt eine solche „ungeordnete" Bemessung der Bögen unerklärlich.

Auch diese Asymmetrie hat ihre Erklärung: die Rinne („Überlauf"), durch die das Wasser aus dem Brunnen zum Taufbecken geführt wird, ist etwas nach Süden gerichtet[131]. Soweit die objektive Beschreibung der in ihrer physischen Struktur anscheinend schludrig „planlos" zusammengewürfelten Bauelemente, die jedoch durch axiale Orientierung und den Raumrahmen einer sehr wirksamen Ordnung unterworfen sind. Bedenkt man nun den Übergang von heidnischen zu christlichen Bestattungen an diesem Ort, so ist man geneigt, die Umgestaltung der Kultstätte ebenfalls unter synkretistischen Gesichtspunkten anhand der Paulusbriefe auszulegen. Dies würde aber hier zu weit führen.

Von grundlegender Bedeutung ist in diesem Zusammenhang die Durchbrechung der Ur-Apsis selber. Die Beweiskette der Untersuchung führt uns dabei zu einem weitschweifigen Vorgriff, bis in die Neuzeit; jedoch zwingt uns die Frage nach dem Schicksal der Ur-Apsis, das Problem an dieser Stelle zu behandeln. In ihrem heutigen Ausmaß hätte der Durchbruch nichts weniger als die Einbeziehung des alten Martyriums in die Ostanlage bewirkt. Jedoch ermöglicht der Befund keinen sinnvollen Zusammenhang zwischen Martyrium und Ostanlage herzustellen. Die Breite des rundbogigen Durchgangs bestimmt ihre Höhe; da der Durchgang fast so breit ist wie das «caveau central», läuft der Scheitel des gemeinsamen Gewölbes waagerecht durch. Das gewölbte «caveau central» und somit der dreischiffige Ostbau als ganzer kann niemals mit dem Ringstollen-Martyrium einen zusammenhängenden liturgischen Raum gebildet haben, wie dies von Formigé und Vieillard-Troiekouroff dargestellt wird[132]. Die von diesen Autoren unbedacht anvisierte Durchgangsöffnung mit den heutigen Ausmaßen wäre nämlich oberhalb des (über dem Martyrium erhöhten) Chorfußbodens in den Innenraum der Apsis der Basilika selber hineingebrochen, wie auf Abb. 12 gestippelt angedeutet (vgl. Abb. 7); ohne Abdeckung wäre, gleichzeitig mit der Einwölbung des «caveau central» und der Durchbrechung der Apsis, der Hauptaltar selber auf das heutige Niveau des Großchorraumes zeitweilig erhöht gewesen. Jedoch fehlt hierfür jeglicher archäologischer Anhaltspunkt, und keiner der beiden Autoren zieht diese wohl abwegige Schlußfolgerung. Vielmehr gilt festzuhalten: Der dem Salvator geweihte

[131] Nach einem Plan Félibiens zu urteilen, hat später die rechtwinklige Altarnische, welche die Apsis des caveau central ersetzt hatte, ebenfalls diese Achse eingehalten, vgl. Formigé (1960), S. 181.

[132] Formigé (1960), S. 169 (vgl. Fig. 151 auf S. 168): «cette chapelle n'avait aucun autre acceés que la baie ouverte sur le martyrium», S. 170 «... certain que ... l'abside ... fut ouverte largement pour rattacher cette confession à la nouvelle chapelle». Vieillard-Troiekouroff (1965), S. 355 (vgl. Fig. 3 auf S. 340): «Ce beau chevet carolingienne fut rapidement l'objet sinon de modifications, du moins d'adjonctions orientales ... l'abbé Hilduin ... ouvrit à l'est du martyrium une chapelle reliquaire.» Ihnen folgend auch Carol Heitz, L'architecture religieuse carolingiennes, Paris 1980, fig. 10.

Hauptaltar steht bis heute noch auf seinem ursprünglichen Niveau und an seiner ursprünglichen Stelle, *vor* dem erhöhten gotischen Großchorraum [133], und stand auch zu Sugers Zeit dort (ob im Apsidenraum oder unmittelbar davor, beeinflußt die Frage noch nicht). Eine vorübergehende Erhöhung des Hauptaltars (oder auch nur des unmittelbar dahinter liegenden Apsisraumes) um mehr als 3,50 m vor der geschlossenen Apsiswand wird von keinem Autor anvisiert [134], während die Alternative, eine Schleifung der Apsis nebst einer Aufstockung des «caveau central» selber auf dieses Niveau, der liturgischen Begründung entbehrt, seit Crosby nachgewiesen hat, daß sich der Dreifaltigkeitsaltar nicht über der Ostanlage befunden haben kann, sondern daß er im Mönchschor westlich des Hauptaltars gelegen haben muß [135].

(Ein schmalerer bzw. niedrigerer Durchbruch wird von keinem dieser Autoren angenommen. Auch dieser Verbindung fehlt irgendein nachzuweisender liturgischer Zweck. Auf den frühen Plänen, besonders denen von Debret 1816 und von Crosby 1939, werden schmale, unregelmäßige Zugänge durch die Apsis-Seitenwände gezeigt, die eher als Notausgänge, keinesfalls als liturgische Raumverbindungen anzusehen sind [136]. Sie werden durch – weiter unverzeichnete – Striche auf Formigés Fig. 165 bestätigt. Diese würden dem Vorhandensein eines zusätzlichen, schmalen axialen Zugangs ebenfalls widersprechen.)

Demgegenüber besitzen wir eine sehr genaue jüngere Quelle, welche den großen axialen Durchbruch durch die Ur-Apsis zeitlich präzisiert. Die große rundbogige Öffnung selber ist mit sehr fein gefugten Quadern verkleidet, die in den Verband des alten Gewölbes verzahnt sind (Abb. 13). Diese Verkleidung setzt sich nach Westen fort, über die Innenfläche der Apsis hinweg, wo sie heute unregelmäßig abgebrochen ist. Damit erweist sie sich als Teil der 1683 hier für die Bestattung Maria Theresias eingefügten Bourbonen-Grabkapelle [137].

Die königlichen Ingenieure trieben einen kleinen Gang von der früheren Vierungsgruft „durch die massiven Fundamente". Zum Schluß entstand ein caveau royal von «neuf toises» Länge, entsprechend der Gesamtlänge des

[133] Levillain folgend, sowohl Crosby (1942), S. 94, 103f. u. 184, wie auch Formigé (1960), S. 62 und 100f. Sogar Panofsky (1979), S. 184, der sonst diesbezüglich sehr verworrene Vorstellungen veröffentlicht, erkennt diese Tatsache, siehe ferner Anm. 143 und Anm. 361.

[134] Vgl. oben Anm. 106, bes. Crosby (1942), S. 147f.

[135] Polk (1982), Appendix A, S. 111–138, bietet einen Überblick über die früheren Hypothesen; sein auf S. 28f. sonst sehr überlegtes Bekräftigen dieser Ansicht ist aus den gegebenen Gründen wahrscheinlich abzulehnen.

[136] Abgebildet bei Crosby (1942), Abb. 9–12, zwischen S. 101 und 102.

[137] Crosby (1942), S. 100f., nach Félibien (1706), S. 517. Wieder sind Crosbys Abb. 9–11 sehr wichtig. Die Quaderverkleidung der großen Bogenöffnung ist auf der Abbildung bei Vieillard-Troiekouroff (1965), Fig. 7–8, auf S. 348, gut zu sehen.

alten «caveau central» der Brunnenkapelle, zuzüglich des alten Martyriums, wie auf den alten Plänen nachmeßbar[138]. Ihr Gewölbe, dessen Reste in der fein gefugten Quaderverkleidung der großen Bogenöffnung erhalten sind[139], setzte sich nunmehr tatsächlich bis weit in den Bereich der früheren Ur-Apsis (Joch EII östlich der Vierung) fort, machte jedoch ein paar Meter (östlich) vor der Basislinie der Ur-Apsis halt[140], somit die feste Lage des Hauptaltars respektierend. Schon im 15. Jahrhundert war der Großchorfußboden in diesem Bereich der Ur-Apsis vorgezogen, jedoch bezeugt unsere Quelle, das Gemälde von der Messe des Hl. Aegidius, auf dem der Hauptaltar und das Dagobertgrab peinlich genau wiedergegeben sind[141], daß der erhöhte Teil des Fußbodens nicht mit einer Steinbrüstung, sondern mit einer spätgotischen Holzvertäfelung abschloß.

Daß in diesem Bereich der erhöhte Chorboden lediglich die Decke eines etwa 2 m hohen, nicht gewölbten Hohlraumes bildete, wird von einer großen, platt geschlossenen Öffnung in der Mitte der Westwand bezeugt, die hinter dem Hauptaltar sichtbar ist. Da die Bauten östlich der Ur-Apsis schon im 9. Jahrhundert massiv gewölbt waren, im Apsisraum selbst dage-

[138] Crosby (1942) bringt leider nur ein, von seiner eigenen Auslegung voreingenommenes Geflecht selektiver Zitate: "a small corridor was pierced through the massive foundations to the east and north that finally joined the small chamber with the larger crypt, where the bodies of the Saintly Martyrs used to be". Wie es auch im Original heißen mag, das Martyrium hätte niemals als „größere Krypta" bezeichnet werden können. Offensichtlich dachten die Bourbonen (und Félibien?), das caveau central *unterhalb des damaligen Patronen-Reliquienaltars* sei wohl die überlieferte ursprüngliche Ruhestätte der Märtyrer-Patrone gewesen. Die Betonung des Durchbruchs durch „massive Fundamente" deutet somit auf die Vereinheitlichung dieser „größeren Krypta" mit der „kleinen Kammer" des eigentlichen Martyriums. Crosby merkt zudem nicht, daß die Betonung der massiven Fundamente wohl nur auf das Apsismauerwerk bezogen werden kann, weil bei der Gangführung durch das offene Feld des Mittelschiffs sonst kein besonderer Widerstand hätte angetroffen werden können; das etwa 0,60 m starke Fundament unter dem Ur-Chor bildete schon die Außenwand der ursprünglichen Bourbonengruft in der Vierung, durch die in jedem Fall der Stollen seinen Anfang nehmen mußte.

[139] Die westlichen Teile der Quaderverkleidung des Gewölbes müssen erst nach dem 2. Weltkrieg bei der restlosen Tilgung des «caveau imperiale» des 19. Jh. (siehe Crosby [1942], Abb. 12, noch aus dem Jahre 1939) in Mitleidenschaft gezogen worden sein, jedoch spätestens, als Formigés gleichzeitige archäologische Grabungen schließlich durch eine Eisenbetondecke unter dem Chorraum abgeschlossen wurden. Beim Bau des «caveau imperiale» hat Viollet-le-Duc dies durch eine Quermauer (gerade an der Abbruchstelle an der Innenflucht der Ur-Apsiswand) von der Bourbonengruft abgeschlossen.

[140] Viollet-le-Ducs-Längsschnitt von 1859 (Crosby [1942], Abb. 86, Text S. 147f.) zeigt die Vorderkante der „Terrasse" in der östlichen Flucht der Kompositpfeiler des 13. Jh.; dies entspricht dem Inselin-Plan von 1705 (Formigé [1960], Fig. 13).

[141] Panofsky (1979), Abb. 19, bildet das Gemälde ab und gibt auf S. 184f. nützliche Hinweise auf die einschlägige Literatur dazu.

gen noch im 15. Jahrhundert lediglich ein – wahrscheinlich hölzerner – Einbau eingezogen war, zwingt sich uns die Schlußfolgerung auf, daß die heute noch erhaltene Restmauer der Ur-Apsis, wohlverkleidet und mit einer Steinbrüstung versehen, bis dahin den etwa 2 m hohen Ostabschluß des Hauptaltarraumes gebildet hat. Massiv gewölbt wurde dieser Bereich nachweislich erst um 1683. Viollet-le-Ducs widersprüchliche Darstellung einer dicken Gewölbemasse im Bereich der Ur-Apsis wird durch Crosbys Aufnahme von 1939 aufgehoben[142]: Die Deckenhöhe des von Viollet-le-Duc auszuführenden neuen Caveau Imperiale mußte im Vorchor niedrig gehalten werden, um unter dem Hauptaltar hindurchgeführt werden zu können; in dem betreffenden Vorentwurf wird diese Deckenlinie einfach nach Osten durchgezogen und das Stützensystem einheitlich gestaltet. Bei der anschließenden Ausführung jedoch wurde das vorgegebene Gewölbe des 17. Jahrhunderts dort in voller Höhe ausgenutzt, wo es vorhanden war, nämlich nur im Ostjoch des Mittelschiffs vor der Apsisnische der Gruft; die quadratischen Stützen des Vorentwurfs kommen in den drei Westjochen zur Ausführung, während das „Apsis"joch nunmehr durch dicke Säulen ausgezeichnet wird. Der Vorentwurf zeigt außen die einmeßbaren Verhältnisse richtig, in der Krypta allerdings nur die Grundverhältnisse der beiden Kapellen zueinander und zum Hauptaltar – welche an sich auch richtig sind.

Noch verheerender aber für die Forschungslage ist Panofskys Darstellung des hypothetischen Befundes an diesem entscheidenden Kernpunkt der fortschreitenden Bauentwicklung der Abteikirche gewesen. Im Fehlen jeglichen Verständnisses sowohl für die liturgische Bedeutung des Hauptaltares[143] wie für dessen Lokalisierung[144] setzte er 1946 eine massive Zuschüt-

[142] Viollet-le-Ducs Längsschnitt von 1859, sowie Anm. 140; Crosbys Längsschnitt vom Jahre 1939 folgt diesem als Abb. 87. Im folgenden vgl. auch Crosbys dazugehörigen Plan, wie unsere Anm. 139.

[143] Es wird von Panofsky (1979) im Anschluß an Crosby (1942), S. 103f., einmal richtig erkannt, daß "the 'altar of Saint-Denis' can have been only the Main Altar" (S. 160) – ohne jedoch die entscheidend bestätigenden Quellen dafür anzuführen (z. B. die *Miracula sancti Dionysii*, I, 19, nach Crosby (1942), S. 104, Anm. 80). Panofskys flüchtiger Gebrauch (sic) seiner Sekundärquellen verhütet jedoch die Erkenntnis, daß es sich bei dem *altare primum* um einen *in honorem Domini et Salvatoris nostri Jesu Christi* geweihten Altar handelt, und daß daher auch der *principale igitur beati Dionysii altare* nach Sugers *De Administratione* 33, 9 auf denselben Gegenstand zu beziehen ist (vgl. Crosby [1942], S. 104, Anm. 81). So kommt es dazu, daß noch im Register von 1979 auf einen „Hauptaltar" verwiesen wird (auf S. 61–63, 71, 109, 131, 160, 172, 180, 184f., 191, 194f., 198, 249 und 258), getrennt von einem "Altar of the Saviour . . ." (auf S. 115, 119, vgl. S. 246, 249). Aberwitzigerweise wird zudem die Weihe des neuen *principalis ara* der Oberkirche (S. 118) dem Hauptaltar-Verweis zugeschlagen, obwohl anschließend im gleichen Bericht ebenfalls über die Neuweihe des Salvator-Altares berichtet wird. Siehe ferner die nachfolgende Anmerkung.

[144] Obwohl Panofsky (1979) im Anschluß an Crosby (1942), S. 103f., einmal richtig

tung des Apsidialraumes als Grundlage seiner Übersetzung entscheidender Sugertexte voraus[145]. Wie eine Verhöhnung der Disziplin wirkt es dann, als im Jahre 1979 der betreffende Grundriß und der Querschnitt ohne vernünftige Begründung durch veränderte Diagramme gänzlich ohne oder mit teils getilgten Legenden ersetzt wird – jedoch ohne seine ursprünglich fehlerhaften und manipulierten Übersetzungen entsprechend zu ändern, vgl. unsere Kapitel III, 7 a und 8.

Wir kehren zum Durchbruch durch die Ur-Apsismauer zurück. Mit in die Quaderverkleidung des Durchbruchs eingemauert ist auf der Nordseite der Öffnung ein aus einem römischen Architrav gewonnener Sarko-

erkannt (S. 184) hat, daß "The Main Altar was always where it still is", wird dies dort als "... in the Apse ...", ein anderes Mal (S. 160) "in the crossing" (es tut nichts dazu, daß die betreffende Quelle sich gar nicht auf den Hauptaltar bezieht, sondern auf den Petrus- und Paulusaltar, der sich zu Hilduins Zeit möglicherweise im angebauten karolingischen augmentum befand), und schließlich einmal (S. 258) als weit westlich im Mönchschor lokalisiert ("... the monk's choir which enclosed both the Main Altar and the Altar of the Trinity"). Diesen Angaben wird auf dem großen Faltplan der Ausgabe von 1946 selbst widersprochen, obwohl dort durch die Trennung des "Main Altar" vom "Altar of the Saviour ..." letztgenannter tatsächlich in die Apsis gerückt wird. Der Faltplan wird, weil „überholt" (S. viii), in der 2. Ausgabe von 1979 (nach S. 185) ersetzt, jedoch nicht verbessert: Durch Tilgung sämtlicher Altäre westlich des Kapellenkranzes wird dieser Kern der Abteikirche effektiv neutralisiert. Nur so war es möglich, die ebenfalls inhärente Verdoppelung auch des „Dionysius"-Altares auf dem Faltplan zu überwinden. Vgl. Kap. III, 2 und Anm. 361.

[145] Auf S. 221 der 1. Ausgabe von 1946 wird Panofskys Kommentar und Paraphrase (S. 220) und seine Übersetzung von Sugers Beschreibung des Bauvorganges *De consecratione*, S. 100, 7–14, mit Hilfe eines diagrammatischen Querschnittes erläutert. Die Zeichnung erfaßt alles östlich der Achse e1, zeigt damit alles hypothetisch „erhaltene" und „geschleifte" frühere Mauerwerk und Sugers Anbau, einschließlich einer Rekonstruktion der Oberteile des Hochchores. Sowohl in der Legende zum Mauerbefund (Schraffur), wie in der Legende zur Zweckbestimmung, bzw. zum Bauvorgang (A, B, C und D), erscheint eine schräg schraffierte Aufschüttung („C") in der Apsis oberhalb des Martyriums als *entscheidendes Element seiner Übersetzung* bestätigt durch eine dritte Legende, bezogen auf den dadurch erfolgten Bodenniveau-Ausgleich. Diese eindeutige Erläuterung wird 1979, weil „überholt" (S. viii), durch eine geänderte „vorläufige Rekonstruktion" von Sugers Oberkirche ersetzt; während die Ur-Apsis gar nicht mehr angedeutet wird, wird das Martyrium in krickeliger Linienführung unentschieden, teils nach Formigés Grabungsbefund, teils der modernen Eisenbetondecke folgend, als Hohlraum bis auf das Niveau der Oberkirche hochgeführt. Änderungen in Crosbys Rekonstruktion des – gar nicht in Sugers Text angesprochenen – Chorаufrisses lenken den kundigen Leser von dem Versagen der Übersetzung ab, der Unkundige dagegen soll offenbar in der Bewunderung des Genies gelassen werden, daß zwischen Zeichnung und Text irgendein Sinn zu erblicken sei.

phag[146]. Sein Vorhandensein widerspricht ebenfalls einer früheren Datierung des Durchbruches: Daß trotz umfangreicher Ausgrabungen in diesem Bereich keine Gräber gefunden wurden, beweist, daß aus kultischen Gründen Bestattungen östlich der Apsis ausgeschlossen waren. Erst mit der Errichtung der Bourbonen-Gruft wurde gegen diese Kirchentradition verstoßen.

Im ursprünglichen Zustand bildete das an der Außenwand der Apsis angebaute Mauerwerk den einheitlichen Westabschluß des «caveau central», der die Apsis an dieser Stelle außen platt schloß. Bei der geringen Stärke des Blendmauerwerks jedoch, dessen Ansätze erhalten sind, hätte die Wandarkade knapp tangential vor der Apsisrundung gelegen, so daß die Apsiswand selber die Rückwand der Wandarkade gebildet hätte. Erneut hätten wir es mit einem Fall sichtbarer Neugestaltung der geborgenen Substanz zu tun. Dies wiederum verstärkt die Vorstellung, daß auch der ähnlich, durch bergende Wandarkaden, eingefaßte Mauerkern der vier Längsmauern Ursubstanz ist.

Auf der *Außen*seite der jeweiligen äußeren Längsmauern der dreischiffigen Anlage gibt es ein sicheres Zeugnis von nachträglich angebautem Mauerwerk, das zu einer abgewinkelten Axialausrichtung geführt hatte. Auf Formigés Grundriß (Fig. 165) werden die Rückseiten dieser Mauerstücke schräg verlaufend (siehe Pfeile auf Plan 6) als Stoßfugen zu den jeweils von außen angebauten Turmuntergeschossen dargestellt (diese bilden die rechtwinkligen Kapellen EII NII und EIII SII, die schließlich als Ansatz für den Kapellenkranz dienten). Diese Stoßfugen haben Formigé dermaßen beschäftigt, daß er sie über die Mauergrenze hinaus als gestippelte Linie ausgewiesen hat, die er mit den Buchstaben A–B und C–D bezeichnet[147].

[146] Formigé (1960), S. 172.

[147] Im Norden kann diese Schrägführung an den nischenartigen Absätzen an der Kapellenmündung zu EIII NII leicht überprüft werden. An dem Eingang zur Kapelle ist das vordere Laibungsmauerwerk an der Westseite (an „B“) 1,12 m stark, östlich nur 0,94 m; noch weiter östlich, an der Mündung zur ersten Radialkapelle, AI NII, ist die entsprechende Stelle „A“ durch eine Memoria verdeckt, jedoch läge diese nach den vermutlichen Spuren einer Stoßfuge zu urteilen um 0,79 m hinter der Vorderflucht. Im Süden liefen die Stoßfugen mittig auf der Rückfläche von den nischenartigen Rücksprüngen; sie sind heute auf der Ostseite in ganzer Höhe noch erhalten. Auf der Westseite des Durchganges, Stelle „D“, ist die Quaderschichtung heillos durcheinander gebracht worden, wahrscheinlich im Zuge der Gruftumbauten nach den 40er Jahren; es gibt keine Stoßfuge, die sich heute mehr einmessen läßt. Hingegen enden auf Formigés Plan, Fig. 165, die Sockelschrägen genau an den dargestellten Nahtstellen. Heute sind sie ergänzt worden, was sicherlich Formigés Angaben bestätigt. Auf der Ostseite des Mauermassivs an der Mündung der ersten Radialkapelle AI SIII, Formigés Stelle „C“, bildet die Stoßfuge 1,28 m südlich der Mauerkante heute die südliche Mauerkante einer rechtwinkligen Nische in der Mauer, die ausgespart worden ist, offenbar gerade um diese Gegebenheiten zu dokumentieren.

Auch Formigé erkennt in dieser Schrägführung der Außenfläche der Längsmauern eine nachträglich angebaute Mauerschale [148]; sie läßt sich als etwas anderes auch nicht erklären.

Jedoch versucht Formigé, diesen Sachverhalt nicht systematisch fortschreitend, sondern umgekehrt unter der befangenen Vorstellung der herkömmlichen Chronologie dergestalt zu interpretieren, daß ein aus einem Wurf entstandenes neues Chor-Untergeschoß an die Längswände eines vorhandenen dreischiffigen Ostbaus angebaut wurde [149]. (Wir werden sehen, daß diese auf die Schriftquelle bezogene absolute Chronologie die aus dem Baubefund hervorgehende relative Folge verschiedener Bauetappen als „Planwechsel" innerhalb einer einzigen Baukampagne erklären muß – eine Vorstellung, die quellenkundlich nicht nur in Saint-Denis selber unbegründet bleibt, sondern auch im Bauwesen der Zeit keine Entsprechung hat.)

Insofern aber Formigés Folgerungen auf genauen Beobachtungen am Baubefund beruhen, dürfen sie hier nicht übergangen werden: Nach Formigé hatte Suger zunächst geplant, die Seitenschiffe der Hilduinkapelle gänzlich zu tilgen. Diese Vermutung erwähnt er nun im Zusammenhang mit der ungefähr der Achse der Basilika entsprechenden neuen Axial-Ausrichtung der Ostanlage (d. h. unter Aufgabe der Schrägstellung der „Hilduinkapelle"). Daraufhin folgt Formigés einzige Erwähnung eines Baubefundes in der Krypta, der auf die Linie C–D überhaupt bezogen werden kann (vgl. Plan 6): Formigé behauptet, «éléments de parement», also Wandbestandteile, stellen den Beweis dafür dar, daß dieses ursprüngliche Projekt schon im Süden teilweise zur Ausführung gekommen war (orange) [150]. Man muß aus seiner anschließenden Bemerkung nun folgern, daß es sich darum gehandelt hatte, die schließlich beibehaltenen, mit Wandarkaturen versehenen Außenwände der alten Anlage (grün) zu entfernen, wobei selbstverständlich auch das von ihnen eventuell getragene Gewölbe hätte entfernt werden müssen. In diesem Zusammenhang könnten die „Elemente der Außenwände", welche schon ausgeführt gewesen waren, nur die weiter außer-

Diese Aussparung erscheint nämlich nicht auf Formigés Plan (Fig. 165), sondern ersetzt dort ein ursprünglich vorhandenes Säulchen, das nicht, wie das benachbart erhaltene Säulchen, zum Gewölbesystem des Umgangs gehört haben kann, weil nichts auf neuerliche Umbauten in der Gewölbezone deutet. Die Öffnung selber, knapp 0,60 m breit, entspricht in etwa der (orangen) Mauerstärke. Formigés weitere Kriterien sind heute nicht mehr sichtbar. Offenbar war im Zuge seiner Umbauten und Restaurierungen der Mauerkern an den entsprechenden Stellen vorübergehend sichtbar, wurde die Quaderverkleidung stellenweise als erneuerungsbedürftig erachtet – was gerade angesichts des beschriebenen Zustandes sogar zu erwarten wäre.

148 Formigé (1960), S. 178.

149 Ibid., S. 87 und 89.

150 Formigé (1960), S. 178: siehe die entsprechend durch Kursive hervorgehobene Stelle in unserer Anm. 153.

halb liegenden Mauern (der nach Formigé von Suger ursprünglich breiter vorgenommenen Gestaltung dieses Bauteils) sein, die an die alten Mauern angebaut worden waren; sie wären nur deswegen erhalten, weil die älteren inneren Mauern dann schließlich doch beibehalten wurden. Formigé fährt nämlich mit der Behauptung fort, daß Suger sich anders besonnen habe: um den neuen Langchor der geringeren Breite des "karolingischen" Mittelschiffes anzupassen, soll er die Gewölbe und die Teile der Außenwände der alten Kapelle beibehalten haben [151]. Suger soll daraufhin sogar Gurtbögen unter diese beibehaltenen Gewölbe eingezogen haben [152]. Daß die Gurtreste, die sich tatsächlich im nördlichen Seitenschiff erhalten haben, schon aus technischen Gründen nicht in diesem Zusammenhang gesehen werden können, spielt vorerst keine Rolle. Es geht uns nämlich vorerst ausschließlich darum, Formigés Beobachtungen in diesem Bereich sachlich nacheinander anzuführen, um somit zu verstehen, wie er sich den archäologisch belegten *späteren Anbau von schräg verlaufenden Mauerfluchten draußen an erhaltene Reste des ursprünglichen dreischiffigen Brunnenbaus* vorstellte. Nur er war, als Leiter der Restaurationsarbeiten, in der Lage, diese angebauten Mauerschalen zu erfassen; im Fehlen sachgemäßer Bestandsaufnahmen und systematischer Berichterstattung sind wir auf eine sachliche Analyse seiner veröffentlichten Schlußfolgerungen angewiesen, um daraus logische Rückschlüsse auf den tatsächlichen Baubestand ziehen zu können. Sie bilden dementsprechend eine wertvolle Dokumentation, die jedoch sehr umsichtig auf ihre beabsichtigte Wirkung zurückgeführt werden muß [153].

[151] Dort wo Formigé (1960) in einem vorausgehenden Kapitel den Sugerbau beschreibt (S. 87f.), bestätigt er diese Vorstellung von einer breiter angelegten Urplanung (und begründet den vorgeschlagenen Planwechsel mit der oft und widersprüchlich ausgelegten Stelle in Sugers *De consecratione*, Panofsky (1979), S. 100, 14–20. Da Formigé (1960) die Krypta im Schlußkapitel behandelt und die Umstände nur dort einigermaßen ausführlich, wenn auch nicht deutlich beschreibt, darf der auf S. 89 folgenden widersprüchlichen Aussage, Suger *habe* sich damit zufrieden gegeben, nur die zwei Seitenschiffe der alten Anlage abzubrechen, kein Wert beigemessen werden. Das Beibehalten der Seitenschiffsgewölbe wird nämlich noch einmal, auf S. 181, betont; dort ist wieder die Rede davon, daß beim ersten breiter geplanten Chor die Seitenschiffe *hätten* getilgt werden müssen.

[152] Formigé (1960), S. 178/181, siehe Zitat in der nachfolgenden Anmerkung.

[153] Die Ähnlichkeit mit der Quellenkunde zur alten Kirchengeschichte ist evident, wenn auch das Vorgehen in beiden Fällen durch ein sogenanntes Zeitalter der Vernunft getrennt ist. Wir bringen die betreffende Stelle verbatim, Formigé (1960), S. 178/181: «Il envisagea même d'abord de supprimer totalement les deux chapelles laterales et de raccourcier la chapelle centrale. De plus, il garda comme l'axe général l'axe erroné de la nef et abandonna l'axe rectifié de Hilduin. *Des elements de parement nous montrent que ce premier projet recut un commencement d'exécution au sud.* Mais pour garder au nouveau choeur la largeur de la nef ancienne, Suger se ravisa et conserva les voûtes et des parties de murs des chapelles laterales. Il lança des doubleaux sous ces voûtes conservées comme on le voit encore au nord.»

Formigé hatte wohl keinen Grund, einen Mauerbefund manipuliert zu verzeichnen, mit dem er selbst nichts anzufangen wußte. Der Befund muß sich ihm förmlich aufgezwungen haben.

Entscheidend dabei ist, daß er diesen Baubestand auf seinem Grundriß mit den beiden Linien A–B und C–D markierte, obwohl er nur den südlich liegenden Bestand C–D in seiner Erklärung einzubeziehen weiß. Seine Hypothese hängt nämlich primär von einer beabsichtigten *Verbreiterung* des Langchores ab; obwohl er die Achsabweichung in seiner Argumentation miteinbezieht, läßt er die auf der Nordseite parallel verlaufende, jedoch nicht gleich auffallend stark gebildete Mauerschale zu A–B im Text unerwähnt – eben weil sie sich optisch mit der postulierten anschließenden *Verengung* des Langchores (nach dem erdachten Planwechsel)[154] nicht überzeugend in Einklang bringen ließ. Damit entging Formigé das Entscheidende wie auch Offensichtlichste an diesem Baubefund, nämlich diejenige grundlegende Gegebenheit, die der Schlüssel zu einer Rekonstruktion des uns heute nicht mehr sichtbaren Ostabschlusses der Anlage bildet: Auch im Norden, wie schon im Süden, haben wir es, sachlich gesehen, mit einer neu angelegten Außenflucht der Außenmauer zu tun. Dieser Sachverhalt darf nicht als Verbreiterung der Seitenschiffe oder gar als Verstärkung der Außenmauer ausgelegt werden, eben weil auf beiden Seiten (nicht nur im Norden!) die neue Außenschale zuspitzend („auf nichts hin"!) ausläuft und somit ausschießlich im Sinne einer veränderten Orientierung der Gesamtanlage zu verstehen ist: Indem nur die beiden Außenwände von dieser neuen Orientierung erfaßt wurden, der innere Kernraum (caveau central) *davon jedoch unberührt blieb*, müssen die Außenmauern sich also östlich des caveau central zu irgendeiner Einheit zusammengeschlossen, muß die neue Orientierung sich nach etwas östlich der erhaltenen Teile Gelegenem gerichtet haben. Die innere Logik des Baubefundes erlaubt keinen anderen Schluß. Dächte man nämlich den Kern bis zur Peripherie der Anlage nach Osten verlängert, so würde jegliche zu rekonstruierende Ostansicht des (nach der gegebenen einheitlichen Ausrichtung der beiden Außenwände zu vervollständigenden) Bauwerks einer Asymmetrie unterworfen, die den Sinn der Neuorientierung zunichte

[154] Bei der Besprechung dieses Fragenkomplexes bezieht sich Formigé (1960), S. 88, 181 ff., vgl. S. 107, ferner auf die nachträglich verengte Versetzung der vier benachbarten Freisäulen des Joches EIII, die er mit den Buchstaben E, F, G und H bezeichnet (vgl. oben, Anm. 58): Sie sollen nämlich auch im Zuge des postulierten Planwechsels näher zur Mitte hin gerückt worden sein, „wie alle Bauteile der Oberkirche". Die zusammenhängende Bezifferung der acht Stellen „A" bis „H" bezieht sich offenbar auf eine frühere ausführlichere Textfassung, die wohl verschiedener Widersprüche wegen zugunsten der schließlich fast unverständlichen Kurzerwähnung aufgegeben wurde. Der dadurch angedeutete Zusammenhang bestätigt aber die Intention von Formigés Bericht über den betreffenden Baubefund C–D. Zur Auskragung («porte-au-faux») siehe Kap. II, 7 (bez. auf Anm. 181 ff.); vgl. Kap. II, 3 und Anm. 58, sowie Kap. II, 8 und Anm. 231.

machte. Ein Staffelchor zum Beispiel ist unter diesem Gesichtspunkt ausgeschlossen. Somit gibt es ein deutliches Anzeichen eines weit ummantelnden Ausbaus der ursprünglichen (grün angedeuteten) dreischiffigen Anlage.

Die Ausrichtung dieser Anlage läßt sich schon anhand des vorhandenen Grundrisses Formigés überprüfen: so schlecht und recht wie dies geht, ergibt sich aus den Mittelpunkten zwischen Formigés Punkten B und D einerseits und A und C andererseits, rechtwinklig gemessen, in jedem Fall eine dritte Achse (orange auf Plan 6), die im Winkel zwischen der (blauen) Achse der Basilika und der (grünen) des ursprünglichen, dreischiffigen Brunnenhauses liegt. Diese Achse gleicht die Kontradiktion zwischen den beiden älteren Achs-Ausrichtungen aus – wir wählen unsere Worte mit Bedacht. Westlich läuft diese Achse nahezu durch den Mittelplunkt der Ur-Apsis, östlich „genau" durch den Scheitel der Axialkapelle des „gotischen" Chorhauptes. Jene überraschende „Genauigkeit" der Konstruktion ist selbstverständlich etwas eingeschränkt durch die Ungewißheit der Unterlagen[155]; der Scheitel liegt aber in jedem Fall zwischen den beiden älteren Achsen. Durch diese Gegebenheit wird nun auch die endgültige Umgestaltung der Ostanlage in unsere Überlegungen miteinbezogen. Der Baubefund des erhaltenen Kernraumes (caveau central) bietet nämlich zwei weitere wichtige Kriterien zur Rekonstruktion des Ostabschlusses. Erstens stößt dieses Mittelschiff viel weiter nach Osten, als dies die Außenmauern tun. Es mag für den Rekonstruktionsvorgang paradox erscheinen, aber die umgekehrte Schlußfolgerung ist hier am Platze: Bei dem schließlichen Abbruch, d. h. bei der Umgestaltung des von uns hier zu rekonstruierenden Ostabschlusses, war es möglich, mehr von dem Mittelschiff als von den Seitenschiffen in eine jüngere Zeit hinüberzuretten. Zweitens hätte die Basislinie eines jeglichen auf einem Halbkreis basierenden Ostabschlusses nicht weiter westlich liegen können als der Ostbereich des erhaltenen geraden Verlaufs der Längswände des caveau central (grüne Achse auf Plan 2), dessen ursprünglich absidialer Ostabschluß nunmehr durch die oben besprochenen Verhältnisse faktisch gesichert ist. Ansonsten entstünde eine Verengung des Umgangs im Scheitelbereich[156].

[155] Trotz aller kleineren Fehler auf dem zur Verfügung stehenden Grundriß dürfte kein Zweifel bestehen, daß die behördlichen Unterlagen, auf die der Grundriß zurückgeht, diese Abweichung der Axialkapelle nach Norden leidlich genau festgelegt haben. Der Mittelpunkt zwischen Formigés Stellen „B" und „D" (siehe Anm. 147) kann direkt eingemessen werden (Fluchtlinie), während der Mittelpunkt zwischen Formigés Stellen „A" und „C" sich beim genauen Aufmaß leicht genug ermitteln und in Beziehung zu dem Scheitelpunkt der Axialkapelle bringen läßt. (Die Abweichung ist sogar in Crosbys sonst bedeutungslosem Diagramm der Ostteile [1966], Fig. 1, auf S. 7, berücksichtigt; die Abweichung der beiden Hauptachsen von Basilika und Chorhaupt kommt durch das asymmetrische Verhältnis der Ur-Apsis zum Ausdruck.)

[156] Es sei daran erinnert, daß jegliche andere als vom Halbkreis bestimmte Figur, so z. B. auch ein Staffelchor, ausgeschlossen ist, siehe oben.

Die gewonnenen Kriterien erlauben folgende Aussage über die Raumdisposition: Die äußeren Längswände müssen zunächst ihre Fortsetzung geradelaufend nach Osten erfahren haben, um dann östlich und frei vom caveau central einen wohl halbkreisförmigen Ostabschluß zu bilden, der die gleiche axiale Ausrichtung wie das heutige Chorhaupt gehabt hatte und dessen Basislinie nicht westlich des Apsisansatzes des caveau central gelegen haben könnte. Obwohl weder der genaue Ort der inneren Apsis[157] noch die Ansätze der größeren Kreisführung des äußeren Mauerwerks bekannt sind, lassen sich die gewonnenen prinzipiellen Ergebnisse durchaus weiter präzisieren. Der Bezug auf die Achse des heutigen Chorhauptes soll uns daran erinnern, daß die Unregelmäßigkeiten dieses Chorhauptes auf das Ineinanderwirken zweier exzentrischer Kreissysteme zurückzuführen sind (Plan 4). Übernehmen wir den Radius des betreffenden Peripheral-Halbkreises der fünf östlichen Radialkapellen, so fällt sein (oranger) Mittelpunkt im Apsisbereich des caveau central gerade dort, wo die Gegebenheiten des älteren inneren Mauerwerks (grün, auf Plan 2) die Basislinie eines halbkreisförmigen Ostabschlusses wahrscheinlich erscheinen lassen. Übertragen auf Plan 7 entsprechen sie der orange punktierten Kreislinie und orange strichlierten Basislinie. Dieser Mittelpunkt liegt selbstverständlich nicht auf der (grünen) Achse des caveau central, sondern südlich davon auf der neuen (orangen) Achse. Verlängern wir nun die Außenwände bis zu dieser Basislinie und setzen sie ferner als Halbkreis fort, von der Basislinie ausgehend um die innere Apsis herum, so ergibt sich notgedrungen ein in seiner Breite nach Norden sich um rund einen Meter verengender Umgang. Diese Exzentrizität ist am leichtesten an dem hereinspringenden Mauermassiv der beibehaltenen südlichen Außenmauer zu erkennen, die für den heutigen Begriff „störend" in den Raum hineinzustoßen scheint. Diese „häßliche" Wirkung hat der Mauerrest jedoch bis heute beibehalten, hat also sogar die endgültig „regulierende" Umgestaltung zum „gotischen" Chorhaupt überstanden.

Wir haben demnach sehen können, wie diese Mauerreste Formigés „Logik" zur Verzweiflung gebracht haben, eben weil sich ihr Beibehalten weder technisch noch ästhetisch erklären läßt: Bei der betreffenden endgültigen Umgestaltung wurden die technischen Probleme des Widerlagers von vornherein durch die wuchtigen Turmuntergeschosse gelöst; nur im südlichen Seitenschiff reduziert das beibehaltene Mauerstück die Spannweite (jedoch nicht auf ein geringeres Maß, als im Umgang ohnehin zu überspannen bleibt). Zudem lassen sich entsprechende technische Überlegungen auf der Nordseite von vornherein nicht anstellen. Baukünstlerisch, wie gesagt, stört ihr unvermitteltes Hineinstoßen in den Umgang dermaßen, daß die Funktion des Umgehens behindert wird. Ihre Beibehaltung ist somit für heutige Begriffe schier unlogisch und muß sich von Kategorien her erklären lassen,

[157] Siehe Anm. 118.

welche uns heute fremd sind. Dieser unvertilgbare Teil älterer Bausubstanz kann so nur als Träger des uralten Numen dieses Ortes *verstanden* werden, da seine Präsenz als solche *erlebt* und nicht „entworfen" wurde. Ohne die selbstverständliche Kontinuität von bestehenden Kulttraditionen vorauszusetzen, läßt sich auch die weitere Umgestaltung der Ostanlage nicht verstehen. Wenn nämlich bei der endgültigen Umgestaltung des Chorhauptes nicht nur dieser besonders prägnante Rest schlecht und recht integriert wurde, sondern auch alle bisher besprochenen heterogenen Zeugnisse mehrerer vorausgehender Bauten noch einmal liebevoll ummantelt und geborgen blieben, so ist die Frage berechtigt: könnten denn gerade die kultisch bedeutenden östlichen Teile irgendeiner heute empfundenen vereinheitlichenden Ästhetik zuliebe einfach mit einem Federstrich (eines „entwerfenden Architekten") hinweggewischt werden[158]? Wir halten uns aber strengstens an den Baubefund – nun jedoch nicht mehr nur an das vorausgehende ältere Mauerwerk, sondern auch an die Zeugnisse, die aus seiner endgültigen Umgestaltung abzulesen sind. Die in Gedanken durchgezogene Außenmauer des Umgangs trifft zunächst etwas östlich der Basislinie der Rundung, auf die heutige Kapellenmündungen von AII NII und von AII SII; halbkreisförmig weitergeführt schneidet sie immer tiefer in die Trennmauer der Radialkapellen. Dies darf nicht überraschen: Wir wissen ja von unserer einleitenden Analyse der Unregelmäßigkeiten des heutigen Chorhauptes, daß seine exzentrische Anlage zu einer zunehmend größeren Tiefe der östlichen Radialkapellen geführt hat.

Der ursprüngliche Umgang ergibt an den Schnittpunkten mit den Innenflächen der übrigen, östlich liegenden Kapellen drei gleich tiefe, leicht gestelzte Radialkapellen. Werden zur Vervollständigung nun auch die Außenflächen durchgezogen, so ergibt sich bei diesen drei Kapellen eine absolut regelmäßige Anordnung, in der die übrigen Zwischenkapellen nicht unterzubringen sind[159]. Wenn auch die genauen Verhältnisse der Diagonalkapel-

[158] Es sind ja auch Quellen zur Kulttradition, die uns vor nunmehr zwölf Jahren auf die hier entwickelte Rekonstruktion zuerst gebracht haben; jedoch dürfen sie – im Gegensatz z. B. zur Heranziehung allgemeiner frühchristlicher Zeugnisse einer Täuferkapelle – ihrer engeren chronologischen Bezogenheit wegen bei dem heutigen Stand kunsthistorischer Methodologie in diesem Kapitel noch nicht angeführt werden, siehe Kap. III, 6.

[159] Von den Mauer*achsen* aus gemessen entsprechen die Kapellenmündungen genau den beiden dazwischenliegenden Teilen der Umgangs-Außenmauer. Ein Blick auf die Mündungs-Mauerverhältnisse zeigt, wie sich Zwischenkapellen nicht integrieren lassen. Gegenüber dieser objektiv korrekten Aussage muß auf die leicht unregelmäßige Form und Ausrichtung der zwei Diagonalkapellen hingewiesen werden: in Form eines Hufeisens rekonstruiert, d. h. wenn die Längsmauern etwas weiter nach Osten durchgezogen wären, würde diese Unregelmäßigkeit aufgehoben; die Rekonstruktion darf aber nichts Hypothetisches in sich aufnehmen, sondern muß sich nach den Grundgegebenheiten richten.

len nicht unbedingt gesichert sind, hat sich gleichwohl anhand materieller Bauzeugnisse ein auf dem gesamten fränkisch-gallischen Gebiet üblicher Kulturraum ergeben, dessen Radialkapellen etwa der Sechsteilung des Kreises unterworfen sind[160].

Die Rekonstruktion läßt sich sogar durch die sporadischen Grabungen Crosbys andeutungsweise bestätigen: die Fundamente der alten Längsmauern setzen sich auf der Nordseite in jedem Fall fort – „continues to the east beyond the north wall of the ambulatory" –, obwohl auf der Südseite nichts gefunden wurde[161]. Nirgends sonst hätten Crosbys Stichproben auf die ursprüngliche Mauerführung des Umgangs stoßen können[162]. Auf „Schreibtisch-Archäologie" angewiesen, müssen wir zudem früheren Erwähnungen aus Viollet-le-Ducs unvollständig veröffentlichten Grabungen nachgehen. 1907 berichtet Levillain in bezug auf die Marien-Axialkapelle des heutigen Chorhauptes, die auch im 12. Jahrhundert Maria gewidmet war, «le fait que . . . dans les substructions de laquelle on a retrouvé des vestiges de l'ancienne crypte, dut prendre la place de l'antique chapelle de la vierge puisque Suger la dédiait de nouveau à la Vierge»[163]. Obwohl Levillain es nicht für nötig erachtete, seine Quelle zu diesem erstaunlichen Bericht anzugeben – weder Datum noch Ausgräber sind erwähnt, die genaue Art der «vestiges» wird nicht beschrieben –, muß seine Publikation als Schlüssel zu den nicht veröffentlichten Ergebnissen Viollet-le-Ducs angesehen werden, zumindest aber als eine Anregung, seinem bis heute offenbar nicht restlos bearbeiteten Nachlaß mehr Achtung zu schenken. (Viollet-le-Duc arbeitete von 1847 bis 1879 an der Abteikirche, seine Pläne lagen danach 50 Jahre lang in der Bauhütte am Orte, wo sie Levillain möglicherweise zugänglich waren, jedoch durch das leckende Dach allmählich zerstört wurden; zwei Bände seiner Notizen und Berichte, einschließlich Zeichnungen von Saint-Denis, waren 1942 noch im Besitz seines Enkels[164].) Levillain beruft sich

[160] Siehe Kapitel II, 7, a, Anm. 213 und 214.

[161] Crosbys Grabungen CR 6 (Nord) und CR 13 (Süd) – vgl. Kap. II, 6 und Anm. 117.

[162] Auch nicht CR 14, die zu weit vorne an der Kapellenmündung liegt. Crosbys (1942) Ziele und Kriterien gehen aus seinem „Bericht" auf S. 172f. hervor. Sie dürfen als klassisches Beispiel kunsthistorischer Grabungskunst gelten, vgl. oben Anm. 10.

[163] Levillain (1907), S. 240, nach Polk (1982), S. 114.

[164] Crosby (1942), S. 11 und 12, bes. Anm. 26 und 28, vgl. auch S. 21. Statt den Nachlaß systematisch zu bearbeiten, ist es üblich geworden, Viollet-le-Ducs Quellenwert mit einem Verweis auf die Unzuverlässigkeit seines einzigen veröffentlichten Grabungsplanes (Polk [1982], Abb. 43) abzutun. Auch über Lenoir hätte Levillain direkten Bezug auf Viollet-le-Duc nehmen können. Lenoirs Publikation von 1856 fällt in die Zeit von Viollet-le-Ducs Tätigkeit und es ist bekannt, daß Levillains – ähnlich unbrauchbarer – erster Rekonstruktionsversuch weitgehend auf Lenoir zurückgeht, vgl. Polk (1982) S. 113.

nämlich auf Viollet-le-Duc als Urheber jener Hypothese, der zufolge die vier Längswände der inneren Krypta durchaus die Vorstellung erlauben, diese seien Reste der Krypta eines Umgangschores[165]. Dieser Vorschlag wird 1908 von Maître aufgegriffen und im nächsten Jahr in der Hitze des entbrannten Gefechts wieder unter Berufung auf Viollet-le-Duc entschieden verfochten: «Son jugement (Viollet-le-Ducs) sur l'existence d'un déambulatoire contemporain des arcatures est confirmé par les lignes de fondations qu'il a rencontrées dans ses sondages . . .»[166]. Jedoch bestritt bis dahin Levillain selber nicht mehr die Ansicht, es habe ursprünglich eine Kapelle an der Stelle der heutigen Axialkapelle des Kapellenkranzes gegeben. Im stillschweigenden Widerspruch zu den anfangs erwähnten Grabungsbefunden zog er sich (angesichts der Unverfechtbarkeit seiner ursprünglichen Rekonstruktion einer einzelnen Axialkapelle an dieser Stelle) sozusagen „nach Westen" zurück[167].

Dies alles wird nun nicht referiert, um Einblick in die weitgehend aussichtslosen früheren Rekonstruktionsvorschläge zu geben, sondern lediglich aus notwendiger Rücksichtnahme auf jedwedes Indiz früherer Grabungsberichte. (Die Bedeutung nämlich, wenn auch nicht die Mauersubstanz der drei Radialkapellen, macht sich sogar bis heute in der Außenwand-Gestaltung der entsprechenden Kapellen der Oberkirche bemerkbar: Dort hat Polk auf die auffallend systematische und stärkere Bildung des Sockels hingewiesen[168].

Damit darf der Grundriß als weitgehend gesichert gelten. Die räumliche Einfassung der gesamten alten Anlage durch den Umgang entspricht der physischen Bergung der älteren Mauerzüge durch die Wandarkaden der Innenwände; sie gehören gewiß zu ein und demselben Projekt, entsprechen ein und derselben Absicht, und bestätigen damit für die Innenwände die allgemein vorgebrachte Meinung, daß die Arkaden eine spätere Einfassung älteren Mauerwerks darstellen – gleich wie dies für die entsprechende Einfassung der äußeren Längswände anhand der Achsabweichung nachgewiesen wird. Zu dieser Umgestaltung gehört, wie abermals allgemein angenommen, gewiß auch die erhaltene Einwölbung des inneren Kernraumes, des caveau central, da die Tonnengewölbe von den Wandarkaden getragen werden (Abb. 7). Andererseits ist eine Einwölbung des Umgangs äußerst unwahrscheinlich. Schon die absolute Spannweite von mehr als 4 m und die

165 Polk (1982), S. 114f.

166 Idem, S. 120f. und 127.

167 Polk wie oben, passim.

168 Idem, S. 36, und Ill. 17–19 (Erratum beachten: die Grundrisse 17 und 19 sind vertauscht). Der Gedanke, diese stärkere Bildung der Sockel könnte doch noch auf eine Aufstockung der ersten Außenkrypta deuten, entbehrt noch jeglicher Bestätigung – sowohl bauarchäologisch als auch liturgisch. Obwohl Crosby (1966, Fig. 3) die Sockelbildung der sieben Kapellen tatsächlich korrekt differenziert darstellt, scheint er im Text nirgends darauf einzugehen.

dazu schmächtigen Außenmauern, die sich aus dem archäologischen Befund ergeben, sprechen dagegen; es kommt noch die nicht geringe Asymmetrie der Spannweite des Umgangs hinzu, die sich von 4,41 m im Norden auf gut 4,83 zum südlichen Ansatz hin vergrößert [169]: An dieser Stelle bildet der Umgang einerseits ein Seitenschiff, das um 0,44 m breiter ist als der Mittelraum, andererseits springt er ausgerechnet an dieser Stelle um rund 0,70 m (des beibehaltenen alten Mauerwerks wegen) in den Umgangsraum zurück [170].

[169] Zunächst spräche die nur leicht ungleiche Raumbreite der vom (grünen) Kernmauerwerk vorbestimmten Längsteile EIII NI – AI NI und EIII SI – AI SI an sich nicht gegen eine Einwölbung auch deren Seitenschiffe, vorausgesetzt die dünnen Außenwände wären auf der Außenseite verstrebt gewesen. Während das nördliche Seitenschiff und das caveau central mit 4,41 m und 4,39 m gleich breit sind, mißt der südliche Raum nur 4,13 m. Deswegen würde bei gleicher Kämpferhöhe der Gewölbescheitel im Süden um rund 0,15 m tiefer liegen als im Norden, wenn nicht das Gewölbe um dieses geringe Maß gestelzt gewesen wäre, was eher anzunehmen ist. Es bliebe nur der ärgerliche Umbau des Lehrgerüsts zu berücksichtigen. Bei einer freistehenden Anlage jedoch, wo die Gewölbe nicht als Unterbau eines waagerecht durchlaufenden Fußbodens zu dienen brauchen, wäre eine verschiedene Höhe der Scheitel von vornherein nicht wahrnehmbar gewesen (in Chartres war z. B. das nördliche Seitenschiffsgewölbe der Urbasilika bis zu 0,74 m höher als das südliche (vgl. vdM [1975], S. 58). Zur Kontrolle muß erwähnt werden, daß die Scheitel der Wandarkaden alle in der gleichen Höhe liegen, so daß eine einheitliche Kämpferlinie gegeben war:

	Arkade im westlichen Abschnitt	Größere Bögen mit Durchblick
n1 – Innenwand	2,21 m	(verursacht geringe Stichkappe)
n – Außenwand	2,22 m	2,34 m
n – Innenwand	2,19 m	2,35 m
CAVEAU CENTRAL		
s – Innenwand	2,21 m	2,35 m
s – Außenwand	2,21 m	2,34 m
s1 – Innenwand	2,25 m	

Zusammenfassend kann gesagt werden: einer Einwölbung der Seitenschiffe nach diesen Gesichtspunkten stünden keine technischen Bedingungen im Wege, obwohl bei jeder ungleichen Spannweite die Absicht eines Einwölbens a priori in Frage gestellt worden ist. Die heute vorhandene, nachträgliche Einwölbung dieser Joche wird weiter unten behandelt, vgl. Anm. 181.

[170] Die oben (Anm. 169) besprochenen Schwierigkeiten beim eventuellen Einwölben werden im Bereich des Umgangs um ein Mehrfaches verschlimmert. Obwohl beim Verziehen der Kämpferhöhen ja alles möglich wäre, könnte der Versuch, den Umgang und die Radialkapellen als eingewölbt anzusehen, nur schwerlich begründet werden. In Chartres sind es noch eindeutigere Grundrißbedingungen, die eine Einwölbung der gesamten Ostanlage ausschließen, sie bilden jedoch für unsere Fragestellung einen nützlichen Vergleich, siehe vdM (1975), S. 58.

Oben ist schon darauf hingewiesen worden, daß mit der Aufstockung irgendeines Teils dieser Ostanlage nicht zu rechnen ist. Wir haben es vielmehr mit einem merkwürdig unregelmäßigen Raumgefüge zu tun, das zu ebener Erde östlich der Hauptkirche errichtet, sowohl von den zeitgenössischen Schriftquellen wie in der Kunstgeschichtsschreibung als „crypta", (Außen)-krypta, oder Confessio bezeichnet wird[171]. Da nun das vorhandene Gewölbe des caveau central von vornherein einen Lichtgaden ausschließt, gäbe es keinen Anlaß, den Mittelteil über das Dach hinaussteigen zu lassen. Die Voraussetzungen bei der Bedachung der Anlage sprächen ebenfalls gegen eine Einwölbung der Seitenschiffe und des Umgangs. Bei den dadurch gegebenen gleichen Scheitelhöhen hätten die Dachbinder ununterbrochen, waagerecht durchlaufen müssen, was eine enorme Firsthöhe mit sich gebracht hätte. Eine Flachbedeckung der Seitenschiffe hätte dagegen tiefer angesetzt, während die Dachsparren des Einheitsdaches direkt auf das Gewölbe des Mittelschiffes hätten aufgelegt werden können. Wieder ist zu erkennen, wie die Gegebenheiten am Bau eine relativ vollständige Rekonstruktion erlauben. Diese soll jedoch nicht in Form eines Modells präsentiert, sondern lediglich gedanklich erörtert werden[172]. Der Baubefund beweist nämlich, daß die Achsabweichung der neuen Umgangs-Anlage außen nicht in Erscheinung getreten wäre: das alte Brunnen- und Taufheiligtum wäre, ob eingewölbt oder nicht, unter einem Einheitsdach verschluckt gewesen.

Jedoch ist es nicht der Aufriß der neuen Ringkrypta, sondern ihre Raumdisposition, die entscheidend war. Der Kultus bestimmte eine Anordnung, die täglich erlebt wurde, das Bauwerk war lediglich Instrumentarium. In diesem Sinne wird mit dem Umgang eine neue, zentripetale Begehbarkeit des alten Brunnen- und Taufkultraumes erreicht, der jedoch durch die drei an der Peripherie radial angelegten Altäre eine ebenso bestimmende zentrifugal gerichtete Kultrichtung bekommt. Durch das Fehlen eines Ober-

[171] Vgl. vdM (1975), S. 60–66, bes. S. 60 und 65. Siehe auch oben, unsere Anm. 119.

[172] Um die Vorstellung der besprochenen unterschiedlichen Möglichkeiten bei einer einheitlichen Bedachung der drei Schiffe zu vereinfachen, denke man z. B. an Notre-Dame-la-Grande in Poitiers im Vergleich zur Kathedrale ebendort. Es gab keinen Anlaß, das „blinde" caveau central im Außenbau zu gestalten, wie etwa beim Chorumgang von Conques im Verhältnis zu den Radialkapellen.

Crosbys Modelle (1953, Fig. 14–22 auf S. 52f.) bieten, in den Worten seines Schülers Hillberry, eine "very telling impression of the qualities of light and space", jedoch lediglich in der Vorstellung des Auftraggebers des Modellbauers, vgl. vdM, Preliminary Review of Literature . . ., in: Mediaevalia 2 (1976), S. 234, Anm. 29. Dieses Vorgehen an den Schulen Crosbys und Conants stellt in plastischer Weise eine primäre Gefährdung der Kunstwissenschaft dort bloß, wo das Fach durch akademische Gleichschaltung mit den ausübenden Künsten als Teil allgemeiner ästhetisierender Kunstbeflissenheit gelegentlich mißverstanden wird.

gadens strahlte das Licht ausschließlich von der Peripherie, möglicherweise nur über diese Altäre zum verdunkelten Kernraum hinein. Beim kultischen Begehen der Anlage wurde der Partizipant förmlich zu diesen drei Altären hingezogen; ihre Patrozinien sind uns bekannt: Maria, die Apostel und die Märtyrer (siehe Kapitel III, 6). Blicken wir zuerst zurück in die vorausgehende Geschichte der Kultstätte und ihren verwickelten baulichen Niederschlag und wenden uns dann den drei Radialkapellen zu, so ist die neue symmetrische Anlage deutlich als neue Ordnung schlechthin zu verstehen. Das Insichaufnehmen des Bestehenden führte aber zur Asymmetrie und Exzentrizität.

7. Die Umgestaltung zu einer Unterkirche
Reste des neuen Chorhauptes

In ähnlicher Weise wurde auch das endgültige Siebenersystem von der Kulttradition der leicht gestelzten dreikapelligen Umgangskryptaanlage vorbestimmt – siehe nach wie vor Plan 7 – und dies, obwohl es sich nunmehr um die Integration der Confessioanlage in ein vereinheitlichtes Chorhaupt der neuen Oberkirche handelte. Während nämlich nach heutigen Maßstäben zu erwarten wäre, daß das neue Bauwerk die unregelmäßige alte Anlage „verbessernd" ersetzen würde, weicht in Saint-Denis noch immer die (orange) Achse des Chorhauptes von der (blauen) der Basilika ab – wie aus unserer einleitenden Beschreibung ebenfalls hervorging. Dies hatte u. a. die asymmetrische Versetzung der Chor-Scheitelarkade zur Folge. Auch ohne andere Beweise hätte man schon aus dieser bau„künstlerischen" Abirrung auf unversetzbare Vorbedingungen schließen müssen, weil nur diese ein regelmäßiges Abstecken des neuen Chorhauptes verhindern konnten.

Nicht nur die liturgische Bestimmung wurde stets tradiert, sondern zugleich auch ihre materielle Gestaltung als geweihtes Mauerwerk; die Raumgrenze durfte wohl neugestaltet, jedoch nicht versetzt werden. (Der Vergleich mit Chartres bietet sich an, siehe oben Kapitel II, 1.) Inwieweit nun in Saint-Denis nur der Mauerkern, oder sogar nur das (durch die Bodenerhebung verschluckte) Fundament- und Sockelmauerwerk der drei Radialkapellen betroffen war, läßt sich ohne Grabungen nicht sagen. Man könnte sogar annehmen, daß die Außenflächen lediglich durch die Wandarkaden ummantelt und als solche in die Zweischaligkeit der übrigen Wandgliederung integriert wurden. Bei der genaueren Untersuchung im folgenden Kapitel wird dies jedoch zu verneinen sein [173]. Ebenso sprechen die großen Fenster, die wegen der kontinuierlichen Kapellenfolge nunmehr auch den Umgang erhellen müssen, gegen ein physisches Bewahren dieses ursprünglichen Mauerwerks.

[173] Siehe Anm. 226.

Aus dem Beibehalten der drei Radialkapellen erklären sich sämtliche einführend beschriebenen Unstimmigkeiten des heutigen Chorplanes. Der Mittelpunkt des späteren Chorhauptes mußte nach Westen versetzt werden, damit die westlichsten der neuen vereinheitlichenden Kapellen (die „Anschluß-Kapellen" AI NII und AI SII) untergebracht werden konnten. Hätte sich das neue Chorhaupt östlich von existierenden Bauteilen frei entfalten können, so wäre es möglich gewesen, die zwei Anschlußkapellen regelmäßig zu gestalten. Die gequetschten Verhältnisse dieser beiden Kapellen können ebenfalls nicht durch bestehendes Mauerwerk nur westlich von ihnen erklärt werden: obwohl die kultische Stelle der Axialkapelle AmII in ihrer heutigen Ausdehnung nach Osten festgelegt war, hätten die jeweiligen drei Radialkapellen im Zwischenraum selbstverständlich gleichmäßig entworfen werden können. Die Probleme ihrer Notgestaltung lassen sich von vornherein nur erklären, wenn unmittelbar östlich der beiden Anschlußkapellen Bauteile existierten (eben die benachbarten Radialkapellen), die ihre freie Entfaltung behinderten. Während die übrigen beiden Zusatzkapellen (AIII NII und AIII SII) zwischen den drei Kapellen der ursprünglichen Außenkrypta sich deren Halbkreissystem fügen konnten, mußte sich das westliche Paar nach außen schieben, um genügend Tiefe zu behalten; dies stellte eine verhältnismäßig geringe Korrektur zur Vermeidung eines Hufeiseneffekts dar. Ginge es nun lediglich weiterhin um eine Außenkrypta, so hätten sämtliche Kapellen die gleiche Tiefe behalten können. Aber trotz aller Bedeutung des hier ungebrochen weitergeführten und ergänzten Kults wurde die Ostanlage bei dieser Umgestaltung *formal* zum Sockelgeschoß einer Oberkirche, die völlig anderen Bedingungen der Raumdisposition unterlag. Weil die alte Außenkrypta, nach Westen zu, durch massives Mauerwerk abgeschlossen war, wirkte ihr „Mittelschiff" nach wie vor ausschließlich als zentripetal umgehbares geschlossenes inneres Sanktuarium. In der Oberkirche dagegen haben wir es mit einem echten Mittelschiff zu tun, dem Hauptraum eines basilikalen Langchores mit Apsidialschluß (innerer rot punktierter Halbkreis auf Plan 7). Die Säulen der Oberkirche mußten nun von entsprechenden Stützen in der Krypta getragen werden. Da die Säulen der Unterkirche von der Raumdisposition der Oberkirche bestimmt werden, verstellen sie dort rücksichtslos den Umgang, nicht aber die Kulträume. Diese Kulträume (die drei Radialkapellen) bestimmten jedoch die östliche Peripherie des Gesamtbauwerks (orange punktierter Halbkreis). Während nun die Apsis der Oberkirche weiter westlich auf der (rot punktierten) Basislinie der sieben Kapellen des neuen Chorhaupts ansetzen mußte, waren die fünf östlichen Radialkapellen an die östlich liegende (orangene) Basislinie der alten Außenkrypta gebunden. Es galt nunmehr diese Exzentrizität auszugleichen: Da der Chorumgang der Oberkirche gleichmäßig herumzuführen war (äußerer rot punktierter Halbkreis), mußten die Kapellenmündungen nach Westen – weg von der äußeren Peripherie – zu dem neuen Mittelpunkt hineingezogen werden. Aus diesen einfachen geometrischen

Bedingungen ergab sich die einleitend beschriebene Tiefenstaffelung der Radialkapellen, bei der die Axialkapellen die größte Ausdehnung erfuhren, während die beiden nächsten Paare, der Exzentrizität entsprechend, nach Westen zu abnehmend flacher wurden. (Die übrigen, einleitend besprochenen Unregelmäßigkeiten, so auch die der Strebepfeiler draußen zwischen den Kapellenrundungen, werden nachfolgend näher untersucht. Unsere jetzigen Überlegungen betreffen ausschließlich die relative Chronologie der Bauteile zueinander, die hierzu geführt hat.)

Ist damit die allgemeine Raumdisposition des Chorrunds als Krypta in seiner Entwicklung auf dieser Stufe erfaßt, so bleibt noch seine Ausdehnung westlich der Apsis und ihre schließliche Ausbildung als Oberkirche festzulegen[174]. Zunächst ist nicht daran zu zweifeln, daß die zwei rechtwinkligen Kapellen EIII NII und EIII SII zusammen mit dem Chorhaupt eine Einheit bilden (Plan 2): Nicht nur stellen sie den formalen Ansatz des Kapellenkranzes dar, sondern das westliche Mauerwerk der Anschlußkapellen bildet mit dem dieser Kapellen eine Einheit, wird sozusagen von den gewaltigen Mauerklötzen „verschluckt". Daß wir es hier mit den Untergeschossen von Chor-Flankentürmen zu tun haben, ist offensichtlich und wird dementsprechend kaum ernsthaft angezweifelt. Nur setzen sie sich in der Oberkirche nicht als Türme fort (siehe Faltplan). Dort sind nur ihre schweren Außenmauern erhalten, während die inneren Raumgrenzen aufgelöst und durch zwei Monolithsäulen ersetzt sind, womit sie genau der Gestaltung des Kapellenkranzes entsprechen. Doch damit geraten wir in den Bereich der folgenden Bauetappe (Kap. II, 8). Ja, wären die Chorflanken-Türme in der Oberkirche vorhanden gewesen, so wäre viel von Leichtigkeit und Lichtwirkung des berühmten Kapellenkranzes genommen. Im Bereich der Radialkapellen, erinnern wir uns, ist genau derselbe Vorgang zu verzeichnen: dort werden ebenfalls die schweren, trennenden Innenwände der Kapellen aufgelöst und durch Freisäulen ersetzt, welche die Kapellenmündungen darstellen. Aus diesen Turmverhältnissen müßte kategorisch geschlossen werden, daß bei der Ausführung der Unterkirche die Raumwirkung der später ausgeführten Oberkirche nicht beabsichtigt war.

Das Bewahren der jeweiligen Außenmauer der beiden Türme im Obergeschoß kann nicht als unvollendeter Zustand ausgelegt werden. Beim Aufmauern eines ähnlich geschlossenen Bauteils kann nur von den vier Ecken gleichzeitig ausgegangen, können die Mauerflächen bzw. Wandarkaden nur zur Mitte hin geschlossen werden. Wir haben es hier mit Rumpfstücken zu tun, die durch Abmontieren ihrer inneren Mauern „sinnlos" stehengelassen wurden. Sinnlos selbstverständlich nur im Sinne einer einheitlichen Ästhetik, sinnvoll dagegen im höheren Sinne eines Bedeutungsträgers. Ob die

[174] Angesichts der Voreingenommenheit hinsichtlich des „genialen" Chorrunds hat die bisherige Forschung diese Aspekte völlig vernachlässigt, siehe oben Kap. II, 1.

Demontage durch Einsturz oder durch Umgestaltung des Mittelraumes verursacht worden ist, spielt keine Rolle: in beiden Fällen galt es, das Alte weitestgehend zu bewahren und umzugestalten. Diese Ansicht findet ihre Bestätigung darin, daß die kunsthistorische Beschreibung mit dem baugeschichtlichen Vorgang einhergeht: wir sprachen nämlich vom Erhalten der Außenmauer des Turmes beim Auflösen der inneren Raumgrenzen – und bemerkten, daß die Trennwände der Kapellen ebenfalls als aufgelöst zu betrachten sind. Da ein Abmontieren bestehender Innenwände für die Chorflankentürme als gesichert gelten darf, sollten die bestehenden Außenmauern des Kapellenkranzes der Oberkirche schon auf dieser Stufe der relativen Chronologie näher untersucht werden. (Wir werden gleich sehen, daß schon in den Plinthen der Apsisarkade sich das physische Vorhandensein der hier in Betracht stehenden Bauetappe im Raume des endgültigen Chorumganges bemerkbar macht[175].)

Der Vorstellung des Bauvorganges zuliebe darf auch vorweg auf das in jedem Fall noch spätere Vergleichsbeispiel von Canterbury Cathedral hingewiesen werden. Aus der einmaligen und erstaunlich ausführlichen ›Abhandlung über den Wiederaufbau‹ nach einem Brand des Chores wissen wir durch den Mönch Gervasius, daß auch dort die Krypta und die Außenmauern des Chores die Neubauarbeiten vorbestimmten, ja daß der Wiederaufbau als das Hineinstülpen eines kompletten Gewölbesystems innerhalb erhaltener Außenmauern aufzufassen ist. Der neue Oberbau wurde sogar auf die (lediglich erhöhten) Säulenschäfte des alten Mittelschiffs aufgesetzt[176]. Hier machen wir die neue Erfahrung, daß anstelle einer ummantelnden Bergung älterer Bausubstanz, das Neugebaute innerhalb erhaltener Mauern errichtet wird. Um den Vorgang noch unmittelbarer verständlich zu machen, verweisen wir auf die leidlich datierte Einwölbung des ursprünglich flachgedeckten Mittelschiffs von Speyer aus dem vorausgehenden 11. Jahrhundert, aber auch auf die schier unübersehbare Schar von undatierten nachträglichen Einwölbungen, die (ob durch Feuer oder Einsturz veranlaßt oder nicht) die Geschichte des romanischen und frühgotischen Kirchenbaus ausmachen und bis in die Spätantike zurückreichen[177]. Ohne uns in diese Vergleichsbeispiele zu verstricken, kehren wir zu der archäologischen Aussage des Einzelbauwerks zurück, noch nicht jedoch zu den Außenmauern

[175] Siehe unten, Anm. 182.

[176] G. Webb, Architecture in Britain. The Middle Ages, London 1956, S. 72, für die Bedeutung der Quelle, vdM (1985), S. 582–584.

[177] Ohne Ansprüche auf eine systematische Wahl zu erheben, dürfte die Reihe mit Saint-Pierre in Vienne als spätantikes Beispiel eines flachgedeckten basilikalen Innenausbaus der hallenhaften Außenschale ansetzen. Die Entwicklung wird dann durch das späte Beispiel St. Gereon in Köln zeitlich eingeklammert, wo das spätantike Heiligtum offenbar erst im 13. Jh. eingewölbt wurde. Ergänzend zu den wichtigen Beispielen die zum Stichwort ›Gothic Architecture‹ im Dictionary of the Middle Ages vdM (1985), S. 595, angeführt werden, soll nur auf die Gefahr verwiesen werden,

selber. Ihre Analyse setzt zuvor die Gewinnung eines abschließenden Kriteriums zur relativen Chronologie der Einwölbung des Chorhauptes von Saint-Denis voraus.

Das nachweisbare, ursprüngliche Vorhandensein der Chorflankentürme als Teil der Oberkirche, so sahen wir, hätte der heutigen Raumgestaltung des Kapellenkranzes widersprochen, die heutige Auflösung der Kapellen-Trennmauern und somit die Einwölbung des Chorhauptes muß daher auf einer späteren Baustufe erfolgt sein.

Den endgültigen Beweis, daß die heutige Einwölbung der Oberkirche erst nach einer Zerstörung oder dem Einsturz der Westjoch-Gewölbe der Krypta (EIII NI, EIII SI) und der teilweisen Demontage der Chorflankentürme erfolgt sein konnte, bietet eine weitere gravierende Änderung in diesem Bereich hart an der Ur-Apsis. Sie hat uns schon oben kurz beschäftigt[178]: Der Langchor nämlich muß im Bereich des Joches EIII ursprünglich breiter gewesen sein. Wie von Formigé mit E F G und H ausgewiesen, war in der Krypta festzustellen, daß im unteren Verlauf die vier betreffenden Säulen ursprünglich weiter von der Gebäude-Mittelachse entfernt standen (rot auf Plan 2), und zwar in einer Flucht mit dem Ansatz der als Halbkreis vollzogenen Apsisarkade. Heute enger gestellt (braun) und in der Oberkirche mit dreifachen Vorlagen versehen, reduzieren die erneuerten Säulen die Gewölbe-Spannweite des Joches EIII von (grob abgestochen) etwa 10,50 m auf gemittelt 9,00 m[179] und bilden dabei die Apsis zu der Mißgestalt eines Segments um, wie oben ausführlich besprochen[180].

Daß hier dem Bauwerk eine tiefgreifende Korrektur aufgezwungen worden ist, geht schließlich wieder aus der inneren Logik des Baubefundes hervor: Hätten wir es nicht mit dem Beibehalten der Apsis-Säulenstellung in der Krypta zu tun, so hätte nichts im Wege gestanden, den Apsis-Radius um nur etwa 0,75 m zu reduzieren, um somit die ungestalte Segmentform zu vermeiden. Weiterhin gibt in der Krypta die nachträgliche Einfügung von sehr starken Flachtonnen (Plan 2, braun, und Abb. 8) im Seitenschiffsbereich der alten Ostanlage beredtes Zeugnis von dieser Korrektur[181]. In diese nachträglich gemauerten Gewölbe stoßen wie gestanzt die ebenfalls erneu-

unter dem Eindruck von auffallenden Vorgängen wie in Saint-Hilaire in Poitiers oder Saint-Remi in Reims die trügerisch integrierenden Arbeiten an Kirchen wie Notre-Dame de la Couture in LeMans (oder, wie die zukünftige Forschung ergeben wird, an den Kathedralen von z. B. Senlis, Noyon und Paris) nicht als nachträgliche Umgestaltungen zu erkennen. Vgl. La Trinité in Caen, unten Anm. 226.

[178] Siehe oben, Kap. II, 2 und Anm. 58 und 154.

[179] Siehe oben, Anm. 50.

[180] Siehe oben, Kap. II, 2 (bezogen auf Anm. 50ff.).

[181] Es herrscht Einigkeit darüber, daß die Flachtonnen in den Seitenschiffen nachträglich erneuert worden sind, weil das regelmäßige Quaderwerk sich von allem anderen in der Krypta absetzt. Die technischen Voraussetzungen beweisen dies

erten Säulen durch die Gewölbedecke und bilden dabei eine statische Einheit mit den Säulen der Oberkirche. Die einheitliche Kontinuität dieser Langchor-Stützen steht im Gegensatz zu dem Etagensystem des ursprünglichen Chorhauptes: In den wohlerhaltenen Umgangsjochen wurde das System von Gurt- und Scheidbögen des Kreuzgratgewölbes von gedrungenen Säulen getragen (Plan 2, rot; Abb. 6 und 8), deren Quaderwerk wohl ebenfalls durch die weiche Füllmasse der Gewölbetrichter emporgeführt worden sein muß; es kommt dementsprechend auch in den erhaltenen Plinthen in der Oberkirche zum Ausdruck. Damit wird zudem die oben erwähnte verhängnisvolle Festlegung der Apsis-Säulenstellung endgültig bezeugt: schon Viollet-le-Duc erkannte, daß die achteckigen Sockel der Apsissäulen (etwas exzentrisch) auf quadratischen Plinthen stehen, die dem früheren Bauabschnitt der Krypta zugehören [182]. Ein entscheidendes Merkmal des Gurtbogensystems der Krypta ist aber, daß es durch ein System vorgestellter

auch: Im Gegensatz zum caveau central, wo die Kämpferlinie des vollkommen halbkreisförmigen Tonnengewölbes richtig oberhalb der *Scheitel* der Wandarkaden liegt, setzt die Flachtonne in den Seitenschiffen viel tiefer, nämlich auf den *Kämpfern* der Wandarkaden an, so daß die Flachtonne mit Stichkappen in das Gewölbe hineinschneidet.

Diese Sachlage ist nur als spätere Notlösung unter veränderten Bedingungen zu erklären. Weil die ursprünglichen geometrischen Verhältnisse von dem beibehaltenen Mauerwerk vorgegeben sind, können diese Bedingungen nur durch konstruktiven Bedarf entstanden sein. Da der von diesem Gewölbe getragene Fußboden des Langchorbereichs in der *Ober*kirche auf einer Ebene durchzulaufen hatte (wie heute zu sehen ist), mußten die Gewölbescheitel von allen drei Schiffen auf dem gleichen Niveau liegen. Bei den gegebenen, annähernd gleichen Breiten der drei Räume würden regelrechte Halbtonnen-Gewölbe diese Bedingungen erfüllen. Siehe oben, Anm. 169. Der Fußboden über dem Scheitel einer Flachtonne müßte aber tiefer liegen, wenn nicht das Mauerwerk der Tonne entsprechend stärker gebildet wurde; da die Flachtonne aber zudem auch tiefer ansetzt, müßte die Stärke ihrer Gewölbemasse wahrhaftig übertrieben sein. Die zusätzliche Stärke der Flachtonnen beträgt rund 40 cm, weil ihre Scheitel in 3,65 m Höhe liegen gegenüber vollen 4,05 m im caveau central. Es gäbe keinen Grund, den ungünstig erhöhten Seitenschub einer Flachtonne in die Statik einzubauen, um daraufhin genötigt zu sein, die Fußbodenebene durch Füllmasse oberhalb der Gewölbekonstruktion zu erreichen. Es muß, umgekehrt, der Bedarf an Stärke und Seitenschub gewesen sein, der zu der Wahl dieser Gewölbekonstruktion geführt hat. Und dies kann nur im Zusammenhang mit den Säulenschäften, die mit diesem Gewölbe errichtet wurden, erklärt werden. Eine fast panikhafte Stärke spricht durch diese merkwürdige Konstruktion – aber die zweigeschossigen Säulenschäfte des Langchors sind damit in dieser Höhe sicher und unverrückbar verstrebt!

[182] Viollet-le-Duc, Dictionnaire raisonnée de l'architecture française du XIe au XVIe siècle, Bd. 9 (1875), S. 201. Vgl. zuletzt Formigé (1960), S. 88 und 107. Die Seiten der Oktogonalsockel der drei nördlichen Apsissäulen liegen parallel zu den Kanten der quadratischen Plinthen, mit einem zwischen 3–6 cm betragenden Abstand;

Säulchen das alte Mauerwerk der dreischiffigen Anlage (Plan 2, grün) respektiert [183]. Dieses System befindet sich nicht nur im östlichen Umgangsbereich, sondern ebenfalls im Westen, wo die Eingangsgewölbe (auf beiden Seiten der Ur-Apsis) ebenfalls auf vorgelagerten Säulchen ruhen und wohl aus dieser Zeit stammen. Die erneuerten Flachtonnen (grau) unterbrechen dieses System jäh. Daß es dabei um die Reparatur eingestürzter Gewölbe geht, wird durch einige erhaltene Reste der Gurtbogenansätze bestätigt [184]. Die „Korrektur" scheint auf eine Katastrophe zurückgeführt werden zu müssen. Die damit in Zusammenhang stehende Erneuerung der Säulen durch beide Geschosse hindurch bietet in sich eine unumkehrbare relative Chronologie, aus der der zeitlich folgende Bauabschnitt gesichert wird. Die dabei erfolgte Versetzung der Säulen näher an die Gebäudeachse betrifft nämlich nicht nur das Format des Langchor-Hochschiffsjoches EIII (dessen Spannweite dadurch verkleinert wird), sondern selbstverständlich auch Figur und Substanz der angrenzenden Seitenschiffsjoche EIII NI und EIII SI. Auch die Gewölbe der sich diagonal anschließenden Joche AI NI und AI SI sowie die später vollkommen ersetzten Joche EII NI und EII SI werden, wenngleich „in geringerem Maße", in Mitleidenschaft gezogen. Die von diesen vier Säulen getragenen Seitenschiffs-Rippen müssen auf die heutigen Stellungen der Säulen ausgerichtet worden sein. Die heutigen Gewölbe dieser Joche hingegen können nicht zu einer Zeit ausgeführt gewesen sein, als die Säulen noch auf ihren ursprünglichen Stellen standen. (Das Auswechseln einer Säule an derselben Stelle unter bestehenden Kreuzrippen-Gewölben ist theoretisch möglich – wir kommen im nächsten Kapitel hierauf zurück –, nicht jedoch die Versetzung der Rippen in ihrer Diagonalrichtung, sei es auch nur um die hier betreffenden ca. 0,70 m; eine *in-situ*-Verformung der Gewölbekappen ist nicht möglich.) Diese Gewölbe sind aber zweifellos und unangezweifelt ein integrierender Teil der gesamten

dies bedeutet eine Abweichung von maximal 1,5 cm von der Mitte. Der Sockel auf a2n ist sogar perfekt konzentrisch, der regulären Führung dieser Rippenachse entsprechend. Gemäß der wachsenden asymmetrischen „Drehung" der drei südlichen Radialachsen sind alle drei südlichen Sockel im Uhrzeigersinn um den Mittelpunkt gedreht, so daß die Oktogonspitzen zwischen 1 cm und 8 cm von der Plinthkante liegen, jeweils mit 3–5 cm Schräge.

[183] Dieses System wird im Bereich der umwälzenden Bourbonen-Umbauten am Ostende des caveau central wahrscheinlich gestört, vgl. die Pläne von Cellerier (1811) und Debret (1816) bei Crosby (1942), Fig. 9 u. 10, und von Crosby selber (1939), Fig. 12, im Vergleich zu unserem Plan 2.

[184] Den am besten erhaltenen Bogenrest findet man an dem südlichsten Apsispfeiler, a2s, vor. Dort sind drei Quader des ursprünglich nach Westen führenden Scheidbogens im Zwickel zur späteren Flachtonne zu sehen (auch auf Crosby [1953], Taf. 83). Ebenfalls in das erneuerte Gewölbemauerwerk re-integriert sind die beiden von Formigé erwähnten Gurtbogenansätze, die ursprünglich von der Nordmauer auf die Säulen e2n und e3n (Formigés „F" und „E") führten.

Einwölbung der Seitenschiffe, des Chorumganges und des Kapellenkranzes. Die heute vorhandene Einwölbung des gesamten Chorumgangs und der Radialkapellen kann nur nach der Erneuerung der *geraden* Gewölbejoche der Unterkirche ausgeführt worden sein. Die Verbindung dieser *ersetzten* Kryptagewölbe mit den Gewölben der Oberkirche, welche durch die einheitlich hochgeführten Säulen hergestellt wird, macht es unmöglich, daß die älteren *östlich* liegenden Kryptagewölbe in ein und demselben Bauvorhaben mit den Gewölben der Oberkirche ausgeführt wurden. (Formigés eindringliche, wenn auch undeutliche Erwähnung einer postulierten Auskragung [porte-au-faux] zwischen unterem und oberem Verlauf der Säulen beweist, daß auch ihm diese Vorbedingungen des Einwölbens bewußt gewesen waren. Dieser aberwitzige Zustand würde sich nämlich ergeben, wenn die ursprüngliche, „regelmäßige" Stellung der Säulen in der Unterkirche zu ein und demselben Bauvorgang wie die verengende Versetzung derselben Säulen in der Oberkirche gehört hätte [185].)

Inwieweit die Neueinwölbung der Oberkirche innerhalb erhaltener Außenmauern stattfand, muß nun im folgenden erörtert werden. Unter- und Obergeschoß entsprechen sich in einem zweischaligen System, bei dem verglaste Öffnungen in der Kernmauer durch Bogenstellungen in einer äußeren Mauerschale sichtbar werden (Abb. 14). In Saint-Denis sind auch die unteren Bögen leicht, wenn auch kaum merklich spitz gebildet (die Rundbogenform der von diesen Bögen gerahmten Glasflächen dürfte, wie oben besprochen, von der alten Confessio vorgebildet gewesen sein). Eine eingehendere Analyse der Außenstruktur der Unterkirche folgt im hier anschließenden Exkurs. Schon weil die Blendbögen des Untergeschosses und das darüberliegende Gesims über das Fußbodenniveau der Oberkirche hinaus emporragen – wie Polk betont hat [186] –, wird der runde Grundriß der Kryptakapellen der äußeren Mauern den Chorumgangskapellen aufgezwungen. Dies ist bezeichnend, weil einige Formen im Inneren spätere, „gotische", polygonale Führung aufweisen, sowohl im raumbestimmenden facettierenden Hochchor-Apsidenschluß (der gleichzeitig mit der Einwölbung anzusetzen ist, siehe unten), wie sogar im Brüstungsbereich auf der polygonalen Innenseite der außen runden Radialkapellen-Mauer selber. Ja, bei der betont großen Breite der Glasfelder, die eine gerade, platte Fläche voraussetzen

[185] Vgl. oben Anm. 58 und 154. Formigés technisch unhaltbarer Vorschlag wird ihm von der Zwangsvorstellung einer einheitlichen Ausführung unter Suger aufgezwungen. Die Voreingenommenheit hinsichtlich individueller Genievorstellungen hat in der übrigen Forschung dazu geführt, daß dieser unwirtliche Baubefund ignoriert wurde. Entweder wurden die archäologischen Ergebnisse staatlich geförderter Denkmalpflege übersehen oder diese unumkehrbaren Fakten wurden – durch Formigés selektive Publikationsweise fast nur versehentlich bekannt geworden – als individuelle Kunstauslegung mißverstanden und abgetan.

[186] Polk (1982), S. 44–46, bietet die erste eingehende Darstellung der Verhältnisse.

und sich dementsprechend in der geraden Führung der inneren Brüstung auswirken, läßt sich die Kreisführung der schmalen Wandstreifen links und rechts der Glasflächen nur erklären, wenn das die Geschosse trennende Gesims in Brüstungshöhe übernommen worden ist. Gleiches gilt dann aber auch für das Mauerwerk mit den Strebepfeilern zwischen den Fenstern – und zwar wahrscheinlich bis oben hin zu den Kapitellen der oktagonalen Dreiviertel-Säulen. Die oktogonale Form entspricht derjenigen der Wandarkaden im Inneren der Kryptakapellen. Sofern die Überarbeitung des 19. Jahrhunderts uns ein Urteil erlaubt, gilt dies auch für den Charakter der Kapitelle, nicht jedoch für die Knollenblatt-Ornamentik des Kranzgesimses, die selbstverständlich zu einem der beiden späteren Umbauten gehören muß. Ob dabei auch die leicht spitz gebildeten Bögen der Wandarkade unangetastet geblieben sind, ist sogar möglich, wenngleich unwahrscheinlich. Sie liegen insgesamt höher (Kämpfer wie Scheitel) als im Innenraum die entsprechende Wandarkade und befinden sich folglich im Bereich der Gewölbe, die in jedem Fall später sind. Wie jedoch im Brüstungsbereich des gleichen Geschosses tatsächlich geschehen, könnte die äußere Wandschale durchaus beibehalten worden sein; sie bewahrt jedenfalls die runde Führung. Der weiche Kern des Mauerwerks entkoppelt die äußere von der inneren Gestaltung, sie entspricht sogar der weichen Füllmasse des Gewölbetrichters dahinter.

Während im Untergeschoß die Mauerfläche überall hinter der Wandarkade zur Geltung kommt, erstreckt sich die lanzettförmige Glasfläche der oberen Kapellen bis an die gemeinsame Laibung der Wandarkade, so daß nur eine obere Zwickelfläche dieser Kernmauer sichtbar bleibt, die in merkwürdiger Weise über den Lanzetten zu schweben scheint. Wäre die Glasfläche schmaler gewesen, so entstünde diese ungegliederte Wirkung nicht. Im Gegensatz zur inneren Gliederung (siehe unten) fehlt aus Platzmangel die ursprünglich vielleicht vorhandene einfassende Bogenstellung; an ihrer Stelle bleibt nur ein auf der Laibungsfläche sitzendes Kämpferprofilchen, das grob in die Glasfläche hineinragt und so auf eine Notgliederung hindeutet. Wurde also die Bogenstellung geopfert, um die größtmögliche Glasfläche zu erreichen? – dies wird sich ergeben.

Im Innenraum sind die beiden Lanzetten zu Paaren zusammengefügt (Abb. 15); hier folgen die Kapellenwände ebenfalls einem kreisrunden Grundriß, auch sogar im Gewölbebereich, wie an den geschwungenen Raumkurven der Spitzbögen oberhalb der geraden Glasflächen deutlich zu beobachten ist (Abb. 16). Die Wandgliederung der Lanzettöffnungen entspricht dem üblichen „romanischen" System: die Glasfläche wird von einer Bogenstellung gerahmt, welche die Kanten der Kern-Wandschale besetzt. Eine zweite Bogenstellung besetzt die Kanten der vorderen Mauerschale, die jedoch nur durch konkave, lisenenhaft schmale Wandstreifen links und rechts von dem Lanzettenpaar zur Wirkung kommt, vgl. auch Abb. 17 rechts. (Dieser Streifen wird an der dem Hauptraum zugekehrten Kante durch ein identisches Säulchen gerahmt, auf das wir zurückkommen werden)[187]. Zwischen den Fenstern nämlich kommt die vordere Wandschale überhaupt nicht zum Ausdruck, sondern wird durch eine etwas stärkere Säule ersetzt, welche die gemeinsame mittlere Stütze der beiden vorderen Bogenstellungen bildet. Nun gibt es als dritte Mauerfläche die zurückgesetzte Brüstung unterhalb der Glasflächen, deren gerader Verlauf gegen die Kurvatur des Systems verstößt. Draußen, so erinnern wir uns, liegen in diesem Bereich die Bögen des Untergeschosses und das schwere, rund geführte Gesims. Der Widerspruch zwischen den geraden inneren und den gerundeten äußeren Flächen der Brüstung würde sich durchaus erklären lassen, wenn die Glasflächen radikal vergrößert worden wären, wie wir dies schon bei der Analyse der Außengliederung vermutet hatten. Denken wir uns nämlich die Glasflächen kleiner, zum Beispiel etwa so groß wie den inneren Rahmen der Armaturen, so wäre in der Außenansicht die heute nur oben „schwebende" Kernmauerfläche links und rechts sichtbar ausgedrückt gewesen – ob mit Bogenstellung besetzt oder nicht. Drinnen wäre dann eine dritte, echte Kernschale in Erscheinung getreten, deren Brüstung jedoch der Apsisrundung entsprochen hätte. „Zurückschneiden" der Fensterlaibungen bedeutet selbstverständlich Abmontieren und Neubearbeitung der Quaderschichten[188]. Der beschriebene Umbau des vorgefundenen Mauerwerks bedeutet schlichtweg das Ersetzen der massiven Primärstruktur durch verglaste Lichtflächen; gleichzeitig wird das symbolgeladene Sekundärsystem doppelter Bogenstellungen bewahrt[188a]. Dabei ist die innere Fläche des Brüstungsbereichs dem geraden Verlauf der vergrößerten Glasflächen nolens volens angeglichen worden. Draußen fällt der gerade Verlauf der Sohlbank hinter dem vorspringenden Gesims nicht auf; er steht bezeichnenderweise auch nicht im Verband mit den rund geführten Wandflächen (vgl. das Untergeschoß) und bezeugt darin sein nachträgliches Hineingeschnitten-Sein. Es ist letzten Endes der auferlegte gerade Verlauf der großen Glasflächen, der schließlich zu den facettierten, polygonal knickenden Apsiden der Gotik führt. In Saint-Denis spiegeln die eben besprochenen Verhältnisse diese Entwicklung wider, ohne daß die hier aufgezwungene Kompromißlösung mit der „Entdeckung" der vergrößerten Glasfläche gleichzusetzen ist. Selbstverständlich könnten ausgereifte Neu-

[187] Der Lisenen-Charakter der Mauerreste wird noch durch die Weiterführung der Basisprofile und Deckplatten als Sims über die Wandfläche hinweg betont, so daß, wie Polk erkannt hat, den Mauerteilen in ihrer schmalen Vertikalität etwas von Pfeilern anhaftet. Beobachtungen Polks (1982), S. 35–42, bilden die Voraussetzung für die hier gebotene Beschreibung. Jedoch hielt Polk noch nach 1976 an einer einheitlichen Ausführung von Krypta und Chor unter Suger fest.

[188] Eine technische Erklärung bietet Jan van der Meulen, State of Research, in: Art Bulletin 49 (1967), S. 160.

[188a] Siehe vdM (1985), S. 591–596.

bauteile an anderen Kirchen der hier aufgezwungenen Lösung Pate gestanden haben.

Schließlich findet sich anstelle der kleinen Kämpferprofile, die außen in den Laibungen der Glasflächen sitzen, im Innenraum eine weit radikalere Lösung: An dieser Stelle ist das innen ansonsten kontinuierlich herumgeführte Kämpfergesims rücksichtslos 5 cm bis 15 cm vor der Glasfläche grob abgearbeitet, damit es nicht in sie hineinschneidet; siehe Abb. 16 rechts (nur in der Axialkapelle – wo das Profilchen draußen überhaupt fehlt – ist es etwas abgeschrägt). Dies kann nur im Zuge der Vergrößerung der Glasfläche passiert sein. Gelegentlich ist das fehlende Flickstück ersetzt[189]. Ob das Gesims im ursprünglichen Zustand auf der Wandfläche hier totlief, oder herumgekröpft war, läßt sich vorerst nicht entscheiden. Mit Sicherheit darf aber geschlossen werden, daß ursprünglich an dieser Stelle eine Mauerfläche, und kein Glas, vorhanden gewesen sein muß.

Die nachgewiesene Umgestaltung ursprünglich schmalerer Öffnungen zu größeren Glasflächen liefert auch einen Indizienbeweis zum Vollendungsgrad des hier behandelten Bauabschnitts. Bei den einzelnen, getrennten Radialkapellen eines „romanischen“ Chorhauptes konnte dem Umgang direktes Licht durch Fenster in den Mauerstrecken zwischen den Kapellen zugeführt werden. Die ununterbrochene Folge der Chorhaupt-Kapellen zu Saint-Denis erlaubte jedoch kein direktes Licht im Umgangsbereich; wir hatten schon Anlaß, die für eine Krypta ungewöhnlich großen Fenster im Untergeschoß aus diesem Grunde zu erklären. Daß nun beim späteren Umbau der sonst gut erhaltenen Außenmauer der Oberkirche es für nötig gehalten wurde, die Glasflächen hier zu vergrößern, könnte durchaus darauf hindeuten, daß unser Chorhaupt als geschlossenes Bauwerk bestanden haben muß, seine im Gebrauch erfahrenen Lichtverhältnisse jedoch als ungenügend empfunden wurden. Der Einsturz des Mittelteils bot dann die Möglichkeit, diesen Mißstand zu verbessern; die Gewölbe des Umgangs waren gewiß vom Unfall erschüttert und, ohne Widerlager nach innen, verformt gewesen, so daß während ihrer Ersetzung das Mauerwerk unbelastet und leicht umzugestalten war.

Dieses Wandsystem wurde nicht zur Aufnahme der heute vorhandenen Rippengewölbe ausgeführt. Das Gewölbe, und damit alles oberhalb des Gesimses, ist nachträglich recht und schlecht angepaßt worden. So wurde die Gesimskonsole an der Westseite der nördlichen Radialkapelle AI NII offenbar nachträglich eingemauert. Ihr Profil trifft mit einer breiten Stoßfuge an das angrenzende Gesims, während die zwei Köpfe (offensichtlich

[189] Flickstücke sind in AI SII und an einigen Stellen in AIII SII, AI NII und EIII NII erhalten. Es muß damit gerechnet werden, daß sie überall vorhanden gewesen waren, jedoch entfernt wurden, weil sie beim Auswechseln oder Reparieren der Glasfelder störten. An nur einer Stelle (AIII SII, Westfläche, Ostseite) ist ein präzis gearbeiteter Profilquader eingesetzt worden.

späteren Stils) grob in die untere Steinlage eingearbeitet worden sind. Auch die entsprechende, aber schräg verlaufende Gesimskonsole in der südlichen Radialkapelle AI SII (Abb. 15 rechts) ist in ihrer Steinschicht grob hineingearbeitet, überschneidet den sie benachbarten Kapitellquader – und erfüllt schließlich nicht einmal ihre Aufgabe, weil das Gewölbefeld von einem ihr aufgestülpten Kragstein aufgefangen werden muß (die nördliche Konsole scheint dem Stil nach sogar später ausgewechselt worden zu sein und wäre ursprünglich der südlichen gleich gewesen).

Flickwerk und Pfuscharbeit, die sich nur durch die schwierigen Bedingungen erklären lassen, ein Gewölbesystem auf eine Wandgliederung aufsetzen zu müssen, die gar nicht dafür vorgesehen war. Aber dies zeigt sich überhaupt auch in dem Hauptgewölbesystem des berühmten Kapellenkranzes: Die Deckplatte der mittleren Säule zwischen den Glasflächen, obwohl schon als Träger beider Bogenstellungen der inneren Wandschale voll besetzt, trägt nunmehr zudem eine Konsole, um die hinzugekommene mittlere Gewölberippe aufnehmen zu können (Abb. 15, 16 und 17 Mitte). (Die Konsolen sind dabei aus denselben Steinlagen wie die Archivolten der erneuerten Bögen gearbeitet.) Der mittleren Gewölberippe, um die herkömmliche Terminologie der kunsthistorischen „Gotik“ zu verwenden, fehlt der „Dienst“. Dies widerspricht der populären Auffassung, die „innere Logik“ des „Stils“ bewirke, daß das Gewölbesystem durch die tragenden Glieder „vorbereitet“ wird. Selbiges besagt in Wirklichkeit nichts anderes, als daß in ununterbrochener Folge seit dem ersten nachchristlichen Jahrhundert Bogen und Säule als Bogenstellung zusammengehören und schon bald nachweislich Funktion und Bedeutung als epiphanischer Rahmen besaßen, den sie gemeinsam bildeten (Diokletianspalast, Theodosius-Missorium, Orthodoxen-Baptisterium zu Ravenna)[190]. Dieser Bedeutungsträger findet dann bis in das 13. Jahrhundert hinein Verwendung, einerseits als Abgrenzung religiös erfahrener Räume (als Gurt-, Scheid- und Wandarkade), andererseits als Baldachinraum mit diagonal gestellten Bogenstellungen. Die innere Logik des Baubefundes von Saint-Denis beweist, im Gegensatz zu der postulierten „gotischen“ Ästhetik, daß die Wandarkaden der Radialkapellen durchaus ein Kreuzgratgewölbe wie in der Krypta hätten tragen können, nicht aber die später aufgesetzten fünf Rippen[191].

Nicht minder bedeutungsvoll als das Verhältnis der besprochenen fünften Rippe zu der Wandarkade ist die heutige Führung der Diagonalrippen auf die verwaisten Säulchen an den dem Hauptraum zugekehrten Kanten der Kapellenmündungen; siehe noch stets Abb. 15. Diese Säulchen, so sahen wir, sind denen der Wandarkade genau gleich gebildet und müssen – wenn

[190] Vgl. vdM (1985), S. 591 ff.

[191] Bei anderen Bauwerken, wo die Rippen von Konsolen aufgefangen werden, wird zu Recht mit einer späteren, nicht vorgesehenen Einwölbung gerechnet – so z. B. Sens oder Modena. Es erübrigt sich hier, auf die betreffende Literatur einzugehen.

von einem Bauvokabular überhaupt noch sinnvoll gesprochen werden darf – ursprünglich als Teil einer Bogenstellung der Wandarkaden gedient haben. Nur die üblich gewordene Trennung zwischen „Dienst" und "Rippe" erlaubt es, die offensichtliche Zugehörigkeit dieser Säulchen zur Wandgliederung zu leugnen; Säulen als Komponente diagonal gestellter Bogenstellungen wurden seit ihrer frühesten Anwendung stets durch Diagonalstellung ihrer Basen oder Kapitelle, versetzte Kämpferhöhe oder andere differenzierende Merkmale artikuliert. Daß in Saint-Denis diese Säulchen in Fortsetzung der erhaltenen Wandarkaden ursprünglich zu einer die Kapellen voneinander trennenden Bogenstellung gehörten, ist kaum zu bezweifeln. Offen bleibt nur die Frage, ob diese Wandarkaden blind vor massiven Mauern standen, oder ob die Trennwände schon offene Arkaden aufwiesen, zu denen sich unsere Säulchen als Träger der Begleitbögen gesellten. Der Baubefund spricht eindeutig für eine offene Arkade. Das Mauerwerk an der Kapellenmündung zeigt keine Spuren einer durchgreifenden Überarbeitung; im Gegenteil, die geringen Eingriffe, die benötigt wurden, weisen Bedachtsamkeit gegenüber dem erhaltenen Mauerwerk auf. Das Kämpfergesims der Wandarkaden läuft fast überall in seiner ursprünglichen Form durch[192], auch hinter den Kapitellen der sechs größeren Freisäulen, die heute vor der Wand an den Kapellenmündungen stehen und die Gurtbögen des späteren Rippengewölbes tragen (Abb. 15 links und 17 rechts).

Diese Säulen gehören zweifellos zu der späteren Bauphase. Ihre Kapitelle und wohl auch ihre Schäfte sind gewiß Spolien (Abb. 18–23). Weil sie verschieden groß sind, mußten sie mit Hilfe erhöhter, profilierter Auflageblöcke auf die jeweils erforderliche Höhe gebracht werden, welche wiederum selber unregelmäßig zurecht- und hineingeschnitten werden mußten[193]. Die Kapitelle sind vierseitig gearbeitet, wobei die der Wand zugekehrte Seite ohne Rücksicht auf die Darstellung abgearbeitet werden mußte[194]. Ihre merkwürdig kargen, ungleich ausgezackten Abakus scheinen aus einer Abarbeitung der ursprünglichen Abakus gewonnen worden zu sein; diese wären, dem Stil der Kapitelle nach zu urteilen (siehe unten), weiter ausladend und geschwungen gewesen. Auch der weit ausladende untere

[192] An a3s2 scheint das Kapitell in das Gesims nachträglich hineingearbeitet zu sein; an a2n2 könnte das Gesims ausgebessert (geflickt oder erneuert?) worden sein. Sichtbar ganz erhalten hat sich das Gesims an den westlichen Ansätzen des Kapellenkranzes (e3n2 und e3s2, Abb. 15 rechts), vor das nachträglich keine Säulen gestellt wurden.

[193] Vgl. Polk (1982), S. 39f. Die Auflageblöcke sitzen in drei Fällen oben auf dem Gesims, wobei ein offenbar erneuertes (?), auf a1s2, nachträglich in die Gewölbemasse hineingepaßt wurde. An a1n2 und a2n2 überschneiden sie das Gesims, während in einem Fall, auf a2s2, der Auflageblock erst oberhalb des Gesimses ansetzt.

[194] Überall mußten Tierköpfe und Blattwerk geopfert werden, außer auf a1s2, wo das Kapitell frei vor dem Gesims steht; auf a3s2 scheint jedoch eine Übereinstimmung mit dem Gesims erreicht worden zu sein.

Wulst der attischen Basen dieser Säulen setzt sie von denjenigen der Wandarkaden ab und verweist sie in eine spätere Zeit[195]. Sie liegen aber auf dem gleichen Niveau und sind in der Stärke ihres Profils den älteren angeglichen, so daß sie sich in dem System des herumgeführten Sockelprofils der Kapellen täuschend einheitlich einfügen. Dieses Sockelprofil wird auch hinter den Freisäulenbasen durchgeführt, jedoch, und das ist das Entscheidende, flach gearbeitet[196]. Es darf nicht überraschen, daß die Würfel dieser späteren Säulen in der Sockelschicht der Kapellen eingebunden wurden: Ein Auswechseln der Sockelquader stellt kein technisches Problem dar, weil das Mauerwerk nach der Entfernung der alten Gewölbe nicht belastet war. Die offenen Mauerarkaden, welche die Kapellen ursprünglich getrennt haben müssen, führten wohl auf entsprechend gemauerte Pfeiler an den Kapellenmündungen. Auf der Rückseite müßten sie der kantonierten Form der (heute erhaltenen) gegenüberliegenden Bogenlaibung entsprochen haben. Auf den übrigen drei Seiten dieser Pfeiler wären dann die Halbsäulen der Gurt- und Scheidbogenstellungen angebracht gewesen, analog zu der Krypta und den üblichen Vergleichsbeispielen der romanischen und frühgotischen Entwicklung. Diese Pfeiler wurden dann schließlich durch die heute vorhandenen Freisäulen ersetzt.

Diese Frage führt uns aber schon wieder in den Bereich der nächsten Bauphase – derjenigen, in der die Glasflächen vergrößert gewesen sein müssen und die Trennwände oder -bögen zwischen den Kapellen entfernt wurden. Wir mußten, um die erhaltenen Teile des ursprünglichen Chorhauptes aus dem endgültigen Umbau der Kapellenaußenwände herausschälen zu können, wiederholt auf die betreffenden Arbeiten vorgreifen. Rückschlüsse aus der nächsten Bauphase werden es sodann erlauben, zusätzliche Teile dem hier behandelten Bauzustand zuzuschreiben und weitergehend zu rekonstruieren.

Wenn in der vorliegenden Untersuchung bisher kein Bezug auf Stilbildung genommen worden ist, so darf vorausgesetzt werden, daß die sich ergebende *relative* Chronologie mit derjenigen der Stilgeschichte entweder übereinstimmt, oder daß dort die Widersprüche zwischen den verschiedenen „herrschenden Meinungen" die Methode selber derart in Frage stellt, daß auf eine eingehende Auseinandersetzung verzichtet werden kann. (Stilistisch wird der Krypta „romanischer Stilcharakter" zugeschrieben, während in der Oberkirche bekanntlich das „Gotische" schlechthin erkannt wird[197].) Im Hinblick darauf muß abschließend betont werden, daß die Kapitelle der besprochenen Wandarkaden des Chorhauptes gemeinsame Merkmale aufweisen: das Grundmotiv bildet Blattwerk von dicht verkleb-

[195] Vgl. Polk (1982), S. 39f.

[196] Außer an a3s2, wo das Profil in voller Stärke herumgeführt wird, und an a1s2, wo das Mittelteil des Profils hinter der Säule fehlt.

[197] Jüngst Anne Prache, Ile-de-France romane, La Pierre-qui-Vire, 1983, S. 71–83.

tem Akanthus wie bei den Kapitellen der Unterkirche; jedoch kommen hier auch freier bewegte Rankenformen vor (AI NII, AIII NII, AmII, AII SII), in denen gelegentlich Vögel und ein zweileibiger Vierfüßler (AII NII), eine Chimära?-Kampfszene (AIII SII) und eine deutliche Herakles/Simson-Darstellung mitaufgenommen sind; in den rechtwinkligen Turm-Kapellen EIII NII und EIII SII häufen sich die Darstellungen von Menschen- und Tierköpfen, Menschen, Tier- und Vogelpaaren. (Durch das Fehlen irgendwelcher offensichtlicher Spuren von Überarbeitung ist mit einzelnen Spolien in diesem eigentümlich altertümlichen Sammelsurium nicht zu rechnen; wenn ja, dann müssen sie als komplettes System übernommen worden sein.) Dagegen setzen sich die Spolienkapitelle der sechs größeren Freisäulen, die an den Kapellenmündungen eingearbeitet worden sind (Abb. 18–23), von denen der Wandsäulen ab: Das gelegentlich fedrige Blattwerk steht der provinziell klassischen Form näher und ist, mit nur einer Ausnahme, durch Menschen- und Tierköpfe, gepaarte Drachen, Vögel und Mischwesen belebt. Diese Kapitelle, die zu späteren Arbeiten am Bau gehören, entstammen als Spolien einem Zeitalter, das dem hier behandelten weit vorausging. Die Zeitgrenzen und Baukampagnen verwischen sich dort, wo es um Erneuerung, Renovatio, geht. Sie werden sich dementsprechend mit den neuzeitlichen Vorstellungen des Neuen im Sinne „schöpferisch" gezeichneter Entwürfe nicht herausschälen lassen. Dies läßt sich auch aus dem Aufmaß belegen, dem wir uns jetzt erst zuwenden müssen, bevor wir zu der vorletzten Umgestaltung der Ostanlage übergehen.

a) Exkurs: Analyse der Maßverhältnisse der Unterkirche

Achsabweichungen innerhalb der Ostanlage können durch eine Bauaufnahme wie die Formigés vorläufig festgelegt und dargestellt werden. Auch lassen sie sich durch eine einfache Vermessung bestätigen (z. B. durch Triangulationsmaße im Umgangsbereich). Jedoch kann der Einzelforscher auf diese Weise keinesfalls die genauen Winkel ermitteln. Andererseits reichen diese relativ ungenau erfaßbaren *Verhältnisse* aus, um eine sinnvolle relative Chronologie erhaltener und rekonstruierbarer Bauteile zu ermitteln.

Anders steht es jedoch mit der Vermessung des Kapellenkranzes. Hätte der Kapellenkranz als einheitliches Bauvorhaben entworfen und frei auf dem Gelände außerhalb bestehender Bauteile abgesteckt werden können, so müßte er in sich regelmäßig dimensioniert und symmetrisch angelegt sein. Auch die nach Osten zunehmende Vertiefung der Kapellen sollte bei einer solchen in sich geschlossenen Anlage weder das Gleichmaß noch die Symmetrie beeinträchtigen. Sogar die scheinbar „versetzten" Strebepfeiler dürften diese Erwartungen nicht enttäuschen.

Solche Verhältnisse lassen sich nun vom Einzelforscher leicht vermessen und ermöglichen es, das Regelmäßige an der Anordnung bzw. die Abweichungen zu ermitteln. Im ersten Teil dieser Untersuchung haben die grob erfaßbaren Verschiebungen und der archäologische Befund zu der Rekonstruktion einer dreikapelligen Confessio geführt. Wenn der heutige Kapellenkranz in sich *nicht* regelmäßig ausgeführt worden ist, müßten die Abweichungen auf diese vorgefundene Bebauung zurückzuführen sein. Die Rekonstruktion ließe sich entweder bestätigen oder, bei negativem Ergebnis, verwerfen. Idealerweise sollten sich sogar die praktischen Bauvorgänge, die zu den in Kauf genommenen Unregelmäßigkeiten geführt haben, nachvollziehen lassen.

Bei der Feststellung des Regelmäßigen im Kapellenkranz muß von den fünf östlichen Radialkapellen ausgegangen werden. Die zwei westlichen Kapellen (AI NII und AI SII) bleiben außer Betracht, weil sie unterschiedlich „eingequetscht" den unregelmäßigen Anschluß an die Chorflankenturm-Untergeschosse bilden. Dies wurde schon an anderer Stelle bei den Überlegungen zum Gesamtkomplex besprochen. Bei der folgenden vorläufigen Analyse der Maßverhältnisse werden die Dimensionen dieser beiden Kapellen wohl angeführt, um das Abseitige ihrer Anlage maßstäblich zu verdeutlichen, ihre Dimensionen jedoch werden stets in Klammern bzw. überhaupt nur in den Anmerkungen angeführt.

Die Kapellenmündungen sind alle gleich breit [198]. Das fünfteilige Gratgewölbe der Radialkapellen bildet, zusammen mit der sie tragenden vierbogigen Wandarkade, eine innere Schale, die hinter den breiten Scheidbögen am Eingang wie hineingestellt wirkt (Abb. 6). Die oktogonalen Halbsäulen der Blendarkade stehen auf einer schlichten, durchlaufenden Sockelbank, welche die innere Wandschale vollendet. Zwei Blendbögen rahmen die sehr großen Rundbogenöffnungen am Scheitel der Kapelle; die zwei übrigen definieren die Längsmauern. Die Rundbogenöffnungen der Apsiden nebst den sie einfassenden Wandarkaden sind stets untereinander gleich und in sich symmetrisch gestaltet [199]. Jedoch sind alle Längsmauern untereinander

198 Die Mündungsbreiten weichen nur in zwei Fällen 1,5 cm von einem Normalmaß von 2,94 m ab; sogar die beiden Anschlußkapellen halten dieses Maß genau ein. Von Norden nach Süden gezählt, messen die Mündungen: 2,94; 2,94; $2{,}93^5$; $2{,}92^5$; $2{,}95^5$; $2{,}94^5$ m.

199 Im Uhrzeigersinn aufgezählt messen die beiden Öffnungen, jeweils von Wandstreifen flankiert:

AI NII	37^5	136	(24)	(24)	136	39
AII NII	38	136	38^5	39	135	40
AIII NII	38^5	133^5	38^5	38^5	134	39
AmII	39	134	38^5	38^5	135	38^5
AIII SII	38^5	133	38^5	37^5	135	38^5
AII SII	38^5	133^5	38^5	39	134	39
AI SII	38^5	134	38	38^5	114	(61)

Sogar in den unregelmäßigen Anschlußkapellen müssen nur drei Maße ausgeklammert werden.

von verschiedener Länge. Dies gilt nicht nur in den einzelnen Kapellen selber[200], sondern betrifft auch die Strecken in den sich gegenüberliegenden Kapellen, die sich genau entsprechen sollten, wäre die Anlage ohne Vorbedingungen als freistehender Neubau entworfen worden. In Zusammenhang mit der Tabelle A wird die Sachlage durch die folgende Aufstellung verdeutlicht:

	AI	AII	AIII	AmII
NII	(141^5):(151)	121:138^5	186:180^5	239:225^5
Differenz intern	(9^5)	17^5	5^5	13^5
Differenz gegenüber	(19^5) (16^5)	12 10	2^5 12	
Differenz intern	(12^5)	39^5	3	
SII	(122):(134^5)	109:148^5	189^5:192^5	

Während die Längenunterschiede in den Zwischenkapellen (AIII NII und AIII SII) als gering abgetan werden können, überrascht es sehr, daß die beiden Diagonalkapellen (AII NII und AII SII) in sich Differenzen von vollen 17^5 cm (14%), bzw. 39^5 (36%) aufweisen, während sogar die Axialkapelle (Abb. II), wo absolute Symmetrie zu erwarten wäre, einen Unterschied von 13^5 cm (6%) aufweist[201]. Wiederum bestätigt sich, daß diese drei Kapellen Bedingungen unterworfen waren, denen eine regelmäßige Ausrichtung entgegenstand.

Es kommt noch hinzu, daß in allen Kapellen südlich der Achse a2N- (d. h. in AIII NII bis AI SII), die nördliche bzw. östliche Wand die längere ist, so daß die symmetrisch gestalteten Apsiden jeweils eine Drehung im Uhrzeigersinn zu erfahren scheinen, fast als ob die Scheitelachsen auf einen Punkt ausgerichtet sind, der etwas nördlich des Mittelpunktes der konzen-

[200] Die Staffelung der Kapellen könnte zu der Vorstellung führen, die Längswand, die jeweils zur Achse hin liegt, sollte länger sein. Dies jedoch täuscht. Jede Kapelle bildet ungeachtet der benachbarten Verhältnisse, normalerweise eine abgeschlossene, symmetrische Raumeinheit, die radial gestellt ist. Im vorliegenden Fall genügt es zu betonen, daß in der Axialkapelle selber die nördliche Wand länger ist als die südliche, wie auch in der nördlich anschließenden Zwischenkapelle AIII NII. Es muß hier auch erwähnt werden, daß die Arkaden-Längswände der westlich liegenden Kapellen zunehmend in die Rundung der Apsis hineinstoßen.

[201] Die geringe Differenz zwischen den Längsarkaden der Radialkapellen täuscht. Die Breitendifferenzen der Wandarkaden beidseitig ein und desselben Mauerblocks, der die jeweiligen Kapellen voneinander trennt, müssen auch berücksichtigt werden: Die Differenz beträgt 47^5 cm, bzw. 41 cm auf den Achsen a2n und a2s und, wie zu erwarten, volle 58^5 cm auf a3n an der Nordseite der gestreckten Axialkapelle. Daß aber auf a3s, auf der Südseite derselben Kapelle, die Differenz nur 33 cm beträgt, einen Unterschied von vollen 25^5 cm eben dort, wo absolute Symmetrie am ehesten zu erwarten wäre, beweist, wie gewaltsam der Ausgleich erfolgen mußte, um die Exzentrizität der alten und neuen Anlagen zu überwinden.

TABELLE A

	(AI n2) e	(AI n2) w	AII n2 e	AII n2 w	AIII n2 e	AIII n2 w	Am n/s2 s	Am n/s2 n	AIII s2 w	AIII s2 e	AII s2 w	AII s2 e	(AI s2) w	(AI s2) e
A	6	11^5	9	6^5	12	4	4^5	14^5	12	8	12^5	15	4^5	11^5
B	100	99	127	127	128	127^5	127	128^5	127^5	129	127	127	97^5	124
C	106 93^5	87^5 110^5	136 118	121 133^5	139^5 116	123^5 131^5	131^5 122^5	144 143	139^5 115^5	121 136^5	139^5 114	111^5 142	102 93	112 135
D	75^5 61	57 76	67 68	71^5 65	71 65	72^5 62^5	63^5 72^5	64 72	70 64	70 64	70^5 65	62 73	86 21	41 91
E	30^5 32^5	30^5 34^5	69 50	49^5 68^5	68^5 51	51 69	68 50	50 71	69^5 51^5	51 72^5	69 49	49^5 69	16 72	71 44
F	136^5	133	135	136^5	136	135	136	136	134	134	135^5	135	107	132
G	68 68	66^5 66^5	67^5 67^5	68 68	68 68	67^5 67^5	68 68	68 68	67 67	67 67	67^5 67^5	67^5 67^5	53^5 53^5	66 66
H	7	9^5	0^5	3	3	5	4^5	4	3	3	2^5	5^5	32^5	25
I	194	193	250	252^5	250	250^5	249	250	250	249	250^5	250^5		

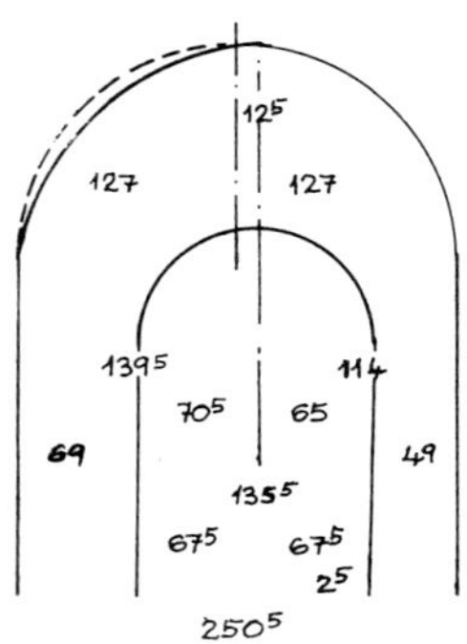

SCHLÜSSEL [AII s2/w]

A VERSCHIEBUNG DES ÜBERFANG-BOGENSCHEITELS

B MITTELACHSE DER GESAMTWANDFLÄCHE ($\frac{E+F}{2}$)

C SCHEITELACHSE DES FENSTERS ZUR FLANKENVORLAGE

D ● SCHEITELACHSE DES ÜBERFANGBOGENS ZUR FENSTERLAIBUNG

E ● WANDFLÄCHE

F ● FENSTERBREITE

G FENSTERACHSE

H ABWEICHUNG DER BEIDEN SCHEITEL

I BREITE ZWISCHEN DEN VORDERKANTEN DER FLANKENVORLAGEN

● = EINGEMESSEN

trischen Anlage (der Kapellenmündungen und -scheitel!) liegt. Der Drehung der südlichen Kapellen entsprechend aber würde dieser Punkt auch etwas östlich der Basislinie der Anlage liegen, was durch die entgegengestellte Drehung der beiden nördlichen Kapellen westlich der Achse a2N (d. h. AII NII und AI NII) bestätigt wird. Jedoch muß betont werden, daß wir es dabei lediglich mit einer passiven Wirkung und nicht notwendig mit einer bestimmenden geometrischen Gegebenheit zu tun haben.

Die beschriebenen Verhältnisse im Innenraum nämlich hängen eng mit denjenigen der Außenwandgliederung zusammen. Die Hauptstrebepfeiler liegen einerseits äußerst tiefausladend in den spitzen Winkeln zwischen den jeweiligen Kapellen, während eine zweite Reihe, erheblich flacher gestaltet, am Scheitel der Kapellenrundungen angebracht ist[202] (dort, wo sonst lediglich Halbsäulen oder höchstens lisenenartige Mauerstreifen als integrierende Bestandteile der Wandgliederung zu erwarten wären)[203].

Das Untergeschoß weist ebenfalls eine klare zweischalige Struktur auf. Die großen, rundbogigen, verglasten Öffnungen der inneren Wandschale sind wieder alle absolut gleich breit[204] und werden oben von den (meist leicht spitz verformten) Überfangbögen der äußeren Schale gerahmt. Die Überfangbögen werden jedoch auf Flankenvorlagen der Strebepfeiler getragen, die eine nur in Saint-Denis vorkommende, sehr charakteristische

[202] Zudem sind alle Fenster der fünf Kapellen absolut symmetrisch um diese mittleren Strebepfeiler angeordnet $49^5/50$; 51/51; 50/50; $51/51^5$; $49^5/49$ cm – also keine Abweichung von mehr als 0,5 cm pro Fensterpaar, sowie höchstens 2,5 cm über das Ganze. Siehe wieder Tabelle A.

(Auf AIn2 wird gerade dieses Maß auf $30^5/32^5$ cm stark reduziert, zudem, mit 2 cm, vergleichsweise „un-symmetrisch". Auf AIs2 mußte auf die Flankenvorlagen [siehe im folgenden] überhaupt verzichtet werden, um die Spannweite der Blendarkade an die der übrigen Kapellen anzugleichen. Mit 71/72 cm Breite der flankierenden Wandflächen entsprechen diese Maße jedoch genau denen der übrigen, abzüglich der mit rund 21^5 cm gemittelten Vorlagenstärke. Die auch diese Flächen übergreifenden Blendbögen werden von Konsolen getragen, die direkt an den Flanken der Strebepfeiler angebracht sind, damit die Zugehörigkeit noch stets zum Ausdruck gebracht wird.)

[203] Obwohl den Zwischenstrebepfeilern, auf fast quadratischem Grundriß von 54–56 cm Breite zu 47–50 cm Tiefe, etwas vom Charakter selbständiger Pfeiler anhaftet, wird ihre radiale Ausrichtung eben durch die zusätzliche Ausladung unten im Bereich der Flankenvorlagen bestätigt. Siehe auch Ende dieses Kapitels.

[204] Siehe Tabelle A. Die Fensterbreite weicht in keiner Kapelle um mehr als 1^5 cm ab; untereinander ist der Unterschied sogar maximal 2^5 cm. Von Norden nach Süden: $136^5/135$; 135/136; 136/136; 134/134; 135/135 cm. Sogar in der nördlichen Anschlußkapelle (AIn2) ist nur eine der Öffnungen um lediglich zusätzlich 1 cm schmäler. Während im Süden (AIs2) das östliche Fenster ebenfalls um nur noch einen weiteren Zentimeter schmaler ist (132), muß das westliche Fenster um knapp 30 cm auf 107 cm reduziert werden, um vor dem Turmuntergeschoß untergebracht werden zu können. Siehe oben, Anm. 202.

Gestaltung aufweisen. Diese eigentümlichen Gebilde sind als Flankenvorlagen der Strebepfeiler aufzufassen, weil auch sie – spitzwinklig zu der Rundung der Kapellenwand – auf den Mittelpunkt der Apsis gerichtet sind, d. h. ihre Laibungen liegen parallel zu den Seitenflächen der Strebepfeiler, nicht radial/rechtwinklig zu der inneren *Mauerschale*[205]. Dieses Verhältnis führt dazu, daß die Flankenvorlagen der Hauptstrebepfeiler in den Winkeln zwischen den Kapellen sehr spitzwinklig (quasi tangential) auf die Rundung der Kapellenmauer zulaufen, während diejenigen der Zwischenstrebepfeiler *umgekehrt* im stumpfen Winkel auf die Mauer treffen, siehe Diagramm, Abb. 24. Deswegen müssen die Bogenanfänge der Blendarkade, welche von diesen Flankenvorlagen getragen werden, schräg auf den Kämpferplatten sitzen, und zwar links und rechts in umgekehrter Richtung. Noch auffallender ist die asymmetrische Lage der Rundbogenöffnungen im exponierten Abschnitt der inneren Wandschale: Die Abwinklung der rahmenden Blendbogenträger (Flankenvorlagen!) ist die Ursache für die verschieden breiten Wandflächen rechts und links von den jeweiligen Fenstern (rund 20 cm Unterschied), vgl. Tabelle A. Diese gravierende Exzentrik – die von einer klassisch abgestimmten Ästhetik als „fehlerhaft“ abgetan werden könnte – ist der konsequente Ausdruck eines Systems: Eine bewußt gegen die Rundung der inneren Mauerschale gestaltete äußere Hülle wird von einem Strebewerk geprägt, das einheitlich auf das Zentrum des Chorhauptes ausgerichtet wird. Entscheidend dabei ist daran zu erinnern, daß auch die Flankenvorlagen der Zwischenstrebepfeiler dieser Bedingung unterworfen sind (stumpfe Winkel), obwohl sie *nicht zum „Strebewerk" der Apsis gehören* – und sich bewußt nicht, wie als Bestandteil der *Wand*gliederung zu erwarten wäre, nach der Kapellenrundung richten (radial-rechtwinklig!)[206]. Dieses Setzen der äußeren Mauerschale auf Flankenvorlagen eines einheitlich radial zentrierten und somit übergeordneten Strebesystems ist der formale Ausdruck einer gewissen Unabhängigkeit der beiden Mauerschalen – nein Bauteile – voneinander; dieses Getrenntsein kann sowohl chronologisch wie kultisch-funktional aufgefaßt werden, im Sinne einer vereinheitlichenden Bergung vorausgehender Bestandteile[207].

205 Sie gewinnen eine gewisse Selbständigkeit, indem sowohl die Stirnflächen wie die Laibungen rund 21^5 cm messen, und wirken daher wie kleine eingestellte Pfeiler auf quadratischem Grundriß. Jedoch wird diese Wirkung dort negiert, wo an den Hauptstrebepfeilern die Vorderflächen dieser Flankenvorlagen als schmale Streifen oberhalb der Kämpferplatten hochgeführt werden; sie laufen sich dann an dem Hauptgesims tot.

206 Ansonsten würde das beschriebene System scheinbar selbstverständlich aus der technisch bedingten Radialität der konstruktiven Elemente hervorgehen (von dem Apsis-Schlußstein über den Rippen zum Strebewerk hin).

207 Die Verhältnisse werden durch die karge pfeilerhafte Gestaltung der Flankenvorlage bewußt betont. Ihre kompromißlose scharfe Quaderkante nimmt keine Rücksicht auf die schräge Abkantung des Blendbogens. Hätten die Mönche die

Jedoch werden die beiden Mauerschalen durch zwei merkwürdige, ausgleichende Lösungen wieder aufeinander bezogen, das Ganze dadurch wiederum vereinheitlicht. Zum ersten müßte nach den oben beschriebenen Gegebenheiten der Überfangbogen um 10 cm exzentrisch zum Fenster liegen. Ein Lot aber vom Scheitel des meist leicht spitz verformten Überfangbogens liegt nicht oder höchstens etwa 5 cm aus der Fensterachse – siehe Tabelle A. Weil jedoch der Scheitel nur nach Augenmaß ermittelt werden kann (und das Lot vom Einzelforscher nur mit Hilfe einer langen Latte recht und schlecht dort anzubringen ist), ergibt sich schon von vornherein beim Aufmaß eine mögliche Fehlerquelle. Zweifellos wurden bei der Ausführung die äußeren Bögen über die jeweiligen Fensteröffnungen zentriert, ein heikler Vorgang, der zu den verschiedenen Verformungen dieser Bögen geführt hat[208]. Ferner liegt das jeweilige Fenster ohnehin etwa mittig zwischen den *Vorder*kanten der so angewinkelten Flankenvorlagen, die seinen eigentlichen Rahmen bilden (stets Tabelle A) und mit erstaunlicher Präzision angelegt sind: In nur einem einzigen Fall weicht das Breitenmaß zwischen den rahmenden Vorderkanten um mehr als einen Zentimeter von den gemittelten 250 cm ab[209]. (Schließlich führt die Rundung der Kapellenwand aus

Funktion der Flankenvorlage als Blendbogenträger betonen, d. h. sie formal in die Wandarkade einblenden wollen, so läge es auf der Hand, die Abkantung des Blendbogens auf seinen Träger zu übertragen. Weil insbesondere auch die Deckplatte dann abgekantet wäre, würde diese Gestaltungsweise das schräge Aufsitzen der Bogenanfänger weitgehend überspielen. Ja, eine kräftige Abschrägung der Vorlagenkante hätte es einer späteren ästhetischen Exegese ermöglicht, von einer „feinfühligen Angleichung“ an die polygonalen Formen der Dreiviertelsäulen im Obergeschoß, die ohnehin im Innenraum auch in diesem Geschoß vorkommen, zu sprechen. Das Bauwerk dagegen spricht anders: Das gewählte Bauvokabular betont konsequent die exzentrische Ausrichtung zweier getrennter Bauteile, somit die Einfassung der geborgenen Kapellen durch das übergeordnete Strebesystem der (neuen) Apsis zum Chorhaupt, wobei die Apsis mit den weit gespannten Gliedern des technischen Apparats die äußere Peripherie des Chorhauptes ergreift. Die Formen bringen bestimmte Inhalte zum Ausdruck und müssen deshalb trotz ihrer technischen Bedingtheit zuvörderst bauikonologisch verstanden werden, weil sie sich nicht nach „inhaltslosen“ Begriffen der Schönheit richten, d. h. nach unabhängigen ästhetischen Systemen, die erst in der Neuzeit entstanden sind. Die subjektive Empfindung neuzeitlicher Ästhetik – besonders wenn sich dies als „System der Kunstwissenschaft“ versteht – kann die beabsichtigte Formenwahl vorneuzeitlicher Kultbaugestaltung nur verunklären.

[208] Dieser ungenaue Vorgang wird zum Teil auch die (nur ungenaue) vermessene Abweichung verursacht haben. Die vorauszusetzende Verschiebung des jeweiligen Bogenscheites ist der Tabelle A, Dimension A (welche denselben geringfügigen Fehlerquellen unterliegt), zu entnehmen. Die Anschlußkapellen sind der Vollständigkeit halber mitaufgenommen.

[209] Von Norden nach Süden beträgt das Breitenmaß (193/194); $252^5/250$; $250^5/250$; 250/249; 249/250; $250^5/250^5$ cm; an der südlichen Anschlußkapelle AI SII fehlen die Flankenvorlagen.

jedem Blickwinkel, der nicht von dem Hauptstrebepfeiler verdeckt wird, zu einer optischen Verkürzung der breiteren der beiden Wandabschnitte.)

Zusammenfassend ergibt sich also eine merkwürdige Gleichheit, Genauigkeit und strenge Symmetrie in der Gestaltung aller fünf Kapellenrundungen, gemessen zwischen den Vorderkanten der Strebepfeiler-Flankenvorlagen. Eine solche Präzision kann nur auf die Anwendung einer einzigen Schablone zurückgeführt werden.

Dies überrascht um so mehr, als diese sehr regelmäßigen Einheiten (einschließlich der Strebepfeiler-Vorlagen) eingefaßt werden von Strebepfeilern, die selber erhebliche Unregelmäßigkeiten aufweisen. Allen Strebepfeilern ist zunächst eine erhebliche Kürzung der einen oder anderen Seitenfläche eigen. Weil bei den vier östlichen Strebepfeilern die kürzere Flanke jeweils der Axialkapelle zugewandt ist, könnte die laienhafte Vorstellung entstehen, die betreffenden fünf Kapellen seien „zwischen die Strebepfeiler hinausgeschoben“ [210]. Die fünf östlichen Kapellen liegen jedoch auf einem regelrechten Peripheriekreis, sind also keinesfalls dort (im Strebepfeilerbereich) parabolisch „hinausgeschoben“. Das „verschobene“ Verhältnis der beiden Strebepfeiler untereinander hängt von dem Verhältnis zwischen den Apsiden-Hauptradien und der Peripheriegestaltung der Kapellenfolge ab. Würden sich zum Beispiel die Radialachsen einer regelmäßigen Anlage mehr (oder weniger) spreizen, so würden die Flanken der Strebepfeiler auf der Rundung der Kapellen herauf- oder heruntergeschoben und dadurch entsprechend länger oder kürzer werden. Ungleiche Flankenlängen deuten in jedem Fall auf eine Exzentrizität der beiden sich bestimmenden Systeme; unregelmäßige Verschiebungen bedeuten zudem eine asymmetrische Exzentrik. Von der Symmetrie eines lauteren, unabhängigen Entwurfs kann aber in Saint-Denis überhaupt nicht die Rede sein, siehe Tabelle B.

Zuerst muß die Flankendifferenz links und rechts innerhalb des einzelnen Strebepfeilers mit der entsprechenden Flankendifferenz im gegenüberliegenden Strebepfeiler verglichen werden. Dieser Vorgang verhütet zunächst eine Beeinflussung des Vergleiches durch die unterschiedlichen absoluten Längen (Ausladungen) der einzelnen Strebepfeiler (*gemittelt* ist ihre Ausladung, gezählt von Norden nach Süden 151^5, 144, 148, 131, 137, 110 cm –, was im mittleren Bereich schon erheblich ist. Noch bedeutender sind aber die Unregelmäßigkeiten, die auf eine Radienverschiebung hinweisen). An

[210] So jüngst Dethard von Winterfeld, wie oben, Anm. 40, S. 94. Es ist eine elementare Gegebenheit der Geometrie, daß eine Kreisbogen-Kapelle, die zwischen den sich spreizenden Radien einer Apsidialanlage weiter hinausgeschoben liegt, breiter sein muß als die anderen. Dies ist aber am Chorhaupt von Saint-Denis nicht der Fall: Das Aufmaß bestätigt, was schon auf Formigés in dieser Beziehung sorgfältig dargestelltem Grundriß abgesteckt werden kann, nämlich das auffallende Gleichmaß der fünf Kapellenrundungen. Theorien zum Baubefund sollen mithin, wo dies wie im Falle von Saint-Denis möglich ist, vorher eingemessen werden.

TABELLE B

KAPELLE RADIALACHSE	Differenz + = w<e − = w>e	KAPELLEN-WANDARKADE	↑ „Drehrichtung" nach Westen bzw. Norden	STREBEPFEILER FLANKE Gemittelte Länge	Differenz	Summe	Differenz + = w<e − = w>e
AI NII w (e4 N-/e)	($+9^5$)	(141^5)	↑				
e (a1 N-/w)		(151)		114^5 gemittelt 151^5	73^5	(265^5)	($+43^5$)
AII NII w (a1 N-/e)	$+17^5$	121	↑	188 ↑	(17)	309	
e (a2 N-/w)		138^5		171		309^5	
				" (144)	53^5		−6
AIII NII w (a2 N-/e)	-5^5	186	↓	117^5 ↓	58^5	303^5	
e (a3 N-/w)		180^5		176		356^5	
				" (148)	57		$+1^5$
Am II n (a3 N-/s)	13^5	239	↓	119 ↕	1	358	
s (a3 S-/n)		225^5		118		343^5	
				" (131)	26^5		$+6^5$
AIII SII e (a3 S-/w)	+3	192^5	↓	144^5 ↓	25^5	337	
w (a2 S-/e)		189^5		119		308^5	
				" (137)	35		+6
AII SII e (a2 S-/w)	$+39^5$	148^5	↓	154 ↓	35	302^5	
w (a1 S-/e)		109		(119)		(228)	
				(110)	(41)		(-6^5)
AI SII e (a1 S-/w)	($+12^5$)	(134^5)	↓	(100)		(234^5)	
w (e4 S-/e)		(122)					

der Axialkapelle AmII ist am nördlichen Strebepfeiler die eine Flanke 57 cm länger als die andere, am südlichen dagegen nur ganze 26,5 cm. Am folgenden Paar (a2N und S) ist das Verhältnis 53,5 : 35 cm, und schließlich an den Anschlußkapellen (a1N und S) 73,5 : (41). Sucht man nun nach der beim ordentlichen Entwurf zu erwartenden spiegelbildlichen Entsprechung einzelner Strebepfeilerflanken im Norden wie im Süden, so ist schon an der Axialkapelle, die zunächst von gleich breiten (kurzen) Strebepfeilerflanken eingefaßt wird, 119 : 118 cm, die abgekehrte Nordflanke volle 31,5 cm länger als das entsprechende Maß auf der Südseite (176 : 144^5). Dasselbe ungleiche Verhältnis ergibt sich bei dem nächstfolgenden Strebepfeilerpaar (auf den Achsen a2N- und a2S-): mithin 117^5 : 119 auf den kurzen Ostflanken, jedoch 171 : 154 auf der Westseite. Es ist, als ob die jeweils südlich anschließende Kapelle nach innen wie eine Seeanemone zusammenzuckt. Auf der westlichsten Achse (a1), zu den Anschlußkapellen hin, wird das Verhältnis dann fast skurril: Hier steht nämlich im Norden dem am weitesten überhaupt ausladenden Strebepfeiler ein völlig verkümmerter im Süden gegenüber: 188 : 119 an der vergleichbaren Ostflanke, 114^5 : (78) an der Westflanke (wo das Fehlen der üblichen Flankenvorlage zu einem aktuellen Maß von rund einem Meter führt)[211].

Das maßstäbliche Durcheinander bei der Anlage der Strebepfeiler ergibt sich aber keinesfalls als etwas Äußerliches, d. h. als etwas von außen her dem regelmäßigen System einer gleichmäßigen Kapellenfolge Auferlegtes. Es hängt vielmehr unmittelbar zusammen mit dem innerhalb der Kapellen anscheinend ähnlich regellosen Fehlen jedweden Gleichmaßes der Längswand-Blendarkaden, das anfangs untersucht wurde. Die einzelnen Flankenlängen der Strebepfeiler stehen nämlich in einem sehr genauen, umgekehrten Verhältnis zu den Spannweiten der Längswand-Blendarkaden, so daß die Summe dieser Strecken innnerhalb und außerhalb des Raumes, gemessen an beiden Seiten der vier „regulären" östlichen Mauermassive, in keinem einzigen Fall um mehr als 6,5 cm voneinander abweicht – siehe Tabelle B[212]. Diese merkwürdig verformten Mauerklötze zwischen den

[211] Werden dieselben Maße auf die drei Kapellen bezogen, die „symmetrisch" von Kurz- bzw. Längsflanken der Strebepfeiler eingefaßt werden (die Axialkapelle und die beiden Diagonalkapellen AII NII und AII SII), so steht wieder die oben schon erkannte, ermutigende Gleichheit an der Axialkapelle einem Unterschied von 17 cm im Norden einem solchen von 35 cm im Süden gegenüber. Aber auch die asymmetrisch gerahmten Zwischenkapellen (AIII NII und AIII SII) können im Verhältnis zueinander verglichen werden: es ergibt sich dabei ein noch verheerenderes Verhältnis von 58^5:25^5 cm.

[212] Es muß betont werden, daß bei dieser Kalkulation die Summe der beiden Dimensionen kein absolutes Maß ergibt, sondern lediglich das Verhältnis von vier aufeinander bezogenen Strecken zueinander. Sogar im Mauerwerk an der verkümmerten Anschlußkapelle im Süden (AI SII), ergibt sich ein Unterschied von nur 6^5 cm; nur am entsprechenden nördlichen Mauerwerk besteht eine Differenz von ganzen 43^5 cm.

Kapellen sind also in sich integrale Gebilde, die das gemauerte Resultat eines Vorgangs darstellen, den wir jedoch erst nach Heranziehung weiterer Kriterien werden nachvollziehen können.

Gegeben war ein regelrecht kreisrundes Gebilde (Umgangsconfessio), in das drei gleichmäßige Radialkapellen symmetrisch um eine Mittelachse angeordnet waren (Plan 7). Jedoch richten sich die Diagonalkapellen AII NII und AII SII nach einer Sechsteilung des Kreises, d. h. einerseits liegen ihre Scheitel in einem etwa 60° betragenden Winkel zur Hauptachse [213], andererseits entsprechen sowohl die breiten Kapellenmündungen und der jeweilige Zwischenraum 1/12 des Kreises [214]. Daraus ergibt sich, daß der große Zwischenraum zwischen den Kapellen in keinem Verhältnis zu dem knappen Raum steht, der zwischen den Diagonalkapellen und der Basislinie des Halbkreises (d. h. dem Anschluß an den orthogonalen Baukörper der Anlage) übrigbleibt. Dieses kreisrunde Gebilde wird zu einem vereinheitlichten Chorhaupt von sieben Kapellen umgestaltet, bei dem die Siebenzahl jedoch nicht frei gewählt ist, sondern ihm aus den Gegebenheiten auferlegt wird: Während die ursprüngliche Dreieranlage durch zusätzliche Radialkapellen zu einer nach wie vor außen kreisrunden, fünfteiligen Figur zusammengeschlossen werden kann, besitzt ihre ursprüngliche Figur (Sechsteilung des Kreises) westlich der Radialkapellen, nur ungenügenden Platz, um zwei weitere Kapellen dort einzufügen und somit einen regelmäßigen Anschluß an den orthogonalen Langchor als 7/12 Chorhaupt zu erreichen (wie dies bei einer Achtteilung des Kreises als ursprüngliches System möglich gewesen wäre) [215]. Um den nötigen Platz für diese Anschlußkapellen zu erreichen, mußte die Basislinie der ursprünglichen Figur nach Westen verlegt werden. Durch die Verlegung des Mittelpunktes, die damit erfolgt, sind nicht nur sämtliche Radialverhältnisse gestört, sondern müssen zudem die

[213] Nach den gegebenen Unterlagen zu urteilen, ergibt sich eine bedeutende Verschiebung gegenüber der geometrischen Figur. Jedoch entspricht die Breite der Kapellenmündung genau derjenigen des jeweiligen Zwischenraumes (in der Mauerachse auf der rekonstruierten Figur gemessen), was auf eine genaue Zwölferteilung weist, die nach denselben Unterlagen rekonstruiert ist. Solche Fragen können allerdings nur anhand einer computergesteuerten Bauaufnahme endgültig gestellt werden.

[214] Siehe Anm. 213. Wir haben es hier mit einer symbolisch geladenen Figur zu tun, die sich z. B. in Sainte Foy in Conques und in Saint-Etienne in Nevers erhalten hat, wo sie sich ebenfalls in einer scheinbar leichten Anschlußstelzung des Chorrundes auswirkt. Die Achtteilung des Kreises, inhaltlich ähnlicher Symbolik unterworfen, erscheint z. B. in Saint-Sernin in Toulouse, wo sie zu einem „9/16"-Chorschluß führt. Unregelmäßige Ergebnisse der Romanik, wie z. B. die von Saint-Savin-sur-Gartempe und Paray-le-Monial, und die der Früh- und Hochgotik sollten ebenfalls verstanden werden, bevor vom „7/14-Schluß gotischer Choranlagen" wie im Falle Saint-Denis gesprochen wird.

[215] Vgl. Anm. 214.

eingefügten Anschußkapellen unregelmäßig nach außen geschoben werden, um einem hufeisenförmigen Einziehen der Peripherie westlich der ursprünglichen Basislinie entgegenzuwirken[216]. Der Einbezug dieser verkümmerten Anschlußkapellen kann überhaupt keiner geometrischen Regel mehr folgen, lediglich eine optische Eingliederung ihrer Gestaltung in die regelmäßige Folge der fünf östlichen Kapellen konnte die verheerende Auswirkung ihrer gewaltsamen Genese etwas verschleiern.

Es sind die Maßverhältnisse dieser Außengestaltung der fünf östlichen Kapellen, die nun schließlich den Bauvorgang bei der Umgestaltung der ursprünglichen Anlage erklären.

Ausgangspunkt bildet die nachmeßbare Folge von fünf radial angelegten, sehr präzise abgesteckten und gearbeiteten, innen wie außen symmetrisch gestalteten Apsideneinheiten. Diese sind, wohlbemerkt, segmental und nicht halbrund; den jeweiligen Rahmen des Bauelements bilden innen die östlichen Halbsäulen der Längswandarkaden[217], außen die Flankenvorlagen der Hauptstrebepfeiler. Diese fast wie nach einer einzigen Schablone gleichgestalteten Segmenteinheiten sind keinesfalls „gestaffelt", schieben sich nicht exzentrisch nach Osten hin – trotz allen Anscheins. Wie wir sahen, tangieren sie vielmehr einen regelrechten Kreis. An diesem Kreis liegen die Scheitelstrebepfeiler der Diagonalkapellen, AII NII und AII SII, symmetrisch nördlich und südlich vom Scheitelpunkt der Axialkapelle 13,73 : 13,60 m[218]. Innerhalb dieser Strecken liegen die Scheitel der Zwischenkapellen jedoch jeweils um rund 0,20 m asymmetrisch versetzt (6,69 : $6{,}49^5$ m im Norden und 643^5 : 6,61 m im Süden)[219].

Ein Blick auf die Anordnung der Kapellen der ursprünglichen Umgangs-

[216] Noch verheerender hätte sich ein mögliches Vorhandensein des südlichen Chorflankenturms auswirken können. Durch diesen Umstand würde sich erklären, warum zu Saint-Denis die neue Basislinie nicht weit genug nach Westen verlegt werden konnte, um den Anschlußkapellen mehr Platz zu schaffen und um darüber hinaus in der Oberkirche die östlichste Orthogonalachse des Langchores „e3" mit derjenigen des Chorumgangs und der Apsis, „a", in Übereinstimmung zu bringen. Die nach den vorhandenen Unterlagen nicht genau zu bestimmende Lage des ursprünglichen Schlußsteines scheint sich westlich der Basislinie befunden zu haben. Wäre er mit dem Scheitel des Gurtbogens gleichgestellt, und das Langchorjoch EIII kreuzgewölbt gewesen, so hätte dies zum Einsturz der Gewölbe beigetragen.

[217] Die Halbsäulen, wie angedeutet (Anm. 200), stehen nur in der Axialkapelle, nicht schon in der Rundung der Apsis.

[218] Der Unterschied von 13 cm bedeutet weniger als 1% Abweichung und muß unter den gegebenen Bedingungen als überraschend genau angesehen werden, siehe Anm. 219

[219] Da die Stirnflächen aller Strebepfeiler nahezu auf einer Kreislinie liegen, müssen die Maßketten, die diesen und den folgenden Dimensionen zugrunde liegen, um die Stirnkante der dazwischenliegenden Strebepfeiler herumgelegt werden, da diese zu weit ausladen, als daß eine geradläufige Linie gezogen werden kann. Auch alle vier Hauptstrebepfeiler sind gleich stark; sie messen zwischen $0{,}63^5$ m und 0,65 m.

confessio (Plan 7) erklärt diesen Umstand: Die Diagonalkapellen AII NII und AII SII bilden, zusammen mit der Axialkapelle, eine einheitliche, symmetrische Anlage, während die später dazwischen eingegliederten Kapellen AIII NII und AIII SII asymmetrisch zu liegen kommen, eben weil sie einem anderen, neuen System unterliegen. Dieses System ist dasjenige der nach Westen verlegten Apsis des neuen Oberkirchen-Chorhauptes, das sich im Untergeschoß durch die sechs großen Strebepfeiler auswirkt, welche jeweils die fünf Kapelleneinheiten rahmen. Sie sind selbstverständlich auch alle gleich stark[220]. Zunächst erscheint es unmöglich, daß, eingerahmt von drei symmetrisch angeordneten, gleichmäßigen Kapelleneinheiten, zwei weitere *gleich breite* Einheiten asymmetrisch untergebracht werden können. Aber auch die lichte Weite zwischen den sechs Hauptstrebepfeilern, die diese fünf Einheiten trennen bzw. rahmen, weichen um bis zu 0,34^5 m voneinander ab, d. h. die Radialachsen, auf denen sie liegen, scheinen geringfügig verschiedene Winkel aufzuweisen. Die Strebepfeiler können jedoch nur an ihren Vorderkanten eingemessen werden. Danach liegen die Hauptstrebepfeiler der Axialkapelle 6,29^5 m auseinander, während für die zwei Radialkapellen AII NII und AII SII die entsprechenden Dimensionen volle 6,64 m bzw. 6,54^5 m sind; die Zwischenkapellen sind im Nordosten auf ein Zwischenmaß von 6,46^5 m, im Südosten auf 6,41^5 m reduziert. Dem trügerischen Anschein nach hätten die ungleichen Längen der Strebepfeilerflanken damit ihre Erklärung: Es scheint nämlich, als würden durch die breiteren lichten Weiten der Radien um die Radialkapellen die Strebepfeiler auf die Rundung der jeweiligen Kapelle „herunterrutschen"; bei den schmaleren Verhältnissen an der Axialkapelle müßten die Strebepfeiler verengend auf der von ihr gerahmten Kapellenrundung „hochgeschoben" werden. Die einseitige Verkürzung der Flanken der Strebepfeiler hätte somit auf den ersten Blick ihre Erklärung gefunden. Jedoch steht diese leichtfertige, „optische" Erklärung nach wie vor im Widerspruch zu den *absoluten, gleichen Breiten* der dazwischenliegenden Segmenteinheiten der Kapellen: Der reinen mathematischen Gegebenheiten wegen kann an keiner der Kapellenrundungen ein Strebepfeiler als *verengend* oder *verbreiternd* „hoch-" oder „heruntergeschoben" angesehen werden. Andererseits bestätigt die ungleiche Breite der lichten Weite zwischen den Strebepfeilern die scheinbar unmögliche mathematische Gegebenheit, daß unter fünf gleich breiten Einheiten, die symmetrisch um eine Mittelachse angeordnet sind, die diagonal gelegenen Zwischenkapellen asymmetrisch angelegt werden können. Es dünkt zunächst, als hätte dieses scheinbare Überschreiten der Grenzen der mathematischen Erfahrung bei der wiederholten Beschwörung der Transzendenz des „Suger"-Chores miteinbezogen werden sollen.

In der Tat ist an eine mathematische Konstruktion dieser Figur nicht zu

[220] Siehe Anm. 219.

denken[221]. Auch wenn unter Einsatz eines Computers die Verschiebungen berechnet werden sollten, welche die asymmetrische Exzentrizität dieser Figur voraussetzt, so bliebe noch die Frage, was damit überhaupt beabsichtigt gewesen sein könnte. Wohl nicht ein geometrisch getreuer Neubau, sondern empirisch bedingtes Ausgleichen von Angebautem an schon Bestehendes, um das Neue mit den vorhandenen Traditionen in Einklang zu bringen[222]. Der Vorgang kann nur am Bau selber, nicht auf dem Zeichenbrett vorgestellt werden. Es ergibt sich beim näheren Betrachten nämlich ein ungeregeltes Geschiebe der segmentalen Kapelleneinheiten zwischen die Strebepfeiler. Die Breite der Einheit, zwischen den Vorderkanten der Flankenvorlagen gemessen, bildet das Grundmaß; da aber die Flankenvorlagen alle gleich stark sind, kann dieses Grundmaß als die Entfernung zwischen den Strebepfeilerflanken selber betrachtet werden. Dieses regulierte Grundmaß der Einheiten kann selbstverständlich nur dann zwischen ungleichmäßig auseinanderliegende Strebepfeiler passen, wenn es schräg gestellt wird. Es ist diese leichte Schrägstellung der Einheiten, die dann zu den verschiedenen Längen der (in der Maßkette festliegenden) Strebepfeilerflanken führt. Schon nach den vorhandenen Unterlagen kann die schiefe Stellung der Grundeinheiten zwischen den Strebepfeilern diagrammatisch verdeutlicht werden. Auf der Abbildung 25 wird die gleichmäßige Grundbreite der Einheit wie eine Sehne von der (dick punktierten) Linie zwischen den Strebepfeiler-Flankenvorlagen angegeben. Ihre jeweilige Schrägstellung zu der kreisrunden Peripherie der Kapellenrundungen wird noch deutlicher, wenn ein konzentrischer (dick strichlierter) Kreis durch die Stirnflächen der Flankenvorlagen an der Axialkapelle gezogen wird: In drei Fällen wird diese Kreislinie von den Sehnen-Geraden der Kapellen überquert, an der nordöstlichen Zwischenkapelle AIII NII liegt sie gänzlich innerhalb des Kreises. Dieses „Kentern" der Grundlinie rückt zwangsläufig die jeweiligen Scheitelstrebepfeiler der einzelnen Kapellen (des in sich streng symmetrischen Gebildes) leicht ab vom Mittelpunkt des sie rahmenden Hauptstrebepfeilers[223], jedoch ohne das Tangentialverhältnis zwischen Kapellenwand und Peripheriekreislinie erheblich zu ändern: Die Kapellen schaukeln auf der (leicht gestippelten) Peripherielinie wie ein Schiff auf dem Wasser, der Scheitelstrebepfeiler entspricht dabei dem Kiel. Darüber hinaus erinnern wir uns, daß das nur ungenau einmeßbare Axialsystem der Hauptstrebepfeiler

[221] Sie verhält sich vielmehr zu der logisch erfahrenen Mathematik (wie wir gleich sehen werden), wie die in der karolingischen Buchmalerei dargestellten Orthogonalgegenstände zu den Regeln der Perspektive.

[222] Im Kap. III dieser Untersuchung wird auch deutlich, daß noch später Sugers Schriften diese Bedingungen als selbstverständlich betonen werden.

[223] Es gibt dabei scheinbare geringe Widersprüche, auf die jedoch nicht eingegangen werden kann, bis ein genaues Aufmaß vorliegt. Die Ausladung der Strebepfeiler und ihre tatsächlichen Winkel beeinflussen die Breitenmaße zu sehr.

(d. h. der Apsisradien)[224], von vornherein unregelmäßig angelegt ist. Ja, wegen dieses Kenterns der festliegenden Breiten der Kapelleneinheiten sind auch nicht die Radien der Hauptstrebepfeiler an die regelmäßigen Abstände gebunden, die sonst durch die Breite der Einheiten (zuzüglich 2× der halben Strebepfeilerstärke) gegeben wären. So können die Radien der Strebepfeiler durch die Verlegung von deren (Apsis-)Mittelpunkt nach Westen – beim Einhalten der Fixpunkte der vorhandenen alten Umgangsconfessio – auf der Peripherie beliebig zusammengezogen werden, etwa ähnlich wie die Speichen beim Schließen eines Regenschirmes.

Zusammenfassend kann gesagt werden: Das Verschieben sämtlicher radial verlaufender Maße entsteht durch die Verlegung des Mittelpunktes des Strebepfeilersystems nach Westen. Das dabei entstehende, verschmälernde Zusammenziehen der Strebepfeiler beiderseits des feststehenden „Einheits"segments der Axialkapelle zieht die übrigen vier Kapelleneinheiten ebenfalls zur Gebäudeachse hin. Dies kann nur deswegen nicht symmetrisch erfolgen (besonders auch nicht für die beiden Anschlußkapellen AI NII und AI SII), weil die Stelle der Radialkapellen AII NII und AII SII fest vorbedingt war. Das Herüberziehen der Strebepfeiler zur Axialkapelle hin führt unter diesen Bedingungen zu einer Exzentrizität zwischen der Peripherie der einzelnen Kapelleneinheiten und des Chorhauptes als Ganzen. Dies führt zu einem Kentern der Grundlinien der Einheiten gegenüber der Peripherie und folglich zu unterschiedlich langen Flanken der Strebepfeiler. Zu bemerken wäre dabei das konzentrische Verschieben der Scheitel der Diagonalkapellen AII NII und AII SII gegenüber den ursprünglichen Scheitelpunkten der Confessio-Kapellen,welche sie ersetzen und deren ritusbedingtes Beibehalten allein sämtliche Unregelmäßigkeiten verursacht.

Jedoch kann die dadurch entstandene, fast skurril unregelmäßige Figur wohl kaum als auf dem Zeichenbrett erfolgter Entwurf verstanden werden – erst recht nicht, weil ihre Übertragung auf das Schnurgerüst am Bau eine schier akrobatische Trigonometrie vorausgesetzt hätte. Wie das Verschaukeln der Grundeinheiten zwischen den Radien der neuen Apsis praktisch zustande gekommen ist, läßt sich mit einiger Sicherheit nachvollziehen: Zunächst dürfte *in situ* der Mittelpunkt der neu zu errichtenden Apsis westlich des Mittelpunktes der bestehenden und beizubehaltenden östlichen Peripherie der Anlage festgelegt worden sein. Diese könnte sich von einem feststehenden Gestell auf dem Confessiodach aus per Schnur und Lot mühelos nach allen bestehenden Bauteilen richten. (Möglicherweise lag der Brennpunkt der Apsidenradien, d. h. der vorgesehene Schlußstein, noch weiter westlich – was jedoch die Herstellung des Schnurgerüsts *in situ* keinesfalls erschwert hätte.) Auch die Apsidenradien konnten dann mit den gleichen

[224] Siehe oben, Anm. 218 und 219. Zu den schon besprochenen möglichen Fehlerquellen kommt bei der Erfassung der unterschiedlichen Achsenspreizung auch die unterschiedliche Ausladung der jeweiligen Strebepfeiler hinzu.

Mitteln anhand der sechs Längswände der bestehenden Confessiokapellen ausgerichtet werden.

Nicht die Mathematik, sondern praktische, örtliche Mittel müssen angewandt worden sein, um das schließliche Gleichmaß der Kapellenaußenwände zu erreichen. Es müssen diese „Einheiten“ (die Kapellen-Stirnmauern) gewesen sein, die das äußere Peripherie-Mauerwerk schließlich bestimmten. Direkt an der vorhandenen Außenrundung der drei Confessio-Kapellen konnte eine Grundschablone für die neuen Kapelleneinheiten hergestellt werden; dabei war stets die vorbestimmte Stärke der Strebepfeiler zu beachten – wohlbemerkt, zunächst ohne jegliche Berücksichtigung ihrer eventuellen Ausladung. Bei diesem *in situ*-Abstecken mußten also zwei Systeme miteinander in Einklang gebracht werden; das von den drei Confessio-Kapellen vorbestimmte Schnurgerüst der neuen Apsidenradien, und die per Schablonengestell verschiebbare Folge der regelmäßigen Kapellenaußengliederung[225]. Das Ausschaukeln zwischen den beiden Systemen ist in den nur schwer erkämpften regelmäßigen Elementen des überlieferten Bauwerks abzulesen. Es betrifft eben nicht Architektur als Design, sondern Umgestaltung von Funktion am Ort[226].

Daß aber nichts von der technisch bedingten Unordnung der Maße im Gebäude optisch wirksam ist, wird wohl am überzeugendsten von der immerwährenden, aber falschen Erkenntnis der Kunstgeschichtsschreibung bestätigt, das Bauwerk stelle ein schlichtweg „perfektes Design“ dar. Die innere Wandgliederung der Kapellen spiegelte, wie wir oben sahen, die Un-

[225] Wohl unter Berücksichtigung vertretbarer Verhältnisse für die unglücklich verwaisten Anschlußkapellen, die notwendigerweise außerhalb des Systems liegen mußten.

[226] Theoretisch könnte die Umgestaltung der drei bestehenden Umgangskapellen durch Ummantelung von vorhandenem Apsidenmauerwerk vonstatten gegangen sein. Obwohl es vergleichbare Fälle wie etwa in Chartres gibt, ist dies im Falle von Saint-Denis unwahrscheinlich. Bei der totalen Erneuerung der Außenhaut im 19. Jh. (vgl. Viollet-le-Duc, 1861, S. 305), hatten die betreffenden Stoßfugen zwischen dem alten Kernmauerwerk und der neuen Ummantelung durchaus „ausgebessert“ worden sein können – wie dies an den Mittelschiffspfeilern von Sainte-Trinité in Caen (und andernorts, Anm. 713) geschah: Dort war ursprünglich nicht nur im Chor und Querhaus, sondern auch im Langhaus-Mittelschiff der zweischalige Effekt des späteren Hineinstülpens der Gewöbe an die Stoßfugen zwischen die älteren Arkadenpfeiler und die späteren Vorlagen, wie auf dem Stich von Galley Knight, deutlich zu erkennen. Im 19. Jh. wurde dieses Pfeilermauerwerk alsdann von Ruprich-Robert gänzlich umgebaut.

Trotzdem läßt sich das ganze „unklassische“ Durcheinander nur durch die Bindung an die Funktion am Orte verstehen: Nicht aufgehendes Mauerwerk mußte bei der Umgestaltung des Gesamtkultes notwendigerweise bewahrt bleiben, sondern der geweihte *locus* als solcher. Wirkliche Ordnung war durch den regelmäßigen Ritus an den einzelnen Altären gesichert; bei der Gestaltung dieses Ritus fiel die Ordnung von Gleichmäßigkeit dem einzelnen Altar als Einheit zu.

gereimtheiten des Außenbaus wider; wir wissen aber jetzt, daß diese Asymmetrie in Wirklichkeit durch die Schrägstellung der symmetrisch gestalteten Apsideneinheiten verursacht wurde, und dementsprechend den ungleichen Flankenmaßen der Hauptstrebepfeiler genau entspricht. Wie steht es aber mit der Weitergestaltung der Strebepfeiler?

Die Weiterentwicklung der Peripheriegestaltung wird nun auch von optischen Gegebenheiten bestimmt, die sich über alle Unregelmäßigkeiten hinwegsetzen. Wir erinnern daran, daß in der Gestaltung *aller* Strebepfeiler (auch die an den Kapellenscheiteln) mit ihren Flankenvorlagen doch ein starker Bezug auf die übergeordnete Vereinheitlichung im Radialsystem der Apsis zum Ausdruck gebracht wurde.

Ein Blick auf den Grundriß zeigt, daß die Hauptstrebepfeiler sehr weit ausladen. Indem sie über die Kreisperipherie der Kapellenscheitel hinausragen, übertreffen sie die übliche Formgebung vergleichbarer gotischer Kapellenkränze überhaupt. Drei verschiedene Absichten könnten dabei eine Rolle gespielt haben, ohne daß das eine das andere auszuschließen braucht. Sowohl das Technische (sie könnten durchaus auf weit fortgeschrittenes Strebewerk deuten), wie das praktisch Ästhetische (das weite Vorspringen verschleiert die unterschiedlichen Flankenlängen) sind wohl bekannt. Jedoch erlaubt das Hervorziehen über die Kreisperipherie hinaus eine Gestaltung der Strebepfeiler im Obergeschoß, die erheblich zu der übergeordneten Vereinheitlichung des Ganzen beiträgt: Der fast quadratische Grundriß der Zwischenstrebepfeiler an den Kapellenscheiteln der Unterkirche nämlich verleiht diesen schon etwas von der Selbständigkeit eines Pfeilers[227]. Dieser Eindruck wird verstärkt, indem sie sich im Obergeschoß als oktogonale Dreiviertelsäulen gleichsam „frei" vor der Wandfläche fortsetzen. Dagegen werden die so tief ausladenden Hauptstrebepfeiler senkrecht durch beide Geschosse einheitlich hinaufgeführt; ihre Stirnflächen jedoch sind ebenfalls zu oktogonalen Dreiviertelsäulen umgestaltet, deren leichte Sokkelschräge die einzige, geringfügige Verjüngung herbeiführt[228]. Indem aber die Hauptstrebepfeiler über den umfassenden Kreis der Kapellenscheitel

[227] Siehe oben, Anm. 205. An dieser Stelle dürfte etwas genauer auf die Ungleichheit einiger Maße hingewiesen werden, weil diese, obwohl gering, durchaus auf die exzentrische Ausrichtung des Strebewerks zurückzuführen sein dürfte. Am gravierendsten ist dies gerade an der südlichen Anschlußkapelle (AIs2) zu vermerken, wo die Westflanke nur 46^5 cm gegenüber 50 cm an der Ostseite mißt, immerhin ein Unterschied von 7,5%. (Die Schrägstellung dieses Strebepfeilers ist auch Formigé aufgefallen, nur wird der auf seinem Grundriß in verkehrter Richtung dargestellt.) 2,5 bis 1,5 cm Differenzen ergeben sich ferner an AIIn2, an der Axialkapelle und an AIIIs2.

[228] Obwohl die Hauptstrebepfeiler mit rund 64^5 cm lediglich 10 cm stärker als die Zwischenstrebepfeiler sind, führt die viel kräftigere Abschrägung der Säulensockel dieser letztgenannten zu unverhältnismäßig schlankerern Proportionen der Dreiviertelsäulen.

hinaus ausladen, liegen ihre mit Säulen besetzten Stirnflächen optisch auf der gleichen Kreislinie wie die in Säulen verwandelten Scheitelstrebepfeiler der Radialkapellen. Es entsteht im Obergeschoß faktisch eine belebte Rundtempel-Ordnung vor den ondulierenden Ausbuchtungen der inneren Mauergrenze. Die farblose Einöde des verrußten Steins verhütet heute eine annähernde Vorstellung von der lebendigen Wirkung aus der Zeit ihrer Entstehung. Denkt man sich aber die Kolonnade farbig abgesetzt in der strahlenden Polychromie ihrer Ursprünge, so gewinnt man zugleich eine Erinnerung an die lebendige Wirkung des Kultes und der Traditionen, in denen dies entstanden war. Diese Tholos weist, über alle verschleierten Verschiebungen hinweg, unweigerlich auf das vereinheitlichende Zentrum der neuen Apsis. Nicht daß die Hauptstrebepfeiler nur aus diesem Grund so weit vorgezogen sind; sie sind gewiß ihrer Funktion nach am Strebewerk bemessen. Ihre Ausformung als Säulen jedoch weist auf eine Ikonologisierung dieser technischen Bedingungen, die sich durchaus auch im ursprünglichen Strebesystem fortgesetzt haben muß – und wohl auch die heute verwaisten Quaderklötze erklären würde, an denen sich die Zwischensäulen totlaufen. Es gibt, trotz späterer Änderungen und Restaurationsarbeiten, keinen Grund, auf eine ursprüngliche Verkröpfung des Blattkranzgesimses über den Strebepfeilern zu schließen[229]. Die Säulen setzen sich bewußt von den inneren beiden Wandschalen der Peripherie ab und geben damit zu erkennen, daß sie nicht Bestandteil der Flächengestaltung etwa in Sinne von Lisenen sind, sondern (wie beispielsweise Gurtbogenstellungen an Hochschiffswänden im Innern) in die dritte Dimension weisen.

Die Gliederung der Oberkirche ist verschiedentlich gegenüber Bauelementen des Untergeschosses asymmetrisch versetzt. Diese Verhältnisse können aber erst dann besprochen werden, wenn eine amtliche Bauaufnahme vorliegt[230]. Jene Verschiebungen sind jedoch zu erwarten und tragen vorerst nichts zu den vorliegenden Untersuchungsergebnissen bei.

[229] Das untere schwere Wulstprofil des Kranzgesimses wird über die Kapitelle der Hauptstrebepfeiler zum zierlich und leicht profilierten unteren Glied eines „klassischen" Architravs umgewandelt.

[230] Siehe vorerst Polk (1982), S. 44–46. Das Außenmauerwerk wird 1953 von Crosby (Fig. 25) als äußerst unregelmäßig dargestellt. Dies könnte einerseits auf eine weitgehend vollständige Vermessung zurückgehen, die jedoch weder veröffentlicht noch besprochen wurde. Deswegen muß andererseits auch hier mit einfacher Schludrigkeit gerechnet werden. In seinen späteren Publikationen wird das Mauerwerk zunehmend schematischer dargestellt. Formigé scheint keine der Unterkirche entsprechende genaue Aufnahme dieser Zone vorgenommen zu haben. Eine grobe Verschiebung der Scheitelsäule an der Axialkapelle ist z. B. auf Panofskys (1979) Abb. 8 zu erkennen.

8. Reparatur der Unterkirche und Umgestaltung des Chorhauptes der Oberkirche

Rekapitulieren wir: Die Beschreibung der hier behandelten Bauteile betrifft zunächst überhaupt nur Elemente, die bei der Betrachtung des Vorgängerbaus ausgegrenzt werden mußten. Die dritte Umgestaltung der Ostanlage nimmt ihren Ausgang nach wie vor in der Krypta. Die Erneuerung der dortigen Tonnengewölbe der Seitenschiffe erfaßt die vier versetzten Säulen des dadurch verschmälerten Langchorjoches der Oberkirche EIII; sie bilden gemeinsam ein bautechnisches Ganzes.

Diese Verschmälerung führt ihrerseits zu der segmentalen Ungestalt der Apsis. Es sind diese Verhältnisse, die grundsätzlich auf eine Großreparatur des Langchorjoches unmittelbar östlich der Ur-Apsis deuten, bei der weitere grobe Unregelmäßigkeiten in Kauf genommen werden mußten[231]. Wir sahen aber, daß diese vier Säulen nicht nur die Form und Ausmaße des von ihr begrenzten Langchorjochs (EIII) bestimmten, sondern ebenfalls die von ihr getragenen Gewölbe der Seitenschiffsjoche, EIII NI und EIII SI. Von diesen Gewölben ausgehend kann der Umfang der weiteren erhaltenen Teile dieser Großreparatur des Chorhauptes insgesamt von der vorausgehenden entscheidenden Umgestaltung der Ostanlage klar abgegrenzt werden.

[231] Formigés überzeugende, wenn auch nicht außerhalb der Grabungsarchivalien belegten Angaben zur ursprünglich regelmäßigen Stellung der vier Säulen („E, F, G, H“), vgl. oben Kap. II, 3 und Anm. 58; Anm. 154 sowie Kap. II, 7 (bezogen auf Anm. 181 ff.), werden durch die unregelmäßigen Fluchtverhältnisse der später eingezogenen Säulen bestätigt. Diese lassen sich in der Krypta von jedermann leicht vermessen: Statt außerhalb zu liegen, stoßen Fluchtlinien (Schnur!) von den Außenseiten der eingezogenen Langchorsäulen auf die ersten Apsissäulen, a1n und a1s, die jedoch um 0,15 m nach Süden versetzt liegen. Dies kann an den quadratischen Plinthen der Apsissäulen gemessen werden, siehe Diagramm unten. Die nächsten Apsissäulen a2n und a2s stehen noch viel weiter aus der Flucht der Innenseiten der Langchorsäulen: Während die Fluchtlinie im Norden um rund 0,20 m nördlich an der Apsissäulen-Plinthe vorbeiführt, stößt die Flucht im Süden fast mittig auf die Plinthe, volle 0,50 m von der Nordkante gemessen.

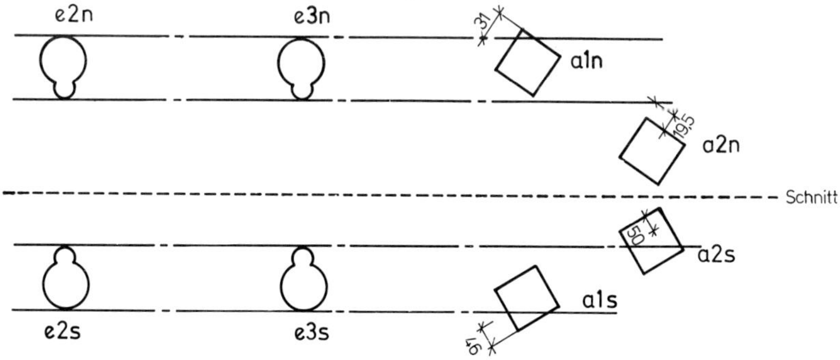

Zusammen mit diesen beiden Jochen bilden nicht nur die angrenzenden rechtwinkligen Kapellen (EIII NII und EIII SII)[232], sondern alle östlich liegenden Umgangs- und Kapellengewölbe, die ja in den Rippenformen untereinander alle identisch sind, eine bautechnisch bedingte Einheit, die (wie wir im vorigen Kapitel gesehen haben) innerhalb der beibehaltenen älteren Außenmauern eingebaut wurde. Die Wandgliederung dieser Außenmauern weist auf ein anderes Gewölbesystem, das entweder nie zur Ausführung gekommen war, oder dessen Teil- oder Restbestand hätte entfernt werden müssen, um durch die heutigen ersetzt zu werden. Dabei wurden die ursprünglichen Pfeiler an den Kapellenmündungen ebenfalls abgebaut, das vorangegangene Gewölbesystem damit sozusagen bis auf die Decke der Krypta entfernt, so daß eine freie Fußbodenfläche zwischen den erhaltenen Peripheriemauern sich als eine tabula rasa für die Neueinwölbung darbot. Das Ersetzen der Mündungspfeiler durch die heutigen Monolithsäulen (Abb. 17 Mitte) zeigt sich in den dadurch verwaisten Säulchen, welche ursprünglich die auf diese Pfeiler führenden Begleitbogen trugen und jetzt zu Trägern der neuen Gewölberippen umfunktioniert werden mußten. Die übrigen Wandarkadensäulchen konnten trotz Vergrößerung der von ihnen gerahmten Glasflächen in ihrer ursprünglichen Funktion beibehalten werden, obwohl die von ihnen getragenen „Schild“-Bogen bei der Umgestaltung der Gewölbe gewiß in neuer Form aufgemauert wurden. *Vor* der erhaltenen Außenmauer mußte aber die jeweils fünfte neue Rippe auf Konsolen im Scheitel der Radialkapellen aufgefangen werden. Ähnlich wurden vor der Außenmauer ältere Monolithsäulen (Spolien) als Träger der Scheidbogen zwischen den Radialkapellen eingezogen.

Es ist durchaus damit zu rechnen, daß sämtliche Scheid- und Gurtbogen der neuen Anlage aus den womöglich nur leicht umgearbeiteten Quadern der ursprünglichen gewonnen wurden; fast gesichert ist diese Vermutung zumindest für die kreisrund geführten Scheidbögen, welche den Chorumgang von den Kapellen trennen. Diese Scheidbogenstellung ist an den Kapellenmündungen nämlich zeitgleich mit der polygonal geführten Apsisarkade (Abb. 26) (siehe auch unten entstanden); aber während die gerade Führung der einzelnen Apsisbögen auf die Bedürfnisse der vergrößerten Glasflächen des neu projektierten Obergadens zurückzuführen ist, waren ihre Vorgänger (wie die entsprechenden Bögen in der erhaltenen Unterkirche) gewiß kreisrund geführt worden (vgl. z. B. Noyon). Dementsprechend selbstver-

[232] Die wiederverwendete Außenmauer dieser rechtwinkligen Kapellen, es sei daran erinnert, wird von den erhaltenen Resten der Chorflankentürme des Vorgängerbaus gebildet, die wohl ebenfalls als Kapellen gedient hatten. Dafür spricht ihre auch in der Unterkirche geostete, rechtwinklige, nichtquadratische Form. Die massiven Kernmauern dieser Turmkapellen sind wie im Falle der Radialkapellen bis zur Wandarkade geöffnet und verglast worden, die Fensterbrüstung stößt ohne Verband an das rahmende Mauerwerk. Im Süden ist zu einer viel späteren Zeit eine weitere Kapelle, EIII SIII, südlich angebaut worden.

ständlich auch die besprochenen Scheidbögen des Chorumgangs. Nun gäbe es bei dem Wiederaufbau dieser Chorumgangs- und Kapellengewölbe keinen Anlaß, die Bögen gerade zu führen, da sie keinesfalls von breiten Glasflächen vorbestimmt gewesen waren[233]; so läge nichts näher, als die vorhandenen Keilsteine wieder zu verwenden. Umgekehrt kann sogar gesagt werden, daß es, weil schon für die Apsis die ideale Rundform wegen zunehmender Rationalisierung geopfert worden war, keinen Anlaß gab, sich dem viel schwierigeren Steinschnitt des raumkurvigen Bogens zu unterwerfen, wenn nicht solche Keilsteinquader schon zur Verfügung gestanden hätten.

Einig ist sich die Forschung darin, daß fast alles oberhalb der Umgangsgewölbe, d. h. das Triforium in seiner heutigen Gestaltung, der Obergaden und die Hochschiffsgewölbe (Abb. 27), nicht zu diesem Bauabschnitt gehören; meistens wird angenommen, daß Bestehendes dabei ersetzt wurde, obwohl nichts zu diesem Schluß Anlaß gibt. Ferner gilt aber als gesichert, daß die westlich der Achse e2 anschließenden Großjoche EII NI und EII SI einen Teil dieses wahrhaftigen Neubaus bilden, zu dem auch der gesamte Innenraum der heutigen Kirche bis zum Westbau gehört. Nicht nur der intendierte Hochschiffsaufriß des Chores bleibt uns deswegen unbekannt, sondern vor allen Dingen auch seine ursprüngliche Ausdehnung nach Westen. Die erste dieser Fragen ist völlig unbedeutend: Wichtig dabei wäre nur zu wissen, inwieweit das heutige Triforium von erhaltenem, älterem Mauerwerk vorbestimmt gewesen ist, nicht aber das rein hypothetische Aussehen eines Hochschiffssystems, dessen Ausführung archäologisch keinesfalls nachgewiesen werden kann. (Einen Hinweis finden wir bei Bruzelius, die, während sie irrigerweise davon spricht, daß kein Mauerwerk aus dem 12. Jahrhundert in der Chorhauptarkade oberhalb des Niveaus der Säulendeckplatten [Abakus] erhalten sei, hinzufügt: "except for fragments of the twelfth-century elevation hidden in the exterior face of the triforium wall, visible from the crawl spaces over the twelfth-century vaults"[234].)

Würden die Quellen auch anders entscheiden (siehe unten, Kapitel III, 9), so blieben die neuzeitlichen Rekonstruktionsversuche doch eine rein neuzeitliche Übung, für die historischen Disziplinen überflüssig, weil sowohl aus dem archäologischen Befund wie aus den zeitgenössischen Quellen (siehe unten, Kapitel II, 10) hervorgeht, daß dieser Aufriß den historischen Ablauf gar nicht bzw. den Bau selber nur insoweit beeinflußte, wie die

233 Auch wenn beim Wiederaufbau Emporen vorgesehen gewesen wären, ist nicht mit einer derart bestimmenden, breiten Verglasung in diesem Bauelement zu rechnen – vgl. wieder Noyon; sogar die riesige Kreisverglasung von Mantes ist in rund geführtem Mauerwerk untergebracht.

234 C. A. Bruzelius, The 13th-century church at St. Denis, New Haven 1986, S. 192, Anm. 2 zu Kapitel 4. Mit dieser dokumentierten Beobachtung widerspricht Bruzelius der eigenen auf diese Anmerkung bezogenen Aussage im Haupttext auf S. 82, daß "the upper stories of Suger's work above the arcade were dismantled to the level of the arcade abaci".

schon ausgeführten Teile im Verlauf der fortschreitenden Umgestaltung integriert werden konnten. Die Frage nach der Ausdehnung gen Westen ist dagegen äußerst wichtig, weil sie den Anschluß an die Ur-Basilika betrifft. Wir werden darauf zurückkommen.

Zuerst muß der Bestand der aus dem hier zu behandelnden Bauabschnitt erhaltenen Teile bauarchäologisch gesichert werden. In Anbetracht des bisherigen Forschungsbildes handelt es sich um einen sehr beschränkten Umfang. Die betreffende Chorumgangseinheit umfaßt 18 Gewölbejoche und die sie tragenden 26 Säulen. Zusammen mit den Resten des farbigen Glases in den vergrößerten Wandöffnungen des Vorgängerbaus scheint das zunächst alles, was sich von den hier behandelten Arbeiten erhalten hat. Das Verwischen deutlicher Baunähte beim Vorgang der Umgestaltung reintegrierter Bausubstanz zwingt uns wieder, wie im vorigen Kapitel, zum Vorgriff auf einige Arbeiten des hierauf folgenden Bauabschnitts – Arbeiten, die nunmehr im absoluten historischen Kontext stehen, weil sie durch Dokumente des 13. Jahrhunderts mit einem wahrscheinlich namentlich bekannten Meister in Zusammenhang gebracht werden können (siehe unten, Kapitel III, 9) und dementsprechend auf der Schwelle eines Neubauens im neuzeitlichen Sinne stehen: gen Westen wird die bestehende Basilika in einem „hochgotisch“ genannten Stil ersetzt. Mit diesem Ansatz zur Lockerung unseres bisher streng eingehaltenen, ausschließlich relativ chronologischen Gefüges wird dem Fachmann schon bewußt, daß wir es im vorliegenden Kapitel mit den Arbeiten des Abtes Suger zu tun haben. Es wird aber auch dem Laien klar, daß von einem „Sugerbau“ weiterhin nicht die Rede sein kann – sondern lediglich von Sugers Bautätigkeit.

Wollen wir deren bis heute erhaltene Bausubstanz archäologisch sichern, so müssen wir uns zunächst mit der seit dem 19. Jahrhundert vorherrschenden Meinung auseinandersetzen, welche dem ab 1231 stattfindenden Weiterbau auch die zehn Hauptarkadensäulen des Sanktuariums in ihrem heutigen Erscheinungsbild zuschrieb (Abb. 26)[235]. Zu diesen Säulen gehören die dreiviertelrunden Begleitschäfte, „Dienste“, welche die Apsisrippen und Langchor-Gurtbogen tragen. Sie sind aus ein und denselben monolithischen Säulentrommeln gearbeitet, aus denen die Schäfte (und Kapitelle) der Säulen aufgemauert sind[236]. Ursprünglich wurde der senkrechte Verlauf dieser Begleitschäfte durch die Deckplatten unterbrochen, die in jedem Fall um den Hauptdienst herum verkröpft gewesen sein müssen[237]. Ihre

[235] So schon Viollet-le-Duc; zur neueren Forschung siehe Crosby (1953), S. 58f.

[236] Beidseitig von den einzelnen Dreiviertelschäften, welche die sechs Apsissäulen begleiten, kommen an den vier Langchorsäulen die etwas dünneren Schäfte der Diagonalbogenstellungen der geraden Joche hinzu.

[237] Rekonstruktionsversuche des ursprünglichen Zustands bleiben müßig. Die Begleitschäfte hätten an dieser Stelle, wie in Laon, Soissons und im vorletzten Westjoch von Paris, eigene Kapitelle aufweisen oder glatt hinter der verkröpften Deckplatte durchlaufen können, um oberhalb mit neuen Basen anzusetzen, den (auch in Saint-

ursprüngliche Gestalt ist jedoch nicht bekannt, weil sie *in situ*, und deswegen relativ grob, abgemeißelt worden sind (Abb. 28 und 29), um sich dem optischen Eindruck einer ununterbrochenen Vertikalführung der Dienste an den erneuerten Kompositpfeilern des 13. Jahrhunderts anzupassen, die westlich, ab Achse e2 liegen (Abb. 27 und 30). Diese Gelegenheit, die zuerst von Emma Medding-Alp im Jahre 1936 beobachtet wurde[238], kann sinnvollerweise nur mit dem sonst einheitlich durchgeführten Neubau nach 1231 in Zusammenhang gebracht werden. Deswegen können die Deckplatten in ihrer ursprünglichen Form keinesfalls zu den Absichten des Umbaus von 1231 gerechnet werden, sondern zur vorausgehenden Baukampagne. Daß dies auch für die Hauptarkadensäulen und ihre Kapitelle (Abb. 31, 32 und 33) selber gilt, geht aus statischen Bedingungen hervor, welche die einheitliche Ausführung der Umgangsjoche beweisen. (Vorweg, da es hier um statische Bedingungen geht, soll noch eine fast skurrile Vermutung parenthetisch Erwähnung finden: Die postulierte Auswechslung der Säulen um 1231 sollte in Zusammenhang mit einer Erneuerung der Hauptarkadenbogen erfolgt sein, um steilere Proportionen zu erzielen. Eine Erhöhung der Bogenscheitel müßte aber zudem die Gewölbe in Mitleidenschaft ziehen, weil auch die Scheitel der angrenzenden Gewölbekappen höher verlegt werden. Daß sie im heutigen Zustand überall noch waagerecht verlaufen, kann jedoch mit dem bloßen Auge erkannt werden[239]. Schließlich ist das durch vier Wülste gebildete Profil der Hauptarkadenbogen ansonsten nirgends unter den Bauteilen des 13. Jahrhunderts wiederzufinden und darf als urtümliches Zeugnis dieses vorausgehenden Bauabschnittes gelten.)

Wie anfangs beschrieben, wurde die betreffende Erneuerung dieses gesamten Abschnitts durch die notwendige Reparatur des Langchorjoches EIII ausgelöst. Die vier zu dieser Zeit *versetzten* Säulen dieses Joches bilden eine statische Einheit mit den angrenzenden Umgangsjochen, deren Rippenführung beim Versetzen ihrer Träger (d. h. Erneuerung der Säulen) nicht *in situ* hätten ausgewechselt werden können. Ähnliches gilt aber auch für die übrigen Säulen und Gewölbejoche, trotz der dort generell gleichbleibenden geometrischen Voraussetzungen: Ein Auswechseln schadhafter Säulenschäfte, und somit ein Auswechseln auch von Kapitellen, ist technisch möglich, setzt aber voraus, daß sämtliche von ihnen getragenen Bögen- und Mauerwerkteile unterfangen werden. Bei Großbauten heißt

Denis vorhandenen) Begleitsäulchen der Schildbogenstellungen entsprechend, wie beispielsweise in Chartres und im letzten Westjoch von Paris.

[238] Emma Medding-Alp, Zur Baugeschichte der Abteikirche von Saint-Denis, in: Zeitschrift für Kunstgeschichte, 5 (1938), S. 246–250.

[239] Fotogrammetrische Messungen haben ergeben, daß die Scheitellinie dieser Gewölbe um höchstens 1,2 cm von einander abweichen, siehe Crosby, Some uses of Photogrammetry by the Historian of Art, in: Crosby et al., Études d'art médieval offertes à Louis Grodecki, Paris 1981, S. 122 und Fig. 4.

dies praktisch, die Bögen vorübergehend zu untermauern. Obwohl dieser Vorgang bei einer flachgedeckten Langhausarkade (wie z. B. in St. Michael in Hildesheim) verhältnismäßig einfach wäre, gibt es für das technische Problem bei einem gotischen Rippengewölbe wie in Saint-Denis praktisch nur eine Lösung: Weil die Deckplatten von den Seiten her kaum starr genug unterfangen werden könnten (was in jedem Fall die Profile ernsthaft beschädigt hätte), müßten beide angrenzenden Joche faktisch blockhaft zugemauert werden, so daß alle Bögen und Diagonalrippen unterfangen würden. In Saint-Denis sind keine Spuren eines ähnlichen Eingreifens zu verzeichnen, die Deckplatten und Rippen sind in bestem Zustand. Mithin müßte man sich das Chorhaupt von Saint-Denis während eines solchen Unternehmens als dichte Mauermasse vorstellen. Wozu? Bedenkt man den Querschnitt des Gebäudes, so wäre es schier unlogisch, alles oberhalb dieser Gewölbe abgebaut zu haben, wie die bisherige Forschung sich dies vorstellt, und dann, um lediglich die Säulen auszuwechseln, das wenige Erhaltene mit solch einem Aufwand zu retten. Sollten diese ungeheuerlichen Maßnahmen um des Stiles willen geschehen sein? Wohl kaum: Im Widerspruch zu einem solchen ästhetischen Motiv steht der auch in Saint-Denis archäologisch nachgewiesene Gebrauch von Spolien (siehe oben); man verehrte das Alte und gab sich Mühe, es bei der Erneuerung zu integrieren. Nun bilden aber auch die Kapitelle der Freisäulen des Umgangs eine stilistische Gruppe, die sich eng an den provinzialrömisch-korinthischen Akanthustypus anlehnt [240] und sich damit von den Knospenkapitellen der Hauptarkade schroff absetzt (Abb. 34–39): Sowohl diese Kapitelle wie ihre sich gelegentlich sogar in Form einer Entasis verjüngenden Monolithschäfte sind gewiß Spolien [241]. Integriert werden sie durch ihre schweren, reich profilierten Deckplatten, die zweifellos mit denjenigen der Hauptarkade zusammengehören (vgl. Abb. 26). Solche Kriterien sind nur deswegen bisher mißachtet worden, weil in Verkennung sowohl des Spolienwesens wie auch der statischen Gegebenheiten die stilistischen Unterschiede zwischen den beiden Kapitellgruppen als unvereinbar innerhalb ein und desselben Bauabschnitts angesehen wurden.

Nach einer liebgewordenen chronologischen Konstruktion „durfte" kein Knospenkapitell vor dem letzten Jahrzehnt des 12. Jahrhunderts datiert werden; die Kapitelle der Apsisarkade von Saint-Denis „mußten" also den Arbeiten des 13. Jahrhunderts angehören. Dieser Meinung des frühen 19. Jahrhunderts schloß sich de Caumont an; daß sie unangetastet blieb, hat nur mit der sich entwickelnden Berufsstruktur zu tun und ist in keiner

[240] Siehe Polk (1982), S. 34 und Anm. 3 auf S. 175.

[241] Die Schäfte sind etwas dünner als die oberen Tori der Basen und sind demnach gewiß mit Stuck verkleidet gewesen. Diese ursprünglich wohl als marmoriert zu denkende Verkleidung wurde 1806 durch schwarzen Stuck ersetzt – wenn nicht sogar die Schäfte dafür nochmals abgearbeitet wurden, siehe Formigé (1960), S. 88 Anm. 1.

archäologischen Methodik begründet. Diese Ansicht hat sich zu einer solchen Starrheit verfestigt, daß auch gesicherte archäologische Befunde jene nicht umzustimmen vermögen; archäologische Tätigkeit ist daher bislang unterblieben, um die stilistisch konstruierten Chronologien aufrechterhalten zu können. Das Knospenkapitell (Knollenkapitell) läßt sich dagegen sehr wohl in einem breiteren, relativ chronologischen Rahmen erklären, den wir in einem folgenden Exkurs zur Geltung bringen wollen. Im folgenden soll nur die Lage des Knospenkapitells in Saint-Denis selber vorgestellt werden.

Obwohl die vier erneuerten Säulen bei ihrer Versetzung als eine statische Einheit durch die neuen Tonnengewölbe hochgeführt werden, sind in der gleichen Höhe wie bei den älteren Säulen des Kryptaumgangs Kapitelle angebracht, über deren Deckplatten das Mauerwerk polygonal hochgeführt wird. Diese Kapitelle setzen sich nun entscheidend von den spröden, dicht verklebten älteren Formen ab (Abb. 8). Wir haben es hier eindeutig mit dem für die Gotik typischen Blattwerk des Knospenkapitells zu tun, wie Abb. 28, 29, 31, 32, 33: Straffgezogene glatte Einzelblätter mit betonten Gräten wachsen aus dem Schaftring empor, sich bei gespannter Verjüngung nach vorne von dem Grunde lösend, um sich oben eingerollt wie Knospen paarweise einander zuzuneigen oder zu vereinen. (Es sei darauf hingewiesen, daß das klassische Knospenkapitell eigentlich einblättrig ist, siehe Kapitel II,9). Ein eindeutig altertümliches Motiv dabei ist jedoch die gespannte lineare Kontur der Flanken-Blattlappen, die noch ein bewußtes Abstrahieren des Vegetabilen darstellt; bei den vier Kapitellen in der Krypta (c2n und e3n, sowie e2s und e3s) ist das Blattwerk überhaupt nur schematisch angedeutet. Wie zu erwarten, entsprechen diese Formen denjenigen der zehn Säulen der Oberkirche, wo sie in voll ausgereifter Form in zwei Registern angeordnet sind, jedoch gelegentlich noch die altertümlichen Züge verraten.

Die ursprüngliche Ausdehnung des hier behandelten Bauabschnitts nach Westen ist eine Frage von weittragender Bedeutung, die bisher von der Forschung nur widersprüchlich und tastend angegangen worden ist – obwohl sie den Bestand der Ur-Apsis und den Anschluß der Ostanlage an den Urbau überhaupt betrifft[242]. Die gegebene Raumdisposition ist ausschlaggebend: Wichtig bei dieser Frage ist, daß gerade in der betreffenden, als erste völlig erneuerten Travée westlich der Achse e2 die Ur-Apsis stand, die heute noch hinter dem Hauptaltar bis zur Schwelle ihres zweiten Stockwerks vorhanden ist, wenn auch verborgen in der terrassenartigen Erhöhung, die alles östlich der Achse e1 erfaßt. Daß die Ur-Apsis – gleich in

[242] Wo die Frage überhaupt angeschnitten wird, werden die zwei Joche EII NI und EII SI geflissentlich überspielt, so bei Formigé, S. 88: «. . . ce cœur . . . comptait neuf chapelles . . . et les travaux comprenaient aussi la croisée». Auf S. 97f. kehrt Formigé von dem Querhaus zu der Mündung der Ur-Apsis zurück, ohne dies selber zu bemerken, vgl. unten Anm. 243.

welcher Höhe – noch zu dieser oder sogar einer früheren Zeit in ein durch Kompositpfeiler gegliedertes System inkorporiert wurde, ist archäologisch bezeugt. Formigé legte nämlich Halbsäulenbasen und weitere Spuren einer Komposit-Wandgliederung frei, welche der Apsismündung vorgeblendet waren: Die freigelegten nördlichen Basisreste sind rechts vom Kryptaeingang bei den Restaurierungsarbeiten unter dem neueingezogenen Podest des Hauptaltars ausgespart geblieben und so in ihrem Verhältnis zu den erhaltenen Teilen der Ur-Apsis gut ersichtlich (Abb. 44). Formigés hypothetische Ergänzung dieser vorgeblendeten Einfassung der Ur-Apsis zu einem freistehenden Pfeiler ist irreführend; solche Pfeiler können nicht bestanden haben[243]. (Formigé schlug diese Basen der hier behandelten Bauperiode zu, jedoch weisen die gleichmäßig ausladenden Wulstprofile sie in eine vor-

[243] Formigé (1960), S. 97f., auf dem Grundriß, Fig. 81, wird die Lage der freigelegten Teile im Verhältnis zur der Apsisrundung dahinter (oben rechts!) dargestellt. Es gibt keinen fachgerechten Querschnitt von diesem Bereich. Jedoch ist nach Augenschein die Apsis noch heute drinnen an dieser Stelle ungestört erhalten. Formigés hypothetische Ergänzung zum freistehenden Kompositpfeiler kann demnach einfach nicht stimmen; die übrigen Profile an der Südflanke der Basis, oder ihre Spuren, mußten nämlich im südlichen oder östlichen Mauerwerk sichtbar sein. Formigé zieht diese Basen bei der Besprechung des von ihm postulierten Querhauses des Sugerbaus heran, dessen Ostgrenze er, ohne Begründung und irrig, der Ur-Basilika gleich, auf die Achse e1 verlegt. In diesem Zusammenhang heißt es: «J'ai retrouvé en place une partie des piles Nord-Est [e1n] et Sud-Est de la croissée [e1s] et le surplus de ces piles, en remploi, à coté [die er, ohne Verweis, an dieser Stelle abbildet]. . . . Lors des fouilles de Viollet-le-Duc, exécutées en 1859 . . . il a rencontré la pile Sud-Est du transept [gleich «croissée», e1s] de Suger qu'il n'a pas identifiée, mais qu'on voit fort bien sur l'un de ses dessins, adossée aux fondations de la première pile du chœur [e1s] . .». In einer Anmerkung bezieht sich Formigé auf das «Dessin no. 23337» der Archives des Monuments Historiques, welches wohl dasselbe ist wie die, ohne Verweis und ohne Bezug zum dortigen Text auf S. 164, als Fig. 144 abgebildete Zeichnung (die Nordseite folgt auf S. 165, Fig. 145). Es handelt sich um zwei Bauaufnahmen aus dem Jahre 1859 von Viollet-le-Ducs Ausgrabungen in dem Joch *vor* der Ur-Apsis, EI, auf der jeweils das aufgehende Mauerwerk unter den Pfeilern e1s und e1n zu sehen ist. Es ist zunächst nicht klar, weswegen Formigé es für nötig hält, sich auf Viollet-le-Duc zu berufen, um Reste eines Pfeilers nachzuweisen, die er selber angetroffen hat. Auf der Zeichnung ist tatsächlich eine Basis links auszumachen (etwa 2,10 m unter dem damals durch Fontaines Aufschüttung höher liegenden Fußbodenniveau); offenbar beschädigt, etwas grob gezeichnet, zieht sie sich als dünne Schicht nach Osten weiter. Im Norden, auf Abb. 145, verliert sie sich dagegen hinter der später eingezogenen Quermauer, jedoch ist hier eine genau entsprechende, senkrecht verlaufende Gliederung des Pfeilers zu sehen, die ebenfalls wie bei e1s im Süden vor der Flucht der an der Stelle angearbeiteten Pfeilerbasis des 13. Jh. verläuft, jedoch ansonsten, hier wie dort, mit ihr identisch ist. Nur, auf e1s weist die Gliederung einen zweiten Absatz, oder eine Basis auf, etwa 1,50 m oberhalb der unteren Basis; dies wiederum fehlt im Süden, was auf eine Versetzung des Pfeilers im 13. Jh. zurückzuführen sein könnte.

ausgehende Zeit – was bei der sonstigen Vermischung der Formen bei dieser Großreparatur nicht zu überraschen braucht). Die jähe Erhöhung auf der Achse e1 beinhaltet selbstverständlich die Ostmauer der Ur-Basilika, an welche die Ostanlage in allen drei Umgestaltungen angelehnt war. Aber erst als die Ostanlage die Gestalt eines zweigeschossigen Chorhauptes annahm, mußte zu beiden Seiten der Apsis die Ostmauer der Basilika in jedem Fall durchbrochen werden, um einen Zugang zum Chorumgang über die „Transit"-Joche EII NI und EII SI zu schaffen. Daß diese beiden Joche gewölbt gewesen waren, geht aus der den übrigen östlichen Säulen entsprechenden Gestaltung ihrer östlichen Stützen hervor. Diese Joche hätten ungeachtet ihrer Bauperiode, in Übereinstimmung mit dem östlich liegenden Umgang und den Kapellen, zweigeteilt gewesen sein können; dies hätte eine zweigeteilte Gliederung der Eingänge auf der „Terrasse" mit sich gebracht. Auf der in diesem Kapitel behandelten Stufe hätte dieser Umstand aber einer ergänzenden Freisäule bedurft, bei dem Vorgängerbau wohl einer Kompositpfeiler-Gliederung. Jedoch ist nicht unbedingt mit einer Zweiteilung dieser Joche zu rechnen. Viel aufschlußreicher ist die Frage, warum denn diese beiden westlichen Joche zusammen mit dem Langchorjoch EIII beim schließlichen Neubau ersetzt wurden, anstatt, wie die übrigen östlich liegenden Teile, integriert zu werden. Es kann nur an ihren westlichen Stützen gelegen haben, die sich nicht integrieren ließen. Dort gab es nämlich die vorgeblendeten Halbpfeiler, die sich heute als Reste an der Apsismündung erhalten haben (Abb. 44). Die vorgeblendeten Kompositpfeiler müssen schließlich in dic Gliederung der sie flankierenden, erhöhten Eingänge in das zweigeschossige Chorhaupt integriert worden sein[244], und zwar schon zum ersten Chorhaupt. Die Ur-Apsis wäre somit in das erste Chorhauptsystem unangetastet integriert worden und wurde bei der unmittelbar östlich von ihr durchgeführten Großreparatur des Langchores und der anschließenden Neugestaltung des Chorumganges weiterhin unentweiht beibehalten. Der auf diese Weise erhaltene geweihte Kern der baulichen Traditionen von Saint-Denis könnte durchaus vor späteren Gewölben gestanden haben, zumindest wäre der Gedanke damals nicht so abwegig gewesen, wie wir dies heutzutage empfinden. Bis zum schließlichen Neubau der Basilika selbst nach 1231 hätten sich die Chorhäupter beider vorangegangenen Perioden hinter der beibehaltenen Apsis entwickelt. Die in unserer einleitenden Beschreibung festgelegten fehlenden axialen Zusammenhänge zwischen dem Langchor und dem Kirchenkörper westlich der Apsis fänden hierin jedenfalls ihre Erklärung.

Das Querhaus wird von unserer unmittelbaren Fragestellung weniger betroffen. Jedoch bezeugt der Baubefund, daß gerade aus dem Bereich der Ur-Apsis auf der Achse e2, d. h. um ein Joch *östlich* des geraden Verlaufs

[244] Hypothetische Rekonstruktionen von gewölbten Erneuerungen innerhalb der antiken Basilika, d. h. westlich der Achse e1, entbehren archäologischer Beweise.

der Ostmauer der Basilika, das Chorhaupt sich noch vor dem 13. Jahrhundert um ein Joch verbreitert nach Westen fortsetzte – und zwar wohl als Querhaus[245]. Zumindest der östliche Ansatz der nördlichen Querhausfassade ist in dem erhaltenen Untergeschoß des östlichen Turms bezeugt, jedoch zu welcher der früheren Baukampagnen dieser Rest gehört, muß als offene Frage gelten – eine Frage, der bisher wenig Beachtung geschenkt worden ist, obwohl beispielsweise Teile der östlichen Südquerhaustürme und, unserer Meinung nach, gewiß auch das Nord-Querhausportal dieser (im Falle des Südquerhauses gar der vorausgehenden) Periode angehören[246].

Es genügt zu wissen, daß die Außenmauern der Kirche schon vor dem 13. Jahrhundert weiter nach Westen gebaut wurden, und zwar so weit außerhalb der Altbauteile, daß das Querhaus seinen quadratischen Umfang erhalten hat, wodurch es sich von den üblichen Formen des kapetingischen Kirchenbaus absetzt. Daß es später reichlichen Platz für die Königsgräber bot, dürfte von geringerer Bedeutung sein als die Tatsache, daß es in dieser Gestalt das ganze spätantike Querhaus(?) und die Apsis ungestört aufnehmen konnte. Dennoch gestaltet sich der bauarchäologische Aufweis schwierig, und entsprechend verworren stellt sich auch die Forschungslage dar. Crosby etwa hat seinen Standpunkt zum Ausführungszustand des Querschiffes zwischen 1942 und 1981 nicht weniger als viermal geändert[247]. Ein besonders kontroverser Punkt war zunächst die Frage, wie weit das Querhaus über Chor und geplantem neuen Kirchenschiff ausladen sollte, und wieweit es vom Querschiff der alten Basilika mitbestimmt war. So behauptet Crosby in seinen ›New Excavations‹ gegen die Quelle, die er zur Rekonstruktion der angeblichen Jochbreite einer durch keine weiteren Kriterien belegten fünfschiffigen Baslika zur Zeit Sugers allerdings heranzieht, dem Plan der Kirche des 12. Jahrhunderts fehle das Querhaus; Saint-Denis stünde damit in einer Linie mit der Kathedrale von Paris. Zur Begründung verweist er auf Grabungen im Südquerhaus, wo er Mauerwerk, vor allem aber eine Portalanlage gefunden haben will[248]. Die Dokumentation dieser

[245] Für freistehende Türme an dieser Stelle, wie gelegentlich postuliert wurde, fehlt jeglicher Bezug zur Forschungslage. Wieder entstammen derartige Vorstellungen nur der voreingenommenen Meinung, die Querhausfassade müsse dem 13. Jh. angehören.

[246] Vgl. Formigé (1960), S. 98f., dessen wenige und tastende Beobachtungen von voreingenommenen absoluten chronologischen Vorstellungen beherrscht sind.

[247] Crosby (1942), S. 133 (Querhaus vollendet); (1947) S. 158/9 (Querhaus unvollendet); (1953), S. 49 (Querhaus vollendet); (1981) S. 21 (Querhaus unvollendet).

[248] Crosby, New Excavations in the Abbey Church of Saint-Denis, in: Gazette des Beaux Arts 86 (1947), S. 115–126, vgl. auch den Plan der «quatrième église» bei Formigé, S. 66+7, Fig. 49. Der von Crosby veröffentlichte Grabungsbericht ruft den Eindruck hervor, als ob eine bereits im voraus als sicher geglaubte Hypothese durch nachfolgende Grabungen nurmehr bestätigt zu werden brauche. Wieder erkennen

Grabungen ist äußerst mangelhaft: Es fehlt die präzise Angabe, wo gegraben wurde, ferner eine genaue Dokumentation der Funde. Dies gilt auch für die abgebildeten Fotos und Grundrisse, die zum Teil nicht einmal dekkungsgleich sind. Eine ähnliche Lage bietet sich in der Frage des Querhauses der alten Basilika. Crosby und Formigé gelangen bei ihren Rekonstruktionsversuchen zu teilweise gänzlich konträren Ergebnissen[249], die eine weitere Verfolgung solcher Widersprüche als wenig erhellend erscheinen lassen.

Entgegen der Hypothese Crosbys von einer querhauslosen Konzeption des 12. Jahrhunderts, die auch Formigé im Plan seiner «quatrième église» übernimmt [250], legt der Baubefund nahe, die Querhausanlage der Königsabtei in ihren wesentlichen Abmessungen bereits vor dem 13. Jahrhundert anzusetzen. Die Wandgliederung der nördlichen und südlichen Querschiffs-Stirnwände sollten darauf hin untersucht werden, ob diese nicht bis zur Höhe des Gewölbescheitels der angrenzenden Hauptarkade des Chorhauptes zu dieser Zeit ausgeführt worden sein könnten.

Von Bedeutung für die Vorstellung des Querhauses ist, wie gesagt, ferner das Portal, das sich jetzt, allerdings in einem stark restaurierten Zustand, an der Fassade des heutigen Nordquerhauses befindet. Willibald Sauerländers Behauptung, diese «Porte des Valois» sei in den siebziger Jahren des 12. Jahrhunderts entstanden[251], ist in der kunsthistorischen Literatur weit verbreitet. Wird seine Argumentation für eine stilistische Verwandtschaft der «Porte des Valois» mit den Nord-und Mittelportalen der Kollegiatskirche zu Mantes nur wenig Widerspruch ernten, so ist das vorgeschlagene Entstehungsdatum zwischen 1175 und 1180 doch wenig überzeugend, zumal es in einen Zeitraum fällt, in dem überhaupt keine Bautätigkeit an der Königsabtei beurkundet ist[252].

wir das Ungenügen, ja die Falschheit eines solchen methodischen Ansatzes, der in bezug auf Quelle und Bauarchäologie nur das sucht, was er zu finden beabsichtigt. Diese Zwangslage erklärt sicherlich auch die unpräzise Dokumentation der Grabungen, welche dementsprechend die vorgefaßte Hypothese auf keinen Fall nachträglich beeinträchtigen dürfen.

[249] Formigé (1960), S. 51, Fig. 40, siehe auch die Seiten 54 und 61f.; Crosby (1981), S. 20, Fig. 7; Crosby (1953), S. 68f., Fig. 25.

[250] Siehe oben, Anm. 248.

[251] W. Sauerländer, Die Marienkrönungsportale von Senlis und Mantes, in: Wallraf-Richartz-Jahrbuch 20 (1958), S. 158; vgl. dessen Gotische Skulptur in Frankreich, München 1970, S. 92.

[252] Sauerländer, op. cit. (1958), S. 136–158. Sauerländer gründet seine Argumentation auf sogenannte „unanfechtbare baugeschichtliche Gründe", mit denen Jean Bony den Baubeginn in Mantes bestimmt haben soll. Liest man aber den Artikel von Bony, so wird deutlich, daß seine vagen Andeutungen das absolute Vertrauen Sauerländers keineswegs verdienen. (J. Bony, La collégiale de Mantes, in: Congrés Archéologique 104 [1946], S. 163–220, bes. 178.) Im Gegenteil erscheint die Ent-

Die zahlreichen Ergänzungen und die überarbeitete Oberfläche machen eine genaue stilistische Analyse äußerst schwierig[253]. Dennoch sind Verwandtschaften mit den schon erwähnten Portalen in Mantes festzustellen, ferner mit bestimmten Teilen des Portal Sainte-Anne in der Westfassade von Notre-Dame zu Paris und mit der Grabplatte des Childibert in Saint-Germain-des-Prés, jetzt im Chor von Saint-Denis[254]. Auffällig ist, daß diese genannten Beispiele ebenfalls undatiert sind. Im Rahmen einer möglichen Stilentwicklung frühgotischer Skulptur dürfte es aber keine Einwände gegen eine Datierung um die Jahrhundertmitte des 12. Jahrhunderts geben[255].

9. Exkurs: Das Knospenkapitell

(*Vorbemerkung:* Um möglichen Mißverständnissen vorzubeugen, sei vor dem nachfolgenden Exkurs zum Knospenkapitell nochmals die methodische Generallinie unserer Beweisführung betont, in die auch die Kapitelle des Chorhauptes der Oberkirche streng eingebunden sind. Ziel des zweiten Teiles unserer Untersuchung, in dem wir uns nach wie vor befinden, ist der Aufweis einer relativen Chronologie allein aus der objektiven Analyse des Baubefundes. Im Zuge dieser bauarchäologischen Analyse haben auch die Kapitelle des Chorhauptes der Oberkirche, und zwar sowohl die Knospenkapitelle der Hauptarkaden als auch die Spolienkapitelle der Freisäulen des Chorumgangs [«chapiteaux à crochets»] ihre unumkehrbare Einordnung im relativ chronologischen Gefüge erfahren [siehe das vorangegangene Kapitel II,8].

Von diesen Ergebnissen geht auch der nachfolgende Exkurs aus. Er behandelt mithin die Knospenkapitelle wie *archäologische Zeugnisse*, die uns, vergleichbar anderen schon behandelten archäologischen Funden in Saint-Denis [Sarkophage mit Grabbeigaben, Münzen, etc.], einen ersten Anhaltspunkt der Datierung im Geflecht unserer relativen Chronologie finden helfen können. Wir bleiben folglich strikt innerhalb unserer methodischen

stehung eines derart prächtigen Portals in dem von Sauerländer postulierten Zeitraum höchst unwahrscheinlich, da die Urkunden von einem Ruhen der Baumaßnahmen zeugen.

253 Auf diese Schwierigkeiten wies besonders Sauerländer, op. cit. (1958), S. 149–154, hin.

254 B. Kerber, Burgund und die Entwicklung der französischen Kathedralskulptur im 12. Jh., Recklinghausen 1966, S. 76; A. Erlande-Brandenburg, Le roi est mort, Paris 1975, S. 136.

255 So datiert J. Thirion, Les plus anciennes sculptures de Notre-Dame de Paris, in: Comptes rendus de l'academie des Inscriptions et Belles-Lettres, 1970, S. 85–112, das «Portail Sainte-Anne» in die Zeit kurz nach 1150. Ferner hält A. Erlande-Brandenburg, op. cit., S. 136f., es für wahrscheinlich, daß der Grabstein Childiberts vor der Weihe des Chores in Saint-Germain-des-Prés vollendet war.

Forderung. Das gilt auch für die nachfolgenden Bezüge zur Stilgeschichte, die insofern Bedeutung zu erlangen vermag, als sie *begründete* Datierungen anbieten kann.)

Die Knospenkapitelle der Apsisarkade konnten von Medding-Alp nicht aus den Zwängen der etablierten chronologischen Vorstellungen (z. B. Kapitelle von Soissons, Süd-Querhaus, als „typische Form des Kapitells aus der Zeit um 1200") gelöst werden[256]. Der oft verwendete Begriff des „Knollenkapitells" verzerrt zusätzlich das historische Bild: Tatsächlich ist die edle Erscheinung des Blattstengel-Knospen-Kapitells eine fränkische, sich verselbständigende Entwicklung des antiken, korinthischen Prototyps und bringt von diesem bestimmte Charakteristika zur Geltung, die in zahlreichen anderen Variationen vernachlässigt werden. Unsere kurzen Bemerkungen mögen als provisorische Skizzierung des Problemkreises verstanden werden.

Die klassischen korinthischen Kapitelle der römischen Kaiserzeit müssen freilich vor der Behauptung bestimmter Deszendenzverhältnisse verstanden werden. Wir wählen zur Beschreibung das berühmte Beispiel vom Tempel des Mars Ultor auf dem Augustusforum in Rom[257]: Das monumentale Kapitell hat die hochstehende Glockengrundform. Es ist horizontal dreigeteilt: In der unteren Kapitellhälfte zwei wechselständige Kränze aus je acht Akanthusblatt-Einheiten, die unteren Blätter am Astragal entspringend und die zwischen ihnen hochsteigenden am Ansatz locker verhüllend; in der oberen Kapitellhälfte entfalten sich blütenartige Formationen aus Kelchblättern und Helices/Voluten vor der hier sichtbaren, in eine „Lippe" auslaufenden glatten Rundung des massiven glockenförmigen Kapitellkerns. Diesen deckt ein deutlich einschwingender vierseitiger Abakus. Den Abakusmitten appliziert ist eine die „Lippe" berührende Araceenblüte über einem von unten aufwachsenden Stengel. Die je acht Kranzblätter sind von grundsätzlich gleicher Formgebung und reihen sich so, daß die

[256] Emma Medding-Alp, op. cit. Anm. 238.

[257] Paul Zanker, Forum Augustum – Das Bildprogramm, Tübingen o. J. (Monumenta Artis Antiquae, Bd. 2), Abb. 20. Siehe Wolf-Dieter Heilmeyer, Korinthische Normalkapitelle – Studien zur Geschichte der römischen Architekturdekoration, Heidelberg 1970 (Mitt. des Deutschen Archäologischen Instituts, Röm. Abt., 16. Ergänzungsheft), S. 25–32, („Die Kapitelle des Augustusforums in Rom"), Abb. 1 zur Datierung S. 26–27: terminus ante quem für die Kapitelle ist sicherlich die Weihe 2 v. Chr. In anderen, aber verwandten Zusammenhängen wird dasselbe Beispiel vergleichend untersucht von: Gail Patton Polk, The Capitals in the Crypt of Saint-Aignan in Orléans: their relationship to medieval capitals and to Roman antecedents, unveröff. Master's Thesis, Pennsylvania State Univ., 1973; Mark Miller Graham, The Chronology of the Sculpture in the Tower-Porch of Saint-Benoît-sur-Loire, unveröff. Master's Thesis, Penns. State Univ., 1973, bezieht sich in methodisch entsprechender Weise auf die Kapitelle der Maison Carrée in Nîmes.

höheren Blätter mit ihren Vertikalachsen unter den Abakusecken- und -seitenmitten zu stehen kommen. Zwischen sich haben die Blätter der zweiten Zone die acht „caulicul" („caules"), denen die Volutenbildungen der dritten Zone entspringen: die sich gegen die Abakusecken paarweise zusammenschließenden Voluten und die sich unter den Abakusseitenmitten paarweise tangierenden, etwas kleineren Helices. „Kleine zipfelige Abspaltungen rollen sich über den Voluten gegenläufig unter den Abakusecken auf"[258]. Zusätzlich verläßt ein Kelchblattpaar (wiederum Akanthus) den „cauliculus" zur umhüllenden Unterstützung von Volute und Helix.

Sämtliche Ornamentformen sind im Hochrelief gearbeitet. Ihre Komplementarität zum tragenden Grundkörper (dem „Korb" oder Kalathos der Vitruvianischen Erzählung) realisiert sich durch dasselbe Gestaltungsprinzip, das auch die Ordnung des Ornaments selber bestimmt: ein freies Miteinander organisch aufeinander bezogener, aber gleichzeitig tektonisch geordneter Elemente. Organisches Wachstum und architektonische Ordnung halten sich in charakteristischer Weise die Waage. Erwähnen wir als ein konsequent angewandtes Präsentationsprinzip die raumschaffende Umhüllung der Ansätze des zweiten Akanthusregisters, der unteren Teile der „cauliculi", der Voluten- und Helicesanfänge (zusätzlich werden die Helices unten von den Voluten verdeckt) – ein Verlust an natürlicher Belebtheit des Ornaments wird so vermieden. Die geschlossenen Körper von „cauliculi", Helices und Voluten (kanneliert bzw. leicht gehöhlt; die Voluten paarweise zu einer Blattstengelform vereint[259]) sind ebenso eigenständig wie die vielteiligen Akanthusformen[260]. Das klassische korinthische Kapitell, das mit unserem Beispiel geschaffen ist, bietet in der geräumigen Zueinanderordnung seiner Elemente um den Grundkörper die Darstellung eines organischen Sich-Entfaltens. (Dies hat Vitruv auf seine Weise beschrieben.)

Wir können nicht die Vielfalt der uns bis in das Deambulatorium von Saint-Denis führenden spätantiken Variationen des korinthischen Kapitells behandeln. Unsicherheit der gängigen Chronologien, Verkennung des synkretistischen Charakters der westfränkischen Sakralarchitektur (und Kapitelle sind wegen ihrer leichten Wiederverwendbarkeit geradezu mobile Teile) erlauben noch nicht den gewünschten Überblick. Immerhin gibt es Fixpunkte, einerseits der Entwicklungsgang des hochgotischen Kapitells, von Chartres zur Sainte-Chapelle und darüber hinaus zu immer größerer Entfaltung der Naturbeobachtung, andererseits in karolingischer Zeit. Zwar existieren nicht „karolingische Kapitelle" als einheitliche Stilerscheinung, aber gesicherte Beispiele zeigen Prinzipien und Möglichkeiten der

[258] Heilmeyer, op. cit., S. 29.

[259] Heilmeyer, op. et loc. cit.: „... ein breites Band, das ... zur Stütze der Abakusecken aufsteigt."

[260] Vgl. Heilmeyers grundsätzliche Beschreibung der Akanthusblätter des kor. Kapitells: op. cit., S. 13.

Zeit. Gesichert ist die Datierung ins 9. Jahrhundert, wohl dessen erste Hälfte, der Kapitelle der Langhausarkaden der Höchster Justinuskirche[261]. Die karolingische Renovatio der konstantinischen Säulenbasilika umfaßt die Imitatio des maßgeblichen kaiserlich-römischen Kapitelltyps. Wir beschreiben nach einem Kapitell der Nordarkade (Abb. 45), die Kapitelle sind aber in hohem Maße gleichförmig[262]. Auffallend in Höchst ist sogleich die umfangreiche Wiederaufnahme der kanonischen Teile des klassischen Prototyps. Über dem Abakus stehen an dem hochragenden Kapitell drei Reihen von Zungenblättern, in den beiden unteren – wechselständig in Entsprechung zum beschriebenen korinthischen Normalkapitell angeordneten Kränzen von je acht uniformen Blättern – lassen sich leicht die antiken Akanthuskränze wiedererkennen. Daß die zweite Blattreihe annähernd halbe Kapitellhöhe erreicht, entspricht der Disposition am Mars-Ultor-Tempel. Über der zweiten Blattreihe kommt eine dritte hervor, sicher handelt es sich um Umformungen der antiken Kelchblätter – hier in Höchst aber ohne Beziehung zu den zwischen die Blätter der zweiten und dritten Zone eingespannten ornamentierten Streifen bzw. 'Pflöcken', Verwandlungen der antiken 'cauliculi', auf denen als viertes Register je zwei Volutenformen stehen, die sich paarweise zu den Kapitellecken und -seitenmitten rollen und sich als blattfreier Schlußriegel absetzen. Statt eines ausgeformten Abakus bleibt den Höchster Kapitellen nur eine Randleiste, die mit dem antiken Vorbild lediglich den – hier etwas 'freihändigen' – gezackten Verlauf gemeinsam hat. Diese faßt auffälligerweise die Eckvolutenköpfe von drei

[261] Der jüngste Forschungsstand dargelegt bei Wolfgang Metternich, Die Justinuskirche in Frankfurt am Main-Höchst, Frankfurt a. M. 1986 (Schriften des Museums f. Vor- u. Frühgeschichte, Ffm., Bd. 9); ders., Neue Erkenntnisse zum Bau der karolingischen Kirche St. Justinus in Höchst am Main, in: Nassauische Annalen 96, 1985, S. 109–124; ders., Justinuskirche Frankfurt/Höchst, München/Zürich 1980 (Schnell Kunstführer Nr. 1215); ders., Die Justinuskirche zu Höchst am Main – Ein Bauwerk von nationaler Bedeutung, Frankfurt a. M. 1987, dort S. 23 großformatige Farbaufnahme eines Kapitells der Nordarkade, S. 25 Farbaufnahme der drei westlichsten Kapitelle der Nordarkade. Siehe auch: W. Meyer-Barkhausen, Die Kapitelle der Justinuskirche in Höchst a. M., in: Jahrbuch der preuß. Kunstsammlungen 54 (1933), S. 69–90, besonders S. 87ff.; ders., Karolingische Kapitelle in Hersfeld, Höchst a. M. und Fulda, in: Zs. für bild. Kunst 63 (1929), S. 126; ders., Die Versinschriften (tituli) des Hrabanus Maurus als bau- und kunstgeschichliche Quelle, Hessisches Jahrbuch für Landesgeschichte 7 (1957), S. 57–89. Die Verbindung mit Höchst aufgrund des Zeugnisses von Hrabanus Maurus, der Mainzer Erzbischof Otgar habe für die Gebeine des Hl. Justinus, die er aus Rom überführt hatte, eine Kirche gebaut, wird bestätigt durch die jüngst durchgeführte dendrochronologische Datierung eines Maueranker über dem Triumphbogen (850±8 Jahre), vgl. Metternich, op. cit. 1985, S. 117, Anm. 38, ders., op. cit. 1986, S. 63, Anm. 40. Metternich, op. cit. 1986, S. 72, übernimmt die Kapitellbeschreibung von A. Mann, Karolingische Kapitellplastik, in: Karl der Große, Katalog Aachen 1965, S. 460, Nr. 629.

[262] Metternich, op. cit. 1986, S. 71 und Anm. 90.

Seiten rahmend ein; zur Seitenmitte läuft sie geradlinig zurück, dort einem kreissegmentförmigen Vorsprung folgend – diese kleine tablettartige Rundung über den Volutenrollen der Kapitellmitte ist lediglich Evokation der antiken Grundkörperrundung unter dem Abakus: Ein distinkter „Korb“ ist keineswegs gebildet, was auch an den vertieften Zwickeln zwischen den abgewinkelten Volutenrollen deutlich wird. Über den Kapitellen stehen hohe, kannelierte Trapezkämpfer. Die Höchster korinthischen Kapitelle führen stolz die charakteristischen Elemente des antiken Prototyps vor, genauer als zahlreiche vergleichbare Stücke[263], wahren dessen Klarheit in der Disposition, steigern sie sogar noch durch Freilegung und Parataxe, entbehren aber der Repräsentation organischen Aufwachsens. Das gestalterische Prinzip ist ein völlig anderes: Am Tempel auf dem Augustusforum umhüllte geordnete Natur den festen Grundkörper, an der in christlich-spätantiker Tradition stehenden Höchster Kirche dagegen sehen wir eine additive Konstruktion aus abstrakten Bestandteilen. Die rundbogigen Zungenblätter der beiden unteren Register bilden gleichsam Blattarkaden. Die unteren Ansätze der zweiten Blattreihe werden nicht mehr verborgen. Diese Zungenblätter tragen eine vertikale Mittelleiste, wie auch die allerdings spitzbogigen Eckblätter der dritten Reihe. An den Mittelblättern dieser obersten Blattreihe fehlt die Vertikalleiste; sie bilden an ihrer Spitze zwei „aneinandergelegte Kerbblättchen“[264]. Die an die Stelle der ‘cauliculi’ getretenen Bänder[265], völlig freigestellt, sind von steifer Geradlinigkeit und durch tief einkerbende Ornamentierung in linearen Mustern auch nicht mehr vasenhafte Ursprungsgefäße, sondern allerhöchstens Stützen für die nun gleich großen, klar nebeneinandergestellten Spiralbildungen. Am Mars-Ultor-Kapitell überschneiden die Eckvoluten raumschaffend die Helices am Austritt aus den Kelchblättern – Die Elemente der dritten Blattzone scheinen, wie bemerkt, Transformationen gerade dieser Kelchblätter zu sein (formale Trennung von den unteren Blattkränzen, Stellung zu den Volutenformen), und es ist bezeichnend, daß der vegetabilische Zusammenhang aufgegeben ist. Er ist hier nur noch durch die Erinnerung an die Blütenformation des antiken Exempels erkennbar. Die Spiralformen haben ihre ursprüngliche Schnellkraft verloren und sind stummelige Rollzylinder, denen die den Abakus evozierende Randleiste ohne dynamisches Verhältnis aufliegt. Die für Höchst charakteristische quaderhafte Einfassung der Eckvoluten durch eine wiederaufnehmende Fortsetzung der Abakusleiste rechtwinklig um die Voluten, ein Einschnitt, der die Abakusleiste bis zur Kapitellecke durch-

[263] Meyer-Barkhausen, op. cit. 1933, Abb. 14 (Lorsch), 15 (Fulda), 16 (Hersfeld); unmittelbar verwandt, um ein zufälliges Beispiel zu nehmen, Kapitelle am Südportal von Saint-Julien-de-Brioude (Haute-Loire), siehe Chanoine Bernard Craplet, Auvergne romane, La Pierre-qui-Vire [5]1978, pl. 91.

[264] Meyer-Barkhausen, op. cit. 1933, S. 72.

[265] Vgl. Metternich, op. cit. 1986, Anm. 90.

zieht, dient der Vermeidung einer puren Rahmenform (der separierte Abakus soll dargestellt werden) vollendet die Synthetisierung der konstituierenden Elemente („Korb“, Ornament, Deckplatte) des antiken korinthischen Normalkapitells. Früheres antik-rankendes Leben wird in furchtsamer Orthogonalität eingefangen, nein einbetoniert[266]. Wichtig ist die Transformation der Kelchblätter in Richtung auf eine Uniformisierung der Blattformen, auch die Verunklärung des Abakus, der einem hohen Kämpfer untergeordnet wird. In der gesamten Entwicklung zum Kapitell des 12. Jahrhunderts hin und darüber hinaus bleibt der antike Abakus durch das unklassische Element, den hohen Auflageblock, gefährdet.

Die Existenz von korinthischen Zungenblattkapitellen auch im kaiserzeitlichen Rom darf in unserem Zusammenhang nicht verschwiegen werden (das Opferrelief von der claudianischen Ara Pietatis Augustae stellt so übrigens die Mars-Ultor-Kapitelle dar)[267]. Hier liegt mit Wahrscheinlichkeit ein entscheidendes historisches Bindeglied vor: „Von dort ist kein weiter Weg zu den Kapitellen mit geschlossenen Blättern der frühchristlichen Zeit, ...“[268] Der Weg führt zum klassischen kapetingischen Kapitell. Im Anschluß an Gall betrachten wir zunächst als typischen Vertreter des kapetingischen Knospenkapitells ein Stück von der Empore des südl. Querarms der Kathedrale von Soissons[269]. Zwei wechselständige Viererreihen gleichförmiger Knospen-Blattstengel umstehen den gerundeten, glockenförmigen Grundkörper, der – wie am klassischen Kapitell – an jeder Kapitellseite sichtbar wird. Die Blattstengel des oberen Kranzes erheben sich zu den Ecken des vierseitigen Abakus, der in einen hohen Kämpfer übergeht. Der Grundkörper („Korb“) tangiert den Abakus mit einer „Lippe“. Die unteren Blattstengel wachsen gegen die Mitten der Abakusseiten und ballen sich ungefähr auf halber Kapitellhöhe nach Ablösung vom Grundkörper zur Knospe. Die dazwischen aufsteigenden oberen Blattstengel sind etwas größer dimensioniert und dementsprechend weiter ausladend.

[266] Selbst bei einer Zwickeldurchbrechung an der Unterseite der Volutenstengel kann nicht mit Meyer-Barkhausen (op. cit. 1933, S. 73) von „frei gearbeiteten Voluten“ gesprochen werden. Dementsprechend werden auch die Mittelvoluten (Helices) eingespannt zwischen den oberen Vorsprung und ein sicherlich aus der antiken Abakusblüte entstandenes „knopfartiges Gebilde“, vgl. Meyer-Barkhausen, op. cit. 1933, S. 83–84.

[267] Siehe etwa Heilmeyer, op. cit. Anm. 257, S. 140–143 („Bossierte Kapitelle als Kunstform der flavischen Zeit“), S. 141 und Anm. 619 Bezugnahme auf Ara Pietatis; Zanker, op. cit. Anm. 257, Abb. 45, 46.

[268] Heilmeyer, op. cit., S. 142, unter Bezugnahme auf R. Kautzsch, Kapitellstudien – Beiträge zur Geschichte des spätantiken Kapitells im Osten vom 4. bis ins 7. Jh., Berlin/Leipzig 1936. Ferner Metternich, op. cit. 1987, S. 10f. mit Abb.

[269] Ernst Gall, op. cit. Anm. 9, Abb. 162 und Abb. 118. An Gall (1. Aufl. 1925) orientiert sich Emma Alp, Die Kapitelle des XII. Jahrhunderts im Entstehungsgebiet der Gotik, Detmold 1927.

Die sich von ihrem Ursprung an stetig verjüngenden Blattstengel sind angespannte, abstrakt-symmetrische Formen: Einen von Graten begrenzten Mittelstreifen in Gestalt eines überlangen gebogenen Dreiecks flankieren abgewinkelte, hier leicht breitere Seitenstreifen. Die Blattballungen der Knospen sind vertikal geteilt. Wie die antiken Spiralen von Voluten und Helices biegen sie von oben herab. Am Beispielkapitell (die Gestaltung variiert in diesem Punkte aber sehr) verdeckt eine kleinere Blattform von ovaler, zu Läppchen eingeschnittener Kontur die Übergänge zwischen den unteren Blattstengeln und somit die Ursprünge der oberen. Wegen ihrer Flachheit sind diese Blätter gleich über dem Astragalwulst zwar wesentlich der Kapitellmasse zugehörig, liegen jedoch nicht gänzlich auf, sondern wirken durch Unterhöhlung der Ränder eher wie vorgeheftet.

Ornament und Grundkörper werden hier wieder als separate komplementäre Elemente begreifbar. Dennoch, und dies ist entscheidend, ist es oft so, daß die vier sichtbaren Segmente des Korbes jeweils für sich zu weit ausbuchten: Es entsteht also insgesamt keine Kreislinie, vielmehr haben wir es mit vier distinkten Ansichtsflächen zu tun (dies scheint auch am Beispiel aus Soissons der Fall; mit unterschiedlicher Ausgeprägtheit an der Chorarkade von Saint-Denis selbst). Hierzu paßt, daß auch von „organischem Wachstum“ [270] anders als beim augusteischen Exempel nur cum grano salis gesprochen werden kann. Hamann/Rosenfeld assoziieren die Strenge der dorischen Säule [271]. Das rankende Leben des römisch-kaiserzeitlichen Kapitells ist abgelöst nicht nur durch Abstrahierung kanonischer Formen, sondern auf einer anderen Stufe 'aufgehoben' – in der Dynamik einer durchaus eigenständigen Form. Auf den ersten Blick mag sogar die Ableitung vom korinthischen Typ verwundern. Grundsätzlich muß hierbei festgehalten werden, daß die Architekturimitatio der in Frage stehenden christlichen Epoche – wie besonders Bandmann gezeigt hat [272] – in der Wiederaufnahme repräsentativer Züge im Rahmen sehr eigenständiger Formen bestanden hat. Es ist nicht einzusehen, warum eine solche, wahrlich kreative Weiterführung *bedeutsamer* Tradition nicht das Kapitell einbezogen haben sollte.

Die klare wechselständige Anordnung von Blattkränzen ist ein Zug, der das Knospen-Blattstengel-Kapitell an das klassische korinthische Kapitell bindet und der Gruppe der Kelchblockkapitelle, Stengelkapitelle oder Rankenkapitelle, die gewöhnlich als Vorläufer in einer stilistischen Entwicklungsreihe betrachtet werden, in hohem Maße fehlt [273]. Demgegenüber tritt die deutliche Scheidung von Ornament und Grundkörper nicht ausschließ-

270 Richard Hamann/Felix Rosenfeld, Der Magdeburger Dom – Beiträge zur Geschichte und Ästhetik mittelalterlicher Architektur, Ornamentik und Skulptur, Berlin 1910, S. 11.

271 Ibidem.

272 Z. B. Günter Bandmann, Zur Bedeutung der romanischen Apsis, in: Wallraf-Richartz-Jb. XV (1953), S. 28–46.

273 Siehe etwa die Beispiele bei Gall, op. cit. Anm. 9, S. 322 ff.

lich am Knospenkapitell auf[274]. Ein unbestreitbares Charakteristikum bildet aber die durch Form und Disposition der Knospen-Blattstengel wiedergewonnene Dynamik des klassischen antiken Exempels. Zudem sind die Knospen-Blattstengel gleichzeitig dem Blatt *und* der Volute des antiken korinthischen Kapitells verbunden; und zwar so innig, daß es fast unmöglich wird, wie im Falle Höchst eindeutige Rückbezüge zu finden, obwohl die wechselständige Reihung der Formen zunächst als Übertragung der antiken Blattkränze erscheinen mag.

Am klarsten wird dies angesichts der kraftvoll unter die Abakusecken steigen Eckblattstengel; vielleicht ist es nicht gar zu vermessen, daneben auch in Blattstengeln unter Abakusseitenmitten die Möglichkeit einer synthetischen Verarbeitung der Helices zu vermuten. Eine Mittelkerbe an den Knospen, wie sie an Galls Beispiel aus Soissons, aber auch sonst in geläufiger Weise auftritt, erreicht die Wirkung einer Reminiszenz an den antiken Volutenzusammenschluß, der am Peristasenkapitell des Mars-Ultor-Tempels übrigens de facto die Existenz einer Art von Voluten-Blattstengeln bewirkt (s. o.). Eine Parallele zum „konkaven Canalis“[275] der dortigen Voluten ist die Höhlung der einzelnen Streifen des kapetingischen Knospen-Blattstengels.

Das karolingische Zungenblattkapitell vom korinthischen Normaltyp in Höchst repräsentierte mit auffallend großer Treue Bestandteile des antiken, sogleich erkennbaren Vorbildes; gleichzeitig wird die Zungenblattkapitelltradition bis zur Eliminierung des Gegensatzes zwischen Grundkörper und Ornament gesteigert. Auch in Abwesenheit des antiken organischen Zusammenhanges herrscht aber äußerste Klarheit der Komposition; die Regularisierung und Versteifung der kompakten, ausgewogenen Einzelformen dient mächtiger Tektonik. Die Naturformen des antiken korinthischen Kapitells waren tektonisch angespannt; das tektonisch Angespannte des klassischen kapetingischen Kapitells beherrscht in jedem Falle die mehr oder minder naturhaft sich entwickelnden Elemente. Dieser Wandel, diese Umkehrung des einen Klassischen in ein anderes wäre ohne die Vermittlung der Zungenblattkapitell-Tradition auf der Stufe von Höchst schwer möglich.

Archaischere Bildungen sprechen für eine kontinuierliche Entwicklung des Knospen-Blattstengel-Kapitells. Mit einiger Wahrscheinlichkeit approximativ datieren läßt sich ein Kapitell des Untergeschosses des Westbaus der Abteikirche Saint-Benoît-sur-Loire (nördl. Außenseite, östl. Eckkapitell; (Abb. 46)[276], nämlich ins 11. Jahrhundert. Es handelt sich um eine abstra-

[274] Vgl. beispielsweise Gall, op. cit., Abb. 151–160 (Laon); Saint-Denis, äußere Deambulatoriumsfreisäulen und Kapellenmündungen.

[275] Heilmeyer, op. cit., S. 29.

[276] Graham, op. cit. Anm. 257, S. 5–12, 59, 102–104 und Fig. 6: Die Nachrichten über den „turris“-Bau des Gauzlinus müssen eher zugunsten eines Baubeginns nach dem Feuer von 1026 interpretiert werden. Das betreffende Kapitell (Graham Pwn1/n) scheint für seinen jetzigen Platz angefertigt; alle anderen erhaltenen Kapitelle des

hierende Variation über den korinthischen Normaltyp. Aus den Volutenspiralen sind knospenähnliche Ballungen geworden, die von sich nach unten in weit verbreiternden glatten Blattformen überfallen; darunter auf dem Astragal befindet sich ein diesen Formen verwandter Kranz aus recht spitz zulaufenden Zungenblättern mit ausgeprägtem Überfall, die im unteren Bereich miteinander verschmelzen. Graham gebraucht treffend die Bezeichnung Krone[277]. Zwischen den „Voluten" stehen massive, in die Abakuszone eingehende Konsolen. Sämtliche Formen einschließlich des Abakusbereiches (über sternförmigen Grundriß, vgl. Höchst) sind aus der Masse gewonnen: ein distinkter Grundkörper existiert ebensowenig wie in Höchst. Das Kapitell von Saint-Benoît-sur-Loire korrespondiert z. B. auch unmittelbar Kapitellen der königlich-normannischen Abteigründungen in Caen, St.-Etienne[278], auch wenn sich dort ausgebildete Spiralen finden. Es ergibt sich durch Abstraktion und Synthetisierung der antiken Einzelformen bei Wahrung z. B. der charakteristischen Disposition (Gegensatz Voluten-Blattkranz, Mittelzäsur) in der völlig additiven Gestaltung von Saint-Benoît-sur-Loire eine tiefe Verbindung zur Karolingerzeit.

In Laon oder Lisieux etwa begegnen wir an den Kapitellen der Langhaus-Hauptarkaden der in Höchst und Saint-Benoît-sur-Loire angelegten Reduzierung auf eine einzige Ornamentgrundform; durch Dimensions-und Formdifferenzierung gelingt dabei besonders in Lisieux (Abb. 47)[279] eine deutliche Evokation des korinthischen Normalkapitells, während das klassische kapetingische Kapitell fast geschaffen ist: Über zwei wechselständigen Kränzen aus je sechzehn abwechselnd großen und kleinen Zungenblättern erscheint ein dritter aus insgesamt breiter dimensionierten Blättern. Von diesen unterfangen die größeren die abgeflachten Ecken der Abakus-Kämpfer-Einheit; je ein kleineres Blatt liegt unter den Mitten der Abakusseiten – und an dieser Stelle wird die Rundung eines glockenförmigen Kapitellgrundkörpers sichtbar! Dreizonigkeit und Betonung der Eckformen unter dem Abakus sowie der Abakusseitenmitten sind besondere Gemeinsamkeiten mit der klassischen antiken Form. Die größeren Zungenblätter

Untergeschosses müssen als Spolien angesehen werden. Graham setzt aufgrund stilistischer Überlegungen das Kapitell vor die nach seiner Ansicht frühesten Kapitelle der Ostpartie der Abteikirche; dabei operiert er bezüglich der Ostpartie mit dem traditionellen terminus post quem 1067. Gegen Graham sprechen jedoch die Gegebenheiten am Bau, denen zufolge das Kapitell, wie oben bereits gesagt, bald nach 1026 gearbeitet worden sein muß.

[277] Graham, op. cit. S. 60, 150.

[278] Gall, op. cit. Anm. 9, Abb. 139. Gall erkannte die formale Verwandtschaft zum vollendeten „gotischen" Knospenkapitell, artikulierte sich aber unter dem Zwang formalästhetischer Gotikbewunderung; vgl. op. cit., S. 89–90, 322.

[279] Idem, das Kapitell in Laon, Abb. 105. Siehe auch ein korrespondierendes Langhaus-Hauptarkadenkapitell in Laon: Dieter Kimpel/Robert Suckale, Die gotische Architektur in Frankreich 1130–1270, München 1985, Abb. 192.

dieser ausdrücklich korinthisierenden Kapitelle besitzen statt der richtiggehenden Knospe einen Blattüberfall, gleichen aber sonst dem „gotischen" Blattstengel in Umriß und Grateinteilung. Allein, sie sind flacher reliefiert, dies ist der entscheidende Unterschied. Im Verhältnis zu Höchst und Saint-Benoît-sur-Loire liegt der entscheidende Unterschied darin, daß der antike „Korb" wie in Soissons und Saint-Denis wieder begreifbar ist, bei gleichzeitiger Reduzierung des Ornaments auf Blattformen, unter denen Blattstengel völlig dominieren, freilich noch eng dem Grundkörper aufliegende.

Einige mögliche bestimmende Eigenschaften kapetingischer Knospenkapitelle sind in ihrer Genese vorerst kaum bestimmbar und akzentuieren die Eigenständigkeit des Typus. Die horizontale Zweiteilung durch ein Ring-Profil (sie könnte aus dem Voluten-Blattkranz-Gegensatz entstanden sein) und die Bereicherung der Knospen-Blattstengel durch dazwischenstehende kleinteilige und natürlicher wirkende Blattformen (wie am Beispiel aus Soissons) sind sicher die wichtigsten Ergänzungen der ganz reinen Form aus zwei Reihen von Knospenblättern[280]. Dabei können diese kleinteiligeren Blattformen die untere Knospenblattreihe ersetzen, was zu einem ausgeprägten Formengegensatz führt, wie er prinzipiell auch auf der Stufe von Saint-Benoît-sur-Loire besteht. Vorformen sind vielleicht Zwischenblättchen am unteren Blattkranz, wie sie auch an provinzialrömischen Variationen des korinthischen Typus erscheinen, gerade an solchen Beispielen, die eine Vereinfachung des klassischen Schemas unter Verlust des organischen Aufbaus bewirken[281]. An zahlreichen fränkischen Blattkapitellen finden sich entsprechende Zwischenblättchen wieder, zumal an solchen, die der klassischen Strenge der von uns untersuchten Beispiele ferner stehen. (Im Deambulatorium von Saint-Denis selbst an 'ungeklärten' Akanthuskapitellen mit verästelten Blättern bzw. Blattstengeln, ebenfalls und noch deutlicher an von Gall ausführlich berücksichtigten Chor- und Querhaus-Emporen von Laon. Das Phänomen existiert aber auch an glattblättrigen Kapitellen.)

Die freiere Blattkapitelltradition dürfte überhaupt in Rechnung zu stellen sein, wenn es darum geht, die Überwindung des ausgesprochenen Gegensatzes von Volutenformen und Blattkränzen des korinthischen Normaltyps in den strengen Blattreihungen der Knospenkapitelle zu beurteilen. Denn schon frühzeitig in der relativen Chronologie existiert das reine, großformige Zungenblattkapitell ohne Voluten, wie auch die Zusammenfassung

[280] Auch Kapitelle mit zentralisierendem achteckigen Abakus-Kämpfer-Grundriß – wie an der Langhaus-Hauptarkade in Laon, im Deambulatorium von Notre-Dame de Chartres oder vor den Seitenkapellen von St.-Yved in Braine – müssen in diesem Zusammenhang als selbständige Bildungen genannt werden.

[281] Heinz Kähler, Die römischen Kapitelle des Rheingebietes, Berlin 1939 (Röm.-germ. Forschungen, Bd. 13), Tafeln 8, 9, 10, 11 und Erläuterungen S. 44–64. Nachfolgend zu den Chor- und Querhausemporen von Laon: Gall, op. cit. Anm. 9, Abb. 151–158.

von Voluten und Blattkranz, überhaupt die Reduzierung auf eine einzige Ornamentform – ein für die Ausbildung des Knospenkapitells entscheidendes, wenn auch in der Wirklichkeit immer wieder durchbrochenes bzw. überwundenes Prinzip. Gemeinsam ist den frühen Beispielen eben der besonders freie Umgang mit klassisch-antiken Kanonformen. Die vorgestellte Form in Saint-Benoît-sur-Loire (die Forschung hat, wenn genehm, keine Schwierigkeiten, solche Kapitelle ins 11. Jahrhundert zu datieren), mannigfaltig variiert, kann so simplifiziert werden, daß bei Wegfall eines unteren Blattkranzes die breiten Volutenblätter hoch oben am Kapitell verschmelzen – es entsteht der Eindruck einer kronenähnlichen Hülse um einen difformen Kern (Villennes-sur-Seine).

Reine Kapitelle aus wechselständigen Kränzen von spitz zulaufenden Zungenblättern mit Mittelgrat, aber ohne Blattüberfall und vor allem ohne sichtbaren „Korb", stehen in der additiven Bindung des Ornaments in die Kapitellmasse ebenso wie in Anordnung und Form der Blätter dem datierten Beispiel Höchst äußerst nahe und können provisorisch entsprechend chronologisch bewertet werden: Ennezat (Puy-de-Dôme), Langhauskapitelle; Saint-Nectaire (Puy-de-Dôme), Langhaus und Vierung, mit sternförmiger Abakusleiste![281a] Daß bereits hier die angeführten Zungenblattkapitelle von Lisieux und Laon unmittelbar angelegt sind, steht außer Zweifel. Erst über die 'freieren', provinzialrömisch verankerten Bildungen kann das kapetingische Knospenkapitell mit seiner klassischen Klarheit und Dynamik entstehen.

Es entwickelt sich *kontinuierlich* wie die sog. gotische Kathedrale überhaupt über die spätantike, karolingische, kapetingische Epoche aus klassisch-römischer Imperialtradition. Es ist eigenständig und wird mannigfaltig abgewandelt. Scheinbar aus sich selbst hinaus wird es schließlich auch aufgelöst. Nach dem Aufkeimen realistischer Blatttriebe in Notre-Dame de Chartres und der Okkupation der Blattstengel durch realistisches Blattwerk in der Sainte-Chapelle kann die gestalterische Klarheit der Zungenblatttradition zersetzt werden.

Vitruvs aitiologischer Erzählung zum korinthischen Kapitell[282] wird auch von der klassisch-archäologischen Forschung ihre historische Relevanz abgesprochen[283]. Lassen wir uns nicht von Vitruv selbst und neuzeitlicher Betrachtungsweise irreführen: Vitruv überliefert volkstümliches Bewußtsein

[281a] Villennes-sur-Seine, siehe Anne Prache, Ile-de-France romane, 1983, Abb. 100; Ennezat, siehe Craplet, op. cit. Anm. 263; Abb. 70 und 71; Saint-Nectaire, idem, Abb. 40 und 41.

[282] Vitruv, De Architectura IV, 1. 8–12. Neuere lat.-dt. Ausgabe: Vitruvius, De architectura libri decem – Zehn Bücher über die Architektur, ed. Curt Fensterbusch, Darmstadt [4]1987.

[283] Vgl. Heilmeyer, op. cit., S. 13 und S. 41 [„Vitruvs streng puristische Definition . . . geht auf griechische Quellen zurück . . ." Wie steht es um die mögl. Quellen der Entstehungserzählung?] sowie die Literaturhinweise ibidem.

von der Bedeutung des Kapitells, das im Kontext des Tempelbaus, der Grabsäule, der Trophäe, des eleusinischen, dionysischen, orphischen, ägyptischen, universellen Siegens über den Tod seinen Ursprung nahm. Die Erzählung ist gewiß nicht 'dümmer' als die von Ceres und Persephone, von Dionysos dendrites, endendros, oder – der Graus für die Kunstgeschichte als Literaturwissenschaft – von Apollo vor Troja. Ein Mädchen stirbt und an ihrem Grab bieten die Sachen, die ihm lieb waren, (mit 'unschöpferischer' motivischer Eintönigkeit einziges Thema tausender klassischer Grabstelen[284]) rituell gepflegt, ein Gerüst für das Leben, das aus der verborgenen Akanthuswurzel dort wuchernd entspringt, wo der Tod weilte. In der Antike konnte das kanonische korinthische Kapitell als Bedeutungsträger ersten Grades in diesem Sinne wirken. Das ebenso verbindlich wirksame klassische kapetingische Kapitell war wohl Bedeutungsträger zweiten Grades, im Sinne der 'renovatio': Die Kapetinger zielten auf ein *fränkisch* gestaltetes Rom[285]. Das gallisch-spätantike Substrat wurde in synkretistischer Haltung verarbeitet, auch materiell. Ein Teil der kapetingischen Emanzipation des fränkischen Imperiums besteht in der Herausbildung des klassischen Knospenkapitells. Die Entstehung der Kathedrale ist in den Kapitellen des Sanktuariums von Saint-Denis konzentriert.

10. Einwölbung des Hochschiffes und Vollendung der heutigen Basilika

An den Beginn der vereinheitlichenden Bauarbeiten an der Königsabtei von Saint-Denis im 13. Jahrhundert, die zu dem hochgotischen Erscheinungsbild der Abteikirche führten, das noch heute im wesentlichen erhalten ist, werden in der Saint-Denis-Forschung gewöhnlich umfangreiche Abbrucharbeiten gestellt, die neben dem alten basilikalen Langhaus auch beinahe das gesamte Chorhaupt der Oberkirche umfaßt haben sollen, welches doch kaum 100 Jahre zuvor von Suger errichtet worden sein sollte[286]. Der Baubefund weist für die Ostanlage aber ein weit größeres Maß an erhaltener Bausubstanz aus den *vor* dem 13. Jahrhundert anzusetzenden Bauphasen auf.

[284] Siehe etwa die Grabstele der Hegeso (um 410 v. Chr.), Nationalmuseum Athen. Siehe ferner entsprechende Beispiele im Tafelanhang bei N. Himmelmann-Wildschütz, Typologische Untersuchungen an römischen Sarkophagreliefs des 3. und 4. Jh. n. Chr., Mainz 1973, sowie bei H. Gabelmann, Die Werkstattgruppen der oberitalienischen Sarkophage, Bonn 1973.

[285] Vgl. in bezug auf die Kapitellrezeption grundsätzlich auch Günter Bandmann (1951), S. 232–233 und passim; ders., Ikonologie der Architektur, in: Jahrb. für Ästhetik und allg. Kunstwiss., 1951, S. 67–109, wieder abgedruckt bei Martin Warnke (Hrsg.), Politische Architektur in Europa, Köln 1984, S. 19–71, bes. S. 50–56.

[286] Formigé (1960), S. 107, 110; Crosby (1953), S. 57–59.

Im übrigen interessiert uns die im Zuge der Baumaßnahmen des 13. Jahrhunderts erfolgte Vollendung der oberen Teile des Sanktuariums eher rückwirkend, um von hier aus den tatsächlichen Umfang der vorangegangenen Umgestaltung näher präzisieren zu können. Dabei wird der Baubefund, sofern er weder zugänglich noch von besonderer Bedeutung ist, mittels der nunmehr eindeutigeren Quellen betrachtet, insoweit er sich in diesen widerspiegelt. Genauere Angaben und Analysen zu den Quellen folgen im Kapitel III, 9.

Übereinstimmend wird in den Quellen der Beginn von Bauarbeiten am Chorhaupt im Jahre 1231 unter Abt Odo vermerkt. Dabei ist aber weder von baufälligen noch zu demontierenden Bauteilen der vorhandenen Anlage die Rede. Vielmehr weist Emma Medding-Alps Beobachtung, die sie zur durch nichts belegbaren Annahme einer Zwischenbauphase um 1200 führt[287], auf eine Fortführung der Sugerschen „Disposition“[288]. Dabei mußten nur die Deckplatten der Knospenkapitelle der Hauptarkade abgearbeitet werden, um jene die neu errichteten Gewölberippen tragenden Schäfte durch die vorspringenden Deckplatten hindurch auf die vorhandenen Arkadensäulen-Vorlagen durchführen zu können.

Finden wir bereits bei Suger Ansätze zu einer grundlegenden Umgestaltung und Erneuerung des alten basilikalen Kirchenschiffes[289], so fordern derartige Pläne mit der Einwölbung des Chorhauptes eine Entscheidung. Diese wird akut mit dem Erreichen des westlichsten erhöhten Langchorjoches EII, das die sogenannte Ur-Apsis der alten Basilika seitlich durch Halbsäulenvorlagen einfaßt[290]. Daß im Bereich der Vierung in mehreren Abschnitten gebaut worden sein könnte, wird an den unterschiedlichen Höhen des Triforiumsansatzes im Querhaus, im westlichsten Langchorjoch und in den östlichen Chorjochen deutlich (Abb. 27). Hierbei unterstreicht der bauarchäologische Befund, der die Höhe des Triforiumsansatzes im westlichsten Langchorjoch als um zwei Steinlagen unterhalb des Querhaustriforiums, aber höher als der Triforiumsansatz der östlichen Chorjoche liegend ausweist (Plan 1), nochmals die spätere Errichtung dieses Arkadenpaares im Zuge der raumvereinheitlichenden Neugestaltung des Vierungsbereiches[291]. Von der hierzu erforderlichen Demontage der geweihten Steine[292] der Ur-Apsis, wie in der Folge auch der Langhauswände, geben

[287] Vgl. Kapitel II, 8.

[288] *Admin.* 52, 2–10. (Sugers Schriften werden zitiert nach Panofsky [1979] mit Seiten- und Zeilenangabe.)

[289] *Admin.* 50–52.

[290] Vgl. Kapitel II, 8.

[291] Siehe Crosby (1953), T. 74. Ferner steigen die westlichen Bögen des Langchores, EIn und EIs, so daß die Kapitelle an den Vierungspfeilern höher liegen als die östlichen im Langchor; siehe Viollet-le-Ducs Längsschnitt bei Crosby (1942), Abb. 86.

[292] *Cons.* 100, 2–5.

uns die Quellen beredten Bericht. Erst nach gründlicher Beratung mit König Ludwig und religiösen Autoritäten kann der Abbruch im 13. Jahrhundert schließlich vollzogen werden, den die Mönche früher nicht zu vollziehen wagten[293]. Auf den Fundamenten der Ur-Apsis, bzw. der Halbsäulenvorlagen wurde dann das westlichste Säulenpaar des erhöhten Langchores e1n und e1s errichtet und damit der Anschluß von Chorhaupt und Querhaus ermöglicht, bei gleichzeitiger Hochführung der Wände in den Obergadenbereich und abschließender Einwölbung[294]. Auf die Baumaßnahmen des 13. Jahrhunderts verweist auch der Wappenschmuck auf den Schlußsteinen und den Obergadenfenstern des Chor- und Vierungsbereiches[295].

Die Quellen geben einen gewissen Aufschluß über den Bauverlauf. Demnach beginnen unter Abt Odo im Jahre 1231 umfangreiche Renovierungsarbeiten am Chorhaupt „usque ad finem chori", ohne daß es bereits zu einer Einwölbung des Hochchores kommt. Demgegenüber scheinen die Arbeiten in den Querhäusern bereits weiter fortgeschritten zu sein, gehen diese doch schon ihrer Vollendung entgegen[296]. Dies würde mit unserem bauarchäologischen Befund hinsichtlich des in bezug auf die Höhe dreifach verschiedenen Triforiumsansatzes im Querhaus und im Chorhaupt übereinstimmen. Daß Abt Odo nach der grundsätzlichen Entscheidung zur Erneuerung der gesamten Kirche[297], einschließlich des alten Langhauses (mit Ausnahme des Westwerks), offenkundig zügig an die Durchführung des gesamten Bauvorhabens herangeht, bezeugt die Translation der Reliquien des Hl. Hippolit von seiner Kapelle im alten Mittelschiff in eine Kapelle „in sinistra parte novi operis", d. h. also im Nordquerhaus, das spätestens zu diesem Zeitpunkt, 1236, vollständig fertiggestellt sein mußte[298]. Pierre de Montereux,

[293] Siehe Guillaume de Nangis, *Chronicon* 1231, S. 183, zitiert unten, Anm. 998.

[294] Vgl. die Grabungsbefunde Viollet-le-Ducs, oben Anm. 243.

[295] Bischofsmützen auf den Schlußsteinen der Abteikirche verweisen auf ein Datum nach der Verleihung der Bischofswürde an die Abtei unter Philippe Auguste. In der Verglasung in Chor und Vierung, die in die gleiche Zeit datiert wird, finden sich die Wappen Kastiliens und der Königin Blanche. Ferner sind auf den Schlußsteinen die Wappen und Waffen von Marguerite de Provence, der Frau Ludwigs, zu sehen (vgl. Félibien [1706], S. 528). Die Authentizität der Verglasung muß jedoch im einzelnen überprüft werden.

[296] Annales II, Berger, S. 290, siehe Anm. 988, zu 1231: „Hoc anno cepit Odo abbas renovare capitium ecclesie Beati Dionysii Aryopagite in Frantia, et perfecit illud usque ad finem chori, hoc excepto quo(d) turris ubi sunt cinbala a parte revestiarii non erat perfectar, nec voltatus erat chorus, sed a parte Sancti Ypoliti totum erat perfectum, et etiam voltatum erat a parte vestiarii".

[297] Siehe Guillaume de Nangis, *Chronicon* 1231, S. 183, vgl. Anm. 987.

[298] Annales II, Berger, S. 290f., siehe Anm. 988, zu 1236: „Hoc anno in Purificatione Beate Marie translatum fuit cum magna sollempnitate corpus Sancti Ypoliti ab oratorio quod diu fuerat in medio navis ecclesiae in novum oratorium in sinistra parte novi operis, et tunc fuit maxima inundatio aquarum", vgl. den Plan Fig. 86 bei Formigé (1960), S. 108f.

mit dem der Neubau des 13. Jahrhunderts zumeist verbunden wird, findet aber erst in einer Verkaufsurkunde aus dem Amt des Bischofs von Paris aus dem Jahre 1247 erstmals Erwähnung als „magister“ und „cementarius de Sancto Dyonisio“ [299]. Dies spricht gegen die Tatsache, daß er als der alleinige Urheber und geniale Architekt der Erneuerungsarbeiten des 13. Jahrhunderts anzusehen ist. Vom steten Fortgang der Arbeiten zeugen die Überführungen der Leichname von Äbten (1259) und Königen (1263 und 1264) in die erneuerten Teile der Königsabtei, wobei 1264 ausdrücklich der Chor genannt wird [300]. Ein Bericht über den Einsturz eines noch nicht fertiggestellten Bauteiles, nachdem bei schwerem Unwetter die Stützverbindungen der Holzgerüste auseinanderbrachen, aus dem Jahre 1259 gibt uns einen weiteren Einblick in die fortschreitenden Arbeiten [301].

Für das Jahr 1281 wird vom Abschluß der Bauarbeiten berichtet: „Consonmatum est novum opus ecclesie Beati Dyonisii a domino Matheo abbato“ [302]. Gleichwohl erwähnen die Rechnungsbücher der Abtei von Saint-Denis, welche für die Jahre 1230–1283 fehlen, für die Jahre 1284 und 1285 noch Ausgaben für andere Werkmeister [303], wobei es sich aber großenteils um Ausstattungsarbeiten handelt (neben den lathomi finden vor allem die Berufsgruppen der faber und aurifaber häufige Erwähnung). Mit dem Abschluß der Bauarbeiten des 13. Jahrhunderts kommt auch der Prozeß des steten und gleichsam durchgängigen Bauens, Erneuerns und Umgestaltens an der Königsabtei von Saint-Denis, wie wir ihn in der Baugeschichte bis zu diesem Zeitpunkt nachweisen konnten, zu seinem Ende. Das lebendige Bewußtsein der liturgischen Notwendigkeiten, die sich als Motor dieser beständigen Erneuerung erwiesen, tritt in den Hintergrund zugunsten der architektonischen Idee eines vereinheitlichten Raumganzen. So scheinen die Baumaßnahmen des 13. Jahrhunderts die Vorgängerbauten förmlich überrollt und vereinnahmt zu haben, jedoch nicht ohne ihre Spuren ganz verwischen oder auslöschen zu können oder gar zu wollen. Noch sind die liturgischen Ursprünge des Bauens nicht verschüttet. Insofern dürfen wir von der Vollendung der Königsabtei sprechen – eine Vollendung, die zugleich in bestimmter Hinsicht ein Erstarren bedeutet.

[299] Archives nationale LL 1157, pièce 117, siehe Anm. 993; siehe Henri Stein, Mémoires Soc. nat. Antiquaires de France, 7e série 1, Paris 1902, S. 82, sowie L. Grodecki, Bulletin Monumental 122 (1964), S. 269.

[300] Annales II, Berger, S. 292f., siehe Anm. 988; S. 293, 1264: „Translati sunt reges in dextro choro . . .“.

[301] *Flores Historiarum*, II, zitiert unten, vgl. Anm. 1002.

[302] Annales II, Berger, S. 293, siehe Anm. 988.

[303] L. Grodecki, op. cit. Anm. 299, S. 272f. Archives Nationales, LL 1240, fol. 1–25 v° (siehe Anm. 996), enthält die Jahre 1228 und 1229, fol. 26 die Jahre 1284–1303.

III. DIE QUELLEN
ANGÄNGE ZU EINER ABSOLUTEN CHRONOLOGIE

1. Einleitung

Nach methodischen Vorüberlegungen und der Extrapolation der grundlegenden Fragestellung galt der bisherige Teil unserer Untersuchung vor allem dem Versuch, mit Hilfe streng bauarchäologischer Kriterien ein möglichst gesichertes Bild der relativen Chronologie hinsichtlich der Baufolge der Abteikirche Saint-Denis zu gewinnen. Die Schriftquellen wurden hierbei weitestgehend außer Betracht gelassen, sofern sie nicht gelegentlich den einzigen Hinweis auf einen heutzutage physisch nicht mehr nachweisbaren Baubefund gaben[304]; aber auch in diesem Falle dürfen die Schriftquellen niemals den Ausgangspunkt einer bauarchäologischen Beweisführung bilden.

Im folgenden Teil wird es nun darum gehen, die anhand der archäologischen Befunde gewonnenen Ergebnisse mit Hilfe der Quellenerzeugnisse in eine absolute Chronologie zu bringen. Dabei werden die im Vergleich mit der gängigen Sichtweise der Saint-Denis-Quellen gewandelten Perspektiven, die im Zuge des partiell bereits notwendigen Vorgriffs auf einzelne Schriftquellen sichtbar geworden sind, in ihren vollen Konsequenzen verständlich. Diese Einordnung unserer bauarchäologischen Ergebnisse in das Gesamtgefüge der historischen Wissenschaften hängt aber um nichts weniger von einer Zufallsdokumentation der oftmals bruchstückhaften Überlieferung ab, deren unmittelbarer Bezug auf das Einzelbauwerk angesichts seiner differenzierten Entstehungsgeschichte ohne das schon vielmals beschworene möglichst gesicherte Bild der relativen Chronologie nicht möglich ist: Nur so ist man vor einem leichtfertigen Urteil gefeit, auf welchen Zustand der Planung oder Ausführung des Bauwerkes sich die Quellen beziehen[305].

Was die möglichen Quellen selbst angeht, so erscheint es geboten, den Blick über die üblichen Geschichtsquellen vor allem auf die lokale Liturgiegeschichte und Kirchentradition zu lenken und, damit verbunden, schließlich auf den durch die Theologie bestimmten Denkhorizont insgesamt. Insbesondere die Unkenntnis bzw. die Vernachlässigung der liturgischen Voraussetzungen des früheren Kirchbaus hat so manche Mißverständnisse evoziert oder zumindest begünstigt. Die Verwendung der Quellen aber setzt

[304] Exemplarisch seien hier die Baumaßnahmen des 19. Jh. genannt, die uns in vielen Fällen nur in Form von Skizzen, Zeichnungen und Baubeschreibungen noch zugänglich sind, vgl. Anm. 14.
[305] Vgl. vdM (1975), S. 18 f.

nicht nur eine strenge Überprüfung ihres Aussagewerts voraus, sondern auch ihres Verhältnisses zu den übrigen Kriterien. Allzuoft nämlich werden die historischen Quellen lediglich als ein Gerüst benutzt, in das die Formentwicklung eingefügt wird, werden sie nur zu gern herangezogen, um eine ärgerliche Lücke des eigenen Kriteriengeflechts leichthin zu schließen oder ein absolut postuliertes Datum gleichsam autoritativ abzusegnen. Gemäß diesem methodischen Postulat kann der nachfolgende Teil unserer Untersuchung in keiner Hinsicht den Anspruch auf eine erschöpfende Behandlung erheben. Dazu fehlt es den behandelten Quellen an Vollständigkeit. Als besonders schmerzlich ist in diesem Zusammenhang das offenkundige Fehlen oder die fehlende Zugänglichkeit eines Ordinariums für die jeweils behandelten Zeitabschnitte der Königsabtei zu bezeichnen. Waren auch unsere vielfältigen Bemühungen bisher erfolglos, so bleibt doch zu hoffen, daß diese wichtige Quelle von den zuständigen Disziplinen erschlossen werden kann.

Wie die Untersuchung des Baubefundes verfolgen auch die nachfolgenden Kapitel bevorzugt die Absicht, einen methodischen Weg aufzuzeigen, der aus jener in unserer Einführung aufgezeigten Sackgasse herausführt. Gleichwohl erheben die nachfolgenden Kapitel auch den Anspruch eines sachlichen Beitrags zur komplizierten Problemlage um die Abteikirche Saint-Denis. Bei der Überprüfung der Quellen auf ihren Aussagewert wird nämlich zugleich unser Gerüst einer relativen Baufolge nochmals auf den Prüfstand gestellt. Erst vor dem Hintergrund eines solchen doppelten kritischen Bewußtseins können Angänge zu einer absoluten Chronologie versucht werden, die Anspruch auf Geltung erheben können, eben weil ihre Kriterien jederzeit wiederum nachprüfbar sind.

Im Blick auf die bisherige Forschungslage bietet Crosby den bei weitem zugänglichsten Überblick über die vorsugerschen Quellen und ihre Erforschung bis 1939; obwohl ihre Bearbeitung in den Kapiteln IV und VI bis VIII unter der damals üblichen Verflechtung mit dem postulierten jeweiligen Bauzustand leidet, dürfte diese Arbeit bis heute als Crosbys brauchbarstes Verdienst gelten[306]. Selbstverständlich sind viele seiner Ansichten durch den späteren Verlauf der Forschung – vor allen durch das Auffinden

[306] Crosby (1942), "Bibliographical Note", S. 191–197, S. 26–64, 74–86, betreffen die Legende und den Kult des Hl. Dionysius und den geschichtlichen Hintergrund bis zu den frühen Kapetingern; verhängnisvoll für die restlichen Quellen ist, daß er sie den rein hypothetisch vorgestellten Bauphasen unterordnet, so z. B. „Erstes Bauwerk", „Kirche von Fulrad" (nebst Rekonstruktion!) und „Hilduins Kapelle". Crosby weiterführend bietet Louis Grodecki, Les vitraux de Saint-Denis, I (Corpus Vitrearum Medii Aevi, France, série «Etudes», I), Paris 1976, ein nützliches Verzeichnis der Archivalien und gedruckten Quellen sowie eine Bibliographie früherer Untersuchungen zur Geschichte der Abtei (S. 138–142), ergänzt durch Literaturangaben in den Anmerkungen auf S. 15–21, obwohl die Einführung, auf die sie bezogen sind, nur mit größtem Vorbehalt zu benutzen ist.

der Arnegundis-Bestattung – überholt. Eine entscheidende Ergänzung, ausreichend für unsere methodischen Ansätze, bietet der historische Katalog von Karl Heinrich Krüger, der die Quellen bis zur Mitte des 8. Jahrhunderts bearbeitet und darüber hinaus die Quellen der Karolinger im Ausblick anführt[307]. Beeinträchtigt werden diese und die späteren historischen Studien nur dort, wo sie sich auf die kunsthistorischen Grabungen und die kunstgeschichtiche Literatur als Disziplinen verlassen[308].

2. Die frühesten Quellen zur Abteikirche Saint-Denis (vgl. Kap. II, 4 u. 5)

Bei den Quellen, welche uns die frühesten Zeugnisse über die spätere Abteikirche Saint-Denis geben, handelt es sich zumeist um Viten- oder Gestenliteratur, d. h. um Lebensbeschreibungen und Tatensammlungen in biographischer Form, in denen die geschichtliche Entwicklung des Bauwerks nur insofern erwähnt wird, als diese das Verständnis des göttlichen Wirkens zu erklären vermag. Diese überzeitliche Geschichtsabsicht darf a priori weder als bloße Anreicherung des jeweiligen Stoffes durch Wunderberichte noch als Widerspiegelung zeitweiliger kirchenpolitischer Interessenkonflikte angesehen werden. Diese Art der Betrachtung geschichtlicher Quellen als gleichsam inkompetente Geschichtsquellen hat zu einer inkompetenten Kunstgeschichte geführt[309].

307 Das exemplarische quellenkritische Werk von Krüger wird bezeichnenderweise von den jüngeren kunsthistorischen Bibliographien ignoriert. Es ist fast so, als ob die von Krüger endlich einmal klar gegliederten Rubriken: Voraussetzungen, Lage, Ort/Königtum/Kloster, Gräber, Patrozinium und Liturgie als nicht zu der kunsthistorischen Fragestellung zugehörig betrachtet werden. Vgl. oben, Anm. 20.

308 So leiden auch Krügers (1971) Ansichten dort, wo er den Schlußfolgerungen sonst bedeutender Archivisten folgt, die sich jedoch voreilig auf ungesicherten Baubefund beziehen: so etwa Levillains (S. 172/Datum) Bezug auf das karolingische Kirchengebäude nebst den kunsthistorischen Interpretationen.

309 Daß dies nicht nur für die Kunstgeschichte, sondern auch für die Geschichtswissenschaft zutrifft, verdeutlicht F. Lotter in seiner Miszelle ›Legenden als Geschichtsquellen?‹ in: Deutsches Archiv für Geschichte des Mittelalters 27 (1971), S. 195–200. In einer Auseinandersetzung mit der Forschungsdiskussion weist Lotter vor allem auf das grundsätzliche Mißverständnis eines falschen Rationalismus oder naiven Positivismus hin, der „überall Betrug und nichts als Betrug witterte" (S. 197, Zitat nach W. Levison). Demgegenüber „stellt sich die geschichtliche Frage im eigentlichen Sinne erst, wenn wir über das vordergründige Ziel der Verifizierung konkreter Fakten hinausgehen und in den Aussagen der Zeitgenossen auch unmittelbare Zeugnisse für die Denkgewohnheiten eines Zeitalters, seine Bewußtseinslage und die Mentalität seiner Menschen sehen" (S. 197). Was Lotter offensichtlich für eine adäquate Quelleninterpretation hagiographischer Quellen fordert, ist die Berücksichtigung der „anthropologischen Situation" (Bandmann).

Eine solche Quelle stellt die in 29 Handschriften auf uns gekommene ›Vita Genovefae‹ dar[310], die in der Saint-Denis-Forschung gemeinhin weitgehend unkritisch als Zeugnis für einen Urbau über dem Grab des Hl. Dionysius angesehen wird[311]. Die Vita berichtet uns vom heiligmäßigen Leben und den Wundern der 420 in Nanterre bei Paris geborenen Genovefa, die schon früh von Bischof Germanus von Auxerre als „Heilige" erkannt und sechzehnjährig von Bischof Vilicus geweiht wird[312]. Von besonderem Interesse für uns ist der Bericht, daß sie „mit großer Verehrung und Liebe an

Siehe ferner exemplarisch die Untersuchung von F. Prinz, Heiligenkult und Adelsherrschaft im Spiegel merowingischer Hagiographie, in: Historische Zeitschrift 204 (1967), S. 529–544. Prinz weist insbesondere für die von uns im folgenden auf ihren Aussagewert zu untersuchenden Quellen aus dem Umfeld der Viten- und Gestenliteratur auf die allgemein zu beachtenden Verläßlichkeits- und Glaubwürdigkeitskriterien hin, unter denen die Beweggründe, die zur Niederschrift einer Vita oder einer Gestensammlung führen, einen herausragenden Rang einnehmen. Hier sei vor allem hingewiesen auf den kultisch-liturgischen Aspekt der Durchsetzung und Propagierung eines Kultes oder eines Patrozinienwechsels mit Hilfe einer Vita (S. 531/2) sowie auf die kultisch-religiöse Legitimation weltlicher Herrschaft durch hagiographische Überhöhung (S. 538–540). Von hier aus gibt Prinz auch einen für unsere Fachdisziplin interessanten Hinweis, der auf das gängige Bild merowingischer Bauten und ihre Rekonstruktion durch die Kunstgeschichte ein bezeichnendes Licht wirft. Während die altgallische Hagiographie Wert vor allem auf die Einfachheit der Behausungen der Klausner und Eremiten legt, beginnen die Heiligen seit dem 7. und 8. Jh., die nun zumeist Bischöfe und Adelige sind und damit die Symbiose von geistlicher und weltlicher Macht bezeugen, hingegen zunehmend prachtvolle Kirchen zu errichten (S. 532). Diese von Prinz aufgezeigte Tendenz der hagiographischen Literatur darf nicht unkritisch unter Ignorierung bauarchäologischer Kriterien zur Annahme einer faktischen Baufolge herangezogen werden (siehe Formigés hypothetische Kirchenbauten I, II und III für Saint-Denis), sie ist vielmehr als quellenkritisches Kriterium zu berücksichtigen.

310 *Vita Genovefae virginis Parisiensis*, ed. Krusch, MGH SS rer Mer III (1896), S. 204–238 und 685f. (Redaktion A, BHL 3335). Bruno Krusch, Die Fälschung der Vita Genovefae, in: Neues Archiv der Gesellschaft für ältere Geschichtskunde, Bd. XVIII, 1892/1893, S. 36ff. Genaue Quellenkritik und weitere Literaturhinweise S. 43–47. Vgl. weitere Angaben in Anm. 57a und 58. Als grundlegendes quellenkritisches Werk zur Vita Genovefae müssen die gemeinsam publizierten kritischen Studien von M. Heinzelmann und J. C. Poulin (Heinzelmann/Poulin [1986]) betrachtet werden, auf die wir im folgenden noch ausführlicher eingehen werden; darin im ersten Teil die Untersuchung von Heinzelmann, *Vita sanctae Genovefae*, Recherches sur les critères de datation d'un texte hagiographique, S. 1–111 (zitiert als Heinzelmann [1986]); im zweiten Teil die Untersuchung von Poulin, Les cinq premières vitae de sainte Geniviève, Analyse formelle, comparaison, essai de datation, S. 113–182 (zitiert als Poulin [1986]).

311 Vom „Bau der Genovefa" ist schon bei Felibien (1706) die Rede, besonders Livre I, 3. Später bei Crosby (1942), S. 65; ders. (1953), S. 11f.; Formigé (1960), S. 39ff.; Vieillard-Troiekouroff (1965), S. 337f. Vgl. auch unsere Anm. 61 und 62.

312 *Vita Genovefae*, c. 2–8; dazu Heinzelmann (1986), S. 81–91.

dem ‘vicus Catulacensis’ hing, wo der Hl. Dionysius gelitten hatte und begraben liegt“[313]. (Es sind auch die Lesarten ‘Catholacensis’ und ‘Catulliacensis’ überliefert.) Der Plan, zu Ehren des Heiligen eine Kirche zu erbauen, scheitert zunächst an fehlenden Mitteln. Mit Hilfe der Presbyter, deren Unterstützung Genovefa gewinnt, und begünstigt durch das wunderbare Auffinden eines großen Kalkofens vermag sie jedoch die Kirche glücklich zu vollenden, wobei ihr schließlich die Unterstützung aller Bürger zuteil wird[314]. Nach ihrer Vita stirbt Genovefa achtzigjährig und wird am 3. Januar (also um 500) begraben. Über ihrem Grab errichteten König Chlodwig (Chlodovech) und Königin Chrodechilde eine Kirche[315]. Die ›Vita Genovefa‹ schließt mit der Aufforderung, sich zu der wahren Trinitätslehre zu bekennen, weil sie allein „königlich“ sei[316].

Von Bedeutung ist, daß die ›Vita Genovefae‹ erstmalig den Begräbnisort des Hl. Dionysius nennt, nämlich den „vicus Catholacensis“. In allen uns bekannten früheren Quellen – hier sei vor allem die als zuverlässig geltende ›Historia Francorum‹[317] erwähnt, ebenso der ›Liber in gloria martyrum‹ des Gregor von Tours[318], sowie die ältesten uns überlieferten Handschriften der ›Passio‹[319] – ist der Begräbnisort des Heiligen namentlich nicht näher bezeichnet.

[313] *Vita Genovefae*, c. 17: „Quanta veneratione et amore dilexit Catulacensum vicum, in quo sanctus Dionisius et passus est et sepultus, nequaquam conprehendere queo“; Heinzelmann (1986), S. 55 und Anm. 269.

[314] *Vita Genovefae*, c. 18: „Devotio erat Genovefae, ut in honore sancti Dionisii et martiris basilicam construeret . . .“; Krüger (1971), S. 172; zum ganzen siehe *Vita Genovefae*, c. 17–21. Heinzelmann (1986) spricht von dieser Passage der Vita Genovefae als von einer «séquence strictement chronologique» (S. 94) und gibt als Zeitraum die Jahre 451–459 an.

[315] Die Redaktion A der *Vita Genovefae* berichtet in Kapitel 56 (SS rer Mer 3, 237 f.): „Chlodovechus rex bellorum iure tremendus . . . etiam honoris eius (sc. Genovefae) gratia basilicam aedificare coeperat, que post discessum suum studio precellentissimae Chrothechildis regine sue celsum protullit aedificata fastigium“, sowie im vorausgehenden Kapitel 55 von einem “oratorium super sepulcrum de ligno contextum“. Erst die spätere Redaktion C der *Vita Genovefae* faßt in Kapitel 42 (AA SS, Jan 1, 147; Künstle, 20) beides zusammen: „circa huius ergo tumulum, humilis primitus ligni superimpositum contectum . . . Hlodoveus rex . . . basilicam mirabili dispositione fundavit“; Krüger (1971), S. 13.

[316] *Vita Genovefae*, c. 56; Krusch, op, . cit. Anm. 310, S. 38; Heinzelmann (1986), S. 104 f.

[317] Liber historiae Francorum 47 (ed. B. Krusch, MGH SS rer Mer 2, 322), vgl. Krüger (1971), S. 174/5.

[318] Gregor, *Liber in gloria martyrum* 71 (ed. B. Krusch, MGH SS rer Mer 1, 535 f.), vgl. Krüber (1971), S. 173–175.

[319] *Passio martyrum* 31 (AA 4,2 104): „Unde postmodum christiani basilicam super martyrum corpora magno sumptu cultuque eximie construxerunt . . .“ (ohne Erwähnung des genauen Ortes und der Genovefa); Krüger (1971), S. 172.

Während die ›Vita Genovefae‹ lediglich vom Bau einer Kirche über dem Grab der Hl. Genovefa berichtet, gibt Gregor von Tours in seiner Schrift ›In gloria confessorum‹ an, daß die Heilige in der Kirche der Hl. Apostel beigesetzt wurde[320]. (Diese Kirche ihrerseits wurde tatsächlich von Chlodwig in Paris erbaut, jedoch als fränkische Königsgrabkirche, in der sowohl Chlodwig [511] als auch seine Gattin Chrodechilde [544 nach einem Totengeleit „cum magno psallentio" über rund 200 km von Tours zur Pariser Apostelkirche] ihre letzte Ruhe fanden[321]. Erst im 8. Jahrhundert vollzieht sich ein Patroziniumswandel: die „basilica beati Petri apostolorum princeps" wird zur Kirche der Hl. Genovefa, jedoch findet sich auch die alte Bezeichnung im ausführlichen Doppelnamen noch bis in das 12. Jahrhundert[322].)

Als Abfassungszeit nennt der Biograph der ›Vita Genovefae‹ 18 Jahre nach dem Tod der Heiligen (das hieße also um 520), wobei er aber betont, die Heilige selbst nicht gekannt zu haben[323]. Dieses vom Biographen der ›Vita Genovefae‹ genannte Abfassungsdatum im früheren 6. Jahrhundert betrachtet Krusch als eine gewollte Fiktion, wodurch dieser dem Kloster

[320] Gregor, *Liber in gloria confessorum* 89 (MGH SS rer Mer 1, 805): „Est ibi et sancta Genovefa in basilica sanctorum sepulta apostolorum . . ."; Krüger (1971), S. 48; dort finden sich unter der Rubrik „Heiligengrab" im gleichen Zitat aus Gregors Schrift auch Zeugnisse erster Wundertätigkeit Genovefas, insbesondere gegen Fieber. Was das Patrozinium der Begräbniskirche Genovefas angeht, so ist neben dem Apostelpatrozinium auch das Petruspatrozinium für dieselbe Kirche zur gleichen Zeit und durch denselben Autor Gregor von Tours nebeneinander bezeugt; siehe E. Ewig, op. cit. Anm. 322, S. 28. In seinem Bericht über die Bestattung der Königin Chrodechilde wertet Gregor die Begräbnisstätte der Chrodechilde mit den Worten: „in qua et Genuveifa beatissima est sepulta" (*Hist.* 4, 1), und hebt so einen Mangel der Pariser Apostelkirche auf, die sonst offenbar nicht mit bedeutenden Reliquien ausgestattet war. Das Begräbnis der Konfessorin Genovefa ersetzt somit offensichtlich für Gregor das heilsbedeutsame Märtyrergrab. Siehe Krüger (1971), S. 49 und S. 474 f.

[321] Krüger (1971), S. 47 f., und S. 447, sowie die erschöpfende Quellenübersicht auf S. 48 f. unter der Rubrik „Königsgräber".

[322] Siehe hierzu die Untersuchung von Eugen Ewig, Die Kathedralpatrozinien im römischen und fränkischen Gallien, in: Historisches Jahrbuch 79 (1960), S. 1–61; darin kommt Ewig zu dem Ergebnis, daß es mit der zunehmenden Einwurzelung des Christentums in Gallien auch verstärkt zu einem Patroziniumswandel von den ursprünglichen Apostelpatrozinien hin zu den Patrozinien der Lokalheiligen kommt (bes. S. 19–29 und S. 53 f.). Dabei ist die Umwandlung des älteren Aposteltitels in ein Petruspatrozinium im Verlauf des 6. Jh. nicht nur Ausdruck einer unter dem Einfluß noch heidnischer Vorstellungen persönlicheren Form des Apostelkultes, sie unterstreicht auch das Bestreben des fränkischen Episkopats, die petrinisch-apostolische Tradition in der Auseinandersetzung mit den Arianern herauszustellen. Siehe hierzu: E. Ewig, Der Petrus- und Apostelkult im spätrömischen und fränkischen Gallien, in: Zeitschrift für Kirchengeschichte 71 (1960), S. 215–251, bes. S. 249–251; ferner zum Doppelpatrozinium: Krüger (1971), S. 51.

[323] *Vita Genovefae*, c. 53; Heinzelmann (1986), S. 52.

der Hl. Genovefa, dem er nach Krusch wohl selber als Mönch angehörte und als ein solcher über die entsprechende detaillierte Kenntnis verfügte, bestimmte Besitztitel (etwa in Meaux) zu sichern oder zu verschaffen suchte, welche dem Kloster durch den Bischof von Reims, allerdings erst im 8. Jahrhundert, streitig gemacht wurden[324]. Krusch verweist ferner auf sprachliche Besonderheiten, die auf spätes Merowingerlatein hindeuten, sowie auf die vom Biographen offensichtlich benutzten Quellen, unter denen er neben der um 500 entstandenen Biographie des Sulpicius Severus über den Hl. Martin von Tours überraschenderweise auch die erste um 700 geschriebene Vita der Hl. Gertrud anführt, sowie Bezüge zur ›Historia ecclesiae‹ Bedas zu erkennen glaubt[325]. Schließlich erblickt er in der abschließenden trinitarischen Bekenntnisformel einen gewichtigen Hinweis auf die Synode von Gentilly aus dem Jahre 767, auf der die unterschiedliche Haltung der byzantinischen und römischen Kirche zu Fragen des Bilderverbotes und der Trinitätslehre verhandelt wurde[326].

Gegen eine solche Spätdatierung der ›Vita Genovefae‹ gleichsam in die zweite Hälfte des 8. Jahrhunderts wenden sich jüngst gemeinsam Heinzelmann und Poulin[327], womit eine Auseinandersetzung wiederaufzuleben scheint, welche die Editionsgeschichte der ›Vita Genovefae‹ um die Jahrhundertwende in heute kaum noch gekannter Polemik begleitet hat. Dieser Streit um die Authentizität der ›Vita Genovefae‹ zwischen Krusch auf der einen und Kurth, Duchesne sowie später Künstle auf der anderen Seite war bestimmt durch den konfessionellen wie nationalen Gegensatz und verhinderte lange Zeit eine einzig wissenschaftlichen Kriterien verpflichtete Analyse der fünf Textredaktionen der ›Vita Genovefae‹, auf die wir nunmehr eingehen müssen[328]. (Wir haben bislang nicht nach den Redaktionen unterschieden, sondern, sofern nicht anders vermerkt, stillschweigend die Redaktion A zugrunde gelegt.)

[324] Krusch, Die Fälschung der Vita Genovefae (op. cit. Anm. 310), S. 39.

[325] Ibid. S. 34 ff.

[326] Ibid. S. 39. Krusch bekräftigt seine Forschungsergebnisse sowie seine Spätdatierung nochmals in ›Das Alter der Vita Genovefae‹, in: Neues Archiv der Gesellschaft für ältere deutsche Geschichtskunde XIX (1894), S. 444–459.

[327] Siehe Anm. 310.

[328] Die Schärfe der Polemik wird etwa ersichtlich in der Einleitung von Kruschs Aufsatz ›Die neueste Wendung im Genovefa-Streit‹ (1. Teil), in: Neues Archiv XL (1916), S. 131–181, wo Krusch auf S. 133 ausführt: „und wie ein Kriegsgeschrei hallte daher der Titel meines Aufsatzes: ‚Die Fälschung der V. Genovefae' 1893 durch ihre Heimat und die katholische Wissenschaft, die in größter Erregung alsbald mit ihren streitbarsten Federn gegen meinen kecken Angriff loszog." Wie sehr diese Polemik eine angemessene Interpretation der Quelle verhinderte, zeigen die weiteren Ausführungen Kruschs, der gegen die „Legendenwelt" (S. 133) überhaupt zu Felde ziehen und die „närrischen Phantasien des Mönches von St. Geneviève" (S. 136) entlarven will. Umgekehrt verhinderte dieselbe Polemik die Übernahme auch solcher

Wie Krusch halten auch Heinzelmann und Poulin in ihrer historisch und philologisch zuverlässigen Aufarbeitung der kontroversen Forschungspositionen die (von Krusch 1896 edierte) Redaktion A für die älteste und primäre, die (von Kohler 1881 edierten) Redaktionen B, D und E sowie die (1910 von Künstle edierte) Redaktion C für spätere und mithin sekundäre Bearbeitungen. Im Gegensatz zu Krusch aber datieren sie die Redaktion A in die erste Hälfte des 6. Jahrhunderts und halten demnach die Angaben des Verfassers der ›Vita Genovefae‹ zum Abfassungsdatum für glaubwürdig[329], wobei sie sich auf eine Vielzahl gut untermauerter philologischer wie historiographischer Argumente stützen.

Die Erwähnung der Genovefa im ›Martyrologium Hieronymianum‹ bereits ausgangs des 6. Jahrhunderts darf als ein Argument von großer historischer Seriosität bezüglich der zeitlichen Einordnung des Genovefa-Kultes angesehen werden und spricht entschieden gegen Kruschs Behauptung

Ergebnisse durch seine „Gegner", die auf Kruschs unbestritten großer editorischer Kompetenz beruhten.

Einen Überblick über die «querelle historiographique» bietet Heinzelmann (1986), S. 3–10. Besonders verdienstvoll ist ferner der bibliographisch-historische Überblick auf S. 183–186: Annexe I, Les „Bella Genovefensia": fin XIXe – debut XXe siècle. Zur Forschungsgeschichte siehe auch die Bemerkungen Krügers (1971) zur „Genovefavita", S. 43.

[329] Krusch, op. cit. Anm. 328, S. 134. Zur Editionsgeschichte siehe Poulin (1986), S. 115–119; zur Datierung der einzelnen Redaktionen der ›Vita Genovefae‹ ferner Heinzelmann (1986), S. 52 und Poulin (1986), S. 179 mit folgendem Stemma:

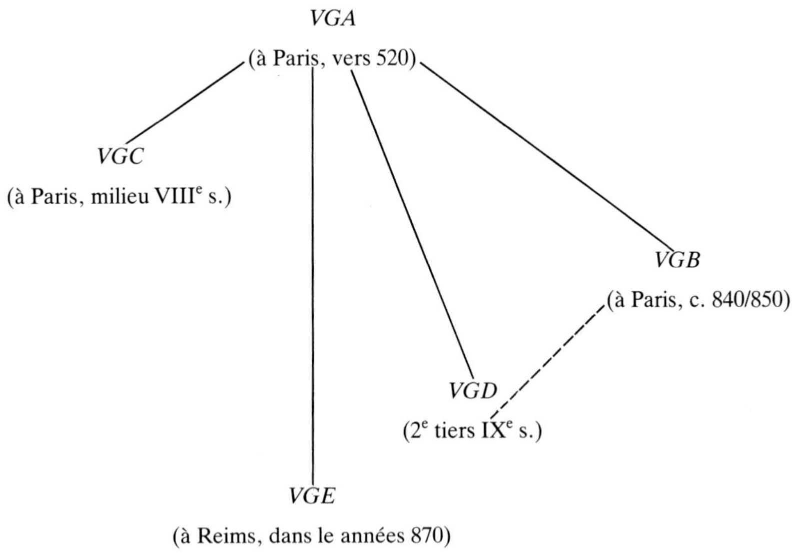

einer freien Erfindung mehr als zwei Jahrhunderte später[330]. Von der aufblühenden Genovefa-Verehrung zeugt ferner ein eigenes Meßformular der Genovefa im Lektionar von Luxeuil Mitte des 7. Jahrhunderts [331], sowie die Ausbreitung des Genovefa-Kultes bis nach Belgien im Verlauf des 7. Jahrhunderts[332]. Mitte des 8. Jahrhunderts schließlich findet Genovefa Eingang in die ›laudes regiae‹ als „protectrise de la famille royale“ [333]. Zweifelsohne unter dem Einfluß von Gregors ›Historia Francorum‹ oder dem ›Liber historiae Francorum‹ berichtet schließlich die ›Vita Remigii‹ des Hincmar um die Mitte des 9.Jahrhunderts, Bischof Remigius selber habe der Hl. Genovefa in der Pariser Apostelkirche, dem Begräbnisort des Königspaares, einen Altar geweiht[334].

Philologisch wenden sich Heinzelmann und Poulin gegen das Vorurteil von der «décadence mérovingienne» und des «Gaule barbare»; das Latein der Redaktion A steht vielmehr unter dem Einfluß einer noch existenten gallo-römischen Tradition[335]. Dies wird belegt durch die auch von Krusch gesehene enge Beziehung der Redaktion A zur ›Vita Martini Turonensis‹ des Sulpicius Severus, die dieser noch zu Lebzeiten des Hl. Martin im Stil einer klassischen historischen Biographie verfaßt hatte[336]. Darüber hinaus meint Poulin Abhängigkeiten, ja Parallelen zwischen der Redaktion A der ›Vita Genovefae‹ und der ›Gloriosae‹ genannten ältesten Passio des Hl. Dionysius feststellen zu können[337]. Das gilt vor allem für die trinitari-

[330] Poulin (1986), S. 175; Krusch, op. cit. Anm. 328, S. 133.

[331] Poulin (1986), S. 176 und Anm. 117.

[332] Ibid., S. 177 und Anm. 120.

[333] Ibid., S. 178.

[334] *Vita Remigii* (BHL 7155), c. 19–20 (SS rer Mer 3, 310); Poulin, op. cit., S. 172 und 176. Zu *Hist. Fr.* 2, 37 und *Lib. Hist. Fr.* 17 siehe Krüger (1971), S. 42, sowie Poulin (1986), S. 172 und Anm. 104.

[335] Heinzelmann (1986), S. 13 und S. 17–19, sowie die differenzierte Sprachanalyse Poulins (1986), S. 124 ff. für die Redaktion A.

[336] Zum gründlichen Nachweis dieser Abhängigkeiten siehe Poulin, (1986), S. 127–131; vgl. Kursch, op. cit. Anm. 310, S. 34 ff.

[337] Für Krusch galt die in der ›Vita Genovefae‹ vertretene Dionysius-Tradition als Hauptkriterium für ihre Spätdatierung und wurde entsprechend von den Gegnern Kruschs als später interpoliert auszugrenzen versucht; siehe hierzu Krusch, op. cit. Anm. 328, S. 136–145.

Folgen wir hingegen den Argumenten Heinzelmanns und Poulins für eine Datierung der ältesten Redaktion der ›Vita Genovefae‹, so ergibt sich aus den nachgewiesenen Abhängigkeiten zw. dieser VGA und der ältesten Dionysius-Passio gleichsam umgekehrt ein gewichtiger Anhaltspunkt für eine mögliche Frühdatierung der ›Gloriosae‹ (BHL 2171). Für eine solche Frühdatierung etwa zeitgleich mit der VGA spräche auch das Fehlen der Gefährten des Hl. Dionysius (wie im übrigen auch in der VGA!) und des für die Ikonographie bedeutsamen Kephalophorenmotivs. Beides findet sich erstmals in der im 8. Jh. entstandenen zweiten Passio, der ›Post beatam et gloriosam‹ (BHL 2178). Den Abschluß erfuhr die Dionysius-Vita in der von Abt

sche Schlußdoxologie[338], die Krusch mit der Synode von Gentilly in Zusammenhang gebracht hatte.

Viel näher liegt ein anderer Zusammenhang, der mit der Gestalt der Genovefa auf das engste verknüpft ist. Mit Chlodwigs Taufe in Reims zu Weihnachten 498 durch Bischof Remigius nach der mit Hilfe des Christengottes siegreich bestandenen Alemannenschlacht, verbunden mit einer Absage an den vom Westgotenherrscher Theoderich propagierten Arianismus und der Annahme des katholischen Glaubensbekenntnisses fällt eine Entscheidung von großer Reichweite, die nicht nur der katholischen Orthodoxie letztendlich zum Sieg über den Arianismus verhilft, sondern auch das fränkische Großreich begründet, indem Chlodwig das romanische Gallien und dessen katholische Bevölkerung und Kirche für sich und seine Herrschaft gewann. Diese Orthodoxie von König und Volk wird in der Folge zum tragenden Prinzip karolingischer Herrschaft[339]. Als Vorkämpfer der Orthodoxie erhält der Hl. Martin seinen überragenden Rang, als Vorkämpferin des rechten Glaubens gilt aber auch Genovefa, die daher nach ihrem Tod in der Pariser Apostelkirche beigesetzt wird, deren Erbauung durch Chlodwig mit seiner Kampagne gegen den Arianismus zusammenfällt, wodurch er gleichermaßen als „novus Constantinus" in Erscheinung tritt[340].

Hilduin verfaßten sog. ›Post beatam et salutiferam‹ (BHL 2175), auch ›Areopagitika‹ genannt, weil sie den Pariser Märtyrerbischof mit dem Paulus-Schüler Dionysius Areopagites und dem anonymen Verfasser der pseudodionysischen Schriften gleichsetzt (siehe hierzu Kapitel III, 6). Es ergäbe sich mithin folgende parallele Entwicklung zwischen der Genovefa- und der Dionysiuslegende:

6. Jh.:	VGA	–	Gloriosae
8. Jh.:	VGC	–	Post beatam et gloriosam
9. Jh.:	VGBDE	–	Post beatam et salutiferam.

Diese Fortschreibung der Legendentradition ist zugleich Ausdruck einer zunehmenden Popularisierung. Im 9. Jh. findet die Ausweitung der Legenden ihren Abschluß, verbunden mit ihrer ideologischen Befestigung (siehe exemplarisch Hilduin, unser Kapitel III, 6). Poulin (1986), S. 134–136 und 150 f. sowie 165 f.; siehe auch A. Patschovsky, Artikel ›Dionysius‹ in: Lexikon des Mittelalters, Bd. 3, Sp. 1077 f.

338 *Gloriosae* 24, 25 = VGA 37, 56 (Poulin [1986], S. 136).

339 Im Überblick: Handbuch der Kirchengeschichte (hrsg. von H. Jedin), Band II/2, 13. Kapitel ›Die Bekehrung der Franken und Burgunden‹ (von E. Ewig), S. 104–106; H. Zimmermann, Das Mittelalter, I. Teil (1975), § 6 ›Das Frankenreich der Merowinger‹, S. 72–75. An Spezialuntersuchungen sei verwiesen auf: W. von den Steinen, Chlodwigs Übergang zum Christentum, in: MIÖG Erg.-Bd. 12 (1932/1933), S. 417–501; G. Tessier, La conversion de Clovis et la christianisation des Francs, in: Settimane di Studio del Centro Italiano di Studi sull'alto Medioevo XIV, S. 149–189; E. Mâle, La fin du paganisme en Gaule et les plus anciennes basiliques chrétiennes, Paris 1950.

340 Gregor von Tours, *Hist. Fr.* 2, 31; Heinzelmann (1986), S. 41 und Anm. 199.

Mithin darf die trinitarische Bekenntnisformel der ›Vita Genovefae‹, die der Liturgie entlehnt scheint, zusammen mit Instruktionen zur Kindertaufe und Katechese (die in den späteren Redaktionen fehlen) als ein gewichtiger Hinweis für die Entstehung der ältesten Redaktion der ›Vita Genovefae‹ im 6. Jahrhundert angesehen werden[341]. In Anlehnung an die ›Vita Martini‹ des Sulpicius Severus sollte die Hl. Genovefa als Patronin des rechten Glaubens und der merowingischen Dynastie dargestellt werden. Wie Heinzelmann herausgefunden zu haben glaubt, hat Chrodechilde zu diesem Behufe einen bewährten Hagiographen aus Saint-Martin de Tours nach Paris gerufen, um nach dem Vorbild des Sulpicius nach Augenzeugenberichten eine Vita der Hl. Genovefa zu verfassen[342].

Zusammenfassend läßt sich festhalten: Durch die Untersuchungen von Heinzelmann und Poulin scheint der Zeugniswert der lange umstrittenen ›Vita Genovefae‹ gestärkt und untermauert. Für uns von Bedeutung ist vor allem das Zeugnis vom Bau einer Kirche im 5. Jahrhundert über dem Grab des Hl. Dionysius[343], sechs römische Meilen nördlich der Ile de la Cité auf dem vicus Catulliacensis (der alten Ortschaft von Saint-Denis)[344] durch die Hl. Genovefa[345]. Dieser Bau nimmt offenkundig eine bereits bestehende Grabkult-Tradition auf[346], die sich aber, „wie jedermann weiß, in der Nähe eines fürchterlichen Orts" befand[347]. Als fürchterlich wäre vom tastenden Christentum der Zeit durchaus ein machtvoller heidnischer Kult auf besagtem Friedhof empfunden worden. Die Schriftquelle selbst gibt uns keine dezidierten Hinweise auf den Bau selber[348], jedoch wird es sich wohl um eine „Basilika" gehandelt haben, die flachgedeckt gewesen

341 Heinzelmann (1986), S. 42.

342 Ibid., S. 52 f. und 57; Poulin (1986), S. 123 f.

343 Siehe Krüger (1971), S. 172: Voraussetzungen/Vorgeschichte; S. 179: Heiligengrab; S. 183: Patrozinium/Entwicklung.

344 Zur Lage, siehe Krüger (1971), S. 173, mit weiteren Literaturangaben.

345 *Vita Genovefae* (A) 18 (Script. rer. Mer. 3, 222) „Devotio erat Genovefa, ut in honore sancti Dionisi episcopi et martiris basilicam construeret ..." nach Krüger (1971), S. 172, vgl. Crosby (1942), S. 66 Anm. 6 und S. 193.

346 „Quanta veneratione et amore dilexit Catulacensum vicum, in quo sanctus Dionisius et passus et sepultus est." *Vita Genovefae*, c. 17 (ed. Krusch, MGH, Script. Rer. Mer., III, 221). „Quanto vere veneratione et amore dilexit Catholacensum vicum in quo sanctus Dionysius cum sociis suis Rustico et Eleutherio passus est nequaquem silendum esse arbitrer" (ed. Kohler, Bib. de l'Ec. des Hts. Ets., 1881, p. 18); vgl. Crosby (1942), S. 37, Anm. 60; Formigé (60), S. 4.

347 *Vita Genovefae*, c. 18: „Nam terribilem esse et metuendum locum ejus nemini ambigendum est"; Crosby (1942), S. 66, Anm. 8, und S. 70 f. Wenig überzeugend erscheinen die Ausführungen Poulins (1986), S. 136, diese Aussage der ›Vita Genovefae‹ sei eine biblische Reminiszenz, um den provisorischen Charakter der ersten Kirche zum Ausdruck zu bringen.

348 Vgl. Krüger (1971), S. 172 / Ausstattung.

ist[349]. Wo stand nun diese Genovefa-Basilika, und ist sie der erste Kultbau am heutigen Ort? Oder kann die Ur-Apsis der Abteikirche andere Ursprünge haben, seien es frühere (heidnische) oder spätere (merowingische oder karolingische)?

Aus dem Vorhandensein von „so alten" Sarkophagen, wie viele es auch sein mögen (ca. 2000), kann nicht geschlossen werden, daß an der heutigen Stelle der Abteikirche das Grab des Hl. Dionysius „immer verehrt" worden sei[350], noch weniger, daß sich hier die Apsis der Genovefa-Basilika befunden haben muß[351]. Diese gängig vertretene Ansicht widerspricht nicht nur den Quellen, sondern auch der Logik des archäologischen Befundes. Das Vorhandensein vorchristlicher Bestattungen am heutigen Ort beweist vielmehr die Existenz einer vorchristlichen Kultstätte, dem Baubefund nach basilikal gestaltet und mit einer Apsis ausgestattet, die seit dem 6. Jahrhundert (Arnegundis † 565/70) christlich-königlich besetzt worden war, womit dieses Bauwerk zu dieser Zeit wohl als Bestattungsort des Hl. Dionysius ausgewiesen ist. Die Frage nach dem ursprünglichen Ort der Bebauung der Ur-*Grab*stätte durch Genovefa in der 2. Hälfte des 5. Jahrhunderts, nachgewiesenermaßen ebenfalls auf diesem heidnischen Friedhof, bleibt hiervon gänzlich unberührt: Levillains Quellenforschung bewies mit „fast erdrückender Sicherheit"[352], daß sich die ursprüngliche Grabstätte des um 250[353] gemarterten Bischofs *in strato* befand – wohlbemerkt seine Grab-

[349] Siehe die Schilderung der ›Vita Genovefae‹ und die Rekonstruktionsversuche von Levillain (1909), S. 150–152, und Crosby (1942), Kap. IV, S. 65 ff.

[350] Vieillard-Troiekouroff (1965), S. 338, im Anschluß an Formigé (1969), S. 169.

[351] Vieillard-Troiekouroff, noch 1976, S. 253. Die irreführende Auswirkung der kunsthistorischen Meinung auf die der Schwesterdisziplinen geht aus Krügers (1971) Annahme, S. 172, hervor: „Über dem Grab des Märtyrers erhob sich (soweit richtig!), wie französische Archäologen zeigen konnten, früh eine Basilika" – jedoch gerade nicht die „Archäologen".

[352] Crosby (1942), S. 68f. Bereits Max Buchner führt in seinen zwischen 1927 und 1938 im ›Historischen Jahrbuch‹ erschienenen Arbeiten eine umfassende Bewertung der quellenkundlichen Zeugnisse zu Saint-Denis durch, die aber in der kunsthistorischen Forschung außer von Crosby (allerdings unvollständig) beinahe überhaupt nicht zur Kenntnis genommen worden ist. In diesen Arbeiten setzt sich Buchner vor allem mit jenen den vornehmlich im 9. Jh. in Saint-Denis im Umfeld Hilduins entstandenen Quellen inhärierenden Tendenzen und Hintergründen auseinander, die in der Saint-Denis-Forschung häufig zu unkritisch gelesen worden sind. Hinsichtlich der Fragestellung nach dem ursprünglichen Bestattungsort des Hl. Dionysius kommt Buchner zu einem unsere Beurteilung bestätigenden Ergebnis. Siehe hierzu besonders: Buchner (1938), bes. Exkurs III ›Zur Martyriums- und Bestattungsstätte des Hl. Dionysius und zur Frage der ältesten Kirche von Saint-Denis‹, S. 371–374 (diesen Teil der Untersuchung Buchners kennt Crosby offensichtlich nicht). Siehe auch Anm. 423.

[353] Krüger (1971), S. 172; Crosby (1942), S. 29 f., Anm. 17.

stätte, die sich zu der Zeit keinesfalls „in einer anderen *Kirche*" befand[354]. *Dort* jedoch konnte Genovefa sehr wohl die nicht unbedeutende Basilika Saint-Denis-de-l'Estrée (also Saint-Denis *in strato*) errichten lassen, etwa 500 m von der heutigen Abteikirche entfernt, wo heute noch der durch Viollet-le-Duc errichtete neugotische Neubau der beim Abbruch für „merowingisch" erachteten Kirche steht. Daß diese bis 784 lediglich zur Pfarrkirche herabgesunken war, widerspricht keinesfalls ihrer ursprünglichen Zweckbestimmung[355]. Die Umbettung von dort zu dem Ort, wo die Arnegundis-Bestattung die Reliquien des Hl. Dionysius um 565 voraussetzt, wird von einer sehr späten, jedoch sonst zuverlässigen Quelle bestätigt: Suger berichtet, daß der Hl. Dionysius dreihundert Jahre *in strato* geruht hatte[356]; diese Quelle besagt nichts über Genovefas Kirchenbau – oder sogar über irgendeine *Kirche*. Bezeichnend nun ist Levillains Beweis[357], daß diese Tradition bezüglich des *in strato* älter sein muß als die ›Gesta Dagoberti‹, die (beim Versuch, die Unabhängigkeit Saint-Denis' von Paris durchzusetzen) das Martyrium ins 1. Jahrhundert datieren. Obgleich sich Suger selbst üblicherweise an die ›Gesta Dagoberti‹ anlehnt, muß dennoch die durch Gregor von Tours zuverlässig um das Jahr 250 vorgenommene Datierung des Martyriums des Heiligen als Basis auch für Sugers Überlieferung der ersten translatio um 550 angenommen werden[358].

Ferner war Suger in jedem Fall bewußt, daß der corpus des Heiligen an einem anderen Ort gelegen hat als dort, wo er sich zu seiner und schon zu Dagoberts Zeit befand und wo er, wie wir heute wissen, schon zur Zeit der Arnegundis-Bestattung 565 – und zwar in einer großen Basilika – gewesen sein muß. Der Vorstellung, Suger bezöge sich auf eine translatio innerhalb ein und desselben Bauwerks, wird durch seine Betonung des *in strato*, worunter wohl nur ein anderer *Ort* zu verstehen ist, widersprochen. Sollte Genovefa bis 502 ihre Kirche an der heutigen Stelle der Abteikirche gebaut haben, so ließe es sich nur schwer erklären, weswegen beim sonst üblichen „Drängen zum Altar" über ein halbes Jahrhundert hinweg bis 565 kaum (und sicherlich keine bedeutenden) christliche Bestattungen näher zum Heiligengrab vor der Ur-Apsis gefunden worden sind[359]. Das Heiligengrab

[354] Wie noch Krüger, S. 172, unter *Datum*.

[355] Wie Mabillon, vgl. Crosby (1942), S. 69, Anm. 29.

[356] Suger, *Testamentum* 1137, vgl. Levillain (1909), S. 144 Anm. 4; auch Crosby (1942), S. 66, Anm. 11.

[357] Levillain (1909), S. 148 f. Bezeichnend ist, daß Levillain, S. 146–148, in Saint-Denis-de-l'Estrée die Dagobertkirche erkennen wollte, siehe Anm. 409.

[358] Vgl. oben Anm. 353. (Vieillard-Troiekouroff [1965], S. 343, Anm. 32, bewältigt die Fragestellung nicht.) Zu den ›Gesta Dagoberti‹ siehe im folgenden mit Anm. 404–423.

[359] Vgl. Krüger (1971), S. 497, der das „Bemühen um eine Grabruhe 'ad sanctos' in möglichster Nähe bei Heiligengräbern" bei den Franken besonders betont; siehe auch Heinzelmann (1979), S. 25 f.

selber kann zu dieser Zeit nur in der axial vor der Ur-Apsis liegenden 3,67 × 1,65 m Gruft bestanden haben, auf die im archäologischen Teil unserer Untersuchung schon hingewiesen wurde[360]: Diese Gruft befand sich vor ihrer Zerstörung unter dem Hauptaltar, an der Stelle nämlich, wo der erste christliche Altar auch gestanden haben muß und seitdem fortwährend gestanden hat[361]. Demnach lagen Arnegundis (nach archäologischem Befund) und der Hl. Dionysius (was sowohl aus der Bestattung der Königin, dem archäologischen Befund, wie auch aus den Quellen zu folgern ist) in einem Bauwerk, für das es keine Baunachrichten gibt. Dieser Umstand ist

[360] Vieillard-Troiekouroffs ([1965], S. 337 f., Anm. 7) Versuch, Formigés wohl richtige Meinung ([1960], S. 2, fig. 2 und S. 42, fig. 3) anhand der Größe und Tiefe der Gruft zu widerlegen, beinhaltet merkwürdige innere Widersprüche: Daß die Gruft nicht drei Sarkophage hätte aufnehmen können, ist irrelevant, weil, wie die Autorin selbst später anführt, die Gefährten des Hl. Dionysius erst 654 bezeugt sind – und nicht vor dem Ende des 6. Jh. überhaupt erwähnt werden (siehe Anm. 388). Auch das Aufgreifen des auf Fleury zurückgehenden verfehlten Arguments (anhand eines darin gefundenen, wiederverwendeten antiken Sarkophags), der Boden der Gruft liege (3,13 m) auf einem Niveau, welches früher als das des 6. Jh. sein muß, verliert seine Bedeutung, sobald mit einer nachträglichen Versenkung einer Grabstätte an dieser Stelle gerechnet werden muß. Da es sich nur um die ursprüngliche Bestattung handelt, ist schließlich der spätere Inhalt der Gruft ebenfalls irrelevant.

[361] Was die an sich einzig mögliche Lage des Hauptaltars im Verhältnis zur Stelle der Ur- oder „Genovefa"-Apsis betrifft, ist sich die Forschung einig, obwohl das topographische Verhältnis zur Gruft nicht erkannt worden ist: so Krüger (1971), S. 178/ Gräber; Vieillard-Troiekouroff (1965), S. 337 f. in Übereinstimmung mit Formigé (1960) passim; und Crosby (1942), S. 177, 94, 103–104, 184, wo auch die frühesten Quellen aus dem 9. Jh. in den Anmerkungen 77 und 78 angeführt werden. Grabmal und Altar waren in jedem Fall verbunden, die Form, die Gregor von Tours als *quia turritum erat tumulum* beschreibt, betrifft unsere Fragestellung nicht, vgl. Crosby, S. 71. Entscheidend ist, daß die Merowinger in Fortführung des spätantiken Brauchs sämtlich in der Erde bestattet wurden, vgl. Krüger (1971), S. 423.

Einen weiteren Hinweis auf die ursprüngliche Verbindung von Grab und Altar liefert Blaise de Montesquiou-Fezensac, 'In sexto lapide'. L'ancien autel de Saint-Denis et son inscription, in: Cahiers archéologiques VII (1954), S. 51–60. Den 1610 nach dem Bericht Doublets im Zuge der Umbauarbeiten anläßlich der Krönungszeremonie Maria di Medicis entfernten Hauptaltar bringt Montesquiou-Fezensac aufgrund einer entsprechenden Inschrift an einem der vier den Altar einfassenden Marmorsäulchen in Zusammenhang mit der Tradition der Dionysius-Passiones, nach deren Bericht der Hl. Dionysius „in sexto ab urbe memorata lapide" (S. 55, Anm. 2) begraben worden ist. Berücksichtigt Montesquiou-Fezensac auch nicht die quellenkritischen Erkenntnisse Buchners zu den Dionysius-Quellen (siehe Anm. 352), so gibt er gleichwohl einen Hinweis auf die bis in das 17. Jh. hinein lebendige Tradition der Zusammengehörigkeit der ursprünglichen Dionysius-Bestattung mit dem Ort des Hauptaltares. Vgl. die spätere Redaktion C der *Vita Genovefae*, Kap. 13: „Dionysius et passus est et sepultus . . . in sexto a Parisius miliario"; Poulin (1986), S. 159. Siehe auch den weiteren Gang dieses Kapitels und Anm. 381; vgl. ferner Kap. II, 6 und Anm. 143 f.

wohl nur dadurch zu erklären, daß jenes Bauwerk schon bestand und lediglich christlich umgeweiht worden war, ein Vorgang, für den es auch andernorts die allerwenigsten Urkunden gibt (siehe die folgenden Beispiele). In der Zeit zwischen der Umwandlung einer aquitanischen Kultstätte der Himmelsgöttin im Jahre 421 durch Bischof Aurelius und den Neuweihen eines friesischen Tempels durch den Hl. Willibrord liegt nicht nur die vermutliche Inbesitznahme der Basilika von Saint-Denis durch den christlichen Kultus, sondern auch der Rat Gregors des Großen, nur die heidnischen Kultbilder, nicht aber die Tempel zu zerstören und dort lediglich neue Altäre mit Reliquien zu errichten; in seinem Brief an den im Frankenreich residierenden Abt Mellistus begründet Gregor dieses Vorgehen nachdrücklich mit der Absicht, die Bevölkerung zum Lobe des wahren Gottes an denselben Ort zu bringen und sich dort heimisch fühlen zu lassen, wo sie gewohnt war ihre Idole anzubeten[362]. Trotz fehlender Systematik bei der Ausgrabung und Berichterstattung der nachrömischen Schichten ist sich die einschlägige Forschung seit 1939 einig, sei sie nun religionsgeschichtlich, archäologisch oder kunsthistorisch interessiert, daß die von Deichmann für die übrige Oikumene erarbeiteten Ergebnisse auch für Gallien gelten[363]. Jedoch werden die Ergebnisse bei der Erforschung bedeutenderer Bauwerke stets ignoriert, obwohl beispielsweise der Bauverlauf von Saint-Denis dem auch von Gregor erwähnten Néris im Département Allier durchaus entspricht, während die kultische Wandlung des antiken Apsidialbaus in Langon in der Bretagne vom Venus- zum Veneris-(Agathe-)Kultus nachgewiesen ist und eine deutliche Parallele zu jener der Kathedrale von Chartres bildet. Wie oben in Kapitel II, 4 behandelt, bietet sich darüber hinaus in Saint-Denis die Totenbestattung als entscheidender Anhaltspunkt für den Wandel vorgegebener religiöser Ausrichtung und Kulttraditionen in eine christliche Kultstätte, welche über eine Apsis verfügte[364].

362 Diese Frage der Umwandlung der auch von den Christen notgedrungen als *res religiosae* anerkannten Anlagen in christliche *res sacrae* wird ausführlich in vdM (1982), S. 593–599 und Anm. 16–61, auch in bezug auf F. W. Deichmanns Überlegungen zur Frage des Ersatzes von Götterkult durch entsprechende Heilige belegt. Im merowingischen Ritual von Jumièges ist sogar die liturgische Formel für die Neuweihe heidnischer Geräte erhalten.

363 Idem, bes. S. 595 f.

364 Idem, bes. S. 600 und Anm. 77–80, vgl. oben Anm. 68. Inwieweit der jeweilige Wandel dieser Art mit synkretistischen Vorstellungen einherging, wird noch lange eine offene Frage bleiben. Heidnische Neigungen hafteten den Franken noch bis in die Karolingerzeit an, obwohl es nie wie bei dem vierten angelsächsischen Oberkönig Redwald (gest. 616/627) zu einer Huldigung eines offenen Synkretismus kommen konnte (vgl. Krüger, S. 424). Jedoch direkt auf Saint-Denis bezogen wird von englischen Wissenschaftlern (Deanesly, Boggis, Chadwick) unter dem Eindruck der Funde von Sutton Hoo (nebst des Beowulfliedes) die Rolle der Kirche bei dem Ersatz der heidnischen Begräbnisstätten untersucht (nach Krüger [1971], S. 280). Diese Fragestellung zeigt den Weg in die zukünftige Forschung.

Daß der Hl. Dionysius um diese Zeit oder kurz nach 550 in eine bestehende Basilika umgebettet wurde, stünde dagegen durchaus im Einklang mit den überhaupt frühesten sicheren Nachrichten über die Basilika, die sich erst in den 70er Jahren des 6. Jahrhunderts bei Gregor von Tours finden[365]. Sie berichten von einer Plünderung durch Soldaten König Sigiberts im Jahre 575[366], von einem Reinigungseid, an dem Große Chilperics I. 579 beteiligt waren[367], und vom Begräbnis eines seiner Söhne im Jahre 580[368]. Die Bedeutung der Kirche um diese Zeit – noch vor der Tätigkeit Dagoberts – geht fernerhin aus zwei erhaltenen Diplomen Chlothars II. (585–629) und anderer Stifter[369] hervor, sowie aus der Tatsache, daß in der nahegelegenen *villa regalis* Clippiacum (Clichy) die Teilungsverhandlungen zwischen Chlothar II. und seinem Sohn Dagobert nach dessen Hochzeit in den Jahren 625/626 stattgefunden haben[370]. Der schon sehr enge Zusammenhang zwischen dieser so wichtigen Pfalz, den Staatsgeschäften und der Kirche geht weiterhin aus dem so benannten Concilium Clippiacense hervor, das „in basilicam dominae Mariae matris Domini" tagte, „quae in atrium sancti Dyonisii martyris sita est"[371]. Diese deutlichen Hinweise auf ein Marien-Heiligtum im unmittelbaren Kultbezirk des Hl. Dionysius, jedoch getrennt von dem Hauptgebäude, hat uns schon bei der archäologischen Untersuchung beschäftigt (Kap. II, 4) und wird später in Zusammenhang mit den sogenannten Hilduin-Quellen (Kap. III, 6) wieder behandelt. Nicht also erst in den karolingischen *Laudes*, sondern schon in dieser Frühzeit der Merowinger, noch vor Dagobert I., gehört der Hl. Dionysius zur Gruppe der Reichsheiligen, nach Martin von Tours in zweiter Rangordnung als *peculiaris patronus noster*, und seine Kirche zu einem der vier *praecipua loca sanctorum* des Reiches[372].

Auf dieser Basis wird sich die Liturgie zu denjenigen Formen entwickeln, die zu entsprechenden Umgestaltungen der großen, spätantiken Basilika führen. Obwohl zwei königliche Bestattungen (die der Arnegundis und ihres kleinen Enkels) schon geschehen waren, begann der Aufstieg von Saint-Denis erst, als Dagobert I. sie zur Grablege des neustrischen Königtums

[365] Wir berufen uns im folgenden, auch im Wortlaut auf Krüger (1971), S. 173 ff.

[366] *Greg. glor. mart.* 71 (SS rer Mer 1, 535 f.), nach Krüger (1971), S. 175/Hauptort.

[367] *Greg. Hist.* 5, 32 (SS rer Mer 1, 1, 237), nach Krüger (1971), S. 175/Hauptort.

[368] *Greg. Hist.* 5, 34 (SS rer Mer 1, 1, 240, 14 f.), nach Krüger (1971), S. 179/Königsgräber. Hingegen erwähnt Gregor an keiner dieser drei Stellen (vgl. oben) eine Kirche, die Genovefa über dem Grab des Hl. Dionysius errichtet habe. Auch über das Aussehen und die Größe der Kirche von Saint-Denis läßt er uns im ungewissen.

[369] Pertz Nr. 10, um 625, und Nr. 11, um 627; und zwei Privatschenkungen in 619/620 und 627 – bei Krüger (1971), S. 176/Schenkungen.

[370] *Fred. chron.* 4, 53 (SS rer Mer 2, 146 f.) und, zur Hochzeit, 4, 58, nach Krüger (1971), S. 175/Hauptort.

[371] Vgl. *Concilia Galliae* (de Clercq, CCSL 148A, 291), nach Krüger, S. 175/Akte.

[372] Krüger (1971), S. 174 f. und 442.

wählte[373]. Die Coemeterialbasilika Saint-Denis wurde zuerst Königsgrabkirche mit entsprechend großer Mönchsgemeinschaft, bevor sie dann durch die „Reform" der Balthildis als Klosterkirche angesprochen werden konnte[374]. Eine großzügige Erneuerung der heiligen Grabstätte durch Dagobert I. geht aus entscheidenden liturgischen Neuerungen hervor: Schon 628/629 ist das Beten dem Klerus und den Armen „pro regni nostri stabilitate vel remedio animae nostrae" von Dagobert auferlegt worden[375]; jedoch wird dieser überhaupt älteste belegte Gebetsdienst in Dagoberts zuverlässig überlieferter Begräbnisnachricht[376] durch das *psallentium*, ein

[373] Vgl. Krüger (1971), S. 178, wo die Bestattung weiterer Verwandten angeführt wird, Quellen auf S. 180; vgl. S. 418. Weitere Literaturangaben zum Aufstieg der Kirche bei Krüger, S. 176/Schenkungen.

[374] Zur Art der Kirchen, Stiftung und Grablegung siehe Krüger (1971), S. 432–437. Vgl. Crosby (1942), S. 60. Siehe auch: Eugen Ewig, Kirche und Civitas in der Merowingerzeit, in: Settimane di Studio del Centro Italiano di Studi sull' alto Medioevo VII (1960), S. 48–50. Zur Balthilde-„Reform" siehe unten.

[375] Pertz DM Spur 22 (S. 140, 18 f.), nach Krüger (1971), S. 476 und S. 176: Dagoberts I. Schenkung der Villa Étrépagny mit Gebetsauflage, vgl. S. 439. Félibien (1706) bringt auf S. 11 bereits diese erste liturgische Reformanweisung Dagoberts I. mit den in deren Folge anhebenden baulichen Umgestaltungen im Bereich des Hauptaltares und der daran anschließenden Reliquientranslation des Hl. Dionysius und seiner Gefährten in Zusammenhang, um auf den S. 12 und 13 von der Errichtung einer «psalmodie perpetuelle dans la nouvelle église» zu sprechen.

Zur Gebetsklausel „pro regni nostri stabilitate vel remedio animae nostrae" siehe die Untersuchung von Eugen Ewig, Die Gebetsklausel für König und Reich in den merowingischen Königsurkunden, in: Tradition als historische Kraft, hrsg. von N. Kamp/J. Wollasch (1982), S. 87–99, besonders S. 93–96; auf S. 95 führt Ewig auch eine Gebetsklausel aus einer Schenkungsurkunde Dagoberts I. an Saint-Denis aus dem Jahre 632/633 an (Pertz Nr. 14 [LS3]): „. . . pauperibus inibi consistentibus pro regni stabiletate vel remedium animae nostrae . . . evis temporebus debeat profecere . . ."

[376] *Chronica Fredegarii*, 4, 79 (SS rer Mer 2, 161): „Anno sexto decemo regni sui Dagobertus profluvium ventris Spinogelo villa (Épinay) super Secona fluvio nec procul a Parisius aegrotare cepit. Exinde ad baseleca sancti Dionensis a suis defertur . . . Hys gestis (letzte Verfügungen), post paucus dies Dagobertus amisit spiritum; sepultusque est in ecclesia sancti Dionensis, quam ipse prius condigne ex auro et gemmis et multis preciosissemes espetebus ornaverat et condigne *in circoito fabrecare* preceperat, patrocinium ipsius precioso expetens. Tante opes ab eodem et villas et possessiones multas per plurema loca ibique sunt conlate, ut miraretur a plurimis. Sallencium ibidem ad instar monastiriae sanctorum Agauninsium instetuere iusseat; sed facilletas abbatis Aigulfi eadem instetucionem nuscetur refragasse."

Der Fredegar-Verfasser ist vor 642, bzw. 658 anzusetzen (Krüger [1971], S. 476, Zitate nach S. 180 und Fortsetzung S. 176). Der Vorrang der liturgischen Bedingungen in dieser Quelle ist von der Kunstgeschichte verkannt worden, weil stets nur die Passage zur Ausschmückung zitiert wird, so z. B. bei Crosby (1942), S. 67, Anm. 15. Auch Krüger (1971), dessen Abdruck der Quelle (S. 176/Schenkungen – Dagobert I.

fortwährend gesungenes Psalmengebet nach Agauner und damit (letztendlich byzantinisch-kaiserlichem)[377] Muster, erst in unmittelbarem Zusammenhang mit dem Umbau der Grabstätte des Heiligen erweitert und institutionalisiert[378]. Somit wird am Grabe des Märtyrers ein ununterbrochener Kult in Form der *laus perennis* mit der Absicht eingerichtet, daß der Gesang des Chores und einzelner Mönchsgruppen und Mönche nach dem Vorbild der Himmelschöre bei Tag und bei Nacht nicht aussetzen sollte. In die gleiche Gebetsauflage miteinbezogen war das Grab des Königs, welches sich rechts neben jenem des Märtyrers unter einem *arcus* befand, womit wahrscheinlich ein Baldachin, möglicherweise aber auch ein Arkosolgrab gemeint ist[379]. Während die Königsmemoria somit im Vorchor neben dem Hauptaltar (oder gegebenenfalls im südlichen Querhaus) zu ebener Erde kultisch begehbar war und als solche keine besondere bauliche Umgestaltung voraussetzte, waren mit einem Kult von der Art der *laus perennis* vor dem Märtyrergrab, welches unter dem Hauptaltar gelegen haben muß[380], bei der Durchführung der Liturgie reelle räumliche Probleme gegeben, die nur durch eine *translatio* und einen Umbau zu lösen waren: Da es nicht möglich war, den fortwährenden Chorgesang des neu eingerichteten Grabkultes durch den täglichen Gottesdienst vor dem Hauptaltar („altare primo in honoram Domini et Salvatoris nostri Jesu Christi dedicato"[381]) zu unterbrechen, bzw. den Hauptaltar zu versetzen[382], mußte das Grab, vor

und 179/Königsgräber) wir hier benutzt haben, geht selber nicht auf die Kreisgestaltung ein, sondern begnügt sich mit der kostbaren Ausschmückung sowohl in der Rubrik „Ort" (S. 174) wie auch zum „merowingischen Bau" (S. 177). Das zweimal von Krüger (S. 451 und 476) hervorgehobene Motiv *patrocinium ipsius precioso expetens* bezieht sich wohl primär auf diese Kreisgestaltung des Heiligen Grabes.

377 Vgl. Krüger (1971), S. 65 und S. 477. „Der Brauch des dauernden Gotteslobes (wurde) über Saint Maurice d'Agaune vermittelt . . . (wo) seit der Erneuerung des Thebäerheiligtums durch König Sigismund, dessen geistliche Gesandte die Liturgie der ‚schlaflosen' Mönche wohl in Byzanz kennengelernt hatten."

378 Krüger (1971), S. 184/Liturgie, und S. 475 f. Dies erfolgte nach dem Beispiel Gunthrams (561–592) beim Grab des Märtyrers Marcellus in der Peterskirche nahe einer vermuteten Landpfalz vor Chalons (ebenda). Zur Liturgie vgl. S. 439.

379 Nach der *Vita Eligii* (vgl. unten): „. . . et sepultus est in eadem sancti Dionisii basilica *sub arcu in latere . . .*"; nach den *Gesta Dagoberti*: *„iuxta eorum tumulum in dextro latera"*; Quellen bei Krüger (1971), S. 180/König Dagobert, S. 422, mit Verweis auf Literatur zu Bögen als Gebäudeteile in der Anm. 39. Da die betreffende Erwähnung des *arcus* nur in Zusammenhang mit den Goldschmiedearbeiten des Elegius vorkommt, wäre weniger an den Vierungsgurtbogen zur Lokalisierung des Grabes zu denken.

380 Vgl. oben, Anm. 361.

381 *Miracula sancti Dionysii*, I, 19 (AA SS OSB 3, 2, 1672, 349). Vgl. Crosby (1942), S. 104, Anm. 80. Siehe unsere voraufgehenden Ausführungen und Anm. 361; vgl. auch Kap. II, 6 und Anm. 143 f.

382 Siehe oben, Anm. 361.

welchem die neue Liturgie auszuüben war, verlegt werden. Dementsprechend geht im Todeskapitel Dagoberts der Bau eines Umgangs (circuitus) der Erwähnung der dadurch ermöglichten Liturgie voraus; den Bau habe er selbst früher würdig mit Gold, Edelsteinen und wertvollen Kostbarkeiten ausgestattet[383].

Diese Ausschmückung war zu jener Zeit von derartigem Vorrang, daß sie zu einer sehr zuverlässigen quellenmäßigen Bestätigung der Gesamtform der Arbeiten führte: Nicht etwa ein Künstler, sondern der spätere Bischof von Noyon, Eligius (ca. 588–660), schuf vornehmlich vor allem das *mausoleum* und das *tugurium* (Baldachin) des Heiligen, des weiteren auch Ambo und Türen[384] – dieses alles *suppeditante rege* – sowie liturgische Gerätschaften, deren Bewunderung im redigierten Text der ›Vita Eligii‹ noch im 8. Jahrhundert aufklingt: „ut paene singulare sit in Gallis ornamentum et in magna omnium admiratione usque in hodiernum diem“[385]. Diese Pracht der Ausstattung aber galt einer Umgestaltung des Heiligtums, dessen „baugeschichtliche“ Formgebung uns heute – offenbar nicht ganz zu Recht – primär interessiert: Der spätere Bischof Eligius dürfte mithin gewiß als Urheber der liturgischen Umgestaltung, die in der Hauptquelle betont wird, angesehen werden. Wir werden demnach durch die Vorstellung eines formal planenden Architekten der Bedeutung der Anlage nie näherkommen. Greifen wir auf unsere bauarchäologischen Erkenntnisse zurück (oben, Kap. II, 5), so ergibt sich ein recht stimmiges Bild hinsichtlich der Baumaßnahmen unter Eligius zur Zeit Dagoberts: Etwa ein Jahrhundert nach der Christianisierung der Urbasilika durch die Umbettung des Märtyrers forderten die neu eingerichteten liturgischen Formen eine nochmalige *translatio* von der Ruhestätte unter dem Hauptaltar zu einer Martyriumsanlage (memoria), die durch einen Ringstollen (circuitus) in der Apsis den Mönchen einen direkten Zugang zu dem Märtyrergrab ermöglichte[386]. Der Fußboden des

[383] Vgl. oben, Anm. 375 f.

[384] *Vita Eligii*, I, 32 (ed. Krusch, MGH SS rer Mer 2, 388), nach Crosby (1942), 72, Anm. 50: „Praeterea Eligius fabricavit et mausoleum sancti martyris Dionysii Parisius civitate, et tugurium super ipsum marmoreum miro opere de auro et gemmis; cristam quoque et species de fronte magnifice composuit, necnon et axes *in circuitu altaris* auro operuit et posuit in eis poma aures rotundilia atque gemmata; operuit quoque et lectorium et ostia diligenter de metallo argenti; sed et tectum throni altaris axibus operuit argenteis; fecit quoque et repam in loco anterioris tumuli, et altare extrinsecus ad pedes sancti martyris fabricavit.“

Das Original vom Jahre 665 (nur etwa sechs Jahre nach dem Tode des Eligius, oder dreißig Jahre nach der Umgestaltung des Heiligtums) ist uns nur aus einer Redaktion des 8. Jh. bekannt. Vgl. Levillain (1925), S. 19–25.

[385] *Vita Eligii*, 1, 32 (SS rer Mer, 688 f.; bes. 689, 5 f.), nach Krüger (1971), S. 176/ Schenkung – Dagobert I., der leider nicht den betreffenden weiterführenden Text vollständig abdruckt.

[386] Es ist anzunehmen, daß dieser Gang gar nicht in die Erde eingelassen werden

Chores wurde über den Stollen hinweg erhöht, wobei die unteren Fenster der alten Apsis mitten durch überschnitten wurden. Unser heutige Blick auf die „primitive“ und „ungeschickte“ Art, die Bedeckung des Ringstollens mittels schlecht und recht in die Apsiswand nachträglich eingehauener großer Steinplatten zu bewerkstelligen, erlaubt es uns nicht, die Erregung des Verfassers der ›Vita Eligii‹ beim ursprünglichen Anblick der Anlage zu teilen, oder etwa jene beim Anblick der *inaurati Germani aula* von Saint-Germain-des-Près, sowie der *Aureos Sanctos* des Gereonsheiligtums vor Köln aufkommenden Empfindungen nachzuvollziehen[387]. Genausowenig vermögen wir die siegreiche Teilnahme der Zeitgenossen an der durch die real erlebte Gegenwärtigkeit des Hl. Dionysius ausgezeichneten Meßfeier mitzuerleben.

Bis zu diesem Zeitpunkt ist in den Quellen ausschließlich von Dionysius als einzigem Hauptpatron der Basilika die Rede. Seine socii Rusticus und Eleutherius werden gegen Ende des 6. Jahrhunderts zum ersten Mal in der gallikanischen Rezension des ›Martyrologium Hieronymianum‹ erwähnt[388], ihre Reliquien jedoch erst 654 in der großen Privilegienbestätigung von Dagoberts Sohn, Chlodwig II., urkundlich belegt, mit der das Königspaar die Immunität für das nun erstmals sicher bezeugte Kloster vom Pariser Bischof erreichte[389]. Der Zusammenfügung der drei Heiligen, die erst nach Chlodwigs II. Immunitätsbestätigung immer zusammen erwähnt werden, mußte folglich die *translatio* des bisher allein unter dem Hauptaltar ruhenden großen Märtyrers an die zugängliche Stelle in das Umgangsmartyrium vorausgehen. Die zwei Gefährten finden mithin keine Erwähnung in den zu Dagoberts Zeit verfaßten Quellen; daß sie hingegen im kultischen Zusammenhang mit den Bemühungen Chlodwigs II. um die Immunität des Klosters gesehen werden müssen, geht auch daraus hervor, daß die Legende des Hl. Dionysius selber erst um diese Zeit entschieden ausgebaut

mußte, sondern auf das damalige Niveau der Basilika geführt wurde. Wegen der natürlichen Erhebung des Niveaus des äußeren Erdreichs wäre dann die Basilika etwas zugeschüttet und der Fußboden höher verlegt worden. Für diesen Vorgang bieten die Kathedrale und andere Kirchen in Chartres ein gut belegtes Vorbild (vgl. vdM [1975], S. 27–35 und S. 62 f.); eine Bodenerhebung von etwa 0,30 m, in Paris selber bis zu 1,00 m pro Jahrhundert darf als Richtmaß gelten.

[387] Vgl. Krüger (1971), S. 421, mit Belegen. Auf die Bedeutung von Saint-Germain-des-Prés als merowingische Königsgrabkirche braucht nicht hingewiesen zu werden. Die Bedeutung von Sankt Gereon als Reichsheiliger wird von Krüger in Zusammenhang mit Saint-Denis herausgestellt, S. 418, 421–423 und 442, Anm. 42.

[388] Schon Crosby (1942), S. 53, führte diese “definite evidence” an; Krüger (1971), S. 183, zitiert eine spätere Untersuchung von de Clercq und Burchi als die Finder im Jahre 1964: *Dionigi Rustico ed Eleuterio* (Bibliotheca Sanctorum 4), 1964, S. 650–653; siehe auch: Buchner (1938), S. 377 f.

[389] Krüger (1971), S. 174; S. 176/Schenkungen; S. 180/Königsgräber; S. 183/Patrozinium (dort irrig „Chlothar II“); S. 451, 478, 481.

wurde und hierbei etwa der Ort des Martyriums in nämlicher Urkunde erstmalig Erwähnung findet[390]. Bis zu diesem Vorgang sind demnach seit der ersten Umbettung des Hl. Dionysius aus Saint-Denis-de-l'Estrée rund 100 Jahre vergangen. Darin zeigt sich ebenso die noch sehr lebendige Tradition dieses ursprünglichen Bestattungsortes, wie auch in der Tatsache, daß in der Folge wahrscheinlich die Gewandreliquien aller drei Märtyrer, um den kultischen Bedingungen der erweiterten Legende gerecht zu werden, in das Sanktuarium von Saint-Denis-de-l'Estrée gebracht worden waren, wo sie 1577 in drei kleinen Bleisarkophagen entdeckt wurden[391].

Keinesfalls um einer, wie gemeinhin angenommen, ständig wachsenden Reliquienverehrung seitens des Volkes gerecht zu werden, wurde also das Ringstollenmartyrium in Saint-Denis eingerichtet (dazu wäre es auch reichlich knapp bemessen gewesen), sondern infolge der unmittelbaren Bedingungen des Totenkultes des Königs, dessentwegen den Mönchen ein gesonderter Zugang zum Märtyrergrab verschafft werden mußte. Im Gegensatz zu früheren Bemühungen, rein formal „karolingische" Analogien aufzuzeigen, welche postulierte Chronologien einer Stilgeschichte des Bauwesens beweisen sollten[392], haben wir es im Falle von Dagoberts Ringstollenmartyrium wohl mit einer gleichartigen Funktion zu tun, darüber hinaus aber mit einer direkten Nachahmung eines bezeichnenden Bauteils des spätrömischen Vorbildes: Sankt Peter in Rom, im Rahmen der, wie Krüger betont, zeitgenössischen Imitatio Imperii[393]. Während beispielsweise die Kathedrale von Chartres nach dem ausgehenden 6. Jahrhundert in der bedeutsamen kultischen Tradition des heiliggesprochenen Bischofs Lubinus noch eine ausgesprochene Confessorkirche blieb[394], begnügte sich Dagobert

[390] Siehe oben sowie Anm. 337 und 388.

[391] Vgl. Crosby (1942), S. 68 mit Quellen.

[392] So Crosby (1942), S. 100–103.

[393] Krüger (1971), S. 459, vgl. S. 477; in der Anm. 97 zitiert Krüger Wallace-Hadrill: "The world of . . . Dagobert . . . had roots in the Roman as well as the Germanic past." Die Kunstgeschichte neigt dazu, das von ihr so bezeichnete „renaissance"-mäßige der karolingischen *renovatio* dermaßen zu betonen, daß das Bewußtsein der ungebrochenen Kontinuität des Frühfränkischen manchmal aus dem Blickfeld gerät. Gerade an den Monumentalbauten ist die Kontinuität aber von vornherein gegeben, und an sie schließen sich, wie wir in Saint-Denis erkennen, die Institutionen an. Um eine Stufe gegenüber der üblichen chronologischen Konstruktion verschoben, ist denn auch die Kontinuität der karolingischen *renovatio* in der bisher undatierten Entwicklung der Gotik zu suchen, vgl. vdM (1985). Wir werden im folgenden Kapitel III, 4 Grund genug haben, dies in bezug auf den Westbau zu erkennen.

[394] vdM (1975), passim. Waren wir bei der Kathedrale von Chartres im Fehlen staatskirchlicher Quellen auf spätere liturgische Traditionen und ihre Auswirkung auf das Gesamtbild der Bauikonologie angewiesen (vgl. auch ›Lubinus‹ und ›Kalektrikus‹ im Lexikon der Christlichen Ikonographie, Bd. 7, Freiburg 1974, S. 412–414 und 216 f.), so sind in Saint-Denis die liturgischen Bedingungen fast durchgehend dokumentiert und in wichtigen Teilaspekten von Krüger zuverlässig bearbeitet worden.

„nicht mehr mit der Grabesruhe bei Reliquien oder dem (Grab eines) altfränkischen Bekenners, sondern ließ sich bei einem altgallischen Blutzeugen" mit entsprechendem Kultus bestatten[395]. Diese „Demonstration von ... Kirchenverbundenheit und dynastischer Kontinuität"[396] wurde dann unter Dagoberts Sohn Chlodwig II. (Immunitätsurkunde![397]) und durch die „Reform" seiner angelsächsischen Königin Balthilde befestigt[398]. Neu bei dieser einheitlich geplanten Reorganisation der Mönchgemeinschaft an den *seniores basilicae*, den *principua loca sanctorum* der Zeit[399], durch deren feste Regel Saint-Denis erst als Abtei anzusprechen ist[400], „war nicht die strenge Observanz, schon eher freilich der ... Gebetsdienst für das *regnum* ... Die politische Funktion war jetzt an entscheidender Stelle in die geistliche Bedeutung der Grabkirchen eingegangen"[401]. Damit findet die Symbiose von geistlicher und weltlicher Autorität ihren besonderen Ausdruck in einer liturgisch gewendeten Form des (das gesellschaftliche Zusammenleben allgemein bestimmenden) Freundschaftsbundverhältnisses, das Staat und Kirche nun in Gestalt einer Gebetsbrüderschaft verbindet. Der merowingisch-fränkische Königsstaat und die römisch-apostolische, das heißt um die Apostelfürsten in Rom geeinte Kirche, bilden gleichsam eine Zwillingskommunität[402]. Diese Wurzeln des fränkischen Königtums müssen bedacht werden, bevor ihre nur schwache Blüte im 12. Jahrhundert im eher „politischen" Verhältnis zwischen Abt Suger und König Ludwig VII. überbetont wird; – ansonsten nämlich wird Sugers Bautätigkeit gegenüber der bestehenden Basilika ebenfalls ungebührend hoch bewertet[403].

[395] Krüger (1971), S. 475.

[396] Krüger (1971), S. 477. Dort auf S. 478 auch die früheren liturgischen Ansätze der geistlichen Merowingerinnen.

[397] Vgl. oben, Anm. 389.

[398] Balthilde führte bis 664 die Regentschaft. Zur Reform: Krüger (1971), S. 177/ Klosterverfassung; Wortlaut der Quelle und weiterführende Literatur. Vgl. auch Crosby (1942), S. 61 f.

[399] Krüger (1971), S. 439 und 478.

[400] Krüger (1971), S. 174. Im Übergang vom Heiligen Ort (*sanctus locus* oder *templum sepulchrum*) zum geregelten Monasterium, vgl. Levillain (1925), S. 46 ff., wirkt noch der archäologische Übergang von heidnischen zu christlichen Bestattungen nach.

[401] Krüger (1971), S. 481.

[402] Angelus Albert Häussling, Mönchskonvent und Eucharistiefeier. Eine Studie über die Messe in der abendländischen Klosterliturgie des frühen Mittelalters und zur Geschichte der Meßhäufigkeit (1973), S. 73–78. (Obwohl eine Spezialuntersuchung, bietet die Arbeit Häusslings insbesondere in Kapitel IV ›Allgemeine Voraussetzungen in der kirchlichen Umwelt der fränkischen Klöster‹ einen sehr fundierten allgemeinen liturgiegeschichtlichen Überblick für die Zeit des Überganges von der gallo-römischen zur fränkischen Führung in der Liturgie.) Siehe auch F. Prinz, op. cit. Anm. 309, S. 536–540.

[403] Exemplarisch die Einleitung bei Panofsky (1979), S. 1–37.

Der liturgisch motivierte Martyriums-Umgang, der im Todeskapitel Dagoberts der Fredegarchronik besondere Erwähnung findet, erscheint noch einmal in einer Fälschung, die keinen selbständigen Wert hat[404]; dieser „spektakuläre Rückgriff“[405] erweist sich jedoch in vielem gegenüber den archäologischen und dokumentarischen Zeugnissen als überaus wertvolle Bestätigung und gibt einen Einblick in die weitere Geschichte des Klosters: Die ›Gesta Dagoberti‹ berichten von einer *translatio* der Reliquien des in der Basilika verehrten Märyrers Dionysius, nunmehr unter Einschluß seiner *socii* Eleutherius und Rusticus, und in diesem Zusammenhang von der Errichtung einer mit Gold und Edelsteinen ausgeschmückten Memoria und einer mit Silber ausgeschlagenen Apsis *(“apsida . . . ex argento“)* über der Grabstätte der Heiligen (möglicherweise, aber nicht unbedingt, ein Ziborium)[406]. In diesem Kontext werden auch Baumaßnahmen an der gesamten Kirche erwähnt, die einem vollständigen Neubau gleichkämen „. . . a fundamine construxerat . . .“ Dieses von dem Fredegartext (siehe oben) abweichende Einfügsel findet seine offensichtliche Erklärung in der Entstehungsgeschichte des Manuskrips, die weiter unten kurz angeschnitten wird[407]. Diesem Einfügsel geht jedoch eine dem Fredegartext fast genau entsprechende Beschreibung des wirklichen Umfangs der Arbeiten voraus: Dort ist nur von dem Bau eines *circuitus* im Zusammenhang mit Dagoberts Bestattung in der Nähe des Märtyrers die Rede[408].

Daß die ›Gesta‹ Dagoberts I. die frühere Forschung gelegentlich dazu verführt haben, Dagobert den ersten wesentlichen Kirchenbau zuzuschrei-

[404] Krüger (1971), S. 176/Schenkungen; Dagobert I., mit Überblick zum Stand der Forschung.

[405] Idem, S. 451, Anm. 71.

[406] *Gesta Dagoberti regis Francorum* (ed. B. Krusch, MGH SS rer Mer 2, 1888, 399–425) cap. 17: „Dagobertus . . . digesta eorum [Hl. Dionysius, Rusticus und Eleutherius] in sarcofagis nomina repperit, quae et in alium eiusdem vici locum summa cum veneratione decimo Kal. Maias [22. April] transtulit, eorumque memorias auro puro et preciosissimis gemmis exornavit. Et quamvis ecclesiam, quam ipse a fundamine construxerat, intrinsecus miro decore fabricaverit, forit quoque desuper absidam illam, infra quam veneranda martyrum corpora tumtlaverat, ut plenius devoti animi expleret desiderium, ex argento purissimo mirifice cooperuit [in Saint-Denis].“

[407] Vgl. Krüger (1971), S. 176/Schenkungen, der weitere Literatur zu der irreführenden Textstelle anführt.

[408] *Gesta Dagoberti*, cap. 13 (SS rer Mer 2, 421; vgl. Krüger [1971], S. 180/Königsgräber): „Conditus autem aromatibus (Kg. Dagobert I.) cum ingenti popolorum dolore atque frequentia translatus est in basilicam beatissimorum martyrum, quam ipse, ut supra (c. 20) diximus, condigne ex auro et gemmis et multis pretiosissimis speciebus ornaverat et condigne *in circuitu fabricare* praeceperat, atque iuxta eorum tumulum in dextro latere honore merito sepultus (in Saint-Denis)“; vgl. hierzu die fast wörtliche Parallele in der Chronik Fredegars, 4, 79, vgl. Anm. 376 (SS rer Mer 2, 124).

ben[409], ist durchaus verständlich und liegt in der Absicht der Gesta-Erzählung. Nach dem Auffinden der Arnegundis-Bestattung aber war keine Polemik vonnöten, diesen zuletzt durch Formigé vertretenen Standpunkt zu entkräften[410]. Was den in den ›Gesta Dagoberti‹ zum Ausdruck gebrachten ekklesiologisch-kultischen Zusammenhang angeht, hatte Formigé nicht ganz unrecht: Auch der berühmte Suger propagierte im 12. Jahrhundert Dagobert als Erbauer der Basilika, die Suger eben dieses Glaubens wegen zu bewahren sich gezwungen sah[411]. Demnach war für eine entscheidende Zeit der Kirchengeschichte tatsächlich Dagobert der Erbauer der Ruhestätte des großen Märtyrers Dionysius. Und dies ist es, was sowohl der Baubefund wie auch die Quellen bestätigen: der Glaube hatte nicht nur für die betreffende Zeit entscheidende Bedeutung, auch heute noch besitzt Sugers Vorstellung (Glaube) einen größeren Wahrheitsgehalt als unsere Wissenschaft. Die Archäologie nämlich hat lediglich bewiesen, daß Dagobert den Bestattungsort des Heiligen und seiner Gefährten im Bezirk (templum) einer vorchristlichen Kultstätte erbauen ließ.

Am Abschluß der Umbauarbeiten unter Dagobert I. stand dann die feierliche Reliquientranslatio, verbunden mit einer Kirchweihe, die nicht einen völligen Kirchenneubau voraussetzt[412]. Mit diesem Ereignis verband sich

[409] Levillain (1909), S. 146–148, sah noch in der Dagobertkirche einen Vorgängerbau an einem anderen Ort: Saint-Denis-de-l'Estrée. Crosby (1942), S. 108, lehnt einen Dagobertbau ab; seine Baufolge ist: Genovefa – Fulrad – Suger. Formigé (1960), S. 50, rekonstruiert für seine «Deuxième èglise»: Die Schiffe, Querhaus, Narthex, Portikus, Türme, Apsis. Der Plan ist von dem karolingischen nicht zu unterscheiden. Vieillard-Troiekouroff (1965), S. 337–340, lehnt einen Dagobertbau ab.

[410] Vieillard-Troiekouroff (1965), S. 343. Daß Dagobert keinen Neubau der Basilika vornahm, war schon von Crosby (1942), S. 67, akzeptiert worden – jedoch nur mit dem Ziel, den hypothetischen Nachfolgebau, die „karolingische“ Basilika, als frühesten Großbau am Orte zu ermöglichen.

[411] Die moderne Wissenschaft äußert sich gerne herablassend darüber – exemplarisch Crosby (1942), S. 90: “Suger believed that he was rebuilding Dagobert's church . . .”, vgl. auch Panofsky (1979), S. 27. Jedoch wußte Suger sehr wohl, daß er es nicht mit der Genovefa-Kirche zu tun hatte – diese stand doch „in strato“ –, und daß Dagobert die noch frühere Ur-Apsis erst entscheidend christianisiert hat, dürfte ihm aus der täglich erlebten Liturgie in aktiver oder passiver Form noch gegenwärtig gewesen sein; hierin liegt zum Teil Sugers Vorstellung, der Dagobertbau sei von Christi Hand geweiht worden. Und wie wir sehen werden, war es tatsächlich *Dagoberts* Apsisgestaltung, die Suger nicht antasten durfte.

[412] Bandmann (1951), S. 48 f. Einen wichtigen Hinweis liefert auch das ›Decretum Gratiani‹, eine über viele Jahrhunderte gewachsene Rechtssammlung, welche die kirchenrechtliche Grundlage der Kirche bis zur Erstellung des ›Corpus Iuris Canonici‹ im Jahre 1917 bildete. Die hier zitierte Editio Lipsiensis secunda aus dem Jahre 1879 enthält in der „tertia pars de consecratione“, dist. I, c. 20–24 (Sp. 1299–1300) Bestimmungen unter der Rubrik: „Ecclesia semel Deo consecrata quando sit iterum consecranda.“ Besonders interessant für unsere Frage ist eine Bestimmung,

die Vorstellung einer Weihe durch Christi Hand, der sogenannten consécration légendaire, die noch Suger zu entschiedenen Rücksichtnahmen beim Aus- und Umbau der Abteikirche zwingt[413].

Die ›Gesta Dagoberti‹, um noch einmal auf die Quelle selbst zu sprechen zu kommen, stellen eine Tatensammlung König Dagoberts I. und seines Sohnes Chlodwig II. dar, wobei ein besonderer Akzent auf die Verbindung Dagoberts zum Kloster des Hl. Dionysius gelegt wird[414], welches in besonderer Weise die für das fränkische Königtum konstitutive Verbindung mit der Kulttradition des Hl. Dionysius repräsentierte. Zugleich erfahren die legendarischen Traditionen der Dionysiuslegende in den ›Gesta Dagoberti‹ eine hagiographische Sicherung, „besonders auch hinsichtlich des Bundes mit den fränkischen Herrschern"[415]. Die ›Gesta‹ berichten, wie Dagobert der Verfolgung durch seinen Vater durch den Eintritt in die besagte Kirche entkommt, wo ihm im Traum der Hl. Dionysius selbst und seine Gefährten Rusticus und Eleutherius in weißen Gewändern erscheinen. In

die einem Brief Papst Julius an Eleutherius aus dem 6. Jh. entnommen ist (*Decr. Gratiani*, Sp. 1300): C. XXIV (Iulius Papa ad Eleutherium, epist. I. c. 4) „De fabrica vero cuiuslibet ecclesiae instauranda, si diruta fuerit, et si in eo loco consecrationis solempnitas debeat iterari, in quo sanctuaria non fuerint, nichil iudicamus officere, si per eam minime aqua exorcizata iacetur, quia consecrationem cuiuslibet ecclesiae, in qua Spiritus sancti ara non ponitur, celebritatem tantum scimus esse missarum. Et ideo, si qua sanctorum basilica a fundamentis etiam fuerit innovata sine altaris motione, sine aliqua dubitatione, cum in ea fuerit missarum celebrata solempnitas, totius consecratio sanctificationis inplebitur. Si vero sanctuaria, que habebat, ablata sunt, rursus earum depositione, et missarum solempnitate reverentiam sanctificationis accipiet."

Da eine Kirche in der Regel nur einmal geweiht wird, wie die Taufe nur ein einziges Mal gespendet wird, es sei denn, schwerwiegende Gründe liegen vor (siehe *Decr. Grat.*, pars tertia, c. XX ex Niceno Concilio, Sp. 1299), genügen zumeist Weihehandlungen unterhalb der Kirchweihe, um der Kirche auch bei einer Erneuerung von Grund auf (a fundamentis) die sanctitas der Weihe zurückzugeben. Nur eine Versetzung des Hauptaltares (womöglich mit Reliquientranslation) erfordert eine wirkliche Neuweihe. Andererseits ist es nicht unwahrscheinlich, daß auch die übrigen Weihehandlungen als Kirchweihe verstanden wurden. Wenn aber einer der bezeugten Weihen in Saint-Denis das Gewicht einer „Weihe von Christi Hand" zukommt, dann mit Sicherheit der auf die Umbauarbeiten im Chorbereich im Zuge der Errichtung eines Martyriums folgenden Altar- und Kirchweihe unter Dagobert. Diese Umgestaltung des Apsisbereiches blieb unangetastet bis zu den umfangreichen Umbauarbeiten unter Abt Suger Mitte des 12. Jh.

413 Liebmann (1935). Suger, *Cons.* 100; siehe hierzu auch Kap. III, 3.

414 Dazu Buchner (1927). Weiterhin Br. Krusch, Über die Gesta Dagoberti, in: Forschungen zur deutschen Geschichte, 26 (1886), S. 163–191.

415 J. Ehlers, Kontinuität und Tradition als Grundlage mittelalterlicher Nationsbildung in Frankreich, in: Beiträge zur Bildung der französischen Nation im Früh- und Hochmittelalter, hrsg. von H. Beumann, Sigmaringen 1983, S. 15–47, bes. S. 17–19, Zitat S. 19.

einem Gelübde verspricht er ihnen, ihre Gebeine zu heben und eine neue Kirche darüber zu errichten[416]. König geworden, führt er das Gelübde aus, wie wir oben besprochen haben. Auch weiterhin gedachte er in vielen Schenkungen der Abtei Saint-Denis und wurde dorthin nach seinem Tode (639) übergeführt und zur Linken der verehrten Märtyrergräber bestattet[417].

In den ›Gesta Dagoberti‹ wird gleichfalls der Begräbnisort des Hl. Dionysius mit „vicus Catholacensis" wiedergegeben[418], und damit aus der ›Vita Genovefae‹ geschöpft. Der Ort wird aber als sehr heruntergekommen und nur gerüchteweise bekannt beschrieben, da besagter vicus unter der Gewalt des Bischofs von Paris gestanden habe, der das Lehensrecht auf einen Kleriker übertragen hatte, welcher auf Grund weltlicher Interessen die Kultstätte vernachlässigt habe. „So ist dort nur ein kleines Kirchlein (aedicula), welches angeblich die Hl. Genovefa über den heiligen Märtyrern demütig errichtete, deren Märtyrerreliquien sie verehrte."[419] Hiermit kann durchaus Genovefas Basilika zu Saint-Denis-de-l'Estrée gemeint sein. Die übermäßige Betonung, daß die Kirche ursprünglich an einem anderen Platz im gleichen Ort gestanden habe, nun aber „von Grund auf" von König Dagobert neu errichtet worden sei, weist auf die Absicht des Verfassers hin, einen bestimmten Anspruch oder Besitztitel zu begründen oder zu verteidigen, der offenkundig umstritten war. Wie oben kurz angeschnitten, sind im 9. Jahrhundert Kompetenzstreitigkeiten zwischen dem Kloster Saint-Denis und dem Bischof von Paris urkundlich nachgewiesen[420].

An einer anderen Stelle der ›Gesta‹ wird die Eigenständigkeit des Klosters gegenüber dem Bischof von Paris noch einmal besonders deutlich hervorgehoben: Das Kapitel 50 handelt von der Erlaubnis, die Dagoberts Sohn, Chlodwig II., Abt Haigulf von Saint-Denis gibt, das Silber von der Bedachung der Apside des Märtyrergrabes benutzen zu dürfen, um es Armen und bedürftigen Pilgern zukommen zu lassen, da solches durch eine Hungersnot geboten zu sein schien. „Der Abt solle ungeachtet des Einspruches von irgend jemandem, ungeachtet auch des Einspruches seines Bischofes . . . zu diesem Vorgehen berechtigt sein"[421].

[416] *Gesta Dagoberti*, cap. 1–3, MGH SS rer Mer 2, 401–402.

[417] Idem, cap. 43, MGH SS rer Mer 2, 421. Zur späteren altfranzösischen Überlieferungstradition siehe Anm. 435.

[418] Buchner (1927), S. 256f. *Gesta Dagoberti*, cap. 2 (MGH SS rer Mer 2, 401). Vgl. ferner: J. Havet, Les origines de Saint-Denis, in: Bibliothèque de l'école des Chartres, 1890; ebenso Crosby (1942), S. 39, weist auf numismatische Belege hin, die Krusch, op. cit. Anm. 310, S. 26, ins 8. Jh. datiert. Bestätigt von Levillain (1925), siehe Krüger (1971), S. 173.

[419] *Gesta Dagoberti*, cap. 3 (MGH SS rer Mer 2, 402).

[420] Buchner (1927), S. 259. Siehe auch unsere vorausgehenden Ausführungen mit den Anm. 357 und 358.

[421] Nach Buchner (1927), S. 258; zu dieser Stelle auch Levaillain (1909), S. 158.

Offenkundig stellen die ›Gesta‹ Dagoberts I. eine Antwort auf die ›Vita Genovefae‹ dar, in der sich das Kloster Saint-Denis dagegen verwahren wollte, auch nur andeutungsweise den Charakter einer Eigenkirche der Hl. Genovefa zu tragen, indem jeglicher Anspruch auf den Ort der Erbauung und auf den Erbauer selbst dokumentarisch widerlegt wird[422]. In diesem Lichte ist wohl auch das „a fundamine" des berichteten Kirchenbaus Dagoberts zu interpretieren, das dem archäologischen Befund nicht standhält[423]. Diese quellenkritische Untersuchung macht deutlich, wieweit die entsprechenden Quellen für eine Rekonstruktion der Baufolge der Abteikirche Saint-Denis herangezogen werden können. Eine entschiedene Bestätigung erfahren unsere auf archäologischem Wege gewonnenen Ergebnisse dabei hinsichtlich der offenkundig bis in gallo-römische Zeit zurückreichenden Ursprünge der Kultstätte, an deren Ort bereits in merowingischer Zeit eine bedeutendere Basilika gestanden haben muß. Mit der gebotenen Vorsicht sind hingegen alle Aussagen zum Aussehen des Kirchengebäudes selbst zu betrachten, bei denen ein gewisses Maß an Eigeninteressen, die mit einer möglichst weitgehenden Reklamation des Verehrungsortes für die betreffende Partei einhergingen, zu einer offenkundigen Verzerrung auch der gegebenen Baubeschreibungen führt. Dies zeigt neben dem bauarchäologischen Befund vor allem der unmittelbare quellenkritische Vergleich mit früheren Zeugnissen zu den vergleichbaren Zeitabschnitten. Ein Blick auf die bisherige Saint-Denis-Forschung macht ferner verstärkt deutlich, wie sehr diese bei ihren Rekonstruktionsversuchen vielfach den eigenen methodischen Unzulänglichkeiten, mit der ungeprüften Quelle in der Hand archäologiche Befunde zu konstruieren[424], erlegen ist.

3. Die «consécration légendaire» und die Königssalbung von 754

Kein Geringerer als Suger selbst scheint uns in seinem Weihebericht ›De consecratione‹ auf die Bedeutung hinzuweisen, die der liturgischen Tradition für sakrales Bauen zumindest bis zum Ausgang des 12. Jahrhunderts zugesprochen werden muß. Sein Hinweis auf die wie Reliquien mitzuführenden, durch Gottes eigenhändig gespendeten Segen geheiligten Steine der

[422] Buchner (1927), S. 263.

[423] Siehe hierzu Buchner (1927), S. 261: Die Errichtung einer neuen Dionysiuskirche durch Dagobert, „und zwar nicht genau an derselben Stätte, auf welcher bisher das von Genovefa errichtete Kirchlein gestanden hatte", und die Translation der Gebeine der lokalen Märtyrerpatrone „an eine andere Stätte im selben Ort" sollten die Exemption des Klosters Saint-Denis gegenüber dem Bistum Paris sichern, da auf diese Weise alle Bindungen an die Genovefa-Kirche abgeworfen waren.

[424] Siehe exemplarisch hierzu die Baurekonstruktionen Crosbys (1942), S. 65 (1953), S. 11 und Formigés (1960), S. 2 ff. und 39.

alten Basilika[425] geben uns einen ersten beredten Hinweis auf den Einfluß liturgischer Traditionen auf eine umfassende Neugestaltung einer Kirche.

Wir wollen daher im folgenden auf der Grundlage der archäologischen Befunde nach Gründen und Ursachen für diese sich auch baugeschichtlich ausweisende offensichtliche Kontinuität einer Kultstätte fragen und damit eine Fragestellung in den Mittelpunkt rücken, die implizit bereits seit geraumer Zeit mitschwingt. Eine zentrale Stellung in der nachfolgenden Untersuchung zur Wechselbeziehung von liturgischer Tradition und Baugeschichte besitzen mit der sogenannten «consecration légendaire» und der Königssalbung von 754 zwei für die Geschichte der Königsabtei äußerst bedeutsame Ereignisse, ohne die etwa eine rechte Bewertung der Baumaßnahmen eines Abtes Suger, der durch die Dignität des alten Kirchbaus den eigenen Aussagen nach zu entschiedenen Rücksichtmaßnahmen gezwungen wird, nicht vorgenommen werden kann.

Zu diesem Zweck wollen wir zunächst den historischen Befund beider Weiheereignisse sichern, um dann anhand der Quellen nach dem Bezug von Kult- und Baugeschichte, genauer ausgedrückt nach der Weihebedeutung für den Kirchbau als gestaltetem Ritus, zu fragen.

a) Historischer Befund

Beginnen wir mit der sogenannten «consécration légendaire», die in einem engen Zusammenhang mit den von Dagobert I. maßgeblich veranlaßten Baumaßnahmen in Saint-Denis steht, wie wir sie im vorausgehenden Kapitel ausführlich besprochen haben. Die entsprechende Weihelegende aber, die in der von Charles J. Liebman edierten Schrift ›De dedicatione ecclesie beatissimi ariopagite Dyonisii sociorumque eius‹ vorliegt, scheint nach dem Editionsbericht Liebmans erst relativ spät, nämlich ausgangs des 11. Jahrhunderts, in der vorliegenden Form allgemein (und damit auch Suger) bekannt gewesen zu sein; erste überkommene Handschriften, welche auch seiner Edition zugrunde liegen, finden sich nach Liebman seit dem 12. Jahrhundert[426].

Die Legende berichtet von einer Kirchweihe (dedicatio) unter König Dagobert I., an deren Vorabend Christus selber, begleitet von den Aposteln Petrus und Paulus sowie den Märtyrern des Ortes, Dionysius, Rusticus und Eleutherius, erscheint und die Weihe vollzieht[427]. Gleichwohl nimmt die

[425] Suger, *De consecratione* IV, Panofsky (1979), S. 100 (im folgenden verkürzt zitiert, siehe Anm. 288).

[426] Liebman (1935), zum Editionsbericht siehe besonders die S. 255–258 (mitsamt den ausführlichen Anmerkungen); siehe auch Crosby (1942), S. 43–44, Anm. 11, sowie Levillain (1930), S. 8.

[427] *De dedicatione ecclesie beatissimi ariopagite Dyonisii sociorumque eius*, Lieb-

Schilderung dieses Ereignisses, das etwa in den Schriften Abt Sugers ein stetes Andenken genießt[428], einen verhältnismäßig geringen Raum ein. Vielmehr stellt sich unser Bericht als eine Gesta- oder Miracula-Erzählung dar und weist auch alle typischen Merkmale einer solchen Erzählform auf: dem Legendenkern zur Seite tritt die einen weit ausführlicheren Platz beanspruchende Erzählung von der Wunderheilung eines Leprakranken beim Erscheinen Christi und der diesen begleitenden Apostel und Ortsheiligen. Es ist dann auch die Gestalt des Leprösen, welche die Legendenerzählung weiter bestimmt: die Wunderheilung wird in Analogie zu neutestamentlichen Wunderberichten zum bestätigenden Zeichen für die erfolgte Weihe. Endlich findet sich als Bestandteil einer Gesta- oder Miracula-Erzählung auch noch eine anagogisch-moralische Ausdeutung des erzählten Geschehens[429].

Fragt man nun nach dem historischen Kern dieser Weihelegende, so erweist sich eine exakte Datierung vor allem deshalb als schwierig, weil ein genau datiertes Weihediplom fehlt. Mithin sind wir wie Liebman und neuerdings Anne Lombard-Jourdan auf Doublets 1625 erschienene ›Histoire de l'abbaye de Saint-Denis en France‹ als älteste Quelle verwiesen, die uns den 24. Februar 636 als Weihedatum nennt[430]. Sind wir hinsichtlich des Weihejahres bei Lichte besehen «sur cette seule et fragile autorité»[431] der ›Histoire‹ Doublets angewiesen – eine Autorität, die dennoch ausreichte, daß Levillain sich Doublets Datierung in seinen späteren Arbeiten anschloß[432] –, so besitzen wir für den Weihetag selbst ein Zeugnis aus dem ausgehenden

man (1935), cap, II, S. 260: „Ecce repente dominus Jhesus, pontificum pontifex, cum illis suis familiaribus, beatis apostolis Petro et Paulo, affuit, sanctumque illud collegium sibi adiunxerat martyres gloriosos Dyonisium, Rusticum et Eleutherium."

428 Suger, *Admin.* 50, 27–30: „reservata tamen quantacumque portione de parietibus antiquis, quibus summus pontifex Dominus Jesus Christus testimonio antiquorum scriptorum manum apposuerat."

Suger, *Cons.* 100, 2–4: „propter eam quam divina operatio, sicut veneranda scripta testantur, propria et manuali extensione ecclesiae consecrationi antiquae imposuit benedictionem".

429 Siehe insbesondere cap. II: „De adventu Salvatoris in ecclesiam, vidente leproso, et officio dedicationis per ipsum completo", und cap. III: „De curatione leprosi per tactum omnipotentissima manus Salvatoris", Liebman (1935), S. 260–262.

430 Doublet (1625), S. 165–168; Liebman (1935), S. 252; Lombard-Jourdan (1985), S. 237.

431 Levillain (1930), S. 8.

432 Berichtet Levillain (1925), S. 11–13, unter Berufung auf die ›Miracula Sancti Dionysii‹ und die ›Gesta Dagoberti regis‹ Hincmars von einer Reliquientranslation des Hl. Dionysius und seiner Gefährten in eine von Dagobert neu errichtete Basilika und datiert diese mit Bezug auf Julien Havet, Les origines de Saint-Denis, S. 17–18 (Œuvres, t. I, S. 201), auf den 22. 4. 626, so folgt er, wie in Anm. 431 angegeben, hinsichtlich der Datierung der «consécration miraculeuse» Doublets. Dasselbe Ereignis der Reliquientranslation datiert schließlich H. Monin, Histoire de la Ville de Saint-

9. Jahrhundert in einem liturgischen Kalendarium von Senlis, welches auch in Saint-Denis Verwendung fand und für den 24. Februar den Kirchweihtag der Basilika anführt und darin Doublet bestätigt[433].

Diesem Weihetag kommt eine zusätzliche Bedeutung zu durch seine unmittelbare Nähe zum Cathedra-Petri-Fest, das vom 4. bzw. 5. Jahrhundert an allgemein am 22. Februar gefeiert wird und mithin einen Hinweis auf die ursprüngliche Funktion der Abteikirche als Coemeterialbasilika darstellt, da diese zumeist ein Petruspatrozinium besaßen[434].

Alle Quellen aber sprechen im Zusammenhang mit der consécration légendaire von einer *translatio* der Reliquien der in Saint-Denis verehrten Heiligen Dionysius, Rusticus und Eleutherius im Rahmen einer feierlichen liturgischen Zeremonie. Dieser feierlichen Übertragung der Märtyrergebeine voraus gingen umfangreiche Erneuerungs- und Umbauarbeiten Dagoberts an der Basilika, die nach der Fredegar-Chronik und der ›Vita Eligii‹ auch die Errichtung einer Martyriumsanlage mit begehbarem Ringstollen umfaßten. Diese baulichen Erneuerungsarbeiten hatten, wie wir im vorausgehenden Kapitel sahen, ihren Grund in liturgischen Reformen, vor allem in der Einrichtung des *psallentium* als ständiges Fürbittgebet am Grab des Märtyrerbischofs für den König, welche mit einer Erneuerung der monastischen Ordnung und der Etablierung Saint-Denis als königliches Kloster einhergingen[435].

Denis et de la Basilique (1928), S. 6, auf den 22. 4. 626, während Félebien (1706), S. 11, „le dixiéme des calendes de May" des Jahres 629.

433 Calendrier de Saint-Denis et de Senlis, in: L. Deslisle, Mémoire sur d'anciens sacramentaires, dans Mémoires de l'Académie des Inscriptions et Belles Lettres, t. XXXII, 1886, S. 315: „VI. kl. martii Parisius civitate, quinto ferme ab urbe miliario, dedicatio ecclesiae beatorum martyrum Dionysii, Rustici et Eleutherii" (zitiert nach Lombard-Jourdan [1985], S. 263, Anm. 2); siehe ferner: V. Leroquais, Les sacramentaires et les missels, manuscrits des bibliothèques publiques de France, Paris 1924, t. I, S. 19; vgl. auch ›L'office divin dans l'abbaye de Saint-Denis, Le calendrier de 1550‹, in: Revue Mabillon 1 (1905), S. 62.

434 A. Lombard-Jourdan (1985), S. 238–239, sowie Anm. 13 auf S. 264; Eugen Ewig, Der Petrus- und Apostelkult, op. cit. Anm. 322, weist auf den Seiten 238–239 darauf hin, daß neben den Kathedralen die vorstädtischen Martyrien und Coemeterialbasiliken als die ältesten Kirchen zu gelten haben. Die Basiliken konnten über oder auch neben den Gräbern und Memorien der lokalen Märtyrer und Confessores errichtet bzw. wie in Saint-Denis durch eine Reliquientranslation kultisch in Besitz genommen werden. Nicht selten sind vor dem lokalen aber noch andere Heiligentitel tradiert, die man in der Regel als die ursprünglichen ansehen kann und deren Bedeutung zumeist nie völlig erlischt. Besonders häufig wird für Coemeterialbasiliken das Petrus- oder Peter-Pauls-Patrozinium als ursprüngliches Patronat überliefert. Das hat seinen Grund in der Vorstellung des Himmelspförtners, die sich mit dem Apostelfürsten verbindet. Als ein solcher Träger der christlichen Heilsprophetie ist Petrus, wie Krüger (1971), S. 441 anführt, beispielsweise Patron der Grabkirchen in Bardney, Canterbury, Whitby, Winchester und York (z. T. zusammen mit Paulus).

435 Siehe hierzu ausführlich das vorausgehende Kapitel unserer Untersuchung,

Damit dürfte der historische Hintergrund der consécration légendaire als gesichert gelten. Sprechen die Quellen auch nicht wie die legendäre Erzählung selbst von einer Kirchweihe, so besitzt die Translation der Reliquien der Ortsheiligen infolge der Umbauten und baulichen Erneuerungen vor allem im Bereich des Sanktuariums, die somit den Hauptaltar betroffen haben müssen und dessen Neuweihe erforderlich machten, dennoch Gewicht genug, um den Menschen zu ihrer Zeit als Neuweihe einer im ganzen neu errichteten Kirche erscheinen zu können. Denn ähnlich wie das Eintreten in einen realen oder symbolischen Bedeutungszusammenhang nicht so sehr ein technisches als vielmehr ein geistiges Geschehen der Gegenwärtigsetzung einer erfahrbaren Wirklichkeit ist, bei der mitunter das Zitat eines Teiles rechtfertigt, das Ganze des Vorbildes und seiner Wirklichkeit anwesend zu sehen, so genügt im Horizont dieser anthropologischen Situation unter Umständen schon die Dedikation an den gleichen Patron, um das Vorbild im Geiste neu erstehen zu lassen[436].

Dieses Weiheverständnis spiegelt sich auch in den entsprechenden kirchenrechtlichen Bestimmungen des ›Decretum Gratiani‹ wider[437]. Es scheint, daß die dort niedergelegten Bestimmungen zur Neuweihe einer Kirche bei Versetzung des Hauptaltares in der Baugeschichte von Saint-Denis nur einmal zugetroffen haben: nämlich bei der im Zuge der Errichtung der Martyriumsanlage mit dem Ringstollen notwendig gewordenen grundlegenden Umgestaltung des Sanktuariums unter Dagobert I., auf das sich unsere Weihelegende bezieht. Daraus würde sich die herausragende Stellung der consécration légendaire unter den Weihehandlungen der nachfolgenden Jahrhunderte zwingend ergeben, zumal Zeugnisse über die mit der ersten translatio der Märtyrergebeine von Saint-Denis-de-l'Estree 300 Jahre

bes. mit Anm. 375 ff. und 412 f. sowie 416 f., ferner: Robert Bossuat, Tradition populaires relatives au martyre et à la sépulture de saint Denis, in: Le Moyen Age 62 (1956), S. 498. Bei Bossuat findet sich auch eine Legende wiedergegeben, die sich um dieses Ereignis rankt. Dem jungen Dagobert erscheinen in einer Vision die drei Ortsheiligen von St. Denis und nehmen ihm das Versprechen auf eine würdige Grabstätte ab: «en un autre liu pres l'ilec une mult noble eglise qu'il aorna de grant biauté» (Dagobert I., Vita et actus, ins Altfranzösische übersetzt: Vie en prose, 2e partie, chap. III–IV, S. 71–76). Auch Félibien (1706) berichtet von den Bestrebungen Dagoberts, «construire sur la sepulture de S. Denys ce magnifique tombeau» (S. 11), von Ausschmückungsarbeiten der neuen Basilika sowie von der Erneuerung der monastischen Ordnung und der Einrichtung einer «psalmodie perpetuelle dans la nouvelle église» (S. 12/3).

436 Häussling, op. cit. Anm. 402, S. 106–107; Bandmann (1951), S. 48–49 mit Bezug auf Architekturvorbilder in Rom und Aachen; ferner ist der heute allgemein anerkannte Hinweis Crozets, Études sur les consécrations pontificales, in: Bulletin Monumental 104 (1946), S. 8, zu beachten, daß das Weihedatum einer Kirche nicht unmittelbar abhängig von der Vollendung eines bestimmten Bauzustandes ist.

437 Siehe hierzu die ausführliche Darstellung in Anm. 412.

nach der ersten Bestattung des Hl. Dionysius auf dem vicus Catulliacensis zur neuen Dionysiusbasilika fehlen, sieht man einmal von einigen wenigen Hinweisen, wie etwa bei Suger, ab[438].

Es erübrigt sich deshalb auch der Versuch, die in der Weihelegende der consécration légendaire bezeugte Kirchweihe in Verkennung dieser elementaren Einsichten als wirklich erst in karolingischer Zeit geschehen zu betrachten, und durch Mißdeutung eines Diploms Karls des Großen vom 24. Februar 775 eben dieses Datum als Kirchweihe eines, wie wir bauarchäologisch bereits nachgewiesen haben, nicht existierenden karolingischen Kirchenneubaus zu begreifen[439].

Derselbe Altar in unmitelbarer Nähe der Gräber des Hl. Dionysius und seiner Gefährten, auf dessen Neuweihe unter Dagobert I. die Weihelegende der consécration légendaire zurückgeht, ist gleichfalls Anlaß eines legendarischen Berichts, der in engem Zusammenhang mit der Königssalbung Pippins und seiner Söhne Karl und Karlmann durch Papst Stephan II. am 28. 7. 754 in der Königsabtei Saint-Denis steht. Dieses Datum nennen die ›Acta S. Dionysii‹ des Abtes Hilduin, die neben einer Biographie des Heiligen im Anhang zwei Schriftstücke zur Altarweihe und Königssalbung durch Papst Stephan II. enthalten[440].

Im Anhang der etwa achtzig Jahre nach diesem Ereignis in Saint-Denis von Abt Hilduin verfaßten Dionysiusbiographie findet sich die wohl auf den gleichen Verfasser zurückgehende sogenannte ›Revelatio‹ Papst Stephans II., die zusammen mit einem weiteren ›Gesta‹ (oder ›Dedicatio altaris‹) genannten Schriftstück von einer Vision des Papstes berichtet, in welcher diesem der Hl. Dionysius mit seinen Gefährten, sowie die Apostel Petrus und Paulus erschienen seien, und Papst Stephan schließlich auf

[438] Siehe hierzu das vorherige Kapitel III, 2. Vgl. auch den bei Michel Andrieu, Les Ordines Romani du Haut Moyen Age IV (1956), S. 369, angeführten Brief von Papst Vigilius an Profoturus de Braga aus dem Jahre 538.

[439] Liebman (1935), S. 253–254 mit Anm. 1 auf S. 254.

[440] *Acta S. Dionysii*, MG SS XV, 3. Diesen Hinweis ergänzt Wolfgang H. Fritze, Papst und Frankenkönig, Studien zu den päpstl.-fränk. Rechtsbeziehungen von 754 bis 824, VuF Sonderbd. 10 (1973), S. 77, Anm. 200, durch den Verweis auf die Hs. C 3 der Reichsannalen, welcher aber gleichfalls auf Hilduin zurückgeführt werden muß, so daß dieser die einzige ältere Quelle für das genannte Datum darstellt. Crosby (1942), S. 77, Anm. 10, und Levillain, L'eglise carolingienne de Saint-Denis, in: Bulletin Monumental 71 (1907), S. 257, sehen den 28. 7. 754 ferner verbürgt im Calendrier de Saint-Denis et de Senlis, op. cit., Anm. 433, S. 318.

Abweichend geben Harald Zimmermann, Das Mittelalter, I. Teil: Von den Anfängen bis zum Ende des Investiturstreites (1975), S. 110, und Lombard-Jourdan (1985), S. 239, das Fest Peter und Paul bzw. dessen Vigil, also den 28. Juni 754, als Datum für dieses Weiheereignis an, ohne aber einen genauen Beleg für diese Datierung zu liefern. Erwähnenswert ist diese Datierung wegen ihres liturgischen Bezuges zur Petrustradition in Saint-Denis, die ohne Zweifel auch das noch näher zu behandelnde Weiheereignis entscheidend bestimmt.

Geheiß des Hl. Dionysius den bei der Grabstätte des Märtyrerbischofs gelegenen Altar zur Ehre Gottes den Aposteln Petrus und Paulus geweiht habe, um schließlich, wie die ›Gesta‹ berichten, im Rahmen dieser Weiheliturgie Pippin und seinen Söhnen die Königssalbung zu spenden[441]. Auf diesem Bericht des angeblichen Stephansdiktates der ›Revelatio‹ und der daran angehängten historischen Aufzeichnung der ›Gesta‹ basiert der bereits von Levillain[442] angeführte Brief Ludwigs des Frommen an Hilduin aus dem Jahre 835, welcher in allen Einzelheiten, wie Buchner richtig erkannt hat, der Darstellung der genannten Schriftstücke aus dem Anhang der Areopagitika folgt[443].

Auffällig ist auf den ersten Blick die offenkundig beabsichtigte Parallelität der Darstellung des in der ›Revelatio‹ geschilderten Weiheereignisses mit der «consécration légendaire». Der Verfasser der ›Revelatio‹ stellt damit die Weihehandlung vom 28. Juli 754 bewußt in die offenbar sehr lebendige, wenngleich noch nicht schriftlich überlieferte Tradition der Weihe von Christi Hand, und versucht auf diese Weise, die Bedeutung der Weihe durch Papst Stephan II. zu steigern[444].

[441] Die Überschrift der fiktiven *Revelatio*, der dann die *Gesta* angehängt sind (MG SS XV p. I S. 2 f.), lautet: „Incipit revelatio, quae ostensa est sancto papae Stephano, et memoria de consecratione altaris sanctorum Petri et Pauli, quod est situm ante sepulchrum sanctissimi Dyonisii sociorumque eius . . ." In der *Revelatio* bezeugt sodann der Papst: „. . . vidi ante altare bonum pastorem domnum Petrum et magistrum gentium domnum Paulum . . .", worauf der Hl. Dionysius dem Papst befiehlt: „. . . hoc altare in honore Dei et apostolorum eius Petri et Pauli . . . dedica, missas gratiarum agens." In den *Gesta* heißt es dann: „. . . inter celebrationem consecrationis praefati altaris et oblationem sacratissimi sacrificii unxit in reges Francorum . . . regem Pippinum et duos filios eius Karolum et Karlomannum." Zitiert nach Buchner (1936), S. 441–480, Zitat S. 449, Anm. 24.

[442] Levillain, op. cit. (1907), Anm. 440, S. 257.

[443] *Epistola ad Hilduinum* (ed. Duemmler), MGEp V 326: „Sanctae nihilominus recordationis avus noster Pippinus, propter *altare, quod ante sepulcrum* saepefati saepiusque dicendi domini *Dionisii* per divinam et memorabilem revelationem *iussu ipsius sanctissimi martyris in honore Dei et apostolorum Petri et Pauli,* qui praesentes ostendebantur a beato et angelico viro Stephano, summo pontifice, *dedicatum est,* inter sancra missarum sollemnia una cum duobus filiis, Karlomanno videlicet et divae memoriae domno ac genitori nostro Karlo iure praenominato Magno, ab eodem apostolico papa *in regem Francorum unctus* superni muneris benedictionem percepit."

Der entsprechende Vergleich mit den in Anm. 441 angeführten Passagen aus der *Revelatio* und den *Gesta* bestätigen Buchners Analyse, daß „in der Kundgebung Ludwigs teilweise sogar der Wortlaut der *Revelatio* und der *Gesta* wiedergegeben" ist (Buchner [1936], S. 449, Anm. 24).

[444] R. Crozet, Étude sur les consécrations pontificales, in: Bulletin Monumental 104 (1946), S. 10: «un lien est établi entre la consécration légendaire par le Christ et la consécration historique par le pape».

Während nun aber die Königssalbung Pippins und seiner Söhne unbestritten ist[445], gibt es bei genauem Quellenstudium für eine vorausgehende Altarweihe über die auf Hilduin zurückgehenden Schriften hinaus keinen weiteren Hinweis, auch wenn die Saint-Denis-Forschung bisweilen in der vermeintlichen Altarweihe durch Papst Stephan einen Hinweis auf einen karolingischen Kirchenneubau erblickt hat[446], oder aber die Grundsteinlegung zur sogenannten Fulrad-Kathedrale, deren Weihe dann auf den 24. Februar 775 angesetzt wird[447].

Gleichwohl ist die aufgezeigte Parallelität zur consécration légendaire auf das engste mit dem Faktum der Altarweihe verbunden. Crozet bemerkt zurecht, daß allein der Altar die Ursache für die liturgisch manifeste Präsenz der beiden Apostelfürsten auch bei der jene postulierte Konsekration begleitenden historisch gesicherten Königssalbung ist[448].

Bietet dieser richtig erkannte Zusammenhang für sich genommen auch noch keine befriedigende Erklärung der ersichtlich komplexen Problematik jenes Weiheereignisses, so gebietet er aber in Umkehrung der bisherigen Fragerichtung vom historisch gesicherten Faktum der Königssalbung auszugehen. Dabei werden wir eines für die merowingisch-fränkische Dynastie äußerst bedeutsamen Ereignisganges gewahr.

Dieser nimmt seinen Ausgang in dem unter Pippin mit der Annäherung an das Papsttum eingeleiteten Kurswechsel der fränkischen Politik gegenüber dem einstmals befreundeten Langobardenreich. Jener mit der bonifatianischen Kirchenreform einhergehende politische Kurswechsel ist nicht zuletzt die Konsequenz der Unterstützung Pippins durch den Papst in den dynastischen Auseinandersetzungen um die Königsherrschaft. Als der Papst im Jahre 753 aber selber zunehmend unter den Druck des Langobardenherrschers Aistulf gerät und ein entsprechendes Hilfeersuchen an Pippin richtet, ist dieser von dem Willen erfüllt, sein im Bündnis mit dem Papst errungenes Königtum zu festigen und dynastisch abzusichern[449]. Am 15. November 753 schließlich brach Papst Stephan II. in Begleitung zahlreicher römischer Würdenträger nach Norden auf und wurde am 6. Januar 754 von Pippin zunächst in Phontion nach einem wohlausgearbeiteten Protokoll empfangen[450]. Die sofort beginnenden Unterhandlungen zwischen Papst

[445] Krüger (1971),S. 186; Crosby (1942), S. 76; Fritze, Papst und Frankenkönig, op. cit. Anm. 440, S. 77; J. Jarnut, Quierzy und Rom, Bemerkungen zu den 'promissiones donationis' Pippins und Karls, in: Historische Zeitschrift 220 (1975), S. 285.

[446] So Levillain nach Crosby (1942), S. 92 mit Anm. 30.

[447] Carol Heitz, op. cit. Anm. 132, S. 22 und 225.

[448] Crozet, op. cit. Anm. 444, S. 10.

[449] Jarnut, Quierzy und Rom, op. cit. Anm. 445, S. 270–271; zur bonifatianischen Kirchenreform siehe Kassius Hallinger, Römische Voraussetzungen der bonifatianischen Wirksamkeit im Frankenreich, in: Sankt Bonifatius, Gedenkgabe zum zwölfhundertsten Todestag (1954), S. 320–361.

[450] Jarnut, op. cit. Anm. 445, S. 272.

und König mündeten schließlich in den *Eid von Phontion*, einem nach dem Schema des Freundschaftseides gestalteten, dem Hl. Petrus, dem Papst und seinen Nachfolgern von Pippin in seinem und seiner Söhne Namen geleisteten Eid für Verteidigung und Hilfe („defensionis firmitas") sowie in die sogenannte ›promissio donationis‹, einem Übertragungsversprechen weiter Gebiete Italiens (die noch weithin unter langobardischer Herrschaft standen) an den Papst, das im Sommer 754 in *Quierzy* von den Großen des Fränkischen Reiches bestätigt wurde[451].

Umgekehrt nun war die Anwesenheit des Papstes für Pippin in der noch nicht endgültig abgeschlossenen Auseinandersetzung mit seinem Bruder Karlmann um die dynastische Erbfolge von erhöhtem Gewicht. Vor diesem Hintergrund ist die Königssalbung Pippins und seiner Söhne Karl und Karlmann durch Papst Stephan II. am 28. Juli 754 in der Königsabtei Saint-Denis zu sehen, die dem Papst vorher bereits als Winterquartier gedient hatte. Durch die *Königssalbung* erfuhr die Pippinsche Dynastie ihre kultisch-ekklesiologische Befestigung und in der Folge auch eine endgültige politische Konsolidierung. In der ›Clausula de unctione Pippini‹ verbot Papst Stephan II. schließlich den Franken, sich jemals einen König „de alterius lumbis" zu wählen[452].

Die auf solche Weise begründete enge Beziehung des merowingisch-karolingischen Königshauses mit Rom erfuhr ihre Bekräftigung durch Karl den Großen, der Pippin als Frankenherrscher nachfolgte. Bei seinem Romaufenthalt um das Osterfest des Jahres 774 legte Papst Hadrian I. am Grabe des Hl. Petrus Karl die ›Promissio‹ Pippins zur Bestätigung vor und erneuerte das 20 Jahre zuvor geschlossene Bündnis[453].

Es verbietet sich, diesen Freundschaftsbund ausschließlich als ausgeklügelten diplomatischen Kompromiß zu verstehen, wozu die Geschichtswissenschaft gerne neigt[454]. Vielmehr findet in der Promissio Pippins im

[451] Ibidem, S. 273–275 sowie S. 281; Fritze, op. cit. Anm. 440, S. 64–65; P. E. Schramm, Das Versprechen Pippins und Karls des Großen für die Römische Kirche (754 und 774), in: Kaiser, Könige und Päpste, Gesammelte Aufsätze zur Geschichte des Mittelalters, Bd. I (1968), S. 174, zur Untersuchung der Eidesformel im Kaiserordo I, S. 153–159; der dem Kaiserordo vorangehende Eid, der nach Schramm auf eine ältere Promissionsformel zurückgeht, lautet: „In nomine Christi promitto, spondeo atque polliceor ego N. imperator coram Deo et beato Petro apostolo, me protectorem ac defensorem esse huius sanctae Romanae ecclesiae in omnibus utilitatibus, in quantum divino fultus fuero adiutorio, secundum scire meum ac posse." Zeugnisse des ausgehenden 9. Jh. zur Überlieferungsgeschichte der *Promissio imperatoris* leiten diese unmittelbar vom Königsversprechen des 8. Jh. her, und zwar um eine fränkische Eidklausel am Schluß erweitert in seinem ursprünglichen Wortlaut (Schramm, S. 157).

[452] Jarnut, op. cit. Anm. 445, S. 285; zur Diskussion um die Echtheit der *Clausula de unctione Pippini*, ed. G. Waitz, MGH SS XV/1 (1887) siehe daselbst Anm. 79.

[453] Jarnut, op. cit. Anm. 445, S. 291–292; Fritze, op. cit. Anm. 440, S. 57–58.

[454] So auch bei Fritze, ebenda, S. 98 und Jarnut, ebenda, S. 297.

Jahre 754 wie in ihrer Erneuerung durch Karl anno 774 die *Zwillingskommunität* zwischen dem fränkischen Staat und dem fränkischen Königtum einerseits und der römisch-apostolischen Kirche andererseits ihren besonderen Ausdruck[455]. Hinsichtlich ihrer kultisch-liturgischen Repräsentanz kommt der Königsabtei von Saint-Denis eine herausragende Bedeutung zu.

In diesem Zusammenhang müssen wir noch einmal auf die Schilderung der Königssalbung in den auf Hilduin zurückgehenden Quellen eingehen und damit auf die noch offene Frage der Altarweihe. Auch diese von Hilduin seiner Dionysiusbiographie angehängten Schriften haben einen gewichtigen historischen Hintergrund; sie dienten der Rechtfertigung der in Saint-Denis am 1. März 834 vollzogenen Wiedereinsetzung Ludwigs des Frommen, die kirchenrechtlich schon deshalb als anfechtbar gelten mußte, weil allein infolge der Kürze der Zeit, die zwischen der tatsächlichen Befreiung des alten Kaisers – erst am 28. Februar hatte sich Lothar unter Zurücklassung seines bisher im Kloster von Saint-Denis gefangen gehaltenen Vaters in das ihm als Herrschaftsgebiet zugewiesene Italien zurückziehen müssen – und seiner Wiederaufnahme in die Kirche lag, es ganz unmöglich war, daß eine irgendwie maßgebende Vertretung des fränkischen Episkopats die Wiedereinsetzung Ludwigs und seine Wiederaufnahme in die Kirche vollziehen konnte. Anstelle des nur ungenügend vertretenen Episkopats trat mit Hilduin der Abt von Saint-Denis als Restitutor des abgesetzten Kaisers auf. Um sein Vorgehen zu legitimieren, hat Hilduin, wie Buchner festgestellt hat, in dem vermeintlichen Stephansdiktat der ›Revelatio‹ und den damit verbundenen ›Gesta‹ den Nachweis zu erbringen versucht, „es habe Papst Stephan II., als er 754 in St. Denis weilte, nicht nur diese Kirche mit bedeutungsvollen Privilegien bedacht, sondern auch den vor dem Grabe des Hl. Dionysius gelegenen Altar . . . zu Ehren der Apostelfürsten geweiht, auf ihm die Abzeichen der päpstlichen Würde, Pallium und Schlüssel, zurückgelassen und auf solche Weise St. Denis in ähnlichem Sinne zu einem zweiten Rom gemacht, wie umgekehrt durch Papst Stephan und seinen Nachfolger Rom zu einer besonderen Kultstätte des Hl. Dionysius ausgestaltet worden sei“[456]. Hilduin bedient sich dabei, wie wir zu Beginn

[455] Siehe das vorherige Kapitel III, 2 mit Anm. 402 und den dortigen Literaturangaben.

[456] Buchner (1936), S. 451; siehe auch Zimmermann, op. cit. Anm. 440, S. 131/132. Die von uns in Buchners Zitat ausgesparte Apposition „also den Hauptaltar von St. Denis“ führt auf die Frage nach dem Ort des von Hilduin propagierten und seinem Bekunden nach von Papst Stephan geweihten „altare in honore Dei et apostolorum eius Petri et Pauli“ (*Revelatio*, MG SS XV p. I, S. 2, vgl. Anm. 441). Weder in der *Revelatio* noch in der nachfolgenden *Dedicatio altaris* (MG SS XV p. I, S. 3), wo vom Zurücklassen der päpstlichen Insignien und der Übertragung der Binde- und Lösegewalt die Rede ist: „Hunc autem locum sacratissimum privilegiis magnae auctoritatis sublimavit et super altare, quod consecravit, pallium apostolicae dignitatis pro benedictione sancti Petri reliquit, . . .“, ist der angeblich von Papst Stephan geweihte

gesehen haben, nicht zuletzt der alten Weihetradition, die sich in Saint-Denis mit dem genannten Altar verbindet. Indem er diese Tradition rückwirkend befestigt und darüber hinaus mit der petrinisch-römischen Binde- und Lösegewalt ekklesiologisch zu verbinden sucht, vermag er, nun gleichsam mit „vizepäpstlicher" Gewalt ausgestattet, die dynastische Stellung Ludwigs des Frommen mit Erfolg zu restituieren[457].

Damit hat uns der historische Befund kaum merklich auf die das gesamte Kapitel umgreifende Ausgangsfragestellung nach der Weihebedeutung für den Kirchbau und der sich daraus ergebenden Beziehung von Kult- und Baugeschichte hingeführt. Sowohl Suger als auch Hilduin erfahren die machtvolle Gegenwart der Weihetradition von Saint-Denis sehr unmittelbar und handeln aus diesem lebendigen Bewußtsein heraus. Dieses Handeln allein unter dem Aspekt politischer Einflußnahme oder Machtausübung erklären zu wollen, läßt nicht nur faktisch vieles unerklärt, sondern verkennt vor allem die anthropologische Situation einer Zeit, die entscheidend geprägt ist durch die im Ritus verbürgte Realpräsenz göttlicher Allmacht, die zwar liturgisch erlebt, nicht aber politisch kalkuliert oder befohlen werden kann.

Aus diesem Grunde bedarf das Faktengebäude unseres historischen Befundes in einem zweiten Angang einer entsprechenden Rückbindung an die liturgiegeschichtliche Entwicklung, in welche sowohl die consécration légendaire als auch die Königssalbung von 754 eingebunden sind, nicht zuletzt anhand solcher liturgischer Quellen, in denen wir Aufschluß über den Ritus und das Verständnis von Altar- und Kirchweihe erhalten können.

Altar näher lokalisiert; die *Epistola ad Hilduinum* (MG Ep V 326, siehe Anm. 443) spricht lediglich von einem Altar „ante sepulcrum . . . domini Dionysii".

Die von Buchner vorgenommene Gleichsetzung dieses Altares mit dem Hauptaltar der Basilika ist in jedem Falle auszuschließen, da dieser, wie die Quellen bezeugen, dem Salvator geweiht war und geweiht blieb (deshalb unsere Aussparung der irreführenden Apposition im Haupttext). Es erhebt sich jedoch bei aller grundsätzlichen Zustimmung zu Buchners quellenkritischer Unterscheidung zwischen der historisch gesicherten Königssalbung und der von Hilduin ex post propagierten Altarweihe die Frage, ob es zumindest zur Zeit Hilduins nicht doch eine bauliche Repräsentanz des von ihm geförderten Petruskultus in der Königsabtei Saint-Denis gab. Zu denken wäre, zumal alle Hilduinquellen einmütig von der Existenz eines solchen Petrus und Paulus geweihten Altares sprechen, am ehesten an einen Portalaltar in dem sogenannten *Augmentum*, dem Bestattungsort Pippins, welches eben jene spezifisch dynastischen Traditionen verkörperte, auf welche es Hilduin im besonderen ankam, siehe Kap. III, 4. Panofskys Bezugnahme auf die Revelatio und Buchners Untersuchungen (Postlogium Sugerianum, in: Art Bulletin 29 [1947], S. 119–121) verrät dagegen oberflächliche Quellenlektüre; das auf S. 121 angeführte lückenhafte Revelatio-Zitat läßt unter keinen Umständen die Lokalisierung eines Petrusaltares unter einem postulierten Vierungsturm zu, siehe oben Anm. 143 f.

[457] Buchner (1936), S. 477–480, Exkurs I ›Zu den vizepäpstlichen Bestrebungen in St. Denis‹; Crosby (1942), S. 92–93 hat als einziger bislang Buchners Forschungen für die kunsthistorische Saint-Denis-Forschung ausgewertet und berücksichtigt.

b) *Liturgiegeschichtlicher Hintergrund – zur Bedeutung der Kirchweihe*

In der Sicht der liturgiehistorischen Forschung erreicht im 8. Jahrhundert eine Entwicklung ihren vorläufigen Höhepunkt, die sich bereits in den beiden vorangegangenen Jahrhunderten angekündigt hatte und hauptsächlich durch zwei Tendenzen gekennzeichnet wird: dem allmählichen Übergang von den „schöpferischen Anfängen" der Liturgie hin zu einer zunehmenden Kodifizierung und dem einsetzenden Wechsel in der liturgischen Führung von der römischen hin zur fränkischen Kirche.

Um die Wende zum 7. Jahrhundert nämlich erfährt die Formelproduktion der Päpste, vor allem Leos des Großen und Gelasius' I., unter Gregor dem Großen und seinen unmittelbaren Nachfolgern eine erste abschließende Zusammenfassung im sogenannten ›Gregorianischen Sakramentar und Antiphonar‹, sowie im ›Capitulare evangeliorum‹ und in verschiedenen Ordines[458]. Damit werden die Meßfeiern des Kirchenjahres und der Vollzug der Sakramente zunehmend festgelegt, während die Ordines den Klerus über den rituellen Verlauf der einzelnen liturgischen Handlungen unterrichten. Ein solcher Ordo liegt beispielsweise in dem von Michel Andrieu edierten ›Ordo Romanus primus‹ aus dem 7. Jahrhundert vor, der den sogenannten päpstlichen *Stationsgottesdienst* beschreibt, welcher jedoch durchaus keine römische Eigenheit war, sondern sowohl im Osten in Syrien, Armenien, Palästina und Ägypten als auch im Westen auf gallisch-fränkischem Gebiet als liturgisches Modell für die Bischofsmesse bezeugt ist[459]. Neben der gelasianisch-römischen und gregorianisch-römischen Tradition sind aber zu Beginn des 8. Jahrhunderts noch die zur gallikanischen Tradition zählenden Riten der gallischen, altspanischen (mozarabischen), altmailändischen (ambrosianischen) und altirischen (keltischen) Liturgie im Gebrauch[460].

Gleichwohl vollzieht sich zunächst unmerklich ein Wandel in der Führung hinsichtlich der liturgischen Norm, der nicht unwesentlich mit einem allgemeinen Verlust an Einfluß Roms und seiner Päpste zusammenhängt. Auf der anderen Seite folgt der politischen Einigung des Frankenreiches unter

[458] Theodor Klauser, Kleine Abendländische Liturgiegeschichte (1965), S. 51.

[459] Michel Andrieu, Les Ordines Romani du Haut Moyen Age II (ordines I–XIII), 1948: zum Ordo Romanus primus siehe S. 38–64. Neben diesen vielbändigen Forschungs- und Editionsarbeiten seien ferner die Arbeiten der beiden bedeutenden Liturgiehistoriker Josef Andreas Jungmann und Theodor Klauser zugrunde gelegt; Jungmanns zweibändiges Standardwerk ›Missarum Sollemnia‹ (1948) geht im 1. Band (S. 85–95) auf den römischen Stationsgottesdienst um das 7. Jh. ein, Klauser befaßt sich in seiner ›Kleinen Abendländischen Liturgiegeschichte‹ (1965) auf den S. 63–75 mit der römischen Bischofsmesse um 700. Zur Bedeutung und Entwicklung des Stationsgottesdienstes siehe Häussling, op. cit. Anm. 402, S. 198–201.

[460] Th. Klauser, op. cit. Anm. 458, S. 52; Klaus Gamber, Der altgallikanische Meßritus als Abbild himmlischer Liturgie (1984), S. 14.

Pippin (751–768) und Karl dem Großen (768–814) gleichsam zur Bekräftigung der Versuch einer religiösen Einigung, zunächst durch Bekämpfung der verbliebenen Anhänger der arianischen Irrlehre[461]. Mit der Wiederherstellung und Erneuerung der kirchlichen Disziplin erhebt sich dann die Forderung einer *liturgischen Erneuerung*. Die nun einsetzende Epoche eines «reveil liturgique»[462] ist vor allem gekennzeichnet durch das Bemühen um eine reichseinheitliche Liturgie mittels entsprechender Rubriken und Normierungen der Messe und der Sakramentenspendung. Dabei setzt sich das Königtum nunmehr an die Spitze einer liturgischen Bewegung, die zuvor nur von einzelnen fränkischen Äbten und Bischöfen getragen wurde, und erhebt die römische Liturgie in den Rang eines allgemeinen Vorbildes als Ausdruck jener Reichseinheit. Dieser von Klauser als Wende in den „liturgischen Austauschbeziehungen" zwischen der römischen und der fränkisch-deutschen Kirche beschriebene Vorgang steht in einem engen Zusammenhang mit der direkten Begegnung Pippins und Karls mit der römischen Liturgie, wie bei der Reise Papst Stephans II. im Jahre 754 in das Frankenreich und anläßlich des Aufenthaltes Karls um das Osterfest des Jahres 774 in Rom. Die in der Folgezeit einsetzende Herstellung liturgischer Musterbücher auf der Grundlage „authentischer" römischer Musterexemplare, die eng mit der überragenden Gestalt Alkuins verbunden ist, zeigt jedoch, daß es bei der Übernahme römischer Vorbilder im Frankenreich von Anfang an zu tiefgreifenden Veränderungen, ja zum Teil zu fundamentalen Umgestaltungen kommt. Dieser Vorgang, der in der Liturgiegeschichte als die Zeit der fränkisch-deutschen Führung in der Liturgie der abendländischen Kirche gilt, erreicht seinen Höhepunkt mit der Rezeption der Liturgiebücher des fränkisch-deutschen Reiches durch die inzwischen erneuerungsbedürftig gewordene römische Kirche[463].

[461] J. A. Jungmann, Die Abwehr des germanischen Arianismus und der Umbruch der religiösen Kultur im frühen Mittelalter, in: Zeitschrift für Katholische Theologie 69 (1947), S. 36–99, bes. S. 50–57.

[462] M. Andrieu, op. cit. Anm. 459, S. XIX–XXII.

[463] M. Andrieu, ebenda, S. XX/XXI; vgl. auch die Bemerkung Walafrid Strabons in seinem *Liber de exordiis et incrementis quarundarum in observationibus ecclesiasticis rerum*, c. 26 (ed A. Knoepfler, Monachii, 1890, S. 84): „Cantilenae vero perfectiorem scientiam, quam pene tota Francia diligit, Stephanus papa, cum ad Pippinum, patrem Caroli magni imperatoris, in Franciam pro iustitia sancti Petri a Langobardis expetenta venisset, per suos clericos, praesente eodem Pippino invexit, indeque eius longe lateque convaluit" (zitiert bei Andrieu, op. cit., S. XXI, Anm. 1); Theodor Klauser, Die liturgischen Austauschbeziehungen zwischen der römischen und der fränkisch-deutschen Kirche vom achten bis zum elften Jahrhundert, in: Historisches Jahrbuch 53 (1933), S. 169–189, bes. S. 169–171 und zur Produktion der Liturgiebücher S. 172–185; zu Alkuin sei auf die Untersuchung von Hans Bernhard Meyer, Alkuin zwischen Antike und Mittelalter, in: Zeitschrift für Katholische Theologie 81 (1959), S. 306–454 verwiesen.

Diese Veränderungen und teilweise tiefgreifenden Wandlungen liegen in der eigentümlichen Ausprägung der Frömmigkeit der Völker des Fränkischen Reiches begründet, zeugen zugleich aber deutlich von einem intensiven geistigen Leben. Jungmann charakterisiert diese Frömmigkeitshaltung mit der „Vorliebe für das Dramatische" und der „Freude an endlos langen Gebeten"[464]. Die Weiterbildung der römischen Liturgie unter fränkischer Führung, die den Menschen des nun dominierenden Kulturraumes erst die notwendige „religiöse Befriedigung und geistige Nahrung"[465] bot, läßt sich an einigen für unsere Fragestellung bedeutsamen Elementen ausweisen.

- Die große Symbolfreudigkeit führt zu einem *Wandel im Verständnis des Mysteriums*, vor allem hinsichtlich seines gemeinschaftsstiftenden Charakters. An die Stelle unmittelbar erlebter Eucharistiegemeinschaft tritt das sublimierte Verständnis geistig-symbolischer Gemeinschaft aus einer zunehmenden Ehrfurcht vor dem Mysterium der Eucharistie. „Zurückzutreten beginnt darum auch das bewußte Eingehen der Gemeinde in das Opfer Christi und damit die Hinbewegung der Gemeinde zu Gott, zu der das Sakrament in seinem Vollzug aufruft. Dafür wird die Messe um so stärker zum Geheimnis der göttlichen Herabkunft, das man aus der Entfernung anbetend bewundert und betrachtet."[466]
- Ausdruck dieses Subjektivismus wie der Freude am Symbol ist die *allegorische Meßerklärung*, die sich im Gefolge der gallisch-fränkischen Liturgie herausbildet. Gehört Pseudo-Dionysius zu Beginn des 6. Jahrhunderts zu den ersten Vertretern der liturgischen Allegorese[467], so ist als der bedeutendste und einflußreichste Vertreter der allegorischen Meßerklärung im fränkischen Raum Amalar von Metz zu nennen, der in seinem Hauptwerk ›De ecclesiasticis officiis‹[468] eine vierfache Methode kennt: die moralische Allegorese, die typologische Allegorese, die rememorative Allegorese, sowie die eschatologische oder anagogische Allegorese. Unter diesen Formen der allegorischen Meßerklärung erlangt die rememorative Allegorese, welche die gesamte Heilsgeschichte in der Liturgie dramatisch vergegenwärtigt sieht, die größte Bedeutung. Die Eucharistie

[464] Jungmann, op. cit. Anm. 459, S. 98; Klauser, op. cit. Anm. 459, S. 86.

[465] Klauser, ebenda, S. 86.

[466] Jungmann, op. cit. Anm. 459, S. 107. Dieses Geheimnis liegt ebenfalls dem Aufkommen der monumentalen Erscheinungsbilder der karolingischen Meßbücher zugrunde, dementsprechend aber auch den vorerst undatierten „romanischen", besser „fränkischen" Tympana.

[467] Jungmann, ebenda, S. 110–111; in *De ecclesiae hierarchia* III, 3, 13 (Quasten, Mon., S. 313) deutet Pseudo-Dionysius das Herabsteigen Gottes zur Kommunionspendung als Inkarnation.

[468] PL 105, Sp. 985–1245, entstanden 813; Jungmann, op. cit. Anm. 459, S. 113–114; siehe auch Rudolph Suntrup, Die Bedeutung der liturgischen Gebärden und Bewegungen in lateinischen und deutschen Auslegungen des 9. bis 13. Jh. (Münster 1978), S. 69–73.

wird dabei zur Epiphanie, zur konkret erlebten epiphanischen Wirklichkeit des Kommens Gottes, „der unter den Menschen erscheint und seine Gnaden austeilt“ [469].

- Die zentrale liturgische Gestalt der Messe wird flankiert von einer *Kumulation der Andachtsformen*, etwa in Form von Prozessionen und Benediktionen. Auch das vielgestaltige und eindrucksvolle Ritual der Kirchweihe ist bis auf wenige Grundelemente nicht ein lokalrömisches Erbstück, sondern Ergebnis gallisch-fränkischen Einflusses. Zu diesen Erweiterungen der Kirchweihliturgie gehören zum Beispiel der Ritus der Besitzergreifung des Neubaus durch den Bischof in persona Christi sowie die Waschung und Salbung des Altares und der Kirchenwände als Nachahmung der Taufe [470].
- Es kommt zur *dramatischen Ausgestaltung der Liturgie.* So wird der Gang zur Lesung des Evangeliums ausgestaltet zum Triumphzug Christi. Ihm ertönt das „Gloria tibi Domine“, das in der römischen Liturgie bis dahin nicht bekannt war. Ferner werden dramatische Darstellungen aus dem Leben Jesu in die Liturgie eingebaut: die Fußwaschung am Gründonnerstag, der Palmesel an Palmarum [471].
- Ferner kommt es zu einer *Anhäufung der Gebetstexte:* Beinahe jede liturgische Handlung ist nunmehr von einer Oration begleitet. Imgleichen aber kommt es gleichsam zur Ausbildung einer neuen Arkandisziplin durch die zunehmende Entfremdung der auf die drei Kreuzessprachen festgelegten liturgischen Sprache von der Volkssprache. Das wirkt sich besonders auf den Canon Missae aus, der nun zusätzlich vom Priester nurmehr mit leiser Stimme gesprochen wird. Diese Entwicklung hat auch Rückwirkungen auf die Funktion des Priesters, dessen Tun die eucharistische Gegenwart Christi begründet [472].

Dem aufmerksamen Leser wird möglicherweise ein gewisses Ungenügen

[469] Jungmann, ebenda, S. 155. Erlebt wird diese Wirklichkeit im gebauten System des epiphanischen Rahmens der fränkischen Kathedralen, die nur in ihren karolingischen Ursprüngen zu erklären sind; siehe vdM (1985), S. 591 und passim.

[470] Klauser, op. cit. Anm. 459, S. 84; Cyrill Vogel/Reinhard Elze, Le Pontifical Romano – Germanique du dixième siècle I (Vatikan 1963), S. XII.

[471] Jungmann, op. cit. Anm. 459, S. 98. Ein wunderbares Beispiel für die Dramatisierung der Liturgie führt auch C. Heitz in seinen ›Recherches sur les rapports entre architecture et liturgie à l'époque carolingienne‹ (Paris 1963) aus der Osterliturgie an. Heitz verfolgt (S. 189–205) im Detail als Beispiel das liturgische Osterdrama „Quem quaeritis“. Als Quelle dient ihm der ›Liber ordinarius‹ der Essener Stiftskirche (heute Düsseldorfer Landesbibliothek, ws. 47). In der dramatischen Szenenfolge mit Fragestruktur wird die Auferstehungsszene am leeren Grab nachgestellt und so liturgisch vergegenwärtigt. Da das Osterdrama sich im Westwerk der Kirche abspielt, erfordert diese Form der Dramatisierung der Liturgie auch eine spezielle architektonische Ausgestaltung des sakralen Raumes.

[472] Jungmann, op. cit. Anm. 459, S. 99 und S. 104–107.

nicht verborgen geblieben sein, welches nicht nur mit der gebotenen Kürze des liturgiegeschichtlichen Überblicks zusammenhängt, sondern vor allem mit einer die liturgiewissenschaftliche Forschung zu dem angesprochenen Zeitabschnitt mehr oder weniger deutlich bestimmenden Tendenz, das Vorbild der römischen Liturgie überzubetonen. Dies gilt sowohl für die Anfänge der Liturgie, die auch im Bereich der westlichen Kirche, wie bereits angedeutet, eine Vielzahl eigenständiger Formen kannte, als insbesondere für die Zeit der sogenannten fränkisch-deutschen Führung und der darauf folgenden Epochen, die zum Teil unverhohlen als Zeiten liturgischen Verfalls und der Mißverständnisse der römischen Liturgie gekennzeichnet werden[473].

Unverkennbar hat die mitschwingende Sympathie für ein bestimmtes liturgisches Ideal, nicht unähnlich der in unserem Methodenkapitel skizzierten Situation im kunsthistorischen Fachbereich, zu einer mangelhaften Sensibilität und in der Folge zu einer ungenügenden Methodik hinsichtlich der jeweiligen Eigenheit einer spezifischen anthropologischen Situation geführt, vor deren Hintergrund und als deren originärer Ausdruck Liturgie essentiell verstanden werden muß. Methodisch weiterführendere Ansätze, die insbesondere auch unsere engere Fragestellung nach der Bedeutung der Kirchweihe berühren, finden sich vor allem in Einzeluntersuchungen.

Den zunächst wichtigsten Hinweis auf einen tauglichen und gleichermaßen umfassenden Frageansatz geben aber die bauarchäologischen Zeugnisse, die uns, wie das Beispiel Saint-Denis exemplarisch zeigt, in einem weit größeren Maße als gemeinhin angenommen auf die Bedeutsamkeit der Kontinuität als entscheidende Verständniskategorie verweisen. So ist zu beachten, daß zwischen provinzialrömischer und fränkischer Zeit eine Form der Kontinuität sowohl verwaltungsmäßiger als auch kultisch-religiöser Art besteht. Ja, nirgends ist die beschriebene Kontinuität greifbarer als in

[473] Exemplarisch sei die Epocheneinteilung Klausers in seiner ›Kleinen Abendländischen Liturgiegeschichte‹ (S. 8) genannt: Er teilt die Liturgiegeschichte in folgende Perioden:
- die Periode der schöpferischen Anfänge (bis 590),
- die Epoche des Ausbaus unter fränkisch-deutscher Führung (bis 1073),
- die Ära der Wucherungen, Um- und Mißdeutungen (bis 1545),
- die Zeit der ehernen Einheitsliturgie und der Rubrizistik (bis zum II. Vatikanischen Konzil);

vgl. auch Jungmann, Missarum Sollemnia, S. 99. Hingewiesen sei auch auf so manchen peiorativen Sprachnebensinn, den wir nicht in jedem Fall neutralisiert haben, um vom liturgiegeschichtlichen Forschungsstand kein falsches Bild zu zeichnen. Siehe auch den Versuch einer kritischen Bewertung der liturgiewissenschaftlichen Forschung zu dem betreffenden Zeitraum bei A. Speer, Kunst als Liturgie. Zur Entstehung und Bedeutung der Kathedrale, in: ... kein Bildnis machen. Kunst und Theologie im Gespräch, hrsg. von Ch. Dohmen/Th. Sternberg (1987), S. 97–117, bes. S. 113–114.

bezug auf alte Kultstätten und Heiligtümer, wie etwa Kirchen, Friedhöfe, Märtyrergräber und Heiligenmemorien[474].

Damit muß aber auch die Liturgiegeschichte stärker aus dem Bewußtsein jener *kultischen Kontinuität* verstanden werden, welche die entscheidende Grundlage für die fortschreitende Einwurzelung des Christentums in den fränkischen Kulturraum bildet, die sich als ein vielschichtiger und langandauernder Vorgang darstellt. Vor allem aber dürfte der hier vollzogene Prozeß der Christianisierung nicht nur der ursprünglich römischen civitates, sondern des gesamten gallisch-fränkisch-deutschen Reiches sich weniger im Horizont dogmatischer Fragen, wie etwa des Arianismus, vollzogen haben, als durch die liturgische Vereinnahmung der zentralen Kultstätten[475]. Angenendt weist mit Recht darauf hin, daß die Liturgie in der Periode der allgemeinen Christianisierung vor allem des Landes eine stetig wachsende Größe gewesen ist. Folglich hat die Liturgie stärkstens auf den Prozeß der Christianisierung insbesondere des ländlich geprägten Raumes eingewirkt, die sich unter anderen Vorzeichen vollzog als die Christianisierung antiker Städte[476]. Gleichwohl ist nicht zu verkennen, daß die im Zuge der Abwehr des Arianismus durch Betonung der Göttlichkeit Christi unter gleichzeitigem Zurücktreten seiner Menschheit eintretende Erschwerung des Verständnisses für die Mittlerschaft Christi eine der wichtigsten Bedingungen für die kraftvolle Entwicklung der Verehrung der Heiligen war, die nunmehr zunehmend die Brücke zu Gott bildeten[477].

Noch bedeutsamer aber ist der von Jungmann aufgezeigte Wandel im Verständnis des Begriffes der εὐχαριστία, welcher das zentralste liturgische Geschehen des christlichen Kultes benennt. In der Weise, wie sich das Verständnis von εὐχαριστία zunehmend den Bedeutungssinn von *oblatio* (offerre) annimmt, zeigt sich ein allgemeiner Wandel im Verständnis der Meßfeier, die nicht mehr so sehr als Danksagung denn als Opfer begriffen wird. Diese Entwicklung findet ihre Fortsetzung in dem gegen Ende des 5. Jahrhunderts allgemein verwendeten Begriff der *missa* (= Meßopfer), womit das Moment der Fürbitte und des Segensempfanges noch stärker in den Vordergrund tritt[478]. Zusammen mit dem Glauben an die aufzehrende

[474] Häussling, op. cit. Anm. 402, S. 84–88.

[475] Häussling, a. a. O., S. 87; Arnold Angenendt, Die Liturgie und die Organisation des kirchlichen Lebens auf dem Lande, in: Settimane di Studio del Centro Italiano di Studi sull'alto Medioevo XXVIII (1982), S. 169–226; zum dogmatischen Hintergrund der Auseinandersetzung mit dem Arianismus siehe Jungmann, op. cit. Anm. 461; siehe ferner unsere Untersuchung, Kap. III, 2 und Anm. 362–364. Darüber hinaus bietet auch Chartres wiederum ein lokalliturgisch erforschtes Beispiel kultischer Kontinuität; siehe vdM (1975), S. 24–27 und 65–82.

[476] Angenendt, op. cit. Anm. 475, S. 224–225.

[477] Jungmann, op. cit. 461, S. 79–80.

[478] J. A. Jungmann, Von der „Eucharistia" zur „Messe", in: Zeitschrift für Katholische Theologie 89 (1967), S. 29–40, bes. S. 33–39.

Nähe der Eucharistie als Gegenbewegung zum Arianismus[479] liegt in diesem gewandelten Verständnis des Wesens der Eucharistie der zentrale Punkt für den an Bedeutung gewinnenden Heiligen- und Reliquienkult, und damit ein wichtiger Schritt hinsichtlich des für die umfassende Christianisierung des gallisch-fränkisch-deutschen Gebietes entscheidenden Prozesses der Annäherung an die bestehende Kultfrömmigkeit, der die Voraussetzung für die beinahe nahtlose Übernahme der von alters her bestehenden Kultstätten durch Um- und Neuweihen bildet.

Der solchermaßen Kontinuität befördernde und verbürgende Reliquienkult breitete sich vor allem nach dem Ende der Christenverfolgungen im 4. Jahrhundert rasch im gesamten Römischen Reich aus. Der Wunsch nach einem konkreten *Pfand* (*pignus* wird zum Synonym für Reliquien) der Präsenz des jenseitigen Fürsprechers, dem die Kraft des betreffenden Märtyrers oder Heiligen innewohnt, führte zum Gebrauch der Reliquien als Schutz und Heilmittel gegen böse Mächte (in Anknüpfung an das heidnische Phylakterienwesen), sowie als Unterpfänder der Herrschaft und des Reichswohls, und zur Bestattung *ad sanctos*, also in möglichst großer Nähe eines Heiligenleibes oder eines Teiles desselben, um sich auf diese Weise der Fürsprache des betreffenden Heiligen bei der Auferstehung am Jüngsten Tage zu versichern[480].

Von großer Bedeutung hinsichtlich der Präsenz von Reliquien in der Kirche war die zunehmende Verbindung des Altares mit dem Märtyrerkult. „Altar" wird zur Kurzbezeichnung für Heiligtum oder Heiligengrab, wie umgekehrt echte Reliquien die Voraussetzung für Altäre sind[481]. Diese Verbindung von Märtyrergrab und Altar wird in der Folge zur Konstante von Reliquienkult, kirchlicher Architektur und Liturgie[482]. Seit dem 7. Jahrhundert gab es daher keine Altarweihe mehr ohne Reliquienübertragung[483]. „Die Gründe für eine entsprechende Konzeption, deren Entwicklung dazu führte, daß das eucharistische Opfer nur auf Altären dargebracht werden konnte, die Märtyrerreliquien enthielten, gehen bis in das 3. Jahrhundert zurück, als die Opferhandlungen auf einer *mensa* beim Grabe stattfanden. Dabei wurde der Tod Christi und seine Auferstehung in einen Zusammenhang mit dem Zeugentod der Märtyrer gebracht, die das Opfer Christi und seine Auferstehung wiederholt und dadurch an beidem Anteil genommen hatten."[484]

Damit aber wird die Reliquienverehrung zu einer kultfordernden Realität. Translationen und Reliquienteilungen eröffnen ferner die Möglichkeit,

[479] Häussling, op. cit. Anm. 402, S. 253–254.

[480] Heinzelmann (1979), S. 18–19 und S. 32–35; zu 'pignus' siehe auch die Beispiele bei M. Andrieu, Les Ordines Romani du Haut Moyen Age IV (1956), S. 329–332.

[481] Häussling, op. cit. Anm. 402, S. 216 mit Anm. 205.

[482] Heinzelmann (1979), S. 28.

[483] Angenendt, op. cit. Anm. 475, S. 223.

[484] Heinzelmann (1979), S. 27.

bestimmte Kulte zu verbreiten und Kultbeziehungen durch „Reliquienzitate" herzustellen, auch mit allen politisch-dynastischen Möglichkeiten, die durch derartige Zuweisungen geschaffen oder sichtbar gemacht werden. Durch den nunmehr einsetzenden Brauch, in einem Kirchenraum mehrere Altäre zu errichten, relativieren die Reliquien aber zugleich die Bedeutung des einen Altares eines Versammlungsortes der Gemeinde als eines ursprünglichen Symbols des einen Herrn Jesus Christus. „Jeder Altar ist Abbreviatur eines selbständigen Heiligtums und wahrt somit das ursprüngliche Verständnis der Einzigkeit des Altares. Der Altar ist aber auch, dank des neuen Gehaltes als Träger von Reliquien derer, die den Hofstaat Christi bilden, in eine 'Kirchenfamilie' eingebunden, nimmt teil an deren Gesamtfunktion und dient in seiner Sonderaussage als Mittel einer 'Darstellung'"[485].

Insonderheit aber ist nun die *Altarweihe* auf das engste mit der Bergung von Reliquien im Altar verbunden. Infolgedessen verwundert es nicht, wenn umgekehrt der kultische Rahmen für die Übertragung von Reliquien im Ritus der Altar- oder Kirchweihe (dedicatio) gegeben war, der seinerseits folglich in aller Regel mit der Translation und Deposition von Reliquien in oder unter dem Altar verbunden war, gleichsam als Zeichen der Inbesitznahme des (neuen oder erneuerten) Heiligtums. Die Reliquiendeposition innerhalb des Kirchweihritus ist dabei das exakte Äquivalent der Übertragungen von Heiligenkörpern in Basiliken, wie aus der denuntiatio des bei Andrieu edierten Kirchweihordos XLI hervorgeht, durch die zur Teilnahme an einer solchen Reliquiendeposition aufgefordert wurde: „. . . inter cetera virtutum sollemnia, quae ad gloriam pertinent Christi domini nostri, hos quoque suis prestitit martyribus (qui) . . . celestia premia meruerunt, ut, fidelium votis eorum praeclaris reliquiis conlocatis, integritas sancti corporis credatur"[486].

Während für das 5. und 6. Jahrhundert nur relativ ausführliche Schilderungen bei Gregor von Tours sowie im römischen Bereich die Kirchweihformeln X–XXXI des liber diurnus einige Hinweise auf Ablauf und Verhältnis von Altar- bzw. Kirchweihe und Reliquientranslation und -deposition erlauben, sind seit dem 8. Jahrhundert die weit präziseren *Ordines* selbst erhalten, die den Vorgang der Reliquienübertragung im Rahmen einer liturgischen Feier normativ festhalten[487]. Ihre Bedeutung ist um so höher einzuschätzen, „als sie zu einem Zeitpunkt redigiert wurden, der mit der Entstehung

[485] Häussling., op. cit. Anm. 402, S. 223.

[486] Andrieu, op. cit. Anm. 480, *Ordo XLI*, 1. Denuntiatio cum reliquiae sanctorum martyrum ponendae sunt (S. 339); siehe auch Heinzelmann (1979), S. 47 mit Anm. 13.

[487] Hier sind vor allem zu nennen die bei Andrieu, op. cit. Anm. 480, edierten ›Ordines Romani XLI‹ (Ordo quomodo ecclesia debeat dedicari), einem im dritten Viertel des 8. Jh. entstandenen Ordo gallikanischen Ursprungs mit byzantinischen Einflüssen (siehe Andrieus Einleitung, S. 311–337 und den Text des Ordo, S. 338–352), OR XLII (Ordo quomodo in sancta romana ecclesia reliquiae conduntur),

der Translationsberichte als einer selbständigen Quellengattung zusammenfällt"[488]. Darüber hinaus lassen sich diese Ordines hinsichtlich ihrer Entstehung und ihrer ursprünglichen Funktion bis weit in das 7. Jahrhundert hinein zurückverfolgen, wie Benz anhand des Ordo von Saint-Amand exemplarisch gezeigt hat[489]. Der Ordo von Saint-Amand ist ferner das älteste Beispiel für die in Gallien seit dem 6. Jahrhundert klar bezeugte Entwicklung, den in Rom noch bis in das 7. Jahrhundert hinein lediglich in einer Dedikationsmesse bestehenden Kirchweihritus zunächst mit einer Altarweihe und schließlich mit einer Reliquiendeposition zu verbinden[490].

Vier Stufen des Verlaufs einer Reliquienübertragung in Verbindung mit einer Altar- oder Kirchweihliturgie lassen sich nach Heinzelmann unterscheiden:

- die *elevatio:* in einer zweiten Kirche, in welche die Reliquien in der Nacht vor der Kirchweihe gebracht und wo sie durch die Feier von Vigilien geehrt worden waren, erhebt der weihende Bischof diese zu Beginn der Weiheliturgie nach Psalmengesang und Antiphon;
- die *Prozession* mit Kerzen, Weihrauchbehältern und Vortragekreuzen, in welcher die Reliquien zu der zu weihenden Kirche getragen werden;
- die *Statio* vor der Kirche: bevor die Prozession die Kirche betritt, hält sie an der Kirchenpforte inne und es entwickelt sich ein liturgischer Dialog zwischen dem weihenden Bischof und einem weiteren Kleriker um den Eintritt des „rex gloriae", der zu Beginn des 9. Jahrhunderts eine weiterführende theatralische Ausgestaltung erfuhr;
- die *depositio:* schließlich legt der Bischof nach Antiphon, Psalm und Gloria die Reliquien in das vorbereitete Altargrab[491].

Was nun die Bedeutung von Reliquienkult und Kirchweihliturgie für den eigentlichen Kirchenbau angeht, so gibt uns der Mitte des 8. Jahrhunderts schriftlich fixierte ›Liber Sacramentorum Romanae Aeclesiae ordinis anni circuli‹, das sogenannte ›Sacramentarium Gelasianum‹, welches eine Kompilation unabhängiger Libelli römischer Herkunft bietet, an die später altgallische und fränkische Elemente angegliedert wurden, mithin die

einem die Kirchweihliturgie des 8. Jh. in Rom widerspiegelnden Ordo (Einleitung S. 353–395, Text S. 396–404), sowie OR XLIII, der Ordo von Saint-Amand aus dem Ende des 8. Jh., in den Elemente aus den beiden vorgenannten Ordines eingeflossen sind (Einleitung S. 405–409, Text S. 410–416). Siehe ferner Heinzelmann (1979), S. 47–48 und Suitbert Benz, Zur Geschichte der römischen Kirchweihe nach den Texten des 6. bis 7. Jh., in: Enkainia, hrsg. von Hilarius Emonds (1956), S. 62–109, hier bes. S. 66–74; ferner zu den ›Ordines Romani XLI – XLIII‹ den Überblick bei Karl Josef Benz, Untersuchungen zur politischen Bedeutung der Kirchweihe unter Teilnahme der deutschen Herrscher im hohen Mittelalter (1975), S. 8–15.

[488] Heinzelmann (1979), S. 48.

[489] S. Benz, op. cit. Anm. 487, S. 75–83.

[490] Ibidem, S. 106.

[491] Heinzelmann (1979), S. 48/49.

Mischliturgie des 7. Jahrhunderts repräsentiert, zwei wichtige Hinweise[492]. Der erste bezieht sich auf die *göttliche Präsenz bei der Weihehandlung selber:* „Deus, sanctificationem omnipotens dominator"[493]. Gott selber ist derjenige, der in Wahrheit der Herr der Kirchweihe ist. Daher gilt auch ihm in der Folge bei der Weihe des Altares die Bitte um die Heiligung desselben in der gegenwärtig vollzogenen Weihe[494]. Die zweite Aussageebene hat die *Dauerhaftigkeit der Weihe und die Zusage der dauernden göttlichen Präsenz* zum Thema. Die zu weihende Kirche wird bezeichnet als „aeternum habitaculum" Gottes[495], so daß sich folgende Bitte anschließen kann: „ut sint oculi tui aperti super domum istam die ac nocte"[496], eine Aussage unverbrüchlicher und dauerhafter göttlicher Präsenz.

Weit reicher ausgeprägt finden wir die Kirchweihliturgie dann im sogenannten ›Pontificale Romano-Germanicum saeculi decimi‹, dessen Kompilation Mitte bis Ende des 10. Jahrhunderts erfolgt ist und das als ein Zeugnis für die dramatische Ausbildung und Fortentwicklung vornehmlich der Kirchweihliturgie unter fränkisch-deutscher Führung angesehen werden kann[497]. Zudem findet sich der Liturgie der Kirchweihe vorangestellt eine allegorische Auslegung der Weiheliturgie im Sinne des Amalar von Metz, bei der die rememorative Allegorese im Vordergrund steht[498]. Die Kirchweihe selber wird unmittelbar zu Beginn dieser liturgischen Allegorese bezogen auf die Weihe des Tempels und des Begegnungszeltes durch Salomo auf Geheiß des Herrn[499].

Im Horizont dieser alttestamentlichen Tradition wird die Dignität der

492 *Liber Sacramentorum Romanae Aeclesiae ordinis anni circuli (Sacramentarium Gelasianum)*, ed. Leo Mohlberg (Rom 1960); siehe Mohlbergs Einleitung S. XXX und S. XXXV: „Nach den neuesten Forschungen von B. Bischoff ist die HS im Skriptorium des Klosters Chelles – Nordfrankreich beheimatet." – Datierung: paucis annis ante 750; zum Charakter und Aufbau des sog. Gelasianum siehe Mohlberg, S. XXX/XXXI, und Klauser, op. cit. Anm. 459, S. 76.

493 *Sacr. Gelas.* LXXXVIII, 690: consecratio basilicae (S. 108).

494 *Sacr. Gelas.* LXXXVIII, 693: benedictio altaris: „. . ., ut hoc altare sacrificiis spiritalibus consecrandum vocis nostrae exorandus *officio praesenti benedictione sanctificet*" (S. 108).

495 *Sacr. Gelas.* XC, 710: „Deus, qui ex omni coaptatione sanctorum *aeternum tibi condis habitaculum*" (S. 111).

496 *Sacr. Gelas.* LXXXVIII, 707 (S. 111).

497 C. Vogel/R. Elze, op. cit. Anm. 470; K. J. Benz, op. cit. Anm. 487, S. 12, mißt dem Pontificale Romano-Germanicum die Bedeutung eines „Reichspontifikale" zu. Zur Bedeutung der Liturgie selber siehe auch die Ausführungen von R. Suntrup, op. cit. Anm. 468, S. 196 f., S. 253 f. und S. 344–349.

498 Vogel/Elze, op. cit. Anm. 470, S. XII/XIII.

499 *Pontificale* XXXV, 1 (S. 90): „Morem, quem sancta ecclesia tenet *in sollempni domus dominicae consecratione*, non esse cuiuscumque dignitatis ille cognoscit qui, antiquae reminiscens historiae, meminit cum quanta celebritate *tabernaculum testimonii et templum a Salomone constructum, domino iubente, dedicatum sit.*"

Weihe, der Charakter der göttlichen Präsenz und der dauerhafte Bestand der Weihe offenkundig. Die dann einsetzende Allegorese der Weihehandlung gibt uns einen guten Einblick in die dramatische Ausgestaltung der Kirchweihliturgie, die nicht äußerlicher Selbstzweck ist, sondern der dramatischen Repräsentation der Gottheit in der Weiheliturgie gilt, wobei die göttliche Präsenz zu bildhafter Unmittelbarkeit verdichtet erscheint.

Gemäß dieser liturgischen Allegorese erschließt sich uns auch die Weiheliturgie selber. Wichtige Anhaltspunkte für dieses Verständnis sind neben den zeremoniellen Anweisungen vor allem die gleichsam jede liturgische Handlung begleitenden Orationen. So verdichtet sich etwa der Dialog zwischen dem weihenden Bischof und einem Diakon vor dem Eintritt in die Kirche zur unmittelbar erlebten dramatischen Präsenz Christi, der nun eigentlich in die Kirche eingelassen wird[500].

Die Auslegung der Antiphon beim Betreten der Kirche durch den weihenden Bischof steigert sich in der Deutung der Kirchenpforten bis hin zu der Aussage: „sunt autem portae istae, quae elevantur in aecclesia . . ., per quas *rex glorie introit, cum Christus per sancta opera in ecclesia sua sui praesentiam notam facit*“[501]. In gleicher Weise wird die Salbung des Grundsteines auf den Stein des Jakob und auf das Haupt Christi bezogen[502].

Von besonderer Dichte ist die Allegorese dann bei der Weihe des Altares der zu weihenden Kirche. Die Antiphon bei der Reinigung der Altarbasis gibt Anlaß, den Altar als Ort der Sichtbarkeit Gottes, wenn auch nicht für das fleischliche Auge, zu deuten[503]. Das Entzünden der fünf Weihrauchkreuze auf dem Altar macht das Geheimnis der Passion offenbar und vergegenwärtigt zusammen mit dem Ritus der Einbergung der Reliquien in den Altar das beständige fürsprechende Eintreten des Hohenpriesters Christus vor dem Angesicht Gottes für uns[504].

[500] *Pont.* XL, 20 (S. 133): „Tunc accedens ad ostium percutiat III° super liminare ecclesie ac repetat praedictum versiculum: *Tollite portas.* Et diaconus: *Quis est iste.* Et respondit pontifex: *Dominus virtutum ipse est*, adiciens: *Aperi.*“

[501] *Pont.* XXXV, 9 (S. 94).

[502] *Pont.* XXXV, 42 (S. 111): „*Lapis* autem ille, quem *Iacob* sub capite habuit, *typum salvatoris expressit.* Iacob ergo fundamenta domus Dei contemplari meretur, dum lapidem ad caput habuit, qui ille veraciter ea que sunt divina compescit, *qui caput, id est mentem, in Christo fixam habet.*“

[503] *Pont.* XXXV, 37 (S. 108): „Dicit enim *se introiturum ad altare Dei, id est ad illud altare quod significat istud visibile, illud scilicet quod spirituale est,* ad quod videndum non penetrat oculus carnalis.“ Zur Aspersion als Bestandteil des Kirchweihritus siehe S. Benz, op. cit. Anm. 487, S. 106–107.

[504] *Pont.* XXXV, 49 (S. 115): „Crucem enim incensi facere est *passionem suam patri ostendere ac pro nobis interpellare.*“

Pont. XXXV, 56 (S. 118): „Venit autem pontifex ad altare ubi *recondendae sunt reliquiae* et extendit velum inter se et populum et recondit ipse eas in loco altaris, quia *pontifex noster*, sicut Paulus apostolus ait, *assistit pontifex futurorum bonorum*

Die Aussage der göttlichen Präsenz im Akt der Weihe kommt in Formulierungen zum Ausdruck, welche die Allmacht Gottes bei jedem Weiheakt betonen[505] und die Gegenwart des Heiligen Geistes als der dritten göttlichen Person[506] oder sogar das Erscheinen Gottes selbst bei der Weihe erbitten: „Magnificare, Domine Deus noster, in sanctis tuis te hoc in templo tibi edificato *dedicator apparere*“[507].

Zusagen der *Dauerhaftigkeit der Weihe und der andauernden göttlichen Präsenz* in seinem Haus machen in ihrer Fülle und Vielfalt die zentrale Bedeutung dieses Anliegens deutlich. Gott ist der eigentliche Bauherr seines Hauses als dem Ort seiner Gegenwart[508]. So steht es auch allein in seiner Macht, diese zu weihende Kirche auf ewig zu bewahren[509]. Die Kirche nämlich als Ort der Präsenz Gottes gewährleistet die Erhörung der menschlichen Bitten, sie ist gemäß der Verheißung Ort des Heiles auch in gegenwärtiger Zeit, ihr gilt die Zusage: „in hac ergo . . . domo tua spiritus sancti gratia egroti sanentur, infirmi recuperantur, claudi curentur, *leprosi mundentur*, caeci illuminentur, daemonia eiciantur“[510].

et assistit vultui dei pro nobis, ut de ergastulo praesentis seculi liberatos collocet in habitaculis arce caelestis.“

505 *Pont.* XL, 47 (S. 142): „Deus, sanctificationum omnipotens dominator“.

506 *Pont.* XL, 38 (S. 140): „. . . et *praesentia sancti spiritus* nobis misericordiam tuam poscentibus ubique adesse dignetur.“

507 *Pont.* XL, 24 (S. 135).

508 *Pont.* XL, 3 (S. 128): Abschlußbitte der Allerheiligenlitanei: „Ut domum istam ad honorem nominis tui factam *regalem aulam tibi Deo nostro consecrare digneris.*“

Pont. XXXVI, 3 (S. 122): Canon de aedificanda aeclesia: „. . . domum tamen tibi in terra fieri iussisti, in qua nomen tuum iugiter invocaretur . . . et illum ad fabricandum *elige*, perque infusionem gratiae celestis ab omni inquinamento *purifica*, purificatumque *conserva.*“

509 *Pont.* XL, 72 (S. 150): „tua *semper* fiat habitatione praeclara.“

Pont. XL, 13 (S. 131): „Omnipotens sempiterne Deus, qui in omni loco dominationis tuae totus assistis, totus operaris, adesto supplicationibus nostris et *huius domus, cuius es fundator, esto protector.*“

510 *Pont.* XL, 48 (S. 143).

Eine auch sprachlich kunstvolle Zusammenstellung dieser Aussageebenen stellt die folgende ‘oratio in consecratione basilicae’ dar: *Pont.* XL, 47 (S. 142): „*Deus sanctificationum omnipotens dominator*, cuius pietas sine fine sentitur, Deus qui caelestia simul et terrena complecteris, servans misericordiam tuam populo tuo ambulanti ante conspectum gloriae tuae, exaudi preces servorum tuorum, *ut sint oculi tui aperti super domum istam die ac nocte. Hanc quoque basilicam* in honore sanctae et victoriosissimae crucis et sancti Ill. sacris mysteriis institutam *clementissimus dedica*, miseratus illustra, proprio splendore clarifica, *omnemque hominem venientem adorare te in hoc loco placatus admitte*, propitius respicere dignare et propter nomen tuum magnum et manum fortem et bracchium excelsum, in hoc habitaculo supplicantes libens protege, dignanter exaudi, *aeterna defensione conserva*, ut semper felices semperque in tua religione letantes, constanter in sanctae trinitatis confessione fide catholica perseverent. Per.“

Der Bezug des liturgischen Textes zur Weihelegende der consécration légendaire ist evident, selbst wenn es sich hierbei nicht um ein eigens für den Gebrauch in Saint-Denis bestimmtes Ordinarium handelt[511], und verweist uns auf den entscheidenden Punkt unserer Ausgangsfragestellung nach der Wechselbeziehung von baugeschichtlicher Kontinuität und Liturgie. Der in den liturgischen Zeremonien und Orationen zum Ausdruck kommende Glaube an die unmittelbar gegebene göttliche Präsenz beim Vollzug der Kirchweihe sowie an die dauerhafte Gegenwart Gottes in dem geweihten Kirchbau als dem Hause Gottes und dem wirkmächtigen Ort seiner im Kultus erlebten Präsenz erfährt eine Übertragung in die Form eines legendarisch ausgestalteten Weiheberichtes, der alle substantiellen theologischen Aussagen der Kirchweihliturgie enthält und auf die Ebene der Volksfrömmigkeit übersetzt.

Zu erinnern ist in diesem Zusammenhang auch noch einmal an die parallel einsetzende Redaktion der liturgischen Ordines und der Translationsberichte in ihren unterschiedlichen Formen[512]. Voraussetzung und oftmals auch der eigentliche Anlaß für die Abfassung eines Translationsberichtes war der liturgische Akt der feierlichen Hebung und Übertragung des betreffenden Heiligen, da die Translation durch die kirchlichen Autoritäten zugleich die offizielle Anerkennung der sanctitas und die gleichzeitige Einleitung eines Kultes bedeutete[513].

Auch die consécration légendaire hat ihren Ursprung, wie wir gesehen haben, in der Erneuerung des Kultus des Hl. Dionysius und seiner Gefährten

[511] Ist auch ein Ordinarium für Saint-Denis bislang nicht gefunden worden, so lassen sich doch folgende liturgische Quellen für die Abteikirche Saint-Denis anführen:
- ein Sakramentar aus der Mitte des 9. Jh. (einschließlich eines griechischen hymnus angelicus), nach V. Leroquais, Les pontificaux manuscrits des bibliothèques publiques de France, t. II (1937), S. 109, enthalten in einem aus dem Ende des 9. Jh. stammenden Pointifical de Cahors, ms. lat. 2290, fol. 140 sq.; siehe auch die Hinweise bei H. Netzer, L'introduction de la Messe Romaine en France sous les Carolingiens (1910), S. 87 und S. 215–216;
- ein Pontifikale aus Rouen aus der Mitte des 12. Jh., ms. lat., nouv. acq., 306, „Ex thesauro regalis monasterii S. Dionysii in Francia", welches im 14. Jh. in Saint-Denis in Gebrauch kam (Leroquais, op. cit., S. 220); die Rubriken Bischofs-, Priester-, Diakonenweihe, Altarweihe und Königssalbung wurden bei der Übernahme um lokale Kultanlässe ergänzt (fol. 215 bis 236), etwa den Kirchweihtag am 24. Februar, die Auffindung der Märtyrerreliquien; Erwähnung findet in diesem Zusammenhang auch eine „processio apud Stratam" sowie der Prozessionsbrauch an hohen Festtagen innerhalb der Kirche mit Stationen an den Altären Mariens, des Stephanus und Johannes des Evangelisten (Leroquais, op. cit., S. 228–229);
- ein Meßordo aus Saint-Denis aus dem 11. Jh., der sich nach Jungmann, op. cit. Anm. 459, S. 121, Anm. 79 bei Marténe 1, 4, V (I, 518–528) abgedruckt findet;
- zur Tradition der griechischen Liturgie siehe unten. Anm. 517.

[512] Heinzelmann (1979), S. 48.

[513] Heinzelmann (1979), S. 91.

Eleutherius und Rusticus, insbesondere in Hinblick auf seine feste Verknüpfung mit dem Wohl des regnum durch Dagobert I. Dabei bildet die durch entsprechende Umbauarbeiten notwendig gewordene Translation der Märtyrergebeine den liturgischen Hintergrund für die spätere legendarische Erzählung von der Weihe durch Christi Hand, deren Verbindung mit dem Wunderbericht der Leprösenheilung um das Geschehen des Weiheereignisses einer seit dem 7. Jahrhundert sich schrittweise durchsetzenden Tendenz entspricht[514]. Auch Hilduins ausdrückliches Zitat dieser liturgischen Weihetradition in seinem Bemühen um die kultisch-ekklesiologische Befestigung der dynastischen Stellung Ludwigs des Frommen in der pseudepigraphischen ›Revelatio‹ Papst Stephans II. und den das Weiheereignis von 754 betreffenden ›Gesta‹ müssen vor diesem Hintergrund verstanden werden, zumal beide Schriften in unmittelbarer Nähe der Areopagitika entstanden sind, dem umfassenden Versuch einer autoritativen Dionysiusbiographie Abt Hilduins.

Darin stützt sich Hilduin in seinem Bestreben, die Gestalten des Apostelschülers und des Pariser Märtyrerbischofs zu vereinen, nicht nur auf Quellen, deren Verfasser „bekannte und erprobte Leute" waren, sondern eigenem Bekunden nach maßgeblich auch auf liturgische Bücher, vor allem auf Meßordines, und die in diesen enthaltenen Schilderungen des Martyriums des Hl. Dionysius[515]. Mithin fällt die Areopagitika Hilduins in die „klassische Periode" der Translationsberichte[516]. Auch die griechischen Quellen, auf die Hilduin zurückgreift und damit ein Beispiel für die lebendigen Beziehungen karolingischer Bildungsstätten (und das waren vor allem die Klöster) zur griechischen Kultur gibt, werden überliefert zusammen mit liturgischen Texten der antiochenischen Liturgie, die nach zwei Zeremonialien aus dem 13. Jahrhundert vornehmlich für den Fest- und den Oktavtag des Hl. Dionysius in Saint-Denis im Gebrauch bezeugt sind und im 16. Jahrhundert gar zur Herausbildung einer vollständigen griechischen Messe führen, die uns in einem 1685 im Druck erschienenen Formular überliefert ist[517].

Die Wirkungsgeschichte der consécration légendaire läßt sich im leben-

[514] Heinzelmann (1979), S. 93; siehe auch das vorherige Kapitel III, 2 zu Dagobert I.

[515] MGEp V, 329, cap. 2; Buchner (1936), S. 459–464 und (1938), S. 385–386.

[516] Heinzelmann (1979), S. 94, nennt als Zeitraum das 8. bis 11. Jh.

[517] Zur Bedeutung der griechischen Quellen und ihrer Verbindung mit der Liturgie: Andrieu, op. cit. Anm. 459, S. XL/XLI; Buchner (1936), S. 462–468; zur Bedeutung der griechischen Liturgie: Jungmann, op. cit. Anm. 459, S. 120–121; nach Jungmann (S. 121, Anm. 79) enthält der Meßordo aus Saint-Denis aus dem 11. Jh. (siehe unsere Anm. 511) nicht weniger als sechs Formeln, die aus der griechischen Jakobusliturgie stammen; L. Pralle, Der Gebrauch griechischer Texte in der römischen Liturgie nach Mitteilungen von Liturgikern des 16. Jh., in: Theologische Quartalsschrift 128 (1948), S. 385–397, hier bes. 391– 392; Netzer, op. cit., Anm. 511, S. 214–216; de Moléon, Voyages liturgiques de France (1718, Nachdruck 1969), S. 262–263.

digen Volksglauben fortschreiben bis zur Französischen Revolution und hat eine Reihe materieller Zeugnisse hervorgebracht, die zum Teil noch heute existieren. So wurde der Ort, an dem Christus und in seinem Gefolge die Apostelfürsten und die in Saint-Denis verehrten Märtyrer die Kirche der Legende nach betreten haben sollen und dabei dem Leprakranken begegneten, immer in der östlichsten, unmittelbar an das Querschiff anschließenden der fünf unter Abt Guy de Monceaux (1363–98) an das nördliche Seitenschiff angebauten Kapellen lokalisiert, der sogenannten Trinitätskapelle oder auch „Kapelle des Leprakranken“ [518]. Den abgeriebenen Steinen des Fensters, durch das Christus dabei die Kirche betreten haben soll, und die man in ein Getränk mischte, maß man ebenso Heilkraft insbesondere gegen Fieber zu wie dem Brunnen in der Krypta, dessen Wasser, von Doublet als «fort bonne» und «trés claire» beschrieben, noch im ausgehenden 15. Jahrhundert selbst in den angrenzenden europäischen Ländern als Heilmittel begehrt war [519]. Damit aber nimmt sich die von Suger bezeugte Rücksichtnahme auf die geheiligten Traditionen von Saint-Denis nicht mehr ungewöhnlich aus, sie erweist sich vielmehr als der natürliche Ausdruck jener die anthropologische Situation bestimmenden Glaubensüberzeugung, auf welcher auch die consécration légendaire wie die Königssalbung von 754 aufruhen.

4. Der karolingische Königskult und die Weihe von 775

In der Nachfolge des merowingischen *psallentium* für den Stifter entwikkelt sich bereits seit 724 (Karl Martell: pro estabilitate rigni nostri) die Gebetsauflage zu einem Gebetsdienst für die Dynastie: „So will Pippin in der Zeit der Vorbereitung des karolingischen Königtums 751 *pro nos vel filios nostros seu pro stabilitate regni Francorum die noctuque incessabiliter* beten und . . . *ad sepulcrum ipsius sancti Diunisii rezitieren lassen*“ [520]. Offensichtlich ist das Grabmartyrium Dagoberts noch die zentrale Stelle des Kultes. Die Dynastie wird bald darauf durch die Salbung Pippins und seiner beiden Söhne Karl und Karlmann durch Papst Stephan II. im Jahre 754 kultisch in

[518] Liebman (1935), S. 255–257, Anm. 3; Lombard-Jourdan (1985), S. 253 und S. 257–258.

[519] Lombard-Jourdan (1985), S. 246–250; dort werden auch noch weitere materielle Zeugnisse aufgeführt und eingehend beschrieben, etwa die in einem Reliquiar aufbewahrte, mit Geschwüren bedeckte Haut, die Christus vom Gesicht des Leprakranken abgehoben hatte (die «rafle du mesel»), S. 251–253.

[520] Krüger (1971), S. 184 f.; Quellen S. 185/Gebetsauflagen. Schon Karl Martell war nach seinem Tode 741 über 90 km überführt worden, um „auf der linken Seite“ (des Chores?) bestattet zu werden; durch seine Schenkungen hatte er das Recht des Eintritts in die merowingische Königsgruft erworben, Krüger S. 179. Das Grab, das sichtbar und zugänglich war, wurde 1264 auf die rechte Seite verlegt. Quellen bei Krüger, S. 181/Karolinger; 182 f./Literatur.

monasterio sancti Dionisi martiris befestigt[521]; obwohl diese Handlung nach der erwähnten, die dynastische Nachfolgeregelung Pippins betreffenden zeitgenössischen Quelle keinesfalls in einen näheren baulichen Zusammenhang mit der Basilika gebracht werden kann, führen Art und Ort der Bestattung des 768 in Saint-Denis gestorbenen Pippin[522] zu einem der aufregendsten Motive fränkischen Kirchbaus überhaupt. Da dies jedoch nach den Briefen Ludwigs des Frommen und des Abtes Hilduin westlich *ante limina* der Basilika geschah[523], betrifft der mit Pippins Bestattung zusammenhängende Bauteil unsere Untersuchung der Ostanlage nur mittelbar: Nicht nur die übrigen karolingischen Quellen zwingen uns aber, Art und Umfang der karolingischen Bebauung im Westen zur Abgrenzung gegenüber der uns interessierenden weiteren Gestaltung des Sanktuariums im Osten kurz anzuschneiden, vielmehr werden auch die berühmten Sugerquellen erst durch eine Klärung dieser Fragen verständlich.

Es sei kurz daran erinnert, daß die Annahme eines Westabschlusses der Urbasilika im Bereich der stets postulierten Lokalisierung des „karolingischen Westwerks" archäologisch nicht vertretbar ist[524]. Es gibt, wie wir sehen werden, in den karolingischen Quellen keinen einzigen Hinweis auf eine Restaurierung oder einen Umbau der Basilika selbst, von einem Neubau ganz zu schweigen. So spricht auch Suger ausschließlich von der bestehenden Basilika als einem Werk Dagoberts[525], an dem Karl der Große ein *augmentum* über dem Grab seines Vaters errichtet hatte, dem Grab, das in Übereinstimmung mit dem Brief Ludwigs des Frommen genau lokalisiert wird: „außerhalb im Eingang mit der Flügeltür"[526]. Da nun Suger Abbruch-

[521] Siehe unsere Untersuchung, Kap. III, 3, a, sowie Anm. 443. Dieser Sachverhalt wird in *Fred. Cont.* 53 (SS rer Mer 2, 193), nach Krüger (1971), S. 182, nachdrücklich betont, wo von Pippins dynastischer Nachfolgeregelung die Rede ist.

[522] Pippins kurz vor seinem Tode geäußerter „Wunsch", in Saint-Denis bestattet zu werden, wird in einer Schenkungsurkunde verordnet: „. . . *pro animae nostrae remedium seu et propter locum sepulturae corporis mea*" (DPipp 28; p. 39, 27 f., nach Krüger [1971], S. 182).

[523] Brief Ludwigs des Frommen an Hilduin 835 (Epp 5, 326, 34 f., nach Krüger (1971), S. 182/Pippin-Lage): „Quique (sc. Pippinus) cum quanta se humilitate ante limina basilicae sanctorum martyrum perfuncto huius vitae curriculo sepeliri precepertit, titulus etiam ipsius conditorii innotescit." Crosbys Ausgrabungen haben kein Anzeichen der Bestattung Pippins zwischen den Querfundamenten des ältesten Westabschlusses der Basilika und dem heutigen Westbau zu Tage gefördert. Oben, in Kap. II, 4 und Anm. 83, haben wir darauf hingewiesen, daß eine solche Bestattung in diesem Bereich wohl kaum möglich gewesen sein konnte. Formigé (1960), S. 63, wollte einen mit rotem Mörtel ausgeschlagenen Sarkophag westlich des Fundaments als Sarkophag Pippins erkennen; diese Hypothese beruhte aber ausschließlich auf einer Datierung des Quermauerwerks, welche sich als unhaltbar erwiesen hat.

[524] Vgl. oben, Kap. II, 4 und Anm. 523.

[525] Vgl. oben, Anm. 411 und Kap. III, 2.

[526] Suger, *Admin.* 44, 12–13 (stets nach Panofsky [1979] verkürzt zitiert, vgl. Kap.

arbeiten an diesem, vor dem Eingang gelegenen Westbau vornahm, in deren Zuge das erwähnte Einzelportal um zwei weitere ergänzt und der Kirchenkörper dabei vergrößert werden sollte (auch Türme kamen später hinzu), kann eine gewisse Vorstellung von dem ursprünglichen Westbau gleichsam zufällig gewonnen werden[527]. Vor allem aber geht aus dem Weihebericht dieser Erweiterungsbauten und der von Suger im Obergeschoß neu eingerichteten Kapellen eine knappe Beschreibung des ursprünglichen Westbaus hervor, die jedoch, um Sugers Umgestaltungsvorhaben zu rechtfertigen, negativ gefärbt erscheint: „Da die an der Westseite der Vorderfront gelegene, dem Haupteingang dienende schmale Vorhalle beiderseits von Türmen eingeengt wurde, die weder hoch noch besonders stattlich, bereits dem Verfall nahe waren, so begannen wir mit Gottes Unterstützung an dieser Stelle die Arbeit.“[528] Demnach müßten an der Fassade die Turmuntergeschosse blind gewesen sein. Nach diesen beiden Beschreibungen erhielt der Haupteingang, das einzelne Mittelportal, erst durch die *triplicatio* der Portale unter Suger die flankierenden Seitenportale[529]. Dem

III, 8): „extra in introitu valvarum“, übersetzt nach Krüger (1971), S. 182/Pippin-Suger; vgl. auch die folgende Anmerkung.

[527] Suger, *Admin.* 44, 9–17; leicht abweichend Krüger (1971), S. 182/Pippin – Lage: „Accessimus igitur ad priorem valvarum introitum; et deponentes augmentum quoddam, quod a Karolo Magno facto perhibebatur (!), honesta satis occasione, quia pater suus Pipinus imperator extra in introitu valvarum pro peccatis patris sui Karoli Martelli prostratum se sepeliri, non supinum, fecerat; ibidem manum apposuimus; et, quemadmodum apparet, et in amplificatione corporis ecclesiae, et introitus et valvarum triplicatione, turrium altarum et honestarum erectione, instanter desudavimus.“ Daß Pippin sich wegen der Sünden seines Vaters mit dem Gesicht nach unten begraben ließ, wird auch in seinem Grabtitulus angesprochen: „voller Demut“ ließ er sich beerdigen, vgl. Krüger (1971), S. 179.

[528] Suger, *Cons.* 88, 27–32 (vgl. Krüger [1971], S. 182/Pippin – Lage, dort auch weiterführende Literatur): „Quia igitur in anteriori parte, ab aquilone (Krüger: parte ab Aquilone principali), principali ingressu principalium valvarum porticus artus hinc et inde gemellis, nec altis, nec aptis (Krüger: aptibus) multum, sed minantibus ruinam, turribus angebatur, ea in parte inito directae testitudinis et geminarum turrium robusto valde fundamento materiali, robustissimo autem spirituali, de quo dicitur.“ Unsere Übersetzung nach Ernst Gall, op. cit. Anm. 9, S. 100, der schon vor Panofsky *ab aquilone* mit „an der Westseite“ übersetzt hat; vgl. die ausführliche Diskussion zum Stand der Forschung bei Panofsky (1979), S. 225–229.

[529] Der Ausbau zu drei Portalen geschah unter spolienmäßiger Einverleibung eines älteren Portals, des früheren Zugangs zum „Atrium“, Suger, *Admin.* 46, 1–2: „... per singularum portam de antiquo in novum opus transpositam tertio ...“ Crosby (1942), S. 118–120, übersetzt die betreffenden Stellen in *De consecratione* XXV (A): “The arched doorway (*arctus* für *artus*) was narrowed on both sides by twin towers, neither high nor very beautiful, ...” und *De administratione* XXV (B): “We planned ... for the tripling of the entrance and of the doors”, und weiter – eine eindeutige Bestätigung des Bauvorgangs – *De administratione* XXVI (C): “the single

entspricht auch der Baubefund: Die Steinlagen aller drei Portale stehen nirgends im Verband mit dem Mauerwerk, die heutigen Portale gehören nicht zur ursprünglichen Fassade, sondern wirken wie nachträglich hineingearbeitet. Die Seitenportale mußten nunmehr mit dem Kirchenkörper verbunden und das Langhaus dementsprechend vergrößert werden; auch die Einrichtung von drei Kapellen darüber im Obergeschoß wäre als *amplificatio* des Innenraumes im Zuge der Integration des Westbaus anzusehen. Unversehens verquicken sich in Sugers Schriften das von ihm „aufgegebene" *augmentum* (. . . *et deponentes augmentum quoddam* . . .)[530] mit dem eigenen neugestalteten Westbau. Seit langem ist das arg zusammengestückelte Agglomerat als aus zwei gänzlich verschiedenen Vorhaben entstanden erkannt

door of the atrium of the old transposed in the new work to three." Dies wird von Crosby wie folgt auch ausgelegt: ". . . he changed the original single doorway of the atrium into three doors." Panofsky (S. 225) lobt Crosbys Rekonstruktion des karolingischen Westbaus, die doch auf dessen Auslegung der Texte begründet ist, als "excellent exposition . . . marred only by the fact that he translates the word artus ('narrow') as 'arched'." Seine eigene Übersetzung (S. 89) weicht dementsprechend ab: (A) "The narrow hall [wohl richtiger als Crosby] was squeezed in on either side by twin towers neither high nor very sturdy" ("sturdy" statt Crosbys "beautiful"!). Die Stelle (B) weicht bei Panofsky (S. 45) kaum von Crosby ab: "We exerted ourselves . . . with the trebling of the entrance and the doors", jedoch wird Panofskys durchweg voreingenommene interpretative Art der Auslegung sichtbar, wenn er, trotz des deutlichen und wiederholten (auch von Panofsky in [B] notgedrungen erkannten) Hinweises Sugers auf die Verdreifachung der Eingänge, diese "trebling" bei seiner Übersetzung (S. 45 f.) der Stelle (C) auf den zeitlichen Ablauf des Vorgangs bezieht: ". . . and, thirdly, they reentered through the single door of the cemetery which had been transferred from the old building to the new." Schon 1970 in unserem ›Sculpture and its Architectural Context at Chartres around 1200‹, in: The Year 1200, III, New York 1975, S. 531, Anm. 24, haben wir auf den Umstand hingewiesen, daß Suger nichts über neue Portalskulpturen sagt, obwohl er die Wiederverwendung älterer Bronzetüren betont (die Aubert in das 11. Jh. und Frankl in das 8.–9. Jh. datieren), was durchaus den Architekturrahmen miteinbegreifen könnte; "if . . . existing portals had been dismantled and synthesized into an enlarged and unified triple-portal composition by means of additional sculptural masonry, and this complex taken as the basis for the . . . new façade, then the idiosyncrasies of Suger's texts become less puzzling". Zu der Zeit war jedoch noch kein Verdacht bezüglich eines bestehenden karolingischen Westbaus aufgekommen. Noch in ihrem heutigen Vorkommen sind Anzeichen der Austauschbarkeit zwischen den seitlichen Westportalen und dem „Atriums"-Portal an der Nordquerhausfassade evident: Formigé (1960), S. 99, weist auf die gleiche Länge der Figurensäulen der Gewände hin.

530 *Depono* kann nicht als „abgerissen" ("torn down", wie Panofsky, S. 45) übersetzt werden, es bedeutet vielmehr das Aufgeben des *augmentum*; im überragenen Sinne wurde das karolingische Bauwerk, das nie eine kirchliche Bezeichnung trug (oder erst unter Hilduin), „beseitigt" – und zwar indem seine ursprüngliche, wohl eher dem *regnum* als dem *sacerdotium* dienende Funktion durch die Weihe der drei Kapellen als „nova ecclesia" (*Ord.* 132, 33) überwunden wurde. Vgl. Kap. III, 8.

worden[531]; daß dabei die oberen Teile teilweise abmontiert und die anfallenden Quaderschichten beim Umbau wiederverwendet wurden, geht aus einer jüngst erschienenen, etwas eingehenderen archäologischen Untersuchung hervor[532]. Es trifft mithin nicht zu, wie etwa Panofsky ausführt, daß Suger gemäß seinem Selbstlob die erfolgreiche Lösung der axialen Ausrichtung seines Westbaus erreichte[533]. Vielmehr hat, wie wir in unserer einleitenden Beschreibung sahen und jedermann heute noch sehen kann, ein früherer Westbau als unabhängiger Baukörper keine Rücksicht auf die Basilika genommen – weder axial noch in der Gesamtgliederung. Daß also Suger lediglich den frühkarolingischen, dreiteiligen Ehrenbogen über dem Grabe Pippins[534] als Fassade seiner großangelegten Ersetzung der Urbasilika umgestaltete, wird durch sämtliche vorausgehenden karolingischen Quellen bestätigt; hier konzentrierte sich zunächst das primär kultische Verlangen des Karolingertums. Bei aller behaupteten Demut der Pippin-Bestattung handelt es sich um nichts weniger als die „Ablösung der Merowinger auch in ihrem Grabkloster", bei der „den letzten Merowingern die Grabstätte ihrer Ahnen (verschlossen)" wurde[535]; vom karolingischen Saint-Denis nahm

[531] Im Untergeschoß überschneiden die Schildbögen überall die Fenster, die Diagonalbögen sind gelegentlich nachträglich hineingearbeitet, weil sowohl aus der Raumdisposition wie auch der Konstruktion von Sugers Obergeschoßkapellen hervorgeht, daß diese zwischen bestehenden Mauern durch Einziehung neuer Fußböden nachträglich eingefügt worden sind. Wir weisen hier nur noch auf die exzentrische Lage der offensichtlich später hineingearbeiteten Seitenportale hin, die nicht axial mit den gegenüberliegenden Durchgängen in dem Kircheninneren liegen, daher wohl kaum als Portale in einer ursprünglichen Fassade geplant gewesen sein können. – Siehe auch: Werner Meyer-Barkhausen, Die frühmittelalterlichen Vorbauten an Alt-St.-Peter in Rom. Zweitürmige Atrien, Westwerke und karolingisch-ottonische Königskapellen, in: Wallraff-Richartz-Jahrbuch 20 (1958), S. 7–40, bes. S. 31 f.

[532] Stephen Gardner, Two campaigns in Suger's Western Block at St.-Denis, in: Art Bulletin 66 (1984), S. 574–587, bes. S. 580, Anm. 23, frühere Literatur von Bedeutung wird angeführt. Übereinstimmend mit der älteren Forschung zieht Gardner aus seinen eigenen Beobachtungen lediglich den Schluß, zwei verschiedene eigenständige Meister haben sich innerhalb einer Bauzeit von einem halben Jahrzehnt abgelöst.

[533] Panofsky (1979), S. 230.

[534] Bei der Bildung eines mittleren Bogenganges, flankiert von zwei Blendteilen, ist die Anspielung auf den Typus des römisch-kaiserlichen Ehrenbogens als eines christlichen Triumphbogens über den „Reliquien" seines Vaters selbstverständlich; gegenüber der merowingisch „besetzten" Basilika ahmt auch Karl hier im Westbau bezeichnende römische Bauteile nach. Als Vergleichsbeispiele ist nicht nur an die Lorscher Torhalle und Einhards Triumphbogen-Reliquiar zu denken, sondern sicherlich an das «Escrin de Charlemagne» und möglicherweise mit direkter Nachwirkung an das Antependium Karls des Kahlen im Inneren der Abteikirche selber.

[535] Vgl. oben, Anm. 526. Zitate von Oelsner und Ewig nach Krüger (1971), S. 182/Literatur.

die fränkische Tradition, sich westlich des Eingangs bestatten zu lassen, ihren Ausgang[536]. Es ist das Grab Pippins *ante limina* der Basilika, dessen Karl der Große 769 in seiner ersten Urkunde für das Kloster gedenkt, als er den fortdauernden Gebetsdienst wieder regelt, bei dem die Mönche nunmehr *an diesem Ort* die besonderen Riten für den König, der ebenfalls hier bestattet zu werden wünschte, für sein Haus und für seinen Vater bei Tag und bei Nacht zu pflegen haben[537]. Und es ist diese gleiche Gebetsauflage, die 775 am Weihetag des Neubaus unter persönlicher Teilnahme Karls des Großen „noch einmal wiederholt wurde *pro nobis prosequente progeniae nostra die noctuque*", die somit das frühere *psallentium* der merowingischen Könige ablöst[538]. Bei aller abschätzigen Beschreibung des Bauteils durch Suger kann sich Karls Auflage von 775, „das neu gebaute Werk mit größter Gebührlichkeit" zu weihen (– eine Auflage, die bei einer *Kirch*weihe wohl überflüssig wäre –) nur auf dieses zu einem solch entscheidenden Wandel des Königskultes bestimmte Westwerk vor der Basilika beziehen: „. . . *ad* ecclesiam sancti Diunisii . . . nos . . . a novo aedificavimus opere, et modo cum magno decore jussimus dedicare . . ."[539]

[536] Vgl. Robert Folz, Le Souvenir et la Légende de Charlemagne dans l'Empire germanique médiéval, Paris 1950, S. 90, und E. Baldwin Smith, Architectural Symbolism of Imperial Rome and the Middle Ages, Princeton N. J., 1956, S. 78 (nach Panofsky [1979], S. 149). Auf das kunsthistorische „Westwerk" brauchen wir nicht einzugehen; die uns hier interessierende Frage nach der Bedeutung dieser Frühzeit für die absolute Chronologie der Entwicklung der Gotik wird jedoch durch einen Blick auf die Abteikirche Saint-Yved in Braîne gefördert: Auch hier, in dem noch umstrittenen, leider verschwundenen Westbau wurde eine Bestattung unter dem Westportal neuerdings von Jeoraldean McClain ergraben. Madeleine Caviness, Saint-Yved of Braîne: The Primary Sources for Dating the Gothic Church, in: Speculum 59 (1984), S. 524 ff., bes. S. 537, Anm. 41, der wir diesen Hinweis verdanken, widerlegt ihre eigene sehr schöne Quellenforschung, bei der (1.) die liturgischen Auflagen der Agnes von Braîne, (2.) das Verhältinis der Abtei zum König Ludwig VII. und (3.) eine Baunachricht alle auf eine Entstehung in der ersten Hälfte des 12. Jh. weisen, durch ihr bescheidenes Rückzugsgefecht, eine „frühe" Datierung zwischen 1176 und 1208 zu verteidigen! Dies geschieht wiederum nur anhand des sinnlosen Geflechts stilistischer Postulate der Unterrichts-Kunstgeschichte.

[537] Krüger (1971), S. 185 und 187; Quelle S. 186, Schenkung des Klosters Saint-Dié (DD Karol I, Nr. 55; p. 81, 30 ff.): „ad casa sancti domni Dyonisii martyris, ubi ipse . . . requiescit et domnus et genitor noster Pippinus rex requiescere videtur et nos, si domino placuerit sepeliri cupimus, . . . ea videlicet ratione ut semper ipsi fratres decem aut quindecim per vices ibidem ipsum locum custodire debeant et ibi assiduae in psalmis et missas et ceteris obsecrationum orationibus vel peculiares orationes pro nobis et pro domno adque glorio(so) genitore nostro deum preces exorare die et nocte non desistant."

[538] Krüger (1971), S. 185, vgl. S. 187; Quelle, S. 186/Karl d. Gr. (D KdGr, Nr. 92, p. 133, 34 ff.), die Gebetsauflage ähnlich der anläßlich der Schenkung des Klosters Saint-Dié, vgl. oben Anm. 537.

[539] Das Diplom bezieht sich auf die Schenkung der Villa Luzarches und ist auf

Zwischen der gut überlieferten Gestaltung des Kultes Dagoberts I. in der Apsis der Urbasilika 635 und Hilduins Einrichtung eines neuen Kultes östlich außerhalb von ihr im Jahre 835 gibt es überhaupt keine andere authentische Erwähnung irgendwelcher Bauarbeiten an der Abteikirche. Eine „Fulrad“kirche hat es nicht gegeben; weder in Fulrads Testament noch in den ausführlichen Schriften seines späteren Nachfolgers Hilduin (siehe im folgenden) wird ein Neubau der Basilika irgendwie angedeutet[540], obwohl Fulrad während dieser ganzen uns hier betreffenden Periode Abt gewesen war (749–784). Obgleich ein Drittel der erhaltenen Urkunden Pippins (zwischen 751 und 768) von seiner Unterstützung des Klosters zeugen, wird ein eventueller Neubau der Basilika in keiner einzigen erwähnt[541]. Buchner folgert zu Recht, daß [die Bauarbeiten] gänzlich auf die Interessen Karls des Großen (768–814) zurückzuführen sind[542], sie sind jedoch auf das 775 geweihte *augmentum*, keinesfalls auf einen Neubau der Basilika zu beziehen; auch Karls Nachfolger, Ludwig der Fromme, erwähnt bei allen engen Beziehungen zu Hilduins Bautätigkeit östlich der Basilika nie einen Neubau der Abteikirche.

Crosbys generell zuverlässige Bearbeitung der Quellen setzt demnach verschiedentlich richtig an: “The first prerequisite in studying any building is to understand its program or function”, aber “the real causes for building a new church in the eighth century are not known”; nach einer kritischen

den 25. Februar 775 datiert (DKdGr 92; p. 133, 34 ff., nach Krüger [1971], S. 186 und 188; ed. Tangl, MGH, Dip. Kar., I, 132, nach Crosby [1942], S. 91, Anm. 24, nach dem wir zitieren): „Donamus pro animae nostrae remedio ad ecclesiam sancti Diunisii, ubi ipse preciosus domnus cum sociis suis corpore quiescunt, et venerabilis vir Fulradus abba praeesse videtur, et nos, Christo propitio, a novo aedificavimus opere, et modo cum magno decore jussimus dedicare, donatumque in perpetuo ad ipsum sanctum locum esse volumus, hoc est.“ Nur unter dem erdrückenden Einfluß herkömmlicher Vorstellungen interpolieren sowohl Krüger (1971), S. 187, wie auch Crosby (1942), S. 91, die Weihe bzw. den Bau „einer Kirche“ in der Besprechung bzw. Wiedergabe dieser Quelle.

540 Vgl. Crosby (1942), S. 92. Auf Fulrad folgten drei Äbte, bevor Hilduin Abt von Saint-Denis wurde (vgl. Crosby, S. 80).

541 Vgl. Krüger (1971), S. 186, und Crosby (1942), S. 92.

542 Buchner (1938), S. 452. Vgl. Kommentar oben, Anm. 352. Zum historischen Hintergrund der Erneuerung der Promissio Pippins aus dem Jahre 754 durch Karl um das Osterfest des Jahres 774 am Grabe des Hl. Petrus siehe ausführlich das vorausgehende Kapitel III, 3, a. Im Zusammenhang dieser Bekräftigung der durch Pippins Promissio begründeten Zwillingskommunität zwischen fränkischem Staat und fränkischem Königtum sowie der römisch-apostolischen Kirche, die einherging mit der kultisch-ekklesiologischen Befestigung der pippinschen Dynastie durch Papst Stephan II. (auch Karl erhielt dabei anno 754 in Saint-Denis die Königssalbung), ist wohl auch Karls Bemühen zu sehen, diesem für die abendländische Geschichte wie auch für Karls Selbstverständnis als Herrscher hochbedeutsamen Ereignis in Saint-Denis eine ständige kultisch-liturgische Repräsentanz zu verleihen.

Exposition der fehlenden Zeugnisse folgert er jedoch nicht nur, daß "the texts therefore prove that a new church was built at St.-Denis" (sic), sondern versteigt sich sogar zu Maßangaben mit Zentimeter-Genauigkeit, die er aus postulierten Fußmaßen, Proportionen und rekonstruierten (nicht ergrabenen) Bauteilen gewinnt und sogar (um "the massing of Fulrad's church" zu verdeutlichen) in Form eines Modells darstellt[543]. Die dadurch entstandenen schattenhaften Umrisse des Gebildes einer Kirche, die nie existiert hat, sind eine zutreffende Darstellung imaginärer Werte, die seit 45 Jahren zu tiefen Überlegungen geführt haben.

Die ältere Annahme, daß es sich bei der durch eine Urkunde Karls des Großen verbürgten Weihe von 775 um einen weitgehend erneuerten, womöglich gänzlich neu errichteten Kirchbau handelt[544], ging vor allem von der Überzeugung aus, daß ein bedeutenderes Bauwerk in merowingischer Zeit nicht gestanden haben könnte und verkannte den archäologischen Nachweis eines kontinuierlichen Aus- und Weiterbaus. Ferner hat sich gezeigt (siehe das vorausgehende Kapitel), daß eine Kirchweihe nicht einen vollständigen Neubau voraussetzt, sondern schon die Weihe eines neu errichteten oder umgestalteten Gebäudeteils die Bedeutung einer Neuweihe annehmen kann. So wird auch die Weihe von 775 als ein Glied in der fortwährenden Neugestaltung der Abteikirche von Saint-Denis unter Bewahrung des überkommenen Bestandes angesehen werden müssen. Dies hat auch der bisherige bauarchäologische Befund bestätigt.

5. Die Baubeschreibung aus dem Jahre 799

In einem Reichenauer Handschriftenkodex aus dem Anfang des 9. Jahrhunderts findet sich die Kopie einer im Kloster Saint-Denis im Jahre 799 entstandenen Baubeschreibung (Tabelle C). Im Zuge eines regen Bücherverkehrs zwischen beiden Klöstern ist dieses Dokument zusammen mit anderen Handschriften, die dem Skriptorium von Saint-Denis zugewiesen werden können, unter Abt Erlebald zur Reichenau gelangt und durch eine entsprechende Eintragung in Reichenauer Kataloge als Zuwachs der dortigen Bibliothek vermerkt worden. Darin können wir zunächst einen gewichtigen Hinweis auf die engen Bindungen erblicken, die zwischen Saint-Denis und der Reichenau um diese Zeit bestanden. Begründet wurde diese Verbindung vor allem durch Abt Waldo, der in den Jahren 781 bis 814 sowohl nach als auch nebeneinander Abt von Sankt Gallen und der Reichenau,

[543] Crosby (1942), S. 95, 90, 93 und 150, in der Reihenfolge der Zitate, schließlich S. 128–164 insgesamt. Das Modell wird aus vier verschiedenen Blickwinkeln photographiert und auf Abb. 37 und 38 zwischen S. 150–151 dargestellt. Vgl. ferner Crosby (1966), S. 6, und auch Formigés (1960) Versuch auf S. 59–64.

[544] Levillain (1907), S. 220 f.; ders. (1930), S. 8; Formigé (1960), S. 62.

Tabelle C

Originalhandschrift der Beschreibung der Basilika von Saint-Denis aus dem Jahre 799 aus dem Kloster Reichenau, Codex Aug. CCXXXVIII, fol. 159v und 160r. (Abgedruckt bei Ch. Samaran, Journal des Savants [1981], S. 46.)

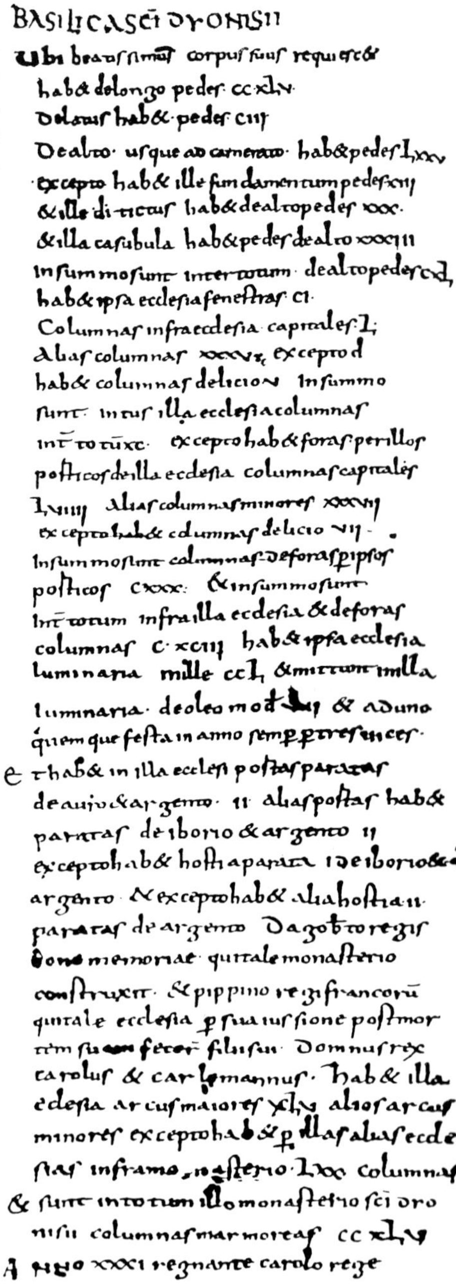
BASILICA SCI DYONISII
Ubi beatissimus corpus suus requiesc&
hab& delongo pedes CCXLV.
Delatus hab& pedes CIII
Dealto usque ad cameratum hab& pedes LXXV
excepto hab& ille fundamentum pedes XIII
& ille diricius hab& dealto pedes XXX.
& illa casubula hab& pedes dealto XXXIII
In summo sunt inter totum dealto pedes CXL
hab& ipsa ecclesia fenestras CI.
Columnas infra ecclesia capitales LI
Alias columnas XXXVII excepto d
hab& columnas delicio Insummo
sunt intus illa ecclesia columnas
int totum XC. excepto hab& foras per illos
posticos de illa ecclesia columnas capitales
LVIII alias columnas minores XXXIII
excepto hab& columnas delicio VII.
In summo sunt columnas deforas per ipsos
posticos CXXX. & in summo sunt
int totum infra illa ecclesia & deforas
columnas C XCIII hab& ipsa ecclesia
luminaria mille CCL & mittunt in illa
luminaria de oleo mod [illegible] & aduno
quemque festa in anno semper [illegible]
E thab& in illa ecclesia postas paratas
de auro & argento II alias postas hab&
paratas de iborio & argento II
excepto hab& hostia parata I de iborio &
argento & excepto hab& alia hostia II
paratas de argento Dagobto regis
bone memoriae qui tale monasterio
construxit. & pippino regi francorum
qui tale ecclesia per sua iussione post mor
tem sua fecerunt filii sui. Domnus rex
carolus & carlomannus. Hab& illa
ecclesia arcus maiores XLV alios arcus
minores excepto hab& per illas alias eccle
sias inframonasterio LXX columnas
& sunt in totum illo monasterio sci dio
nisii columnas marmoreas CCXLV
ANNO XXXI regnante carolo rege

Edition B. Bischoff, Kunstchronik 34 (1981), S. 99f.

Basilica sancti Dyonisii,
ubi beatissimus corpus suus requiescet,
habet de longo pedes CCXLV.
De latus habet pedes *CLII.*
De alto usque ad camerato habet pedes LXX.
Excepto habet ille fundamentum pedes XIII
et ille *tictus* habet de alto pedes XXX
et illa casubula habet pedes de alto XXXIII.
In summo sunt inter totom der alto pedes CXL.
Habet ipsa ecclesia fenestras CI.
Columnas infra ecclesia capitales L,
alias columnas XXXV. Excepto
habet columnas de licio V. In summo
sunt intus illa ecclesia columnas
inter totum XC. Excepto habet foras per illos
porticos de illa ecclesia columnas capitales
LVIIII, alias columnas minores XXXVII.
Excepto habet columnas de licio VII.
In summo sunt columnas *deforas* per ipsos
porticos *CIII* et in summo sunt
inter totum infra illa ecclesia et *deforas*
columnas CXCIII. Habet ipsa ecclesia
luminaria mille CCL et mittunt in illa
luminaria de oleo modios VIII et ad *uno*
quemque festa in anno semper per tres vices.
Et habet in illa ecclesi*a* portas paratas
de auro et argento II. Alias portas habet
paratas de iborio et argento II.
Excepto habet hostia parata I de iborio et de
argento et excepto habet alia hostia II
paratas de argento Dagoberto regis
bone memoriae, qui tale monasterio
construxit, et Pippino regi Francorum,
qui tale ecclesia per sua iussione post mor-
tem suam fecerunt filii sui domnus rex
Carolus et Carlomannus. Habet illa
ecclesia arcus maiores XLV, alios arcus
minores . . . Excepto habet per illas alias eccle-
sias infra monasterio *LII* columnas
et sunt in totum illo monasterio sancti Dyo-
nisii columnas marmoreas CCXLV.
Anno XXXI regnante Carolo rege.

Edition A. J. Stoclet, Journal des Savants (1980), S. 104f.

Basilica sancti Dyonisii
ubi beatissimus corpus suus requiesc*it*
habet de longo pedes CCXLV;
de lato habet pedes CIII;
de alto usque ad camerat*um* habet pedes *LXIV*
excepto habet ill*ud* fundamentum pedes XIII;
et ille *ditictus* habet de alto pedes XXX;
et illa casubula habet pedes de alto XXXIII.
In summo sunt inter totom de alto pedes CXL.
Habet ipsa ecclesia fenestras CI,
columnas infra ecclesia capitales L,
alias columnas XXXV. Excepto
habet columnas de licio V. In summo
sunt intus illa ecclesia column*ae*
inter totum XC. Excepto habet foras per ill*as*
portic*us* de illa ecclesia columnas capitales
LVIIII, alias columnas minores XXXVII.
Excepto habet columnas de licio VII.
In summo sunt colum*nae de foras* per ips*as*
portic*us CIII.* Et in summo sunt
inter totum infra illa ecclesia et *de foras*
column*ae* CXCIII. Habet ipsa ecclesia
luminaria mille CCL et mittunt in illa
luminaria de oleo modios VIII et ad *unam-*
quemque fest*am* in anno semper per tres vices.
Et habet illa ecclesi*a* portas paratas
de auro et argento II. Alias portas habet
paratas de iborio et argento II.
Excepto habet host*ium* parat*um* I de iborio et de
argento et excepto habet alia hostia II
parat*a* de argento. Dagoberto reg*i*
bone memoriae, qui tale monaster*ium*
construxit, et Pippino regi francorum
qui tal*em* ecclesi*am* . . . per sua iussione post mor-
tem suam fecerunt filii sui domnus rex
Carolus et Carlomannus. Habet illa
ecclesia arcus maiores XLV, alios arcus
minores . . . Excepto habet per illas alias eccle-
sias infra monasterio *LXX* columnas.
Et sunt in toto illo monasterio sancti Dyo-
nisii column*ae* marmore*ae* CCXLV,
anno XXXI regnante Carolo rege.

Tabelle D

Der Abdruck beider Editionen folgt in der Zeileneinteilung der zugrundeliegenden (gegenüber abgedruckten) Handschrift. Konjekturen der Editoren und voneinander abweichende Lesarten sind kursiv gedruckt. Die jeweilige Interpunktion stammt von den Editoren. (Siehe auch unsere Anm. 546.)

Bischof von Basel und Pavia sowie Abt von Saint-Denis war, und damit unmittelbarer Vorgänger Abt Hilduins[545].

Darüber hinaus mußte eine solche Baubeschreibung auch das Interesse der Architekturhistoriker finden. Die einer überspannten Erwartungshaltung Vorschub leistende Editionsgeschichte dieser Baubeschreibung aus dem Jahre 799[546] jedoch fand ihre Fortsetzung in dem Versuch der Saint-Denis-Forschung, die genannte Quelle den jeweiligen Hypothesen zur Baufolge dienstbar zu machen[547]. Wie wenig Beachtung die methodische Notwendigkeit fand, Quelle und Baubefund zunächst getrennt zu analysieren und zu rekonstruieren, zeigt sich in dem offenkundigen Einfluß baugeschichtlicher Hypothesen auf die editorische und interpretatorische Textarbeit. Ein Blick auf die vorliegenden Editionen von Bischoff und Stoclet nämlich läßt vermuten, daß vornehmlich die Hypothesen Crosbys und Formigés nicht nur bei der im Kommentar vorgenommenen Interpretation der Maßangaben und der architektonischen Begriffe Pate gestanden haben, sondern bis in die Textrekonstruktion hinein nicht ohne Einfluß geblieben sind[548] (siehe Tabelle C und D).

In erster Linie muß die maßgebliche Funktion des hypothetischen „Fulradbaus" bezogen auf die vorliegende Quelle erwähnt werden. So nimmt es nicht wunder, daß die Baubeschreibung von 799 (natürlich in der entsprechenden Interpretation) von der Saint-Denis-Forschung als Bestätigung der

[545] Siehe Bernard Bischoff, Eine Beschreibung der Basilika von Saint-Denis aus dem Jahre 799, in: Kunstchronik 34 (1981), S. 97–103, davon zur Handschriftenüberlieferung besonders die S. 98 f. Zum historischen Hintergrund vgl. auch O. G. Oexle, Forschungen zu monastischen und geistlichen Gemeinschaften im westfränkischen Bereich, München 1978, S. 112 ff.

[546] Siehe hierzu Bischoff, op. cit., S. 97. Der von Bischoff angesprochene kommentarlose erste Abdruck durch Alain J. Stoclet, Une description contemporaine de la basilique carolingienne de S. Denis, près de Paris, in: Latomus 39 (1980), S. 191 f., stellt, wie der bei Charles Samaran, La descriptio basilicae Sancti Dionisii, Note complimentaire, in: Journal des Savants (1981), S. 45 f., abgebildete Originaltext zeigt, eine bloße Transskription dar, wobei sich Stoclet, anders als Bischoff, gegen die Expungierung der Silbe „di" in Zeile 7 entscheidet und „ditictus" statt „tictus" liest. Diese Lesart übernimmt Stoclet auch in seinem kommentierten Text ›La Descriptio Basilicae Sancti Dyonisii – Premiers Commentaires‹, in: Journal des Savants (1980), S. 103–117, bes. S. 104 f. Die von Stoclet in dieser kommentierten Edition vorgenommenen Eingriffe in den Text beruhen wie auch die von Bischoff angebrachten Korrekturen nicht auf Textvarianten (es gibt nur diese eine bei Samaran fotomechanisch reproduzierte Handschrift, vgl. Bischoff, op. cit., S. 98 f.), sondern auf Konjekturen der jeweiligen Editoren (siehe unsere Tabelle C und D).

[547] Vgl. hierzu den recht getreuen und entlarvenden Forschungsüberblick von Werner Jacobsen, Saint-Denis in neuem Licht: Konsequenzen der neuentdeckten Baubeschreibung aus dem Jahr 799, in: Kunstchronik 36 (1983), S. 301–308. Bischoff, Stoclet und Jacobsen werden hiernach nur mit Namen zitiert.

[548] Bischoff, S. 101 f.; Stoclet, S. 107–115.

eigenen der Textrekonstruktion zugrundeliegenden Hypothese begrüßt wurde[549] – ein methodischer Zirkelschluß par excellence. Erst allmählich tritt angesichts unumkehrbarer bauarchäologischer Fakten Ernüchterung ein und wächst die Einsicht, daß es zumindest bezüglich der Basilika von Saint-Denis keinen Gründungsbau karolingischer Sakralarchitektur gegeben hat, daß „die Idee vom großen Rom-orientierten Neubeginn in der damaligen Architektur" mit Saint-Denis als Inkunabel der Erkenntnis weichen muß: „Es hat derzeit den Anschein, als ob die Entwicklung der karolingischen Architektur an Saint-Denis vorbeigegangen wäre"[550]. Diese Erkenntnis deckt sich mit dem bauarchäologischen Befund.

Daraus ergibt sich nun auch eine Neubewertung unserer Quelle. Diese muß zunächst textimmanent erfolgen. Dabei zeigt sich, daß nicht die umstrittenen Abmessungen der Kirche, zu deren Auflösung uns auch ein sicheres Grundmaß fehlt, im Mittelpunkt der Baubeschreibung stehen, sondern die Anzahl der Säulen und Lichtquellen. Indem Jacobsen in diesem Punkt auf eine Parallelität mit Gregor von Tours verweist, artikuliert er zugleich aber auch das Unverständnis der Forschung: „Wir wissen bislang nicht, wie so viele Fenster, Lampen, Arkaden und Säulen unterzubringen sind."[551] Unsere Quelle erhebt aber offenkundig nicht den Anspruch einer Baubeschreibung, wie wir sie heute am bedeutungsfreien Objekt fordern, sondern stellt in den Mittelpunkt die Bedeutung des beschriebenen Kirchengebäudes, der Königsabtei Saint-Denis. Daher ist es nicht verwunderlich, daß die Teile des Kirchenbaus beschrieben werden, die in einem hervorragenden Maße Bedeutungsträger sind: die Säule, die Bogenstellung der Arkade, die Lichtquelle des Fensters und die Lampe, sowie die kostbaren Türen[552]. In diesen bedeutungsschweren Bauteilen wird uns die Königsabtei zugleich als ein liturgischer Raum vor Augen gestellt, nicht so sehr als architektonisches Denkmal. Dennoch eröffnet gerade diese liturgische Sichtweise auch bauarchäologisch relevante Einsichten. Die Hervorhebung der Zuverlässigkeit der vorliegenden Quelle durch Bernhard Bischoff unterstreicht zunächst die Bedeutung der Tatsache, daß alle beschriebenen Bauteile der Basilika, ungeachtet mancher terminologischer Unsicherheit[553], eine konstruktive

[549] Siehe Jacobsen, S. 302–305.

[550] Jacobsen, S. 306 f.

[551] Jacobsen, S. 307.

[552] Siehe Bandmann (1951), S. 76–83.

[553] Hier sei vor allem auf die offensichtlich singulären Begriffe „casubula" und „tictus" (Lesart Bischoff) bzw. „ditictus" (Lesart Stoclet) hingewiesen. Übereinstimmend deuten Bischoff (S. 101) und Stoclet (S. 110 f.) „casubula" als Hinweis auf einen Vierungsturm. Während aber Bischoff hierzu lediglich auf R. Krautheimers Rezension der Monographie Crosbys (1942) im American Journal of Archaeology 48 (1944), S. 218–221, bes. S. 220, verweist und „tictus" für sich genommen mit „Dach" übersetzt, sieht Stoclet unter Hinweis auf die ›Miracula Sancti Dionysii‹ und die ›Revelatio Stephani‹ beide Begriffe aufeinander bezogen. Sie beschreiben nach Stoclet

Einheit bilden. Gilt dies gleichfalls für die nicht näher zu lokalisierenden äußeren Säulengänge[554], so findet die östlich der Apsis gelegene Brunnenanlage (Baptisterium) keine Erwähnung, ein Hinweis, daß sie noch nicht an die Basilika in Gestalt einer Umgangsconfessio angebunden und offenkundig zur Zeit der Abfassung der vorliegenden Baubeschreibung von geringerer liturgischer Bedeutung war[555].

Im letzten Viertel wird die Baubeschreibung nach der Erwähnung mehrerer kostbarer Türen unvermittelt unterbrochen durch die Nennung der drei Frankenkönige Dagobert, Pippin und Karl (hier noch zusammen mit seinem Bruder Karlmann), die mit der Bedeutung der Königsabtei auf das engste verbunden sind[556]. Bischoff will diese Erwähnung der Frankenkönige offenkundig als Teil der Baubeschreibung verstanden wissen und läßt sie eine syntaktische Einheit bilden mit der vorausgehenden Schilderung der genannten kostbaren Türen. Den sich dadurch ergebenden nicht unerheblichen syntaktischen Schwierigkeiten begegnet Bischoff mit dem Hinweis auf die „romanisierende Sprache" des Textes und die „völlig mißglückte Konstruktion" dieses Satzes. Sind zum einen die Argumente für die romanisierende Sprache der vorliegenden Quelle philologisch durchaus nicht überzeugend[557], so meldet Bischoff zudem selbst Bedenken hinsicht-

die Bedachung des Vierungsbereiches einschließlich eines Vierungsturmes, der aber, folgt man den angegebenen Maßen von 33 Fuß, eher die Gestalt eines Dachreiters besessen haben dürfte. Nicht unwichtig erscheint auch Stoclets Hinweis auf die Beziehung zwischen den termini „ditictus" und „tristega turris" (S. 111). Vgl. hierzu das Kapitel III, 7, b zur Deutung des Wortes „turris" in bezug auf den Sakralbau.

554 Stoclet (S. 113 f.) lokalisiert die äußeren Säulengänge (porticos) unter Verweis auf Suger und unter Berufung auf W. Meyer-Barkhausen, op. cit. Anm. 531, bes. S. 31 f., im Westen und bezieht diesen Hinweis der Baubeschreibung von 799 auf den Narthex, der, wie Meyer-Barkhausen ausführt, nicht symmetrisch in der Hauptachse der Kirche lag und noch nicht fest mit der Kirche verwachsen gewesen zu sein scheint. Meyer-Barkhausen denkt in diesem Zusammenhang an einen Atriumeingang nach dem Vorbild von Alt-St.-Peter in Rom.

555 Siehe das nachfolgende Kapitel III, 6.

556 Bischoff, S. 100, Z. 18–21; Stoclet, S. 104 f., Z. 31–36; unsere Tab. D, Z. 31–36.

557 Bischoff (S. 101) sieht in dem starken Gebrauch von „ille" und „ipse" als Artikel geradezu ein in ein lateinisches Gewand gekleidetes Französisch vorliegen. Gerade dieses von Bischoff erstrangig angeführte Kriterium ist aber, wie Brigitte Stark überzeugend nachweisen konnte, für eine so weitreichende Behauptung mit entsprechenden Folgeschlüssen in keiner Weise signifikant. Wenn (ebenfalls mit B. Stark) von romanisierenden Einflüssen gesprochen werden kann, dann vor allem hinsichtlich der ständigen Nichtunterscheidung von Subjekts- und Objektsendung sowie in Hinblick auf die Genitivbildung mittels der Präposition „de", gleichsam in der Verwendung als Teilungartikel (Ausnahme: die liturgische Formel „basilica sancti Dionisii" mit echter lateinischer Genitivendung). Daraus aber folgt, daß die Endungen der beiden Namen Dagoberts und Pippins als wirkliche Dativendungen aufgefaßt werden müssen, verbunden jeweils mit der Apposition „regi" (daher die zu Recht

lich des Aussagesinnes seiner Konjektur an, die Erwähnung der Frankenkönige fände ihre angemessene Erklärung in ihrem Mäzenatentum bezüglich zweier kostbarer Kirchentüren [558].

Stoclet unterbreitet einen anderen Lösungsvorschlag und sieht den mit der Nennung der Frankenkönige verbundenen Einschub in die Baubeschreibung als einen eigenständigen Text an, der die Form eines *titulus* oder einer Dedikationsinschrift hat. Unter Hinweis auf vergleichbare Inschriften benennt Stoclet vier formale Kriterien, die den Texteinschub als einen titulus erscheinen lassen: die Nennung der Adressaten und Ausführenden sowie des Motives der Dedikation und schließlich ihres Vollzuges [559]. Interessant an dieser Dedikationsinschrift aber ist vor allem die Zuordnung der jeweiligen Verdienste der genannten Könige um die Abteikirche. Während Dagobert das *monasterium* errichtet hat und Pippins Verdienste sich auf die *ecclesia* beziehen (das entsprechende Verb fehlt im lateinischen Text), wird Karl und Karlmann lediglich die Verleihung des *titulus* zugesprochen [560].

Ungeachtet der Tatsache, ob man nun Bischoff oder Stoclet folgt, geht eine gewisse historische Zweiteilung des beschriebenen Bauwerks aus der fraglichen Textstelle mit einiger Sicherheit hervor. Ein Bewußtsein der

vorgenommene Konjektur durch Stoclet in Zeile 31 auf S. 104), und nicht als Genitive bezogen auf die beiden silbernen Türen.

[558] Bischoff, S. 101 f. Vgl. die Übersetzung, S. 100 f.: „Außerdem gibt es eine Türe, die aus Elfenbein und Silber gefertigt ist, und außerdem gibt es zwei andere Türen, die aus dem Silber des Königs Dagobert seligen Angedenkens, der dieses Kloster erbaute, und des Königs Pippin gefertigt sind, auf dessen Befehl seine Söhne, der Herr Karl und Karlmann, nach seinem Tode diese Kirche errichteten."

[559] Titulus nach der Edition von Stoclet, S. 104, Z. 31–36: „Dagoberto regi bone memoriae qui tale monasterium construxit et Pippino regi francorum qui talem ecclesiam . . . per sua iussione post mortem suam fecerunt filii sui domnus rex Carolus et Carlomannus."

Zu den Kriterien für die titulus-Hypothese siehe: Stoclet, S. 115, mit Verweis auf N. Gauthier, Recueil des inscriptions chrétiennes de la Gaule antérieures à la Renaissance carolingienne, I, in: Gaule Belgique (Paris 1975). Auch Ludwig der Fromme spricht in seinem Brief an Hilduin von 835 (*Epp* 5, 326, 34 f.) von der Verleihung eines titulus: „Quique (sc. Pippinus) cum quanta se humilitate ante limina basilicae sanctorum martyrum perfuncto huius vitae sepeliri preceperit, *titulus* etiam ipsius conditorii innotescit" (Zitat nach Krüger [1971], S. 182).

[560] Stoclet, S. 116 f., sowie seine Übersetzung des titulus, S. 105 f.:

„En outre, elle a une porte intérieure ornée d'ivoire et
d'argent ainsi que deux autres portes intérieures
ornées d'argent. Pour le roi Dagobert
de bonne mémoire qui construisit ce monastère
et pour Pépin, roi des Francs
qui . . .cette église, ses fils Charles,
roi et seigneur, et Carloman firent (ce titulus)
après sa mort et à sa demande."

ekklesiologischen Gegebenheit, das unseren heutigen Forderungen an den Text fremd ist, jedoch führt zu einem Vokabular, das die Beschreibung des Gegenstandes „Kirche“ für uns eher verschleiert. Soviel aber kann aufgrund der bisherigen Ergebnisse gesagt werden: Die *„basilica“*, die nur einmal am Anfang des Textes Erwähnung findet, wurde zuerst durch Dagoberts Klosterreform, die mit einer Neuregelung des Kultus einherging, zum Gesamtwerk des *monasterium*, welches wiederum erst im sukzessiven Weiterbau der *ecclesia* (die ansonsten materiell primär in ihren Säulen, Bögen und Lichtern Bestand hat) in Verbindung mit Pippins Kultreform und der Bautätigkeit seiner Söhne in der Weihe von 775 vollendet wurde. Diese Fortgestaltung der Basilika kommt im titulus zum Ausdruck, wie ihn Stoclet rekonstruiert. In diesem Zusammenhang möchte man angesichts der Beweisführung im vorhergehenden Kapitel das fehlende Verb eben auf das karolingische *augmentum* beziehen. Denn es gilt auch in Hinblick auf die vorliegende Quelle festzuhalten, daß bereits die auf einen Teil der Basilika bezogene Weihehandlung die Bedeutung einer Neuweihe der gesamten Kirche annehmen konnte. Mithin ist ausschließlich anhand dieser vereinzelten Bezeichnung eines Bauteiles als *ecclesia* kein Rückschluß auf einen karolingischen Neubau der Basilika zu ziehen. Eine Generation später nämlich bezeichnet Ludwig der Fromme als *ecclesia* einen Anbau an dem gegenüberliegenden Ende der Basilika, den Abt Hilduin lediglich als *crypta* ausweist (nämlich seine als Außenkrypta umgebildete Umgangsconfessio)[561].

Blicken wir von hier aus nochmals auf unsere Quelle, so zeigt sich eine weitere Konsequenz unserer philologischen Überlegungen. Zwar konstatiert auch Bischoff in bezug auf die Basilika eine historische Zweiteilung hinsichtlich der Errichtung von *monasterium* und *ecclesia*, jedoch macht er durch seinen Eingriff in die Satzkonstruktion Karl und Karlmann zu alleinigen Bauherren der *ecclesia*, um die vorliegende Baubeschreibung aus dem Jahre 799 zusammen mit Karls Urkunde von 775 als Beweis für einen karolingischen Neubau der Basilika von Saint-Denis heranzuziehen[562]. Daß es für einen solchen Neubau „a novo“ aber keine wirklichen Zeugnisse gibt, konnte bereits im vorherigen Kapitel gezeigt werden[563].

Auch die Fußmaße der ungewöhnlich präzise angegebenen Längen und Breiten verweisen auf den bislang hinreichend gesicherten Befund, entsprechen sie doch mit ausreichender Genauigkeit denjenigen der Urbasilika, einschließlich ihres 25 Jahre vor der 799 erfolgten Baubeschreibung ange-

[561] Vgl. nachfolgend Anm. 578 und 579.

[562] Es liegt der Schluß nahe, daß die grammatische Konjektur Bischoffs in Zusammenhang steht mit seiner Aussage auf S. 102: „Wäre Pippins Anteil am Bau wesentlich über den Auftrag an die Söhne hinausgegangen, hätte Karl wohl nicht in der Schenkungsurkunde vom 25. II. 775 zur Weihe der Kirche uneingeschränkt den Anspruch erheben können, diese ‘a novo’ erbaut zu haben.“

[563] In diesem Sinne sind auch die Ausführungen Jacobsens, S. 306–308, zu verstehen.

bauten wesentlichen *augmentums:* Die Länge von 245 Fuß entspricht der Entfernung vom Hauptaltar zu den limina des Neubaus (bei einer Fußgröße von 34,4 cm), bzw. dem Lichtmaß von ca. 84 m von der Ur-Apsis bis zur inneren Westfassade (unter Verwendung von Jacobsens kürzerem Fußmaß von 31,4 cm); das angegebene Breitenmaß von 103 Fuß ergibt beim kleineren Fußmaß die Breite des Westbaus (ca. 32 m). Andere Versuche, die angegebenen Maße zu erklären, stützen sich durchweg auf hypothetisch rekonstruierte Bauteile[564].

Wenngleich unser Versuch einer unvoreingenommenen und strengen methodischen Kriterien unterworfenen Quellenanalyse einige gewichtige Erkenntnisse über diejenige Basilika erbracht hat, auf welche sich die vorliegende Quelle bezieht, so muß doch festgehalten werden, daß die Beschreibung der Abteikirche von Saint-Denis aus dem Jahre 799 nicht in erster Linie die Beschreibung eines „Bauwerkes" ist, bei der „Interessantes" über Fenster und („seltsamerweise") auch über Lampen mitgeteilt wird; die Beschreibung ist vielmehr – und selbstverständlich – die eines in seinen Lichtern bei Tag und Nacht wirksamen liturgischen Instruments, dessen korporale Erscheinung primär in der hohen Säulenzahl urzeitlicher Tempelordnungen zum Ausdruck kommt. Ohne Angabe eines „Baujahres" wird dieses so beschaffene Ganze – zum Ärger späterer extraner Leitvorstellungen seitens der Kunsthistoriker – überhaupt nicht als *historisches* Objekt innerhalb der verfallenden Zeit dargestellt, und im Fehlen jeglichen Hinweises auf die physische Bau*form* (die gerade in ihrer Kontinuität nolens volens die üblichen Universalien der *Kirchen*form voraussetzt) verharren sogar die angegebenen Dimensionen ohne Bezugspunkt im Leeren.

Das Fehlen von präzisen Angaben zur Zeit und zur Gestaltung entspringt der Transzendenzerfahrung des Berichtenden in Hinblick auf das, was wir als „Bauwerk" betrachten, nämlich seine alltägliche Teilhabe am Zyklus des Kirchenjahres im Zeichen des himmlischen Jerusalem. So wird auch das nur 25 Jahre früher im Auftrag des großen Kaisers Karl geweihte gewichtige (Bau)werk an der Basilika überhaupt nicht als etwas gesondert Historisches erfahren. Später findet es bei Suger nur deshalb Erwähnung, weil es ab- und umgebaut wird, mithin ein Eingriff in die Liturgie stattfindet. Wir werden aber sehen, daß ansonsten in Sugers Schriften, obwohl seine Erneuerung auf Bestehendes bezogen werden muß, kein Bewußtsein einer historischen Partialisierung des Baukörpers erkennbar ist. Auch bei Suger nämlich werden weder des Kaisers Bauweihe noch die später von König Wilhelm an „Dagoberts" Basilika errichtete *turris* erwähnt – sie gehören ja

[564] Siehe beispielswseise Bischoff, S. 10. Formigés einhellig abgelehnter „Befund" bildet keine „glatte Bestätigung" der Breitenmaße im Querschiffsbereich; ein West-Atrium ist mehrmals vergeblich durch Grabungen gesucht, jedoch nie gefunden worden und kann wohl kaum nur anhand der überlieferten Längenmaße der Kirche postuliert werden.

der verfallenden Zeit an; nur ihre Auswirkungen in der stetigen Liturgie erlauben eine Vorstellung von ihrer jeweiligen Bedeutung und auf diesem Wege von ihrer Form. Daß die Liturgie für uns heute als ein „Um“weg bei der Eruierung der Form empfunden wird, mindert nicht den Wert einer entsprechenden Beschreibung. Denn die Liturgie bedeutet ja nichts weniger als die Form des gebauten Instruments.

6. Liturgische Neuerungen und Bautätigkeit im 9. Jahrhundert

Für die Karolinger galt der Hl. Dionysius von Karl Martell an als Enkelschüler des Apostels Petrus. Diese Erhöhung des Hauptpatrons der Basilika Saint-Denis steht in engem Zusammenhang mit der Clemenslegende, die urkundlich erstmalig im Diplom Theuderichs IV. vom März 723, in dem Karl Martell als Intervenient genannt wird, belegt ist[565]. Die bereits auch in der ›Vita Genovefae‹ und den ›Gloriosae‹ bezeugte Clemenslegende berichtet, Papst Clemens selbst, der zweite Nachfolger des Hl. Petrus als Bischof von Rom, habe den Hl. Dionysius mit der Missionierung Galliens beauftragt[566]. Ein frühes Zeugnis der Clemenslegende findet sich ferner im sechsten carmen superius des Venantius Fortunatus aus dem 6. Jahrhundert[567]. Mithin muß die Beauftragung durch Papst Clemens bereits im 6. Jahrhundert fester Bestandteil der Dionysius-Legende gewesen sein.

Gleichwohl lassen sich aus dieser Verflechtung der Dionysius- und der Clemenslegende keine nachweisbaren Rückschlüsse auf einen Petrus- und

[565] Das Diplom ist eine Bestätigung der Immunitätsurkunde Chlodwig II. Krüger (1971), S. 183, Quelle S. 184 (Pertz, Diplomata Imperii I no. 93, p. 82), vgl. Crosby (1942), S. 192, Anm. 18, mit früherer Literatur.

[566] Zur Entstehung der Clemenslegende siehe Crosby (1942), S. 24 f. und S. 29–31, bes. S. 29 Anm. 14 und 15 mit den Quellentexten aus den ›Gloriosae‹ und der ›Vita Genovefae‹. Zur quellenkritischen Einordnung der ›Vita Genovefae‹ vgl. unsere Untersuchung, Kapitel III, 2.

[567] Venantius Fortunatus, Opera poetica Carminum superiorum Appendix VI, MGH AA IV/1 (ed. F. Leo), S. 383–384, besonders die ersten beiden Strophen (S. 383):

„Fortem fidelem militem,
caeli secutum principem,
Dionysium martyrem
plebs corde, voce personet.

Clemente Roma praesule
ab urbe missus adfuit,
verbi superni seminis
ut fructus esset Galliae.“

Vgl. hierzu auch Crosby (1942), S. 29, der aber in Anm. 16 nur die zweite Strophe anführt.

Pauluskult in Saint-Denis bis zur Zeit Hilduins und Ludwigs des Frommen ziehen[568]. Auch die erstaunliche Erwähnung eines Neubaus der Peterskirche durch Fulrad, der sich zeitweise auf die Benennung der Hauptkirche auswirkte, durch Krüger unter Berufung auf Levillain[569] bedarf zunächst einer quellenkritischen Prüfung. Hierbei zeigt sich abermals das methodische Dilemma unserer Wissenschaft. Was Krüger und auch Ewig unter Berufung auf die zugegeben entlegen publizierte Untersuchung Levillains offenkundig ohne weitere Prüfung tradieren, ist letztlich das Ergebnis fehlerhafter Quelleninterpretation Levillains. Keine der von Levillain angegebenen Quellen nämlich enthält auch nur einen Hinweis auf eine dem Petrus geweihte Kirche. Die Nennung des Apostelfürsten erfolgt allein im Abtstitel Hilduins, der sich als „Petri Apostolorum principis gloriosorumque Christi martyrum Dionysi, Rustici et Eleuterii Abbas" bezeichnet[570].

Nun haben wir aber bereits in einem früheren Zusammenhang im Anschluß an Buchner aufzeigen können, daß Hilduins Bemühen, einen Petruskult in Saint-Denis zu etablieren, auf das engste verbunden ist mit seinem Restituierungsversuch der Herrschaft Ludwigs des Frommen, der zeitweilig gefangen und seiner Herrschaft verlustig war, in den Jahren 833 und 834, wobei Hilduin eine gleichsam vizepäpstliche Gewalt für sich in Anspruch nimmt. In dem Bestreben, die petrinisch-römische Binde- und Lösegewalt für die Königsabtei Saint-Denis ekklesiologisch zu untermauern, entstehen eine Reihe von Schriften, welche das Vorgehen Hilduins legitimieren sollen als in Einklang mit einer ehrwürdigen Tradition befindlich, die zurückgeführt wird auf den Aufenthalt Papst Stephans II. in der Königsabtei im Jahre 754[571]. Unter den hierbei entstandenen Schriften befindet sich auch

[568] Siehe etwa Krüger (1971), S. 183: Die von Krüger in merowingische Zeit angesetzten Kapellen des Petrus und Paulus sind im Gegensatz zu der von ihm auch genannten Kapelle Johannes des Täufers und dem Marienoratorium ohne Quellenzeugnisse oder archäologische Zeugnisse aus besagter Zeit.

[569] Krüger (1971), S. 184, unter Berufung auf Levillain, Le vocable de la cathédrale de Paris a l'époque franque, in: Mélanges d'histoire du Moyen Age offerts a F. Lot, Paris 1925 (Reprint Genève 1976), S. 443–476, bes. S. 456–457; unter Berufung auf dieselbe Arbeit Levillains siehe auch E. Ewig, op. cit. Anm. 322 (Kathedralpatrozinien), zu unserer Frage bes. S. 25 mit Anm. 207 b.

[570] Die von Levillain, Vocable, S. 457, Anm. 1 und 2, angegebenen Quellen finden sich im Quellenteil von Félibien (1706) auf den S. 49 und 50. Es handelt sich um die unter den Nummern 72, 73 und 75 angeführten Brieffragmente Hilduins von 832 (Nr. 72) und 833 (Nr. 75) sowie um eine Charta Ludwigs des Frommen aus dem Jahre 832 (Nr. 73). Unser Zitat ist dem Brief Hilduins von 832 entnommen und steht in jeder Hinsicht stellvertretend für die übrigen Quellen.

[571] Siehe hierzu unsere Untersuchung Kapitel III, 3 mit den Anm. 456 und 457 (dort auch zur Frage einer möglichen baulichen Repräsentanz eines Petruskultes in Saint-Denis). Als ein weiteres Motiv für die Etablierung eines Petrus- und Pauluskultes nennt Crosby (1942), S. 80 f., Hilduins Bestreben, die völlige Unabhängigkeit

jene Legende des Hl. Dionysius, in welcher die Gestalt des Pariser Märtyrerbischofs, der bereits als Enkelschüler des Apostelfürsten Petrus galt, mit der Gestalt des durch den anderen Apostelfürsten, den Hl. Paulus, bekehrten Bischofs von Athen sowie dem unbekannten Verfasser theologisch hochbedeutsamer Schriften zu der Gestalt des Dionysius Areopagita biographisch verschmolz und damit eine weitere Rangerhöhung erfuhr. Der die Entstehung der Areopagitika begleitende Briefwechsel zwischen ihrem Verfasser Abt Hilduin und König Ludwig, der den eigentlichen Anstoß zur Abfassung eines Lebensberichtes des Hl. Dionysius, des „provisor et adjutor noster" gab, gewährt einen Einblick in die Genese und die leitenden Motive[572].

Ein vergleichbarer Schriftwechsel zwischen Hilduin und Ludwig dem Frommen begleitet auch die (im Gegensatz zur fiktiven Peterskirche) bauarchäologisch wie quellenkundlich abgesicherte Bautätigkeit in Saint-Denis unter Abt Hilduin. Aufgrund der zwar komplexen, aber ausnahmsweise eindeutigen Quellen läßt sich Hilduins Bautätigkeit mit Sicherheit im Bereich (zu den Füßen der Märtyrer) östlich der Ur-Apsis lokalisieren und entsprechend mit dem dortigen zweistufigen Baubefund, welcher in Kapitel II, 6 beschrieben worden ist, identifizieren. Wie wir sahen, wurde eine dreischiffige Brunnenanlage wahrscheinlich antiken Ursprungs durch eine axial etwas nach Süden abgerückte Umgangsconfessio erweitert, so daß der Mitteltrakt mit dem Brunnen von drei Radialkapellen eingefaßt wurde.

Nun gehen die Meinungen über Umfang und Art der Bautätigkeit unter Abt Hilduin weit auseinander. Verunklärt wird der Stand der Forschung vor allem durch die mangelhafte methodische Unterscheidung von bauarchäologischen Kriterien und solchen, die auf Grund von (häufig sogar verfälschenden) Quelleninterpretationen gewonnen wurden. Insbesondere muß die gleichsam unreflektiert von der bisherigen Forschung geteilte Annahme, Hilduin habe unbelastet von zu respektierenden Vorgaben sein Bauvorhaben verwirklichen können, kritisch geprüft werden[573]. Dagegen

und Exemptheit der Königsabtei Saint-Denis vom Pariser Bischof durchzusetzen. Diese Bemühungen hatten aber keinen nachhaltigen Erfolg.

572 Siehe hierzu die eingehende Untersuchung von Buchner (1936), bes. S. 452–453 und S. 475–476. Ferner: J. Ehlers, op. cit. Anm. 415, S. 19. Zur Dionysiuslegende selbst vgl. auch Crosby (1942), S. 40 f.

573 Zum Stand der Forschung siehe Polk (1982), S. 26 f. und Appendix A, S. 111–139. Crosby (1942), S. 165–183, deutet diese dreischiffige Anlage als Krypta Hilduins, indem er auf ebenfalls dreischiffige Vergleichsbeispiele verweist. Auch abgesehen von methodischen Bedenken beim Vergleich von vorerst undatierbaren Bauwerken untereinander erlaubt bis auf Saint-Philibert-de-Grandlieu keines seiner Vergleichsbeispiele, einen sinnvollen Vergleich zu ziehen, wie im folgenden deutlich wird. Crosby bietet eine durchaus brauchbare Beschreibung des sichtbaren Mauerwerks (S. 170–174; auf die Beschreibung der Fundamente ist weniger Verlaß). Eine von Martin Hergersberg durchgeführte physikalische Analyse von Mörtelproben hat zu keinem eindeutigen Ergebnis für eine relative Chronologie geführt.

spricht bereits, daß das Baptisterium zu Beginn des 9. Jahrhunderts noch bestanden haben muß und seine liturgische Funktion erfüllte. Der Brunnen selbst wurde zudem erst im 17. Jahrhundert beseitigt[574]. Für die zur Zeit Hilduins fortbestehende liturgische Funktion als Baptisterium spricht ferner das Patrozinium Johannes des Täufers, welches, wie im folgenden gezeigt wird, die von Hilduin gebaute Anlage übernimmt. Dieser Sachverhalt ergibt sich bei einer genauen und unvoreingenommenen Lektüre der bei Félibien veröffentlichten Hilduinquellen, die wir nunmehr interpretieren wollen. Es sei aber bereits erwähnt, daß Ludwig der Fromme über die von Hilduin genannten neu errichteten Patrozinien: Maria und Allerheiligen, auch ein Patrozinium „sancti Praecursoris Christi" anführt. Ein solches Patrozinium Johannes des Täufers aber ist beinahe durchgängig gebunden an eine Baptisteriumsanlage[575] (mögliche Ausnahme: eine Grabesmemoria, die aber in Saint-Denis an dieser Stelle nicht bezeugt ist).

Die bedeutendsten Quellen zum sogenannten „Hilduinsbau" stellen das erwähnte Brieffragment Abt Hilduins um das Jahr 833 und die Charta König Ludwigs des Frommen aus derselben Zeit dar, die Félibien gleichsam in Form eines Briefwechsels aufeinander folgend abdruckt.

Das von Félibien gegen das Jahr 833 angesetzte Brieffragment Hilduins läßt nicht deutlich werden, ob Félibien die Quelle bruchstückhaft vorgefunden oder nur die ihn interessierenden Passagen exzerpiert hat[576]. Thema des Briefes sind der Kultdienst und die Liturgie in der Abteikirche Saint-Denis, die Unterstreichung und Bewahrung liturgischer Festtraditionen,

Formigés Vorstellung einer nach dem Martyrium hin geöffneten einschiffigen „Hilduinkapelle" läßt sich dem Baubefund nach nicht rekonstruieren, auch seine weiter vorgeschlagenen dreischiffigen Erweiterungen im 11. und 12. Jh. bleiben unbegründete Hypothesen. Beide Autoren übersehen nämlich, daß wir in Saint-Denis drei Schiffe von gleicher Breite vor uns haben, während gewöhnlich das Mittelschiff erheblich breiter ist als die begleitenden Seitenschiffe.

[574] Siehe unsere Untersuchung, Kap. II, 4, sowie Anm. 89.

[575] Siehe hierzu E. Ewig, op. cit. Anm. 322 (Kathedralpatrozinien), S. 16–19.

[576] Die betreffenden Dokumente werden weder von Levillain (1909, S. 161, Anm. 4) noch von Crosby (1942, S. 168, Anm. 11 und 12; und S. 176, Anm. 37) oder Polk (1982, S. 123) vollständig abgedruckt, und von Formigé gar nicht. Félibien (1706), pièces justificatives Nr. 75, S. 56: „Idcirco ego licet indignus, ductus amore & sanctorum accensus veneratione, quamquam devotio impar sit debito & rursus opus devotioni, tamen non qualem debui nec quantam cupii, sed quam potui criptam ante pedes sanctissimorum martyrum nostrorum ad laudem & gloriam nominis Domini, in honore sanctae & intemeratae semperque virginis genitricis Dei Mariae omniumque sanctorum aedificavi, in qua multa pretiossissima sanctorum pignora auxiliante Domino collocavi." Levillain (1909), S. 161, Anm. 4, fügt hinzu, daß im gleichen Dokument Hilduin gewisse Jahrgedächtnisfeiern, unter anderen „in solemnitate omnium sanctorum et dedicatione ejusdem sancti templi quae est kal. novembris" auferlegt wurden (vgl. Félibien [1706], Nr. 72 u. 73, S. 49–51). Levillain schließt daraus,

sowie des monastischen Lebens. Die Aktualität dieser Thematik erhellt aus den erst 832 mit Hilfe Ludwig des Frommen mühsam beendeten langwierigen Auseinandersetzungen im Konvent von Saint-Denis um eine Erneuerung der Klosterdisziplin gemäß dem benediktinischen ordo monasticus et regularis, die sogar ein kurzfristiges Exil Hilduins und den zeitweiligen Verlust seiner Abtswürde im Herbst 830 zur Folge hatten [577]. Weil die Baumaßnahmen im Zusammenhang mit dieser von Hilduin mit Nachdruck betriebenen Klosterreform stehen, ergibt sich, daß die Errichtung einer Krypta „ante pedes martyrium" in dem Dokument nur einen verhältnismäßig geringen Raum einnimmt und nur die notwendigsten Informationen enthält. Angesichts dieses Befundes verwundert es, dieselbe Quelle in kunsthistorischer Literatur bisweilen als Weihediplom zitiert zu finden, ohne daß eine Kenntnis der Quelle über die kurze Baumitteilung hinaus gegeben wäre.

Die Charta Ludwigs des Frommen, die vom 30. Januar 833 datiert, muß in unmittelbarem Zusammenhang mit dem Brieffragment Hilduins gesehen werden. In ihr rückt der von Hilduin erwähnte Bau einer Krypta stärker in den Vordergrund, und es wird auch deutlich, daß es sich um einen bedeutenderen Ausbau handeln mußte [578]. Im Mittelpunkt der Charta Ludwigs aber stehen Überlegungen zu seinem eigenen Heil und dem Heil seiner Familie. In diesem Zusammenhang erwähnt er umfangreiche Dotationen insbesondere an die neu errichteten Patrozinien.

Diese Dotationen stehen im Kontext der Stiftung eines Anniversariums durch Ludwig in Form einer Schenkung für seine „speciales protectores" und die von Abt Hilduin erbaute Marienkapelle, verbunden mit einem

daß die Kapelle am 1. November 832 geweiht wurde und daß des Kaisers Diplom (vgl. Anm. 417) bei diesen Begebenheiten beschlossen, jedoch erst am 20. Januar 833 ausgestellt wurde.

[577] O. G. Oexle, Forschungen zu monastischen und geistlichen Gemeinschaften im westfränkischen Bereich, Münster 1978, S. 113–118, bes. S. 115 und 118.

[578] Siehe die Datumsangabe am Ende der Charta, Félibien (1706), piéces justificatives Nr. 76, S. 57. (Wir bringen hier nur den den Bau betreffenden Teil – diesen aber vollständig): „Idcirco notum esse volumus omnibus sanctae Dei Ecclesiae fidelibus ac nostris, praesentibus scilicet & futuris, quia vir venerabilis Hilduinus Abba religiosus monasterii sancti Apostolorum principis, excellentissimorumque Christi martyrum Dionysii, Rustici & Eleutherii specialium protectorum nostrorum, ecclesiam ante pedes eorumdem beatissimorum martyrum, ad laudem Dei ac Domini & Redemptoris nostri Jesu Christi, in honore sanctae & inviolatae semper Virginis, coeli totiusque mundi Reginae, gloriosissimae genitricis ejusdem Domini omnipotentis Mariae, ac sancti Praecursoris Christi, atque sanctorum Apostolorum, Martyrum quoque & Confessorum, Virginum, omniumque Domini electorum, devino respectu & supernorum civium veneratione, pro nostra, conjugis etiam prolis, ac salute sua perpetua, aedificavit; in qua auxiliante Domino suoque laudabili studio laborante per multa & preciosissima sanctorum pignora collocavit."

besonderen Gebetsdienst „more laudabili et cotidiano“, in eben jenem Jahr, in dem Ludwigs Herrschaft, wie bereits erwähnt, in eine schwere Krise gerät[579]. Mit dieser Stiftung verbunden ist die Erneuerung jener Immunitätsbestätigung für die Königsabtei aus dem Jahre 814, in der das Beten für sich und seine Familie sowie das Imperium in allen Saint-Denis unterstellten „Kongregationen“ Erwähnung findet[580]. Bestätigt wird dieser Vorgang durch die überlieferte Anordnung Hilduins, „daß in der von ihm erweiterten Krypta der Abteikirche je acht Mönche abwechselnd das Tages- und das Nachtoffizium „more romano“ feiern sollten“[581].

Ein Vergleich beider Quellen hinsichtlich der genannten Patrozinien erweist sich als für unsere bauarchäologischen Befunde höchst aufschlußreich. Während Abt Hilduin nur ein Marien- und Allerheiligen-Patrozinium nennt, die im Zuge der Bauarbeiten „ante pedes martyrum“, d. h. nach Osten an die unter Dagobert innerhalb der Ur-Apsis errichteten Martyriumsanlage anschließend, neu geweiht werden, nennt die Charta Ludwigs eine Vielzahl von Patrozinien. Das summarische Allerheiligenpatrozinium wird aufgegliedert entsprechend der liturgischen Ordnung[582] in Patrozinien der Apostel, Märtyrer, Bekenner und Jungfrauen; ferner kommt ein Patrozinium Johannes des Täufers („Praecusoris Christi“) hinzu.

Muß es in Ludwigs Interesse liegen, seine mit umfangreichen Dotationen verbundenen Bitten für sein Heil an möglichst viele Fürsprecher richten zu können, weshalb er offenbar sämtliche Patrozinien der neuen Kapellenanlage erwähnt, so beschränkt sich Hilduin summarisch nur auf die neu errichteten Patrozinien. Zumindest das Patrozinium Johannes des Täufers nämlich läßt sich nicht unter das summarische Allerheiligen-Patrozinium rechnen, es muß von einer bestehenden Kulttradition mit übernommen sein, die nur im Zusammenhang mit einem Baptisterium gestanden haben kann[583]. Somit lassen auch die Quellen nur den Schluß zu, daß es sich bei den Baumaßnahmen Hilduins nicht um eine einfache Erweiterung, sondern zugleich um eine Einverleibung eines anderen Kultbaus gehandelt haben muß, um die Anbindung einer bestehenden Taufkapelle, die nach unseren Untersuchungen bis auf gallo-römische Ursprünge zurückgeführt werden kann, mittels einer Dreikapellenanlage als Umgangsconfessio an die Apsis

579 Krüger (1971), S. 185; siehe ferner: H. Zimmermann, op. cit. Anm. 440, S. 131–132.

580 Zu 814: Krüger (1971), S. 186/Ludwig der Fromme, gibt als Quelle BM Nr. 551 (Bouquet 6, 465 B). Die Schenkung aus dem Jahre 833 (BM Nr. 918; Bouquet 6, 589 B).

581 J. Semmler, Die Beschlüsse des Aachener Konzils im Jahre 816, in: Zeitschrift für Kirchengeschichte 74 (1963), S. 15–82; unser Zitat S. 28–29, siehe dort auch Anm. 42 b.

582 Vgl. hierzu den Aufbau der Allerheiligenlitanei (zu finden in jedem Gebetbuch), wie sie noch heute in der Liturgie verwendet wird.

583 Siehe Ewig, Anm. 322 (Kathedralpatrozinien), S. 16–18.

(mit bereits vorhandenem Martyrium) einer bestehenden Hauptkirche des Hl. Dionysius[584]. Dabei bleibt das Patrozinium Johannes des Täufers ebenso erhalten wie der Taufbrunnen[585]. Allerdings spiegelt diese integrierende Umgestaltung des Baptisteriums zugleich einen Wandel in der Taufliturgie wider, der bereits am Ende des 2. Jahrhunderts beginnt und spätestens im 7. Jahrhundert als abgeschlossen betrachtet werden muß: Die Erwachsenentaufe wird zunehmend durch die Kindertaufe verdrängt[586]. Wird auch die Spendung der Taufe noch bis in das 15. Jahrhundert hinein weitgehend durch Tauchung vollzogen[587], so entfällt dennoch durch den Fortfall der Erwachsenentaufe die Notwendigkeit eines Taufhauses oder einer Taufkapelle mit entsprechend großangelegter Piscina; es genügt zur Tauchung eines Kleinkindes nur mehr ein Taufbrunnen. So kommt es zumeist zu einer Integrierung der eigenständigen Taufhäuser in den Hauptbau, wobei eine Taufkapelle mit dem entsprechenden Johannes-Patrozinium oft am gleichen Ort erhalten bleibt[588]. Eine solche Deutung legt sich auch für Saint-Denis angesichts des Bau- und Quellenbefundes nahe.

Im ganzen also kommt es zu einer für die damalige Zeit durchaus nicht singulären neuen Zuordnung von Oberkirche und Krypta mit je eigenen Patrozinien. Während der Hauptaltar der Oberkirche für die Feier der Missa publica bestimmt war und in seiner theologischen Bedeutung ein Christusaltar blieb, waren die Kryptenaltäre, wie Bandmann zeigen konnte, gemäß der Bestimmung des Raumes als Reliquen-, Andachts-, Bestattungs- und wahrscheinlich auch Sakramentskapelle mehr dem privaten Fürbittgebet außerhalb der Messe vorbehalten. Entsprechend sind die Kryptapatrozinien vornehmlich solchen Heiligen gewidmet, die ihrer Stellung nach in besonderer Weise als Mittler erscheinen; zumeist ist der Hauptaltar der Krypta der Maria geweiht. „Beim Marienaltar in der Krypta bestattet zu werden, um die Fürbitte der Gottesmutter zu gewinnen, war vornehmstes Ziel vieler Kirchen- und Klöstergründer.“[589]

[584] Vgl. Kapitel II, 4 und 6.

[585] Vgl. Kapitel II, 5 und 6.

[586] Burkhard Neunheuser, Die Liturgie der Kindertaufe, Zeichen des Glaubens – Studien zu Taufe und Firmung, in: Festschrift B. Fischer zum 60. Geburtstag, Zürich 1972, S. 320–326. Als *terminus ante quem* für den Abschluß dieses Prozesses hat der ›Ordo Romanus XI‹ aus dem ausgehenden 6. bzw. beginnenden 7. Jh. zu gelten, dessen Taufliturgie bereits ganz auf die Kindertaufe ausgerichtet ist (S. 326 f.). Von der Kindertaufe gehen dann auch alle folgenden Taufordines aus (S. 327–330). Siehe auch Joaquin O. Braganza, Le symbolisme des rites baptismaux au Moyen Age, in: Didaskalia 3 (1973), S. 38–40.

[587] Neunheuser, op. cit., Anm. 586, S. 332.

[588] Siehe als Beispiel Trier und den Kölner Dom, vgl. Anm. 95 und 96.

[589] G. Bandmann, Früh- und hochmittelalterliche Altaranordnung als Darstellung, in: Das erste Jahrtausend. Kultur und Kunst im werdenden Abendland an

Was nun die eigentlichen Baumaßnahmen Hilduins anbetrifft, so müssen sie in einem Zuge durchgeführt worden sein. Formigés Rekonstruktion zweier Baustufen, wobei die Charta Ludwigs den Ausbau der ursprünglich kleineren Anlage des Hilduinbriefes beschreiben soll[590], verkennt die bis in wörtliche Parallelen gehende Übereinstimmung beider Quellen in Hinblick auf ihre Erwähnung der neuen Kapellenanlage:

Hilduin, Brieffragment:	Charta Ludwigs des Frommen:
„Idcirco ... criptam ante pedes sanctissimorum martyrum nostrorum ad laudem Domini ... in honore sanctae & intemeratae semperque virginis genitricis Dei Mariae ... aedificavi, in qua multa pretiosissima sanctorum pignora auxiliante Domino collocavi."	„Idcirco ... ecclesiam ante pedes eorumdem beatissimorum martyrum ad laudem Domini ... in honore sanctae & inviolatae semper Virginis ... genitricis ... Domini ... Mariae ... aedificavit; in qua auxiliante Domino ... per multa & preciosissima sanctorum pignora collocavit."

Es besteht kein Zweifel, daß beide bei Félibien abgedruckten Quellen nur eine identische Baumaßnahme beschreiben, wobei die Vermutung naheliegt, daß dem Schreiber Ludwigs der Brief Hilduins vorgelegen haben mag[591]. Formigés ursprünglich einschiffige Hilduinskapelle ist also nichts weiter als eine bloße Fiktion, da sich für diese einzig einer fehlerhaften Quelleninterpretation entsprungenen Baustufe überdies keine bauarchäologischen Beweise anführen lassen.

Gleiches gilt für eine gleichfalls von Formigé postulierte Erweiterung noch unter Abt Hilduin, die er in Zusammenhang mit der Errichtung eines der Trinität geweihten Altares bringt, die in den ›Miracula Sancti Dionysii‹ des Hilduinschülers Hincmar erwähnt wird[592]. Die Quelle spricht demgegenüber nur von anderen hervorragenden Altären in der Kirche (ecclesia), unter deren Zahl sich der neugeweihte Trinitätsaltar einfügt und den Crosby überzeugend im Langhaus der Oberkirche lokalisierte[593].

Auch die ›Detectio corporum‹ des Haimon, die zwischen 1053 und 1060

Rhein und Ruhr. Textband 1 (Redaktion Victor H. Elbern), Düsseldorf 1962, S. 371–411, bes. S. 400–401 (s. Zitat). Als eindrucksvolles Beispiel führt Bandmann St. Michael in Hildesheim an.

590 Formigé (1960), S. 169–172.

591 Vgl. hierzu Levillains Meinung (siehe Anm. 576), daß beide Schreiben ein und dasselbe Ereignis zum Anlaß haben.

592 Formigé (1960), S. 172 und 177 n. 2. *Miracula Sancti Dionysii*, II, 32 (éd. Mabillon, p. 357): „Altare quod Hilduinus abbas, insigni admodum opere sanctae Trinitati, inter alia quae multa et praecipua ecclesiae ornatui contulerat, statuit." Zu den ›Miracula‹ vgl. Crosby (1942), S. 194.

593 Vgl. Crosby (1942), S. 168, 176 und 184 f. Ein Bezug auf die neue Kapellen-

entstanden ist, liefert uns keinen weiteren Hinweis auf das Aussehen des Kryptabereichs nach den Baumaßnahmen unter Abt Hilduin. Haimon berichtet uns von der Öffnung der Märtyrergräber des Hl. Dionysius und seiner Gefährten Rusticus und Eleutherius im Jahre 1050 im Beisein höchster geistlicher und weltlicher Würdenträger, um die Behauptung der Mönche von St. Emmeram zu entkräften, selber im Besitz der Gebeine des Hl. Dionysius zu sein[594]. Aber auch diese Quelle erwähnt bauliche Details nur nebensächlich und äußerst ungenau, ihr Schwergewicht liegt auf der Schilderung des außergewöhnlichen Ereignisses der Reliquiendetectio. Die dabei gegebene Beschreibung des Ortes, an dem sich die Märtyrerschreine befanden, sowie des Zuganges zu den Märtyrergräbern lassen eine genaue Identifizierung des von Haimon beschriebenen Orts nicht zu[595]. Gleichwohl läßt die geschilderte Enge eher an das alte Martyrium Dagoberts als an Hilduins Confessioanlage denken. Die vagen Angaben bezeugen eine wenn auch schwerliche Begehbarkeit zwischen dem Martyrium und dem Ort der Aufbewahrung der Passionsreliquien. Nach den Geschehnissen der Normannenstürme jedoch bieten solche Angaben keine objektiven Anhaltspunkte für die Rekonstruktion eines Bauwerks, das wohl richtig als karolingisch angesehen wird. Auf den frühen Plänen, besonders denen von Debret aus dem Jahre 1816 und Crosbys eigenen von 1939[596], werden schmale Zugänge bzw. Fluchtwege durch die Apsis-Seitenwände angegeben, die mit weiter unverzeichneten Strichen auf Formigés Grundriß der Unterkirche[597] übereinstimmen. Wenn Crosby mit einer Zumauerung der Ringstollen-

anlage findet sich weder in einer weiteren Quelle noch gibt es einen entsprechenden Baubefund.

594 Félibien (1706), S. 120–122; Doublet (1625), S. 219–226; Klaus Schreiner, Discrimen veri et falsi – Ansätze und Formen der Kritik in der Heiligen- und Reliquienverehrung des Mittelalters, in: Archiv für Kulturgeschichte 48 (1966), S. 52. Vgl. ferner auch unten Anm. 720.

595 Haimon, *Detectio corporum*, 5, Formigé (1960), S. 168: „Nam sicut didicimus, plurimorum autentica sententia, quos in litteralium atque liberalium disciplinis studiorum majoris utilitatis ac pretii aiunt esse in nostra patria, in Regis Dagoberti evidentissime reperitur gestis descriptum, quemadmodum memoratum sanctum cum duobus sociis honorifice posuerit in scriniis argenteis, artificiosissimarum serarum atque obicum mirifica atque subtili diligentia, ut adhuc hodieque videri potest, interius munitis. Collocavitque post altare in cripta tantae profunditatis, ut usque ad genua omnino se intromittat, si quid inde voluerit abstrahere aliquis. Quinetiam antequam ad corpora sanctorum perveniatur, criptula quaedam aureis gemmis extrinsecus decorata habetur, in qua duabus seris diligenter munita Dominici clavi & coronae condita servantur pignora, nulloque alio aditu praeter hunc scrinia sanctorum videri, aut ab aliquo possunt ullatenus tangi. Ecce quomodo corpus sancti Dionysii munitum, nulla adimi possit arte latronum."

596 Siehe Crosby (1942), Abb. 9–12, zw. S. 101 und 102.

597 Formigé (1960), Fig. 165; vgl. unser Plan 7.

Eingänge recht haben sollte[598], so würde sich besonders der südöstliche Durchbruch aus der (wohl leicht mit zwei Schlössern abzusichernden) kleinen „Eingangshalle" der Krypta wohl mit Haimons Angaben in Verbindung bringen lassen. Aber auch solche nachträglichen Notlösungen betreffen nicht die uns interessierende Frage nach der bauarchäologisch und quellenmäßig schon befriedigend gesicherten Gestalt von Hilduins Außenkrypta.

Damit ergibt sich ein neues Bild der Baumaßnahmen des Abtes Hilduin, das für sich in Anspruch nehmen kann, sowohl dem bauarchäologischen Befund wie den Quellen Rechnung zu tragen. Das in den Hilduinquellen geschilderte Bauvorhaben erweist sich bei genauem Zusehen offenbar weniger als Erweiterungsbau denn als Einverleibung eines bisher unabhängig von der Hauptkirche bestehenden Kultbaus und seine Angliederung an diese. So ist die dreikapellige Umgangsconfessio, wie gezeigt, in ihren Breitenmaßen bestimmt durch den von uns als Baptisterium (das auf eine gallo-römische Brunnenanlage zurückgeht) interpretierten Vorgängerbau, der nunmehr in die Apsis der dem Hl. Dionysius geweihten Kirche angebunden und damit auch von der Hauptkirche her begehbar wird. Mit dieser integrierenden Baumaßnahme war zudem die Möglichkeit der Einrichtung weiterer Patrozinien gegeben. Ohne Auswirkungen war aber zunächst diese östliche Erweiterung des liturgischen Kirchenraumes auf den hinsichtlich seines Kultes verwaisten Ringstollen in der Ur-Apsis. Schon die Angabe Hilduins: „ante pedes martyrum" stellt eine etwas ominöse liturgische Ersatzabsicht dar; sie intendiert gewiß mehr als eine bloße Ortsangabe zur Lokalisierung der von Hilduin errichteten Kapellenanlage. Jedoch deutet der uns bekannte Kultus dieser Anlage weder auf eine liturgische Verbindung noch auf einen Zugang zu den Märtyrergräbern hin. Daß die verbliebenen Öffnungen der unteren Apsidenfensterzone nicht als Fenestella funktioniert haben können, ist bauarchäologisch gesichert[599]. Da sie nunmehr auch ihre womöglich verbliebene Funktion als Lichtschächte durch die direkte Anbindung der Confessioanlage an die Apsis nicht mehr erfüllen konnten, wurden sie in der Folge zugemauert und verkleidet. Das merowingische *psallentium*, das der Ringstollen – wahrhaftig zu Füßen der Märtyrer – überhaupt ins Leben gerufen hatte, war schon seit 775 durch Karls des Großen Gebetsauflage am westlich gelegenen Grab seines Vaters abgelöst worden[600], und damit ebenfalls der Sinn des Martyrium-Ringstollens, welcher ja primär dem Königskult und nicht der Verehrung der Ortsheiligen diente, deren Kult sich am Salvator-Hauptaltar oberhalb abspielte; der Ringstollen besaß selbstverständlich nie einen Altar. So gesehen muß des Karolingers Hilduin weitläufig ausgedehnte Umgangskrypta, ausdrücklich auch „ante pedes martyrum", als übertrumpfender Ersatz für die enge Dagobertanlage

598 Crosby (1942), S. 177.
599 Siehe oben, Kapitel II, 5 und 6.
600 Siehe oben, Kap. III, 5, und Anm. 535 und 538.

innerhalb der Apsis angesehen werden; durch das Blendmauerwerk verdunkelt, wurde das frühere Heiligtum dermaßen getilgt, daß es aus dem etwa 220 Jahre späteren Zeugnis Haimons nicht mehr zu erkennen war. Es war demnach die effektive *liturgische* Tilgung des Dagobertschen Ringstollens, die den Mönchen von Sankt Emmeram später überhaupt ermöglichte zu behaupten, sie seien im Besitz der Heiligengebeine – an die sie bei einem ununterbrochenen Psallentium ja niemals unbeobachtet hätten herankommen können. Von da an aber waren die corpora in Saint-Denis, gleichsam unter doppeltem Verschluß, der täglichen Liturgie und damit auch dem effektiven Schutz der lokalen Mönche entzogen. Als Ludwig der Fromme in Ingelheim starb, waren mögliche kaiserkultische Absichten der Ostanlage gänzlich aus dem Blickfeld geschwunden; es wäre daher müßig, nach entsprechenden beabsichtigten Verbindungen zu der Märtyrer-Grabstätte zu fragen.

Daß die rekonstruierbare dreiteilige Umgangsconfessio stark an die von Chartres erinnert, ist nicht als ein primär kunsthistorisches Phänomen, sondern eher als eine synkretistisch/liturgische Parallele zu betrachten. Auch in Chartres beweisen die Quellen, daß eine vorchristliche Brunnenanlage, die ebenfalls eine Marienpatrozinium trägt, über das Allerheiligenfest liturgisch eingebunden wurde[601]. Von den Patrozinien der Unterkirche des 12. Jahrhunderts (Plan 2 und 7) können zudem weitere Rückschlüsse auf die Patrozinien der Radialkapellen der ursprünglichen Confessio gezogen werden: eine Marienkapelle im Scheitel, flankiert von einer dem Barnabas geweihten Kapelle im Norden und einer Stephanuskapelle im Süden[602]. Hingegen widersprechen die Kapellenpatrozinien des 12. Jahrhunderts der zu erwartenden Hierarchisierung zur Mittelachse hin: Während die ursprünglichen drei Radialkapellen die bewahrte liturgische Ureinheit von Marien-, Apostel- (Barnabas im Norden[603]) und Märtyrerpatrozinium (Stephanus im Süden) darstellen, bieten die hinzugekommenen Zwischenkapellen ein Sammelsurium minderer Heiliger (Sixtus, Felicissimus und Agapit) und des ebenfalls erst spät verehrten Christophorus. Demnach ist es nicht

[601] In Chartres wurde das Brunnenheiligtum, das «saint lieu fort», am Vorabend der Allerheiligenfeier in einer Prozession aufgesucht – siehe Yves Delaporte, L'ordinaire chartrain du XIIIe siècle, in: Mémories de la Société archéologique d'Eure-et-Loir 19, Chartres 1953, S. 62 und 184.

[602] Nach Suger, *De consecratione*, Panofsky (1979), S. 118.

[603] Es ist auffällig und bedeutet eine Anfrage an die Herkunft des Barnabaskultes in Saint-Denis, daß Barnabas eigentlich kein Apostel ist, wenngleich er in Saint-Denis zweifellos für das Apostelpatrozinium vereinnahmt wird. Barnabas selber spielt eine bedeutende Rolle in der Paulustradition, ist er doch in der Apostelgeschichte derjenige, der Paulus nach seiner Bekehrung in den Kreis der zunächst noch mißtrauischen Apostel einführt (Apg. 9, 27) und dann des Paulus ständiger Begleiter auf den ersten Missionsreisen wird und als solcher auch auf dem Jerusalemer Apostelkonzil auftritt (Apg. 13–15).

angebracht, die gestaffelte Tiefenzunahme der Radialkapellen auf eine ursprüngliche Absicht beim „Kirchen"entwurf zurückzuführen im Sinne einer Rangstufung der Kirchenfeste (in diesem Falle müßten die Apostel- und Märtyrerkapelle die Marienkapelle flankieren). Vielmehr müssen, wie Suger auch in seinen Schriften überliefert, bestehende liturgische Traditionen vorgelegen haben; die neu hinzugefügten Kapellen erhalten dann die Patrozinien hinzugekommener Heiliger. Was nun die bewahrte Patrozinientrias in Saint-Denis betrifft, so fällt bezüglich des Apostelpatroziniums auf, daß Barnabas an die Stelle des Petrus getreten ist, nimmt man die im Zuge des Übergangs von der Reliquienkirche zur Königsgrablege „geläufige *Grabheiligen*kombination" Maria – Petrus – Stephanus zum Vergleich[604]. Ist nun in der Umgangs-Confessio (*ante pedes* der Märtyrer) zu Saint-Denis Barnabas erst später im 11. Jahrhundert oder 1144 an die Stelle des Petrus gerückt oder schon bei der Hilduin-Weihe am 1. November 832, eben weil Petrus schon im Westbau der Kirche verehrt wurde oder verehrt werden sollte? Erst nach persönlicher Beratung mit dem König nämlich war beschlossen worden, die Weihe der Ostanlage 1144 auf dem Festtage des „Apostel *Barnabas*", dem 2. Sonntag im Juni, vorzunehmen (*Cons.* 110–112), obwohl die liturgischen Bedingungen verlangten, das ursprüngliche Weihedatum von Hilduins, für Ludwigs des Frommen „speciales protectores" errichtete, Confessioanlage beizubehalten. Andererseits ist das Stephanuspatrozinium gerade an der zu erwartenden Stelle in der Confessio vorhanden und Hincmar von Reims, der als Mönch zu Saint-Denis im Jahre 835 Zeuge der Wiedereinsetzung Ludwigs des Frommen war, berichtet, daß dieser liturgische Akt *ante sepulchrum sancti Dionisii* stattfand, und zwar in Verbindung mit dem Stephanus-Altar[605] – also offenbar in der vom Kaiser als *ecclesia* bezeichneten *cripta*, ebenfalls *ante pedes* des Märtyrers. Eine zuverlässig überlieferte Weihe „der Kirche des Hl. Dionysius" im Jahre 1088 könnte durchaus auf die Unterkirche von Saint-Denis bezogen sein[605a].

Sicher ist, daß den Apostel- und Märtyrerpatrozinien von Hilduins *cripta/ecclesia* die Patrozinien der Radialkapellen im 12. Jahrhundert mit Barnabas und Stephanus entsprechen. Die Kontinuität solcher kultischen Bestimmungen bestätigt sich beispielsweise auch im Falle des Edmundaltares, der sich im 12. Jahrhundert westlich neben der Stephanus-Kapelle befand, aber auch schon im 11. Jahrhundert quellenkundlich nachgewiesen ist; siehe

[604] Siehe Krüger (1971), S. 473 in bezug auf Chlothars I. († 561) Grablege.

[605] Levillain (1907), S. 258: „Hludowicus Pius ... factione quorundam terreno imperio destitutus, in praedictam regni partem unanimitate episcoporum et fidelis populi ante sepulchrum sancti Dionysii eximii martyris Stephani, cujus nomen interpretatum resonat coronatus, per Domini sacerdotes acclamatione fidelis populi, sicut vidimus qui adfuimus, corona regni est imperio restitutus." *Annales Bertiniani*, a. 869, ed. Waitz, S. 105.

[605a] Siehe nachfolgend Kap. III, 7, c und Anm. 748.

Kapitel III, 7, a. Erinnert sei zudem an die eingangs diskutierte Frage des Petruskultes und seiner architektonischen Repräsentanz[606].

Die eigentümlichen kultischen Wechselwirkungen zwischen der Oberkirche und dem neuen Anbau im Osten könnten ferner die Frage aufwerfen, ob diese Baumaßnahmen östlich der Apsis nicht auf eine zumindest vorübergehende Absicht Ludwigs des Frommen zurückzuführen sind, sich hier eine Grabstätte zu errichten[607]. Gegen die Durchführung eines solchen Vorhabens spricht jedoch die Tatsache, daß keine einzige Bestattung östlich der Basilika je vorgenommen wurde (bis im 17. Jahrhundert die alten Traditionen verdrängt wurden[608]). Solche Absichten späterer Herrscher werden uns aber in Kapitel III, 7 noch beschäftigen. Vorerst wurden die nachfolgenden karolingischen Bestattungen wieder in der Oberkirche, neben den merowingischen Vorgängern mit entsprechendem Kultus vorgenommen, beispielsweise die Karls des Kahlen 877 im Langhaus vor dem Hauptaltar, gleich hinter dem Trinitätsaltar[609], und die seiner beiden Enkel Ludwig III. und Karlmann in den Jahren 882 bzw. 884[610]. Es scheint, als habe die normannische Bedrohung zum Grabfrieden zwischen den beiden fränkischen Häusern geführt. Bezeichnend aber ist, daß sich bis zum 14. Jahrhundert nur die Kulte Karls des Kahlen und Ludwigs III. neben dem des großen Dagobert in der Liturgie der Grabkirche Saint-Denis erhalten hatten[611], nicht dagegen der Kult des in Saint-Denis Erstgesalbten der karolingischen

[606] Levillain, op. cit., meinte aus Hincmars Bericht begründen zu können, daß der Altar, der 754 möglicherweise doch unter anderem dem Petrus geweiht wurde, mit dem des Hl. Stephanus *ante sepulchrum* identisch ist. Dies ist wohl unbegründet. Als jedoch Suger den Trinitätsaltar abbaute, fand er dort Reliquien des Hl. Stephanus, wodurch noch späte Verbindungen auch zwischen diesen beiden Kulten in der Ober- und Unterkirche nachgewiesen sind. Die Bestimmung der Lage des Trinitätsaltars hat ja schon die frühere Forschung erheblich aus den Angeln gehoben, siehe oben und Anm. 593.

[607] Vgl. die entsprechenden Ausführungen in diesem Kapitel sowie die Anm. 589 und 605.

[608] Siehe oben, Kap. II, 6 und Anm. 146 in bezug auf den einzig aufgefundenen Sarkophag. Die Sachlage entspricht wieder der von Chartres: Auch dort herrschte eine (und zwar quellenkundlich sehr gut belegte) Tradition, die Bestattungen im gebauten Bereich des Quellheiligtums verbot, siehe vdM (1975), S. 66 f. und 71. In Chartres bedeutet dies ein Bestattungsverbot innerhalb der Kathedrale selber, ein Verbot des Kapitels, das sich im 16. Jh. gegen den König und im 18. Jh. noch gegen den eigenen Bischof zu behaupten wußte. Die Entsprechung mit den Chartreser Traditionen bietet einen zusätzlichen Beleg für wahrscheinlich vorchristliche Traditionen des Brunnenbaus.

[609] Siehe Crosby (1942), S. 104 und 184. Vgl. unten, Anm. 610.

[610] Krüger (1971), S. 185 (Quellen, S. 186) und S. 187 (Quellen, S. 188), vgl. S. 862.

[611] Krüger (1971), S. 185, nach A. Wilmart, Les anniversaires célébrés à Saint-Denis au milieu du XIVe siècle, in: Revue Mabillon 14 (1924), S. 22–31.

Dynastie, Pippin, der sich gegenüber dem Königskult am Hauptaltar gewissermaßen „abgesetzt" hatte und dessen monumentaler Grabbau sich in der Zwischenzeit durch Sugers Teilabbau der Hauptbasilika weitgehend unterordnen mußte.

Unter der Bedrohung der Normannen kann auch in Saint-Denis der Übergang zur Geschichte der Kapetinger angesetzt werden. War Karl der Kahle selber schon 867 nach dem Tode des damaligen Abtes zum Laienabt des Klosters Saint-Denis bestellt worden[612], so übernahm der erste Herrscher aus robertinisch-kapetingischem Haus, Odo, 891 etwa drei Jahre nach seiner Thronbesteigung ebenfalls dieses Amt und wurde 898 in der Königsabtei bestattet[613]. Umgekehrt war sein Bruder Robert sogar schon im Jahre 903 Abt des Klosters Saint-Denis, betrachtete sozusagen von dieser Warte aus die entscheidenden Begebenheiten, die über den Vertrag von Saint-Clair-sur-Epte im Jahre 911 schließlich 920 zu seiner eigenen Erhebung auf den westfränkischen Thron führten. Mit seinem Wunsch, gleichfalls in Saint-Denis bestattet zu werden, muß daher auch von seiner Seite gerechnet werden[614], obgleich sein zweites Amt und die königliche Würde ihm schon 923 weit vom Kloster entfernt das Leben kostete. Auch sein Enkel Hugo Capet war kurze Zeit Abt des Klosters; mit ihm (gest. 996) wurde dann Saint-Denis zur fränkischen, schließlich französischen „nécropole dynastique". Danach, bis zur Bautätigkeit Sugers unter Ludwig VIII., schimmert im folgenden Jahrhundert nur von seiten des befestigten normannischen Königtums ein einziger quellenkundlicher Hinweis auf eine Bautätigkeit an der Abteikirche wie eine Herausforderung an die bauarchäologische und liturgische Quellenkunde durch.

7. Die Stiftung des Königs Wilhelm nach Guibert von Nogent

a) Das Bauwerk, Guibert und Suger

Am Ende der karolingischen Epoche steht noch die Urbasilika. Im Westen befindet sich ein frühkarolingischer Grabanbau, im Osten Hilduins 835 bezeugte Außenkrypta mit drei Radialkapellen. Die spätere Umgestaltung dieses Ostanbaus als Unterkirche des berühmten siebenkappeligen Chor-

[612] Siehe Crosby (1942), S. 49 f. Krüger erwähnt nicht, daß sowohl Karl der Kahle wie Hugo Capet auch Äbte von Saint-Denis waren.

[613] Krüger (1971), S. 187; Quelle auf S. 188.

[614] Krüger (1971), S. 187. Die im Lexikon des Mittelalters, Bd. III, unter dem Stichwort ›Dionysius von Paris‹, Sp. 1087 angegebene Arbeit von Gabrielle M. Spiegel, The Cult of Saint-Denis and Capetian Kingship, in: Journal of Medieval History 1 (1975), S. 43–69, erfüllt leider nicht die im Titel geweckten Erwartungen; im Gegenteil weist J. Ehlers, op. cit. Anm. 455, S. 22 und Anm. 46, nachdrücklich auf schwerwiegende Fehler hin.

hauptes – bei der der Mittelpunkt der Anlage nach Westen verlegt werden mußte, um für die beiden Anschlußkapellen AI NII und AI SII Platz zu schaffen – wird seit den frühesten Anfängen der Kunstgeschichte Abt Suger im 12. Jahrhundert zugeschrieben. Jedoch bewies der Baubefund, daß die Einwölbung des Chorhauptes und des Langchores selber lediglich als Umgestaltung vorhandener Bauteile anzusehen ist. Gegen Ende des zweiten Teils unserer Untersuchungen wurde schon deutlich, daß sich die gesicherte relative Chronologie des bauarchäologischen Befundes zusehends mit den Schriftquellen zu einer absoluten Chronologie verquickte. Die abschließende Gestaltung der Kirche nach 1232 wird nämlich von knappen, aber klaren Quellen belegt, die es uns schon erlaubten, einen *terminus ante quem* zu setzen. Dieser Endzustand ließ sich ferner von den erhaltenen Teilen des vorausgehenden Bauabschnittes des Abtes Suger her anhand der Abarbeitung der Kämpferplatten im Sanktuarium belegen. Diese Kämpferplatten und Säulen gehörten ihrerseits aus bautechnischen Gründen zu Sugers Einwölbung des Chorumganges, bei der die Gewölbe auf die umgestalteten äußeren Peripheriemauern des Kapellenkranzes aufgesetzt wurden – Arbeiten, die wiederum eindeutig mit Sugers ausführlichen Schriften des 12. Jahrhunderts im Zusammenhang stehen (siehe Kapitel III, 8), und folglich ebenfalls in die rückwirkende Kette der absoluten Chronologie eingegliedert werden können.

Damit wird aber die vorausgehende Errichtung der Unterkirche um eine Stufe früher in die relative Chronologie versetzt, wodurch ihre Ausführung zwischen 832 (Hilduinsconfessio) und 1122 (Sugers Antritt) angesetzt werden muß.

Nachkarolingische Bauaktivitäten am Ostteil der Abteikirche zu Saint-Denis vor dem 12. Jahrhundert scheinen aber in der bisherigen Rekonstruktion der Baufolge durch die Forschung gleichsam nicht zu existieren, geschweige denn eine angemessene systematische Beschreibung erfahren zu haben.

Aus diesem Zeitraum ist überhaupt nur ein einziger Hinweis auf Bauarbeiten an der Kirche überliefert. Es ist aber kein Geringerer als Guibert von Nogent (1053–1124), der am Ende seines zwischen 1114 und 1171 geschriebenen chronikhaften Werkes ›De vita sua‹ unbestreitbar von einer architektonischen Weitergestaltung der Abteikirche im 11. Jahrhundert spricht. Er berichtet von einer durch eine Stiftung Wilhelms, des Königs der Engländer, errichteten „turris" in Saint-Denis, die auf Grund mangelhafter handwerklicher Ausführung noch zu Lebzeiten Wilhelms wieder zusammenbrach. Als besonders gefährdete Einsturzstelle wird dabei der dem Hl. Edmund geweihte Altar angegeben. Diese Quelle wird von uns im folgenden eingehend behandelt, insbesondere hinsichtlich der Bedeutung des Schlüsselwortes *„turris"* als Bezeichnung der Apsis oder des Chorraumes[615],

[615] Siehe Guibert von Nogent, Autobiographie, hrsg. und ins Französische über-

jedoch sei ihr Wortlaut schon jetzt der weiteren Argumentation zugrunde gelegt:

Rex Anglorum senior Guillemus turrim in ecclesia magnifici Dionysii-cujus quam futura plurima, si perficeretur ac persisteret, fuerat magnitudo! – ex suis strui fecerat. Quod opus quoniam ab artificibus minus erat ordinate contextum, videbatur in dies sui parturire ruinam. Cumque plurimum ab Ivone, tunc temporis abbate, et a monachis timeretur, ne veteri damnum basilicae novi operis ruina infligeret, – erat autem ibi beati Eadmundi altare, et quorum nescio aliorum, – talis visio solicito abbati se intulit. Honestae multum habitudinis dominam in medio beati Dionysii ecclesiae stantem videbat, quae sacerdotali more exorcismum aquae faciebat. Cumque abba foeminae autoritatem miraretur, quae insolita faceret, contemplabatur quod, post aquae benedictionem, eam hac illacque dispergeret postque dispersionem, qua disperserat, circumquaque signum crucis exprimeret.

Nec mora temporis turris ruit, sed nullam ecclesiae partem dum rueret laesit. Illa enim benedicta inter mulieres, cujus ventris benedictus est fructus, sua eam benedictione juxta abbatis visa munierat. Alias ergo ruens hominem subter ambulantem operuit. Cum itaque compertum esset omnibus virum lapidibus adopertum, humanitatis causa congeriem ab eo dimovere coeperunt. Tandem exhaustis cementi et saxorum montibus, pervenitur ad illum quem, mirum dictu, sospitem alacremque reperiunt, acsi domi desedisset. Quadri nempe, e regione alter alteri sese compaginantes, ipsi aediculum confecerunt. Non ergo ei, sub diutina nescio quot dierum inibi mora, fames, non metus, non insolentissimus excluso homini calcis odor offecit.

Excellentissimam igitur Mariam, coelorum ac terrae patronam, cum Dionysio totius Franciae domino, libri ponamus clausulam.

---

setzt von Edmond-René Labande, Paris 1981 (Société d'Edition «Les Belles Lettres», bes. S. 466–469. – Zu berücksichtigen ist ferner: François Dolbeau, Deux nouveaux manuscrits des «Mémoires de Guibert de Nogent», in: Album amicorum Nicolas-N. Huyghebaert, The Hague 1983 (Sacris erudi, 26), Bd. 2, S. 155–176, mit einem ausführlichen «apparat critique».

Bezogen auf die von uns zugrunde gelegte Ausgabe von Labande ergeben sich für unsere Textpassage folgende Varianten bei Dolbeau:

Labande S. 422, 1.22: Ms. Berlin, Staatsbibl., Philipps 1690, überliefert die Variante *quia*;

Labande S. 466, 1.8: Dolbeau verwirft die zweimal überlieferte Variante *effecit* (unwichtig);

Labande S. 468, 1.3: nach dem Ms. Berlin, Staatsbibl., Philipps 1690, ist vor *sospitem* sinnvollerweise ein *ita* einzufügen (diese Einfügung gliedert den Text und sollte Berücksichtigung finden).

Dolbeaus eingehender «apparat critique» verlangt also keine Korrektur an entscheidender Stelle der „turris"-Passage. Trotz der problematischen Textüberlieferung wäre also der Einwand, man habe es eventuell mit einer verderbten Stelle zu tun, gegenwärtig nicht stichhaltig – obwohl man sich natürlich die besondere Überlieferungsproblematik bei Guibert wegwünscht. Auch zu dieser Problematik ist Dolbeau sehr übersichtlich, z. B. hinsichtlich des verschollenen Ms. Dey, welches nach Dolbeau erst aus dem 14. und 15. Jh. stammt (S. 162).

In Übersetzung (von Rüdiger Hoyer; zu den drei Anmerkungen (a), (b) und (c) siehe Anm.[616]:

[616] (a) 'Magnitudo' kann auch 'Höhe' meinen. In diesem Sinne übersetzt Labande (loc. cit., S. 467) in Entsprechung zu seiner augenscheinlichen Deutung von 'turris' als 'Turm im aktuellen Verständnis'.

(b) Die von Benton herausgegebene Übersetzung (Benton, John F. ed.: Self and Society in Medieval France – The Memoirs of Abbot Guibert of Nogent, New York 1970) gibt dagegen: "Since this work was not well constructed by the masons, *during his lifetime* it was seen to produce destruction" (loc. cit., S. 228; unsere Hervorhebungen). Diese Übersetzung, die 'videri' im Gegensatz zu Labande (loc. cit., S. 467) als 'gesehen werden' versteht, würde mithin einen 'terminus ante quem', nämlich das Todesjahr Wilhelms des Eroberers (1087), für die Datierung des Bauunternehmens liefern. Zur Stützung der Übersetzung durch Labande sei aber noch erwähnt, daß 'in dies' als gängiger adverbialer Ausdruck 'von Tag zu Tag', 'täglich' bedeutete.

Das Übersetzungsproblem bedarf noch einer endgültigen Erläuterung. Vgl. auch unten, Anm. 717.

(c) Vgl. Labande, loc. cit., S. 467: «... redoutaient fort que l'effondrement de ce nouvel édifice ne causât du dommage á l'ancienne basilique (là en effet se trouvaient les autels du bienheureux Edmond et de je ne sais combien d'autres) ...»

Vgl. Edition Benton, loc. cit., S. 228: "... were afraid that the fall of the new construction would ruin the old basilica, where the altars of St. Edmund and some others were ..."

Sowohl Labande als auch der Übersetzer Bentons verstehen also die Apposition „erat autem ibi beati Edmundi altare ..." als Erläuterung der Altardisposition im bestehenden Kathedralbau und dürften damit den Bauteil westlich der Ostanlage meinen.

Guibert von Nogent überliefert diesen Übersetzungen zufolge, die in Anbetracht der Satzkonstruktion nicht unverständlich erscheinen, die Existenz eines Edmundsaltares außerhalb des Neubaus. In Anbetracht der Tatsache aber, daß sich der Altar des Hl. Edmund zur Zeit der Chorweihe von 1144 gemäß dem Zeugnis Sugers in einer der Radialkapellen der Unterkirche hart an der Einsturzstelle befand (siehe Plan 2), bleibt aber zu untersuchen, ob der betreffende Altar nicht auch zur Zeit Wilhelms in der Ostanlage Aufstellung gefunden hatte, vielleicht sogar als Stiftung Wilhelms. Der edierte lateinische Text scheint darüber hinaus den Bezug der Apposition auf das „opus novum" nicht nur nicht zu verbieten, sondern entgegen Labande und Bentons Übersetzer Swinton geradezu herauszufordern, da 'novi operis' die dem 'ibi' der Apposition am nächsten stehenden möglichen Bezugsworte sind. Auch muß in Betracht gezogen werden, daß Guibert kurz zuvor (Ed. Labande, S. 460) Beispiele für die wunderwirkende Tätigkeit des Hl. Edmund gegeben hat. Die erneute Erwähnung dieses Heiligen in bezug auf Saint-Denis bliebe unerklärlich, wollte Guibert nicht, und sei es auf noch so dezente Weise, auch in diesem Zusammenhang einen mirakulösen schützenden Einfluß Edmunds insinuieren, eines Heiligen also, der gemäß Guibert besondes in England verehrt wurde (loc. cit., S. 460) und der darum zum Schutz der Wilhelmschen „turris" prädestiniert erscheinen mußte. Hierzu würde nun die Vermutung passen, daß die Verehrungsstätte Edmunds sich am Orte selbst des so glimpflich verlaufenen Unfalls befunden hat. Dies wiederum würde – mit Rücksicht auf unsere Bauuntersuchungen und die durch sie

Der König der Engländer, Wilhelm der Ältere, hatte aus seinen Mitteln an der Kirche des großen Dionysius eine „turris“ erbauen lassen. Wie großartig (a) wäre sie gewesen, wenn sie vollendet worden und stehengeblieben wäre! Dieses Bauwerk schien, da es von den Handwerkern zu wenig ordentlich verfertigt worden war, täglich seinen eigenen Zusammenbruch bewirken zu wollen (b). Während von Ivo, dem damaligen Abt, und den Mönchen sehr befürchtet wurde, der Zusammenbruch des neuen Bauteiles würde der alten Basilika Schaden zufügen – dort befand sich nun aber der Altar des seligen Edmund und ich weiß nicht welcher anderen sonst noch – (c), empfing der besorgte Abt diese Vision. Er sah mitten in der Kirche des seligen Dionysius eine Dame von sehr würdigem Aussehen stehen, die nach Priesterart den Weihwasserexorzismus vornahm. Der Abt war verwundert über die gebieterische Entschlossenheit der Frau in ihrem ungewohnten Tun. Er beobachtete, daß sie das Wasser, nachdem sie es gesegnet hatte, hier und dort versprengte und danach das Kreuzeszeichen überall dort ausführte, wo sie das Wasser versprengt hatte.

Alsbald brach die „turris“ zusammen, doch schädigte sie bei ihrem Einsturz keinen Teil der Kirche. Denn jene gebenedeite unter den Weibern, deren Leibes Frucht gebenedeit ist, hatte sie durch seine Segnung gewappnet, gemäß dem Traumbild des Abtes. Daneben aber hatte die einstürzende „turris“ einen Mann, der darunter herging, begraben. Als allen bekannt geworden war, daß die Steine den Mann gänzlich verschüttet hatten, begannen sie aus Mitleid die über ihm angehäufte Masse wegzuschaffen. Nachdem schließlich Berge von Mörtel und Steinen beseitigt waren, gelangten sie zu ihm, den sie, o Wunder!, gesund und munter vorfanden, als wenn er bei sich zu Hause gesessen hätte. Steinquader nämlich, sich gradlinig aufeinanderlegend, hatten ihm eine Nische bereitet. So belästigten den eine lange Zeit, ich weiß nicht wieviel Tage, eingeschlossenen Mann weder Hunger noch Furcht noch der äußerst unangenehme Kalkgeruch.

Möge also die hoheitsvollste Maria, Herrin der Himmel und der Erde, gemeinsam mit Dionysius, dem Herrn des ganzen Frankenreiches, unser Buch beschließen!

Die veröffentlichen kunsthistorischen Reflexionen zu dieser Stiftung Wilhelms des Eroberers, stets voraussetzend, es sei ein Kirchturm im aktuellen Sinne errichtet worden, sind inkonsistent. Levillains Annahme, daß der neue Bauteil sich gemäß Guibert selbst oben auf dem Kirchenkörper befunden habe, verrät oberflächliche Lektüre[617]. Jean Huberts Postulat, Guibert bezeuge entweder eine Zweiturmfassade oder eine turmbesetzte Westvorhalle, kommt dagegen einem Quellenmißbrauch gleich, zumal der Autor seine These hauptsächlich durch den Fund eines Kapitells in der Nähe der heutigen Westfassade und die Tatsache, daß Suger von der Wiederverwendung einer Bronzetür ungewisser Herkunft spricht, zu stützen sucht[618].

nahegelegte Wahrscheinlichkeit einer Kontinuität der Altardisposition von Wilhelm zu Suger – die Annahme, die erwähnte „turris“ sei nichts anderes als eine neugestaltete Ostanlage, zusätzlich stützen.

617 Levillain (1907), S. 211 ff., insbesondere S. 226 f.: «Un texte de Guibert de Nogent fournit même une présomption qu'il n'y eut pas au XIe siècle construction d'église» und «. . . une tour sur l'église . . .».

618 Jean Hubert, La tour occidentale de Saint-Denis, in: Bulletin de la Société

Noch 1960 aber glaubte Formigé, der freilich beweiskräftige archäologische Forschungsresultate nicht vorlegte, Hubert bestätigen zu können[619]. Dagegen gründete Crosby seine Behauptung, der Turm habe sich im Nordwestbereich des heutigen Querschiffs erhoben, zuallererst auf die Ergrabung von Architekturfragmenten in diesem Gebäudebereich. Da die entsprechenden, in einer Grundrißzeichnung des Autors vermerkten Funde jedoch offensichtlich entlang einer geraden Linie angeordnete Strukturteile ohne Fundamentcharakter waren, sind die von Crosby versuchten Rekonstruktionen nicht nur eines quadratischen Grundrisses, sondern auch des aufgehenden Mauerwerks des vermuteten Baus rein spekulativ[620]. Nicht nur fehlen archäologische Belege für die Errichtung eines Turmes am Langhaus oder über der Vierung im 11. Jahrhundert, es ist (in Abwesenheit zureichend beschriebener Grabungen im Apsisbereich) auch zu bezweifeln, ob in baulichem Verband mit der nachkarolingischen Kirche vor dem 12. Jahrhundert überhaupt ein zusätzlicher Turm geschaffen wurde[621].

Im Festhalten an der Auslegung der „turris" als Turm wurde diese Quelle von der bisherigen Forschung also hauptsächlich dazu benutzt nachzuweisen, daß keine wesentlichen Arbeiten am Hauptbau der Kirche im 11. Jahrhundert vorgenommen wurden. Dabei wird die bei Guibert deutlich betonte liturgisch exponierte Stellung der Wilhelmischen „turris" gänzlich außer acht gelassen. Die von Wilhelm gestiftete „turris" läßt sich aber nur über die auf sie bezogenen liturgischen Quellen verstehen. Die Unterkirchenpatrozinien des mittleren Taufraumes (Johannes der Täufer), der Scheitelkapelle (Maria) und der beiden mittleren Radialkapellen (Barnabas und Stephanus und, nebenbei, die geringeren Heiligen der Kapellen zwischen

Nationale des Antiquaires de France, 1945–1947, S. 137–140: «Il y a tout lieu de croire que cette tour s'élevait à peu près à la hauteur de la façade actuelle, édefiée par Suger, c'est-à-dire à quelques mètres du lieu de découverte du chapiteau.»

[619] Formigé (1960), S. 52, 54, 172–177.

[620] Sumner Crosby, New Excavations in the Abbey Church of Saint-Denis, in: Gazette des Beaux-Arts 26 (1944), S. 115–126, bes. S. 124. Vgl. ders. (1953), S. 20–23, S. 53 Fig. 16, Grundriß S. 68 f. S. 21: «On ne savait rien ni sur sa forme ni sur son emplacement jusqu'à nos fouilles des 1946 qui mirent au jour, sous le bras nord du transept actuel une maçonnerie qui devait constituer le côté sud de la tour . . . Du côté est, la maçonnerie que nous avons mise à jour, passe sous une base du XIIe siècle; (so aber nicht auf dem Grundriß dargestellt); elle est donc antérieure à l'église du Suger . . . Malgré d'autres fouilles vers le nord, nous n'avons découvert aucune autre maçonnerie.»

[621] Mit Bezug auf *Miracula Sancti Dionysii* I, 15, verweist Panofsky auf eine Anmerkung von Mabillon zu den ›Miracula‹, in der dieser die Existenz eines freistehenden Turmes im Nordosten des Chorhauptes von Saint-Denis zu bezeugen scheint: „Turris haec post renovatam ab Sugerio basilicam hactenus persistit" (Panofsky, S. 161, vgl. auch S. 160). Dies stand aber in Zusammenhang mit Sankt Peter auf der Nordseite des Atriums, vgl. oben Anm. 99.

diesen und der Scheitelkapelle) sind schon in unserer Betrachtung der liturgischen Entstehung der Anlage oben besprochen worden. Von den beiden westlichsten „Anschluß“kapellen des Kapellenkranzes (AI NII und AI SII) wurde 1144 bei der Neuweihe nach Abschluß der Sugerschen Baumaßnahmen die nördliche dem Hl. Georg und der Hl. Walburga, die südliche dem Hl. Edmund geweiht; es ist anzunehmen, daß sie dabei, wie sich dies für die drei Haupt-Radialkapellen feststellen ließ, ihre ursprünglichen Patrozinien beibehielten[622].

Um das Ziel einer Rekonstruktion erreichen zu können, müssen wir uns zunächst einer indirekten Beweisführung bedienen. Die beiden ersten Kriterien gleichsam ex negativo liefert Guibert von Nogent. Seine Erwähnung eines dem Hl. Edmund geweihten Altares an der durch den Einsturz gefährdetsten Stelle läßt an eine Erweiterung gegenüber der von Hilduin errichteten Confessioanlage denken. Daß der Altar eines Heiligen, der so große Verehrung in Saint-Denis genoß wie Edmund, sich in einer Turmnische befunden haben soll, scheint gänzlich unwahrscheinlich. Die Vermutung einer Erweiterung der Hilduinanlage erhält weitere Nahrung durch die bewußte Erwähnung einer Mehrzahl von Altären (wenn auch ohne Nennung der Patrozinien) in derselben Quelle: „erat autem ibi beati Eadmundi altare et quorum nescio aliorum“. Die nächsten Kriterien ergeben sich im Zusammenhang mit den Schriften des Abtes Suger. Wir verzichten auf ausführliche Zitate weil Sugers Schriften in Panofskys „Paperback“ausgabe als leicht zugänglich zu betrachten sind; zitiert wird ab jetzt nach Seiten- und Zeilennummern der Ausgabe Panofskys von 1979[623].

[622] Siehe oben, Anm. 616, Abschnitt (c). Zur Weihe des Edmundaltares siehe Suger, *Cons.* 118, 8–33; vgl. ferner Panofskys (1979) Kommentar auf S. 249. Zur Begründung der Anordnung der Kapellen nach Levillain (1907), S. 260 f. und Anm. 4.

[623] Obwohl Panofskys Edition als Werk der Kunstgeschichte verstanden werden will und sich dementsprechend auf die Textstellen beschränkt, die das Bauwerk (und die beweglichen liturgischen Instrumente) betreffen, wird die Baugeschichte der Abteikirche als bekannt und gesichert vorausgesetzt; in der langen Einleitung erfolgt keine einzige einführende Beschreibung des Bauwerks selber, findet sich kein Hinweis auf seinen geschichtlichen Werdegang, geschweige denn seine kultische Bestimmung. Panofskys Unkenntnis der Kirche von Saint-Denis geht schon aus solchen Bemerkungen hervor, es habe vor Suger nur drei königlich-kaiserliche Anniversarien gegeben (S. 29); nicht einmal das Karls des Großen ist ihm bewußt gewesen. Ebenda bezichtigt Panofsky (der Gott sei Dank dabei „*fühlt*, als höre er . . . nicht die Worte . . . des 12. Jh.“) Abt Suger bei seinen Bemühungen um sein Seelenheil „ungeheurer Eitelkeit“, ohne einen “passionate will to selfperpetuation” in transzendentem Glauben der Zeit selbst verstehen zu können. Sogar dort, wo die von Panofsky übersetzten Texte selber die Quelle seiner Informationen sind, erlauben es ihm seine der Kirche der Zeit völlig fremden Vorstellungen (S. 13) gelegentlich nicht, eine sinnvolle und zuverlässige Auslegung dieser Texte zu bieten: so z. B. daß die von Suger vorgenommene *translatio* der Patronenheiligen keinesfalls diejenigen Reliquien betrafen, die, Sugers Betonung des Volksandranges nach zu folgern, eben den Anlaß

Daß in der Krypta Reliquien der Leidenswerkzeuge Christi vorhanden waren, wird zuerst gegen 1060 von Haimon erwähnt – fast beiläufig, in Zusammenhang mit der *detectio corporum* der Patronenheiligen[624]. Diese Reliquien wurden, Suger zur Folge, der Abtei von Karl dem Kahlen geschenkt[625]. Die offenbar rege volkstümliche Verehrung dieser Reliquien, die von der Forschung sehr vernachlässigt worden ist[626], führte im 12. Jahrhundert gelegentlich zu solchem Andrang der Gläubigen, daß Suger sich genötigt sah, den liturgischen Ort, wo die Leidenswerkzeuge den Gläubigen gezeigt wurden, zu vergrößern[627]: Durch die Enge dieses *infra Sancti Sanctorum locus* der Unterkirche[628] wurde die liturgische Funktion eingeschränkt, ein Zustand, der in Zusammenhang mit der Vergrößerung der *pars capitalis superioris ecclesiae* (des Chorhauptes) gleich nach der Weihe der Westbaukapellen aufgehoben werden sollte[629]. Bei der Grundsteinlegung sind es dann auch die Leidenswerkzeuge, die an erster Stelle in feierlicher Prozession in die Krypta getragen werden [630]; am Ende der Feierlichkeiten wird die Finanzierung der Arbeiten geregelt, um die „aedificia, et anteriora (die Westtürme) et *superiora*" (das Chorhaupt der Oberkirche) zu Ende führen zu können[631]. Somit sind die Arbeiten an der Ostanlage liturgisch sicher lokalisiert. Nur eine Kapelle findet Erwähnung, nach dem Baubefund wohl die unbeschadet erhaltene, gewölbte mittlere Kapelle, näm-

für die verschiedenen Bauarbeiten überhaupt gewesen sein sollten. Panofskys einleitende Vorstellung vom Bauvorhaben reduziert sich auf S. 13 wie folgt: Suger "wanted only to handle (the crowd) without disturbances . . . to admit the curious (sic) to the sacred objects . . . to avoid jostling . . . – therefore he translated the relics from the crypt . . ."

624 Siehe oben, Anm. 595.

625 Suger, *Ord.* 128, 10 bis 132, 5, bes. 132, 2 f. Soweit ersichtlich, sind keine entsprechenden Schenkungsurkunden erhalten.

626 Levillain (1909), S. 169 und Anm. 3, folgend erwähnen beispielsweise sowohl Crosby (1942), S. 177 Anm. 40, wie Formigé (1960), Anm. 3 (sic), lediglich das Vorhandensein, ohne weiter darauf einzugehen.

627 *Cons.* 86, 32–88, 26, vgl. Kommentar und Literaturangabe bei Panofsky (1979) auf S. 225: Crosby (1942), S. 177, zitiert lediglich Haimon, ohne die Bedeutung der Leidenswerkzeuge überhaupt zu erwähnen; wichtiger wären die Arbeiten von Conway und Folz, die von uns aber nicht berücksichtigt werden konnten: W. Martin Conway, The Abbey of Saint-Denis and its ancient treasures, in: Archaeologia, or Miscellaneous Tracts Relating to Antiquity 66 (1915), S. 104 und 130 f., mit weiteren Hinweisen; Robert Folz, Le Souvenir et la Légende de Charlemagne dans l'Empire germanique médiéval, Paris 1950, S. 179 ff.

628 Suger, *Ord.* 134, 11–15, ff. vgl. *Cons.* 98, 25–27. Zum sprachlichen Problem der Lokalisierung der angesprochenen Gebäudeteile vergleiche im folgenden auch die Aufstellung Rüdiger Hoyers, Anm. 706.

629 *Ord.* 134, 6–7; *Cons.* 98, 28–30.

630 *Cons.* 100, 29–34; vgl. Z. 11.

631 *Cons.* 102, 10–29, bes. Z. 28.

lich das „caveau central", das als Baptisterium diente; die erst im frühen 11. Jahrhundert erwähnten Leidenswerkzeuge waren offenbar dort, wohl in der Apsis, untergebracht worden. Der Einsturz der „turris", und dabei einiger Teile der Umgangsconfessio, beeinträchtigte stark ihre Funktionsfähigkeit. Über den Ort des Engpasses gibt uns das Gewölbesystem der Krypta beredte Auskunft: In den Seitenschiffen der Kapellenanlage befinden sich die erneuerten Flachtonnen; der Einsturz hat hier nur die zwei geraden Joche unter dem Langchor zerstört, möglicherweise lag dort noch der Bauschutt; es gab gewiß Absperrungen. In der inneren Krypta wäre wohl ein Weg in das «caveau central» freigeschaffen worden, aber die Zirkulation der Pilgerscharen war entschieden gestört, wie Suger plastisch beschreibt. Nach dieser Allgemeinorientierung können wir die Sugerquellen besser verstehen.

In der ›Ordinatio‹ folgt auf die Weihe und die finanzielle Regelung des Kultus der Kapellen im damals noch unfertigen Westbau[632] Sugers Entschluß, sofort mit der „Vermehrung und Erweiterung des Chorhauptes der Oberkirche" (*augmentandam et amplificandam superioris ecclesiae partem capitalem*[633]) zu beginnen. Diese Aussage setzt das Vorhandensein einer schon (einmal) gebauten „Ober"kirche als bekannt voraus, jedoch eine, an der erhebliche Bauarbeiten auszuführen waren. Da seit 1908 keine Aufstockung der Hilduin-Kapelle verfochten wird, wurde diese entscheidende Quelle seither kommentarlos verschwiegen[634].

Es ist schon darauf aufmerksam gemacht worden, daß aus Sugers Schriften oft nicht deutlich hervorgeht, ob sie sich auf den Umbau im Westen oder im Osten beziehen. Dies darf nicht überraschen, da Suger mehrmals betont, daß die Arbeiten gleichzeitig an beiden Teilen vorangetrieben wurden. Fassen wir nun den entscheidenden Text aus ›De consecratione‹ zusammen, so ergibt sich aber ein recht überzeugender Vorgang: Nachdem Suger die „Dagobert"-Basilika als *munificentia fabricatum* (86, 1–17), aber von mangelndem Ausmaß (86, 17–44) beschrieben hat, hebt er die zitierte Bedrängnis der Pilgerscharen *in der Ostanlage* hervor (86, 25–88, 26). Er erwähnt kurz den Haupteingang im Westen (88, 27–34, vgl. oben Kapitel III, 4, Anm. 526–533) und geht dann zum Gesamtwerk über: *usque adeo in tanto tamque sumptuoso opere profecimus* (88, 36–90, 15). Auch wird in diesem Zusammenhang die Entdeckung eines Steinbruches zum ersten Male beiläufig erwähnt. An dieser Stelle bringt er dann seine Besorgtheit zum Ausdruck, „bei diesen Vorbereitungen . . . das neue Bauwerk passend mit dem alten in Einklang zu bringen"[635] (90, 15 f.). Seine diesbezüglich vergeb-

[632] *Ord.* 134, 8; vgl. oben, Anm. 630 und 631, sowie die entsprechende Passage in unserem Haupttext.

[633] *Ord.* 134, 6–7.

[634] Wir erinnern wieder an Polks Überblick über den Gang der früheren Forschung, dort S. 111–138, bes. S. 124.

[635] Übersetzt nach Ernst Gall, op. cit. Anm. 9, S. 100.

lichen Bemühungen, möglichst „marmorne" Säulen zu bekommen (91, 17–94, 5), – aus der Materialbestimmung ist die symbolische Einzelgestalt der Freisäulen zu verstehen –, können wiederum nur auf das neue Chorhaupt bezogen sein, weil nur dort, und nicht im Westbau, Freisäulen – wenn auch nicht marmorne, dann wohl mit Stuck verkleidete Imitationen – in Sugers Werk zur Anwendung kommen[636]; dementsprechend werden im Rückblick von ›De Administratione‹ Säulen ausschließlich im *magnificum opus* der zweigeschossigen Oberkirche erwähnt[637]. Seine Sorge, Altes und Neues in Einklang zu bringen, entspricht den Problemen des Um- und Weiterbauens sowohl an dem karolingischen Westbau wie an der eingestürzten Ostanlage. Die anschließende Textstelle jedoch – wiederum bezogen auf Säulen – ist bestimmt nur auf das Chorhaupt und die Unterkirche zu beziehen: „Nachdem das Werk in der Hauptsache vollendet und die Geschosse[638] der alten und der neuen Bauteile gehörig zusammengefügt waren, legte sich *unsere große Sorge, die wir lange Zeit wegen der offenen Risse in den alten Mauern gehabt hatten,* und wir entschlossen uns wieder heiteren Herzens, die zerborstenen großen Kapitelle und die Basen der Säulen instand zu setzen" (94, 6–12). Beziehen wir diese Stelle auf den Baubefund, ohne das hypothetische Postulat einer Sugerschen Verlängerung des „karolingischen Langhauses"[639], so ist deutlich, daß Suger die stabilisierende Reparatur der geraden Kryptajoche des Langchors vollendet hatte und sich dem Weiterbau an den Kolonnaden des Chorhauptes zuwenden wollte, da nun die baufälligen Teile der eingestürzten *turris* geräumt waren. Wir werden bei unserer Untersuchung des Sugerbaus die darauffolgende Textstelle eingehender behandeln (94, 12–98, 24): Durch fehlende Balken für die Dachbinder – einer provisorischen Abdeckung? – aufgehalten, kehrt Suger zu den Arbeiten am Westbau zurück und fördert ihn, obwohl ebenfalls unfertig, bis zur Weihe. Danach wiederholt er seine Sorgen um die liturgischen Probleme im Osten

[636] Die bisherige Meinung, Suger brauchte Säulen, um das bestehende Langhaus an seinen „neuen" Westbau anzuschließen, ist unvertretbar. Die alte Basilika muß nach dem Zeugnis der Bestattungen bis an den heutigen Westbau gereicht haben (vgl. oben, Kap. II, 4); nichts in Sugers Vorgehen erlaubt die Vorstellung eines Weiterbauens an der Basilika, die er bemüht war zu ersetzen. Siehe unten, Kapitel III, 8.

[637] *Admin.* 48, 28 f.

[638] *Tabulatis*, von Gall (op. cit. Anm. 9, S. 101) falsch als „das Gebälk" übersetzt. Siehe auch Panofsky ([1979], S. 95, vgl. S. 233), nach Crosby als „Geschoß" ausgelegt.

[639] Siehe Anm. 636. Panofskys Meinung (S. 233) in bezug auf *Admin.* 42, 12–17, daß das Mauerwerk der Urbasilika reparaturbedürftig war, woraus er eine Beschädigung der Säulen und Kapitelle der Urbasilika extrapoliert, verfehlt die Quellenaussage: Es waren *pictores,* die angeheuert wurden, wohl um die Wandgemälde zu restaurieren, keinesfalls das Mauerwerk, weil mit *maceriarum* wohl die Stuckoberfläche gemeint ist – im Gegensatz etwa zu *parietibus*, womit in *Admin.* 50, 28 das alte Mauerwerk angesprochen wird.

und kehrt zu seiner Beschreibung der betreffenden Bauarbeiten zurück, nunmehr deutlich außerhalb (östlich) der beizubehaltenen Ur-Apsis (98, 25 bis 100, 7, wir kommen auf diese Frage zurück). Das Beibehalten des Mauerwerks der Urbasilika geschah aber unter „Beratung mit unseren wohlergebenen Brüdern", darunter jene Prälaten, die bei der Weihe des Westbaus zugegen waren. Hatte Suger die Arbeiten an der Ostanlage in der Hoffnung unterbrochen, er würde durch die fast konzilartigen Gegebenheiten bei der Konsekration des Westbaus Unterstützung für seine Vorhaben bekommen, das Chorhaupt durch Abbruch der Apsis einheitlich an die Basilika anzuschließen? Die Frage betraf früher selbstverständlich in gleichem Maße Wilhelms *turris*. Von seinen Brüdern hinsichtlich seiner Pläne ermahnt, „wurde daher mit Vorbedacht beschlossen, jene der höheren ungleiche Wölbung, die über der Apsis, die die Körper unserer Heiligen Männer barg, abschloß, zu entfernen bis zur oberen Schale (Oberfläche) der Krypta, der sie anhaftete, so daß diese Krypta ihre Decke den über die beiderseits angebrachten Stufen Herantretenden als Fußboden darbot"[640].

Es ist mithin deutlich, daß eine Krypta schon vorhanden war und daß gewölbte Teile, die in irgendeinem ungleichen Verhältnis zur gewölbten Ur-Apsis standen, bis auf das Fußbodenniveau über dieser Krypta abmontiert werden sollten. Das „ungleiche Verhältnis" der Gewölbe muß sich keinesfalls ausschließlich auf die Höhenmaße beziehen, es dürfte ebensowohl in die Breite gedacht werden; diese Frage ist aber nebensächlich, sie beeinflußt nicht die klare Aussage über die Grundbedingungen. Diese setzen voraus, daß schon vor Suger sowohl der Ausbau der dreikapelligen Umgangsconfessio zu einem Siebenkapellenkranz, wie auch die Aufstockung dieser Confessioanlage durch ein „frühgotisches" Chorhaupt stattgefunden hat. Offenbar bei dem Versuch, die alten Seitenschiffe der nun als Krypta dienenden Kapellenanlage zu bewahren, wurde vermutlich auch in diesem Langchorbereich eine zweistöckige Konstruktionsweise gewählt. Diese erwies sich aber als statisch mangelhaft und führte zu dem bei Guibert beschriebenen baldigen Einsturz. Unserem archäologischen Befund nach betraf dies aber nicht den gesamten Neubau, sondern nur das Teilstück zwischen dem Kapellenkranz und der Apsis der alten Basilika, die aber ebenso wie die vielen Altäre der Chorkapellen unversehrt blieb.

Diese Ergebnisse unserer indirekten Beweisführung lassen nun aber eine recht konkrete Vorstellung vom Aussehen der Wilhelmschen „turris" zu. Daß es sich dabei nicht um einen Turm im Wortsinne gehandelt haben kann, dürfte hinreichend deutlich geworden sein. Schließlich muß der Altar des

[640] *Cons.* 100, 7–12: „Consulte siquidem decretum est illam altiori inaequalem, quae super absidem sanctorum dominorum nostrorum corpora retinentem operiebat, removeri voltam usque ad superficiem criptae cui adhaerebat, ut eadem cripta superioritatem sui accedentibus per utrosque gradus pro pavimento offerret." Zur grammatikalischen Analyse dieser Stelle siehe Anm. 966.

heiliggesprochenen englischen Königs Edmund im Zusammenhang mit Wilhelms „turris“ gesehen werden; er war wahrscheinlich zudem Teil jener Schenkung, wenn nicht sogar, wie sich zeigen wird, der liturgische Anlaß für die Schenkung überhaupt. Und da Guibert von einem Edmund-Altar als liturgisches Faktum spricht, muß eine Weihe der Wilhelm-Schenkung wohl stattgefunden haben, wenn auch nur der Unterkirche.

b) „Turris“ und Sakralbau

Guibert von Nogents Überlieferung der Stiftung Wilhelms des Eroberers auf die *Ostanlage* von Saint-Denis zu beziehen, wie es hier geschieht, bedarf des Versuchs einer philologischen Rechtfertigung. Ergebnisse der Ikonologie treten zur eigentlichen, tieferen Begründung ergänzend hinzu.

Eine Bedeutung der von Guibert verwendeten Vokabel „turris“ im Sinne von Chorhaupt, die man bei unserer Konjektur zunächst für angemessen halten dürfte, wird von den einschlägigen Lexika bisher nicht belegt. Eine derartige Übersetzung wäre aber angesichts des hier vermuteten historischen Sachverhaltes sogar auch nicht angemessen: Das Bauwerk lag außerhalb des Hauptraumes, umfing die Ur-Apsis.

Andererseits führte ein vorschnelles, archäologisch nicht gerechtfertigtes Verständnis der Wilhelmschen „turris“ als campanilehaften Bau bereits wegen der Bedeutungsvielfalt des Wortes und der epochentypischen, dem beschreibenden Realismus fernen Konzision des Textes zu in ihrer Gegensätzlichkeit entmutigenden Positionen der früheren Forschung, siehe Kap. III, 7 a. „Turris“ [641] wurde so, etwa im Sinne von „arx“, zur Bezeichnung des massiven Herrschersitzes verwendet und – sicherlich in zumindest partieller oder gelegentlicher Anlehnung an diesen Sinn – für ein Westwerk oder ein verwandtes Westbauensemble. Beispielsweise wird „turris“ in der Bedeutung als massive oder wehrhafte Residenz in Chartres auf das Grafenschloß bezogen [642]. Als Bezeichnung für den Westbau finden wir „turris“ im

[641] Die Etymologie ist umstritten, ‘turris’ wird gemeinhin von griechisch τύρρις oder von Tyrrheni (Τυρρηνοί) abgeleitet.

[642] Lépinois, Histoire de Chartres, I, 1854, S. 150, Anm. 1 (1278); Vieille Chronique (1389), in: Cartulaire de Notre-Dame de Chartres I, S. 35, 48–49, 54; dazu auch Reinhold Kaiser, Bischofsherrschaft zw. Kgtm. und Fürstenmacht, 1981, S. 415; verwandte Chartreser Beispiele: Cartulaire (op. cit.), I, S. 51. Bei Guibert von Nogent selbst (betr. Gegend von Amiens), Ed. Labande, S. 400, 402, 406, 408, 414. Lexikonartikel wie in Anm. 1. Siehe auch J. F. Verbruggen, Note sur le sens des mots castrum, castellum, et quelques autres expressions qui désignent des fortifications, in: Revue belge de philologie et d’histoire XXVIII (1950), S. 147–155, bes. S. 154; Luc-Francis Genicot, L’Architecture, considérations générales, Turnhout (Brepols) 1979 (Typologie des sources du moyen âge occidental, Fasc. 29), S. 29. Ferner: K. F. Werner, L’acquisition par la Maison de Blois des comtés de Chartres et de Châteaudun,

10. Jahrhundert in Gandersheim[642a], ein Jahrhundert später in Essen-Werden (ecclesia sanctae Mariae sive turris)[643] und im folgenden Jahrhundert gemäß den Ausführungen Sugers in Saint-Denis selbst[644]. Es kann aber für ausgeschlossen erachtet werden, daß sich der normanno-englische Herrscher hinsichtlich der fränkischen Königsabteikirche eine solchermaßen herrscherliche Bauikonologie anmaßen durfte. „Turris" konnte im 11. und 12. Jahrhundert aber auch ein Zentralbau heißen, ohne besonders 'turmhafte' Proportionen zu besitzen, etwa der „Alte Turm" in Mettlach: „Aquisgrani palacium mittens et exinde similitudinem sumens, turrim que adhuc superest erexit"[645], sowie die für das Jahr 1178 bezeugte Rotunde von Saint-Bénigne in Dijon[646].

in: Mélanges de numismatique d'archéologie et d'histoire offerts à J. Lafaurie, Paris 1980, S. 265–272; dort auf S. 268 f. und Anm. 22 u. 23 Verweis auf den Grafen Thibaud I. de Blois, der sich Chartres und Châteaudun vor 960, aber nach 956 bemächtigte und dort Residenzen mit hohen und eindrucksvollen Türmen (turres altas) erbaute (Chartulaire de S.-Père, 28–30). Der gleiche Thibaud ließ auch das Kloster Saint-Florent à Saumur wiederherstellen, was in einem Gedicht der *Chroniques des églises d'Anjou* (ed. P. Marchegay/E. Mabille, Paris 1869) gefeiert wird; dort ist (S. 247 ff.) mehrfach von *turres* die Rede, etwa: „Qui [Thibaud] vivens turres altas construxit et aedes . . ." (Werner, S. 268).

642a Gandersheim, Stiftskirche, „Sehardus octavus episcopus (Hildesheimensis) praeponitur, qui anno 926 incarnationis Domini *turrim occidentalem* in Gandersheim dedicavit" (*Chronicon Hildesheimensis*, MGH, SS VII, S. 845 f., c. 8; zitiert nach Carol Heitz, Recherches sur les rapports entre architecture et liturgie à l'époque carolingienne, Paris [S. E. V. P. E. N.] 1963 [Bibliothèque générale de l'École Pratique des Hautes Études, VIe section], S. 71, Anm. 2, wo Heitz hinzufügt: «Il s'agit de la puissante tour centrale qui, flanquée de deux tourelles, s'élevait à l'ouest de la nef.»). Die Verwendung der Bezeichnung 'turris' für ein Westbauensemble wird von Heitz ausdrücklich hervorgehoben (siehe auch op. cit., S. 165 und S. 241, Anm. 2), sogar in im Verhältnis zu den angeführten Quellen übertreibender Weise, wenn Heitz behauptet, alle von ihm behandelten Westanlagen würden in den Quellen so bezeichnet.

643 Diese und andere Quellen zum Werdener Westwerk als „turris" bei W. Effmann, Die karolingisch-ottonischen Bauten zu Werden I, Straßburg 1899, S. 170–183 und 369 f.

644 Zum Westbau von Saint-Denis siehe Anm. 706. Siehe auch Vermutung von H. Kunze zu Sens, Kathedrale (Das Fassadenproblem der franz. Früh- und Hochgotik, 1912, S. 10, Anm. 2, betr. Quelle von Geoffroy de Coulon, 13. Jh.).

645 MGH, SS XV, S. 1265, *Thiofridi miraculi S. Liutwini* (11. Jh.); Zitat gemäß: Wolfgang Götz, Zentralbau und Zentralbautendenz in der gotischen Architektur, Berlin (1968), S. 52, Anm. 34.

646 *Annales Sancti Benigni Monasterii Divionensis*, zum Jahr 1178. Siehe: Wilhelm Schlink, Saint-Bénigne in Dijon – Untersuchungen zur Abteikirche Wilhelms von Volpiano (962–1031), Berlin 1978 (Frankf. Forsch. zur Architekturgeschichte, Bd. 5), S. 170: „Am Karsamstag sieht die Volksmenge drei Tauben 'super turrim beate Marie de sublimi descendisse et tanquam cereos ardentes secum detulisse' (. . .)." Ibid., S. 20, Anm. 40: „Die Quelle von 1178 (. . .) ist die älteste, die expressis

Die Vermutung von Günter Bandmann, die durch Erzbischof Poppo wahrscheinlich nach einer Palästinareise (1028–1030) begonnene Westapsis des Trierer Domes heiße in den ›Gesta Treverorum‹ „turris", ist bestechend[647], aber wohl keineswegs so deutlich, wie Bandmann meint: Die Westapsis ist – *wie die Ostanlage zu Saint-Denis* – Teil eines breitgelagerten Ensembles *mit Türmen*; daher kann die Charakterisierung als Wehrbau oder die Rede von einem einzelnen Turm nicht a priori verworfen werden. Die Westapsis des Trierer Doms dürfte bis 1196 den Heiligen Rock geborgen haben. Nach Bandmann wäre sie in ihrer Bedeutung als Zentralbaustellvertreter und Anastasis auch durch ihre Benennung identifiziert worden[648]. Es ist dieser sepulkrale Aspekt, der uns für die Ostanlage von Saint-Denis bestimmend erscheint.

Ein entsprechendes philologisches und ikonologisches Problem stellt sich augenblicklich immer noch für die Kathedrale Notre-Dame in Chartres: Neunzehn Stiftungen „ad edificationem turris", „ad opus turris", „ad edificium turris", „ad restaurationem turris", „ad turrem" und auch „ad opus

verbis den ganzen Rotundenbau als Marienkirche anspricht." Zu den Annales S. B. siehe ibid. S. 192.

[647] *Gesta Treverorum*, ed. G. Waitz, Monumenta Germaniae Historica, SS, t. VIII, Neudruck Leipzig 1925, S. 173 f.: „Hic Poppo ecclesiam sancti Petri iam collapsam reparavit, et in honore sancti Martini, translatis in eam partem reliquiis eius, dedicavit, turrimque ibidem construxit; . . ." Vgl. Günter Bandmann, Zur Bedeutung der romanischen Apsis, in: Wallraf-Richartz-Jahrbuch XV (1953), S. 28–46. Dort S. 46: „Die neue Apsis wird in den Quellen 'turris' genannt, wozu das Inventar wohl zu Unrecht vermerkt, daß damit der Bauteil als Wehrbau charakterisiert werden solle." Bandmann bezieht sich hier auf: Nikolaus Irsch, Der Dom zu Trier, Düsseldorf 1931 (Die Kunstdenkmäler der Rheinprovinz, ed. Paul Clemen), S. 83: „Eine Vollendung des Baues durch Poppo kann nach dem vorher mitgeteilten Bericht der Gesta hiermit nicht gemeint sein. Den auffallenden singular *turrim* erklärt eine ansprechende Konjektur von G. Kentenich (mündliche Mitteilung) als Textverderbnis aus 'turrim utrimque construxit'. Ebenso leicht ist die Lösung dann, wenn man *turris* nicht als Turm in unserem Sinne, sondern als 'zur Verteidigung geeigneter Westbau' auffaßt, wozu der damalige Sprachgebrauch berechtigt. – Vgl. den Bericht über den Metzer Dombau von 1016: Ernst-Weis, J.: Der Theoderich-Bau des Metzer Domes und sein Umbau im 13. Jh., in: Elsaß-Lothr. Jahrbuch, 6 (1927), S. 152, 154 f.: „Von Poppos Nachfolger Eberhard (1047–1066) wird gesagt: 'Eberhardus turrim a Poppone inceptam perfecit' (*Gesta Treverorum:* Mon. Germ., SS VIII, S. 174)."

[648] Vgl. Bandmann, op. et loc. cit. Anm. 647. Dort auch: „Die Bezeichnung 'turris' tragen in den mittelalterlichen Quellen allgemein Zentralbauten, so z. B. auch die Anastasis." Ein Quellenbeleg zur Jerusalemer Anastasis wird nicht gegeben. Bei der Berührung des gleichen ikonologischen Zusammenhanges in einem zwanzig Jahre jüngeren Aufsatz erwähnt Bandmann die Trierer Westapsis nicht: Günter Bandmann, Zur Bestimmung der romanischen Scheitelrotunde an der Peterskirche zu Löwen, in: Beiträge zur rheinischen Kunstgeschichte und Denkmalpflege II (1974), S. 69–79, bes. S. 72, 78. Vgl. hierzu Anm. 92!

turrium" aus der Zeit vom endenden 11. Jahrhundert bis vor 1180 bleiben hinsichtlich des tatsächlichen historischen Geschehens vorerst ohne genauen Bezug, und es wurde bereits vermutet, daß sie sich auch auf die ebenfalls mit Chorflankentürmen besetzten Ostteile der Kathedrale beziehen könnten, was die provisorische relative Chronologie nicht ausschließe[649].

Eine archäologische Terminologie – der Gedanke sei trotz seiner Selbstverständlichkeit betont – gehört nicht zur Epoche. So ist auch eine sprachliche Scheidung zwischen Turmbauten an Westbau und Ostbau ganz sicher nicht verbreitet gewesen. Beispielsweise gebraucht die Chronik des Gervasius von Canterbury (Ende 12. Jahrhundert) bezogen auf die Kathedrale von Canterbury „turris" für den Vierungsturm, für Chorflankenkapellenbauten („turris sancti Andreae", „turris sancti Anselmi"), sowie für die östliche Scheitelkapelle: „Exterior autem muri ambitus, a turribus praedictis progrediens, primo in directum ad lineam procedit, deinde flectitur in girum, et sic in turre rotunda convenit uterque murus in unum, ibidemque consummatur"[650]. Und bezüglich der Kathedrale von Coutances (11. Jahrhundert) heißt es: „... duas turres posteriores a fundamentis, tertiamque supra chorum opere spectabili sublimavit, in quibus classicum consonans et pretiosum imposuit ..."[651]

[649] Diese Stiftungen finden sich zusammenfassend nach dem ›Cartulaire‹ der Kathedrale aufgelistet bei: vdM (1975), S. 91, Anm. 45. Dort nicht berücksichtigt eine in *Cartulaire de Notre-Dame de Chartres*, ed. Lépinois/Merlet, t. III, S. 135 als Eintrag vor 1120 gegebene Stiftung „ad edificium turris". Vgl. zu dem Problem vdM (1975), S. 22–23 und Anm. 45–66, jüngst vdM/Hohmeyer (1984), S. 219–224, 264–265. vdM (1975), S. 22, akzeptiert ausdrücklich die Schlußfolgerungen Bandmanns zur Trierer Westapsis. Zu den Chartreser „turris"-Quellen in ihrer mißbräuchlichen Heranziehung im Rahmen der üblichen Chartres-West-Datierungen siehe auch die kritischen Bemerkungen bei: Maurice Lanore, Reconstruction de la façade de la cathédrale de Chartres au XIIe siècle. Étude chronologique. (suite), in: Revue de l'Art chrétien 50 (1900), S. 35 f.

[650] Beispiele aus Victor Mortet, Recueil de textes relatifs à l'histoire de l'architecture et à la condition des architectes en France, au Moyen Âge – XIe–XIIe siècles, Paris 1911; zu Gervasius S. 206–228 (LXVI), das letzte Zitat findet sich auf S. 227; dort aber auch „capella sanctae Trinitatis".

[651] *Instrum. eccl. Constantiniénsis* (ex libro nigro Capituli), zitiert nach Mortet, S. 72. Angeführt seien weiterhin noch folgende Beispiele aus Mortet: Wohl hölzerne Glockenturmaufbauten scheinen oft als „campanarium", „clocarium" etc. mit einer eigenen Bezeichnung charakterisert worden zu sein; seien wir aber vorsichtig bei der Deutung:

Abteikirche *Saint-Pierre d'Oudenbourg* (1091), gemäß *Vita S. Arnulphi, episc. Suessionensis*, l. II. c. IV, § 92; Mortet S. 174: „Eadem nocte ejusdem venti turbine campanarium ecclesiae sancti Petri evulsum est a suis cardinibus, et supra tectum turris in qua stabat versus orientem projectum ..."

Kathedrale von *Lyon* (zwischen 1085 und 1107), gemäß Obituarium der Kathe-

Auch Guibert von Nogent leistet uns nicht den Gefallen: Er nennt „turris" einen vom Blitz getroffenen Bauteil der Abteikirche Saint-Germer-de-Fly (Oise)[652]. Das Blitzschlagereignis selbst und die Erwähnung einer „occidentalis vitrea turris" legen nahe, einen Vierungs- oder Chorflankenturm anzunehmen; angesichts der Erwähnung eines Hahnes auf der „turris", eines Kruzifixaufbaus (Triumphkreuz) unterhalb und der Heimsuchung der Mönche im Chorraum ist eine grundsätzlich andere Interpretation ausgeschlossen[653]. „Turres" heißen ferner bei Guibert die unter Bischof Gaudry 1112 beim Kommuneaufstand in Laon gerüsteten Teile der Kathedrale. Sinnvoll scheinen solche Zurüstungen zunächst besonders an hochaufragenden Türmen.[654] Weitergehende Schlußfolgerungen im Sinne der hier zu erläuternden Grundhypothese sind aber vom Text her unzulässig. Erwähnt wurde bereits Guiberts Verwendung des Wortes im oft nachgewiesenen Sinne von 'befestigter Residenz'[655] („turrenses" nennt er die bedrängten Insassen der burghaften Anlage). „Turrita porta" ist ein Tor des Klosters Saint Médard zu Soissons[656].

An anderer Stelle des Textes erwähnt unser Autor „criptam quae *basilicae caput* ambit"; die Passage betrifft den Mord an Gérard de Quierzy in der

drale; Mortet, S. 268: „Dedit . . . trecentos solidos ad clocarium et tabulatum ecclesiae perficiendum . . ."

Kathedrale *Notre-Dame de Chartres*, Stiftung Wilhelms des Eroberers für das Seelenheil seiner Tochter. *Cartulaire de Notre-Dame de Chartres*, ed. Lépinois/L. Merlet, t. III.2 (1865), S. 218; R. Merlet/Clerval, Un manuscrit chartrain du XIe siècle, Chartres 1893, S. 184: „[Obiit] Et Adeliza, filia regis Anglorum, pro cujus anima pater ejus rex, inter alia clara et regia beneficia que fecit huic ecclesie jussit fieri campanarium quod est super ecclesiam preciosum et bonum." Vgl. vdM (1975), S. 92, Anm. 52.

Châlons-sur-Marne, Saint-Pierre (965): „turrim signorum, quam rustici clocarium . . ."; Sauer (1902), S. 143, Anm. 4, nach Migne PL 134, 1017 sqq.

652 Labande, op. cit., S. 178/180.

653 Idem, S. 178–179, Anm. 4, meint, unter Berufung auf Lefèvre-Pontalis, Étude sur la date de l'église de Saint-Germer, in: Bibliothèque de l'École des Chartres XLVI, 1885, S. 484: „La tour en question (. . .) n'était pas au carré du transept, mais sans doute à l'extrémité d'un des collatéraux, proche du chœur."

Zum Hahn auf dem Kirchturmdach siehe Hinweise ibid.; auch Mortet, op. cit. Anm. 5, S. 74, Anm. 31; Joseph Sauer, Symbolik des Kirchengebäudes und seiner Ausstattung in der Auffassung des Mittelalters, Freiburg i. B. 1902, S. 143.

654 Labande, op. cit., S. 334/336. Oder sollten gar befestigte Bauten im Stadtbereich gemeint sein? Die Kathedrale hatte Anfang des 12. Jh. gewiß schon ihr vieltürmiges Aussehen (vgl. die widersprüchliche Auslegung der dokumentierten Überlieferung bei W. Clark und R. King, Laon Cathedral, Bd. I, London 1983), nicht jedoch den platten Abschluß; der ursprünglich apsidiale Ostabschluß mit Chorumgang hatte wahrscheinlich keine Chorflankentürme.

655 Labande, op. cit., S. 400–417 (s. o.).

656 „turrenses": idem, S. 408, 414; „turrita porta": idem, S. 262.

Kathedrale von Laon am 13. Januar 1111[657]. Die Mörder benutzen auf ihrem Weg zum Opfer diesen Bauteil. Labande übersetzt: «empruntant le déambulatoire qui fait le tour du chœur de la basilique»[658]. Als „vitrea capitalis" wird bezüglich Laon ein über der Kathedra situiertes 'Fenster' bezeichnet (zum Jahr 1112)[659]. Hier wäre mit 'caput' also die Sanktuarium-Apsis, d. h. der Mittelschiff-Ostabschluß identifiziert, den eine Umgangsanlage ergänzt. Die Situation hätte somit prinzipiell der Saint-Denis' entsprochen: In Laon wird der Gesamtbauteil nicht bezeichnet, dessen Einzelteile jedoch als 'caput' und 'cripta' unterschieden werden; in Saint-Denis ist ein caput/cripta-Komplex nachgewiesenermaßen mit Chorflankentürmen besetzt und dürfte als ganzer mit 'turris' bezeichnet worden sein. Die Wortverwendung bei Guibert ist also in nicht erstaunlicher Weise *polyvalent*.

Der Kontext von Guiberts Mirakelerzählung wenigstens widerspricht nicht der Annahme, mit „turris" sei eine in ideellem Sinne zentralisierte Ostanlage gemeint – er verlangt diese Annahme freilich auch nicht. Die Weihwasser versprengende Gottesmutter erscheint *„in medio beati Dionysii ecclesiae"*. Nicht auszuschließen ist, daß mit dieser (geläufigen) Formulierung die Vierung oder sogar der Apsisbereich angesprochen werden soll. Hierzu bieten sich insbesondere die folgenden von F. Oswald bezüglich des Terminus „in medio ecclesiae" angeführten Beispiele als Vergleich an[660]: Quedlinburg, Stiftskirche („in medio basilicae s. Petri et s. Stephani iuxta tumulos regum . . ." für den Bereich des Chorquadrums vor der Apsis); Ravenna-Classe, S. Apollinare („in medio templi" im frühen 9. Jahrhundert für Confessio unter Apsiszentrum), Ravenna-Classe, S. Severo („in medio . . . templo" im frühen 9. Jahrhundert für Stelle unter dem Hochalter)[661] – zwei frühe Beispiele, die insbesondere der Anlage von Saint-Denis in bezug auf die Sorge um den drohenden Einsturz entsprechen. Ferner etwa Saint-Bénigne de Dijon (Chronik von Saint-Bénigne, 11. Jahrhun-

[657] Idem, S. 300, zum Datum: S. 298–299, Anm. 3, 5.

[658] Labande weiß um die von dem Wort 'cripta' gestellte Übersetzungsproblematik, siehe op. cit., S. 301: «Le terme *crypta* est, dans le vocabulaire architectural d'alors, un des plus difficiles à cerner et, jusqu'à présent, les dictionnaires de latin medieval n'aident guère à y voir clair.» Dessen ungeachtet wird die berühmte Nachricht Bischof Fulberts von Chartres aus dem Jahre 1028 („. . . cryptas nostras persolvimus"; vgl. vdM [1975], S. 89–90, Anm. 34) immer wieder bedenkenlos auf die Gesamtkrypta der Chartreser Kathedrale bezogen.

[659] Idem, S. 348: „Sub ea enim quidam cum se reclusisset de nobilioribus clericis, inde progredi non praesumens, ne turbas errantes incideret, cum ignem circa se stridere sensisset, ad cathedram episcopalem currit, superpositam vitream capitalem pede impulsam pertudit, sicque desiliit."

[660] F. Oswald, In medio Ecclesiae – Die Deutung der literarischen Zeugnisse im Lichte archäologischer Funde, in: Frühmittelalterliche Studien 3 (1969), S. 313–326.

[661] Oswald, S. 324–325, bezieht sich auf Passagen aus dem ›Liber pontificalis‹ des 9. Jh.

dert), dort aber in charakteristisch zweifacher Verwendung für Vierungsturm und Kreuzaltar[662], und Santiago de Compostela: Turm „super crucem in medio basilicae“ (zw. 1074–1078 und 1139)[663].

Problematisch ist von Fall zu Fall, ob mit der Formulierung „in medio ecclesiae“ etc. die Hauptachse gemeint ist oder ein präziserer, punktueller liturgischer Ort; im letzteren Sinne äußert sich Bandmann bezüglich der Bedeutung des Kreuzaltares[664]. Die Erscheinung der Muttergottes wäre so u. U. in dem durch den drohenden Einsturz gefährdeten Ostbereich der alten Basilika von Saint-Denis zu situieren. Die Formulierungen „in media basilica“ und „per mediam (. . .) basilicam“[665] bei Guibert können dabei nach ihrem Kontext kaum eine spezifische Angabe machen und sind daher sicherlich wie bei Labande – der freilich das o. g. Problem nicht stellt – nur in allgemeinem Sinne (‘mitten in . . ., mitten durch . . .’) zu übersetzen, entsprechend auch der Grammatik des klassischen Lateins.

Guiberts Erwähnung eines Mannes *„subter ambulantem"* (Labande übersetzt mit dem Substantiv «passant») würde auch mit der Annahme eines Deambulatoriums harmonieren. Daß ein stehengebliebener Gewölbeteil den Verschütteten geschützt hat, könnte die Grundlage für die berichtete wunderbare Rettung gewesen sein. Hätte sich der in der hier betrachteten Textpassage eingangs erwähnte *Edmundaltar* – das Patrozinium wurde von Suger konserviert – bereits am überlieferten Platz in der Kryptaapsidiole AI NII oder doch überhaupt in der Ostanlage befunden, so wäre seine Erwähnung durch Guibert ganz besonders motiviert. Kurz vorher bereits hatte Guibert Beispiele wunderwirkender Tätigkeit des seit dem 9. Jahrhundert als Heiliger verehrten ostanglischen Königs und Märtyrers (liturgischer

[662] Schlink, op. cit. Anm. 644, S. 175 (Satz 32), 175–176 (Satz 42) und Erläuterungen hierzu S. 184, 185. Zur Chronik von Saint-Bénigne in Dijon (gegen 1060 Schlußredaktion) siehe ibid. S. 188–190. Ferner Continuatio der Chronik, zum Jahr 1271, Schlink, S. 171.

[663] Mortet, op. cit. Anm. 5, S. 405, gemäß *Liber de miraculis sancti Jacobi*, 1. IV, § 10. Ein sehr spätes Chartreser Beispiel vom 25. 6. 1309 kann auch angeführt werden: „Ordinatum fuit quod campanile ecclesie fiat in medio ecclesie super quatuor pileriis ecclesie.“ Maurice Jusselin, La maîtrise de l’Œuvre à Notre-Dame de Chartres – La Fabrique, les ouvriers et les travaux du XIVe siècle, in: Mémoires de la Société archéologique d’Eure-et-Loir XV (1915–1922), 233–347 (datiert 11 mai 1921), siehe dort S. 316–319, S. 318 Zitat aus Chartres, Bibl. municipale, ms. 1007, n° 1, fol. 187 v (zerstört?). – Abbé Bulteau, Monographie de la cathédrale de Chartres, t. I, Chartres 1887, S. 135.

[664] Günter Bandmann, Zur Deutung des Mainzer Kopfes mit der Binde, in: Zeitschrift für Kunstwissenschaft X. 3–4 (1956), S. 153–174, dort bes. S. 159–161. Ders., Früh- und hochmittelalterliche Altaranordnung als Darstellung, in: Das Erste Jahrtausend, Textband I, Düsseldorf 1962, S. 371–411, dort S. 398–399; ders., Die vorgotische Kirche als Himmelsstadt, in: Frühmittelalterliche Studien VI (1972), S. 67 ff., dort S. 84.

[665] Labande, op. cit., S. 302, S. 344, bzw. S. 336.

Kult seit dem 11. Jahrhundert nachgewiesen) gegeben, die dem ›Liber miraculorum beati Eadmundi‹ eines Hermann entlehnt sind[666]. Die erneute Nennung Edmunds bliebe jedenfalls unerklärlich, wollte Guibert nicht darauf hinweisen, daß Edmunds Name in besonders wichtiger Weise dem neuen Bauteil verbunden war, oder aber in diesem Zusammenhang einen schützenden Einfluß Edmunds insinuieren: Letztere Möglichkeit verlangt nicht die Situierung des Edmundaltars in der „turris" – die aber die Grammatik ganz und gar nicht ausschließen würde! Grundsätzlich erklärt eben die Stiftung gerade durch Wilhelm d. E. die Präsenz Edmunds in Guiberts Schlußpassage mit dem Mirakel am fränkischen Reichsheiligtum Saint-Denis.

Wir konjizieren, Guibert von Nogents Erzählung bewahre die Konzeption der damaligen Ostanlage als zentralbauhafte, vom Basilikakörper relativ separierte Konstruktion – ein ideelles Zentrum, nach dem der dortige Königsgrabkult in Fortführung der vorherigen liturgischen Gegebenheiten magnetisch ausgerichtet war. Erst später erfolgte die Einverleibung als Ostabschluß des Presbyteriums, die wirkliche Synthese von Basilikahauptapsis und östlicher Kapellenanlage. Die Vokabel 'turris' wäre dann bei Guibert sinnvoll im Rahmen der anderweitig erwiesenen sprachlichen Möglichkeiten verwendet worden. Sie würde auch zu den ikonologischen Bedingungen ausgezeichnet passen, wobei natürlich nicht bestimmt werden kann, in welchem Maße der Autor diese bei der Wortwahl mitbedacht hat. Sollte es durch die Verbindung von Bauarchäologie und Quellenkritik in der Zukunft, evtl. an anderen Bauten, gelingen, unsere Vermutung zum Wortgebrauch zu bestätigen, wäre dies eben zunächst nur ein Ergebnis für die Philologie, das aber doch eine ikonologische Vertiefung verlangt. Grundgedanke bleibt dabei die bereits genannte vermutete bedeutungsmäßige Identität der Ostanlage von Saint-Denis mit einem Zentralbau für den Märtyrerkult. Wie wir gesehen haben, konnte nach der *liturgischen* Tilgung des Dagobertschen Ringstollens um das Jahr 775 die Hilduinsche Umgangsanlage, die ebenfalls *ante pedes martyrum* gelegen war, formal durchaus als Erweiterungsbau des zentripetal geführten Märtyrerkultes angesehen werden[667].

Chorhaupt und Vierung waren frühzeitig von sepulkraler Bedeutung erfüllt – und mit ihnen die hier befindlichen Chorflanken- bzw. Vierungstürme. Das 'gotische' Chorhaupt, dessen Werden hier auch in Frage steht, ist nur glanzvolle Bestätigung dieses Sachverhaltes. Die in konstantinischer

[666] Idem, S. 460. Labande verweist zum *Liber miraculorum b. Eadmundi* auf Ed. von Th. Arnold, London 1890, in: Memorials of St. Edmund's Abbey, I, S. 3–25. Labande führt auch an: R. Folz, Naissance et manifestations d'un culte royal: saint Edmond, roi d'Est-Anglie, in: Festschrift M. Loewe, Köln 1978. Siehe David Hugh Farmer, The Oxford Dictionary of Saints, Oxford/New York 1983 (korr. Paperbackausgabe), S. 120–122, s. v. „Edmund".

[667] Siehe oben, Kap. III, 6.

Zeit deutliche Scheidung von Gemeindebasilika und verehrter benachbarter Heiligenbegräbnisstätte resp. Memoria göttlicher Selbstoffenbarungen wird seit dem fortgeschrittenen 4. Jahrhundert aufgelöst durch die Beisetzung von Reliquien in der Hauptversammlungsstätte; genannt seien etwa die Apostelkirche in Konstantinopel und das Wirken des Ambrosius in Mailand[668]. „Die Synode von Burgund im Jahre 517 verlangt, daß auch jedes Landoratorium mit Reliquien ausgestattet sein muß."[669] ... nach der Bestimmung eines fränkischen Konzils vom frühen 7. Jahrhundert (Paris?) und nach dem siebten Kanon des zweiten Konzils von Nizäa (787) ist für die Kirchweihe das Vorhandensein von Reliquien unerläßlich."[670] Es fixierte sich die verbindliche Tradition des Altargrabes bzw. des Reliquien bergenden Altares: Die Apsis ist dadurch ihrer Bedeutung nach Theophanie vom Grabe her. Formal verbinden sich Basilika und Martyrium innig[671]. Die Ostteile gipfeln tatsächlich *turm*artig. Wiederum begegnen sprachliche und ikonologische Korrespondenzen (die aber nicht voreilig parallelisiert werden dürfen).

Auch das Ciborium kann als Turm bezeichnet werden[672], so bei Paulus Silentiarius (6. Jahrhundert) bei der Beschreibung der Hagia Sophia (›Descriptio Sanctae Sophiae‹)[673], und bereits bei Paulinus von Nola (353–431) bezüglich des Ciborium über dem Brunnen im Atrium der Felix-Basilika in Nola[674]. Gregor von Tours (538–594) schließlich spricht in Hinblick auf Saint-Antolian zu Clermont von einer in direktem vertikalen Bezug zum Altar stehenden „turris"[675]. George Forsyth und Bandmann interpretieren als *Turm* über dem Altar, während Klauser die Passage auf ein Altarciborium

[668] Vgl. die Kurzdarlegungen von J. Kollwitz, in: Akten des VII. Internationalen Kongresses für Christl. Archäologie, Trier 5.–11. Sept. 1965, S. 26–27, und bei F. W. Deichmann, Einführung in die Christliche Archäologie, Darmstadt 1983, S. 54–67, hier auch die Literatur.

[669] Bandmann, Altaranordnung (op. cit. Anm. 664), S. 375, Anm. 22.

[670] Heinzelmann (1979), S. 28. Siehe auch unsere Untersuchung, Kap. III, 3, b.

[671] Bandmann (1951), S. 185–196; ders., Zur Bedeutung der romanischen Apsis, op. cit. Anm. 647, bes. S. 35–37; ders., Altaranordnung, op. cit. Anm. 664, S. 375. Siehe ferner A. Grabar, Martyrium, Paris 1946.

[672] Th. Klauser (A. Alföldi, A. M. Schneider), „Ciborium", RAC III, col. 68–86; Heinrich Holtzinger, Die Altchristliche Architektur in systematischer Darstellung, Stuttgart 1889, S. 16, 142–143; Bandmann (1951), S. 192 f.

[673] Holtzinger, op. cit., zitiert die Verse 720–751 in griechischer Sprache.

[674] Paulinus von Nola, *Carm.* 28, V. 31–32 (siehe Holtzinger, op. cit. S. 16): „praelucens cantharus extat, quem cancellato tegit aerea culmine turris."

[675] *Liber in gloria martyrum* 64, V. 538–594, MGH, SS rer. Mer., T. I, S. 451 ff. (*Gregorii episcopi Turonensis libri octo Miraculorum* ed. Bruno Krusch), dort S. 531–532. Ausführliches Zitat samt Paraphrase bei: George H. Forsyth jr., St. Martin's at Angers and the evolution of early mediaeval church towers, in: Art Bulletin XXXII (1950), S. 308–318, dort S. 313–314.

bezieht[676]. Solche Differenz der Einschätzungen ist in Wahrheit nur scheinbar, für unseren Zusammenhang daher einigermaßen aufschlußreich! Ein Ciborium über dem Altar konnte nämlich auch der monumentale Turm sein. Dieser freilich prägt die Außenerscheinung des Sanktuariums[677]. In St. Justinus zu Höchst bildete ein Chorturm einen monumentalen Baldachin über dem sicher lokalisierten karolingischen Hauptaltar, gerade der Wegfall dieser Funktion habe nach Metternich den Abbruch 1454 erleichtert[678]. In St.-Julien-de-Brioude lag das Märtyrergrab wohl auf der Grenze zwischen Turmjoch und östlichem Deambulatorium mit Apsidiolen[679]. Wenn sich auch später in Notre-Dame de Chartres in der Vierung auf der Mittelachse kein Altar befand, so scheint uns dies doch nicht für eine liturgische Bedeutungslosigkeit des dort von der Vierung gebildeten monumentalen „leeren" Ciboriums zu sprechen[680] (ein Turm war zuerst vorgesehen[681]), wie auch z. B. das „leere" Ciborium im Etschmiadzin-Evangeliar (Eriwan, Manétédaran, n° 2374) nicht bloß hübsche Dekoration ist[682]. Die

[676] Forsyth, op. et loc. cit. Anm. 675; Bandmann (1951), S. 192–193; Klauser (op. cit. Anm. 672), col. 80, siehe auch col. 70. Die Auffassung von Bandmann und Forsyth erhält neuerdings Unterstützung von M. Weidemann, Kulturgeschichte der Merowingerzeit nach den Werken Gregors von Tours, Mainz 1982, Teil 2, S. 136, 137 und bes. 154, dort aber unbrauchbar, weil an entscheidender Stelle lückenhaftes Zitat. Zu der betreffenden Stelle bezüglich Saint-Antolian siehe auch ausführliches Zitat und Übersetzung bei R. Egger, Vom Ursprung der romanischen Chorturmkirche, in: Römische Antike und frühes Christentum. Ausgewählte Schriften von Rudolf Egger, Bd. 1, Klagenfurt 1962, S. 214–254, Zitat auf S. 227, siehe auch S. 228 (in seinen Erläuterungen zur Übersetzung unterstützt Egger die These vom Chorturm). Eine Bezugnahme auf Egger seitens Weidemann erfolgt auf S. 147 sowie auf S. 146, Anm. 600 und S. 154, Anm. 613.

[677] Bandmann (1951), S. 191–196 („Der gebaute Baldachin"). Ferner zum ikonologischen Verständnis: O. Treitinger, „Baldachin", RAC I, col. 1150–1153; Günter Bandmann, „Baldachin, Ciborium", LCI I, col. 239–242.

[678] Wolfgang Metternich, op. cit. Anm. 261 (1985), S. 112 ff.; ders., op. cit. Anm. 261 (1986), S. 89–91.

[679] Bernard Craplet, Auvergne romane, La Pierre-qui-Vire ^{5}1978, S. 267–268 und Grundriß S. 270.

[680] Dies gegen die Meinung von Gerhard Noth, Frühformen der Vierung im östlichen Frankenreich, Diss. Göttingen 1967. Der Begriff des „leeren Ciboriums" verwendet bei Klauser (op. cit. Anm. 672), col. 84.

[681] Yves Delaporte, Remarques sur la chronologie de la cathédrale de Chartres, in: Mémoires de la Société archéologique d'Eure-et-Loir XXI (1957–1961), S. 299–320 (erschienen 1959), dort S. 305–307; vdM (1975), S. 22–23 und Anm. 52, 61, 92; jüngst vdM/Hohmeyer (1984), S. 32–33, 42 und Abb. 47–48 (S. 40), 136–137.

[682] Siehe Klauser, wie Anm. 672. Zur Vierung als Altarciborium auch: Sedlmayr (1950, ^{2}1976), S. 48–50 (Kap. 8 – Die Baldachinarchitektur), S. 60; Samuel Guyer, Grundlagen mittelalterlicher abendländischer Baukunst, 1950, S. 115: „Der Turm über der quadratischen Vierung hat also sepulkralen Charakter. Er ist nichts anderes als die vom antiken Grabmal übernommene, gen Himmel ragende Form des christ-

Vierung wurde hier in Chartres durch die Verwendung von Schildbögenstellungen als eigenständiger Bereich gekennzeichnet[683], sicher in Fortführung der Tradition, die sich in der Höchster Justinuskirche manifestiert[684]. Das im Hildesheimer Domschatz befindliche Turmreliquiar vom Ende des 14. Jahrhunderts („turris deaurata") war, wie Enno Bocke dargelegt hat, eine Nachbildung des Vierungsturmes des Hildesheimer Domes, der sich direkt über dem Grab des Hl. Godehard (gest. 1038, heiliggesprochen 1131) erhob. Bocke vermutet für das Reliquiar, unter Aufnahme von Argumenten Bandmanns, Heilig-Grab-Symbolik[685]. Bandmanns Überlegungen betrafen die „romanische Apsis", ausgehend von den niederrheinischen Formen, als idealen Zentralbau (Grabbau).

Wir kehren also über die Ciborium-„turris" zu unserer Ausgangsidee zurück. Die Lage ist kompliziert: Ciborium, Turm und Zentralbau vermischen sich augenscheinlich formal, ikonologich und sprachlich ebenso wie im baulichen Kontext mit der Gipfelung der Ostteile der Kirche im Turm über Vierung oder Chorjoch. In formaler und bedeutungsmäßiger Entsprechung zu den Ostteilen der Kirche können Grabarchitekturen auf Darstellungen des Themas der Frauen am Grabe auf Elfenbeinen und Miniaturen stehen. Solche Bilder des Christusgrabes werden gern in direkter Abhängigkeit von der Jerusalemer Anastasiskirche gesehen[686]. Manchmal ist eindeutig ein Mausoleumsrundbau sichtbar, in anderen Fällen (besonders wohl in der Frühzeit) begegnet eine Form des antiken Grabmonumentes (wie auch im Innern der Anastasis) in der Art des Juliermonuments

lichen Heroengrabes" (zitiert nach Bandmann, op. cit. Anm. 647, S. 36 und Anm. 6); Enno Bocke, Der romanische Vierungsturm des Hildesheimer Domes, das Steinbergsche Turmreliquiar im Domschatz und das Grab Christi in Jerusalem, in: Niederdeutsche Beiträge zur Kunstgeschichte 18 (1979), S. 103–120.

Gervasius von Canterbury begriff die *neue Vierung* in Canterbury im 12. Jh. als Ciborium, freilich auch die übrigen Gewölbeeinheiten; Mortet, op. cit. Anm. 650, S. 223: „Factum est itaque ciborium inter quatuor pilarios principales, in cujus ciborii clavem videntur quodammodo chorus et cruces convenire. Duo quoque ciboria, hinc et inde, ante hiemen facta sunt."

683 vdM/Hohmeyer (1984), S. 42 und Abb. 47–48 (S. 40).

684 Siehe Anm. 678. Bandmann (1951), S. 195–197.

685 Bocke, op. cit. Anm. 682.

686 Richard Krautheimer, Introduction to an Iconography of Medieval Architecture, in: Journal of the Warburg and Courtauld Institutes V (1942), S. 1–33, wiederveröffentlicht in: ders., Studies in early Christian, medieval and Renaissance art, New York 1969, S. 115–150, dort S. 126 und fig. 50 (Grabesdarstellung im Sakramentar Heinrichs II., München, Bayer. Staatsbibl., Clm. 4456), fig. 51, beide Beispiele haben vor allem Zentralbaucharakter. Bandmann, Romanische Apsis (op. cit. Anm. 647), S. 43–44 und Abb. 35 S. 41 (Die Frauen am Grabe, Elfenbein. London, Victoria and Albert Museum). Bocke (op. cit. Anm. 682), S. 112–113 mit Abb. 8, 9, auch Abb. 10, S. 114.

von St.-Rémy-de-Provence[687]. Häufig sind auch die beiden angeführten Typen synthetisiert[688]. Auffällig ist zuweilen die ausgesprochen schlanke Vertikalität des gezeigten Grabbaus (sie lebt gewiß in den späteren gotischen Turmreliquiaren weiter)[689]. Solche Repräsentationen der Anastasis als Grabturm unterstreichen die Möglichkeit sepulkraler Bedeutung monumentaler Turmarchitektur. Wenn Mausoleumsrundbauten dargestellt sind, lassen sich leicht Gemeinsamkeiten mit den Ostteilen fränkischer Kirchen feststellen, zumal das Zurückspringen der oberen Teile, die Reihung der Arkaturen und natürlich die „zentrale Zusammenfassung" (Bandmann)[690]. Eine direkte Abhängigkeit von der Jerusalemer Anastasis-Rotunde generell anzunehmen, erscheint kaum sinnvoll[691]: Bandmanns Aufsatz von 1953 über die Kopiefunktion der „romanischen Apsis" suggeriert zu sehr beständige Absichtlichkeit des Abbildungsvorganges[692]. Vor dem liturgischen Hintergrund zumal (s. o.) ist angesichts der zentralisierten, mehrzonig organisierten Chorhäupter der Gedanke an den sepulkralen Zentralbau aber wohl überhaupt nicht abzuweisen. Er wird in Richtung Anastasisevokation konkretisiert durch die Organisation der liturgischen Bereiche in Analogie zu Jerusalem: Abfolge Gemeindebasilika – Kreuzesort – Grabesrotunde mit Ciborium-„turris". Die „turris"-Bezeichnung für die Apsis, von Band-

[687] So auf dem berühmten Elfenbein mit den Frauen am Grabe und Himmelfahrt Christi, um 400 datiert, in München, Bayerisches Nationalmuseum; auch *Utrecht-Psalter,* fol. 8 r; beide abgebildet bei Heitz, op. cit. Anm. 642 a, Tafel XL, bezüglich des Münchener Elfenbeins. Siehe zu dem Thema überhaupt Heitz, op. cit., passim, zumal S. 209 ff. (III. IV – L'église-porche dans l'art mineur).

[688] Krautheimer, op. et loc. cit. Anm. 686; Bandmann, op. cit. Anm. 647, S. 43; Bocke, loc. cit. Anm. 682.

[689] Siehe die Abb. bei Heitz, op. cit. Anm. 642 a, Tafel XLII (Perikopenbuch Heinrichs II.), Tafel XLV (Elfenbein der Collektion Carrand in Florenz, Bargello).

[690] Bandmann, op. cit. Anm. 647, S. 44.

[691] Siehe die kritischen Bemerkungen von Wilhelm Schlink op. cit. Anm. 646, S. 109, Anm. 317: „Geben die mehrgeschossigen Grabbauten der Szene 'Die drei Frauen am Grabe' auf karolingischen Elfenbeinen . . . nicht eher einen landläufigen Typus des Heiligengrabüberbaus wieder als eine Nachbildung des Grabes Christi in der Anastasisrotunde von Jerusalem? Neuere Untersuchungen zum Grab Christi wie auch zu seiner reinen (also nicht mit dem Typus der Anastasisrotunde vermischten) Kopie in der mittelalterlichen Heilig-Grab-Architektur . . . machen es unglaubwürdig, daß jede Darstellung des Heiligen Grabes in der Kleinplastik oder in der Elfenbeinschnitzerei bzw. jeder architektonische Aufbau über einer Kreuzreliquie als Kopie des Grabes Christi in Jerusalem zu werten sei . . . Eher als das konstantinische 'sepulcrum Domini' scheint im frühmittelalterlichen Frankreich der spätantike Typus des doppelgeschossigen Mausoleums nachgewirkt zu haben (vgl. das Mausoleum von Saint-Remy . . .)."

[692] Simplifizieren wir aber nicht Bandmanns Position: siehe Bandmann (1951) S. 67; ders., Altaranordnung (1962), op. cit. Anm. 664, S. 387 f.; ders., Vorgotische Kirche (1972), op. cit. Anm. 664, S. 81.

mann für Trier angenommen, wäre also in ikonologischer Hinsicht wegen der Zentralbaubedeutung durchaus gerechtfertigt. Auch für die durchbrochene westfränkische Apsis mit Deambulatorium und Radialkapellen würde sie passen: „Der Umgang mit Kapellenkranz in Frankreich kann als Abwendung von der alten Thronnische und als Angleichung an eine sich dem Gemeinderaum öffnende Rotunde aufgefaßt werden.“ [693] Dies um so mehr, als die Grundrichtung der Genese dieser Anlagen sich abzeichnet: Bei aller Unterschiedlichkeit der lokalliturgischen Bedingungen gilt sowohl für Notre-Dame de Chartres als auch für Saint-Denis, daß die Vorgänger der „frühgotischen“ integrierten Umgangsanlagen an die Hauptapsis anschließende „halbierte“ Zentralanlagen mit Heiligengrab als liturgischem Richtpunkt waren. Von Fall zu Fall müssen innerhalb dieser grundsätzlichen Entwicklung die besonderen baulich-kultischen Voraussetzungen erfaßt werden, denn mit einer Kumulation der Bedeutungen (im Rahmen eines theologischen Zusammenhanges) muß gerechnet werden [694]. Für Saint-Bénigne in Dijon hat Wilhelm Schlink beispielsweise den herausragenden Grundgedanken der Similitudo von Sancta Maria ad martyres (das am 13. Mai 609 od. 610 umgeweihte heidnische Pantheon) in Rom besonders auch aufgrund der liturgischen Zeugnisse nachgewiesen. Das immer wieder seit dem 9. Jahrhundert mit der Weihe von 609/610 in Rom verbundene Allerheiligenfest am 1. November fiel auf den Benignusfesttag [695]. Wohl am Allerheiligentag 832 wurde nun die Ostanlage von Saint-Denis „in honore sanctae et intemeratae semper virginis genitricis Dei Mariae omniumque Sanctorum“ geweiht [696]; Suger bestätigte bei der Weihe doppelt die Bedeutung der Muttergottesverehrung an dieser Stelle. Gallo-römische Rundtempel, Umgänge in konstantinischen Kirchen Roms könnten je nach lokaler Situation ebenfalls rezipiert worden sein [697]. André Grabar und Jean Hubert verwiesen zur Entstehung der „rotonde orientale“ hinter dem Chorhaupt auf vorchristliche „tours funéraires“ des Mittelmeerbeckens [698].

[693] Bandmann, op. cit., Anm. 647, S. 40.

[694] Siehe hierzu auch Bandmann, op. cit. Anm. 648, S. 76, dort u. a.: „Bei der Eucharistie versammeln sich die Reliquien anderer Heiliger, ihre Nähe sucht man bei der Bestattung, um ihren Beistand bei der Auferstehung zu haben, Maria ist bei diesem Ereignis die Hauptfürbitterin, deren Altar man auch außerhalb des eigentlichen Gottesdienstes zum Gebet aufsucht.“

[695] Schlink (op. cit. Anm. 646), S. 123–139 („Die Rotunde als 'Sancta Maria ad martyres'“).

[696] Das Weihedatum 1. November wurde nach Crosby (1942), S. 168, Anm. 13, erstmals angenommen von Levillain (1909), S. 143–222, dort bes. S. 161, Anm. 4.

[697] Siehe Anm. 33 und 92.

[698] Jean Hubert, Les églises à rotonde orientale, in: Frühmittelalterliche Kunst in den Alpenländern/Art du haut Moyen Age dans la région alpine, Actes du IIIe Congrès international pour l'étude du haut Moyen Age, 9–14 sept. 1951, Olten/Lausanne 1954, S. 308–320; wieder abgedruckt: ders., Arts et vie sociale de la fin du monde

Es scheint uns, als habe sich in Miniaturen, Elfenbeinen und Kirchenausstattung eine Tendenz zur Repräsentation des Christusgrabes als turmförmiges Mal aus der Darstellungsweise in antiker Art entwickelt, wobei mit anderen Einflüssen gerechnet werden muß. Bezeichnenderweise tritt aber auch die eher breitgelagerte Mausoleumsrotunde im gleichen Kontext auf. Der Turm über Chor und Vierung, ikonologisch gesehen monumentales Ciborium/Baldachin über dem Zentrumsbereich der eucharistischen Theophanie in Gegenwart der Heiligen, hatte eine korrespondierende Bedeutung[699]. Dabei muß beachtet werden, daß verwandte und gleiche Gestaltungen auch andere Hauptbedeutungen tragen konnten: Auf Miniaturen des 11. Jahrhunderts mit Repräsentationen der Abteikirche Centula und der Kathedrale Notre-Dame in Chartres sind auch Turmbauten im Westen der Kirche so gegeben wie anderswo ausdrücklich das Christusgrab[700], obwohl in diesem Bereich die Tradition der Stadtsymbolik die vorrangige Stellung eingenommen haben dürfte[701]. Andererseits darf aus den immer wieder-

antique au Moyen Age – Études d'archéologie et d'histoire, Recueil offert à l'auteur par ses élèves et ses amis, Genève 1977, S. [429]–[440]; dort S. 313 [434].

699 Venantius Fortunatus (um 530 – um 600), *Carmina* III, 12: „Turris sanctorum locus est." Vgl. Bandmann, Altaranordnung (op. cit. Anm. 664), S. 375, Anm. 24; ders., op. cit. Anm. 648, S. 78, Anm. 49. [Doch müßte die Bedeutung der Passage vielleicht überprüft werden.]

700 *Centula:* Umzeichnungen des 17. Jh. bei Petau und Mabillon nach Miniatur des ›Chronicon Centulense‹. Siehe z. B. Abb. bei Jean Hubert, Saint-Riquier et le monachisme bénédictin en Gaule à l'époque carolingienne, in: Settimane di studio del Centro italiano di studi sull' alto medioevo. IV. Il Monachesimo nell' alto medioevo e la formazione della civiltà occidentale, 8–14 aprile 1956, Spoleto 1957. S. 293–303; wieder abgedruckt: ders. 1977 (op. cit. Anm. 698), S. [373]–[394]; tav. I, fig. 1 (A, B). Siehe auch Heitz, op. cit. Anm. 642 a, Tafeln I und II, sowie S. 21–28.

Chartres: Chartres, Bibliothèque municipale, ms. NA 4, fol. 34. Vgl. R. Merlet/Clerval, op. cit., Anm. 650; Répertoire des documents nécrologiques français, publié sous la direction de Pierre Marot par Jean-Loup Lemaître, Paris 1980, (Recueil des Historiens de la France, Obituaires t. VII), S. 463–464, n° 899. Neue Farbaufnahme bei vdM/Hohmeyer (1984), T. XXIV. Vgl. Forsyth (op. cit. Anm. 675), S. 314 und Anm. 7.

Siehe in diesem Zusammenhang auch die Darstellung der *Aachener Pfalzkirche* auf Zeichnung im Codex Vat. Bibl. Reg. lat. 263, f. 235r (1. H. 11. Jh.), wo der Westbau entsprechend repräsentiert ist (im Unterschied zur östl. Rotunde); vgl. Felix Kreusch, Kirche, Atrium und Portikus der Aachener Pfalz, in: Karl der Große, Lebenswerk und Nachleben, Bd. III, 1965, S. 463–533, dort S. 523, Abb. 19, siehe auch S. 499; Genicot (op. cit. Anm. 642, S. 66, fig. 17). Gerade die Zeichnung zu Aachen verdeutlicht, wie problembeladen die Interpretation solcher *Repräsentationen* in bezug auf den zeitgenössischen Bauzustand ist. Wir geraten hier sogartig in den Gesamtkontext der Himmelsstadtvergegenwärtigung (siehe z. B. auch Figurenbaldachine und Turmciborien an Strebepfeilern).

701 Es scheint, daß trotz solcher ikonologischer Grunderkenntnis die Westfränki-

kehrenden Turmarchitekturen für Christus- und Heiligengrab nicht geschlossen werden, die „romanische Apsis“ als Zentralbaustellvertreter sei ein aus „praktischen“ Gründen verhinderter Turm und deshalb auch gelegentlich „turris“ genannt worden. Das gemeinsame sprachliche Zeichen 'turris' kann hierfür kein positives Kriterium sein. Bockes Behauptung „Sowohl im Altertum wie im Mittelalter wurden alle Kuppeln als Turm erlebt“ [702] ist letztlich unbewiesen. Bandmann drückte sich 1974 bereits mit mehr Bedacht aus: „Turm und Zentralbau fallen im mittelalterlichen Verständnis unter den gleichen Begriff und werden auch nicht durch wechselnde Größe oder verschiedene Kunstgattungen wesensmäßig getrennt“ [703]. Dort, wo für Turmgebilde die formale Bezugnahme auf das Christusgrab quellenmäßig gesichert scheint, bei den „turris“, „turriculus“, „turricula“, „turricella“ heißenden charakteristisch gallikanischen Gefäßen zur Aufbewahrung und Darbringung der nichtkonsekrierten Hostien [704], können wir nicht auf Kopie der Anastasisrotunde schließen, allenfalls eine Verbindung zu dem Grabaufbau mit Ciborium-turris in deren Innerem herstellen: „Corpus vero Domini ideo defertur in turribus, quia monumentum Domini in similitudinem turris fuit excisum in petra et intus lectus, ubi pausavit corpus Dominicum unde resurrexit rex gloriae in triumphum“ [705].

schen Kirchtürme – auch wegen der technischen Schwierigkeiten für eine detaillierte Analyse – in ihrer ekklesiologisch bestimmten Geschichtlichkeit und lokalen Individualität im Grunde unbekannt geblieben sind, auch die bedeutendsten (Chartres!), zugunsten einer unbeholfenen Beschäftigung mit der Konstruktionsleistung.

702 Bocke, op. cit. Anm. 682, S. 109.

703 Bandmann, op. cit. Anm. 648 (Scheitelrotunde), S. 78.

704 Vgl. Joseph Braun, Das christliche Altargerät in seinem Sein und seiner Entwicklung, München 1932 (Nachdruck Hildesheim 1973), S. 242–246 („Die Turris des gallikanischen Ritus“): Die Gefäße demnach nachgewiesen für die vorkarolingische Zeit. Siehe auch Th. Bogler, „Turm, eucharistischer“, LThK, Bd. 10, 1965, col. 411 ff., dort col. 411: „Die turres sind eine Frühform der Ciborien, die bis ins 14. Jh. noch gern Zinnenkranz und Wehrtürme als Zier tragen.“

705 *Expositio brevis antiquae liturgiae gallicanae,* ed. J. Quasten, Münster 1934 (Opuscula et textus, Ser. Lit. III), S. 18 ff., (zitiert nach Bandmann, op. cit. Anm. 648, S. 78, Anm. 48). Siehe hierzu auch Heitz, op. cit. Anm. 642 a, S. 124 f. (II. VII. 2 – Tours eucharistiques, répliques du Saint-Sépulcre), wo S. 125, Anm. 1, im Anschluß an Duchesne auf eine Stelle bei Gregor von Tours, *Liber in gloria mart.*, 85, verwiesen wird; siehe auch Heitz, S. 210.

Die Bezugnahme auf das Grabmonument im Innern der Anastasis, zumindest aber auf das Fortleben der antiken Tradition solcher Aufbauten wird offenbar auch bestätigt durch einen Mirakelbericht in den *Gesta abbatum Fontanellensium*, vgl. A. Frolow, La relique de la Vraie Croix – Recherches sur le développement d'un culte, Paris (Institut français d'études byzantines) 1961 (Archives de l'Orient chrétien, 7), S. 197 (n° 70). Dort Bezug auf MGH, SS II, S. 288–299 und die Jahre 747–753: „Une sorte de tabernacle a été miraculeusement apporté par les vagues sur le rivage

Der Wortgebrauch von 'turris' für einen eher breitgelagerten Zentralbau genügt zur Erklärung unserer Hypothese bezüglich Saint-Denis, wo – wie die bauarchäologische Analyse nahelegt – das Deambulatorium mit Kapellen sich zentralbauähnlich an die Ursapsis anschloß. Der dargelegte ikonologische Kontext mit seiner wichtigen bedeutungsmäßigen Korrespondenz von Ciborium-turris im Ostbereich der Kirche und Apsis mit Ostanlage darf bei einer sauberen Methodik nicht gleich zu der Behauptung verführen, die Bedeutungen (Ciboriums-)Turm und Zentralbau der Vokabel 'turris' hätten, für Guibert von Nogent und sonst, aus eben dieser Korrespondenz heraus, ihre Unterscheidbarkeit verloren. Schließlich muß betont werden, daß es der Bereich zwischen den Chorflankentürmen war, der eingestürzt ist, und folglich diese Türme nur in ihrer Obergeschoß-Außenmauer erhalten und beim Sugerschen Neubau wieder integriert werden konnten.

Aufgrund ikonologischer Forschung wäre die Verwendung von 'turris' für die Ostanlage von Saint-Denis nur als logisch zu bezeichnen. Von einer wirklichen philologisch-archäologischen Beweisführung für eine solche weitere Gebrauchsvariante der Vokabel kann derzeit aber nicht die Rede sein. Eine definitive Identifikation der „turris" Wilhelms des Eroberers bei Guibert von Nogent ist uns vorerst nicht möglich. Die Schriften Sugers werfen das vermutete sprachliche Problem dreißig Jahre nach Guibert offensichtlich nicht mehr auf[706].

devant l'abbaye. L'objet était en forme de tour *(turricula)*, carrée à la base et se terminant en pyramide coiffée d'une pomme. La hauteur en était de huit pieds environ (2m.50). Une petite porte s'ouvrit sur le côté. On découvrit, à l'intérieur de l'édicule (...) un évangéliaire et un reliquaire (...)."

Sollte es die zitierte Passage aus der *Expositio brevis* sein, die Bandmann veranlaßte zu behaupten, auch die Jerusalemer Anastasisrotunde sei als „turris" bezeichnet worden (siehe Anm. 648)? Unklar ist die Position von Enno Bocke (op. cit. Anm. 682, S. 109 und S. 119, Anm. 27), der sich einerseits auf die zitierte Passage bei Bandmann, die eindeutig die Rotunde meint, bezieht, andererseits wie zur genaueren Erläuterung verweist auf: A. Frolow, Les reliquaires de la Vraie Croix, Paris 1965, S. 43, wo wir aber wieder die bekannte Passage aus der *Expositio brevis* finden (nach Migne PL 72, col. 93). Bocke spricht aber auch im Haupttext dementsprechend und anders als Bandmann nur von dem *Grab* Christi als „turris". Frolow 1965, loc. cit., nimmt wie selbstverständlich an, die Expositio meine die Anastasisrotunde.

706 (Seitenzahlen der Edition Panofsky)
Ostanlage:
Admin. 48, 9–10: „ad inchoandam in superiori parte divinae propitiationis cameram".
Admin. 48, 12–13: „in scripto consecrationis ejusdem superioris operis".
Admin. 48, 27–29: „illud magnificum opus, et in inferiore cripta et in superiore voltarum sublimitate".
Admin. 54, 23–24: „sacratissima dominorum nostrorum corpora in volta superiore quam nobilius potuimus locari oportuit".

Nachbemerkung: Die sakrale Bedeutung des gallischen Turmbaus per se dürfte in der christianisierenden Spätantike durch die lapidare Bemerkung

Admin. 72, 28–31: „Vitrearum etiam novarum praeclaram varietate ab ea prima quae incipit a *Stirps Jesse* in capite ecclesiae usque ad eam quae superest principali portae in introitu ecclesiae, tam superius quam inferius."
Cons. 100, 7–11: „Consulte siquidem decretum est illam altiori inaequalem (...) removeri voltam usque ad superficiem criptae cui adhaerebat", „cripta" hier öfter.
Cons. 100, 17–18: „medium antiquae testudinis ecclesiae augmenti novi medio aequaretur".
Cons. 100, 20: „in circuitu oratoriorum".
Ord. 134, 6–7: „ad augmentandam et amplificandam superioris ecclesiae partem capitalem".
Admin. 46, 3–4: „cum in superiore parte elaborare accingeremur" (Panofsky bezieht dies auf eine Messe im oberen Bereich des Westbaus, S. 47).

Westbau:
Admin. 44, 9–10: „priorem valvarum introitum".
Admin. 44, 10: „augmentum quoddam".
Admin. 44, 15–17: „in amplificatione corporis ecclesiae, et introitus et valvarum triplicatione, turrium altarum et honestarum erectione".
Admin. 46, 13–14: „Turrim etiam et superiora frontis propugnacula".
Admin. 50, 22–24: „Quo facto, cum quorumdam persuasione ad turrim anterioris partis prosecutionem studium nostrum contulissemus, jam in altera parte peracta" (Zu den letzten beiden Passagen siehe Kommentar von Panofsky S. 163: demgemäß Singularform von 'turris' für Westbau insgesamt).
Admin. 72, 28–31: s. o. unter Ostanlage.
Cons. 88, 27–32: „Quia igitur in anteriori parte, ab aquilone, principali ingressu principalium valvarum porticus artus hinc et inde gemellis, nec altis, nec aptis multum, sed minantibus ruinam, turribus angebatur, ea in parte inito directae testudinis et geminarum turrium robusto valde fundamento materiali, robustissimo autem spirituali" (siehe dazu Kommentar von Panofsky, S. 225–229: „ab aquilone" für „im Westen" – vgl. oben Anm. 528).
Cons. 96, 24–25: „in medio novi incrementi".
Cons. 98, 23: „in anteriore parte".
Cons. 98, 27–28: „turriumque differendo prosecutionem in superiori parte".

Zusammenstellend:
Ord. 134, 8–11: „sperantes in Domino quod Dei omnipotentia et illi priori et huic operi sequenti (...) plenum poterit adaptare supplementum".
Ord. 134, 26–27, *Cons.* 102, 24–29 (textgleich): „Has autem ducentas libras (...) vel quae cumque ipsi utrique operi offerentur, tantum continuari ipsis operibus firmavimus, donec totaliter absque ulla quaestione et ipsa aedificia, et anteriora et superiora, cum suis turribus omnino honorifice compleantur." *N. B.*: In diesem Fall zwingt die Grammatik dazu, das in pluralischer Form erscheinende Wort 'turris' sowohl auf die „pars anterior" als auch die „pars superior" zu beziehen. Sind die Querhausfassaden mitgemeint? Eine Identifikation der Ostanlage insgesamt mit einer „turris" erlaubt die Satzkonstruktion in jedem Fall nicht. [Oder sollte es sich gar um einen formelhaften Ausdruck handeln!?]

des Venantius: *Turris sanctorum locus est*, ihren Ausdruck finden[707]. Diese entspricht in bezeichnender Weise der Erklärung des Livius: *Fanum, id est locus templo effato*. Das *fanum* ist wie die *turris* der geweihte heilige Ort.

Die turmartige Form des gallischen *fanum* wird nun hinreichend durch wohlbekannte Beispiele wie den Autuner „Janustempel" oder die Tour Vesone zu Perigeux bestätigt. Obwohl sich die absolute Höhe des stets als Zentralbau entwickelten gallischen *fanum* in den meisten übrigen Fällen nicht feststellen läßt, ist der innere Kern jedenfalls höher als breit, und dementsprechend als Turm anzusprechen.

Die in diesem Kapitel behandelten Vierungs- und Chortürme des fränkischen Kirchbaus bis in das 11. Jahrhundert verweisen auf eine Bedeutung, die wahrscheinlich in autochthonen gallischen Traditionen wurzelt. Die berühmten Beispiele zu Autun und Perigeux, die beide aus der Frühzeit stammen, sind unter lokalen Bedingungen nie in den Kirchbau integriert worden; sie sind infolgedessen in ihrem Ursprung erkennbar. Jedoch sind überall im „romanischen" Sakralbau der gallischen Kirchenprovinz gewaltige Turmgebilde ohne ursprüngliche christliche Kapitellthematik schlecht und recht späteren Basiliken einverleibt worden – so unter anderen Saint-Hilaire in Poitiers; Charroux, Cunault, Brantôme.

Dieser wahrscheinlich „sukzessiv gebaute" Synkretismus der Heiligtümer entwickelte sich offenbar im 9. Jahrhundert zum integrierenden Synkretismus des karolingischen Vierungsturms von Höchst entsprechend dem wachsenden Einfluß gallischer Formen in der Liturgie. Das Aufgeben der Vierungs- und Chor(flanken)türme in der kapetingischen „Gotik" entspräche mithin erwartungsgemäß dem Sieg der einheitlichen Kirche im und nach dem 12. Jahrhundert. Die Annahme liegt somit nahe, daß die Erwähnung einer *turris* des 11. Jahrhunderts in Saint-Denis durch Guibert im 12. Jahrhundert gleichsam eines der letzten Beispiele für den Gebrauch dieses Wortes im ursprünglich gallischen Verständnishorizont darstellt.

Admin. 50, 19–21: „cruces collaterales ecclesiae ad formam prioris et posterioris operis conjungendi attolli et accumulari decertavimus" (bezieht sich wohl *u. U.* auf altes Langhaus und Ostanlage, nicht auf Westbau und Ostteile).

Ferner, nicht auf die Kirche von Saint-Denis bezüglich:
Cons. 108, 12–14: „ut non solum validas domos, sed etiam lapideas turres et ligneas tristegas concusserit" (Beschreibung eines Unwetters während einer Messe am Hauptaltar der Abteikirche).

[707] Vgl. oben, Anm. 699. Obwohl der Bezug auf eine Auslegung im 11.–12. Jh. wohl problematisch ist, dürfte der zeitgenössische Bedeutungszusammenhang eindeutig sein.

c) Historischer Hintergrund

Ausgangspunkt für die folgende Untersuchung ist Guibert de Nogents oben analysierter Hinweis auf die Stiftung einer „turris" durch Wilhelm den Eroberer an die Abtei Saint-Denis sowie auf den baldigen Einsturz des gestifteten Bauteiles. Die genannte Quelle, die zugleich das wohl einzige schriftliche Quellenzeugnis der Wilhelmschen Bautätigkeit in Saint-Denis darstellt, läßt gleichwohl die Frage nach der Absicht und einem möglichen Zeitpunkt oder Zeitraum für die Stiftung offen. Dieser Frage will das folgende Kapitel nachgehen durch die Einbeziehung der Guibert-Quelle in den historischen Kontext.

Im allgemeinen versäumt es die Kunstliteratur, die Kontinuität karolingischer Institutionen in der kapetingischen Entwicklung genügend zu berücksichtigen; beeinflußt von Vorstellungen des künstlerischen Neuschöpfens bemüht sich die Kunstgeschichte eher um die formale und topographische *Unterscheidung* der Epochen. Um sich nun über das herkömmliche Versäumnis hinaus ein Bild von der Kontinuität des karolingischen Neustrien und der herzoglichen Normandie im Verhältnis zur kapetingischen Königsgrabkirche Saint-Denis zu schaffen, müssen wir uns vorerst auf Sekundärquellen verlassen. Dort erscheint aber keine Diskussion über die historische Bedeutung von Wilhelms zuverlässig belegter Förderung der fränkischen Kirche Saint-Denis. Bevor wir Guibert von Nogents entscheidende Angaben auslegen können, müssen wir die sie betreffenden historischen Bezugspunkte herausarbeiten.

Die kult- und kulturgeschichtlich unbegründete Auffassung, die „Vorstufen" der „gotischen" Kathedralbauten entstammten normannischem Baugenie[708], berücksichtigt nicht die historische Abhängigkeit der Normandie von den herkömmlichen kirchlichen und politischen Institutionen in Gallien im allgemeinen und gegenüber Franzien im besonderen; erst zwischen 965 und 1028 wurde das skandinavische Element zunehmend überwunden, während sich die Normannen die angrenzende lateinisch-christliche Zivilisation des Frankenreiches aneigneten[709]. Nach der Krönung Hugo Capets im Jahre 987 haben die fränkischen Könige noch ihre Lehnsrechte über die normannischen Herzöge als Fortsetzung der wohl etwas undeutlich ausge-

[708] Vgl. Sedlmayr (1950, ^{2}1976), S. 172 f., 330 f. und Gall, op. cit. Anm. 9, passim. Die Auffassung einer Priorität der Normandie geht auf die Tatsache zurück, daß die Erforschung der „gotischen" Baukunst ihren Anfang in den Arbeiten des Lokalforschers de Caumont um 1830 in Caen hat (nach Anregung seiner englischen Kollegen). Nach dessen übersteigerter Annahme normannischer Neubautätigkeit hat sich die historisch zumindest überraschende Theorie eines baugeschichtlichen Kulturgefälles von der Normandie nach Franzien entwickelt.

[709] David Douglas, William the Conqueror, Berkeley–Los Angeles 1964, S. 28–30 und S. 80, mit Quellen und weiterführender Literatur. Hiernach als „Douglas" zitiert.

handelten Lehnsverhältnisse zwischen Rollo und dem Karolinger Karl III. betrachtet[710]. So rettete 1031 der Normannenherzog Richard II. dem fränkischen Lehnsherrn seinen Thron; bald darauf, 1042, schützte dafür der fränkische König Heinrich I. den jungen Herzog Wilhelm gegen seine eigenen normannischen Gegenspieler[711]. In diesem Rahmen ist Wilhelms Vermählung mit Mathilde, der Nichte des fränkischen Königs Heinrich I., um 1051 vollzogen worden[712]. Bei der stets vorrangig behandelten Frage der päpstlichen Bedenken gegen diese Ehe, die zur Gründung der Klöster Saint-Etienne und Sainte-Trinité in Caen und somit zur Umgestaltung der dortigen älteren Basiliken führten[713], wird oft die Tatsache vergessen, daß Heinrich I. der angeheiratete Großonkel der Söhne Wilhelms war; folglich hätten diese unter den Wechselfällen damaliger Verhältnisse durchaus in die fränkische Erbfolge treten können[714]. Wir kommen später hierauf zurück. Schon ein Jahr nach dem Thronversprechen Eduards von England an Wilhelm schlägt das Verhältnis zum fränkischen Herrscher endgültig in eine zuerst latente Feindseligkeit um, die nachher mehrmals zu Kriegen führt[715].

Der Zeitraum für eine mögliche „turris"-Stiftung umfaßt die Jahre 1035 (Erhebung Wilhelms zum Herzog der Normandie) bis 1087 (Tod Wilhelms). Eine weitere Eigrenzung auf die Jahre nach 1066 (Wilhelms Krönung zum englischen König nach der Schlacht bei Hastings) läßt sich allein aus der vor-

[710] Idem, S. 28.

[711] Douglas, S. 44–52, stets mit Hinweis auf die Primärquellen und weiterführender Literatur.

[712] Wilhelm von Jumièges, *Gesta Normannorum Ducum*, ed. J. Marx, 1914, S. 127.

[713] Siehe oben, Anm. 226. Aus der Frühzeit der Christianisierung der Normannen ist der großenteils von Flandern ausgehende Wiederaufbau verlassener Klosteranlagen unter Herzog Richard I. wohl bekannt – z. B. Saint-Wandrille (anstelle Fontanelles), Mont-Saint-Michel, Jumièges und Saint-Ouen –, jedoch werden die betreffenden Kirchen ohne jegliche archäologische Begründung stets als Neubauten angesehen. Bis auf zwei sind sämtliche herzöglichen Klostergründungen vor Wilhelms Einsetzung 1035 an die Stelle älterer Häuser getreten. Nachrichten über Neubauten, wie zu Fécamp, sollten gegenüber dieser Sachlage neu überlegt werden, wie überhaupt die postulierte bauliche Auswirkung der mächtigen cluniazensischen Reform. Vgl. Douglas, S. 106–109.

[714] Auch Douglas, S. 76–80, der durch diese Ehe primär die „Legitimierung" Wilhelms und den Zuwachs seines Einflusses in Gallien sieht, welche auch die Machtverhältnisse für die Eroberung Englands vorbestimmten, erwähnt bei der Beschreibung des Aufstandes von Wilhelms erstem Sohn Richard nicht dessen Verwandschaftsgrad zu Philipp I., dem Sohn des Großonkels, als er mit diesem gegen den Vater ins Feld zieht.

[715] Douglas, S. 61 f. Durch Heinrichs I. Unterstützung der Feinde Wilhelms wurde die Normandie auf lange Zeit zu einem der mächtigsten Gegenspieler der Kapetinger in Gallien.

liegenden Quelle – Wilhelm wird von Guibert als „rex Anglorum“ bezeichnet – keinesfalls ableiten[716]. Der berichtete Einsturz des noch unvollendeten Bauwerks ereignete sich in der Amtszeit des Abtes Ivo (1075–1094)[717].

Crosby, im Gefolge von Félibien, hat den Versuch unternommen, Motive für die turris-Stiftung Wilhelms in internen Ereignissen des Klosters Saint-Denis zu finden. Doch erscheint die mögliche Rehabilitierung des zeitweilig unter Simonieverdacht stehenden Abtes Ivo[718] als Ursache für eine so bedeutende Stiftung ebensowenig ausreichend wie die bei Félibien aufgeführten Stiftungen an das Kloster, die Ivos Vorgänger, Abt Rainer, mit der Hilfe Papst Alexanders II. als Entschädigung für den verlorengegangenen Besitz der Abtei während der Ungarneinfälle unter Ludwig IV. (936–954) erwirken konnte[719]. Auch ein Zusammenhang mit der Öffnung der Reliquienschreine des Hl. Dionysius und seiner Gefährten infolge der Behauptung der Mönche von St. Emmeram, die echten Gebeine des Heiligen zu besitzen (1049 und noch einmal 1069), erscheint unwahrscheinlich[720].

Im Gegensatz zu innerhalb der Königsabtei anzusiedelnden Motiven, die eine Stiftung solch bedeutenden Ausmaßes kaum erklären können, bietet ein Blick auf den weiteren historischen Hintergrund bessere Anhaltspunkte. Im Vordergrund stehen hierbei die Bemühungen Wilhelms I., die Bedeutung der Normannenherzöge zunächst in den innenpolitischen Auseinandersetzungen der streitenden westfränkischen Parteien zu stärken. Von entscheidendem Gewicht ist aber das Thronversprechen Eduards von England an Wilhelm im Jahre 1051, womit sich für die Normannenherzöge erstmals die Möglichkeit ergibt, einen Königsthron zu erlangen. Eine politisch höchst bedeutende Bestätigung erfährt das Thronversprechen in dem

[716] Vgl. hierzu folgendes Beispiel aus Guibert de Nogent (ed. Labande, S. 194): „In monasterio virginum Cadomi constituto, quod a Mathildi, *Anglorum regina*, constructum est – quae Guillelmi ex Normannorum comite regis uxor, qui Anglos eosdem subegerat, fuit . . .“ Auch in diesem Falle kann nicht eindeutig entschieden werden, ob Guibert die Stiftung des Klosters (1060) oder den fertigen Bau mit dem Königinnentitel Mathildes (erst 1068) in Verbindung bringt, vgl. David Douglas, Wilhelm der Eroberer – Herzog der Normandie – König von England 1028–1087, München 1980, S. 68 und 217 f.

[717] Guibert, *De vita sua*, ed. Labande, S. 466: „Quod opus, quoniam ab artificibus minus erat ordinate contextum, videbatur in dies sui partuire ruinam.” Eine Übersetzung im Sinne von ‘zu Lebzeiten Wilhelms’ (vgl. Benton) erfordert, da ein Zeit*punkt* bezeichnet wird, in jedem Fall den Ablativ (i. e. in diebus suis). Der Akkusativ als Kasus der Zeit*dauer* ist deshalb mit Labande « . . . de jour en jour . . . » (Guibert 467) richtig übersetzt. Schwierigkeiten bereitet die Deutung von ‘sui’: u. E. ist es als Genitiv des reflexiven ‘se’ aufzufassen (so auch Labande: « . . . engendrer sa propre ruine »; Guibert 467); siehe oben Anm. 616 (b); vgl. Levillain (1907), S. 226.

[718] Crosby (1953), S. 21. Vgl. Félibien (1706), S. 133.

[719] Félibien (1706), S. 128.

[720] Vgl. Anm. 594. Siehe auch K. F. Werner, Das hochmittelalterliche Imperium im politischen Bewußtsein Frankreichs, in: Historische Zeitschrift 200 (1965), S. 32.

berühmten Reliquieneid Harolds, des Grafen von Wessex, im Jahre 1064, durch den er Wilhelm als englischem Thronfolger öffentlich Gefolgstreue schwört[721]. Besonders zu beachten ist die Hervorhebung der beiden Reliquienschreine als Zeichen und Garanten für die göttliche Legitimation der Tat[722]. Damit gelingt es Wilhelm zugleich, seine Stellung unter den großen westfränkischen Fürstentümern zu stärken. Stellte dieser Umstand auch eine Belastung für die Stellung der Kapetinger dar, so war die kapetingische Herrschaft dennoch im 11.Jahrhundert faktisch nicht mehr angefochten[723]. Daher erscheint es zunächst weniger wahrscheinlich, einen Anlaß für die „turris“-Stiftung Wilhelms in möglichen Ambitionen auf den französischen Thron zu suchen. Vielmehr muß es Wilhelms Bestreben sein, den neu erlangten Anspruch auf den englischen Thron nicht nur politisch, sondern auch ekklesiologisch zu befestigen[724]. Es kennzeichnet die anthropologische Situation der Zeit, daß es unerläßlich ist, sich zur eigenen Legitimation in eine ekklesiologisch-liturgische Tradition einzuordnen. So versuchte Wilhelm wegen des Fehlens überzeugender verwandschaftlicher Beziehungen zur englischen Monarchie nach erfolgter Thronbesteigung 1066 verschiedene Zeichen der Kontinuität zu eben dieser Tradition zu setzen. Dazu zählen die Zeremonie der nordgermanischen Hügelbestattung des gefallenen Harold, die Wahl von St.Peter zu Westminster (Eduards Grabeskirche) als Krönungskirche, die Beibehaltung des angelsächsischen Krönungsordos[725], die Fortführung der Münztradition und der unter Eduard erfolgten Schenkungen, sowie vor allem die Pflege des Kultes des Hl. Edmund[726].

[721] F. Barlow, Edward the Confessor, Los Angeles 1970, S. 107–109. Benoît de Sainte More, op. cit. Anm. 747, S. 54.

[722] Siehe hierzu auch S. Bertrand, La tapisserie de Bayeux et la manière de vivre au onzième siècle, Bayeux 1966, Abb. 52. P. E. Schramm/F. Mütherich, Denkmale der deutschen Könige und Kaiser. Ein Beitrag zur Herrschergeschichte von Karl dem Großen bis Friedrich II., 768–1250, München 1962, S. 26.

[723] Ders., Die Legitimität der Kapetinger und die Entstehung des „reditus regni francorum ad stirpem karoli“, in: Die Welt als Geschichte, Bd. 12, S. 203–225, Stuttgart 1952, hier: S. 208.

K. F. Werner, Königtum und Fürstentum im französischen 12. Jh., in: Probleme des 12. Jh., Reichenauer Vorträge 1965–67 (VuF Bd. 12), S. 177–225, Stuttgart 1968, hier: S. 180. Ders., Westfranken – Frankreich unter den Spätkarolingern und frühen Kapetingern, 880–1060, in: Handbuch der europäischen Geschichte 1, 1976, S. 765 f. und 778.

[724] G. Bandmann (1951), S. 131. Der Reliquieneid und seine liturgische Ausgestaltung sprechen gegen Bandmanns Aussage, die Normannen wären nicht in ein „universales Weltbild“ eingespannt gewesen. Dagegen spricht zu dieser Zeit auch Wilhelms „turris“-Stiftung.

[725] Weiterführende Änderungen werden unten besprochen.

[726] K. U. Jäschke, Wilhelm der Eroberer. Sein doppelter Herrschaftsantritt im Jahre 1066, VuF Sonderbd. 24, Sigmaringen 1977, S. 41–49, 62–68, 72–74; Félibien (1706), S. 126; E. Hoffmann, Die heiligen Könige bei den Angelsachsen und den

Dieser Befund liefert uns aber noch keine direkten Motive für die umfangreiche „turris"-Stiftung an die französische Königsabtei Saint-Denis.

Derartige Motive müssen in einem engeren Zusammenhang mit der Bedeutung Saint-Denis' gesehen werden, die nicht in erster Linie in der Funktion als Kirche der französischen Könige begründet liegt, sondern im Besitz der Reliquien eines der drei großen Heiligen des Westfränkischen Reiches, des Hl. Dionysius (neben St. Martin und St. Benoit). Der Fürsprache dieser Heiligen galt es sich bei besonderen Unternehmungen zu versichern, war dies ein Herrschaftsantritt oder eine kriegerische Auseinandersetzung. Ferner war Saint-Denis ein Zentrum des Karlskultes im Westfränkischen Reich. In Saint-Denis war die Erinnerung an Karl den Großen und die nachfolgenden karolingischen Herrscher besonders lebendig geblieben, was sich einerseits in den Nekrologen zeigt, zum anderen aber darin, daß sich Saint-Denis alle Diplome Karls des Großen von ostfränkischen Herrschern bestätigen ließ[727]. Die bewußte Übernahme karolingischer Tradition war somit auch von großer Bedeutung bei der langsamen Auflösung der Karolinger und dem Aufstieg der Robertiner und Kapetinger im 9. und 10.Jahrhundert. Saint-Denis nahm dabei als Zentrum des Karlskultes eine besondere Stellung ein, indem die Königsabtei die zur Legitimation notwendige karolingische Tradition mit einer realen Machtstellung verband[728].

skandinavischen Völkern. Königsheil und Königshaus, in: Quellen und Forschungen zur Geschichte Schleswig-Holsteins 69, Neumünster 1975, S. 44–46.

727 Bernd Scheidmüller, Karolingische Tradition und frühes französisches Königtum. Untersuchungen zur Herrschaftslegitimation der west-fränkischen Monarchie im 10. Jh. (Frankfurter Histor. Abhandlungen 22), Wiesbaden 1979, S. 21, 32 f.: „In den eigentlichen karolingischen Traditionsklöstern hielt sich das Andenken an einstige Donatoren und Förderer natürlich am stärksten und konnte auf kommende Generationen fortwirken. Darum sind auch spätere Herrscher des 10. Jh., die in einer Traditionskette des Königtums standen, in die Aufstellung aufgenommen. Ein solches *Traditionsgut blieb in den genannten Plätzen ständig lebendig und konnte vom Königtum, das sich auf eben jene Orte stützte, wieder aufgenommen werden.* Aus dieser Tatsache, resultiert eine Interdependenz, da das *Königtum, das sich monastischer Tradition bediente, in seinem eigenen Herrschaftsbereich diese klösterliche Traditionspflege wiederum fördern wollte.*"

W. Kienast, Deutschland und Frankreich in der Kaiserzeit (900–1270), Stuttgart ^{2}1975, S. 500 und 505, berichtet über die Verlagerung des Idealbildes des karolingischen Kaisertums nach Saint-Denis. – P. E. Schramm, Der König von Frankreich. Das Wesen der Monarchie vom 9.–16. Jh., Darmstadt ^{2}1960, S. 132–138: Karl habe durch Niederlegen seines Diadems auf den Altar des Hl. Dionysius diesem das „dominium" über das Reich vermacht. Dionysius wird so zum Lehnsherrn Karls und aller seiner Nachfolger.

728 Vgl. sowohl Schneidmüller, op. cit., S. 143–147, zu Rudolf von Burgund und dessen Übernahme karolingischer Tradition, die sich jedoch nicht auf die machtpolitischen Grundlagen erstreckt, wie auch Schramm, op. cit., S. 132–138; verwiesen sei auch auf die Rolle der Äbte von Saint-Denis bei Königswahl und Königskrönung.

Auf der anderen Seite bestehen schon vor König Eduard von England gute Verbindungen zwischen England und Saint-Denis. Besitzungen von Saint-Denis in London, Hastings, Pevensley und Rocherfield, die in einer Charta König Offas von Mercia 790 bestätigt werden[729], könnten vielleicht sogar auf enge Beziehungen der ihrer Abstammung nach angelsächsischen Königin Balthilde zu Saint-Denis im dritten Viertel des 7. Jahrhunderts zurückgehen[730]. Eine besonders gute Verbindung zwischen Eduard und Saint-Denis bestand über seinen Leibarzt Balduin, einen ehemaligen Mönch der königlichen Abtei. Wohl auf die Fürsprache Balduins erfolgte ca. 1053–1057[731] – «... à l'exemple de plusieurs rois ses prédécesseurs ...»[732] – die erste Schenkung, Teynton, "... for minre sawle haéle."[733] Gemäß Félibien[734] soll Eduard bei diesem Anlaß folgendes geäußert haben: «... il dit que bien que S. Denys fust particuliérement révéré en France où reposent ces saintes reliques, néanmoins sa feste estoit trèscélebre chez les Anglois; & que çà esté dans le desir de participer aux prières qui se font à son tombeau, qu'il a donné à l'église du saint Martyr la terre de Teinton dans le comté d'Oxfort.» Auch Deerherst, wo Balduin Prior war[735], ging durch die Vermittlung Balduins in den Besitz seines Heimatklosters über[736]. Das Kloster Bury St. Edmunds, in dem er 1065 zum Abt ernannt wurde[737], war danach gleichfalls eng mit Saint-Denis verbunden[738].

Nach der endgültigen Übernahme des englischen Thrones durch Wilhelm erfolgte im April 1069 die Erneuerung der Schenkungen von Teynton und Deerherst an die Abtei Saint-Denis[739], womit sich Wilhelm nach eigenem Bekunden beim Hl. Dionysius für den erfolgreichen Ausgang des Feld-

729 Crosby (1942), S. 83 und Anm. 58.

730 Da die Bestattung ihres Gatten Chlodwigs II. in Saint-Denis nur aufgrund einer Translation im Jahre 1264 bewiesen wird (Krüger [1971], S. 178, vgl. S. 174), dürfte auch ohne urkundlichen Beweis angenommen werden, daß auch sie (nach dem Beispiel der Gemahlin Dagoberts) dort bestattet wurde; der betreffende Grabkultus würde Schenkungen voraussetzen. Ihre übrige Bedeutung für Saint-Denis haben wir oben besprochen.

731 T. A. M. Bishop/P. Chaplais, Facsimiles of English Royal Writs to A. D. 1100, Oxford 1957, Pl. 18 und Anm. dort; Félibien (1706), S.126.

732 Félibien (1706), S. 126.

733 Bishop/Chaplais, Facsimiles Pl. 18; Doublet (1625), S. 188.

734 Félibien (1706), S. 126.

735 Dugdale, Monasticon Anglicanum, 8 Bde., London 1846, hier: Bd. 3, S. 100.

736 Idem; Bd. 4, S. 664; Félibien (1706), S. 126.

737 Idem; ferner F. Barlow, op. cit. Anm. 721, S. 166.

738 Für Bury gibt es keinen Nachweis des Besitzwechsels, eine enge Verbindung durch den Abt Balduin zu Saint-Denis ist aber sicher: Félibien (1706), S. 126: «... il (sc. Balduin) marque que son attachement au service d'Edouard ne l'empêchoit pas d'estre toûjours soumis à l'abbé de Saint-Denys comme à son supérieur.»

739 Dugdale, op. cit. Anm. 735, Bd. 4, S. 664; Bishop/Chaplais, op. cit. Anm. 731, Pl. 28.

zuges gegen Harold und die Besitznahme des englischen Königsthrones bedankte[740].

Daneben aber gewinnt auch in Saint-Denis mit Balduin und besonders mit Wilhelm der Edmundskult zunehmend an Bedeutung. Zeugnis davon geben die beiden Anschluß-Kapellen im Norden und Süden in der Unterkirche der Abteikirche Saint-Denis, die im Zuge der Baumaßnahmen der Wilhelmschen „turris"-Stiftung errichtet worden waren, und dem Hl. Edmund sowie dem Hl. Georg geweiht sind, zwei Märtyrern, die insbesondere in England große Verehrung genossen.

Edmund, 870 im Kampf gegen die Dänen getötet, da er seinen christlichen Glauben nicht opfern wollte, ist früh Gegenstand der Verehrung geworden[741]. Seine endgültige Beerdigungsstätte – Edmundsbury in Sussex, wo unter Abt Balduin auch eine dem Hl. Dionysius geweihte Pfarrkirche errichtet wurde – wurde zu einem der bedeutendsten englischen Klöster ausgebaut. Für unseren Zusammenhang wichtig ist vor allem die Tatsache, daß gerade auch die jeweils zuletzt eingedrungenen Eroberer um die Erhaltung des Ruhmes Edmunds bekümmert waren: die Wessexkönige, Nachfolger der Ostangeln (zu denen auch Edmund selbst gehörte) in der Herrschaft über England, veranlaßten die Translation nach dem heutigen Edmundsbury und versuchten auf diese Weise eine Art von Regierungskontinuität zu sichern und sich selbst zu legitimieren. Später – im 11. Jahrhundert – stattete der dänische Eroberer Knut als erster das Kloster mit weitgehenden Privilegien aus, ließ die erste große Grabeskirche erbauen, und auch ihm ging es darum, sich als Bewahrer angelsächsischer Tradition und somit als rechtmäßiger Herrscher darzustellen[742]. Die Schlußfolgerung hieraus liegt nahe: Wilhelm der Eroberer weihte eine Kapelle seiner „turris"-Stiftung dem Heiligen eines Landes, das er zu erobern gedachte bzw. das er schon erobert hatte. Da für eine Altarweihe eine Reliquienübertragung die Voraussetzung bildet, dürfte diese am ehesten schon durch Balduin nach seiner Abtsweihe 1065 erfolgt sein. Eine Translation durch kirchliche Autoritäten bedeutete aber im damaligen Verständnis die offizielle Anerkennung der *sanctitas* und die gleichzeitige Einleitung eines Kultes[743]. Zeugnis einer

[740] Doublet (1625), S. 189: «Le Roy Guillaume surnommé le Conquerant, recognoissant que par les merites de S. Denys Apostre de la France, il estoit venu à chef de ses entreprises, & principalement de la conqueste du Royaume d'Angleterre, se voyant Roy paisible d'iceluy, fit don à la Royale Abbaye de S. Denys, en France d'un beau & riche Prieuré, nommé Derhest, . . ., pour obtenir le salut de son ame, & de celles de la Royne Mathilde son espouse, & de ses enfans.» – Ebd.: Auch hier erfolgte die Stiftung, wie bei Eduard „. . . pro salute animae nostrae (sc. Wilhelm und Mathilda) . . .", siehe S. 15 und Anm. 140; die „turris"-Stiftung wird bei Doublet nicht erwähnt.

[741] Zu Edmund siehe die Literaturangaben der Anm. 805.

[742] Vgl. hierzu E. Hoffmann, op. cit. Anm. 726, S. 44 ff.

[743] Heinzelmann (1979), S. 91.

solchen *translatio* bietet die Übersendung einer Reliquie des Hl. Edmund 1071 nach San Martino in Lucca, eine Stadt, zu der die Engländer enge Beziehungen pflegten [744].

Die Weihe einer Kapelle in Saint-Denis an den Hl. Georg konnte eine ähnliche Absicht bekunden, wie sie in bezug auf Edmund deutlich wurde. Mit der Aufnahme dieses weiteren englischen Heiligen wollte Wilhelm sich wohl in die weitestmögliche englische Tradition stellen, indem er einem Märtyrer seine Referenz erwies, der schon unter dem ersten autochthonen Herrschergeschlecht Britanniens eine sozusagen „staatstragende" Funktion innegehabt hatte [745].

Damit haben wir nun aber einige Kriterien für den Versuch gewonnen, den Zeitraum für die bei Guibert de Nogent berichtete „turris" Stiftung näher zu bestimmen. Hierbei verweist die Errichtung zweier dem Hl. Edmund und dem Hl. Georg geweihter Kapellen in der zu einer Siebenkapellenanlage erweiterten Umgangsconfessio im Kryptabereich sowie die Förderung des Edmundkultes auf einen Zusammenhang mit der Besteigung des englischen Königsthrones durch Wilhelm I. Dabei wird Wilhelms Absicht deutlich, den durch das Thronversprechen Eduards erworbenen Anspruch politisch wie ekklesiologisch zu befestigen. Hierzu bietet Saint-Denis eine glückliche Verknüpfung zweier großer Traditionsstränge: Durch eine Stiftung an Saint-Denis vermag sich Wilhelm nicht nur der Unterstützung eines der drei großen Nationalheiligen des Westfränkischen Reiches, dessen Vasall er noch war, zu versichern, sondern zugleich des englischen Nationalpatrons, indem diesem in der Kirchenprovinz des zur Machtübernahme bereiten Eroberers gleichfalls eine Heimstatt geboten wird. Gleichermaßen wird das angelsächsische Königsheil mit der Autorität der Karlstradition verbunden und dadurch gesteigert. Damit muß aber bereits ein Zeitraum vor 1066 für die Wilhelmsche „turris"-Stiftung und den Beginn der Bauarbeiten im Bereich der Ostanlage von Saint-Denis angenommen werden. Dieser dürfte nach dem Thronversprechen Eduards im Jahre 1051, höchstwahrscheinlich aber in größerer Nähe zur entscheidenden Auseinandersetzung mit Harold im Jahre 1066 anzusetzen sein, womöglich in die Zeit des „Reliquieneides" von 1064 [746]. Für eine Stiftung vor 1066 spricht gleich-

[744] Maccarini, wie unten Anm. 756, S. 173 f.; zu Balduin siehe Hervey, op. cit. Anm. 805.

[745] Zu Georg vgl. E. Gordon, Saint George, London 1907. Der Zusammenhang zwischen Heiligenverehrung und staatlicher Schutzfunktion in Saint-Denis wird noch an einem dritten Fall deutlich: Die Georgskapelle ist zusätzlich der Hl. Walburga geweiht. Die Reliquien dieser Märtyrerin waren von Karl dem Einfältigen im 10. Jh. ausdrücklich „pro tutamento totius regni" aus dem Ostreich nach Frankreich geholt worden. – Siehe ferner Heinzelmann (1979), S. 34.

[746] Die Toulouser Edmundstradition hat ihren Ursprung in einer verblüffenden historischen Parallele. Im Jahre 1216 soll Ludwig VIII., der in einem Feldzug seinen Anspruch auf den englischen Thron geltend machen wollte, die Reliquien des

falls die 1069 erfolgte Bestätigung der umfassenden Schenkungen an Saint-Denis aus Dank für den vom Hl. Dionysius erhaltenen Beistand[747].

Die „turris" muß in jedem Fall noch 1075 (Amtsantritt des Abtes Ivo) im Bau gewesen sein und stürzte irgendwann vor 1094 ein (Ivos Tod). Nun erwähnt Lambert von Saint-Omer eine sonst nicht lokalisierte Weihe an der Kirche des Hl. Dionysius im Jahre 1088[748]. Daß er außer dem Kirchennamen keinen Ort angibt, spricht nicht gegen, sondern eher für die Einweihung eines Bauwerks am primären Kultort des genannten Heiligen; eine nähere Spezifizierung dieses berühmten Ortes wäre überflüssig. Die liturgischen Quellen deuten aber beinahe notwendigerweise auf eine vollzogene Weihe der Unterkirche, ob im Jahre 1088 oder nicht: Die Weiterführung des Edmundkultes im 12. Jahrhundert an der gleichen Stelle, wo er nach der Aussage Guiberts höchstwahrscheinlich beim Einsturz lokalisiert gewesen sein mußte, bedeutet, daß sein Altar dort geweiht gewesen und sein Kult dementsprechend dort eingebunden war. Die Kongruenz mit Wilhelms Tod ließe sogar an folgenden Zusammenhang denken: Das vom Einsturz

Hl. Edmund aus der Abtei von Edmundsbury entwendet und schließlich im Jahre 1219 der Kirche Saint-Sernin in Toulouse zur endgültigen Aufbewahrung übergeben haben. Fehlen auch entsprechende zeitgenössische Quellen und Dokumente, die diesen Vorgang erhellen könnten, so ist ab Mitte des 15. Jh. ein lebendiger Edmundskult in Toulouse vielfältig bezeugt, der im Jahre 1631 im Zusammenhang einer auf Fürbitte des Heiligen abgewendeten Pestepidemie eine Hochblüte erlebt. Noch zu Beginn unseres Jahrhunderts entbrennt zwischen Edmundsbury und Saint-Sernin ein heftiger Streit um die Authentizität der Edmundsreliquien, die auch eine im Jahre 1901 von Papst Leo XIII. eingesetzte Kommission nicht entscheiden kann. Wichtiger für unseren Zusammenhang aber ist die offensichtliche Absicht Ludwigs VIII., durch die Berufung auf den englischen Nationalheiligen seinen Anspruch auf den englischen Königsthron auch ekklesiologisch zu befestigen. Die Etablierung eines Edmundskultes in Saint-Sernin verlieh diesem Bestreben einen kultisch manifesten Ausdruck. Siehe hierzu den Artikel ›Edmond‹ von É. Griffe in: Catholicisme Hier – Aujourd'hui – Demain, hrsg. von G. Jacquemet, Band 3, Paris 1952, Sp. 1374.

[747] Vgl. Anm. 739 f. Erwähnenswert ist in diesem Zusammenhang auch Wilhelms Gabenrundfahrt durch die Normandie im Jahre 1067, mit der eine Reihe englischer Spolien nach Frankreich kamen. Es fragt sich, ob sich hieraus nicht ein Hinweis für Herkunft und mögliche Datierung des Edmundszyklus (und damit womöglich auch der übrigen Kapitelle) der Kapitelle der Unterkirche von Saint-Denis ergibt. Vgl. unten Kapitel III, 7, d. Zur Gabenrundfahrt siehe: D. Douglas, op. cit. Anm. 716 (dt. Übersetzung der engl. Ausgabe von 1964, siehe Anm. 709), S. 213; Benoît de Sainte More, *Vie de Guillaume le Conquérant* (Chronique des Ducs de Normandie), hrsg. von P. Fichet, Bayeux o. J., S. 103; E. A. Freeman, The History of the Norman Conquest of England, 5 Bde. und Index, Oxford 1870–79, hier: Bd. 4, S. 77–84.

[748] Lambert von Saint-Omer (ed. Pertz, MGH 5, 66): „1088 Hecclesia Sancti Dionysii dedicatur et Tetbaldus Dives obit", nach Camille Enlart, Correspondance, in: Bulletin Monumental 71 (1907), S. 548 f. Stand der Forschung bei Polk (1982), S. 116. Der Abdruck war uns bei der Drucklegung nicht zugänglich.

bedrohte Chorhaupt, seiner englisch-königlichen Förderung 1087 beraubt, mußte entweder unfertig geweiht werden oder die stabilere Unterkirche, als abgeschlossener liturgischer Raum betrachtet, wurde für sich geweiht.

Bei der Salbung Wilhelms zum König von England war gerade das Erbe einer ununterbrochenen Linie betont worden[749]; jedoch war Wilhelms eigene Verwandtschaft mit Eduard dem Bekenner kaum enger geknüpft als die seiner Söhne zur kapetingischen Erbfolge. Der Krönungsritus Wilhelms führte aber mit der Litanei der *Laudes Regiae* in Nachahmung der Krönung Karls des Großen ein weiteres, schwerwiegendes Zeichen höherer Kontinuitätsansprüche ein, als vorher in England bekannt war[750]. Deutet dies möglicherweise auf veränderte Absichten gegenüber der fränkischen Monarchie und folglich auch gegenüber ihrer Grabeskirche hin? An der Stelle, wo noch vor der Eroberung Englands in der normannischen *laudes* der Herzog erst nach dem fränkischen König genannt wurde, und zwar unter Anrufung anderer Heiliger der Liturgie[751], wurde Wilhelm nunmehr im Zusammenhang der Invokation der Gottesmutter und der Erzengel Michael und Raphael in der Sprache uralter kaiserlicher Formeln als *Wilhelmo serenissimo a Deo coronato, magno et pacifico regi vita et victoria* feierlich begrüßt; dementsprechend wird der König Franziens nicht mehr erwähnt. Die Folgerung ist deutlich: Wilhelm wird ein liturgischer Gruß zuteil, der sonst bisher nur dem Kaiser und dem fränkischen König zugestanden hatte; in dem Ritus der Kirche wird er ihnen ebenbürtig als *rex* anerkannt[752]. Obwohl die Salbung des Königs Grundbestandteil der politischen Theologie der Zeit war, hatte sie beim Wechsel in der Dynastie besondere Bedeutung als Quelle der Herrscherrechte. Dies hatten wir bereits im Falle Pippins erkannt. Dasselbe Prinzip war seitdem gerade in bezug auf Hugo Capet betont worden und wurde von Papst Gregor VII. ausdrücklich als Doktrin vertreten[753].

Nichts in der Laufbahn Wilhelms des Eroberers ist wichtiger gewesen als sein Einfluß auf die Geschichte der lateinischen Kirche zwischen 1066 und 1087[754]; seine Kirchenreform im eigenen Machtbereich gründete sich auf

[749] Douglas, op. cit. Anm. 709, S. 248 und S. 250–252. Zur Salbung siehe S. 255. Vgl. die weiteren Weihehandlungen, die oben Kap. III, 4 und auch Kap. III, 3, a besprochen wurden.

[750] Die *laudes* wurden später regelmäßig bei Wilhelms "crown-wearings" gesungen; weil sie auch zwei Jahre später höchstwahrscheinlich bei der Krönung Mathildes gebraucht wurden, muß angenommen werden, daß sie durch Wilhelms eigene Krönung in den englischen Krönungsritus eingeführt wurden, vgl. Douglas, S. 249.

[751] Die Formel *Guillelmo Normannorum duci, salus et pax continua* unter Anrufung der Heiligen Mauritus, Sebastian und Hadrian. Keiner dieser Heiligen ist in der Unterkirche von Saint-Denis vertreten.

[752] Douglas, op. cit. Anm. 709, S. 250 f., S. 253 mit Quellen und weiterführender Literatur. Vgl. ferner S. 261–264.

[753] Idem, S. 256.

[754] Idem, S. 317.

eine eigenwillige, aber tatkräftige Förderung des Klosterwesens unter Mitwirkung des Abt-Erzbischofs Lanfranc[755]. Sein Einfluß läßt sich darüber hinaus an seinem besonderen Verhältnis zu Rom und zum Mönch-Papst Gregor VII. (1073–1085) messen. Schon seit 1059 als Erzdekan der römischen Kirche hatte Hildebrandt, der spätere Gregor VII., Wilhelm unterstützt und dabei seinem Englandfeldzug fast den Anschein eines Kreuzzuges verliehen[756]. Sogar im Jahre 1080, auf dem Höhepunkt der Spannungen zwischen ihm und dem Eroberer, konnte Gregor VII. diesen noch als ein „Juwel unter den Herrschern" bezeichnen[757] und ein Jahr später in einem vertraulichen Schreiben an seinen Legaten bekennen, daß Wilhelm sich geweigert hatte, wider den Heiligen Stuhl zu handeln, obschon von gewissen Feinden der Kirche dazu ermuntert, und daß er sich darin würdiger als andere Könige gezeigt hatte[758]. Unter den Letztgenannten dürfen wir wohl König Philipp I. von Franzien vermuten. Wenn demnach der Papst 1080 Wilhelms aufständischen Sohn Robert „vor dem Rat böser Menschen" warnt[759], dieser aber schließlich im Bunde mit Philipp I. wieder gegen seinen Vater in den Krieg zieht, so sollte wohl des Vaters Schwert dem päpstlichen Rat gegen diesen bösen Menschen Nachdruck verleihen. Wie dem auch sei, Wilhelms letzte großangelegte militärische Unternehmung im Jahre 1087 war gegen Franzien gerichtet. In diesem Feldzug, der nur durch einen persönlichen Unfall abgebrochen werden mußte, wurde Mantes, nur fünfzig Kilometer vor Paris gelegen, restlos zerstört. Douglas hält es angesichts des Fehlens einer weiterführenden Dokumentation für fruchtlos zu spekulieren, welche Bedeutung eine Fortsetzung des Feldzuges für das fränkische Königtum hätte haben können[760]. Der Nachweis der Einflußnahme Wilhelms auf die kultische Gestaltung der fränkischen Königsgrabkirche dürfte möglicherweise in dieser Fragestellung berücksichtigt werden.

[755] Überblick bei Douglas, S. 105 und 110–132; auch 334 ff. Wilhelm berief beispielsweise selber die Synoden in seinem Reich ein, und er allein, nicht die Erzbischöfe, wohnte allen diesen Konzilien bei. Zu Lanfranc vgl. S. 318–330.

[756] Pier Maccarini, William the Conqueror and the Church of Rome (from the epistolae), in: Anglo-Norman Studies VI (Proceedings of the Battle conference, 1983, ed. R. Allen Brown), Woodbridge, Suffolk/Dover, New Hampshire 1984, S. 172–187. Vgl. Douglas, S. 336–342.

[757] Douglas, op. cit. Anm. 709, S. 341, mit Quelle.

[758] Douglas, S. 341 mit Quellen. Auch von „Lob und Ehre" ist die Rede. Douglas, S. 342, meint zu dem Verhältnis zwischen dem Herzog und dem Papst: "The extent of their cooperation does credit to both of them . . . they recognized each others greatness across the welter of lesser rulers by whom they were surrounded".

[759] Maccarini, wie Anm. 756, S. 176.

[760] Douglas, S. 356–358.

d) *Zur Ikonographie der Spolien-Kapitelle der inneren Krypta*

Die vier Parallelwände des dreischiffigen Brunnenbaus östlich der Ur-Apsis (Kap. II,4) werden von einer zweiten Mauerschale eingefaßt, die wahrscheinlich im Zuge der polygonalen Einfassung der Ur-Apsis nachträglich vorgeblendet wurde. Diese Mauerschale ist bis auf drei Strecken durchgehend mit Wandarkaden gegliedert, deren Säulen und Kapitelle mit hoher Wahrscheinlichkeit ausgewechselt worden sind (Kap. II, 6)[761]. *Vor* dieser Mauerschale stehen wiederum noch sieben von anscheinend ursprünglich mindestens acht größeren Säulen[762], die als Gurtbogenträger des Gewölbesystems der zweiten Umgestaltung der Ostanlage dienen (Kap. II, 3 und 7). Ihre monolithischen Säulen sind von unterschiedlicher Länge und stehen entweder auf entsprechend höher oder tiefer gesetzten Basen und Sockeln, oder sie haben gar keine Basen. Kapitelle und Schäfte sind *Spolien*, obwohl dies bisher nur für drei marmorne Kapitelle generell anerkannt worden ist[763].

761 Die östliche Hälfte der südlichen Außenwand des caveau central und die beiden Strecken des nördlich der Apsis vorgeblendeten Mauerwerkes (außerhalb der doppelten Bogenstellung, die dies mit dem caveau central verbindet) sind nicht durch Wandarkaden gegliedert. Das Mauerwerk gibt keinen Anlaß, diese Gegebenheit auf Umbau oder Restauration zurückzuführen. Deswegen ist anzunehmen, daß kultische Bedingungen dieser rein formalen Auffälligkeit zugrunde liegen: Die Wandarkaden hören im Umgang, d. h. beim 'Umgehen', nach dem durch sie gerahmten Durchblick auf das Taufbecken auf; beim Ausgang auf der Nordseite gäbe es nach dem Rückblick auf den Brunnen keine Sicht mehr durch die äußere Schale. Dies legt nach unserer anfänglichen Darstellung eines möglichen rituellen Begehens der Anlage die Überlegung nahe, daß der Weg eher umgekehrt von Norden (Finsternis) nach Süden (Licht) führen sollte, wie dies in der Chartreser Unterkirche nachgewiesen ist. So würde das Blinde der Wände am Anfang stehen, die reiche Erfahrung durch die fast vollständige Arkadengliederung am Ende. Für die ursprünglich vorgeschlagene Richtung spräche nur die gegenüber dem Eingang/Ausgang liegende Wandarkade, die jedoch nicht einmal axial zu ihm steht.

762 Die achte Säule erscheint auf Formigés (1960) Grundriß, Abb. 165, bei 'C', vor dem westlichen Eingangspfeiler der südlichen Anschlußkapelle AI SIII. Sie ist offenbar von Formigé selber entfernt worden, als er an dieser Stelle das Mauerwerk nischenartig öffnete, siehe oben Kap. II, 4. Da sich diese Säule nur schlecht in einem erweiterten Gurtbogensystem unterbringen läßt, kann sie durchaus ursprünglich an anderer Stelle gestanden haben, etwa an der Außenmauer des inneren Kerns (caveau central), wo heute zwei Gurtbogen ohne einbezogene Träger direkt auf dem Kernmauerwerk sitzen.

763 May Vieillard-Troiekouroff, Les chapiteaux de marbre du Haut Moyen-Age à Saint-Denis, in: Gesta, 15 (1976), S. 105–112. Kapitelle aus anderem Material werden ohne Grund selten als Spolien angesehen, die Mehrzahl stets ins 11. oder 12. Jh. an Hand des „Stils" datiert. Ist der „Stil" „primitiver", so gilt dies gelegentlich als Kriterium für eine Datierung ins 9. Jh.

Diesem System scheinen noch zwei weitere, wesentlich kleinere Säulen anzugehören, obgleich sie an den östlichen Enden des Mittelschiffes an den Mauerecken stehen, so daß sie im Grundriß als zu den Wandarkaden zugehörig erscheinen. Sie sind jedoch etwas dünner und länger als die Säulen der Wandarkaden, setzen auf einem wesentlich höheren Niveau in der Wand an und tragen das spätere Gewölbe (im Norden mit, im Süden ohne Gurtbogen). Ihr Standort an der inneren Mauerfläche des caveau central läßt darauf schließen, daß sein Ostabschluß im Zuge der zweiten Umgestaltung getilgt worden ist.

Auf Grund der Hauptbauetappen, die aus dem Baubefund hervorgehen, kann angenommen werden, daß zu keinem früheren Zustand zusätzliche Wandarkaden*säulen* bestanden, da erst bei der Umgestaltung der alten Umgangsconfessio zur heutigen Anlage die ursprüngliche Wandgliederung des vorgeblendeten Mauerwerks zu der mit den heutigen Spolien-Kapitellen versehenen Gliederung umgebildet wurde. Auch wenn die Wände des ursprünglichen Umganges mit seinen drei Radialkapellen durch Wandarkaden gegliedert gewesen wären[764], so wären die Kapitelle wohl nicht hinzugefügt worden, um sie sogleich wieder abzubrechen.

Von den 50 heute existierenden Kapitellen der Wandarkaden und 9 (7+2 kleinere) weiteren des späteren Gewölbesystems müssen 14 von der Untersuchung ausgeschlossen werden. Sie sind entweder völlig zerstört oder durch moderne Ergänzungen ohne jegliche Darstellungen ersetzt worden. Sieben Kapitelle weisen nur pflanzliche Motive auf[765]. Die übrigen 38 zeigen figürliche Darstellungen, von denen 5 wegen ihres schlechten Erhaltungszustandes keine thematischen Deutungen zulassen und hier nicht besprochen werden können[766] (Siehe Gesamtüberblick, Diagramm (Abb. 48[767]).

Eine Säule des vorgelagerten Gewölbesystems (N II/1) ist auf zweierlei Weise in das Wandarkadensystem einbezogen: Einerseits formal dadurch, daß sie Bögen in beiden Richtungen – sowohl in die Wandarkade als auch

[764] Da sich die Gliederung des umgebauten Brunnenbaus mit derjenigen der Abteikirche nicht vereinbaren läßt, wenden wir übersichtshalber eine einfache Gruppierung der Kapitelle nach der Apsis- und 1., 2., und 3. nördlichen bzw. südlichen Wandarkade mit durchgehender Numerierung an.

[765] Zwei dieser Kapitelle scheinen trotz Fragen des Erhaltungszustandes ihrer Struktur nach zur Gruppe der Figurenkapitelle zu gehören – N II / 4 und N II / 5. Auch ihre fast spiegelbildliche Thematik – je zwei sich zuneigende Bäume – erlaubt es nicht, sie als rein vegetabile Formen abzutun. Es könnte sich um Deutungen aus dem Bereich des Lebensbaumes oder des Baumes der Erkenntnis handeln.

[766] Es handelt sich um die Kapitelle N / 5, N /11, S / 3, (S / 11) und S I/ 9.

[767] Die Annahme, daß auch die neu hinzugekommenen Bauteile – Umgang und drei Radialkapellen – mit Wandarkaden gegliedert waren, liegt auf der Hand. Jedoch ist dies keinesfalls für alle Teile anzunehmen, da schon bei der Ummantelung des Kernbereiches Strecken ungegliedert gelassen wurden, siehe oben Anm. 761.

als Gurtbogen – trägt, andererseits zeigt das Kapitell dieser Säule figürliche Darstellungen, die zur Thematik der übrigen Kapitelle gehören. Da dieses Kapitell nun größer ist als die übrigen (28 cm gegenüber 19–26 cm, gemittelt ca. 23 oder 24 cm) und nicht nur sonderbarerweise mit seinem Kämpfer in einem Stück gearbeitet worden ist, und sich zudem in einem besseren Erhaltungszustand befindet, dürfte bei allem Vorbehalt gegenüber späteren Auswechselungen geschlossen werden, daß es für diese Stelle angefertigt wurde, als alle oder zumindest die meisten anderen Kapitelle an diesen Ort und durch Abarbeitungen in das Wandarkadensystem eingefügt wurden. Auch sein karger Stil könnte für eine Angleichung an die übrigen (älteren) Figurenkapitelle sprechen (s. u.).

Die Kapitelle der Wandarkaden ruhen fast ausschließlich auf schlanken, glatten Schäften von etwa 1,35 bis 1,60 m auf, die auf attischen Basen stehen[768]: Ihrer Grundgestalt nach sind die Kapitelle trapezförmig. Sie tragen skulpierte Kämpfer von schlichter frühfränkischer Grundform: Weitausladende, reliefbemusterte Schrägen tragen unterschiedlich starke Leisten, die an der Kante durch Ritzungen oder Schnurbänder leicht abgesetzt sind. Auf den trapezförmigen Hauptornamentflächen der Schrägen befinden sich unter reich variierten Akanthusfriesen auch teilweise erstaunlich formgetreue Palmetten, die bald durch gekerbte Spitzblättrigkeit zu stehenden oder hängenden Akanthusmustern zurückgebildet werden. Die sich stets variierende Reichhaltigkeit des Spiels mit provinziellen Abarten klassischer Formen vollzieht sich nicht ohne Zwischenfälle mit ominös „frühmittelalterlich“ geritzten Zickzackbändern, während die obere Leiste oft mit Flechtbandmuster verziert ist. Wiederholte Spuren von angleichender Restaurierung ändern nichts an dem Bild, daß wir es hier mit einer typisch frühfränkischen Kämpfer-Ansammlung zu tun haben, die Formigé aus gutem Grund zum integren Bestandteil der vorgeblendeten Mauerschale rechnet. Dementsprechend passen sie meistens gar nicht zu den ihnen später eingefügten Kapitellen.

Da wir es mit Spolien zu tun haben, gibt die heutige Aufstellung der Kapitelle keine Auskunft über die ursprüngliche Zusammenstellung der Themen. Um die Lage plastisch vor Augen zu führen, ziehen wir ein Beispiel aus jüngster Zeit heran: Das Kapitell zwischen den letzten beiden Blend-

[768] Die Säulen stehen auf Basen, die sich der Form nach drei verschiedenen attischen Typen zuordnen lassen:

1. Der 'romanische Normaltyp', bei dem der untere Wulst nur wenig stärker als die zwei untereinander gleich großen Teile ist und kaum mehr als der obere Wulst nach außen ragt.

2. Ein Typus, bei dem der kräftig abgesetzte Ring der Kehle auf übertriebener fast doppelte Höhe hinauswächst, während der untere Wulst hinter großen, bossiert wirkenden Eckkuben der Plinthe fast verschwindet.

3. Ein Typus, der flach verkümmert unter dem weit ausladenden Kehlring zwischen gleichfalls atrophierten Eckläppchen „plattgedrückt“ zu werden droht.

bögen der südlichen Arkade des caveau central (S/9), das heute mit Hilfe dicker Mörtelfugen eingepaßt worden ist, saß für längere Zeit unter einem Ziergurtbogen, der sich vor der im 18. Jahrhundert eingezogenen Apsis des caveau central befand. Von Crosby noch 1953 dort abgebildet, kam das Kapitell erst durch Formigés Restaurierung an seine heutige Stelle[769]. Die vier Wandarkaden am Ostende des caveau central waren bis dahin hinter den Einbauten des 18. Jahrhunderts verstellt gewesen.

Eine grundlegende Schwierigkeit, die sowohl die Deutung wie auch eine mögliche Datierung der Kapitelle beeinträchtigt, besteht darin, daß viele Kapitelle – da es sich um Spolien handelt – so dicht an Nachbarwänden oder Mauervorsprüngen angebracht sind, daß einst vorhandene Szenen teils nicht mehr zu erkennen oder grob beschnitten sind. Diese Anbringungsweise erschwert die genauere Aufschlüsselung des ikonographischen Gesamtzusammenhangs. Da der ursprüngliche Bestimmungsort der nicht für die heutige Anbringungsweise vorgesehenen Kapitelle unbekannt ist, können wir zunächst nicht wissen, ob oder welche Szenen sich auf den jetzt verdeckten Seiten eventuell befunden haben. Sodann muß die Möglichkeit in Betracht gezogen werden, daß zumindest einige Kapitelle ursprünglich zu freistehenden Stützen gehörten. Diese hätten demnach vier Seiten aufgewiesen, d. h. Szenen gezeigt, die heute zur Erschließung der Gesamtthematik fehlen.

Die figürlichen Darstellungen und ihre Deutungen zu erkennen, wird daher durch den teilweise sehr schlechten Erhaltungszustand der Kapitelle erschwert[770]. Nachrichten über die einstigen Darstellungen auf den heute ersetzten Kapitellen fehlen fast ganz, wodurch eine weitere Lücke in der Thematik entsteht[771]. Auf Grund dieses schlechten Erhaltungszustandes können auch stilistische Merkmale nur unter sehr großen Vorbehalten als Kriterium zur Datierung der Kapitelle herangezogen werden. Dennoch sei ein generelles Wort zur Bildstruktur gesagt: Die eng nebeneinandergereihten, sich oft gegenseitig 'drängenden', jedoch kaum überschneidenden Figuren füllen die volle Höhe der Bildfläche aus, eng gerahmt durch Arkaden oder sonstige Architektur oder pflanzliche Attribute, die ebenfalls zu einem allgemeinen *horror vacui* der oft 'unordentlich' bewegten szenischen Komposition beitragen. Dies hat nichts mit einem „neuen Naturalismus der Gotik" zu tun[772], sondern führt etwas von der abklingenden ungestümen, vollgedrängten Erzählweise der spätkarolingischen Relief-Skulpturen – z. B. der

[769] Crosby (1953), Abb. 84. Der verbaute Zustand des caveau central ist auf Celleriers Plan von 1911 und den weiteren bis 1939 zu sehen, vgl. Crosby (1942), Abb. 9–12, sowie Formigé (1960), Fig. 167.

[770] Vgl. Pamela Z. Blum, The Saint Benedict-Cycle on the Capitals of the Crypt at Saint-Denis, in: Gesta, 20, 1981, S. 73–97. Hier: S. 73 sowie S. 84, Anm. 17 (nachfolgend verkürzt „Blum" zitiert).

[771] Idem, S. 87.

[772] Idem, S. 74 (Crosby).

Elfenbeine – mit sich[773]. Es gibt sogar vereinzelt Masken, Voluten und sonstige Requisiten, die hierzu beitragen.

Für die Themenbereiche der deutbaren figürlichen Darstellungen lassen sich unserer Ansicht nach vier Hauptgruppen erkennen: Kapitelle mit der Wiedergabe von Szenen aus dem Alten Testament, solche mit Darstellungen aus dem Neuen Testament einschließlich der Apokalypse, weiterhin Kapitelle mit Szenen aus der Legende des Hl. Benedikt und schließlich eine Gruppe weiterer monastischer und liturgischer Szenen, die höchstwahrscheinlich in Beziehung zur Legende des Hl. Edmund gesehen werden können. Ein topographischer Zusammenhang der einzelnen Themengruppen läßt sich zunächst nur in wenigen Einzelfällen erkennen, die jedoch selber durchaus dem Zufall unterworfen sein können. Die übrigen Kapitelle sind heute scheinbar recht wahllos aufgestellt. Über die genaue Anzahl der Kapitelle, die den jeweiligen Themenbereichen zugeordnet werden können, gehen die Ansichten ebenso auseinander wie hinsichtlich der Deutung vieler Szenen[774]. An dieser Stelle wollen wir, gleichsam als ein vorläufiges und weiterer Untersuchung bedürfendes Ergebnis, den Versuch einer Zuordnung der Kapitellszenen zu einem der genannten Themenbereiche vornehmen[775].

Diese Zuordnung und Deutung soll jedoch nicht erfolgen, ohne zuvor auf die jüngste Veröffentlichung zu den Kapitellen der Krypta – trotz mancher Vorbehalte – hingewiesen zu haben. Pamela Z. Blum widmete einigen Kapitellen in einem 1981 erschienenen Aufsatz ihre Aufmerksamkeit[776]. Ihr Verdienst ist es, auf einen bis dahin unbeachteten Zyklus unter den Kapitellen hingewiesen zu haben, der sich mit Themen der Vita Benedikts beschäftigt. Darüber hinaus gibt ihr Aufsatz Aufschluß über Themen anderer Kapitelle unter den 38 hier zu besprechenden Kapitellen. Leider deutet Blum

[773] Es gibt unter den Kapitellen wenige Ausnahmen, die weniger dicht gedrängt erscheinen. Ein Beispiel sei nochmals erinnert: Das Kapitel N II / 1 an der Schlüsselstelle zwischen den beiden Systemen – Wandarkaden und Gurtbögen. Die wenigen Bestandteile, auf die die Erzählung reduziert wird, werden so auf die Bildfläche gezeichnet, daß große Flächen des Idealgrundes frei bleiben. So wird auch links die Figurengruppe zu einem mehrköpfigen Komplex hinter dem Pferd zusammengestaffelt; das Rad und das Reliquar präsentieren sich frei und eigenständig auf der Vorderfläche, rechts gefolgt von einem ausgesprochen kleinen Reiter, einen leeren und schlichten Bogen überschneidend.

[774] Siehe Blum, op. cit. Anm. 770, S. 86 Anm. 36. Ferner: E. Lefèvre-Pontalis, Le caveau central de la crypte de Saint-Denis, in: Bulletin Monumental 71 (1907), S. 559 ff. (hiernach verkürzt „Lefèvre-Pontalis"). Andrè Lapeyre, Les chapiteaux historiès de l'eglise de Deuil, in: Bulletin Monumental 97 (1938), S. 420 (hiernach: „Lapeyre"). Vor allem wird zumeist nicht angegeben, wo sich die einzelnen Kapitelle befinden. Auch ist aus der Literatur oft nicht ersichtlich, wieviele Szenen auf einem Kapitell dargestellt sind, was häufig zu Mißverständnissen führt.

[775] Leider war die Abbildung aller besprochenen Kapitelle hier nicht möglich.

[776] Vgl. Anm. 770.

diese Themen zumeist nur in den Anmerkungen an und gibt – wie alle anderen Autoren vor ihr – keine genaue Beschreibung des Standortes der Kapitelle an, so daß über die angedeutete Thematik der Kapitelle hinaus kaum präzise mit diesen Angaben umgegangen werden kann. Die von ihr besprochenen Kapitelle des Benedikt-Zyklus, auf die wir im folgenden noch eingehen werden, bildet sie zwar ab und gibt zur Erläuterung ihres Standortes auch einen Grundriß an, doch geht dieser auf Veröffentlichungen aus dem Jahre 1937 (Crosby) zurück und hat mit dem Baubefund aus dem Jahre 1981 nichts gemein[777]. Auf unsere Vorbehalte gegenüber der von Blum vorgenommenen Datierung der Kapitelle als Gesamtzyklus gehen wir am Schluß unserer Ausführungen noch genauer ein[778].

Szenen aus dem Alten Testament: Der alttestamentarische Zyklus wird durch das zweite westliche Kapitell der nördlichen Mittelschiffwand eröffnet (N/3) und stellt die biblische Erzählung des 'Sündenfalls' dar (Abb. 49)[779]. Das nächste Kapitell (S I/10) bietet dem Betrachter augenscheinlich zwei verschiedene Szenen dar: Kann die rechte Kapitellseite als 'Opfer Kains und Abels' gedeutet werden[780], so muß die Interpretation der beiden sich auf der linken Kapitellseite gegenüberstehenden Figuren offen bleiben[781]. Ebenfalls dem alttestamentarischen Zyklus zuzuordnen ist ein Kapitell (N I/2), dessen Darstellung als 'Bileam' auf dem Esel gedeutet werden kann[782]. Ferner scheint auf einem weiteren Kapitell (N I/4) die im Alten Testament geschilderte Begegnung zwischen 'König Salomo und der Königin von Saba' dargestellt zu sein[783].

[777] Blum, S. 73. Ein genauer Vergleich könnte Aufschluß über einige der Versetzungen Formigés geben.

[778] Blum, S. 73 f. Vgl. auch unsere Ausführungen zur Datierung der Kapitelle am Ende dieses Kapitels.

[779] Gen 3, 1–24.

Vgl. Blum, S. 86 Anm. 36; Lefèvre-Pontalis, S. 559; Lapeyre, S. 420.

[780] Gen 4, 3–7.

Vgl. Blum, S. 86 Anm. 36; Levèvre-Pontalis, S. 561; Lapeyre, S. 420.

[781] Auch die oben angegebenen Autoren geben keine Interpretation, die eindeutig auf diese Kapitellseite zu beziehen wäre. Die Deutung muß demnach offen bleiben.

[782] Num 22, 5–38.

Vgl. Blum, S. 82 und S. 86 Anm. 46.

[783] 1 Kg 10, 1–13.

Zum alttestamentarischen Zyklus wären auch zwei weitere, in Anm. 765 schon erwähnte Kapitelle möglicherweise zu zählen. Es handelt sich hier wahrscheinlich um die Darstellung des Baumes der Erkenntnis.

Weitere Themen des Alten Testamentes, die nach Blum, S. 86 Anm. 38 und S. 79, sowie Lefèvre-Pontalis, S. 661, auf Kapitellen dargestellt sein sollen oder heute nur noch aus Zeichnungen bekannt sind, sind folgende Szenen, die wir zur Vervollständigung des Überblicks über den einstmals zusammengehörigen Zyklus angeben wollen:

Szenen aus dem Neuen Testament und der Apokalypse: Der Zyklus der Kapitelle mit neutestamentlichen Themen beginnt wahrscheinlich mit einem Kapitell (S/9), auf dessen drei sichtbaren Seiten drei verschiedene Szenen dargestellt sind: Links die 'Verkündigung an Maria', auf der Frontseite die 'Begegnung zwischen Maria und Elisabeth'; die Deutung der männlichen Figur auf der rechten Kapitellseite hingegen muß Spekulation bleiben[784]. Hingegen lassen sich die Überreste zweier schreitender bekrönter Figuren und einer dritten, noch vollständig erhaltenen mit ziemlicher Sicherheit als die 'Anbetung der Heiligen Drei Könige' deuten (S/10)[785]. Möglicherweise ist auf einem Kapitell der nördlichen Mittelschiffswand (N/10) der Engel dargestellt, der Joseph im Traume erscheint mit der Weisung, nach Ägypten zu fliehen[786]. Die folgende Darstellung ließe sich womöglich als 'Darbrin-

- Tod Abels
- Bau der Arche
- Reise der Arche
- Aussendung der Taube auf der Arche
- Moses teilt das Rote Meer.

[784] Lk 1, 26–56.

Vgl. Blum, S. 86 Anm. 38; Lefèvre-Pontalis, S. 560, deutet das Kapitell ebenfalls als 'Verkündigung' und 'Begegnung', bezeichnet es jedoch als eine Kopie Viollet-le-Ducs.

Chronologisch der Erzählung des Lukas-Evangeliums folgend, wäre die dritte Szene am sinnvollsten als 'Namensgebung des Johannes', d. h. den schreibenden Zacharias zu deuten (Lk 1, 57–66). Die knieende Figur scheint mit ihrer rechten Hand einer Tätigkeit nachzugehen; der längsrechteckige Gegenstand vor ihr könnte möglicherweise als Tafel interpretiert werden. Doch ist dies nur ein Deutungsversuch.

Nach Blum, S. 86 Anm. 38, soll als nächste Szene Christi Geburt dargestellt sein. Doch scheint es unmöglich, eines der Kapitelle diesem Thema zuzuordnen. Da Blum weder Standort noch die Darstellung im einzelnen beschreibt, muß diese Frage weiterhin offen bleiben.

[785] Mt 2, 1–12.

In der Literatur wird die Anbetungsszene der Heiligen Drei Könige nicht gesondert aufgeführt. Doch scheint die Interpretation der Kapitellszene als Illustration dieses Themas erwähnenswert. Zur weiteren Interpretation dieses Kapitelles fehlt heute die dritte, durch einen Mauervorsprung verdeckte Kapitellseite. Hier könnte sich ursprünglich die Figur Mariens mit dem Kind befunden haben.

Zur Ikonographie der Heiligen Drei Könige vgl. auch M. Q. Smith, Die drei heiligen Könige, in: Lexikon der christlichen Ikonographie, Bd. 1, Rom – Freiburg – Basel – Wien 1968, S. 539 ff.; ferner: Hans Hoffmann, Die drei heiligen Könige, Bonn 1975.

[786] Mt 2, 13–15.

Träfe diese Interpretation der Kapitellszene zu, so stellte das Gebäude auf der linken Kapitellseite die Stadt Bethlehem dar, auf der linken, heute durch einen Mauervorsprung verdeckten Kapitellseite wäre dann ursprünglich wahrscheinlich die schlafende Maria vor der Krippe dargestellt. Blum. S. 82 und S. 86 Anm. 44 und

gung Jesu im Tempel' (S I/7) deuten[787]. Auch das nächste Kapitell (S/2) gehört wahrscheinlich noch den Kindheitserzählungen Jesu an: es läßt sich als der 'Zwölfjährige Jesus im Tempel' deuten[788]. Ein weiteres Kapitell (N/7) des Mittelschiffes leitet über zu den neutestamentarischen Erzählungen vom Wirken Jesu: es ließe sich möglicherweise als 'Hochzeit zu Kana' als erstes Wunder Christi interpretieren[789]. Es folgen zwei einander gegenüberliegende Kapitelle im Mittelschiffsinneren, die offenkundig aufeinander bezogen sind (N/6 und S/6). Thema der Szenen ist das Gleichnis vom 'Armen Lazarus und dem reichen Mann' (Abb. 50)[790] und die 'Erweckung des Lazarus'. Zu den Szenen, die das Wirken Christi beschreiben, gehört ferner ein Kapitell (N I/7), das ein Wunder oder eine Predigt Christi darstellen könnte[791]. Ein Kapitell (S/7), das möglicherweise das 'Pfingstgeschehen'

45, hingegen interpretiert die Szene als den Engel, der Habakkuk erscheine mit der Weisung, Daniel Brot zur Löwengrube zu bringen – Dan 14, 32–38 nur Vulgata – und vermutet die Darstellung Daniels in der Grube auf der heute verdeckten Kapitellseite. Doch scheint uns diese Interpretation sehr vage und dem Text des Buches des Propheten Daniel nur mit viel 'Phantasie' zu entsprechen. Unserer Ansicht nach ist die Figur unter dem schwebenden Engel eindeutig als schlafende Gestalt, nicht jedoch als Figur, die gerade am Herd steht – wie in Dan 14, 32 geschildert –, dargestellt. Eine weitere Möglichkeit wäre ferner, die liegende Figur als schlafender Petrus im Gefängnis – Apg 12 – zu interpretieren, dem der Engel erscheint, um ihn zu befreien. Dann müßten auf der rechten Kapitellseite ursprünglich die schlafenden Wächter des Petrus, von denen in der Apostelgeschichte die Rede ist, dargestellt gewesen sein.

[787] Lk 2, 22–38.

Die Interpretation des Kapitells als 'Darbringung Jesu im Tempel' ist keineswegs eindeutig, könnte jedoch in Betracht gezogen werden. Blum, S. 86 Anm. 38, erwähnt eine solche Darstellung als heute verschollenes Kapitell mit Hinweis auf Guilhermy.

[788] Lk 2, 41–52.

Auch hier muß die Interpretation sehr vage bleiben. Blum, S. 86 Anm. 38, erwähnt ebenfalls eine solche Darstellung und beruft sich dabei erneut auf Guilhermy ("probable identification of an extant, mutilated capital").

[789] Joh 2, 1–12.

Möglicherweise spricht Lefèvre-Pontalis, S. 560, von diesem Kapitell und beschreibt es folgendermaßen: «. . . un personnage nimbe lève les bras au-dessus de plusieurs corbeilles présentées par un homme couché.» Doch interpretiert er das beschriebene Kapitell als 'Wunder der Brotvermehrung' – Joh 6, 1–13. Auch gibt er keine Beschreibung des Standortes des Kapitells an, so daß eine eindeutige Identifizierung des Kapitells nicht möglich ist.

[790] Lk 16, 19–31.

Blum, S. 87 Anm. 47 und S. 82; Lefèvre-Pontalis, S. 560.

[791] Auch Lefèvre-Pontalis, S. 560 f., beschreibt dieses Kapitell, ohne es jedoch einer genaueren biblischen Begebenheit zuordnen zu können. Blum erwähnt dieses Kapitell offenbar nicht.

zum Thema hat, ist ebenfalls in der Mittelschiffswand aufgestellt[792]. Ein Geschehen, das in der Apokalypse geschildert wird, scheint auf zwei weiteren Kapitellen (N I/5 und S/5) dargestellt zu sein: 'Das Jüngste Gericht' und der 'Zug der zu richtenden Toten'[793]. Den Abschluß des Zyklus der neutestamentarischen Szenen bildet ein Kapitell (N I/6), auf dem die 'Vier Evangelisten' dargestellt sind[794].

Darstellungen aus der Legende des heiligen Benedikt: Die Annahme eines Benedikt-Zyklus geht auf die erwähnte Untersuchung Pamela Blums zurück, die sieben bis dahin unbeachtete Kapitelle der Benedikt-Vita zuordnete[795]. Neben zwei ikonographischen Vergleichen im Benedikt-Zyklus stellt Blum die einzelnen im folgenden genannten Kapitelle fast immer überzeugend der ersten Quelle der Benedikt-Legende, dem Dialog Gregors des Großen gegenüber[796].

Chronologisch der Vita folgend beginnt der von Blum untersuchte Benedikt-Zyklus mit der Darstellung des 'Siebwunders' (S II/5)[797]. Das benachbarte Kapitell (S II/4) kann der Vita entsprechend als 'Begegnung Benedikts mit dem Mönch Romanus' gedeutet werden (Abb. 51) sowie sein darauffolgendes Leben in der 'Höhle von Subiaco'[798]. Ein weiteres Kapitell (S II/2) zeigt Benedikt gemäß der Heiligenlegende im 'Oratorium von Montecassino' vor dem Bau des Klosters[799]. Es folgen zwei Kapitelle (N/1

792 Apg 2, 1–13.
Die Tatsache, daß heute nur sechs Figuren dargestellt sind, spricht nicht zwingend gegen eine Interpretation der Szene als 'Pfingstgeschehen'; da das Kapitell beschnitten zu sein scheint und seine linke Seite heute von einem Mauervorsprung verdeckt ist. Ursprünglich könnten hier weitere Personen dargestellt gewesen sein, so daß eventuell zwölf Figuren auf dem Kapitell 'Platz' fanden. Auch Blum, S. 80f., interpretiert dieses Kapitell als Darstellung des 'Pfingstgeschehens'. Sie glaubt sogar eine Figur als Petrus deuten zu können, da sie meint, einen Schlüssel in der Hand eines Dargestellten erkennen zu können. Uns war dies freilich trotz sorgfältigen Vergleichs des Abbildungsmaterials sowie einer Untersuchung vor Ort nicht möglich.

793 Offb 20, 1–7.
Blum, S. 86 Anm. 38; Lefèvre-Pontalis, S. 561. Die Interpretation des Kapitells S/5 ist heute wegen des schlechten Erhaltungszustandes des Kapitells – den Figuren fehlen jeweils die Köpfe – sehr schwierig. Da jedoch eindeutig unbekleidete Figuren dargestellt sind, scheint ein Bezug zum Thema des 'Jüngsten Gerichtes', d. h. der Zug der Toten, möglich zu sein.

794 Auch Lefèvre-Pontalis, S. 561, deutet die vier Dargestellten als Evangelisten.

795 Blum, S. 73–87.

796 *Prolegomena. Vita Benedicti* (Ex libro II Dialogorum S. Gregorii Magni excerpta), PL 66, col. 125–204. Ferner: Jacobus de Voragine, *Legenda Aurea*, Zürich 1982, S. 133–148.

797 Blum, S. 76. *Legenda Aurea*, S. 133.

798 Blum, S. 74 f. *Legenda Aurea*, S. 133 f.

799 Blum, S. 76 f. *Legenda Aurea*, S. 138.

und N/2) mit Szenen vom Bau des Klosters: 'Benedikt vertreibt den Teufel', der den Weiterbau verhindern will, und 'erweckt einen toten Ordensbruder', auf den der Teufel eine Mauer hat stürzen lassen[800]. Im Mittelschiff stehen sich heute zwei Kapitelle (S /8 und N/8) gegenüber, die offensichtlich zwei zeitlich aufeinander folgende, thematisch verwandte Begebenheiten aus der Benedikt-Legende schildern: 'Benedikt vor König Totila' sowie die Auseinandersetzung mit dem arianischen 'Feldherrn der Goten Galla'[801].

Ein weiteres, achtes Kapitell (S II/3) meint Blum dem Benediktzyklus zuordnen zu können, ohne die dargestellte Szene einer Begebenheit in der Vita gegenüberzustellen. Auf Grund des guten Erhaltungszustandes des Kapitells meinen wir annehmen zu können, daß es sich um ein späteres Kapitell handelt, das eventuell die Übertragung der Abtswürde an unseren Heiligen darstellen soll[802].

Weiterhin lassen sich unserer Ansicht nach zwei Kapitelle (N II/6 und N II/2) an der nördlichen Außenwand über die Untersuchungen Blums hinaus dem Benedikt-Zyklus möglicherweise zuordnen: Läßt sich das erstere, das vermutlich einen Abt mit Pallium und Krummstab zeigt, als Darstellung des Abtes Benedikt in Montecassino deuten, so erkennen wir auf dem zweiten der beiden Kapitelle einen Bischof mit Pallium, Mitra und Krummstab. Hierbei kann an die Begegnung Benedikts mit dem Bischof von Cassium gedacht werden[803].

[800] Blum, S. 77 f. sowie Abb. 4. *Legenda Aurea*, S. 138 f. Bei der Deutung des Kapitells N / 1 ist der ausgesprochen schlechte Erhaltungszustand des Kapitells zu berücksichtigen, der die Interpretation der Darstellung stark beeinträchtigt, wodurch der Deutungsvorschlag Blums schwer zu überprüfen ist.

[801] Blum, S. 74 sowie S. 77 f. *Legenda Aurea*, S. 140 sowie S. 141.

[802] Blum, S. 84 Anm. 16, vermutet nur wegen des räumlichen Zusammenhangs – alle bisher beschriebenen Kapitelle stehen an der äußeren Südseite – eine Deutung des Kapitells als zum Benedikt-Zyklus zugehörig, ohne jedoch eine weitere Interpretation anzugeben. Unsere Überlegung, das Kapitell als 'Übertragung der Abtswürde an Benedikt' zu deuten, ergibt sich aus der Tatsache, daß die vorherigen Kapitelle des Zyklus chronologisch der Vita folgend von Osten nach Westen an der Südseite angebracht sind. Gehörte das Kapitell S II / 3 nicht zur Legende des heiligen Benedikt und wäre nicht die Szene der 'Übertragung der Abtswürde' dargestellt, so wäre die Reihenfolge der Darstellungen um mehrere Szenen unterbrochen. Doch ist dies nur ein Lösungsvorschlag.

[803] Blum, S. 74, ordnet diese Kapitelle wahrscheinlich unter die Szenen des "monastic life" allgemein ein, ohne jedoch genauer darauf einzugehen.

Zur Ikonographie des Abtsgewandes Benedikts vgl. E. Dubler, Das Bild des heiligen Benedikt in der Kunst bis zum Ausgang des Mittelalters, München 1953, S. 19 ff.

Den architektonischen Rahmen des Kapitells N II / 6 als Kirche zu interpretieren, ist sicherlich nicht eindeutig, m. E. jedoch durchaus nicht auszuschließen. Eine genaue Schilderung in der Vita über Benedikt in der Kirche von Montecassino gibt es unseres Wissens ebensowenig wie eine über Benedikt im Oratorium von Montecas-

Szenen aus dem monastischen Leben – Auffindung der Edmund-Reliquien: Die Darstellungen auf drei weiteren Kapitellen (N I/3; N II 1 und S I 11) berichten ebenfalls vom kirchlichen und monastischen Leben. Auf einem Kapitell (N I/3) des nördlichen Seitenschiffes wird ein bekröntes Kopfreliquiar in feierlicher Prozession mehrerer liturgisch gewandeter Figuren getragen (Abb. 52). Auf der linken Kapitellseite ist ein Tier erkennbar. Während Lefèvre-Pontalis diese Szene fälschlicherweise als Reliquienübertragung des Kopfes des heiligen Dionysius deutet (Saint-Denis trug seinen Kopf *selbst* zu seiner Grabstätte, auch war sein Haupt *nicht* bekrönt)[804], scheint uns eine Interpretation als Übertragung der Kopfreliquie des Hl. Edmund, König und Märtyrer von England, dessen abgetrennter Kopf der Legende nach von einem Wolf oder Bären beschützt wurde, damit er dann feierlich begraben werden konnte, einleuchtender[805]. Während auf der linken Kapitellseite der Bär oder wahrscheinlich eher der Wolf zu erkennen ist, scheint auf der Frontseite und der rechten Seite die Auffindung des Kopfes dargestellt zu sein. Blum spricht in einem anderen Zusammenhang von einem Edmund-Zyklus unter den Kapitellen der Krypta von Saint-Denis, der aus drei – leider von ihr in keiner Weise näher beschriebenen – „extant capitals" bestehe[806]. Weiterhin soll ein viertes Kapitell zum Edmund-Zyklus gehört haben, das heute nur noch aus Zeichnungen bekannt sei[807]. Möglicherweise ließen sich dann auch noch zwei weitere Kapitelle, auf denen Schreinprozessionen dargestellt sind, (N II/1 und S I/11) dem Edmund-Zyklus, d. h. den von Blum erwähnten „extant capitals" zuordnen. Es könnte sich um eine spätere feierliche translatio oder um eine Reliquien-

sino – siehe Kapitell S II / 2. Dennoch werden sowohl das Oratorium als auch die Kirche darin erwähnt, so daß uns die Darstellung Benedikts in seiner Klosterkirche zumindest als möglich erscheint – vgl. *Legenda Aurea*, S. 138 sowie 157 f. Zur Entwicklung der bischöflichen Insignien siehe T. Klauser, Der Ursprung der bischöflichen Insignien und Ehrenrechte, Krefeld 1948, S. 16 ff. Vgl. Dubler, S. 119.

[804] Lefèvre-Pontalis, S. 561.

[805] R. L. P. Milburn, Saints and their Emblems in English churches, London 1949, S. 78; Franz von Sales Doyé, Heilige und Selige der römisch-katholischen Kirche, deren Erkennungszeichen, Patronate und lebensgeschichtliche Bemerkungen, Leipzig 1925–30, Bd. 1, S. 300; Otto Wimmer, Kennzeichen und Attribute der Heiligen, Innsbruck-Wien-München ^{3}1975, S. 15; David Hugh Farmer, The Oxford Dictionary of Saints, New York 1983, S. 120 ff. – Ferner sei auf Arbeiten hingewiesen, die einer weiteren Forschung dienlich sein würden: Francis Hervey, The History of King Edmund the Martyrer and of the early years of his Abbey, o. O. 1929; Kathryn Christine Flom, Miracula et Passio Sancti Edmundi – A Study of the Pictorial Cycle, Ph. D., Univ. of Maryland 1980; sowie das Werk von R. Folz, op. cit. Anm. 666.

[806] Blum, S. 82 sowie S. 86 Anm. 46.

[807] Blum, S. 74 sowie S. 85 Anm. 19, geht leider nicht näher auf ihre Fundstelle der Zeichnung ein, sondern verweist auf eine in Vorbereitung befindliche Veröffentlichung von S. Crosby, die von diesen 'monastic series' handeln soll (siehe oben das Verzeichnis der häufig zitierten Literatur, Nachbemerkung).

prozession handeln[808]. Es wäre jedoch auch möglich, daß Blum die monastischen Szenen, die an der äußeren nördlichen Seitenschiffwand dargestellt sind und von uns dem Benedikt-Zyklus zugeschrieben werden, als zum Edmund-Zyklus zugehörig interpretiert. Ferner könnte ein weiteres Kapitell (S/1), auf dem ein – an einen Baum gebundener? – Heiliger (Nimbus) mit Pfeilen erschossen wird, dem Edmund-Zyklus angehören, da der Hl. Edmund auf diese Weise den Märtyrertod fand, bevor er enthauptet wurde[809].

Typologische Überlegungen und Datierungsfragen: Sowohl eine typologische Deutung der Kapitelle als Gesamtzyklus[810] als auch die Frage nach einem räumlich-thematischen Zusammenhang der einzelnen Kapitellszenen müssen zwangsläufig auf wenige Befunde beschränkt bleiben, da kein genauer Überblik über die späteren Umbauten im Kryptabereich von Saint-Denis gewonnen werden kann und es sich, wie eingangs bereits erörtert, bei den Kapitellen um Spolien handelt. Dennoch lassen sich mit aller Vorsicht zwei thematisch zusammenhängende Anordnungen von Kapitellzyklen feststellen: Die Kapitelle des Benedikt-Zyklus befinden sich zum größten Teil an der nördlichen, vor allem aber an der südlichen Seitenschiffswand der dreischiffigen Anlage. Die vier Kapitelle im Mittelschiff scheinen jeweils ein thematisches Pendant zu besitzen. Sie sind wahrscheinlich streng chronologisch der Abfolge der Legende in der Benedikt-Vita entsprechend angeordnet. Bemerkenswert scheint darüber hinaus die Gruppierung aller deutbaren neutestamentarischen Darstellungen an den Mittelschiffsinnen- und Außenwänden, doch läßt sich dort kaum ein sinnvoller Bezug der Kapitelle untereinander – etwa in chronologischer Reihenfolge – erkennen.

Die noch ausstehende Frage nach einer möglichen Datierung der Kapitelle ist von den gleich oben genannten Schwierigkeiten bestimmt. Trotz der Zerstörungen und der daraus resultierenden Unkenntlichkeit mancher Kapitelle kann dennoch zusammen mit der Forschung angenommen werden, daß die Kapitelle in ihrer Gesamtheit einer mehr oder weniger homogenen Entstehungszeit angehören. Dabei umfassen die von der Forschung bisher vorgenommen Datierungen einen Zeitraum von fünf Jahrhunderten[811].

808 Diese Interpretationen sind sicherlich nicht eindeutig zu beweisen, jedoch zu erwägen.

809 Auf Grund des schlechten Erhaltungszustandes des Kapitells läßt sich nicht mit Sicherheit sagen, ob der dargestellte Heilige tatsächlich an einen Baum *gefesselt* ist, doch scheint zumindest vor ihm ein Busch oder Baum zu stehen. Zu Stephanus siehe oben Kap. III, 6 und Anm. 606. Zum Martyrium des heiligen Edmund vgl. Milburn, S. 78; Doyé, S. 300; Farmer, S. 120.

810 Vgl. hierzu Blums Versuch, S. 79 f. und 82 f.

811

1. Lenoir:		8. Jh. (s. Blum, S. 84, Anm. 14)
2. Guilhermy:		11. Jh. (s. Blum, S. 84, Anm. 14)
3. Merimeé:	Ende	11. Jh. (s. Blum, S. 84, Anm. 8)
4. Viollet-Le-Duc:	Ende	11. Jh. (s. Blum, S. 84, Anm. 14)

Ein gesicherter Datierungszeitraum für die Kapitelle der Wandarkadenstellungen in der heutigen Krypta könnte aber ein belangvolles Kriterium für eine eventuelle absolute Bauchronologie darstellen. Daher seien zum Abschluß einige Hinweise auf eine mögliche Datierung gegeben, die sich aus der Untersuchung der ikonographischen Tradition einiger Kapitellszenen als möglicher Datierungszeitraum 'post quem' ergeben haben.

a) Da zumindestens ein Kapitell (N I/3), wenn nicht gar zwei oder drei weitere Kapitelle der Legende des Hl. Edmund zugeschrieben werden können, ergibt sich ein Datum 'post quem' aus dem Sterbejahr 870[812]. Ein bildnerischer Zyklus wäre also frühestens im 10. Jahrhundert zu vermuten.

b) Die Kopfbedeckungen der 'Heiligen Drei Könige' auf einem Kapitell des Mittelschiffes (S/10) sind eindeutig als Königskronen zu erkennen. Die erste Darstellung dieser Art findet sich auf dem Fuldaer Sakramentar aus dem Jahre 975[813]. In diesem Jahrhundert verdrängte die Krone die zuvor bei dieser Darstellung übliche phrygische Mütze. Ein weiterer Hinweis auf eine frühest mögliche Datierung im ausgehenden 10. Jahrhundert.

c) Auf drei in unserer Untersuchung dem Benedikt-Zyklus zugeschriebenen Kapitellen (N II/2; N II/6 und N/8) ist der Abtstab als Attribut Benedikts gegeben. Kirchenhistorisch ist der Stab als Insignie des Abtes schon im 6. Jahrhundert nachgewiesen[814], die Untersuchungen zur ikonographischen Tradition der Darstellungen der Benedikt-Legende ergaben jedoch, daß der Abtsstab als Attribut Benedikts erst im 10. Jahrhundert auftritt[815]. Damit wäre ein weiterer Anhaltspunkt für das 10. Jahrhundert als Entstehungsdatum 'post quem' der Kapitelle gegeben.

d) Einen letzten hier angeführten Hinweis ergab die Untersuchung der beiden Kapitelle, auf denen Bischöfe mit Mitren dargestellt sind (N II/2 und S I/11). Die kirchenhistorische Forschung gibt das ausgehende 10., beginnende 11. Jahrhundert als frühestes Datum für die Verleihung von Mitren in der dreieckigen, entweder oben angespitzten oder etwas abgerundeten Form an Bischöfe an[816]. Somit können wir ein weiteres Datum 'post

5. Lefèvre-Pontalis:	Anfang	12. Jh. (S. 561 f.)
6. Lefèvre Des Noettes:	Anfang	12. Jh. (S. 407)
7. Lapeyre:	Mitte	12. Jh. (S. 189)
8. Crosby:	Mitte	12. Jh. (s. Blum, S. 74)
9. Blum:	Mitte	12. Jh. (S. 74).

Lefèvre Des Noettes: Un chapiteau de la crypte de Saint-Denis, in: Bulletin Monumental 81 (1922), S. 189.

812 Vgl. Farmer, S. 120.

813 Smith, op. cit. Anm. 785, S. 539 f.; Hoffmann, op. cit. Anm. 785, S. 74.

814 P. Philipp Hofmeister, Mitra und Stab der wirklichen Prälaten ohne bischöflichen Charakter, Stuttgart 1928, S. 4.

815 Vgl. Lexikon der Ikonographie, Bd. 1 (Wien 1959), S. 319; Dubler, op. cit. Anm. 803, S. 85 und 141.

816 T. Klauser, ›Mitra‹, in: LThK, VII (Freiburg 1962), S. 491; ferner: Joseph

quem' aus dieser Untersuchung gewinnen, das den oben angegebenen in etwa entspricht.

Diese Befunde unserer vorläufigen ikonographischen Untersuchungen vermögen zwar keine Kriterien für eine eindeutige Datierung der Kapitelle – und damit erst recht nicht für die schon vor ihnen errichteten Bauteile – zu liefern, schließen aber eine Datierung im 8. und 9. Jahrhundert aus und weisen eher auf eine Datierung ab dem ausgehenden 10. Jahrhundert hin. Gleichwohl wäre hiermit ein Hinweis für die Chronologie gegeben, daß die Wandarkaden in ihrer heutigen Form erst lange nach Hilduin gestaltet oder umgestaltet wurden.

Nach den Quellen haben wir es in diesem Bereich mit einem Hilduinbau des 9. Jahrhunderts zu tun. Danach, nach quellenmäßig belegter liturgischer Topographie, folgen Bauarbeiten in diesem Bereich ebenfalls im 11. Jahrhundert (Guibert von Nogent), die wiederum nach den Sugerquellen im 12. Jahrhundert weitergeführt werden. Innerhalb dieses quellenmäßig belegten chronologischen Gefüges muß auch den Wandarkaden an oder im Hilduinbau, die Kapitelle aufweisen, ihr 'Platz' zugewiesen werden. Sie können erst nach dem 10. Jahrhundert gefertigt worden sein, jedoch gleichzeitig nicht vor dem 11. Jahrhundert.

Wenn wir keine unbegründeten, hypothetischen Bauarbeiten postulieren, dann erlauben diese absoluten Daten nur zwei mögliche Reihenfolgen der Arbeiten, aus denen die Frage nach der Versetzung der Kapitelle entschieden werden kann:

1. Bau der Hilduinkapelle ohne Wandarkaden, gefolgt von der *Hinzufügung* der Wandarkaden in ihrer heutigen Form, irgendwann nach dem ausgehenden 10. Jahrhundert, jedoch nicht vor dem späten 11. Jahrhundert; oder:

2. a) Bau der Hilduinkapelle zusammen mit den Wandarkaden; oder ebenso möglich:

b) Hinzufügung von Wandarkaden durch Hilduin an ein früheres Bauwerk, jedoch in beiden Fällen gefolgt von der *Auswechslung der Arkadenträger* irgendwann nach dem 10. Jahrhundert, aber nicht vor dem späten 11. Jahrhundert.

Die von Blum 1981 vorgeschlagene Datierung, die als jüngster Versuch einer absoluten Chronologie der Kapitelle eine bestimmte Geltung besitzt (Anm. 5 nach Crosby), hält sich an das erste Modell. Nun setzt dies eine homogene Ausführung der heutigen Wandarkaden voraus; die Abarbeitung der Kapitelle und die durch die heutige Aufstellung verlorenen Bildflächen werden von Blum durch die Versetzungen während der jüngsten Umbauten und Restaurierungen des 18. und 20. Jahrhunderts abgetan, ohne nach grundsätzlichen Kriterien die Kapitelle als Spolien anzuerkennen. Darüber hinaus jedoch setzt das erste Modell die gleichzeitige Ausführung dieser Wandarkaden und derjenigen der Radialkapellen voraus – wohlbemerkt, einerlei, ob im 11. oder im 12. Jahrhundert. Dieses Postulat aber verlangt sicherlich nicht nur eine stilgeschichtliche Stellungnahme zu den formal unvereinbaren Unterschieden zwischen den beiden Systemen, d. h. zwischen der „primitiven" Gestaltung der inneren Wandarkaden und den „großzügig vollendeten" Formen derjenigen der Radialkapellen, sondern erst recht eine Erklärung der technischen Struktur, die durch vorgelagerte Säulen das äußere System deutlich als schützend an den älteren Kern herangeschoben ausweist.

So ergibt sich durch das zweite Modell eine überzeugende Chronologie: Ungeachtet der Ursprünge des Kernbaus könnten nur unter Hilduin (quellenmäßig belegt) die Wandarkaden in ihrer ursprünglichen Form (wahrscheinlich mit gemauerten Stützen unter den Kämpfern) ausgeführt gewesen sein. Die Kapitelle (und wahrscheinlich auch die Schäfte) kamen alsdann als Spolien nicht vor dem späten 11. Jahrhundert hinzu – das Gros hätte, da sie Spolien sind, zu irgendeiner früheren Zeit, jedoch nicht vor dem späten 10. Jahrhundert für ihren ursprünglichen Aufstellungsort hergestellt gewesen sein können. Hierfür bürgen zudem sowohl Formigés archäologische Beobachtung als auch der stilistische Unterschied zwischen den Kämpfern und den Kapitellen. Daß sich die formale Gestaltung der Wandarkaden und ihre Detailformen nicht mit den Bauformen des 11. Jahrhunderts in den Radialkapellen vereinbaren lassen, erklärt sich aus zeitlicher (Hilduinarchitektur) und/oder örtlicher (Spolienkapitelle) Heterogenität. Aus kultischen Gründen wurden die alten Mauern und Wandarkaden beibehalten, aus liturgischen Gründen die Edmund-Rex-Kapitelle der (neuen?) Edmund-Verehrung in diesem Bereich hinzugefügt. Es gibt keinen Anlaß, weder aus dem Baubefund noch aus den Quellen zum Bau oder zum Kultus, einen anderen Ablauf der Arbeiten anzunehmen[817].

Braun, Die liturgische Gewandung im Occident und Orient – Nach Ursprung und Entwicklung, Verwendung und Symbolik, Darmstadt 1968, S. 432.

[817] In einer freundlichen Mitteilung hält Cynthia Hahn unsere Argumente für einen *terminus post quem* für "quite convincing", auch wenn mit einer Datierung der Kapitelle in das späte 11. Jh. oder in die Mitte des 12. Jh. diese Kapitelle älter wären als die frühesten existierenden Manuskripte über Edmunds Leben. In gleicher Weise bestätigt Hahn die Identifizierung der dem Edmundzyklus zugeordneten Kapitelle, auch auf der Grundlage ihrer eigenen Forschungen zum Bury-Manuskript (um 1125), das Edmund als idealen König darstellt.

Zugleich sei in Form einer kurzen Nachbemerkung dem moglichen Einwand entgegengetreten, man könne die Kapitelle der Wandarkaden der Krypta nicht einerseits zu Spolien erklären, sie aber zugleich für die relative oder gar absolute Chronologie bemühen. Gegen dieses offenkundige Mißverständnis verweisen wir nochmals auf unsere methodischen Prinzipien, die auch in diesem Kapitel streng eingehalten worden sind: Die relative chronologische Einordnung der Kapitelle und ihr Ausweis als Spolien erfolgte ausschließlich aus der bauarchäologischen Analyse (siehe Kap. II, 6). Daraus folgt auch, daß die Spolienkapitelle der Krypta nicht aus dem Baubefund datiert werden können, sondern allein von ihrer Ikonographie her (siehe die Beweisführung dieses Kapitels). Für die mögliche Datierung des Baubefundes selbst kommt den Kapitellen folglich der Rang eines *archäologischen Zeugnisses* zu (vgl. unsere Vorbemerkung zu Kap. II, 9).

8. Suger

a) Die Quellen

Sugers Schriften sind vor allem durch eine kommentierte lateinisch-englische Werkausgabe Erwin Panofskys bekannt, die genauer besehen drei die Abteikirche von Saint-Denis am ausführlichsten betreffende Schriften des Abtes – und diese lediglich in einer Auswahl – enthält. Während des Zweiten Weltkrieges verfertigt und zuerst 1946 erschienen, hat diese Textauswahl vornehmlich durch die weite Verbreitung ihrer zweiten als Paperback erschienenen Auflage[818] die heutige Forschungslage in starkem Maße vorbestimmt. Dies gilt auch für die deutschsprachige Saint-Denis-Forschung, zumal bis auf einige fragmentarische Übersetzungen Ernst Galls[819] Sugers Werke nicht in deutscher Übersetzung vorliegen. Weit gravierender aber ist das Fehlen einer umfassenden Bearbeitung der Sugerschen Schriften in ihrem ganzen Umfang. Zukünftige Untersuchungen der Kultgeschichte, die auf Suger Bezug nehmen, werden sich mit seinem ganzen Werk intensiv auseinandersetzen müssen.

Mit dieser Feststellung ist zugleich das Eingeständnis verbunden, daß diese Arbeit von uns im Rahmen unserer Themenstellung schon allein ihres Umfanges wegen nicht geleistet werden konnte. Auch wir müssen demnach von Panofskys Werkausgabe ausgehen, jedoch wird die Interpretation auf der Grundlage unserer methodischen Kriterien zu erfolgen haben.

Daß auch hinsichtlich editorischer und textkritischer Fragen die Schriften Sugers nicht als gesichert erschlossen gelten können, zeigt gleichfalls ein Blick auf Panofskys Ausgabe. So hat Panofsky nicht die Originalhandschriften, sondern allein spätere Editionen zugrunde gelegt, und zwar vor allem die Edition von Lecoy de la Marche, der die erste Auflage weitgehend folgt[820]; in der zweiten Auflage werden die entsprechenden Hinweise auf Lecoy nochmals bestätigt[821].

Die ›Ordinatio A. D. MCXL vel MCXLI confirmata‹[822] scheint als ein-

[818] Panofsky (1979), S. 141–145, bietet eine Einführung in die früheren Editionen.

[819] Gall, op. cit. Anm. 9, S. 93–101.

[820] A. Lecoy de la Marche, Œuvres complètes de Suger (Société de l'Histoire de la France, publications no. 139), Paris 1867, Nachdruck Hildesheim 1979.

[821] Panofsky (1979), S. 143, "Lecoy . . . may be called the Authorized Version . . ." (in bezug auf *De administratione*); S. 144, "The final version is found in Lecoy . . ." (*De consecratione*), und ". . . finally edited by Lecoy . . ." (*Ordinatio*). "Apart from . . . typographical matters . . . and the subdivision of . . . chapters . . . our text follows the version established by Lecoy" – vgl. Ausgabe von 1946, S. 145f., und noch 1979, S. 144; jedoch hält sich Panofsky u. a. *nicht* an Lecoys Punktuation, so daß mehrmals diese "typographical matters" der Edition des Originals der Auslegung der Übersetzung preisgegeben worden sind. Manches bleibt dementsprechend offen.

[822] Panofsky (1979), S. 122–134; hiernach verkürzt als *Ord.* zitiert.

zige der Schriften Abt Sugers als Orginaldokument überliefert worden zu sein[823], obwohl die beiden anderen auch auf Manuskripte des 12. Jahrhunderts zurückgehen. Von den rund 76 das Bauwerk betreffenden Zeilen, druckt Panofsky nur die ersten 37 nach dem Original ab[824], die übrigen 39 Zeilen bringt er lediglich im Kontext ihrer späteren Abschriften in ›De Consecratione‹[825].

Die von Lecoy als ›Libellus alter de consecratione ecclesiae Sancti Dionysii‹[826] betitelte Schrift bildet den Teil eines Manuskripts des 12. Jahrhunderts, das sich heute im Vatikan befindet[827]; ob der Titel des Textes ›Sugerius Abbas Sancti Dionisii de Ecclesia a se aedificata‹ ursprünglich ist, oder ob er erst später beim Einbinden in das Konvolut hinzugefügt wurde, läßt sich vorerst nicht sagen. Die letzten beiden Blätter aus diesem Exemplar des 12. Jahrhunderts fehlen, aber schon Mabillon ergänzte sie anhand einer direkten Abschrift des 15. Jahrhunderts, die heute in zwei Teilen eines Pariser Manuskripts wiederzufinden ist[828], wo sie die womöglich später zugefügten Rubriken *Hic incipit dedicatio ecclesie* und *De renovatio ecclesie beati Dionysii* trägt. Panofsky wußte wohl bei seiner Übersetzung nichts von dem Vorhandensein dieser beiden Handschriften, hatte sich vielmehr lediglich auf die Sekundärquellen bei Manitius verlassen und mußte sich nach dem Erscheinen der ersten Edition 1946 anhand eines Hinweises von Charles Liebman[829] Fotokopien der Handschriften besorgen[830]. Damit geht auch die zweite Auflage von Panofskys Übersetzung keinesfalls auf Kenntnisse der Handschriften selber zurück. Luchaire hatte im 19. Jahrhundert verschiedene „Korrekturen" der Handschriften des 12. Jahrhunderts anhand der späteren Abschrift aus dem 15. Jahrhundert vorgenommen; Panofsky

823 Paris, Archives Nationales, K 23 no. 5.

824 Panofsky (1979), S. 133 f.

825 Idem, S. 100, 25–102, 29. Varianten sind nicht als Fußnoten zum *De Consecratione*-Text selber vermerkt, sondern durch Verweis auf eine Zusammenstellung auf S. 142, Anm. 4. Dort wurde 1946 eine zusätzliche Variante, „Lecoy, S. 359, Z. 9 v. u.: *ulla*", vermerkt, die 1979 entfällt.

826 Panofsky (1979), S. 82–120; hiernach verkürzt als *Cons.* zitiert.

827 Vatikanische Bibliothek, Cod. Reginensis 571, fol. 119 r – 129 v. Schon 1641 von Duchesne publiziert, wurde der heutige Aufbewahrungsort erst 1899 erneut entdeckt, siehe A. Luchaire, Études sur quelques manuscrits de Rome et de Paris (Université de Paris, Bibliothèque de la Faculté des Lettres, VIII), 1899, S. 1–5: «Les Œuvres de Suger».

828 Paris, Bibliothèque de l'Arsenal 1030, fol. 137 r – 143 v und 81 r–82 v. Ebenfalls von Luchaire, op. cit., entdeckt.

829 Erwin Panofsky, Postlogium Sugerianum, in: Art Bulletin 29 (1947), S. 119–121, bes. S. 119.

830 Idem, S. 119 Anm. 3. So gilt auch noch 1979 (S. 144) der Hinweis, daß dort, wo Lecoy die *Ordinatio* „offensichtlich falsch" redigierte, Panofsky sich auf die Lesart Doublets (1625) und Félibiens (1706) verläßt, ohne auf das Original zurückzugreifen.

schließt sich ihm in diesem bedenklichen Vorgehen an und fügt anhand seiner Fotokopien weitere Änderungen hinzu [831]; diese Version hat dann weite Verbreitung gefunden. Die Bearbeitung der Quellen zu Saint-Denis steckt mithin noch in den Anfängen.

Der von Duchesne ›Sugerii Abbatis Sancti Dionysii liber de rebus in administratione sua gestis‹ betitelte Text ist auch in einer Handschrift des 12. Jahrhunderts erhalten, die im Kloster Saint-Denis selber entstanden zu sein scheint [832]. Panofsky publiziert nur die Einleitung und die die Bauarbeiten betreffenden Kapitel 24 bis 35 [833]; es ist zu vermuten, daß durch diese Verstümmelung entscheidende Hinweise auf liturgische Prioritäten und andere Zusammenhänge nicht zur Geltung gekommen sind. Da dies jedoch für Sugers sämtliche Schriften ebenfalls gilt, haben wir auf eine entsprechend ausführlichere Bearbeitung verzichtet; wichtiger ist es, den Stellenwert des bisher vernachlässigten frühesten Dokuments, der ›Ordinatio‹, gebührend herauszustellen. Dazu gehört, daß wir die Schriften stets in der Reihenfolge ihrer Entstehung behandeln werden:

1. Die ›Ordinatio‹, niedergeschrieben zwischen dem Datum der darin erwähnten Grundsteinlegung des Ostbaus am 14. Juli 1140 (134, 25 vgl. *Cons.* 100, 25–102, 29 [834]) und dem 22. Januar 1142, dem Todesdatum des einen Zeugen, Robert, Abt von Corbie.
2. Die Schrift ›De Consecratione‹ kann erst nach der darin beschriebenen Weihe des 11. Juni 1144 begonnen worden sein. Weil sie als *scriptum consecrationis* in ›De Administratione‹ erwähnt wird [835], muß sie früher als diese bestanden haben. Außer diesem zeitlichen Verhältnis zum späteren Dokument gibt es keinen Anhaltspunkt für einen *terminus ante quem* [836].
3. ›De Administratione‹ muß demnach ebenfalls nach der Weihe vom 11. Juni 1144, aber zudem auch nach der Fertigstellung von ›De Consecratione‹ angesetzt werden (siehe die vorhergehenden Ausführungen). Veranlaßt wurde die Abfassung von ›De Administratione‹ durch einen

[831] Idem, S. 119. Diese ausführlichen Änderungen und zusätzlichen Kommentare erwecken bei Panofskys richtigstellendem „Nachwort" den Eindruck, daß die „Auffindung der Originalmanuskripte" gleichsam eine Bestätigung seiner Übersetzung bewirkt hat. Gegenüber den Originalquellen hat sich aber faktisch nichts geändert. Luchaire wird in der 2. Auflage der ursprünglichen Bibliographie von 1946 stillschweigend hinzugefügt.

[832] Paris, Bibliothèque Nationale, MS Lat. 13835. Vgl. Panofsky (1979), S. 141 und 143 f.; hiernach verkürzt als *Admin.* zitiert.

[833] Panofsky (1979), S. 40–80.

[834] Entscheidende Teile der *Ordinatio* müssen wegen Panofskys fragmentarischer Edition nach deren späterer Abschrift in *De Consecratione* zitiert werden, vgl. oben.

[835] *Admin.* 48, 12.

[836] Die festgelegte Reihenfolge besagt nicht, daß "it can be dated . . . in the years 1146–1147 at the latest", wie Panofsky (S. 142) ohne Begründung meint; siehe die nachfolgenden Ausführungen.

Beschluß des Kapitels vor dem Ende des 23. Amtsjahres Abt Sugers am 11. März 1145, was aber wenig über das Entstehungsdatum der überlieferten Schrift besagt, weil darin Bezug genommen wird auf den Tod Evrard de Breteuils Ende 1148/Anfang 1149. Bis andere Kriterien sich auftun, die eine integrale Entstehung dieses Werks in Frage stellen würden, bietet der Tod Sugers am 13. Januar 1151 den einzigen *terminus ante quem*[837].

Weil die ›Ordinatio‹ als einzige noch vor der zweiten Weihe verfaßt wurde, sollte sie eine zuverlässigere Unterscheidung zwischen den Arbeiten am Westbau und an der Ostanlage ermöglichen. Da die ›Ordinatio‹ gewissermaßen aus der unmittelbaren Erfahrung schöpft, dürfen wir ihr eine nach heutigem Verständnis größere „Objektivität" zuschreiben. Panofsky behandelt die drei Schriften in umgekehrter Reihenfolge, weil er glaubt "it is . . . much easier to interpret *Adm.* without a previous discussion of *Cons.* and *Ord.*", eine wohl sehr bedenkliche Methode der Quellenkunde[838]. Panofskys fehlende chronologische Präsentation hatte eine Verunklärung der ohnedies schon verwickelten Zusammenhänge zwischen den drei Schriften zur Folge. Dadurch entstand in der Forschung eine Tendenz, Einzelstellen auszuwählen, welche die jeweils gebotene These zu unterstützen schienen, ohne die betreffende Darstellung der jeweils früheren Schrift zu berücksich-

[837] Es ergibt sich aus dem zufälligen *terminus post quem* (Ende 1148/Anfang 1149) nicht der geringste Anlaß, eine nachträglich ergänzte frühe Niederschrift „spätestens 1146–47" anzunehmen, wie Panofsky (1979), S. 142, es bei seiner Datierung von *De Consecratione* impliziert. Nachdem die Genehmigung seiner Brüder im Kapitel gesichert war, hätte die autobiographische Aufzeichnung der eigenen Taten eher so spät wie möglich vor dem herannahenden Ende nahegelegen. Suger scheint sich in diesen letzten der drei Schriften auf sein „Testament" von 1137 (Panofsky, S. 222 f.) besonders zurückzubesinnen. Im Gegensatz zum Tonfall der früheren beiden Dokumente ist *De Administratione* durchsetzt vom Bewußtsein des eigenen Alters (40, 26 – betont durch Rückbesinnung auf die eigene Jugend 40, 25 f.; 42, 17 f.; 80, 2 f.), enthält sogar eine Regelung der Gebetsdienste für sich nach seinem Tode (40, 14 f.; 80, 8–11), zum Teil angesichts der Schwächen seines früheren Lebens (45, 7; 80, 11–15), Schwächen, die in *De Consecratione* (82, 13–18 und 84, 5–10) noch etwas schwelgerisch im Bewußtsein gewesen waren; es herrscht eine wiederholte Sorge um das Verhalten seiner Nachfolger (42, 7; 52, 4–10; 80, 10), von denen in den früheren beiden Schriften nur in Zusammenhang mit finanziellen Verordnungen im Falle seines unerwarteten Ablebens die Rede ist (*Ord.* 134, 25 ff., siehe *Cons.* 102, 10–16).

[838] Panofsky (1979), S. 143. Exemplarisch Panofskys Kommentar zu *Ord.* 132, 24 auf S. 257: "This section parallels, in part verbatim, the accounts in *Cons.* . . . and in *Admin.* . . . most of it has already been commented on." So wird der zeitliche Vorrang der *Ordinatio* durch eine scheinbare inhaltliche Abhängigkeit von den späteren Schriften verdrängt. Solches Vorgehen ermöglichte auch eine Übersetzung, die auf die Vorstellungen Panofskys, nicht jedoch auf das geschichtliche Bauwerk selber ausgerichtet ist.

tigen. Auch wir müssen uns zu einem gewissen „Ausweiden" der Texte in den vorausgehenden Kapiteln bekennen, jedoch nur dort, wo es darauf ankam, auf die Übereinstimmung zwischen den Quellen und dem Baubefund – gewissermaßen auch zur Beruhigung des kundigen Lesers – vorweg hinzuweisen. An dieser Stelle nun wollen wir jene „Seitensprünge" in eine strengere quellenkundliche Methodik miteinbeziehen.

b) Westbau und Ostanlage

Das im letzten nur in seiner ekklesiologischen Entwicklung zu verstehende Bauvorhaben östlich der Urapsis ist in relativer Abfolge und Gestalt aus dem Baubefund ersichtlich. Auch Sugers Schriften betonen den Um- und Ausbau von bestehenden Bauteilen[839]; sie lassen sich dagegen nicht im Sinne der herkömmlich vereinfachten Vorstellungen vom Ablauf der Bautätigkeit im 12. Jahrhundert auslegen. Dies darf nicht überraschen, weil in der bisherigen Literatur stets versucht worden ist, jeweils ein anderes als das in seinem Befund erhaltene Bauwerk aus den Quellen – und nur aus ihnen – zu rekonstruieren, nämlich jeweils gediegene Neubauten anstelle der ergänzenden Um- und Ausbauarbeiten, die durch den Baubefund sowohl des Westbaus als auch der Ostanlage sehr deutlich bezeugt sind.

Der genaue bauarchäologische Befund des Westbaus betrifft nicht unsere eigentliche Themenstellung[840]. Jedoch hat die Quellenlage seit dem 8. Jahrhundert uns wiederholt zur Auseinandersetzung mit diesem Bauteil gezwungen. Es hat sich nämlich gezeigt, daß Suger sich in Anbetracht seines Gesamtvorhabens – die Ersetzung der Urbasilika – wechselweise auf die Ost- wie die Westteile bezieht[841]. Aus diesem Grunde, aber auch zur Klärung manchen *terminus technicus*, den Suger verschiedentlich hinsichtlich beider Bauteile anwendet, sind wir auf ein Verständnis des Westbaus angewiesen. Sich vorzustellen, daß der heutige Westbau ein Neubau sei, den Suger weit westlich der Westfassade der Hauptbasilika errichtete, setzt die Errichtung eines Anschlußstückes als Verlängerung eben dieser flachgedeckten Basilika voraus[842]. Geradezu widersinnig ist dann das weitere Postulat, daß dieses neu zu bauende Zwischenstück zuerst genau nach dem Querschnitt und der Formgebung der alten flachgedeckten Basilika (wenn auch nicht mit Säulen aus Rom!) ausgeführt wurde, obwohl Sugers innig wiederholtes Streben gerade darauf ausgerichtet war, eben diese Basilika gänzlich zu ersetzen, wodurch auch das Selbstgebaute im erzielten günstigsten

[839] Vgl. oben, Kap. III, 7, a (bezogen auf Anm. 632 ff.).

[840] Vgl. oben, Kap. III, 4.

[841] Siehe oben, Kap. III, 7, a; vgl. auch unsere Einleitung und Anm. 18.

[842] Vgl. oben, Kap. II, 3 (bezogen auf Anm. 82 ff.), Kap. III, 7, a, bes. Anm. 636 und die hier folgende Anm. 844.

Fall von Suger selbst hätte demoliert werden müssen[843]. Sugers Schriften widersprechen nun diesem Widerspruch[844].

Die Bautätigkeit wird dem übrigen Inhalt der ›Ordinatio‹ nicht etwa einem kunsthistorischen Informationsbedürfnis zuliebe angehängt. Das im

[843] Exemplarisch Panofsky (jeweils mit Literaturangaben zum Stand der Meinungen): In seinem Kommentar zu *De Administratione* 44, 15 auf S. 150 meint Panofsky, "there was a considerable interval between the east pillars of Suger's narthex . . . and the front wall of the Carolingian church. Suger added to the nave of this Carolingian church, . . . This link or "addition" increased the clear length of the old nave by about 40: . . ." [Panofsky belegt das Wort "addition" durch *Cons.* 96,25 wo das Weihwasser als *in medio novi incrementi* lokalisiert wird; wenn überhaupt eine Ortung hierdurch erfolgen darf, dann könnte das *incremento* im Kontext des *renovari* eher auf die Verstärkung und den Ausbau des Augmentums deuten.] Im Kommentar zu der späteren Stelle in *Admin.* 50, 28 jedoch äußert er die Vorstellung, "it is true that (Suger) tore down the old building only piecemeal. However, when he died, nothing was left of it except a few substructures in the crypt . . ." (wiederholt auf S. 28, vgl. unten, unsere Anm. 943). Da Panofsky weiterhin der Vorstellung war, daß ". . . the old columns were not repaired until the new [west] structure was finished (with the exception of the timber work [des Daches!] and had been joined to the old nave", S. 233, zu *Cons.* 94, 9–12), wären gegen Anfang 1140 zuerst 40% des verlängerten Langhauses fertiggestellt worden, um spätestens 1150 wieder abgerissen zu werden. Dies nicht genug, rechnet Panofsky mit der Möglichkeit (S. 235, zu *Cons.* 96, 9 f.), daß diese 40% sogar gewölbt gewesen waren; in dem Falle müßten nur sie und nicht das „Narthex"gewölbe im 13. Jh. wieder abgerissen worden sein. Panofsky verstrickt sich aber noch tiefer in die Unlogik dieser Vorstellung: ". . . since Suger planned to rebuild the (nave) . . . he would hardly have troubled to provide it with new windows" (Panofsky 1946, S. 244), jedoch wohl mit 40% seines massiv umbauten Raumes. Diese Vorstellungen sind nur schwer ernst zu nehmen.

[844] Entscheidend ist das früheste Zeugnis, *Ordinatio* 132, 27–35: Dort ist die Rede von *Erneuerungs*arbeiten im Vorderteil der Kirche (*cum novo operi in anteriori ecclesiae parte . . . desudassemus*); eben diese *Veränderung* des *alten* Werks, durch das Gleichmaß reicher *neuer* Bogenstellungen mit dem *neuen* Werk auf das passendste – in eine obere und zwei flankierende, tieferliegende Kapellen – vereinigt (*ipsoque novo antiquo operi pulchra novarum columnarum et arcuum convenientia apte unito*), wurde *als neue Kirche* geweiht *(cum eadem nova ecclesia . . . consecrari fecissemus)*.

Panofsky geht hingegen in seiner Übersetzung offenkundig von drei Bauteilen und damit von der Errichtung eines Zwischengliedes aus: "*After* the old *structure* had been fitly united with this *new* one by the concordance of the new columns and arches, we had caused to be consecrated . . . *together* with this new church." Schon ein erster Blick aber entlarvt Panofskys Zwischenglied als Resultat eines groben Übersetzungsfehlers (nicht von ungefähr gibt Panofsky keinen Kommentar zu seiner Übersetzung): Panofsky mißdeutet das „cum" in Zeile 33 als Präposition, wodurch er neben der "old structure" und der "new structure" noch eine "new church" erhält. In Wahrheit handelt es sich bei besagtem „cum" jedoch um eine temporal-vorzeitig gebrauchte Konjunktion (siehe den Konjunktiv Plusquamperfekt des Prädikates „fecissemus"), „eadem nova ecclesia" (als Nominativ eines von „fecissemus" abhängigen NCI mit „consecrari" als Infinitiv) bezeichnet folglich keinen neuen Bauteil, also

Klosterkapitel verfügte dreiteilige Dokument betrifft vielmehr eine streng gefaßte Verordnung monastischer *consuetudo* und kaiser-kultischer Erneuerung, die während großangelegter Bauarbeiten an der Abteikirche von einigen der mächtigsten Kirchenmänner nicht nur des engeren Königtums beglaubigt wird, unter anderen durch die Erzbischöfe von Tours und Reims. Die Bautätigkeit wird in integralem Zusammenhang mit diesen kloster- und liturgieimmanenten Auflagen genehmigt und geregelt. Das Bauwerk ist dabei wie immer lediglich materielle Auswirkung ekklesiologischen Bedarfs.

Aus dem Prolog (122, 1–24) und dem ersten Teil geht hervor , daß die von Suger selbst gepriesene zwei- bis dreifache Stärkung der Klosterfinanzen dem Wohl der Brüder bis dahin keinesfalls zugute gekommen war (122, 25–124, 2). Erst achtzehn Jahre nach Sugers Amtsantritt mußte mit dieser Verfügung die finanzielle Regelung getroffen werden, um das Hauptgericht (*generale*) zu verdoppeln (124, 2–14), die bis dahin zwischen Juni und Oktober enthaltene Beilage wiedereinzuführen (124, 15–25) und das Abendbrot (*coena*) nahrhafter zu gestalten (124, 26–126, 6); auch die gehörige Verpflegung und Pflege der alten und kranken Brüder und der Bedürftigen wird finanziell gesichert (126, 7–34), wie auch darüber hinaus für ihre Bekleidung gesorgt wird (126, 34–128, 2)[845].

auch nicht die alte Basilika, sondern eben jene durch die *convenientia* der Säulen und Bögen erfolgte Vereinigung des *opus novum* (sprich der angeführten neuen Kapellen) mit dem alten *augmentum* (nicht mit der Basilika, an welche dieses vereinigende *opus novum* angebaut ist).

Die *nova ecclesia* entsteht also durch die Weihe von Kapellen/Oratorien dort, wo bislang das Augmentum dem Kaiserkult geweiht gewesen war (wobei die Existenz eines Petrus- und Paulus-Altares fraglich bleiben muß); vgl. oben, Anm. 530. Diese Weihehandlung im Westbau der Königsabtei, ausgedrückt in den beiden periodischen cum-Sätzen (132, 28–134, 4), bildet dann für Suger die Initialzündung (*subito . . . amor et devotio nos . . . rapuit*) für die Erweiterungsarbeiten im Osten (134, 4–7), siehe unser Kapitel im folgenden.

Die Stelle *Cons.* 94, 7–12 (entspr. 96, 9 f.) hingegen betrifft die Ostanlage und ist schon oben, Kap. III 7, a und Anm. 639, von uns behandelt worden; darüber hinaus muß hier nur bezüglich Panofskys Analyse von Technik und Ästhetik der Bedachung auf das "link" auf S. 235 hingewiesen werden – das Dach erstreckt sich nebenbei bis heute nicht über den Westbau. Zu *Admin.* 44, 9–17 und Panofskys Kommentaren dazu vgl. oben, Kap. III, 4 und Anm. 530, sowie Kap. III, 7, a. – auch die dieser vorausgehende Anmerkung.

[845] Panofskys Kommentare zum ersten Teil, S. 251–256, betreffen fast ausschließlich die Geldregelung. Die übrigen zwei Kapitel werden in 2½ Seiten (S. 256–259) abgefertigt, jeweils unter Verweis darauf, daß "this section thus parallels (in part verbatim) the account in" entweder *Admin.* oder *Cons.* – "most of (which) has already been commented upon". Es wird weder eine einheitliche Absicht innerhalb der *Ordinatio* noch ihre vorausbestimmende Bedeutung für die späteren Schriften erkannt; nirgends ist ein Bewußtsein von der Kirche als humaner Institution zu spüren, der

Diese *communi fratrum nostrorum consensu* beschlossene *augmentationis carta* (124, 11 f.) bildet offensichtlich die Grundlage der folgenden beiden Kapitel. Die Wiederherstellung der verfallenen Kaiserkulte (128, 3–132, 23, bes.130, 23–25) stellte zusätzliche Ansprüche an die Mönche. In der *renovationis carta* (132, 6f, dem 2. Kapitel) wendet sich Suger zuerst an sie (128, 3–5)[846], betont deswegen die gemeinsam mit ihnen gefaßten Beschlüsse (130, 16; 132, 6, 7 und 9f.), und daß sie zusammen mit den Bischöfen und dem Volk (130, 1–9) an der *detectio* der Reliquien des Matutinal-Alteres beteiligt waren, und verfügt ferner die notwendige Finanzierung der Verpflegung der diesem zusätzlichen Kultus zugehörigen Mönche (130, 26–34). Besonders dringlich erscheint der gemeinsame Ratschluß gleich dreimal (132, 6, 7 und 9), nach der Heranführung der von Karl dem Kahlen gestifteten Passionsreliquien und dem Arm des Hl. Simeon (130, 34–132, 5). Es ist nun (im dritten Teil) eben die eucharistische Feier bei diesen Reliquien vor der Pilgerschar in der Unterkirche, die stets zur großen Gefahr (*magno periculo*) der Brüder in den engen Verhältnissen der vorhandenen Räumlichkeiten geführt hatte (134, 14–17). Diese wohlbekannte Erzählung von dem Volksandrang, der nach Suger die Arbeiten an der Ostanlage ausgelöst haben soll, weist sogleich auf die Beurkundung der königlichen Grundsteinlegung in der Unterkirche (134, 23–25 ff., vgl. *Cons.* 100, 25–102, 29), bei der dieselben von Karl dem Kahlen gestifteten Reliquien wiederum die führende Rolle spielen (vgl.*Cons.*100, 29–32) – jedoch ist es auf den nachdrücklichen Beschluß des Kapitels zurückzuführen[847], daß bei dieser Handlung die Gegenwart des Königs verlangt wird. Schließlich wird auf Rat der mitamtierenden Kirchenmänner und mit Genehmigung des Königs die Höhe und Quelle zukünftiger Finanzierung sämtlicher Bauarbeiten *communi fratrum consilio* beschlossen (vgl. 102, 14–29). Diese *in communi capitulo* verhandelten Beschlüsse werden von den Erzbischöfen von Tours und Reims, von den Bischöfen von Chartres, Amiens, Soissons, Beauvais und Térouanne sowie von Abt Robert von Corbie beglaubigt (136, 1–11) und sind als ›Ordinatio‹ in die kunsthistorische Literatur einge-

Glaube erscheint durchweg nicht als anthropologische Selbstverständlichkeit, sondern eher als leicht lacherliche Abirrung.

[846] Bei Panofskys Übersetzung könnte der Eindruck entstehen, Suger beziehe sich (128, 8) sogar auf das Seelenheil der Mönche selber, nicht auf das der Kaiser.

[847] Der entscheidende Teilsatz *quemadmodum in capitulo nostro consultum fuerat* wird in Panofskys beschnittener Edition nicht in der *Ordinatio*, 134 nach Zeile 25, abgedruckt, sondern in einer bloß redaktionellen Anmerkung auf S. 142 erwähnt, die nur über die Abschrift der Textstelle in *De Consecratione* 100, 27 zufällig ausfindig gemacht werden kann. So erkennt auch Panofsky selber nicht die Rolle des Kapitels und stellt die verwirrende Behauptung auf (S. 28), "the formal approval of the general chapter seems to have been obtained *ex post-facto* rather than beforehand (as when . . . the laying of the foundations for the new chevet, were solemnly placed on record in an *'ordinatio'* enancted afterwards)".

gangen. Die allgemeine Eile des Vorgehens läßt vermuten, daß wir es hierbei mit einer Zusammenkunft derselben *viri illustres* zu tun haben (134, 24f., vgl. *Cons*. 100, 25), die bei der Grundsteinlegung zugegen waren, und daß diese liturgische Handlung gewissermaßen als Schlußakt eine Art Schlichtungsgericht zwischen Suger und der Mönchsbruderschaft darstellte, das des Eingreifens des Königs bedurfte. Schauen wir näher auf die ›Ordinatio‹ und den späteren Ablauf der Geschehnisse:

Der König ist bei der Weihe des Westbaus am 9. Juni 1140 nicht zugegen, spielt dagegen bei der Grundsteinlegung der Ostanlage, nur fünf Wochen danach, eine entscheidende Rolle[848], wie auch bei ihrer Weihe[849]. Hugo, Erzbischof von Rouen, der fünf Wochen zuvor die Kapellen des Westbaus geweiht hatte und sonst bei allen Handlungen in Saint-Denis zugegen war, fehlt unter den Zeugen der ›Ordinatio‹; auch die Bischöfe Peter von Senlis und Manasse von Meaux, die nach Aussage der späteren Schriften bei der früheren Weihe assistiert hatten, fehlen, nur Odo von Beauvais war möglicherweise bei beiden Handlungen zugegen[850]. Diese Geistlichen wären sehr wohl von einer solchen Schlichtung ausgeschlossen gewesen. Dafür tritt Guérin, Bischof von Amiens, ansonsten ein Fremder bei diesen liturgischen Feiern in Saint-Denis – gleichsam als Neutraler –, auf; der Abt Robert von Corbie, als einziger kein Bischof, könnte die Partei der Mönche vertreten haben.

Daß die Quellen zum Baubeginn im Westen schweigen, ist wie bei fast allen Kirchenbauten bis ins 13. Jahrhundert selbstverständlich: Beim Umbau von Bestehendem gibt es üblicherweise keine Grundsteinlegung. Nur die außerordentlichen Umstände bei der Wiedererrichtung der eingestürzten *turris*, und vor allen Dingen die hiermit verbundenen ekklesiologischen Implikationen, führten zu einem entsprechenden liturgischen Akt in der Ostanlage. Daß eine Stiftung von 1125 auf den Westbau der Abteikirche zu beziehen ist, bleibt höchst unwahrscheinlich[851]. Wir werden Sugers

[848] *Ordinatio* 134, 25 ff., siehe *Cons*. 100, 26–29; 102, 6 f.

[849] *Cons*. 110, 30–35; 112, 9 f. und 35–38; 114, 19–22; 116, 1–118, 2.

[850] Zu Hugo, Bischof von Rouen: *Ord*. 132, 33f., *Cons*. 96, 20; *Admin*. 44, 19f., „und vielen anderen Bischöfen". Zu Peter, Bischof von Senlis: *Cons*. 96, 22 und *Admin*. 44, 28. Zu Manasse, Bischof von Meaux: *Admin*. 44, 27. Odo, Bischof von Beauvais, obwohl in *Cons*. 96, 21 f. bei den Weihefeiern erwähnt, wird keine spezifische Kapellenweihe zugeteilt wie Peter und Manasse in *De Admin*., er könnte deswegen durchaus lediglich zur großen Zahl der *diversarum personarum ecclesiasticarum* gehört haben.

[851] Eine Stiftung *„ad introitum monasterii Beati Dionysii renovandum et decorandum"* dürfte dem Wortlaut nach durchaus auf die Kirche zu beziehen sein, vgl. Panofsky (1979), S. 150 zu *Admin*. 44, 14 f. Jedoch sind diese Arbeiten, wie Gall meint, viel eher auf den Klostereingang selber zu beziehen: Die Analyse unserer *Ordinatio* läßt es sehr unwahrscheinlich erscheinen, daß Suger schon drei Jahre nach Amtsantritt mit der Erneuerung des Westbaus angefangen hat, da er 19 Jahre später,

testamentarisch erwähnte Ausgaben bis zum 17. Juni 1137 eher mit vorbereitenden Räumungs- und Beschaffungsarbeiten in Zusammenhang bringen müssen[852]; die übliche Annahme, daß die Arbeiten am Westbau im Sommer 1137 sicherlich im Gange waren, wird wohl weitgehend richtig sein[853].

Dies bringt aber einen merkwürdigen Zufall mit sich: Am 1. Juli 1137, vierzehn Tage nachdem Sugers Testament verfaßt wurde, starb Ludwig VI., der Dicke, Sugers Freund, der ebenfalls in Saint-Denis erzogen worden war. Sein siebzehnjähriger Sohn Ludwig VII. bestieg den Thron. Im selben Jahr hätte Suger somit den kaiserlichen Torbau Karls des Großen zum Westkapellenbau der Abteikirche umzugestalten begonnen und schon 1140 diese neue kirchliche Funktion durch die übereilte Weihe des unfertigen Baus festgeschrieben. Nach fünfwöchigen Auseinandersetzungen im Kloster mußte dann die zukünftige Bautätigkeit in einer ›Ordinatio‹ geregelt und mit dem feierlichen Akt der Grundsteinlegung durch den jungen König neu angesetzt werden. Dieser Ablauf der Dinge läßt sich auch im Rahmen der politischen Umstände verstehen. Suger hatte sich gerade zwischen dem Frühjahr 1138 und dem Sommer 1143 von den Regierungsgeschäften des Königreiches zurückgezogen; möglicherweise war er dazu gezwungen[854]. Dies darf aber nicht im Sinne einer zeitmäßigen Entlastung zugunsten eines Mäzenatentums verstanden werden, als ob Suger nunmehr Zeit hatte, sein Kunsthobby oder seine „Baulust" auszuspielen. Sein dadurch ausgelöster „starker persönlicher Anteil an den Arbeiten"[855] galt doch nicht einem Kunstwerk, sondern der Königsgrabkirche des aufeinanderfolgenden Frankengeschlechts, eines der bedeutendsten kirchenpolitischen Machtinstrumente der Zeit. Es läßt sich sogar vermuten, daß Suger zwischen 1137 und 1140 eine (flachgedeckte?) Kaiserempore im karolingischen Westbau durch die Einziehung dreier gewölbter Kapellen tilgte; eine solch prägnante bauikonologische Behauptung Sugers stünde dann an entscheidender Stelle bei der generell zu beobachtenden Aufgabe des karolingischen vierteiligen Innenaufrisses der „Frühgotik" und dem dreiteiligen der „Hochgotik"[856].

als die Finanzen des Klosters erst gestärkt worden waren, diese Arbeiten vor dem Konvent noch rechtfertigen mußte. Später betont Suger selber (*Admin.* 42, 4–6), daß er sich erst nach anderwärtiger Verteilung der verbesserten Einnahmen den Bauarbeiten zugewandt hatte; und dann noch fing er zuerst mit der Ausbesserung der Wandgemälde in der alten Basilika an. Schließlich erfolgte die Stiftung seitens des *vicus* von Saint-Denis, an dessen Boden der Klostereingang wohl gegrenzt hat; dieser Eingang lag den Bürgern in jedem Fall näher als verfrühte Arbeiten an dem Augmentum Karls des Großen.

852 Siehe Gall, op. cit. Anm. 9, S. 108.

853 Ibidem. Panofsky geht nicht auf diese Frage ein.

854 Vgl. O. Cartellieri, Abt Suger von Saint-Denis, Berlin 1898, S. 37–40.

855 Gall, op. cit. Anm. 9, S. 108.

856 vdM (1985), S. 594. Nach 1140 ist wohl keine Emporenkirche im kapetingi-

Die Tilgung der Empore per se würde der Verbauung der ikonologischen Präsenz des Kaisers bzw. Königs aus dem Kirchenbau gleichkommen. Suger wurde im Jahre des Wormser Konkordats von 1122 Abt der fränkischen Königsabtei Saint-Denis, und es gälte ganz anderen, und zwar liturgischen Schriften Sugers und seiner Zeit nachzugehen, um das Verhältnis des kapetingisch-königlichen Kirchenbaus zur überwundenen karolingisch-(deutsch) kaiserlichen Eigenkirche herauszuschälen.

Suger spricht in der ›Ordinatio‹ selber noch sehr behutsam lediglich davon, daß er „in seinem 19. Amtsjahr" (1140–41) „bereitwillig und treu" an dem renovierten Bau am Vorderteil der Kirche gearbeitet und diesen geweiht habe (132, 27–35). Weder das Kapitel noch der König werden bezüglich der Arbeiten im Westen erwähnt (132, 27–134, 4). Kaum waren die drei Kapellen von Erzbischof Hugo von Rouen „und anderen [ungenannten] ehrwürdigen Bischöfen" im noch unfertigen Westbau geweiht, als Suger sich *subito* (in der Tat im gleichen Satz fortfahrend) zum Ausbau der Ostanlage hingerissen wähnte. Fünf Wochen später wird auf nunmehr nachdrücklichen Beschluß des Kapitels hin dort die Grundsteinlegung vorgenommen. Läßt sich diese Lage in den späteren Schriften Sugers bestätigen?

In der weit ausführlicheren Passage ›De Consecratione‹ 88, 27–89, 13 erfahren wir wechselweise aus Sugers Berichterstattung hinsichtlich der West- und Ostteile nur, daß er zu irgendeiner Zeit in einen bestehenden, turmbesetzten, zu engen Eingangsbau [857] starke Fundamente anlegte und, durch reichliche Material- und Arbeitsmöglichkeiten beglückt, eifrig an dem prächtigen Werk gearbeitet hat. Mitten in weitschweifigen Wundererzählungen zu den Bauarbeiten in beiden Teilen der Kirche fällt der jähe Satz (96, 17–20) [858]: „wir beeilten uns sehr, das angekündigte Bauwerk zu vollenden *(ad praefati perfectionem aedificii instanter properantes)*, und überlegten, auf welche Art und unter Beteiligung welcher Persönlichkeiten wir es . . . weihen könnten" [859] – ein vielleicht etwas einsamer Entschluß, der der überstürzten Weihe des unfertigen Werkes entspricht. (An dieser Stelle werden auch hier gleich nach der Weihe des Westbaus erste Beratungen mit seinen Mönchen erwähnt [98, 22–34; vgl. 100, 23] sowie gemeinsame Beschlüsse über das Weiterbauen an der Ostanlage [100, 1–23] – sprich das, was populär als Entschlüsse eines „Architekten" ausgelegt wird –, worauf dann das Verbatimzitat zur Grundsteinlegung aus der ›Ordinatio‹ folgt.)

schen Bereich mehr gebaut worden; der vierteilige Wandaufbau hing wohl stets mit dem Kaiserkult zusammen.

[857] Siehe oben, Kap. III, 4.

[858] Siehe oben, Kap. III, 7, a.

[859] Sowohl Gall, op. cit. Anm. 9, S. 102, wie auch Panofsky (1979), S. 97 übersetzen *praefati* mit „genannten" bzw. "aforesaid". Wir halten uns im zweiten Teil der Übersetzung an Gall. Weil weder auf das Kapitel noch auf seine Brüder Bezug genommen wird, ist *deliberantes* gewiß eher mit „überlegt" als mit „besprochen" zu übersetzen.

Erst viele Jahre später, in ›De Administratione‹, erfahren wir (wieder nach Hinweis auf die engen Verhältnisse in der Ostanlage, 42, 19–44, 9), daß der Westbau ein *augmentum* Karls des Großen gewesen war, das aufgegeben werden mußte *(deponentes augmentum quoddam)*, um alsdann am vorherigen Eingang ausgebaut zu werden: *accessimus igitur ad priorem . . . introitum* (44, 9–17). Wieder behauptet Suger, die Weihe im Alleingang gestaltet zu haben (44, 18–21, . . . *obtinuimus*); noch immer ist die Erinnerung an die eiligen Weiterarbeiten an der Oberkirche im Osten wach (48, 8–12: *Eodem vero anno . . . ad inchoandam in superiori parte divinae propitiationis cameram*), jedoch nunmehr *cum fratribus et conservis nostris*. Allerdings nur dieses eine Mal; die gesamte königliche Grundsteinlegung findet keine Erwähnung mehr, auch nicht das Kapitel, nicht die Brüder, und *quorundam persuasione* baut Suger bis zu seinem Tode ohne Widerspruch an seiner Kirche weiter.

Nach der Weihe der Westbaukapellen einigen sich Suger und sein Kapitel (unter Beteiligung des Königs) auf die Wiederherstellung der verfallenen Kaiserkulte – wie oben bereits erwähnt. Diese *renovatio* hat zwei Aspekte, die jedoch beide auf liturgische Traditionen zurückgehen, die von Karl dem Kahlen begründet wurden:

1. Die *detectio* der Reliquien, die Karl der Kahle im Trinitäts- oder Matutinalaltar zum Schutze seiner Grabstätte hatte einbauen lassen, und
2. die Umgestaltung der Kultstätte der von Karl dem Kahlen gestifteten Passions- und Simeonreliquien.

Unter den drei von Panofsky veröffentlichten Quellen spricht nur die ›Ordinatio‹ in ihrem zweiten Teil (der *„renovationis carta“* 132, 6 f.) die Notwendigkeit der „Erweckung“ und der Gestaltung der Gedenkfeiern für die Könige und Kaiser an (128, 5–9): *multo temporum curriculo sopitas ad salutem animarum suscitare et informare memorias.* In diesem Wortlaut hört man über die dazwischenliegenden unbekannten Jahrhunderte hinweg die schreckliche Stille, die zu irgendeiner Stunde in dem Grabgang des Hl. Dionysius entstand, als das bis dahin fortwährende *psallentium* im Verfall der Zeiten erlosch. In Sugers mühevoller Wiederbildung und Restauration *(recreare et restituere)* einer mageren monatlichen Memoria für den späten Kaiser Karl den Kahlen (128, 9–132, 16) gewärtigt man dieses sinnlos dunkel gewordenen Ringstollens Dagoberts I. östlich davon, während in die erneuerte Oberkirche (nach dem Zeugnis des Baubefundes schon seit dem 11. Jahrhundert) der Kaiserkult mit dem *corpus* des Hl. Dionysius verlegt werden sollte, und zwar oberhalb eines volkstümlichen Kultes der Leidenswerkzeuge Christi (134, 11–23, vgl. *Cons.* 100, 29–34), der auf den im gleichen Dokument kultisch erneut verpflichteten Stifter Karl III. zurückging (132, 2–5). Die Erweckung und die Gestaltung des Grabkultes Karls des Kahlen geht in der ›Ordinatio‹ deutlich der Wiederbildung und der Restauration der Oberkirche voraus. Und abermals sehen wir: Nach der abenteuerlichen Umgestaltung des Westbaus wird Suger offenbar vom Kapitel und vom König angehalten, die Pflege des Kaisergrabkultes festzuschreiben.

1. Dies geschieht zuerst durch die *detectio* der Jakobus-, Stephanus- und Vinzentius-Reliquien, die unter Karl dem Kahlen in den „Matutinal"altar eingelassen worden waren (128, 25–130, 12); der Altar selber war eine unter Abt Hilduin erfolgte karolingische Stiftung[860]. Beglaubigt wurde die *detectio* unter anderen von denselben beiden Erzbischöfen (von Tours und Reims) und zwei anderen Bischöfen (von Soissons und Beauvais), die später auch die ›Ordinatio‹ unterschrieben; wieder sind es diejenigen, die an der Weihe des Westbaus nicht (oder nur fraglich) beteiligt gewesen waren[861]. (Merkwürdigerweise wird die *detectio* in ›De Consecratione‹ überhaupt verschwiegen, während bei der ausführlichen Schilderung in ›De Administratione‹ (66, 29–70, 21) aufgrund Sugers eigener Schilderung der falsche Eindruck einer *inventio* entstehen könnte (70, 3–21); in der ›Ordinatio‹ erscheinen die Reliquien als in bestehende, obschon vernachlässigte kultische Traditionen deutlich eingebunden.)

2. Jedoch sind es allein die Passionsreliquien, die sich auf das Bauwerk als solches auswirken. Suger begründet die Dringlichkeit seines Handelns mit dem – oben schon mehrmals besprochenen – Volksandrang am „unteren Ort der Sancti Sanctorum": *infra Sancti Sanctorum locus . . . tanta sui angustia artabatur*[862]. Die erdrückende Enge des Ortes wird aber auf Meßhandlungen bezogen, die weder den Patronatsheiligen noch die tägliche Messe in der alten Basilika betreffen; vielmehr wird dabei allein das unbotmäßige Zusammendrängen der Pilger hervorgehoben (*Ord.* 134, 11–23). (Das Klosterleben und damit der primäre Kaiserkult werden objektiv durch *advenientes – Cons.* 88, 12 f. – gestört.) Dieser Vorgang findet seine Erklärung in dem späteren Wortlaut von ›De Consecratione‹. Vorhin haben wir diese Stelle der ›Ordinatio‹ bereits einmal mit derjenigen aus ›De Consecratione‹

860 Siehe Panofsky (1979), S. 194 zu *Admin.* 66, 17.

861 Siehe oben, Kap. III, 8, b. Die *detectio* geschah wahrscheinlich am 6. Oktober 1140 (oder 1141), vgl. Panofsky (1979), S. 196. Es sind ebenfalls vier dieser Zeugen (aus Reims, Rouen, Soissons und Beauvais), die 1144 an der Weihe der Chorkapellen beteiligt sind. Auffallend bei der *detectio* ist die Anwesenheit von nicht weniger als drei Bischöfen aus der Bretagne (von Rennes, Saint-Malo und Vannes), die wohl nur durch Verbindungen zu einer oder mehreren der Reliquien dorthin gekommen waren.

862 Panofsky (1979), *Ord.* 134, 11–14, und weiter bis Zeile 23. Auf S. 258 will Panofsky diesen Ort mit dem Mönchschor identifizieren, "*infra* . . . refers here . . . to the nave". Der Mönchschor ist aber ein abgesperrter Ort, das Volk hatte keinen Zugang; *Sancti Sanctorum locus* kann dieser liturgische Raum nicht genannt werden. Panofsky bezieht dann rückwirkend das Wort *superioris* (Zeile 12) auf "Suger's new upper church", als ob die Quelle sich visionär auf die zukünftige Höhendifferenz zwischen Langhaus und Chorhaupt projiziert. Im Gegenteil bezieht sich dieses juristische Dokument auf die harten Tatschen einer Gegenwart.

in Zusammenhang gebracht, um umgekehrt den liturgischen Ort des auf die von Karl dem Kahlen gestifteten Leidenswerkzeuge Christi bezogenen Kultus zu lokalisieren[863].

Suger spricht mit keinem Satz vom Volksandrang vor den Reliquien des Titelheiligen; in der knappen Erwähnung in der späteren Schrift ›De Administratione‹ wird die berühmte Geschichte im Zusammenhang mit verschiedenen Festen des Kirchenkalenders erzählt, an erster Stelle dem des Hl. Dionysius, jedoch auch am Tage des großen Jahrmarktes *et in aliis quamplurimis*[864]. Nur Panofskys umgekehrte Reihenfolge der drei Schriften hat dazu geführt, den wirklichen liturgischen Ort, der aus der ›Ordinatio‹ deutlich hervorgeht, nicht zu erkennen. Wie wir wissen, dienten die Reliquien des Hl. Dionysius nicht so sehr dem Volke, sondern dem Königsgrabkultus – dadurch wiederum in den hierarchisierten Vorstellungen einer Frühgesellschaft selbstverständlich auch dem Volke. Verbrämt und verschlüsselt, wie die beiden späteren Darstellungen Sugers sein dürften, ist in ›De Consecratione‹ gleichwohl eine sehr deutliche Unterscheidung zwischen dem eigentlichen Ziel der Weihehandlung, nämlich der *translatio*[865] der Titelheiligen (die der Neubauteile bedurfte), und der Begründung des Bauvorhabens aufgrund des Gedränges der Volksmenge vor einem ansonsten liturgisch kaum zu erfassenden Populärkult der Passionsreliquien (was dem Westbau entsprechend den teilweisen Abbau und die Umgestaltung *vorhandener* Anbauten an die Urbasilika voraussetzte) festzumachen.

Auch in Chartres galt die Stiftung einer außerordentlichen Reliquie durch Karl den Kahlen, der *sancta camisia*, die die Jungfrau Maria bei der Geburt Christi getragen hatte, als Ziel der volkstümlichen Wallfahrt.

Diese karolingische Stiftung spielte ebenfalls eine entscheidende Rolle bei der liturgischen Identifizierung mit vorchristlichen Traditionen, die seit der Übernahme der Kultstätte durch das Christentum in einer Art von

863 Oben Kap. III, 7, a; vgl. *Ord.* 134, 11–23 und *Cons.* 100, 29–34.

864 *Admin.* 66, 17–72, 2.

865 Wie aus dem Titel des Manuskripts der *Consecratio* aus dem 12. Jh. hervorgeht, siehe oben. Auf die „konstitutive Bedeutung“ der Dionysius-Translatio von 1144 „für das kultisch-politische Leben des hochmittelalterlichen Frankreich“ weist Jürgen Petersohn hin (Saint-Denis – Westminster – Aachen. Die Karlstranslatio von 1165 und ihre Vorbilder, in: Archiv für die Erforschung des MA 31 [1975], S. 420–454, vorgängiges Zitat S. 439–440). Petersohn sieht in der Beteiligung König Ludwigs VII. an der Reliquientranslation, wie sie in *Cons.* 110, 28–114, 27 geschildert wird, einen Vorgang reichen ideellen Gehalts und politischer Tragweite „weit über die anderer herrscherlicher Reliquienübertragungen im Zusammenhang mit der Einweihung von Kirchenneubauten hinaus“ (S. 437–438), der gleichermaßen zum Vorbild wird einerseits in weitgehender Imitatio der Funktion von Saint-Denis als Königsgrablege bei der Eduard-Translatio von 1163 in Westminster (S. 441) sowie bei der Karl-Translatio von 1165 und im Zusammenhang mit der Karlskanonisation und den Anfängen des Karlskultes in Aachen (S. 444).

Nebeneinander fortbestanden haben müssen[866]. In Chartres führten diese Verhältnisse ebenfalls zur Errichtung einer zweigeschossigen Doppelkirche.

Daß die Königsgrabkirche Saint-Denis liturgisch als Doppelkirche konzipiert war, geht auch deutlich noch aus Sugers Schriften hervor; der Baubefund beweist, daß dieser Ausbau[867] schon spätestens im 11. Jahrhundert einen (wenn auch bautechnisch mißlungenen) Vorgänger gehabt hatte. Die liturgischen Gegebenheiten könnten sogar auf ein spätkarolingisches Vorhaben deuten, nämlich die Ringconfessio Hilduins auszubauen, was wohl durch die Normanneneinfälle vereitelt worden sein dürfte. Dies könnte dazu geführt haben, daß die von Karl dem Kahlen gestifteten Reliquien hintereinanderliegend (Passionsreliquien wie vorgesehen in der Ostanlage; Grabreliquien im Matitunalaltar bei seinem Grab im Langhaus) statt wie vorgesehen übereinanderliegend (Grabreliquien und Freigrab zumindest der Patrone in der Oberkirche) verteilt wurden. Auch wenn diese Gedanken die kunsthistorische Vorstellung überspannen, sind die formalen Parallelen in der zweiten Hälfte des 11. Jahrhunderts zwischen dem als Grablege der deutschen Könige vorgesehenen Speyrer Dom und der Königsgrabkirche der Franken leichter einsichtig. Gerade Wilhelm I., der normannische

[866] vdM (1975), S. 26, siehe auch vdM/Hohmeyer (1984), S. 14, 190, 197, 256.

[867] In der *Ordinatio* ist von *augmentandam* und *amplificandam* (134, 6 f.) ausschließlich in bezug auf den Ausbau der Oberkirche die Rede, und zwar erst *nach* der Weihe des Westbaus. Es ist nicht berechtigt, diese Rede von der Erweiterung auf eine Verlängerung der Urbasilika zu beziehen, vgl. oben, Kap. III, 7, a und Anm. 636. Auch in *De Consecratione*, wo die *augmentatio* zuerst auf den Ort der Passionsreliquien bezogen wird (88, 22 f.), folgt die *augmentatio matris ecclesiae* der Weihe der Westkapellen und bedeutet die Oberkirche der Ostanlage (98, 28); dieser Ausbau ist es, der im anschließenden Satz (100, 2–5) die Berücksichtigung der Teile *quam divina operatio propria et manuali exstensione ecclesiae consecratione antiquae imposuit benedictionem* voraussetzt, also: Die Ur-Apsis durfte nicht vom Ausbau der Ostanlage beeinträchtigt werden. Weil Panofsky nun *De Administratione* umgekehrt an erster Stelle redigiert, ist der darin aus der *Ordinatio* und *De Consecratione* zusammengezogene Wortlaut (42, 25 f.) bisher stets auf eine Verlängerung der Urbasilika bezogen worden (siehe oben, Kap. III, 8, b). In *De Administratione* folgt das betreffende Kapitel 25, offenbar nur von Duchesne mit der Überschrift *De ecclesiae primo augmento* versehen, nämlich auf die Restaurierung der Wandmalereien der Urbasilika (Kap. 24). Im weiteren Wortlaut folgt es aber wie in den beiden früheren Schriften auf die Erzählung von der Bedrängnis, die liturgisch nur auf die Unterkirche bezogen werden kann. *Ad augmentandum et amplificandum nobile manuque divina consecratum monasterium* kann deswegen wieder nur auf den Ausbau der Ostanlage gegenüber der Ur-Apsis bezogen werden. Über eine Anspielung auf die Verbindung zwischen dieser Ostanlage und dem Westbau (44, 6) erklärt Suger auch die dortigen Voraussetzungen (44, 9–15, Aufgabe des Pippinschen Grab*augmentum*), um das Kapitel daraufhin mit einer Zusammenfassung beider Arbeiten zu schließen. Das spätere, von Duchesne(?) *De augmento superioris partis* überschriebene Kapitel 28 verweist (48, 125) alsdann hauptsächlich auf *De Consecratione.*

Erneuerer der nordwestgallischen Kirche, hatte seine Aufgabe darin erkennen können, das durch den Normannensturm vereitelte karolingische Vorhaben hinsichtlich des Kirchbaus zu unterstützen. Wie dem auch sei, die liturgischen Gegebenheiten der Doppelkapelle des 11. Jahrhunderts sind im „Wilhelmsbau" vorhanden und werden von Sugers Schriften bestätigt: die obere *capella privata* war für die Herrschaft, die Unterkapelle für die „familia" als *capella publica* vorgesehen. Diese Unterscheidung wird in den aufeinanderfolgenden drei Schriften zunehmend deutlicher.

Vor der Errichtung der Oberkirche nämlich ist schon in der ›Ordinatio‹ der Kontrast zwischen der Unlenkbarkeit der sogar gefährlich „hergekommenen" Pilgerscharen am unteren Ort der *Sancti Sanctorum* (134, 16 f.; vgl. *Cons.* 98, 25, hier später behandelt) und der würdigen Ordnung des Königs und der *vivorum illustrium*, die an diesem Ort die Fundamente der Oberkirche legen, um eben diesen *infestationes* ein Ende zu setzen (vgl. *Cons.* 100, 25–102, 10).

Nach der Weihe der neuen zweigeschossigen Ostanlage wird in ›De Consecratione‹ das Gedränge der *congesta multitudo* zunächst auf die unzureichende Größe der Urbasilika selber bezogen (86, 17–31 und 34), jedoch gleich anschließend mittels des liturgischen Zieles, nämlich der Passionsreliquien (86, 32–34 und 88, 12–15), genau geortet; sodann werden die Bauarbeiten *ad augmentationem praefati loci* erklärt (88, 22 f.)[868]. Jetzt ist wieder von der „Wut und von dem Aufruhr" des Volkes die Rede (88, 13), und um diesen unerträglichen Zustand in der Gegend um die Heiligen herum, *circa Sanctorum*[869], nicht länger dulden zu müssen (98, 25 f.) wird die Umgestaltung der Ostanlage besprochen (100, 1–22), wobei die ruhigen Kultvorgänge, die Suger in der Oberkirche vorschweben (100, 12–14), in deut-

[868] Anschließend bezieht Suger seine Umgestaltung des Westbaus in diesen liturgisch gesicherten Kontext mit ein (88, 27–35; vgl. oben, Kap. III, 7, a).

[869] Die Stelle läßt sich nicht wörtlich übersetzen. Sie wird von Panofsky, 98, 25, zum *circa Sanctum Sanctorum* mit Verweis auf seinen Kommentar auf S. 238 ergänzt. Der Kommentar wird unter Berufung auf Duchesne und Brial jedoch von der ersten Edition wörtlich übernommen (1946: S. 98, 24; 147 f. und 220), als ob es noch immer keine Originalhandschrift gäbe. Dementsprechend wird gerade diese Stelle in Panofskys Postlogium (op. cit. Anm. 829, S. 119) übergangen, obwohl Panofsky sich anschließend weiter mit diesem Kommentar beschäftigte, siehe die Änderung der Verweise (S. 147 f. der Edition von 1946 entfällt noch vor der Schlußredaktion durch seine Frau). Der Wortlaut *infra Sancti* (sic) *Sanctorum locus* in der *Ordinatio*, 134, 12, darf keinesfalls zur Begründung herangeholt werden; im Gegenteil, die Unterschiede werden für die weiterführende philologische Erforschung von entscheidender Bedeutung sein. Hätte *infra*: „unterhalb" im topographischen Sinne, die Bedeutung von „dahinter" gehabt, so stünde dies durchaus mit *circa*, in unserem Sinne von „um die Urapsis herum", in Übereinstimmung. Bei alledem schließt die wiederholte Betonung der Passionsreliquien eine Lokalisierung des Gedränges im Ringstollen-Martyrium aus.

lichem Gegensatz zu denjenigen im Volksbereich stehen. Darüber hinaus wird der Altar vor dem neuen Schrein der Patronencorpora in der Oberkirche ausdrücklich für Meßfeiern der *Summi Pontifices et personae autenticae suffragio eorum* vorbehalten; die Oberkirche wird folglich als eine Herrschaftskapelle erster Ordnung aufgefaßt (106, 11–13). Für diesen Altar stiften König und Päpste (106, 22–31), nicht jedoch für den Kult der Passionsreliquien, für die überhaupt kein Altar bei der großen Weihefeier der Ostanlage erwähnt wird[870]. Die stets zusammen mit den Passionsreliquien erwähnte Armreliquie des Hl. Simeon muß sich dagegen wohl in einem Altar der Oberkirche befunden haben, am wahrscheinlichsten im Salvator-Haupt-Altar vor der Ur-Apsis, der *in medio* geweiht wurde (118, 9–12) und bei der Erzählung des Sturmwunders als *altare principale* (108, 17) angesprochen wird: Godefried, Bischof von Chartres, rettet durch die Einwirkung der Armreliquie des Hl. Simeon das vom Sturm gefährdete Dach. Die beiden Reliquien, die Karl der Kahle einer eingeschossigen Ostanlage gestiftet hatte, wären demnach bei der Aufstockung zur Doppelkirche sinnvoll getrennt. Das Wunder geschieht aber während der Anniversariumsmesse für König Dagobert I., wodurch belegt wird, daß dessen Grabkult stets am ursprünglichen Ort gefeiert wurde[871]. Das Joch des Hauptaltares, E I, bzw. das Joch der Ur-Apsis, E II, gehören beide zum Langchor/Sanktuarium, wodurch selbstverständlich die Oberkirche mit ihrem Königsgrabkult als Repräsentant der „Doppelkapelle“ angesehen werden muß. Das sich wie stets unbändig um das Erdgeschoß drängende Volk allerdings bekommt von der Weihezeremonie nur die *virgae* und *bacula* des Königs zu spüren (114, 22–27).

Älter geworden, wahrscheinlich durch seine Regentschaft über das Frankenreich von der eigenen niederen Herkunft getrennt, sind für Suger in seiner letzten Schrift die Unterschiede zwischen Ober- und Unterkirche irgendwie noch prägnanter geworden. Schon in seiner Beschreibung der Romanuskapelle im Westbau lobt er: *Qui locus quam secretalis* (*Admin.*

[870] Im Anschluß an die Weihe des *altare superius quieti Sanctorum destinatum* ... (118, 3–8) spricht Suger von der Einweihung insgesamt zwanzig weiterer Altäre in der Ober- wie Unterkirche (118, 8 f.), obwohl nur weitere 19 Einzelweihen von Altären belegt und aufgezählt werden (vgl. Panofsky [1979], S. 249). Auffallenderweise wird aber kein Altar im *caveau central* geweiht. Sugers Aufzählung hätte durchaus die richtige Zahl von vorhandenen Altären angegeben, wenn hier schon ein seit alters her geweihter Altar der Passionsreliquien gestanden hätte, der folglich nicht neu geweiht wurde. Daß die Passionsreliquien sich spätestens um diese Zeit im Mittelraum („caveau central“) der Ostanlage befanden, geht auch aus der Weihe einer Täuferkapelle in der Oberkirche bei dieser Gelegenheit hervor: Die Taufliturgie wäre somit gleichzeitig mit der Translatio in die Oberkirche verlegt worden, wie oben besprochen.

[871] Ferner geht aus diesem Umstand hervor, daß das Wunder erst nach der Weihe des Altares hätte stattfinden können.

44, 22f.) und überträgt dies auf die Oberkirche, wo das Meßopfer ohne ärgerlichen Lärm gefeiert werden soll: *absque turbarum molestia secreto immolari debeat* (48, 9–11). Er weiß auch diese „neue Wohnung" des Hl. Dionysius mit einer durchgehenden Sperre vor dem *populorum tumultus* zu schützen, jedoch mit Toren für den Zugang der *venerabiles personae* der Oberkirche. Falsches Mitleid mit dem Volk etwa aus der sozialtheoretischen Perspektive des 19. Jahrhunderts wird jedoch sogleich durch den Schlußvers des Kapitel abgefangen (56, 6 f. und 12 f.):

„Sanctorum cineres ubi coelicus excubat ordo,
Plebs rogat et plorat, clerus canit in decachordo./. . .

Hic locus egregium venientibus extat asylum;
Hic fuga tuta reis, subjacet ultor eis."

Panofskys Behauptung, die Oberkirche von Saint-Denis „was to become the unsurpassed model of the Gothic cathedral chevet", gründet mithin auf falschen Vorstellungen[872].

c) „testudo" – „testitudo"

Es wird in der Folge nicht möglich sein, die beiden späteren Quellen, ›De Consecratione‹ und ›De Administratione‹, in gleicher Weise systematisch vorzustellen. Jedoch sollen an dieser Stelle eine entscheidende Stelle aus ›De Consecratione‹ sowie das Wort *testudo* untersucht werden, da es bei der zukünftigen Forschung von besonderer Bedeutung sein wird. In ›De Consecratione‹ erklärt Suger am ausführlichsten die kultischen Absichten und ihre zu der Zeit noch im Bau befindliche materielle Gestaltung. Schon um die erhaltenen Teile der *turris* des 11. Jahrhunderts gegenüber Sugers bezeugten Ab- und Umbauten abzugrenzen, haben wir eine kurze Analyse der ersten vier Kapitel von ›De Consecratione‹ bis zur Zeile s. 100, 12 vorbringen müssen[873]. Über den Bauvorgang unter Suger selbst wird anschließend (*Cons.* 100, 14–22) wie folgt berichtet[874]:

[872] Panofsky (1979), S. 13 und passim.

[873] Siehe oben, Kapitel III, 7, a.

[874] Panofskys falsche Einstellung zur Religion der Zeit geht wieder aus seiner Übersetzung (die oben in Kapitel III, 7, a nicht behandelten zwei Zeilen), S. 100, 7–9, hervor. Wie ein Museumsbesucher sieht Panofsky Sugers Begründung der *translatio*: "so that (it) might present the chasses of the Saints . . . to the visitors' glances in a more elevated place". In Wirklichkeit – der Wirklichkeit der Zeit entsprechend (vgl. Gall, op. cit. Anm. 9, S. 103 unten) – führt Abt Suger den Umbau der Ostanlage weiter, damit diese die Schreine der Heiligen der Kontemplation (*obtutibus* – der bewundernden Schau im Ritus) der Bittsteller (*adventantium* – der sich im Ritus Nähernden) an einem ausgezeichneteren Ort (*in eminentiori loco*) darbot (*designaret*).

Provisum est etiam sagaciter ut superioribus columnis et arcubus mediis, qui in inferioribus in cripta fundatis superponerentur, geometricis et aritmeticis instrumentis medium antiquae testitudinis ecclesiae augmenti novi medio aequaretur, nec minus antiquarum quantitas alarum novarum quantitati adaptaretur; excepto illo urbano et approbato in circuitu oratoriorum incremento, quo tota sacratissimarum vitrearum luce mirabili et continua interiorem perlustrante pulchritudinem eniteret.

Die bisherigen Versuche, diese Textstelle im Sinne vorgefaßter, am Bauwerk nicht begründeter Vorstellungen des Bauvorgangs zu übersetzen, weichen schon dermaßen voneinander ab, daß wir zunächst unsere eigene wörtliche Auslegung für den letzten Teil des Kapitels zurückstellen[875]. Den Latinisten, und vor allen Dingen der Kirche, bietet die Baugeschichte nunmehr einen nachprüfbaren Befund, der, unverändert über achteinhalb Jahrhunderte hinweg, wie ein „ununterbrochenes Licht" den Sinn der Texte „als Ganzes erstrahlen lassen sollte". Der Baubefund erlaubt schon in diesem Sinne eine eher subjektive Angleichung, die *im korrektiven Wechselspiel mit der hernach behandelten philogischen Analyse* eine neue Diskussion eröffnen soll: Die mittleren Säulen der Hauptarkade[876], die in den unteren der Krypta fundiert wurden, waren so versetzt[877], daß die Breite des Mittelschiffs des erneuerten Anbaus der Breite der Ur-Apsis [d. h. des „antiken Gewölbes[878] der Kirche"][879] gleichgestellt war (*aequaretur*), gleichwohl die

[875] Siehe unten, Kap. III, 8, e und Anm. 966 (c).

[876] Dies betrifft die mittleren *vier* Säulen der *ursprünglichen drei Joche („Bögen")* der Hauptarkade des Langchors, effektiv das Joch EIII.

[877] Versetzt im Sinne von „aufgestellt", *superponerentur*, „in" denjenigen der Krypta, da sie ineinander auf der neuen schmaleren Stellung eine statische Einheit bilden.

[878] Zur Schreibweise und Bedeutung von *testitudines* siehe die nachfolgenden Ausführungen.

[879] *Medium* – und das betrifft denselben Ort *„in medio beati Dionysii ecclesiae"*, an dem die Weihwasser sprengende Gottesmutter dem Abt Ivo erschienen war (vgl. oben, Kap. III, 7, b und Anm. 660 f. mit weiterführender Literatur) – kann nicht sinnvoll als Achse ausgelegt werden: Wie wir gesehen haben, war der entscheidende Achsausgleich zwischen Basilika und Ostanlage schon im 9. Jh. durch Hilduins Scheitelkapelle festgelegt und von dem von Suger vorgegebenen Unterkirche-Chorhaupt beibehalten worden. Daß *medium* im räumlichen Sinne auszulegen ist, und zwar als Mittelraum-Größe des Langchores oder der ihn bestimmenden Apsis, geht aus zwei eng daran anschließenden Stellen des Textes hervor: Es ist die mitbetroffene Größe (quantitas) der Seitenschiffe, die mit *nec minus* unmittelbar auf die vorausgehende Besprechung des *medium*-Problems bezogen wird; und bei Sugers darauffolgender 12-Apostel-Symbolik (vgl. unten, Kap. III, 8, d und Anm. 924) können die zwölf *medium*-Säulen nur diejenigen des Langchor-Mittel*raumes* sein.

Die *medium antiquae testitudinis ecclesiae* kann auch nicht auf die Turris-Apsis des 11. Jh. bezogen werden (obwohl Suger die Ostanlage gelegentlich als Ecclesia bezeichnet): Die neue Stellung der vier Säulen hat dazu geführt, daß der Langchor

alte Breite der Seitenschiffe folglich auf das neue Maß angepaßt werden mußte (*adaptaretur*[880]), ausgenommen jene feinsinnige und lobenswerte Vergrößerung[881], aufgrund der die ganze höchstheilige[882] Verglasung der Peripherie des Kapellenkranzes die Schönheit des Inneren in wunderbarem, ununterbrochenem Licht erstrahlen lassen sollte.

Dagegen übersetzt Panofsky den Kern des oberen Zitats aus ›De Consecratione‹, S. 100, 17 f., *medium antiquae testitudinis ecclesiae augmenti novi medio aequaretur,* . . . mit "the central nave [*medium*[883]] of the old nave [*antiquae 'testudinis'*[884] *ecclesiae*] should be equalized . . . with the central nave

schmaler als die vorgesehene Apsis des 11. Jh. wurde. Der Langchor hatte ursprünglich vor dem Einsturz die gleiche Breite wie die Apsis des 11. Jh.; durch die den Langchor verschmälernde neue Stellung der vier Säulen entstand der einleitend beschriebene unregelmäßige Absidenschluß, damit, der Quelle nach zu folgern, der Langchor an die Ur-Apsis *angeglichen* werden konnte. Die Verringerung der Spannweite, die wir bisher lediglich als technische Vorkehrung zur Reduzierung des Gewölbeschubs angesehen haben, gewinnt somit eine ikonologische Bedeutung: Entweder soll durch Sugers Betonung der Angleichung seine wiederholte Ehrfurcht vor dem geweihten Bestehenden nochmals bestätigt werden oder, weiterführend, es war darüber hinaus eine furchtsame Demut im Spiel, bei der die neue Apsis die Ur-Apsis nicht übertreffen durfte. Letzten Endes hätte es die Hybris des Wilhelmschen *turris*-Langchores gegenüber der Ur-Apsis gewesen sein können, die zum Einsturz der *turris* geführt hat. Wie dem auch sei, es sind nur die davon betroffenen Teile, deren baufällige Ruinen zur Entsühnung getilgt und – schmaler – neu errichtet worden sind, nicht die Außenmauern.

880 Da sie dem Verschmälern des Langchors entsprechend breiter angelegt werden mußten. Das *adaptaretur* wird in deutlichem Gegensatz zum *equaretur* gewählt; trotzdem übersetzen sowohl Panofsky wie auch Gall es im Sinne von „gleichstellen".

881 Die Schlußzeilen erlauben einige dichterische Freiheiten, welche dem Baubefund keinen Abbruch tun. Es wäre nämlich auch an eine „Vergrößerung der als Umgang aufgelösten Kapellen" zu denken, „deren Verglasung die Schönheit . . ." usw.

882 *Sacratissimarum* wird in der Abschrift des 15. Jh. in *clarissimarum* umgeschrieben, eine wohl für die Renaissance-Betrachtung der Kirche als Kunstwerk sehr bezeichnende Änderung, die jedoch Panofskys Rückprojektion auf das Original des 12. Jh. nicht rechtfertigt – siehe Panofsky (1979), S. 100, 21 und Anm. 36, ferner S. 101 und im folgenden.

883 Panofsky (1979), S. 238, ". . . the *medium* [which is] here 'central nave' . . .". Bestätigt wird dies auf S. 169 (zu *Admin.* 50, 9): "The term *medium* means . . . [in *Cons.* 100, 17 f.] 'central nave' in contradistinction to the side-aisles." Was Panofsky damit meint, ist "central vessel", d. h. das Mittelschiff. In derselben Besprechung von Sugers Gebrauch von *medium* (S. 169) allerdings behauptet Panofsky, daß in *Adm.* 50, 25 " . . . the nave as a whole is referred to as '*media* ecclesiae testudo, quam dicunt navim'" (Panofskys Betonung); vgl. die folgenden Anmerkungen. Wir beschäftigen uns hier „intern" mit dem Panofsky-Problem, ohne, wie er es tut, den Anspruch auf eine ultimative Lösung des philologischen Problems stellen zu wollen.

884 *Testudinis* für *testitudinis* – siehe nachfolgende Ausführungen.

[*medium*[885]] of the new addition [*augmenti novi*]". Die entscheidende Wendung *testitudinis* wurde in der Ausgabe von 1946 im Text noch richtig transkribiert. In einer Anmerkung dazu wird ohne irgendeine Begründung lediglich lapidar behauptet: „Should read *testudinis*"[886], ohne daß in dem dazugehörigen langen Kommentar das entscheidende Wort besprochen wird[887]. Erklärt wird Panofskys Vorstellung erst an anderer Stelle: *ut mediam ecclesiae testitudinem* in *Admin.* 50, 25 f. übersetzt er als "the central body of the church" (dabei erscheint Lecoys *testitudinem* nunmehr schon im Text als *testudinem*[888]). Diese Stelle führt Panofsky als Beleg dafür an, daß "the word *testudo* as used by Suger means 'nave', viz. a longitudinal structure having a central vessel *and side aisles*" (Hervorhebungen durch die Autoren)[889]. Eben nicht! – gerade in diesem Fall wird *medium ecclesiae* im

[885] Siehe oben, Anm. 883.

[886] Panofsky (1946), S. 100, 16 und Anm. 18. Vgl. (1979), S. 100, 17 f. und Anm. 35, wo auf das „Postlogium" (wie oben, Anm. 829) verwiesen wird. Die dortigen „Korrekturen" Luchaires – und wohl ebenfalls Panofskys eigene – gehen aber auf das Arsenal-Manuskript Nr. 1030 aus dem 15. Jh. zurück. Lecoys Lesart *testitudinis* dürfte durchaus auf das ältere Manuskript zurückgehen.

[887] Panofsky (1946), S. 222; ungeändert (1979), S. 238 f., dort in dem ausführlichen Addendum ebenfalls nicht erwähnt.

[888] Panofsky (1946), S. 146 f., begründet diese Änderung, da der „typographische Fehler" erst bei Migne erscheint. Auch die beiden übrigen Verwendungen des Wortes durch Suger werden von Panofsky mit derselben Begründung geändert. Daß erst Migne und nach ihm Lecoy das Wort richtig gelesen haben mögen, muß aber offen bleiben, bis die Originalmanuskripte von berufener Seite überprüft werden.

[889] Panofsky (1979), S. 151 (wie 1946, S. 155; ab jetzt, wo nicht anders vermerkt wird, hält sich Panofskys Kommentar von 1979 wörtlich an den von 1946). Diese Verdeutlichung Panofskys zu *Admin.* 50, 25 f. (vgl. oben, Anm. 883) ist nur auf Umwegen durch einen Verweis von S. 170 aufzufinden und bezieht sich hier eigentlich auf die Weihe des Westbaus, *Admin.* 44, 24. Dort aber – es sei hier erwähnt, weil wir später nicht nochmals auf Panofskys widersprüchliches "shell-game"-Versteckspiel mit der Deutung des Wortes zurückkommen wollen – wird behauptet, "here . . . the term [*testudo*] denotes the entire west structure minus the towers".

Panofsky verfällt auf S. 151 in den üblichen Fehler der englischsprachigen Kunstgeschichtsschreibung, bei der "nave" auf das gesamte Langhaus bezogen wird (gelegentlich wechselfällig auch nur auf das Mittelschiff des Langhauses). Dabei ist die englische Sprache in diesem Fall gar nicht so undeutlich: Das ›Oxford English Dictionary‹ (1971 ed.), Bd. "N", S. 47, gibt "The main part or body of a church, extending from the inner door to the choir or chancel, and usually separated from the aisle on each side by pillars". Daß Panofskys Auffassung sozusagen vor dem zweiten Komma halt macht, ist erst recht unentschuldbar, weil er sich als Amerikaner an Webster's ›New World Dictionary of the American Language‹ hätte halten sollen, in dem der Begriff noch deutlicher bestimmt wird (Second College Edition, 1970) als "that part of a church which is between the side aisles and extendes from the chancel to the principal entrance, forming the main part of the building". (Unsere lange Erklärung wird der Verwirrung auf diesem Gebiet wohl kaum Einhalt gebieten.)

Sinne von Mittelschiff „Schiff" gebraucht: *quam dicunt navim.* Wir kommen hierauf zurück, weil aus der Quelle deutlich vom gewölbten Mittelschiff die Rede, die Lokalisierung jedoch zweideutig ist, so daß am ehesten die Vollendung der Ostanlage gemeint sein könnte[890]. (In einem zweiten Kommentar zu derselben Textstelle widerspricht sich Panofsky auch selber in krasser Weise: „. . . in *Admin.* 50, 25 f. . . . the nave as a whole is referred to as *'media* ecclesiae testudo'" – Hervorhebung durch Panofsky[891]. Sogar in bezug auf das getrennt stehende Westbau-Augmentum übersetzt Panofsky *testitudinis* als "nave"; "however, what Suger really meant was . . . the entire west structure"[892]. Damit unterstellt er Suger die Absicht, die drei bzw. sechs Joche des Augmentum als integrale Westjoche eines zukünftigen Langhauses angelegt zu haben. Diese Vorstellung teilt Panofsky mit der allgemeinen Kunstliteratur, obwohl nichts in den Quellen und erst recht nichts im Baubefund diese Annahme nahelegt oder ermöglicht; auch nicht das 13. Jahrhundert brachte es fertig, dies zu bewerkstelligen – im Gegenteil, sowohl außen wie im Innenraum wurde jeweils ein auffallendes Trennjoch zwischengeschaltet. Es handelt sich bei Sugers Beschreibung sicherlich um die Fundamente der neu eingezogenen Gewölbe innerhalb des karolingischen Westbaus[893]. Aber mit beharrlicher Konsequenz versetzt Panofsky die beiden tieferliegenden Kapellen, welche die mittig gelegene Romanus-Michael-Kapelle im Mittelteil des Westbaus flankieren – *in inferiori testitudine ecclesiae dedicate sunt hinc et inde duo oratoria* – ebenfalls in das Langhaus: "there were dedicated in the lower nave of the church two chapels, one on either side". Nur gelingt es ihm nicht, sie dort zu lokalisieren; und eine Begründung dafür, die Weihe zweier bedeutungsloser Kapellen im *Langhaus* der Einweihung von Sugers erstem Bautriumph anzuhängen, wird nicht einmal versucht[894].

[890] Siehe unten, Kap. III, 8, d und Anm. 937 und 938.

[891] Diesmal wird der Ausdruck auf S. 169 in bezug auf die Weihinschrift *Admin.* 50, 9–11 herangeholt.

[892] *Cons.* 88, 30f., und S. 229. Daß "nave" für Panofsky irrigerweise ein mehrschiffiges Bauwerk bedeutet, wird in seinem Kommentar S. 229 bestätigt: "The word *testudo* (cf. above p. 151) does not denote in Sugerian usage a mere 'hall' . . ."

[893] Panofsky (1979), 88, 30: *ea in parte inito directae testitudinis et geminarum turrium robusto valde fundamento materiali.*

[894] Die Kapellen, besonders die zwei seitlich tiefer liegenden, scheinen überhaupt keine zwingenden liturgischen Zusammenhänge aufgewiesen zu haben – dermaßen, daß Sugers Angaben zum Kultus völlig durcheinander geraten. (Es ist fast so, als ob die Umwandlung des Augmentums vorrangig war, die „Verkirchlichung" eines karolingischen Anbaus, für den kein Altar deutlich nachgewiesen werden kann, und daß zum Zweck der Konsekration mindere Heilige herangezogen werden mußten, ob mit oder gar ohne Reliquien.)

1. Das Patrozinium der höher gelegenen mittleren Kapelle schließt sich bald, in

(Forts. Fußnote 894)
Cons. 98, 1 f. und 23, der romanischen Tradition des Torhüter-Erzengels Michael an und behält dieses später noch in *Admin.* 44, 18; jedoch wurde sie ursprünglich – nach *Ord.* 132, 31 f. zu urteilen – ausschließlich dem Hl. Romanus geweiht, ein Heiliger, der mit Saint-Romain-de-Blaye identifiziert werden kann, der wohl gegen 1364 Johannes d. Täufer aus dem Chorhaupt von EIII (SII?) nach SII EI verdrängt (vgl. Formigé [1960], S. 151), während der Michaels-Altar 1363 diesem westlich gegenüber in SII WI geweiht wurde. Somit war die Westbau-Mittelkapelle spätestens im 14. Jh. verwaist.

2. Hippolytus erscheint in allen drei Schriften als Patron einer der tiefergelegenen flankierenden Kapellen, der Wortlaut jedoch von *Cons.* 98, 6 f.: *ubi sanctus requiescere perhibetur Hippolytus*, stellt das Vorhandensein irgendwelcher Reliquien in Frage – vgl. Panofsky (1979), S. 152–154. Der genaue Ort der Reliquien, die schon seit 816 in Saint-Denis waren, war offenbar zu Sugers Zeit unbekannt und wurde erst kurz vor 1163 durch ein Wunder wiederaufgefunden; nach 1215 werden diese in einem *oratorium . . . ante majorem crucifixum* im Langhaus bezeugt, von wo aus sie, nach Panofsky S. 152, schon im Jahre 1236 nach WIII NI (falsch!) überführt wurden, nach Formigé erst 1363, gleichzeitig mit der Michaelskapelle, und im entsprechend gegenüberliegenden Joch NII WI eine Kapelle geweiht bekamen. Panofskys Versuch (Postlogium, wie oben, Anm. 829, S. 121), die Hippolytus-Kapelle schon durch Suger im Langhaus der Kirche als geweiht anzusehen (vgl. Panofsky [1979], S. 152), soll seine Auslegung von *testitudinis* bekräftigen, bedarf es dazu seines eigenen Wortlautes “in the *lower* nave”, der hier nun unversehens in “in the *central* nave” umgewandelt wird. 1946 verweist er noch auf sein Grundrißdiagramm, wo die genaue Lokalisierung “beneath the former north tower” der „karolingischen“ Westfront angegeben sein soll; dort jedoch fehlt ein solcher Eintrag, und in der Auflage von 1979 fehlen sowohl Diagramm wie Hinweis. Zusammen mit Hippolytus erscheinen aber in *Cons.* 98, 8 der Hl. Laurentius und die Patroziniendreiheit Sixtus, Felicissimus und Agapitus. Bezeichnend für die bisher fehlende Beachtung dieser Fragen ist vor allen Dingen, daß diese Dreiheit vier Jahre später einer *translatio* unterzogen worden sein muß, da sie in der gleichen Schrift Sugers als Patrone einer der Radialkapellen der Unterkirche (neben der Scheitelkapelle) angeführt werden (Panofsky [1979], 118, 30). Aber auch Laurentius wird genau ein Jahrhundert später, 1244, inschriftlich in der senkrecht darüberliegenden Cucuphas-Kapelle der Oberkirche bezeugt (vgl. Formigé [1960], S. 121), und zwar

3. gemeinsam mit dem Hl. Bartholomäus, dem die zweite flankierende Westbau-Kapelle in den beiden früheren und somit hierfür zuverlässigsten Schriften geweiht wird. *Ord.* 132, 33 und *Cons.* 98, 5. Auch Nikolaus, der anstelle von Bartholomäus in *Admin.* 44, 27 als Patron (Nicolai) erwähnt wird, erscheint unter den Konfessoren in der 1247 neugeweihten Hilariuskapelle im Chorhaupt.

Zusammenfassend darf gesagt werden, daß die Nebenkapellen des Westbaus schon nach etwa hundert Jahren entweiht gewesen sein können, die Hauptkapelle im folgenden Jahrhundert. (Es darf auch nicht unerwähnt bleiben, daß im Zuge der Zusammenlegung der Heiligen in das Chorhaupt der Oberkirche im 13. Jh. auch drei der wichtigsten Heiligen der Unterkirche in den Sammelweihen erscheinen: Barnabas, Stephanus und Benedikt. Firmin wird zu dieser Zeit, 1253, in der Scheitelkapelle erwähnt und wird wohl – analog der Romanus-Kapelle gegenüber – erst im 14. Jh. Innozenz verdrängt haben.)

Panofskys Fehler verschlimmert sich aber, insofern *testudo* keinesfalls auf eine mehrschiffige Halle überhaupt bezogen werden kann, auch nicht bei Vitruv, seiner wahrscheinlichen Quelle[895], bei dem *testudo* ausschließlich der Mittelraum bedeutet. Hierin liegt auch die Erklärung für die beispiellosen Auslegungen der Schriften Sugers in der Kunstliteratur. Die der Generation Panofskys angehörenden europäischen Kunsthistoriker glaubten noch, ihr klassisches Schullatein auf die Quellen der christlichen Spätantike bis zum 15. Jahrhundert anwenden zu können[896]. Panofsky selber beruft sich faktisch auf keine höhere Befähigung als auf das Nachblättern in Ducange, die philologischen Probleme des späteren Lateins werden nirgends angeschnitten[897]. Vor allem aber setzt sich Panofsky, sich in seiner Disziplin behauptend, über die systematische Quellenforschung der entsprechenden Fachdisziplinen hinweg; und die Kirche des 20. Jahrhunderts, selber das Kirchengebäude als Kunstwerk betrachtend (als wäre dieses gleichsam der aufklärerische „Tempel der Vernunft" der Französischen Revolution), glaubt diese Form der Kirchengeschichte der Kunstwissenschaft überlassen zu müssen[898]. Dies alles wäre dort verständlich, wo die Kunstgeschichte ihrer Verpflichtung als archäologische Wissenschaft nachkäme. Panofsky kannte das archäologische Objekt Saint-Denis jedoch ausschließlich aus zweiter Hand und stellte selbst keinen Anspruch auf eine faktische Kenntnis des Baubefundes[899], beeinflußte jedoch andererseits diese stets wechselnden Sekundärquellen durch den Ruf seiner Meinung.

Bei seiner Auslegung von *testitudinis* glaubt Panofsky gewiß auf Vitruvs Beschreibung der Basilika als Fanum zurückgegriffen zu haben[900]. Schon

[895] Panofsky hielt sich offenbar an die deutsche Übersetzung von Prestel, ohne die englische Auslegung zu berücksichtigen, siehe auch im folgenden.

[896] Dies wird bis heute noch nur selten erkannt und anerkannt. Exemplarisch Fidel Rädle, Philologische Anmerkungen zum Katalog: Die Parler und der Schöne Stil 1350/1400, in: Kunstchronik 32 (1979), S. 391–395.

[897] Dies geht aus den Kommentaren hervor; Panofsky stellt auch selber keine höheren Ansprüche und führt Ducange unter der Allgemeinliteratur zu Saint-Denis an (S. 262). In seinen Bemerkungen zu den Texten, Überlieferung und Lesarten (S. 141–145), fehlt jeder Hinweis auf das philologische Problem.

[898] Daß in diesem Punkt ein entschiedener Mangel vorliegt, zeigt der bloße Blick auf die Verfaßtheit unserer heutigen theologischen Fakultäten, ihrer Disziplinen und Forschungsschwerpunkte. Die theologische Bedeutung bildhafter Repräsentanz im Kontext der Liturgie harrt noch einer umfassenden systematischen wie historischen Aufarbeitung. Welche Perspektiven für die Theologie hier offenstehen, zeigt aktuell der Aufsatzband ›. . . kein Bildnis machen. Kunst und Theologie im Gespräch‹, hrsg. von Ch. Dohmen/Th. Sternberg, Würzburg 1987.

[899] Auch noch so viele „Besuche" vor Ort tragen zur Diskussion der höheren Bedeutung des Bauwerkes nichts bei, wenn diese nicht auf einen geschichtlichen Befund gegründet sind.

[900] Wir halten uns an die jüngste Übersetzung von Curt Fensterbusch, Vitruv: Zehn Bücher über Architektur, Darmstadt 1964 ([4]1987). Der Text gibt am Rande die

bei Prestel ist eine gewisse Verwirrung zu spüren, die Vitruvs Wortgebrauch ausgelöst hat: Fensterbusch betont (S. 10), daß Vitruv die Fülle des Ausdrucks liebte; „als bewußtes Stilmittel ist ... vor allem ... das Streben nach Wechsel im Ausdruck" anzumerken. Vitruv verfällt also selbst in jenen dem „Verständnis nur hinderlichen" Wortschwall, vor dem er in der Vorrede zu dem uns betreffenden fünften Buch warnt (S. 103, 11–24). *Mediana testudo* (S. 106, 15) wird dort als „das mittlere mit horizontaler fester Decke abgeschlossene Dachwerk" übersetzt, und in einer langen Fußnote geht Prestel auf die gegenteiligen Meinungen ein; *infra testudinem, tecta* (S. 106, 24) wird mit „der Außenerscheinung des Dachwerkes, *tecti*, wie der Innenansicht der hohen Deckenstruktur, *testudinis*" übersetzt[901]. Panofsky scheint sich aber bei seiner Auslegung lediglich auf die von Prestel angesprochene Unklarheit verlassen zu haben – eine andere Erklärung gibt es nicht –, obwohl dieser den Begriff dabei deutlich auf das Mittelschiff beschränkt – wie auch sonst überall[902].

Die übrige deutsche Forschung hält sich gleichfalls in bezug auf die betreffende Stelle an die Bedeutung „Mittelschiff"[903]. An vielen Stellen wird jedoch auch dort eine gewisse Anerkennung der englischen Auslegung als „Gewölbe" bemerkbar[904]: Obwohl Granger's weitverbreitete Übersetzung *mediana testudo* als "vaulted nave" gewiß zu weit geht, wie auch seine weitere kategorische Auslegung des Wortgebrauchs in diesem Sinne[905], darf keinesfalls umgekehrt die klassische Bedeutung des Wortes *testudo*, „Schildkröte", bei Baubeschreibungen gänzlich außer Betracht bleiben. Es wurde jedenfalls bei Vitruvs Zeitgenossen Vergil auf Gewölbe und gewölbte Räume bezogen, beispielsweise *media testudine templi*[906]. So sollte das

Seiten- und Zeilenzahlen der 1. Ausgabe von Valentin Rose und Hermann Müller-Strübing, Leipzig 1867, so daß auch der ›Index Vitruvianus‹ von H. Nohl, Leipzig 1876, Neudruck: Darmstadt 1983, angewandt werden kann. Wir zitieren hier nach Rose.

901 [Jakob Prestel] Marcus Vitruvius Pollo. Zehn Bücher über Architektur, übersetzt und erläutert von Jakob Prestel, Straßburg 1912–1914, (Reprint:) Baden-Baden ²1959, Band II, S. 213 und Anm. 1, S. 215. Weiter verunklärt (Bd. V, S. 26) durch die Beschriftung der Tafel XLIII.

902 So zu Rose 106, 16 und 107, 21 und 26. Auch Tafel XLII.

903 Exemplarisch Fensterbusch, S. 209 ff. Auf S. 549 in der Anm. 258 beruft er sich auf W. Sackur, Vitruv und die Poliokretiker, Berlin 1925: für *testudo* „... nicht Gewölbe, sondern binderloses Dach, dessen Dachwerk unverdeckt und innen sichtbar ist", ohne auf den offensichtlichen Widerspruch zu der eigenen Auslegung einzugehen.

904 So zu Rose 35, 7 (Fensterbusch S. 81: „gewölbter Plafond"); 125, 13 (Fensterbusch S. 243: „flachgewölbte Räume"); 134, 24 (Fensterbusch S. 263: „gewölbter Plafond").

905 Frank Granger, Vitruvius on Architecture, London 1931, ²1955, vol. I, S. 259 ff. und passim, vgl. Glossar auf S. 375: "vaulted, mostly with stone or brick".

906 So schon in den Schulbüchern des 19. Jh.: Charlton Lewis, Elementary Latin

philologische Problem mit Hilfe der Baugeschichte am ehesten bei Newton wieder ansetzen, der eine Rekonstruktion der Basilika als Fanum mit flachen Schwibbögen vornahm[907]. Auch die Geschichte des Schwibbogens, entscheidendes Element der frühesten christlichen Basiliken, bedarf noch der kritischen Überprüfung.

Am deutlichsten jedoch in der Bedeutung als schützende, gewölbte Schale im spätrepublikanischen Militärbereich kann *testudo* mit geschlossenen Gewölbeflächen in der Baukunst identifiziert werden: In seiner einfachsten Anwendung auf ineinander verschränkte Schilder (*testudine facta* bei Livius) bezogen, war die *testudo* schon bei Caesar zur ausgereiften Belagerungsmaschine entwickelt worden, *turris testudinesque aggere*[908]; in diesem Zusammenhang widmet Vitruv diesen „Schildkröten" entschieden deutlichere Beschreibungen als bei der Besprechung der verschiedenen Bautypen. Über die letzten vier Kapitel des 10. Buches hinweg erklärt er, wie diese *testudines* benannten riesigen beweglichen Belagerungsmaschinen so zu bauen sind, daß ihre Außenhaut die Angreifer vor den Feuergeschossen der Belagerten zu schützen vermag; teils werden sogar die sie tragenden Bögen beschrieben[909]. In diesem Zusammenhang als „Schutz" und „Schild" kann *testudo* im 10. Jahrhundert im kirchlichen Bereich nachgewiesen werden, um zur Zeit Sugers dann in die typische Form *testitudo* überzugehen: Während *testudo sancte crucis* in den Jahren 947 und 993 im englischen Bereich „Schutzzeichen" oder „Schild" des Kreuzes bedeutet, begegnet uns im 12. Jahrhundert die Schreibweise *testitudo s. crucis*[910]. Schließlich muß *testudinalis* im Insularbereich um 1100 eindeutig als „gewölbt" ausgelegt werden; um 1220 (und wieder um 1468) wird dann *testitudo* anstelle von *testudo* gebraucht, gerade um ein gewölbtes Dach zu bezeichnen[911]. Niermeyer bringt den Begriff *testitudo* sogar anstelle von *testudo* und übersetzt ihn schlicht als „salle voutée, nef" bzw. "vaulted hall, nave"[912]. Aber auch Ducange hat *testudo* Bereichen zugewiesen, die mit dem Bauwesen nicht in

Dictionary, Oxford 1897, S. 857! Wir sind nicht zu der weiterführenden philologischen Arbeit berufen.

907 M. Newtons Auslegung "By the middle testudo – may be supposed to be voulted above, in a flat arch" erschien in London 1771. Sie wird hier nach Prestel, op. cit. S. 213 Anm. 1 zitiert.

908 Charlton Lewis, op. et loc. cit.

909 Rose 275, 11; auch 279, 12, *arcam* von Fensterbusch mit „Verschlag" übersetzt; vgl. 273, 13; 274, 9; 275, 3, 22; 277, 4, 12, 19; 279, 23 f.; 284, 13.

910 R. E. Latham, Revised Medieval Latin Word-List from British and Irish Sources, London 1965 (Reprint 1973, 1980, 1983), S. 482. Schon um 790 ist die Bedeutung von *testudo* als „Schutz" nachgewiesen, in 893 und noch später um 1177 und im 14. Jh. bedeutet sie eine Schar in geschlossener Aufstellung.

911 Latham, op. et loc. cit.

912 J. F. Niermeyer, Mediae Latinitatis Lexicon Minus, Leiden 1954–1976, S. 1027.

Verbindung gebracht werden können, etwa Schädel, Scherbe, Schale, Schild[913]. Da Panofsky sich ausschließlich auf Ducange beruft, kann seine Mühe, *testitudo* aus den Sugerschen Texten zu tilgen, nur auf die Vorstellung zurückzuführen sein, es dürfte sich dabei nicht um Gewölbe handeln: Ducange nämlich führt für *testitudo* eine äußerst deutliche zeitgenössische Quelle an, in der um 1130 für Saint-Hilaire in Poitiers ausführlich eine steinerne Einwölbung *antiquo more testitudinis* beschrieben wird[914]. Damit ist ein Kreis der Forschung geschlossen und die weitere Erforschung muß der Philologie überlassen werden. Zusammenfassend blicken wir nunmehr auf das Kunstgeschichtsbild zurück, wie es letztlich von Panofsky beeinflußt worden ist.

d) Das neue Chorhaupt

Mit der Beschreibung der Bautätigkeit unter Abt Suger bewegen wir uns in einem Bereich, der über die Spezialforschung hinaus das Interesse der Kunstgeschichte insgesamt erweckt hat. Dies gilt vor allen Dingen für die Ostanlage, die unter Suger erstmals nach den Prinzipien des gotischen Architekturstils umgebaut worden sein soll. Kann die Spezialforschung zu Saint-Denis nun nicht leugnen, daß Suger nicht auf freiem Felde gebaut hat, so wird mit um so größerer Wucht die Leistung Sugers als Bauherr hervorgehoben, verleitet vor allem durch die ausführlichen schriftlichen Zeugnisse Sugers selbst[915].

Suger gibt beredtes Zeugnis über den Anlaß der von ihm betriebenen Baumaßnahmen in der Ostanlage der Königsabtei von Saint-Denis: ihn treibt nicht der Drang, eine von neuplatonischer Kosmologie inspirierte Architekturidee umzusetzen, als vielmehr die Verpflichtung kultischer Notwendigkeiten. Wie im vorhergehenden Kapitel bereits geschildert, hatte der Einsturz der Langchorseitenschiffe im Bereich der Unterkirche zu einer erheblichen Einschränkung und Behinderung der Pilgerströme in der als Umgangsconfessio dienenden Krypta geführt. Dieser Mißstand, mit dem Suger von seiner Schulzeit an vertraut war, forderte ihn als Abt von Saint-Denis zu energischen Anstrengungen heraus, die umfangreiche Baumaßnahmen im Bereich des Chorhauptes zur Folge hatten[916]. Sugers erster Schritt mußte

[913] Ducange, op. cit. Bd. VIII, S. 89. *Testudinatus* wird dagegen anhand eines späten Beispiels aus dem Jahre 1379 als «vouté» angeführt.

[914] Ducange, op. cit. Bd. VIII, S. 88. Das Dokument selber wird nicht angegeben, nur seine Veröffentlichung in der Bull. Soc. Antiq. Ouest, Bd. XII (1870), S. 398. Die zweite angeführte, aber nicht datierte Quelle wird sich ebenfalls auf Gewölbe beziehen und nicht auf das Dach, wie Ducange übersetzt.

[915] Panofsky (1979), Einleitung S. 1–37. Von dieser Vorstellung läßt sich auch Crosby in seinem *Gesta*artikel (1966), S. 4–8, leiten, in dem er dem Sugerbau ein kosmologisches Konstruktionsschema unterschiebt.

[916] *Cons.* 88, 15–17.

in der Beseitigung der eingestürzten und angrenzend geborstenen Teile der *turris* bestehen. Voraussetzung einer stabilen Erneuerung der Anlage war die Verschmälerung des Langchorjoches, ein Vorgang, der die Versetzung der Hauptpfeiler in Zusammenhang mit der Erneuerung der Tonnengewölbe der Seitenschiffe der Krypta mit sich brachte. Gleichzeitig mit der baulichen Wiederherstellung der Funktionsfähigkeit der Umgangsconfessio im Kryptabereich waren also die vorgenommenen umfangreichen Baumaßnahmen im Bereich des Chorhauptes der Oberkirche, die den Ruhm von Saint-Denis in der kunstgeschichtlichen Forschung begründet haben. Eingeschränkt wurde das Vorhaben nach wie vor durch die durch göttliche Tat eigenhändig geweihten Steine der alten Kirche, d. h. der alten Basilika aus merowingischer Zeit, die wie Reliquien bewahrt und mitgeführt wurden[917]. Dieser Umstand, den Suger in seiner Bedeutung zu betonen nicht müde wird – immerhin bedurfte es zur Durchsetzung der Um- und Neubauarbeiten eines großen diplomatischen Geschickes von seiten Sugers und der Zustimmung des Konventes[918] –, zwang schon den Bauleuten des 11. Jahrhunderts einige grundlegende Bedingungen auf, die zu den von uns eingangs beschriebenen Unregelmäßigkeiten im Chorhaupt der Königsabtei führten. Suger berichtet uns in ›De Consecratione‹ von dem entsprechenden Beschluß, der oben kurz angedeutet, später ausführlicher analysiert wurde[919]. Hier sei zuerst nur daran erinnert, daß nicht nur die Außenmauer des Chorhauptes der Oberkirche, sondern ebenfalls die Stellung der sechs erhaltenen Säulenplinthen der Apsisarkade beibehalten wurden. Was Suger also in ›De Consecratione‹ beschreibt, ist im wesentlichen die Übernahme einer bereits vorgegebenen Lösung unter Verbesserung der statischen Konstruktion, vor allem in den Langchorjochen. Und wie er, an anderer Stelle, seine Beschreibung des ihm täglich vor Augen zugänglichen Dagobertbaus fast verbatim von den ›Gesta Dagoberti‹ übernimmt, so müßte erst recht seine Beschreibung der Reparatur der eingestürzten Ostanlage auf einen Bericht des 11. Jahrhunderts zu den liturgischen Voraussetzungen der *turris* zurückgehen[920]: Der ältere Text zur Aufstellung des Märtyrerschreins auf dem „Fußboden" der „oberen Schale der Krypta" wäre nämlich lediglich durch die komplizierten – und im modernen Sinne verfehlten – Hinweise auf die

[917] *Cons.* 100, 1–5.

[918] *Admin.* 88, 98–100; *Admin.* 72.

[919] Panofsky (1979), S. 100; siehe oben, Kap. III, 8, c und für unsere ausführliche Analyse unten, Anm. 966.

[920] Die liturgische Funktion war mit Sicherheit bereits der Wilhelmschen turris zugedacht, doch verhinderte ihr teilweiser Einsturz noch vor Vollendung der Bauarbeiten, daß es jemals zur Weihe der Oberkirche und einer damit verbundenen Reliquientranslation dorthin kam. So blieb es bis zur Wiederaufnahme der Bauarbeiten im Bereich der Ostanlage unter Suger bei der nach Sugers eigenem Zeugnis als provisorisch empfundenen Verehrung im alten merowingischen Martyrium (siehe *Cons.* 86–88).

Versetzung der Langchor-Hauptsäulen zu ergänzen gewesen. Nur Formigé hat sich, wenn auch ohne Erfolg, dieses Problems angenommen[921].

Daß die Säulen der Hauptarkade aus Sugers Zeit stammen, läßt sich ebenfalls aufgrund seiner Schriften vermuten: Suger wollte das neue Bauwerk „passend mit dem alten in Einklang ... bringen" und „grübelte ... daher nach, woher (er) marmorne *oder doch gleichwertige* Säulen holen könnte ...". Nach „vielen ... von Gedanken und Sorgen gequälten" Jahren wird er von der „überreichlichen Freigebigkeit des Allmächtigen wohl mit Passendem und Prächtigstem belohnt, aber das sind keinesfalls Säulen (wie von Gall und Panofsky freihändig ergänzt), sondern „gegen ... menschliche Erwartungen" eine alternative Lösung („Heilmittel gegen seine Qualen")[922]. Was in dem Pontoiser Steinbruch gefunden wurde, waren demnach wohl keine Säulen, die Suger bewußt nicht erwähnt, sondern Säulentrommeln entsprechend der Mühlensteine, die den Inhalt seiner Beschreibung bestimmen[923].

Eine andere Beschreibung der Säulen des neu errichteten Chorhauptes in ›De Consecratione‹ führt uns zu der Frage, wie weit Suger nach Westen gebaut hat: Suger deutet die Säulen der Hauptarkade des Mittelraumes typologisch als 12 Apostel und entsprechend die Säulen des Chorumgangs als 12 Propheten[924]. Ein Blick auf den Grundriß aber scheint diese Beschreibung vorerst in Frage zu stellen, bilden die jeweils sechs Säulen des Kapellenkranzes zusammen mit den beidseitig je zwei Säulen des Langchores nur „10 Apostel" und „10 Propheten". Andererseits ist nicht anzunehmen, daß Suger die Apostel- und Prophetentypologie ohne eine architektonische Entsprechung wählt. Ein weiterer Blick auf den Grundriß zeigt, daß die fehlen-

[921] Formigé (1960), S. 180–182, sieht in der betreffenden Passage aus *De Consecratione* zusammen mit der Stützenverschiebung im Kryptageschoß einen Hinweis auf einen unterdrückten Bau, gleichfalls unter Suger begonnen, der dem dann ausgeführten Chorhaupt vorausgeht, siehe Kap. II, 7. Dieser erste Bau soll dann zugunsten einer Angleichung an die Mittelschiffsbreite der karolingischen Kirche zugunsten der bestehenden Chorhauptlösung aufgegeben worden sein. Diese These von einem Bau „Suger I" und „Suger II" läßt sich nicht halten, siehe unser Kapitel II, 7: Vor allem die Beschreibung des Baubefundes ist diffus und unbrauchbar, weil Formigé die Frage nie zu Ende führt; die Interpretation unserer Stelle aus *De Consecratione*, die Formigé zitiert, ist unrichtig, und selbst der Hinweis auf Levillain unzutreffend.

[922] *Cons.* 90, 15–19 und 90, 25–92, 3. Vgl. zu Übersetzung und Interpretation: Ernst Gall, op. cit. Anm. 9, S. 100; Panofsky (1979), S. 91–93 und 230–232. Wir kehren zu einer eingehenderen Analyse dieser Stelle zurück, siehe unten, Kap. III, 8, e und Anm. 966.

[923] Siehe Anm. 922. Vgl. zur Topik dieser Schilderung: Martin Warnke, Bau und Überbau. Soziologie der mittelalterlichen Architektur nach den Schriftquellen, Frankfurt a. M. 1976, S. 94–96, mit ergiebigen Quellenangaben und Beispielen.

[924] *Cons.* 104, 9–13. Vgl. zur Säule als Bedeutungsträger: Bandmann (1951), S. 76–84.

den ‘Apostel’ und ‘Propheten’ sich an der Anschlußstelle zum alten Kirchenbau befinden. Näherhin stimmt der zu vermutende Ort der zwei westlichsten Apostel-Säulen überein mit dem Ort der Ur-Apsis, die als geheiligtes Mauerwerk auch zur Zeit Sugers noch unangetastet stand und als Kirchenapsis ihre liturgische Funktion besaß. Dieser liturgischen Tradition fühlte sich in gleicher Weise Abt Suger verpflichtet[925].

In diesem Zusammenhang stellen die vorgeblendeten Halbsäulen der Kompositpfeiler[926] die „fehlenden“ beiden westlichsten Apostelsäulen dar, die die Ur-Apsis nördlich und südlich an den Seiten einfassen und so das Verbindungsglied zwischen dem neu errichteten Ambulatorium und dem alten Kirchenschiff bzw. Querhaus darstellen. Daraus ergibt sich folgerichtig auch die Rekonstruktion der zwei restlichen „Propheten“, die zusammen mit den an der Apsis angelagerten Halbsäulen das heute einheitlich gewölbte westliche Anschlußjoch EII NI bzw. EII SI zwischen dem doppelten Chorumgang und der alten Kirche als Doppeljoch geteilt haben müssen. Entscheidend an dieser Auslegung der Quelle ist der damit erbrachte Beweis, daß spätestens zu dieser Zeit die Ostmauer der Ur-Basilika abgebaut und durch Doppelarkaden ersetzt worden war, die beidseitig der Ur-Apsis den Zugang zum Chorumgang bildeten.

In ›De Administratione‹ berichtet uns Suger vom Abschluß der Arbeiten im Bereich des Chorhauptes der Abteikirche[927]. Unmittelbar daran schließt sich ein Bericht über die Aufnahme von Erweiterungsarbeiten im Querhausbereich an mit dem ausdrücklichen Ziel, das neue mit dem alten Werk zu verbinden[928]. Die zu dieser Zeit von Suger ausdrücklich angesprochene Funktion des Querhauses als architektonisches Verbindungsglied zwischen dem neuen Chorhaupt und dem alten Kirchenschiff trifft seine liturgische Bedeutung als Ort feierlicher Trauerzüge, königlicher Beisetzungen und von Pilgerprozessionen. Anbei verbindet das Querhaus zugleich die im Süden gelegenen Klostergebäude mit dem sich seit gallo-römischer Zeit an der Nordseite der Basilika befindenden Friedhof[929]. Daß die Erneuerung bzw. Erweiterung des Querhauses für Suger somit von großer Wichtigkeit sein mußte, läßt sich leicht vorstellen. Es erscheint daher sinnvoll, auch die Ausführung der „Porte de Valois“ im Zuge der Erweiterungsarbeiten des Querhauses anzusetzen[930].

[925] Siehe oben, Anm. 917.

[926] Siehe oben, Kap. II, 8 und Anm. 243.

[927] *Admin.* 48, 25–50, 1.

[928] *Admin.* 50, 18–21.

[929] Zu den Ausgrabungen im Friedhofsbereich siehe Formigé (1960), S. 9–17 und unser Kapitel II, 4.

[930] Crosby (1942), S. 172, und (1953), S. 49, bringt die Porte de Valois in Zusammenhang mit dem von ihm im heutigen Südarm des Querhauses angeblich ergrabenen Türfundament aus dem 12. Jh., was Sauerländer, op. cit. Anm. 251, S. 150 Anm. 92, auf Grund einer „freundlichen Auskunft“ Grodeckis für unmöglich hält.

Für die Ausführung der geplanten Erweiterungsarbeiten am Querhaus von Saint-Denis sprechen nicht nur einige bauarchäologische Zeugnisse, sondern auch der Bericht Sugers mit kaum widerlegbarer Deutlichkeit. Das auf die Absichtserklärung zur Aufnahme der Querhausarbeiten[931] folgende „Quo facto" des folgenden Abschnitts kann auf Grund der folgenden Baubeschreibung wohl kaum als bloße allgemeine Satzgliederung aufgefaßt werden, sondern ist spezifisch auf die Bautätigkeit am Querhaus zu beziehen. Suger berichtet nämlich vom Fortgang der Arbeiten, die sich nunmehr – nach Abschluß der Erweiterungsarbeiten im Querhausbereich – auf die Restaurierungsarbeiten des Hauptschiffes der alten Basilika erstrecken, wobei der Abt erneut die Beibehaltung der alten geweihten Mauersubstanz unterstreicht[932]. Es ist gleichwohl zu fragen, wie weit die Arbeiten am Querhaus unter Abt Suger gediehen waren.

Die in Kapitel II, 8 angeführten Hinweise, die sich aus der Wandgliederung ergeben, weisen auf eine Durchführung zumindest der Querhausaußenmauern bis in Höhe der Gewölbescheitel der Hauptarkade des Chorumganges. Aber auch die die Zwölfzahl der „Propheten" bildenden Ostjoche des Querhauses, heute EII NI und EII SI, müssen in ihrem ursprünglichen Doppelformat neben der Ur-Apsis gestanden haben, wohl provisorisch gegen Norden wie Süden abgeschlossen; sie lagen vor den Querhaus-Stirnmauern, die von Suger schon außerhalb der Ur-Basilika herumgeführt worden waren, jedoch in dem Bereich keine Gewölbe hätten tragen können. Dem entspricht bei genauem Hinsehen der Bericht Sugers in ›De Administratione‹. Über die bereits herangezogenen Textabschnitte hinaus geben uns die sich unmittelbar anschließenden Ausführungen Sugers einen weiteren interessanten Hinweis. Suger berichtet angesichts des Umfanges der geplanten Arbeiten, die sich auf den gesamten Kirchenbau erstrecken sollten, von der Unmöglichkeit, diese selber zu Ende führen zu können. Dies gilt nicht nur für die noch ausstehenden Bauvorhaben, sondern auch für bereits

Formigé (1960), S. 99 und 102, sowie Fig. 49 auf S. 66–67, hingegen hält Türöffnungen im Querschiff Sugers für prinzipiell unmöglich. Er sieht die Skulptur der Porte de Valois als Teil einer vor dem ersten Joch des nördlichen Seitenschiffs gelegenen Vorhalle an. Beide Hypothesen stehen aber auf den wackeligen Füßen von gleichfalls eigenen vorgängigen äußerst fragwürdigen Konstruktionen und Rekonstruktionen (vgl. Anm. 248).

931 Siehe oben, Anm. 928.

932 *Admin.* 50, 22–52, 2: „Quo facto, cum quorumdam persuasione ad turrim anterioris partis prosecutionem studium nostrum contulissemus, jam in altera parte peracta, divina, sicut credimus, voluntas ad hoc ipsum nos retraxit, ut mediam ecclesiae testudinem, quam dicunt navim, innovare et utrique innovata operi conformare et coaequare aggrederemur; reservata tamen quantacumque portione de parietibus antiquis, quibus summus pontifex Dominus Jesus Christus testimonio antiquorum scriptorum manum apposuerat, ut et antiquae consecrationis reverentia et moderno operi juxta tenorem coeptum congrua cohaerentia servaretur."

begonnene Teile. Vielmehr kommt es ihm darauf an, die *Disposition* der neuen Bauteile festzulegen und bis zu einem ersten Bauabschnitt zu führen, der eine liturgische Nutzung ermöglicht, zugleich aber seinen Nachfolger als Abt zu ihrer Vollendung nötigt[933]. Dies könnte für das Sugersche Querhaus bedeuten, daß die Gewölbescheitelhöhe der Chorumgangshauptarkade (wobei aber alle vier Pfeiler, die jeweils die Joche EI NI und EI SI bilden, dem Stil nach ganz sicher nur dem 13. Jahrhundert angehören können) tatsächlich den Punkt markiert, bis zu dem die östlichsten Joche des Querhauses unter Suger geführt wurden, um dann im 13. Jahrhundert vollendet zu werden unter Integrierung, ja sogar Ummantelung der Bauteile des 12. Jahrhunderts.

Dieses Ergebnis entspricht auch dem der Chorpartien der Abteikirche, entstammt doch auch das Chorhaupt bis zur Gewölbescheitelhöhe der Hauptarkade dem 12. Jahrhundert, sieht man einmal von dem Langchor und Vierung verbindenden Jochpaar ab. Alle gängigen Hypothesen der bisherigen Saint-Denis-Forschung gehen davon aus, daß der unter Suger zusammen mit dem Chorumgang errichtete und gleichfalls eingewölbte Hochchor bereits in der ersten Hälfte des 13. Jahrhunderts wegen Baufälligkeit oder im Zuge vereinheitlichender Baumaßnahmen wieder demoliert wurde[934]. Als Zeugnis für den „Prototyp" eines gotischen Hochchores, in dessen Beschreibung verschiedentlich die Annahme eines viergeschossigen Wandaufbaus insinuiert wird[935], wird im allgemeinen ein in Form einer Wundererzählung ausgestalteter Bericht Sugers[936] herangezogen, da andere Quellen oder gar bauarchäologische Hinweise zur Gänze fehlen. Gall und Panofsky deuten Sugers Bericht aus der Zeit der Bauarbeiten im Chorbereich übereinstimmend dergestalt, daß in ihm die noch unfertigen Gewölbe des Hochchores beschrieben werden, über die sich eine schützende Dachkonstruktion spannt[937]. Abgesehen davon, daß sich für eine solche Lokalisierung nur sehr allgemeine Anhaltspunkte in Sugers Bericht finden, lassen unsere Kenntnisse vom mittelalterlichen Baubetrieb diese Deutung unwahrscheinlich, wenn nicht unmöglich erscheinen. Gemäß dem Selbstverständnis mittelalterlichen Bauens, den Kirchenraum auch während der Baumaßnahmen – und es wurde bis ins 13. Jahrhundert fast dauernd gebaut – durchgängig, oder zumindest möglichst bald, liturgisch nutzen zu können, dürfen wir uns die von Suger berichtete Begebenheit im Zusammenhang

933 *Admin.* 52, 2–10.

934 Sedlmayr (1950, ²1976), S. 588; Formigé (1960), S. 107–108; Crosby (1953), S. 57–65. Siehe unten, Anm. 940.

935 Die Abwegigkeit früherer Hypothesen jüngst zusammengefaßt und um einiges vermehrt von U. Bangert, B. Laule und H. Wischermann, Saint-Denis I: Der Aufriß des Suger-Chores, Freiburg 1980.

936 *Cons.* 108, 6–29.

937 Ernst Gall, op. cit. Anm. 9, S. 106; Panofsky (1979), siehe Übersetzung S. 109, sowie Kommentar S. 132–134.

mit den übrigen Ergebnissen unserer bisherige Untersuchung in Entsprechung zu anderen gut bezeugten Bauvorhaben an großen Kathedralbauten in etwa folgendermaßen vorstellen:

Nach dem Abbau der baufälligen Gewölbe der Wilhelmschen „turris" läßt Suger die Chorumgangssäulen neu errichten, wobei er die Außenwand des Vorgängerbaus unter Vergrößerung der Fensterflächen der Chorkapellen beibehält. Nach der Einwölbung des Chorumganges und seines Kapellenkranzes schließt Suger das Chorhaupt oberhalb der Gewölbescheitel der Hauptarkade, wahrscheinlich in Triforiumshöhe, mit einem provisorischen Dach ab, um zur Erweiterung des Querhauses überzugehen, das in gleicher Höhe ebenfalls provisorisch abgeschlossen wird. Damit ist der Kirchenraum liturgisch ohne Einschränkungen nutzbar, während zu einem späteren Zeitpunkt der Ausbau oberhalb des provisorischen Daches weitergehen kann. Jedoch fehlt in diesem Stadium der Hauptarkade noch die notwendige Belastung der Hochschiffsgewölbe, durch die der Seitenschub der Umgangsgewölbe schließlich neutralisiert wird. In Saint-Denis fehlt jegliche Spur von Zugankern, durch welche dieser Seitenschub bis zur Vollendung des Mittelschiffs üblicherweise abgefangen („eingebunden") wird; nur das provisorische Dach konnte recht und schlecht ein Widerlager bieten. Von diesem Bauzustand gibt uns der Sugersche Bericht beredtes Zeugnis.

Diese, vor dem Hintergrund der pathosgeladenen Vorstellung eines prototypischen gotischen Chorhauptes geradezu blasphemisch anmutenden Überlegungen, welche wirklich begründbaren Kriterien für den Bauzustand des Chores von Saint-Denis mit dem Ende der Bautätigkeit Sugers angeführt werden können, werden durch folgende Argumente gestützt und ergänzt:

a) Nimmt man alle bauarchäologischen Kriterien zum sogenannten Sugerbau zusammen, so ergibt sich ein in sich geschlossenes Bauvorhaben, das die Abteikirche des 13. Jahrhunderts weitgehend vorbestimmt [938].
b) Suger spricht an keiner Stelle von der Vollendung des Hochchores. Seine Beschreibungen reichen über den Bereich des Chorumganges nicht hinaus. Die berühmte Vorstellung der „lux continua" wird eindeutig und ausschließlich auf die Fenster der Kapellen des Chorumganges bezogen und nicht auf die Obergadenfenster, die hierfür ungleich prädestinierter gewesen wären, falls sie wirklich vorhanden gewesen wären [939].
c) Und schließlich ist in den Quellen des 13.Jahrhunderts, die von den Baumaßnahmen an der Königsabtei Zeugnis geben, nirgends von der Baufälligkeit oder der Demolierung jüngerer Bauteile die Rede, wohl aber vom Regulat gegenüber alten Gebäudeteilen [940]. Guillaume de Nangis

[938] *Admin.* 50, 22–52, 10: dispositum est.

[939] *Cons.* 100, 20–22.

[940] Siehe das folgende Kapitel. Guillaume de Nangis, *Chronicon* (op. cit. Anm. 987), MCCXXXI, S. 183 (Textstelle zitiert in Anm. 998); Berger, *Chronicon*

wählt zur Charakterisierung der anstehenden Baumaßnahmen den Begriff „renovare", nicht aber etwa „removere", wie Suger bei seiner Schilderung des Abbruches der baufälligen Gewölbe der Wilhelmschen „turris"[941].

d) Eine Einwölbung des Hochchores unter Suger war schon von vornherein durch die Beibehaltung der Ur-Apsis ausgeschlossen; diese müßte nach wie vor den Ostabschluß des Hauptraumes gebildet haben[942]. Ihr Abbruch im Jahre 1231 erklärt sämtliche Baunähte zwischen den Sugerschen und den späteren Arbeiten, die im Osten begonnen wurden. Gerade dies bringt Guillaume in seinem Bericht von den regulierenden Baumaßnahmen zum Ausdruck[943], als im Osten der Basilika im Jahre 1231 weitergebaut wurde.

Das Ergebnis unserer Untersuchungen zeigt auch den sogenannten Sugerbau integriert in den Traditionsfluß des kontinuierlichen Bauens an der Königsabtei von Saint-Denis: Von daher ist er selbst in den Teilen, die als unbeeinflußte Geniallösung Sugers gefeiert wurden, viel stärker von der Bautradition geprägt als bisher angenommen, andererseits aber ist es eben diese Tradition, die den Anteil Sugers am heutigen Erscheinungsbild der Abteikirche in einem weit größeren Umfang bewahrt hat, als die Saint-Denis-Forschung bislang zur Kenntnis nehmen wollte.

e) Suger als Bauherr

Der bereits in unserem einleitenden Methodenkapitel (Kap. I) angesprochene Forschungsstand wie das damit verbundene gängige Bild der Basilika von Saint-Denis als Gründungsbau der Gotik und als „Prototypus der

(op. cit. Anm. 988), S. 281 und 290. Diese grundlegende renovatio ab 1231 erfordert die Genehmigung höchster Stellen „propter dedicationis mysterium, quod eadem ecclesia noscitur a Dominos suscepisse". Die Erklärung der Bauarbeiten mit der Baufälligkeit der Abteikirche hat eine Quelle in Félibiens Aussage von 1706, der diesen Grund für das Einsetzen der Bauarbeiten im Jahre 1231 angibt (Histoire, S. 227). Wenn von Baufälligkeit irgendwo die Rede gewesen sein soll, dann wäre dies wohl nur auf das provisorische Dachwerk des Sugerbaus zu beziehen.

941 *Cons.* 100, 10. Panofsky übersetzt *deponentes* (*Admin.* 44, 10) als "torn down" statt „aufgegeben", in bezug auf das *augmentum* Karls des Großen; das Obergeschoß wurde tatsächlich teilweise demoliert (vgl. Kap. III, 4, und III, 8, b). Jedoch vermeidet Guillaume auch ähnliche Anspielungen auf Abbauarbeiten.

942 Oder die Ur-Apsis hätte, in der Tat wie eine geborgene Reliquie, im Innenraum unter die neuen Gewölbe hineingestellt gewirkt.

943 Siehe Anm. 998. Wie eine Verhöhnung dieser, vielleicht der eindeutigsten „historischen" Quelle überhaupt, behauptet Panofsky (S. 170, zu 50, 28), Suger habe das bestehende Gebäude Stück für Stück geschleift, so daß bis zu seinem Tode nichts außer einigen Unterbauten in der Krypta erhalten blieb.

Kathedrale"[944] sind auf das engste verknüpft mit der Vorstellung Sugers als Bauherrn und „großen Schutzherrn der Künste"[945]: „Der Neubau der Abteikirche war für Suger die monumentale Verwirklichung dessen, was er im politischen Bereich unternommen hatte. Nicht nur als Aufbewahrungsort kostbarer Reliquien, sondern auch als architektonisches Kunstwerk sollte das Heiligtum alle großen Pilgerkirchen des Abendlandes übertreffen"[946]. Diese vornehmlich auf einer verengenden Interpretation seiner Schriften[947] beruhende Sicht führt zu dem romantisierenden Idealbild Sugers als eines „Vaters der Gotik"[948], der „selbst als Bauherr die Baugeschichte des von ihm begonnenen Neubaus beschrieben hat"[949], den er ohne Rückgriff auf eine „entsprechende Tradition" geplant hat[950].

Nun hat jedoch unsere bauarchäologische Analyse einer Interpretation der Bautätigkeit unter Abt Suger als keinen Bedingungen (als denen des Genies) unterworfenes „Werden der neuen Kunst"[951] im Sinne einer sich vollziehenden Stilgeburt jeglichen Boden entzogen und umgekehrt ein differenziertes Bedingungsgeflecht der Umgestaltungsarbeiten Sugers an der Basilika von Saint-Denis aufweisen können[952]. Diese unumkehrbaren Ergebnisse im Verbund mit unserem Versuch einer unvoreingenommenen „relecture" der Schriften Sugers zwingen somit dazu, die Frage nach dem Selbstverständnis Sugers als Bauherrn von seinem Verständnis des Kirchbaus her neu zu stellen.

Vor allem Sugers Ruf als eine politisch bedeutsame Gestalt der Kirche seiner Zeit brachte es, wie gesagt, mit sich, ihm letztlich nicht nur das Schaffen des gotischen Stils zuzuschreiben, sondern auch seine Schriften vorwiegend als historische Berichte seiner politischen Tätigkeit zu verstehen, unter die gleichfalls seine Bautätigkeit gerechnet wurde[953]. Mag Suger selbst solchen Vorstellungen bisweilen Vorschub leisten, so drängen sich bei einem Blick auf die ganzen Schriften (und nicht nur auf die wenigen oftmals in der Kunstgeschichte allein bekannten Sätze, die lediglich änigmatische Baubeschreibungen enthalten) andere Aspekte in den Vordergrund. Diese sind vor allem kultisch-liturgischer Natur. Wie die Titel zweier Schriften: ›De consecratione ecclesiae Sancti Dionysii‹ und ›Ordinatio‹ bereits besagen, ist ihr Gegenstand in erster Linie die Weiheliturgie, die gemäß dem Brauch

[944] Sedlmayer (1950, [2]1976), S. 235, siehe auch S. 585; ferner von Simson, op. cit. Anm. 2, S. 193.

[945] Sedlmayr (1950, [2]1976), S. 238 (nach Panofsky [1979]).

[946] von Simson, op. cit. Anm. 2, S. 132.

[947] Siehe Kap. III, 8, b und d; vgl. dagegen von Simson, op. cit., S. 107.

[948] Idem, S. 192.

[949] H. Jantzen, Kunst der Gotik, Hamburg 1957, S. 151.

[950] von Simson, op. cit., S. 137.

[951] Sedlmayr (1950, [2]1976), S. 238.

[952] Siehe Kap. II, 8.

[953] von Simson, op. cit., S. 107.

der Zeit in Form einer rememorativen und allegorischen Liturgieexegese ausführlich auseinandergefaltet wird[954]. Auch die dritte Schrift ›De rebus in administratione sua gestis‹ ist ganz von diesem Prinzip geprägt. Gegenstand der liturgisch-exegetischen Schilderung und Interpretation sind die Weihehandlungen, die mit der Zug um Zug in Angriff genommenen Erneuerung, Erweiterung und Restaurierung der Abteikirche Saint-Denis einhergingen. Erhalten wir auf diese Weise zwangsläufig auch einen Einblick in den Bauverlauf, so findet sich dennoch das Kirchengebäude in keiner der gegebenen Beschreibungen auf ein formal architektonisches Gerüst reduziert. Das Kirchengebäude ist für Suger stets eingebunden in das theologische Konzept der Kirche an sich, alle Baumaßnahmen entspringen liturgischen Erfordernissen, sind niemals ästhetischer Selbstzweck[955].

Ein zweites grundlegendes Mißverständnis verstellt den Blick auf die von Suger in seinen Schriften bekundeten Absichten: das heutigen kunstphilosophischen Theorien entnommene Postulat vom Anbruch des Neuen, von den „künstlerischen Eigentümlichkeiten des neuen Stils“ gegen konventionelle „architektonische Tradition“[956]. Sugers erster Gedanke zielt im Gegenteil auf „convenientia et cohaerentia antiqui et novi operis“[957], ohne daß an irgendeiner Stelle deutlich wird, daß es Suger mit deutlichem Bewußtsein der „stilistischen Unterschiede“ um die scharfe Absetzung seines „opus novum“ vom „opus antiquum“ geht[958]. Dies zeigt auch ein Blick auf die Begriffe, die Suger verwendet, wann immer er von den unter ihm als Abt von Saint-Denis unternommenen Bauarbeiten berichtet: augmentatio (augmentum, augmentare) amplificatio (amplificare), transponere, comformare, coaequare, conservare, renovare, convenientia, cohaerentia, deferre, adaptare[959]. Suger versteht die in seiner Abtszeit unternommenen Bauarbeiten nirgends als ein bewußtes Sichabsetzen gegen eine Tradition (daran ändert auch der Begriff vom „opus novum“ nichts), er weiß sich vielmehr als ein Glied einer liturgisch und kultisch bestimmten Bautradition: „sanctorum Martyrum domnorum et protectorum nostrorum amor et devo-

954 Wie sehr Suger dem Weiheritus folgt, zeigt exemplarisch eine Passage aus *De Consecratione*, 114, 3–27, die in beinahe jedem Detail den von uns in Kapitel III, 3 dargestellten Elementen des Kirchweihritus entspricht: Nachtwache, Exorzismus, Weihwasserweihe und Aspersion. Der Kommentar Panofskys zu diesem Text (S. 246) weist aus, daß Panofsky diesen Zusammenhang in keiner Weise erkannt hat; ihm ist der Kirchweihritus zur Zeit Sugers offenbar völlig unbekannt.

955 Siehe *Cons.* 86–88; 98–100; 104; *Ord.* 132–134. Vgl. vdM (1985), S. 584–586; Bandmann (1951), S. 11.

956 Sedlmayr (1950, ²1976), S. 238; von Simson, op. cit., S. 93 und 138.

957 *Cons.* 90.

958 Sedlmayr (1950, ²1976), S. 238; von Simson, op. cit., S. 93.

959 *Admin.* 42, 25; 44, 10 und 15; 46, 2; 50, 27; 52, 2; 66, 25; 68, 8; 72, 7; *Cons.* 88, 23; 100, 5 und 18 f.; 108, 9; *Ord.* 132, 31; 134, 6.

tio nos ad augmentandam et amplificandam superioris ecclesiae partem capitalem rapuit“ [960].

Aus diesem Selbstverständnis heraus erklärt sich auch Sugers Bestreben, die Säulen des neu zu errichtenden Chorhauptes den Säulen des alten Kirchenschiffes anzupassen. Diese Säulen des bewahrten Kirchenschiffes waren wahrscheinlich antik und einige waren, wie wir aus der Baubeschreibung von 799 wissen, aus Marmor [961], während diejenigen der eingestürzten Langchor/Apsisarkade ebenfalls antik waren, aber unter Verwendung marmorierter Granit- bzw. Sandsteinschäfte, welche Suger im leichter umgebauten Chorumgang wiederverwendete [962]. Daher suchte auch Suger nach „marmoreas aut marmoreis aequipollentes ... columnas" [963], um einen Gleichklang mit den antiken Säulen zu erhalten. Erst als er nicht in der Lage war, solche Säulen von römischen Bauwerken nach Saint-Denis verschiffen zu lassen – die Wiederverwendung alter Bauelemlente (spolia) ist eine hervorstechende Charakteristik monumentaler Bauaktivitäten seit dem Ende des 3. Jahrhunderts nach Christus [964] – nahm Suger schließlich davon Abstand, antike Säulenschäfte zu beschaffen, um dann auf göttliche Eingebung hin die neu zu errichtenden Säulenschäfte aus übereinandergeschichteten Trommeln zu erstellen, deren Form den Mühlensteinen entsprach, die der Steinbruch bislang lediglich geliefert hatte [965]. Die Verehrung geweihter Elemente früherer Bauwerke durch ihre Einkörperung in alle Nachfolgebauten wird besonders deutlich bei der Inangriffnahme der Neuerrichtung der Ostanlage von Saint-Denis unter Suger. Zu diesem Zweck drucken wir den zum Teil schon auszugsweise zitierten und behandelten Text *Cons.*98, 33–100, 22 nachfolgend im Zusammenhang ab:

Communicato siquidem cum fratribus nostris bene devotis consilio, quorum *cor ardens erat de Jesu dum loqueretur eis in via*, hoc Deo inspirante deliberando elegimus, ut propter eam quam divina operatio, sicut veneranda scripta testantur, propria et manuali extensione ecclesiae consecrationi antiquae imposuit benedictionem, ipsis sacratis lapidibus tanquam reliquiis deferremus, illam quae tanta exigente necessitate novitas inchoaretur, longitudinis et latitudinis pulchritudine inniteremur nobilitare. Consulte siquidem decretum est illam altiori inaequalem, quae super absidem sanctorum dominorum nostrorum corpora retinentem operiebat, removeri voltam usque ad superficiem criptae cui adhaerebat; ut eadem cripta superioritatem sui

[960] *Ord.* 134, 4–7.

[961] Paul Frankl, Gothic Architecture (The Pelican History of Art, Bd. 19) Harmondsworth 1962, S. 6 f.; siehe auch Suger, *Cons.* 86, 10–11, Beschreibung der alten Basilika: „mirifica marmorearum columnarum varietate componens“.

[962] Siehe oben, Kap. II, 8 und Anm. 241; vgl. Kap. III, 8, d und Anm. 922.

[963] *Cons.* 90, 16–17.

[964] Deichmann, Einführung in die christliche Archäologie, Darmstadt 1983, S. 240 und 276; vdM (1982), S. 593 und Anm. 19.

[965] *Cons.* 90, 25–92, 6; Frankl, op. cit. Anm. 961, S. 7. Siehe ferner unsere Untersuchung, Kap. III, 8, d sowie Anm. 922 und 923.

accedentibus per utrosque gradus pro pavimento offerret, et in eminentiori loco Sanctorum lecticas auro et preciosis gemmis adornatas adventantium obtutibus designaret. Provisum est etiam sagaciter, ut superioribus columnis et arcubus mediis, qui in inferioribus in cripta fundatis superponerentur, geometricis et aritmeticis instrumentis medium antiquae testudinis ecclesiae augmenti novi medio aequaretur, nec minus antiquarum quantitas alarum novarum quantitati adaptaretur; excepto illo urbano et approbato in circuitu oratoriorum incremento, quo tota clarissimarum vitrearum luce mirabili et continua interiorem perlustrante pulchritudinem eniteret.

In Übersetzung (vgl. dazu unsere Anmerkungen a, b, c[966]):

Als nun aber mit unseren sehr ergebenen Brüdern, deren Herz nach Jesus entbrannte, als er mit ihnen auf dem Weg sprach, dieser Plan beraten worden war, beschlossen wir, wobei Gott unsere Überlegungen inspirierte, wegen des Segens, den göttliche Tat, wie verehrungswürdige Schriften bezeugen, eigenhändig der

[966] Anmerkungen zur Übersetzung (vgl. auch oben, Kap. III, 8, c und Anm. 875–894 sowie Kap. III, 8, d). Die Behandlung dieses Textes in der bisherigen Saint-Denis-Forschung ist wiederum ein Musterbeispiel methodischen Ungenügens. So erfolgt Panofskys Übersetzung (S. 99–101) und Interpretation (S. 238–240) auf dem Hintergrund einer Rekonstruktion von Crosby (in der Neuauflage erfolgt ein bezeichnender Austausch der Zeichnungen [S. 239] – siehe unsere Untersuchung, Kap. II, 6 und Anm. 145 –, der die anhand des Rekonstruktionsmodells erfolgte Übersetzung etwas kaschieren soll). Dadurch aber trifft auf Panofskys Übersetzung selber zu, was er an Galls Übersetzung bemängelt: "these translations . . . contain too many errors really to be helpful" (Preface to the first edition, Panofsky [1979], S. XI). Auch kann Panofskys Übersetzung die Parallelen mit den von Gall (op. cit. Anm. 9, S. 93–101) übersetzten Passagen nicht verleugnen.

Daher haben wir eine eigene Übersetzung versucht, die in einigen wichtigen Punkten vor allem von Panofsky abweicht:

(a) Panofskys Übersetzung von „deferre“ mit "to respect" in Anlehnung an Gall ist zu schwach. „Deferre“ mit dem Ablativ bedeutet: „eine Strecke weit durchtragen“, „mitführen“, und ist in dieser seltenen Konstruktion konkreter als "to respect", es meint das bewahrende Mitführen der alten geheiligten Steine, und zwar nicht nur des Langhauses, sondern an erster Stelle der „Ur-Apsis“.

(b) Panofsky übersetzt das „super absidem . . . operiebat“ dergestalt, daß er das „super“ negiert und „absidem“ zum Akkusativ Objekt von „operiebat“ wird. Diese Klitterung im Text, die durch die freie Paraphrase Panofskys in seinem Kommentar (S. 238) nochmals unterstrichen wird, muß Panofsky vornehmen, um seiner vorgefaßten Hypothese, es handele sich nur um zwei übereinanderliegende Bauteile, von denen der obere demontiert wird, ihre Geltung zu sichern. Panofsky leugnet vor allem mit der bisherigen Saint-Denis-Forschung, daß die „Ur-Apsis“ (bei ihm karolingische Apsis genannt) zu den geheiligten Bauteilen gehört, die Suger bewahrt. Unabhängig von unseren bauarchäologischen Untersuchungen (siehe Kap. II, 7) zeigt die grammatische Analyse des keineswegs ambivalenten Satzes, daß Suger von drei Bauteilen spricht: „illam inaequalem voltam“ – „altiori“ – „absidem“. Suger berichtet demgemäß von seiner Absicht, ein offenkundig niedrig gewölbtes Chorhaupt (illam inaequalem voltam), das über der Apsis der Unterkirche (absidem), die die Reli-

Weihe der alten Kirche gespendet hat, diese geweihten Steine wie Reliquien mitzuführen (a), und alles daranzusetzen, jenen Neubau, der mit zwingender Notwendigkeit begonnen werden mußte, durch die Schönheit des Längen- und Breitenmaßes auszuzeichnen.

Mit Vorbedacht wurde daher beschlossen, jene der höheren ungleiche Wölbung, die über der Apsis, die die Körper unserer Heiligen Männer barg, abschloß, zu entfernen bis zur oberen Schale der Krypta, der sie anhaftete, so daß diese Krypta ihre Decke den über die beiderseits angebrachten Stufen Herantretenden als Fußboden darbot (b), und an dem ausgezeichneteren Ort die mit Gold und kostbaren Steinen geschmückten Schreine der Heiligen den Blicken der Ankommenden bezeichnete.

Man sorgte auch auf scharfsinnige Weise dafür, daß hinsichtlich der oberen Säulen und mittleren Bögen, die auf den unteren, in der Krypta gegründeten aufgesetzt werden sollten, durch geometrische und arithmetische Instrumente die Mitte (der Mittelraum) des alten Gewölbes dem Kirchenschiff durch die Mitte der neuen Erweiterung angeglichen (c), und nicht weniger die Größe der alten Seitenschiffe der Größe der neuen angepaßt werden sollte, ausgenommen jene weitläufige und beifällig aufgenommene Erweiterung der Kapellen des Chorumganges, wodurch der ganze Raum sich durch das wunderbare, ununterbrochene Licht, das die Schönheit des Inneren aufstrahlen ließ, in vollem Glanze zeigte.

Suger ist im höchsten Maße darauf bedacht, die sorgfältige Einbergung der früheren (gewölbten) Bauteile ungeachtet der Achsabweichungen zu erläutern, wobei die herausragende Bedeutung liturgischer Traditionen deutlich wird, welche das Bauvorhaben maßgeblich beeinflussen und bestimmen. Angesichts aller bestehenden Ausrichtungen und Dimensionen wurde bewahrt, was immer möglich war, mit Ausnahme der Verglasung der Radialkapellen, die offenkundig vergrößert wurden, um das wundervolle Glühen der „lux continua“ zu ermöglichen, des ununterbrochenen Lichtes, das noch heute die Kirche bestimmt[967].

quien der Märtyrer barg, abschloß und bis an die höhere Wölbung der Urapsis (altiori) heranreichte, bis auf Fußbodenniveau zu demontieren.

(c) Panofskys Deutung von „superioribus columnis et arcubus mediis“ als ablativus instrumentalis (“through”, S. 101) ist nicht haltbar, da in demselben ut-Satz eine nur als instrumentaler Ablativ zu verstehende Phrase auftritt: „geometricis et aritmeticis instrumentis“. Vielmehr bezeichnet obige Phrase als ablativus limitationis höchst präzise die Problemstellung des *medium*, die bei der Neuerrichtung der Säulen und Bogen auftritt. Imgleichen relativiert Suger seine Leistung auf die einer Übernahme einer bereits vorgegebenen Lösung: Der Achsenausgleich zwischen der Achse des alten Gewölbes (Taufhaus) und des Kirchenschiffes der alten Kirche („ecclesiae“ muß hier als Dativ aufgefaßt werden, „medio“ als ablativus instrumentalis) ist bereits bei dem Anbau unter Hilduin und vereinigt mit Errichtung der Siebenkapellenanlage unter Wilhelm vollzogen. Suger greift auf diese Lösung des Achsausgleiches durch eine dritte mittlere Achse zurück, indem er die Säulen der Oberkirche auf den Säulen der Unterkirche errichtet (vgl. unsere Untersuchung, Kap. II, 6 [Ende] sowie Anm. 879).

[967] *Cons.* 100, 20–22. Vgl. Frankl, op. cit. Anm. 961, S. 8 f., 11 ff.,; Gall, op. cit. Anm. 9, S. 104.

Obwohl sich Suger lediglich eine bereits auf einem hohen Standard befindliche Tradition der Glasmalerei nutzbar machte, war er gleichwohl der erste, der das entscheidende Prinzip der vergrößerten Glasfläche der gotischen Wand schriftlich niederlegte[968]. Suger sah darin denselben unbeschreiblichen Glanz von Gold und Juwelen, mit dem er die unbeschreibliche Schönheit der merowingischen Kirche beschreibt, die mit großer Strahlkraft leuchtete[969], und nichts in diesem Text erlaubt es uns, diese Würdigung zeitgenössischer Entwicklungen als eine in Saint-Denis erfundene Terminologie anzusehen. Suger bewahrt Stillschweigen über den architektonischen Stil und gibt keine konkreten Informationen im Sinne archäologischer Fakten[970]. Das 12. Jahrhundert zeigt somit im Blick auf seine Quellen, hinsichtlich seiner gesamten intellektuellen Aktivitäten, daß Fortschritt im vollen Wortsinne eine systematische Denkweise ist in der Terminologie einer umfassenden Rückinterpretation bestehender Strukturen. Es war die Stärke eben dieser Konzeption, bis zum Aufkommen säkularer Architekten in der ersten Hälfte des 13. Jahrhunderts, die den Abbau der Umgangsgewölbe und Außenmauern von Sugers Chor verhinderten, als die Abteikirche Saint-Denis etwa ab 1231 umfassend erneuert wurde. Dabei nehmen die Quellen des 13. Jahrhunderts die baulichen Aktivitäten Sugers nicht außergewöhnlich zur Kenntnis, während sie das Faktum beachtlich finden, daß „die Mönche“ – damit wird Suger selbst bezeichnet – altes geweihtes Mauerwerk nicht abgebaut hatten und dieses Vorhaben im Zuge des Umbaus eines königlichen Entscheids bedurfte[971].

Die anthropologischen Bedingungen dieses Zeitraumes lassen den Gedanken nicht zu, Sugers erstes Ziel habe in der Herausbildung seines neuen Stils und damit in der Vermittlung eines „ganz anderen Architekturerlebnisses“[972] bestanden. Ebensowenig kann die Bautätigkeit in Saint-Denis als Ausdruck der freien ästhetischen Willensäußerung eines Laienarchitekten aufgefaßt werden. Und auch Sugers Aufzählung der kirchlichen Würdenträger als Teilhabende an der sichtbaren Ordnung kann weder als liturgische „Verwirklichung der monarchischen Ideologie“[973] aufgefaßt werden noch in einem historischen Sinne als “wallowing in names”[974]. Diese namentliche Präsenz der kirchlichen Amtsinhaber ergibt sich zum einen aus der Genauigkeit, mit der Suger liturgische Erfordernisse berücksichtigt, sie ist aber nicht zuletzt der Ausdruck einer unveränderlichen Ordnung, einer

[968] Frankl, op. cit. Anm. 961, S. 11–12.

[969] *Cons.* 86, 10–24; Suger beschreibt eigenem Bekunden nach die von Dagobert gebaute Kirche.

[970] Frankl, op. cit. Anm. 961, S. 13; Panofsky (1979), S. XI.

[971] Guillaume de Nangis, *Chronicon* MCCXXXI, S. 183 (siehe Anm. 998), cf. Stein, S. 81; Emma Medding-Alp, op. cit. Anm. 237, S. 249 f.

[972] von Simson, op. cit. Anm. 2, S. 138.

[973] Idem, S. 199.

[974] Panofsky (1979), S. 33.

Gleichförmigkeit und Identifikation mit der Tradition[975]. Wie sehr das theologische Konzept der Kirche an sich das Verständnis des Kirchengebäudes bestimmt, wird auch offenkundig in der Art und Weise, wie Suger den gegenwärtig materiellen Bau seines Chorhauptes in Beziehung setzt zu einer der ekklesiologisch grundlegenden Passagen aus dem Epheserbrief (2, 19–22):

> *Jam non estis*, inquit, *hospites et advenae; sed estis cives sanctorum et domestici Dei, superaedificati super fundamentum Apostolorum et Prophetarum, ipso summo angulari lapide Christo Jesu*, qui utrumque conjungit parietem, *in quo omnis aedificatio*, sive spiritualis, sive materialis, *crescit in templum sanctum in Domino. In quo et nos* quanto altius, quanto aptius materialiter aedificare instamus, tanto per nos ipsos spiritualiter *coaedificari in habitaculum Dei in Spiritu* sancto edocemur[976].

Sugers Hervorhebung der geistigen und zeitlichen Natur des Heiligen Tempels Gottes ist ein theologischer Imperativ, und sicherlich nicht die Umwendung der paulinischen Metapher in die Rechtfertigung einer „superresplendent architecture“[977]. Als locus classicus verweist *Eph* 2, 19-22 vielmehr auf jenes zur Zeit Sugers allgemeine Verständnis von *Ecclesia*, „was ja nicht einfach Kirche und erst recht nicht nur kirchliches Bauwerk heißt, sondern personale Gemeinschaft, in der in einer bestimmten Rangordnung die Heiligen, die Engel und die lebenden und verstorbenen Gläubigen zusammengefaßt sind“[978].

Ebensowenig gilt Panofskys Annahme, Suger unterscheide „quoting from memory“ den hl. Text nicht von seiner persönlichen Interpretation, „revealing to us his own philosophy“[979]. Wärend Panofsky und mit ihm etwa Sedlmayr über Gebühr den Einfluß des Pseudo-Dionysius und der neuplatonischen Lichtmetaphysik bemühen, werden die einfacheren und weit ursprünglicheren ekklesiologischen Realitäten und Wahrheiten nicht zur Kenntnis genommen, ja sogar verdunkelt[980]. Ekklesiologische Wurzeln

[975] Bandmann (1951), S. 9. Wie sehr die Vielzahl der Namen liturgischen Erfordernissen entspringt, zeigt etwa besonders deutlich der Bericht über die gleichzeitige Konsekration von 20 Altären in der Ober- und Unterkirche der Ostanlage: *Cons.* 118, 3–34.

[976] *Cons.* 104, 13–21. Diese Bezugnahme auf den Epheserbrief schließt sich unmittelbar an die allegorische Deutung der 2 × 12 Umgangssäulen als 12 Apostel und 12 Propheten an.

[977] Panofsky (1979), S. 16.

[978] G. Bandmann, Mittelalterliche Baukunst und Liturgie, in: Schwarz auf Weiß, Informationen und Berichte der Künstler-Union-Köln V/1 (1973), S. 9–23, Zitat S. 22.

[979] Panofsky (1979), S. 17.

[980] Panofsky (1979), S. 18 ff.; Sedlmayr (1950, ^{2}1976), S. 238–241. Auf S. 239 spricht Sedlmayr gar in bezug auf Sugers Beschreibungen der Kirche von einer „wahren Orgie neuplatonischer Lichtmetaphysik“.

hat auch der Topos vom Himmlischen Jerusalem oder vom Salomonischen Tempel, womit Suger keinesfalls ein materielles Vorbild für sein neues Chorhaupt benennt, sondern gleichfalls auf die vor allem geistliche Wirklichkeit des Kirchengebäudes verweist[981].

Demgemäß lassen sich präzise diejenigen Aspekte zusammenfassen, die Suger in seinen eigenen Zeugnissen hinsichtlich der unter ihm als Abt von Saint-Denis unternommenen Bauarbeiten an der Abteikirche hervorhebt: eine stete Metamorphose des Kirchengebäudes, (1) erzwungen einmal durch die physikalischen Bedingungen des Bauwerks, zugleich aber abhängig (2) von der Bewahrung des bestehenden Werkes und unternommen nur (3) mit göttlicher Erlaubnis und Gnade, sowie unter der Maßgabe (4) ekklesiologischer Rücksichtnahmen [982]. So ist es natürlich nicht die Metamorphose des Kirchenbaus an sich, die die Dokumentation der Umstände in erster Linie motiviert, sondern die Weihe und die Translatio der Reliquien, das aber heißt: die theologische Restabilisierung der zeitlichen Wechselfälle des veränderlichen physischen Objektes. Nicht zufällig beschreibt Suger das Ziel dieses seine ganze Abtszeit über währenden Bemühens um die Abteikirche mit den Worten der Weiheoration zur Kirchweihe (und nicht mit eigenen Worten), „durch die Vereinigung des Materiellen mit dem Immateriellen, des Körperlichen mit dem Geistigen, des Menschlichen mit dem Göttlichen, durch die sakramentale Zurückführung auf den reinen Ursprung, die unsichtbare Wiederherstellung mit Hilfe sichtbarer Weihen, die wunderbare Erhebung des gegenwärtigen in das himmlische Reich: Himmel und Erde zu einer Gemeinschaft zu machen" – im Wortlaut:

Quae sacramentali sanctissimi Chrismatis delibutione et sanctissimae Eucharistiae susceptione *materialia immaterialibus, corporalia spiritualibus, humana divinis uniformiter concopulas, sacramentaliter reformas* ad suum puriores principium; *his et hujusmodi benedictionibus visibilibus invisibiliter restauras, etiam praesentem in regnum caeleste mirabiliter transformas*, ut, *cum tradideris regnum Deo et Patri*, nos et angelicam creaturam, caelum et terram, unam rem publicam potenter et misericorditer efficias; qui *vivis et regnas* Deus *per omnia secula seculorum*. Amen. [983]

Sugers Überlieferung der Weihe des gebauten Reliquiars für die Heiligen Märtyrer sowie der umgebenden Architektur kann daher nicht, wie Panofsky dies tut, in zeitgenössischen Kategorien verstanden werden, gleichsam als rückblickender Rechenschaftsbericht eines Kunstmäzens, vergleichbar einem modernen Öl- oder Stahlmagnaten, der die Umstände für sein

[981] *Admin.* 64, 21–30; *Cons.* 90, 10–14; 102, 1–10; 104, 5–21. Dagegen spricht von Simson, op. cit. Anm. 2, S. 139, von einem unmittelbar physischen Vorbild. Siehe dagegen wiederum A. Speer, Kunst als Liturgie (op. cit. Anm. 473), S. 108–109.

[982] Vgl. Panofsky (1979), S. 27, der diese Grundsätze sogar selbst erkennt.

[983] *Cons.* 120, 9–19; vorausgehende Paraphrase nach H. Brinkmann, Mittelalterliche Hermeneutik (1980), S. 131–132.

Unternehmen förderlich darstellt[984], oder gar dergestalt, daß der geschilderte Ablauf der Weihe "foreshadowed the showmanship of the modern movie producer"[985].

Voraussetzung einer adäquaten Quellenkritik und Quelleninterpretation ist die angemessene Einstellung des Interpreten, damit die Quelle nicht von vornherein in wesentlichen Zügen verschlossen bleibt. Erst auf diese Weise kann gelingen, was Günter Bandmann in Anlehnung an Arnold Gehlen „die mit bestimmten methodischen Mitteln zu bewirkende 'Vergegenwärtigung des Vorausgeltenden'" genannt hat[986].

9. Zum Bau des 13. Jahrhunderts

(*Vorbemerkung:* Seit dem redaktionellen Abschluß unserer Untersuchung erschien das Werk einer Crosby-Schülerin, Caroline A. Bruzelius, The Thirteenth-Century Church at St.-Denis [Yale Publications in the History of Art, 33], New Haven, Yale University Press, 1986. Dieses für die Spätzeit ausführliche und nützliche Werk steht jedoch zu sehr unter dem Eindruck vorgefaßter Meinungen zu Sugers Bautätigkeit, um eine eingehende Auseinandersetzung an dieser Stelle zu rechtfertigen – vgl. etwa die lakonischen Bemerkungen, die in der Einleitung der Baugeschichte bis 1231 gewidmet werden.)

Da wir den Bau des 13. Jahrhunderts in seiner physischen Erscheinungsweise weitgehend auch heute noch vor Augen haben, verschiebt sich fast zwangsläufig auch der Frageakzent in der Quellenanalyse. Im Mittelpukt steht weniger der Hinweis auf das Bauwerk selber oder gar auf das Faktum seiner Existenz überhaupt, sondern die Frage nach Beginn und Verlauf, mithin nach einer Chronologie der Bauarbeiten an der Abteikirche Saint-Denis im 13. Jahrhundert. Hierbei gebührt den Quellen und Urkunden des 13. Jahrhunderts der Vorrang vor nachfolgenden, zum Teil ausgeweiteten Berichten. An erster Stelle zu nennen sind das ›Chronicon‹ und die ›Gesta Sancte Memorie Ludovici Regis France‹ des Guillaume de Nangis[987], sowie das von Berger edierte ›Chronicon Sancti Dionysii Regentius‹[988], das mit dem Jahre 1292 endet, ferner gut bezeugte Urkunden der Pariser National-

[984] Siehe Panofsky (1979), S. 1, 3, 35.

[985] Panofsky (1979), S. 14.

[986] G. Bandmann, Das Kunstwerk als Gegenstand der Universalgeschichte, in: Jahrbuch für Ästhetik und allgemeine Kunstwissenschaft 7 (1962), S. 146–166, Zitat S. 154.

[987] Guillaume de Nangis, *Chronicon*; Hrsg. H. Géraud, in: Société de l'histoire de France, Paris 1843. Hiernach: Guillaume, *Chronicon*. Guillaume de Nangis, *Gesta Sancte Memorie Ludovici Regis France,* in: Recueil des historiens de Gaules et de la France, vol. 20, Paris 1840. Hiernach: Guillaume, *Gesta*.

[988] Ediert bei E. Berger, Annales de Saint-Denis généralement connues sous le

bibliothek[989]. Demgegenüber haben das bis in das Jahr 1537 reichende ›Chronicon Sancti Dionysii ad Cyclos Paschales‹[990], das nach Berger als spätere Abschrift des ›Chronicon Sancti Dionysii Regentius‹ mit Kürzungen oder Ergänzungen und der sogenannten zeitlichen Fortschreibung anzusehen ist[991], sowie die ›Flores Historiarum‹[992] und einige nur höchst undeutlich bezeichnete Urkunden der Pariser Nationalbibliothek[993] sekundären Rang. Das gilt erst recht für die von Viard edierten ›Les Grandes Chroniques de France‹[994], auf die sich Bruzelius des öfteren bezieht, obgleich sie den gegenüber Guillaume de Nangis sekundären Charakter dieser Quelle selber eingesteht[995]. Eine Sonderstellung nimmt Félibien ein, der dort als zuverlässig gelten muß, wo er seine ›Historie de l'abbaye royale de Saint-Denis en France‹ von 1706 durch den Abdruck von Quellen untermauert und in seinem chronistischen Bericht nicht über seine Quellen hinausgeht.

Wie aus den Rechnungsbüchern der Abtei Saint-Denis und auch aus dem ›Chronicon Sancti Dionysii‹ hervorgeht, werden in den Jahren vor 1231 (siehe insbesondere die detaillierten Aufzeichnungen zu den Jahren 1228 und 1229) lediglich Bauarbeiten geringeren Ausmaßes überliefert, die sich im Rahmen des kontinuierlichen ritusbedingten Weiterbauens, Fortgestal-

titre de Chronicon Sancti Dionysii ad Cyclos Paschales, in: Bibliothèque de l'école des Chartres, Bd. XL, troisième livraison, Paris 1879, S. 261–295. Hiernach als Berger zitiert.

989 Zu nennen sind hier vor allem die Rechnungsbücher der Abtei Saint-Denis, Paris, Archives nationales, LL 1240: fol. 1–fol. 25v° (enthalten die Jahre 1228, unvollständig, und 1229); fol. 26 (enthält die Jahre 1284–1303. Somit fehlen die für den Bau des 13. Jh. bedeutsamsten Jahre 1230–1283!). Siehe hierzu Louis Grodecki, Pierre, Eudes et Raoul de Montreuil a l'abbatiale de Saint-Denis, in: Bulletin Monumental, 122, Paris 1964, S. 269–273.

990 Berger, op. cit. Anm. 988.

991 Idem, S. 261–270.

992 *Flores Historiarum*, Hrsg. H. R. Luard, Chronicles and Memorials, Bd. 95, 2, London 1890, S. 430.

993 Gemeint ist hiermit insbesondere die ominöse Quelle Paris, Arch. Nat. LL 1157, P. 85–87, die Robert Branner, St. Louis and the court style in gothic architecture, London 1965, S. 46 f. und 144 f., verwendet, ohne deutlich zu machen, um was für eine Art von Quelle es sich hierbei handelt.

994 Jules Viard, Les Grandes Chroniques de France (Société de l'histoire de France), Vol. 7 und Vol. 8, Paris 1932 und 1934.

995 Als exemplarisch kann die bei Bruzelius, op. cit. Anm. 234 auf S. 83, zitierte Passage aus den ›Grandes Chroniques‹ gelten, welche als Grund für die Erneuerung der Basilika von Saint-Denis im 13. Jh. den Zusammenbruch der Gewölbe angibt (Grandes Chroniques, Vol. 6, S. 61 f.); diesen Text muß Bruzelius aber am Ende des entsprechenden Abschnittes selbst relativieren als “derived from the terser description of Guillaume de Nangis, who makes *no reference to vaults*” (Hervorhebung durch die Autoren).

tens oder auch Reparierens der Abteikirche bewegen[996]. Für das Jahr 1231 aber wird durch die Quellen des 13.Jahrhunderts einmütig der Beginn umfangreicher Bauarbeiten unter Abt Odo bezeugt, die ihren Ausgang im Chorhaupt und in den angrenzenden Seitenschiffen nehmen, welche Bauteile Suger wohl in den Ausmaßen bestimmt, ansonsten aber unvollendet zurückgelassen hatte[997]. Die Fortführung dieser Arbeiten machte dann die nachträgliche, optisch ununterbrochene Hochführung der Säulenvorlagen des inneren Chores (als sogenannte Dienste der Gewölberippen des einzuwölbenden Chorhauptes) erforderlich sowie den überaus markanten Eingriff der Demontage der Ur-Apsis, die der angestrebten „hochgotischen" Vereinheitlichung des Gesamtkirchenraumes nunmehr im Wege stand[998]. Die Bestattung des Königssohnes Philipp „ad sinistram partem altaris matutinalis"[999] im Jahre 1233 sowie die Überführung der Reliquien des Hl. Hippolyt „ab oratorio, quod diu fuerat in medio navis ecclesie, in novum oratorium in sinistra parte novi operis"[1000] 1236 geben uns Hinweise über den zügigen Fortgang der Arbeiten. Insbesondere die Translation der Reliquien des Hl. Hippolyt legt den Schluß eines zumindest vorläufigen Abschlusses der Arbeiten im Chor- und Querhausbereich und der Fortführung der Arbeiten im Bereich des Langhauses für das Jahr 1236 nahe. Erst für das Jahr 1247 findet ein Magister Petrus de Mosterolio als „Cementarius de Sancto Dyonisio" Erwähnung[1001]. Auch die umfangreichen Bauarbeiten des 13. Jahrhunderts in Saint-Denis gehen also nicht auf einen genialen Architekten zurück; von den vielen Baumeistern ist uns Pierre de Montereux bekannt, und das nur durch eine Verkaufsurkunde aus dem Amt des Bischofs von Paris, wo Pierre de Montereux im gleichen Zeitraum ebenfalls tätig war. Hernach finden wir in den ›Flores Historiarum‹ für das Jahr 1259 einen Bericht über ein bei einem schweren Unwetter einstürzendes Baugerüst, das viele Opfer forderte[1002], sowie Translationsberichte über die Überfüh-

[996] Grodecki, op. cit. Anm. 989, S. 272, Arch. Nat., LL 1240, fol. 1–25. Berger, S. 280 und 290.

[997] Guillaume, *Chronicon,* S. 183 (vgl. Anm. 998 Textauszug); *Gesta*, S. 320; Berger, S. 290 (Annales II); Félibien (1706), S. 227. Zu den bauarchäologischen Daten vgl. im folgenden unsere Untersuchung im Kapitel II, 10.

[998] Medding-Alp, op. cit. Anm. 237, S. 248; Guillaume, *Chronicon*, S. 183: „Consilio regis Franciae Ludovici et religiosorum virorum, ecclesia sancti Dionysii in Francia renovatur sub abbate Odone Clementis; quod antea monachi facere non audebant, propter dedicationis mysterium quod eadem ecclesia noscitur a Domino suscepisse."

[999] Berger, S. 290 (Annales II); Branner, op. cit. Anm. 993, S. 144, vermutet den sog. „Morgenaltar" an der Westseite der Vierung.

[1000] Berger, S. 290–291 (Annales II), vgl. S. 281 (Annales I).

[1001] Arch. Nat., LL 1157, S. 117; siehe Grodecki, op. cit. Anm. 989, S. 269.

[1002] *Flores Historiarum*, op. cit. Anm. 992, S. 430: „In ecclesia etenim sancti Dionisii Francorum apostoli, fabrica quaedam nova, sullevata in altum, lignis fuit

rung der Leichname von Äbten und Königen für die Jahre 1259, 1263 und 1264, wobei der letzte Bericht ausdrücklich als Ziel der Translation den rechten Chor angibt[1003]. Für das Jahr 1281 vermerkt das ›Chronicon Sancti Dionysii Regentius‹ den Abschluß der Arbeiten unter Abt Matthäus[1004]. Die Rechnungsbücher der Abtei Saint-Denis, die uns erst wieder seit dem Jahr 1284 zur Verfügung stehen, bestätigen indirekt diese Aussage, indem in der Hauptsache Ausstattungsarbeiten in Auftrag gegeben werden: so für das Jahr 1284 Petrus und Grossorymus als aurifabri und Gualterius als faber. Für das Jahr 1285 werden Robertus als Lathomus und Odo als Magister Lathomus erwähnt, in welchem Amt ihm 1286 Robertus nachfolgt, für die Jahre 1289 und 1296 Radulphus allgemein als Magister[1005]. Jedoch fehlt in diesen Aufzählungen jeder Hinweis auf Maurer- und Steinmetzarbeiten, auch wird kein cementarius erwähnt; auch die Art der vorgenommenen Arbeiten setzt den weitgehenden Abschluß der umfassend angelegten Baumaßnahmen im 13. Jahrhundert gleichsam voraus.

convexis et insimul ligatis suffulta quamplurimis. Cumque die quadam plures de conventu, associatis sibi et secularibus causa considerandi laborem subter ambularent, ecce tonitrus magnus irruit et horribilis, qui vehementer lignorum struem concutiens resoluta iunctura ea funditus diruit et multos tam religiosos quam seculares in terram conquassatos extinxit."

[1003] Berger, S. 292–293 (Annales II), für 1264: „Translati sunt reges in dextro choro . . .".

[1004] Berger, S. 293 (Annales II): „Consonmatum est novum opus ecclesie Beati Dionysii a Domino Matheo abbato." Siehe auch Kap. II, 10 und Anm. 302.

[1005] Siehe Grodecki, op. cit. Anm. 989, S. 272–273 unter Berufung auf Arch. Nat., LL 1240, fol. 26.

IV. BAUGESCHICHTLICHE KONTINUITÄT UND LITURGISCHE TRADITION: DIE KÖNIGSABTEI SAINT-DENIS ALS GESTALTETER RITUS

„Kaum ein Mißverständnis hat unsere Einsicht in die gotische Architektur so erschwert, wie die Annahme, sie sei die ‚logische' Folge der Romanik und mithin die konsequente Weiterentwicklung stilistischer Prinzipien und technischer Methoden der früheren Epoche. In Wahrheit ist die frühgotische Architektur nicht die Erbin, sondern die Rivalin der romanischen – sie ist bewußt im Gegensatz zu ihr geschaffen. Die Meisterwerke der ‚ersten gotischen Kunst' – wie die Franzosen sie nennen – erscheinen um 1140 als Kristallisation jener anti-romanischen und, insoweit sie sich mit religiösen Tendenzen verbanden, anti-cluniazensischen Kunstströmungen ... Damals stand die Romanik jedoch vielerorts in Europa noch in Blüte. Vielleicht war es gerade die Stärke des Gegners, die auf der anderen Seite eine ebenso klare und kraftvolle künstlerische Antwort hervorzurufen vermochte, wie die Streitschriften des heiligen Bernhard es waren. Diese Antwort war die gotische Architektur." [1006]

Dieses ausführliche Zitat aus von Simsons Kapitel über Saint-Denis mag zu Beginn des abschließenden Teiles unserer Untersuchung nach all den bislang zusammengetragenen Befunden, Kriterien und Ergebnissen mehr als Verwunderung hervorrufen: Ist hier überhaupt von demselben Gegenstand die Rede? Und dennoch kennzeichnet die von Simsonsche Sicht die Perspektive, aus der auch die Königsabtei Saint-Denis bislang überwiegend von der Forschung betrachtet wurde. Diesen Kontrast gilt es nochmals zu erinnern, bevor wir im folgenden den Versuch einer vorläufigen, die einzelnen Ergebnisse zusammenbindenden Perspektive versuchen – vorläufig, weil es der genauen Analyse vieler Bauten wie Saint-Denis bedarf, um mit einiger Sicherheit ein Gesamtbild zeichnen zu können.

Bei unserem folgenden Versuch können wir uns auf die gewichtigen grundlegenden Untersuchungen Günter Bandmanns zur ›Mittelalterlichen Architektur als Bedeutungsträger‹ stützen, die, obgleich als Standardwerk gepriesen, in vielfacher Hinsicht auf merkwürdig geringe Weise zur Kenntnis genommen worden sind. Bereits Bandmann betont das Ungenügen eines sich wandelnden „Kunstwollens" zur Erklärung der Schöpfung, der Rezeption oder Ablehnung von architektonischen Formen oder Typen und fordert die notwendige Berücksichtigung der Fakten einer umfassend verstandenen Menschheitsgeschichte, der spezifischen „anthropologischen Situation" einer

[1006] von Simson, op. cit. Anm. 2, S. 93.

jeden Zeitepoche[1007]. Das bedeutet aber eine Abkehr von ästhetischen Kategorien der Neuzeit bei der Beurteilung von viele Jahrhunderte zuvor entstandenen Bauwerken, eine Abkehr von der heute vorherrschenden Beurteilung eines Bauwerks nach dem Höchstmaß an Befriedigung praktischer Bedürfnisse und Materialgerechtigkeit unter Aufgabe eines jeglichen Anspruches auf irgendeine formulierte Bedeutung[1008]. Gerade die dem sogenannten Mittelalter zugerechnete Baukunst besitzt ihr charakteristisches Kennzeichen in ihrer über die materielle und formale Organisation hinausgehenden, auf die Einordnung in einen größeren Sinnzusammenhang hinweisenden Bedeutung. Diese wird ersichtlich an dem für die christliche Baukunst der Zeit bezeichnenden Faktum, daß nicht so sehr der Künstler wichtig ist und überliefert wird, sondern der Auftraggeber als derjenige, der die allgemeinen Bedürfnisse artikuliert und die sinnenfällige Ausführung des architektonisch zu repräsentierenden Bedeutungsgehaltes verantwortlich betreibt[1009]. Eine Umkehrung dieses Verhältnisses zugunsten des (individuellen) Künstlers zieht damit zugleich auch eine Verschiebung dieser Bedeutungsebene nach sich.

Die angesprochenen allgemeinen Bedürfnisse aber finden ihren vorrangigen Ausdruck im Kult, in der Liturgie als dem genuinen Vollzug einer religiös-integralen Weltsicht. So abstrakt sich diese Formulierung auch anhört, so überaus lebendig war die Liturgie in den Tiefen des Volkstums und seiner eigentümlichen Ausprägung der Frömmigkeit begründet, was nicht nur eine fortlaufende Umgestaltung des Ritus zur Folge hatte, sondern in enger Verknüpfung damit Veränderungen in der Raumordnung der Kultstätte[1010]. Als eine machtvolle Bewegung, die beide Entwicklungen maßgeblich bestimmt, erweist sich die Reliquienverehrung und Reliquienfrömmigkeit. Mit den Anfängen des kirchlichen Kultes bereits auf das engste verknüpft zeigt sich mit besonderer Deutlichkeit an dem unserer Untersuchung zugrundeliegenden Beispiel der fränkischen Königsabtei Saint-Denis zum einen die Dynamik der Reliquienverehrung für das liturgische Leben, zum anderen die hiervon maßgeblich bestimmte Verflechtung von Baugeschichte und liturgischer Tradition. Konzentrieren sich die seit der zweiten Hälfte des 2. Jahrhunderts bezeugten Kultübungen zunächst noch auf die Ruhestätte oder wenn möglich auf den Platz, an dem der Märtyrer gestorben war, so ergeben sich mit dem Mailänder Edikt völlig neue Voraussetzungen auch für diesen Bereich des kirchlichen Kultes. Es kommt zu einer sichtbaren Märtyrerverehrung, zu einer Ausgestaltung der Märtyrergräber zu

[1007] Bandmann (1951), S. 7 und 11.

[1008] Idem, S. 23.

[1009] Ibid. und S. 9.

[1010] Jungmann, op. cit. Anm. 459, S. 98; Klauser, op. cit. Anm. 458, S. 86; Suntrup, op. cit. Anm. 468, S. 86 f.; siehe zur Entwicklung der Liturgie auch unsere Untersuchung, Kap. III, 3 b.

wirklichen Gedenkstätten[1011]. Auch für Saint-Denis ist dieser Vorgang bezeugt. Die ›Vita Genovefae‹ berichtet uns von der Errichtung einer ersten Gedenkstätte über dem Grab des Hl. Dionysius[1012].

Das Hauptmotiv der Reliquienverehrung lag zunächst in der engen Verbindung von Auferstehungsglaube und Martyrium. „Durch das gliedhafte Verbundensein des Märtyrers mit dem auferstandenen Sieger über Tod und Verderben, das gerade im physischen Zeugnistod für Christus seinen höchsten, vollendeten Ausdruck in dieser Zeitlichkeit findet, gewinnt der Sieg und Triumph des Blutzeugen nicht nur entscheidende Bedeutung für sein persönliches Schicksal, sondern steigert auch berechtigterweise das Vertrauen der Gläubigen."[1013] Dieser Unterpfandcharakter der Reliquien als Bürgen der Auferstehung wird so zum Ausgangspunkt einer ständig zunehmenden Reliquienverehrung und bleibt ein Hauptmotiv, wie die Märtyrerviten durchgängig bezeugen[1014]. Eine starke Ausweitung erfuhr der Reliquienkult durch das christliche Phylakterienwesen. Bald galt der Besitz eines Grabes mit den Reliquien eines Märtyrers unter oder hinter dem Altar als Auszeichnung für die Kirche, ja das Ansehen einer Kirche hing nicht zuletzt von den Reliquien ab, die in ihrem Besitz waren[1015]. Daraus ergibt sich das hohe Ansehen und die große Bedeutung, die die Abteikirche Saint-Denis schon sehr bald innehatte als Grabstätte eines der drei französischen Nationalheiligen. Diese Tatsache ist zudem vor dem Hintergrund zu sehen, daß das 5. Jahrhundert noch keine durch einen förmlichen Spruch erhobenen Heiligen gekannt hat und die erste Kanonisation durch den römischen Bischof erst weitere fünf Jahrhunderte später, im Jahre 993, erfolgt[1016]. Bis dahin wird ein Heiliger „per viam cultus", durch eine feierliche und symbolträchtige Translatio eingesetzt, nachdem sich die Reliquien gleichsam selbst durch unumstößliche Wahrheitserweise sowie die ihnen zuteil gewordene Verehrung legitimiert haben, und erfahren gegebenfalls durch den zuständigen Ortsbischof ihre offizielle Bestätigung. Ergibt sich damit eine mit Ausnahme der Apostel-, Marien-, Kreuz-(Salvator-) und Täufer-Patrozinien zunächst einmal regionale Bedeutung eines Heiligen, so ragen Kultstätten von überregionaler Bedeutung auf Grund des dort verehrten Märtyrers, wie etwa Saint-Denis, um so deutlicher heraus[1017]. Diese Bedeutung ergibt sich

[1011] B. Kötting, Reliquienverehrung, ihre Entstehung und Formen, in: Trierer Theologische Zeitschrift, 67 (1958), S. 321–322. F. Deichmann, op. cit. Anm. 964, S. 59.

[1012] Siehe unsere Untersuchung, Kap. III, 2, und Anm. 349.

[1013] Karl Gross, Reliquien als Unterpfänder glorreicher Auferstehung, in: Liturgisches Leben 5 (1938), S. 65. Vgl. Kötting, op. cit. Anm. 1011, S. 322.

[1014] Idem, S. 70 f.

[1015] Kötting, op. cit. Anm. 1011, S. 325.

[1016] Th. Klauser, Die Liturgie der Heiligsprechung, in: Heilige Überlieferung (Festschrift I. Herwegen), Münster 1938, S. 220 und 229.

[1017] Idem, S. 220. H. Fichtenau, Zur Reliquienverehrung im frühen Mittelalter,

daraus, daß die Heiligkeit eines einzelnen Märtyrers nicht als abstrakte Kategorie im Bereich der Christenheit Gültigkeit besitzt, sondern ihre Kraft wesentlich an die Wirkungs- und Begräbnisstätte gebunden ist. Das volkstümliche Element sowie die damit eng verknüpfte Volksfrömmigkeit waren bei der Ausbildung des Reliquienkultes zu allen Zeiten sehr stark. Gewiß wurde die Reliquienverehrung von Bischöfen und Äbten gefördert, nicht zuletzt, um auch die Bedeutung der eigenen Bischofskirche oder Abtei zu erhöhen, doch handelt es sich bei der Reliquienfrömmigkeit nicht um eine Art von Bauernfängerei, um „die Massen stärker an die Kirche heranzuziehen“ [1018]. Die Reliquienverehrung als solche ist nicht „von oben“ befohlen, sie entspringt vielmehr einem religiösen Bedürfnis, das bei Gläubigen und Klerikern gleichermaßen seinen Ausgang nimmt. Imgleichen werden wir es dem Willen der Kleriker und der Gläubigen zuzuschreiben haben, daß der Leib der Heiligen, der anfangs im Verborgenen ruhte, immer greifbarer nahegerückt wird: Martyrium-Ringkrypta, Confessio, Beisetzung im Altar und schließlich die Aussetzung im Reliquiar sind die Möglichkeiten, diesem Schauverlangen zu entsprechen [1019]. Dementsprechend sind die angeführten fränkisch-gallischen Bauformen auch nicht im kunstgeschichtlichen Sinn als gleichsam „von oben“, durch Einwirkung der Martyrium-Ringkrypta von Sankt Peter aus dem Jahre 600 auf die provinzialen Kultstätten entstanden zu verstehen [1020].

in: Mitteilungen des Instituts für österreichische Geschichtsforschung 60 (1952), S. 65. K. Schreiner, Discrimen veri ac falsi, in: Archiv für Kulturgeschichte 48 (1966), S. 9: „Evidentissima documenta waren vor allem Zeichen und Wunder, in denen ein Heiliger seine Heilkraft und damit auch die Echtheit seiner Reliquien bezeugte. Angesichts des Wunders verblaßten alle menschlich-vernünftigen Echtheitskriterien.“ E. Ewig, op. cit. Anm. 322; vgl. den Artikel ›Heiligsprechung‹ im Lexikon für Theologie und Kirche (Hrsg. Höfer/Rahner), Bd. 5, Freiburg 1957–68, sowie die dort angegebene Literatur.

[1018] B. Töpfer, Reliquienkult und Pilgerbewegung zur Zeit der Klosterreform im burgundisch-aquitanischen Gebiet, in: Vom Mittelalter Zur Neuzeit (Festschrift H. Sproemberg), Berlin 1956, S. 422; vgl. auch S. 435 zu dieser sehr eindimensionalen Deutung Töpfers, die dem eigenen dargebotenen Material nicht gerecht wird.

[1019] H. Fichtenau, op. cit. Anm. 1017, S. 66 f. Anton L. Mayer, Die heilbringende Schau in Kult und Sitte, in: Heilige Überlieferung, Münster 1938, S. 244 f. Dabei muß – im Gegensatz zu Panofsky – dieses Schauverlangen nicht auf dem Niveau der touristischen Neugierde verstanden werden, sondern unter den Bedingungen des streng geführten Ritus unter Vermittlung des Priestertums, eben liturgisch.

[1020] Vielmehr wird es umgekehrt vor sich gegangen sein: Gregors liturgisches Instrument, welches eine zirkulare Begehung des bekehrten Sakralobjekts ermöglichte, entspricht einer uralten gallischen Kultform. Gregor, der bekanntlich der Überzeugung war, das Schicksal des lateinischen Westens läge bei den gallisch-germanischen Völkern, wird das Ziel deren Pilgerfahrten wohl ihren Gewohnheiten entsprechend gestaltet haben. Daß die nachgewiesenen liturgischen Bedingungen zu Saint-Denis erst später zu der Einrichtung eines Ringstollens in der Apsis geführt

Diese Entwicklung, die wir an der Abteikirche Saint-Denis sehr genau verfolgen konnten, findet ihren Höhepunkt mit der Errichtung einer weithin sichtbaren Reliquienbühne im Chorhaupt der Kathedralkirchen, wodurch das Chorhaupt selber gleichsam zu einer prachtvoll geschmückten Reliquienmonstranz wird, die als ein „eminentior locus" den Gläubigen den Ort des Reliquienschreines anzeigt und zur anbetenden Schau darbietet [1021]. Dem Schauverlangen der Gläubigen korrespondierte die zunehmende Vielfalt liturgischer Riten, insbesondere ihre Dramatisierung, etwa in Form umfangreicher liturgischer Prozessionen, die in gleicher Weise die fortlaufende Weitergestaltung des Kirchenbaus zur Folge hatten [1022]. Kulminationspunkt der kultischen Bedeutungsträger ist somit die Liturgie. Erst durch die Einbindung in den liturgischen Akt erhält der einzelne Bedeutungsträger seinen Sinn. Dies gilt auch für das Verständnis des Symbols in der christlichen Kunstauffassung, das gegen die Verflüchtigung zum bloßen Erkennungszeichen den nur kultisch zu fassenden Kern des geheimnisvollen Teilhabens am göttlichen Mysterium betont. Ist das symbolisch Repräsentierte gemessen am göttlichen Vorbild auch geringer als dieses, so stellt es, indem es das Irdische abbildet, dennoch die Verbindung zum Göttlichen wirkmächtig her, läutert und reinigt die materielle Vorlage zu einem Teil der göttlichen Ordnung [1023]. In diesem Sinne ist auch das Kirchengebäude nicht als zweckhaftes Gerät im Dienste der Liturgie aufzufassen, es steht vielmehr zusammen mit der gleichfalls darstellenden Liturgie unter einer übergeordneten Vorstellung [1024].

Dieses gegenüber der Neuzeit grundlegend verschiedene Kunstverständnis evoziert zugleich ein anderes Verhältnis zu Tradition und Originalität. Das Bauen an sich bedeutete bereits Arbeiten an der Verwirklichung des Gottesreiches, die Errichtung der Kirche schloß schon ein Stück des Kultes in sich ein. Hinter dieser religiösen Bedeutung steht der individuelle Künstler ganz zurück [1025]. In Saint-Denis ist bis in das 13. Jahrhundert kein Baumeister namentlich bekannt, und auch die Äbte als Bauherren sind nicht Vertreter eines individuellen Kunstwollens, sondern wissen sich im Dienst der liturgischen Erfordernisse. In gleicher Weise verhindert die religiöse Be-

haben, beweist nur die Notwendigkeit, die Lokalverhältnisse zu berücksichtigen, bevor formale Entwicklungsreihen postuliert werden.

[1021] *Cons.* 100, 7–22 (Text: Anm. 966); Sedlmayr (1950, ^{2}1976), S. 231 ff.; A. L. Mayr, op. cit. Anm. 1019, S. 245 f.; Wilfrid Bonser, The Cult of Relics in the Middle Ages, in: Folklore 73 (1962), S. 235.

[1022] J. A. Jungmann, op. cit. Anm. 459, S. 98; R. Suntrup, op. cit. Anm. 468, S. 86–87; siehe unsere Untersuchung, Kap. III, 3 b.

[1023] Bandmann (1951), S. 22–23; Suntrup, op. cit. Anm. 468, S. 71; vgl. das Weihegebet *Cons.* 120, 9–19 (Text: Anm. 983).

[1024] G. Bandmann, Mittelalterliche Baukunst und Liturgie, op. cit. Anm. 978, S. 22.

[1025] Vgl. Bandmann (1951), S. 46.

deutung des Bauens den radikalen Bruch mit der Tradition. Gegen die noch weit verbreitete Vorstellung von restlosen Demontagen und voraussetzungslosen Wiederaufbauten, welche die Baugeschichte heute bestimmt, steht die Einsicht in die enge Verflechtung liturgischer und baugeschichtlicher Tradition, wie sie uns in Saint-Denis vielfältig begegnet ist.

Die mit der liturgischen Tradition einhergehende baugeschichtliche Kontinuität ist ihrerseits nun nicht zuletzt Ausdruck einer Lebenswelt, die alle Fakten auf den durch Christus geoffenbarten Heilsplan rückbezieht. In dieser Weltsicht einer exemplarischen Zeit, in der der reale Zeitablauf beständig auf die Heilsgeschichte bezogen ist (Ausdruck hierfür ist das Kirchenjahr), ist das Festhalten am alten „kein unbewußtes und unvermögendes Weitertragen, sondern die Äußerung eines spezifischen Ethos, das auf die Bestätigung des Heilsplanes ausgeht“ [1026]. In diesem Sinne kann die Kathedrale zum Ausdruck einer solchen „bergenden und verbergenden Kontinuität“ [1027] werden, die sich zurückführen läßt bis auf die Anfänge der jeweiligen Kultstätte [1028].

So ist auch die Entwicklung der sogenannten Frühgotik keine fieberhafte Entwicklung des 12. Jahrhunderts, „sondern das Resultat eines kontinuierlichen Prozesses der Neuweihen von bestehenden Umbauten und damit wiederverwendeten Stücken“ [1029].

Steht am Ende unserer Untersuchung somit der Versuch, die Richtung für eine neue Gesamtsicht der Genese der Kathedrale zu weisen und zugleich die Reichweite der eingeschlagenen Methodik aufzuzeigen, so darf gleichwohl nicht der Eindruck eines abgeschlossenen Ergebnisses entstehen. Zu viele Fragen konnten noch nicht gelöst werden und werden auch viele Jahrzehnte noch einer Lösung harren. Es galt jedoch eine brauchbare Methode für diese Aufgabe zu entwickeln, welche die Probleme, die das Bauwerk selber darbietet, nicht verschüttet, sondern zur Sprache kommen läßt, für die künftige Forschung fruchtbar macht. In diesem Sinne will diese Untersuchung Wege freischaufeln, Material bereitstellen, Fragen aufwerfen für eine kritische Forschung, die sich mit Traditions- und Autoritätsargumenten nicht zufriedengibt, sondern sich der Überprüfung ihrer Kriterien stellt. In einer solchen kritischen Überprüfung der Kriterien der vorliegenden Untersuchung würde diese schließlich ihre Fortsetzung erfahren. Nur auf einem solchen Weg können wir uns der Lösung der Fragen nähern, die uns die fränkische Königsabtei Saint-Denis stellt.

[1026] Idem., S. 50.

[1027] Jan van der Meulen, Chartres: Die Weltschöpfung in historischer Sicht, in: Francia 5 (1977), S. 83.

[1028] vdM (1982), S. 593–629; May Vieillard-Troiekouroff, Les monuments religieux de la Gaule d'après les œuvres de Grégoire de Tours (1976), Besprechung in: Francia 5 (1977), S. 873–877; in Entsprechung hierzu: Martin Heinzelmann, Bischofsherrschaft in Gallien. Zur Kontinuität römischer Führungsschichten vom 4. bis zum 7. Jahrhundert (1976), Besprechung in: Francia 5 (1977), S. 864–868.

[1029] vdM (1977), S. 61.

REGISTER

Personenregister

Ortsregister

ABBILDUNGEN

1 Nordansicht der Basilika.

2 Westbau von Norden.

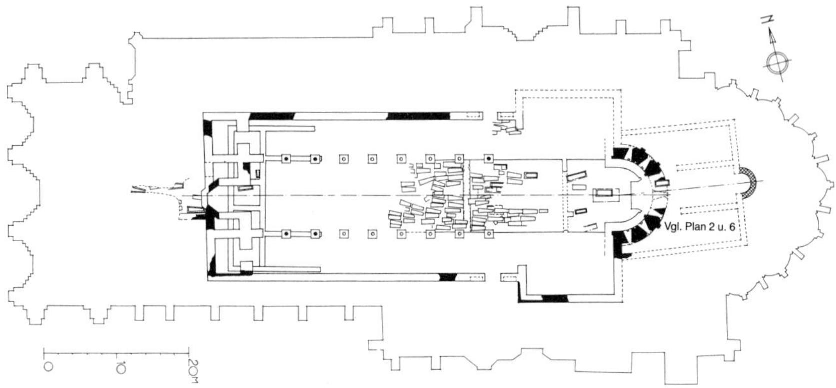

3 Die Ur-Basilika im Verhältnis zum heutigen Gesamtbau – mit archäologisch unvertretbarer Darstellung des Ostbaus an die Apsis, 1965 von P. Rousseau nach Vieillard-Troiekouroff gezeichnet, 1980 von Heitz durch Hinzufügung einiger später ergrabener Sarkophage im Langhaus als jüngster Stand der Forschung veröffentlicht.

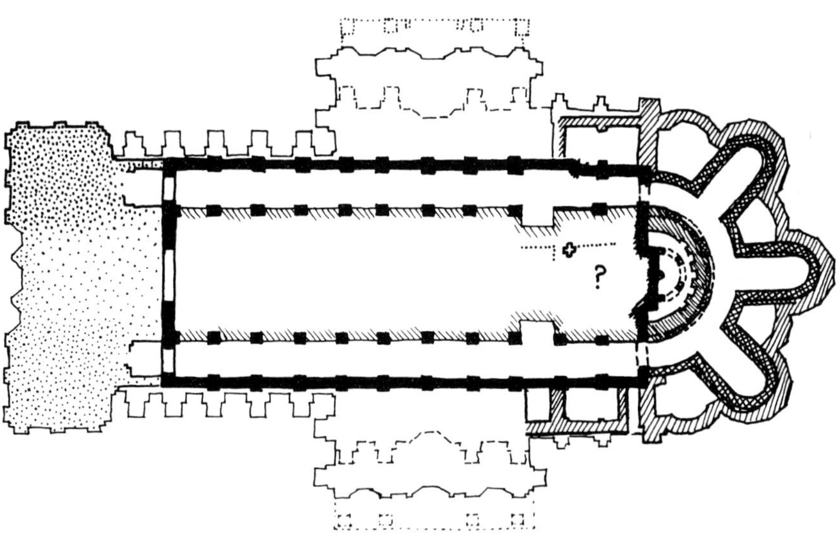

4 Chartres, Kathedrale Notre-Dame. Grundrißdiagramm der Baufolge im Bereich der Unterkirche. (Nach van der Meulen/Hohmeyer)

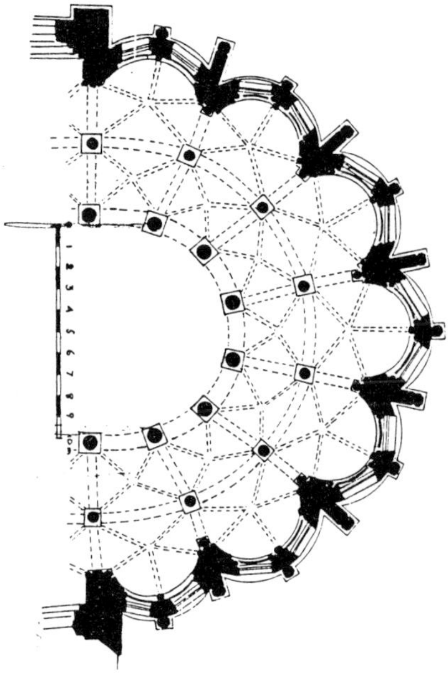

5 „Grundriß des Chores“, gemeine Darstellung: Retuschierte Wiedergabe von Crosbys falschem Diagramm des Chorhauptes – Kapellenwand außen geradlinig „gotisiert“; die Unregelmäßigkeiten der inneren Wandgliederung sind zudem „einheitlich“ ergänzt und die Polygonalbrechung des segmentalen Apsisschlusses als voller Halbkreis dargestellt. (Nach D. von Winterfeld)

6 Unterkirche. Südlicher Umgang und Radialkapellen von Osten. (Foto: Polk)

7 Unterkirche. Mittelraum (caveau central). Nach Westen, mit Blick auf die spätere Bogenöffnung in die Ur-Apsis. (Foto: Polk)

8 Unterkirche. Blick nach Westen durch eine Gurtbogenstellung der Umgangsanlage auf die Südwand des *caveau central*; hinten links, unterer Teil der östlichen Kompositsäulen des Langchores und die gleichzeitig erneuerte Flachtonne. (Foto: Crosby)

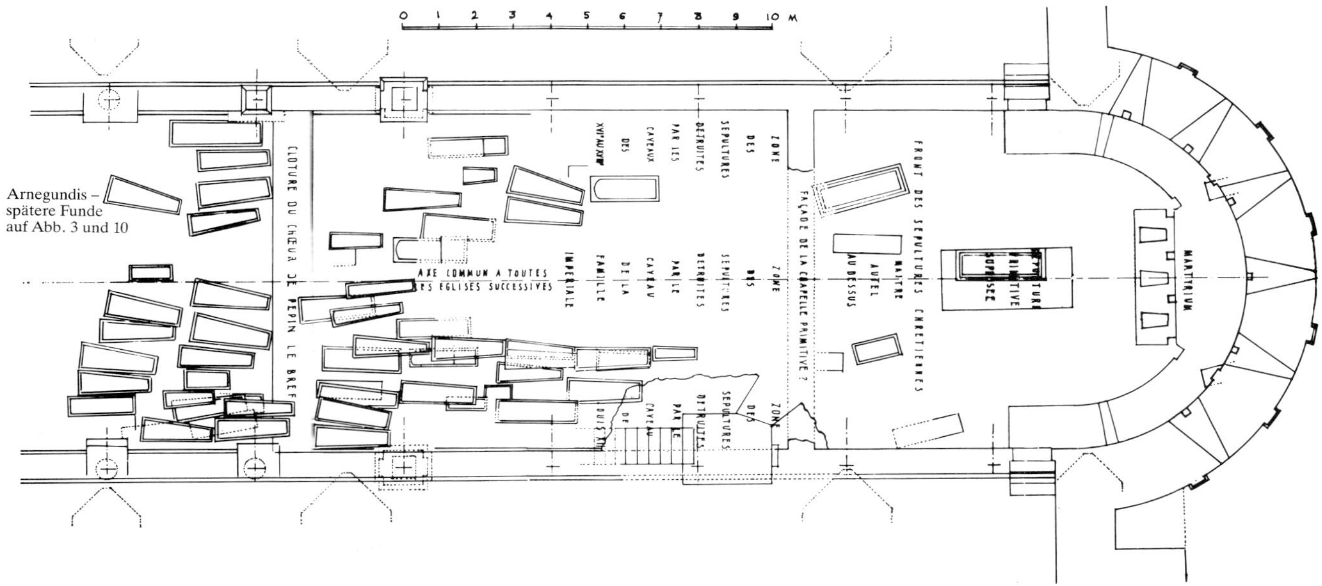

9 Ur-Apsis mit Ringstollen-Martyrium. Grundriß mit Bestattungen und Grabungsergebnissen bis 1960. (Nach Formigé)

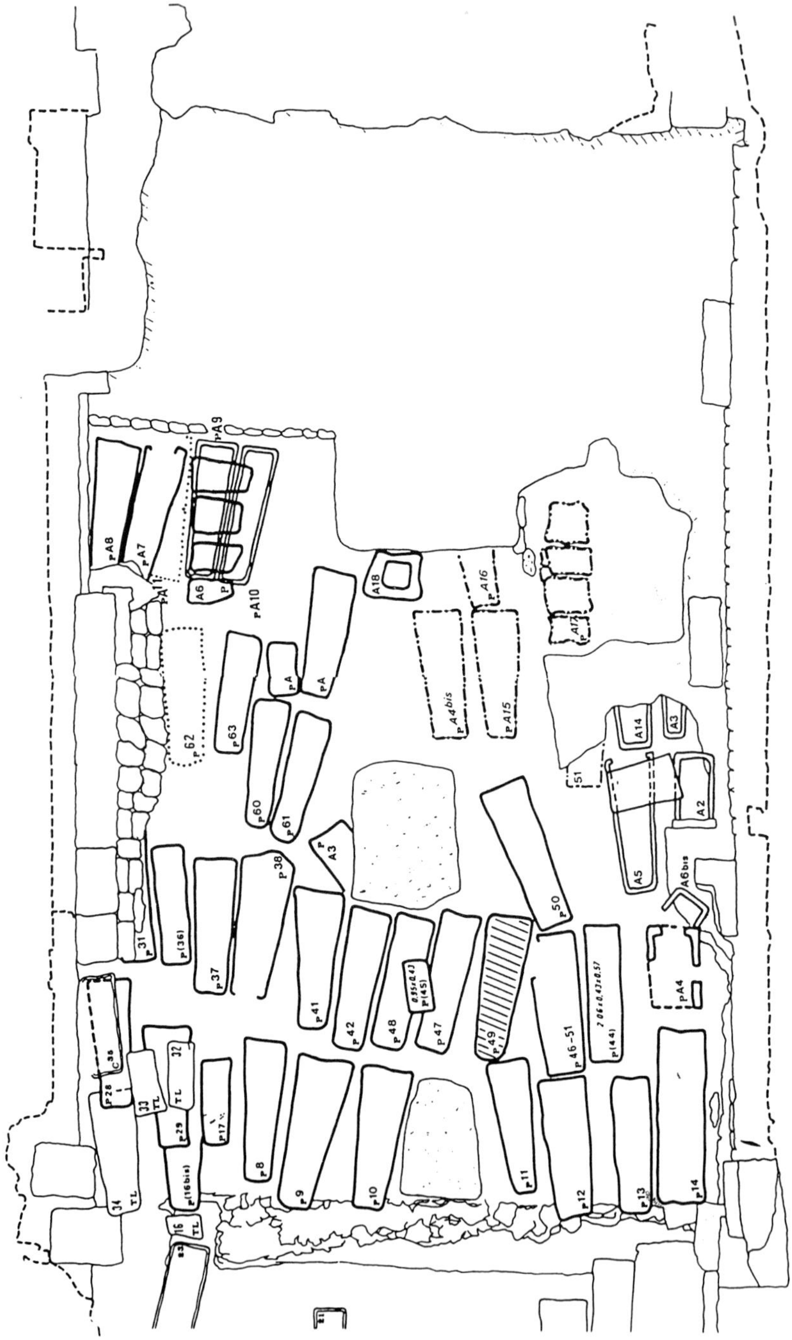

10 Grabungsplan der merowingischen Bestattungen im Bereich des Arnegundis-Sarkophags (p 49, schraffiert), Stand 1984. (Nach Fleury/France-Lanord)

11 Ur-Apsis. Rekonstruktion der Außenwand und des Querschnittes des Ringstollens; Zumauerung der ursprünglichen Untergeschoßfenster gestippelt. (Nach Formigé)

12 Ur-Apsis.
Rekonstruktion der Innenwand, mit Querschnitt durch die Eingänge; neuzeitlicher Durchbruch fett punktiert. (Nach Formigé)

13 Unterkirche, Anbau am Scheitel der Ur-Apsis. Rahmende Bogengänge in der Blendarkadenschale mit Durchblick von Süden auf den Brunnen im *caveau central*; links davon der in Quaderwerk ausgemauerte neuzeitliche Durchbruch in die Ur-Apsis; vorne, erneuerte Flachtonne des Seitenraums. (Foto: Formigé)

14 Ostanlage, außen von Nordosten. (Foto: Crosby)

15 Ostanlage, Oberkirche, Kapelle AI SII. Wandgliederung: Rechts, ursprüngliche Arkadenlaibung der Kapellen-Trennwand; links dieselbe mit vorgelagerter Spoliensäule der späteren Gurtbogenstellung; ebenfalls zur neuen Einwölbung gehörig ist der nachträglich eingearbeitete Kragstein rechts.
(Foto: Polk)

16 Gewölbeansatz am Scheitel der Kapelle AII NII. Links, Mittelrippe auf Hilfskonsole mit Weiheinschrift 1144; rechts, geschwungener Verlauf der rund geführten Schildbögen gegenüber der platten Fläche der Verglasung, vor der das Gesims (rechts unten) grob abgearbeitet worden ist.

17 Ostanlage, Oberkirche, innen. Südöstlicher Kapellenkranz von Westen. Links, die Säulen der Hauptarkade; mittig, die Monolithsäulen an den Kapellenmündungen. (Foto: Crosby)

18: a1n2;

19: a2n2;

20: a3n2.

18–20 Kapitelle der vorgelagerten Spoliensäulen vor den Kapellen-Zwischenwänden. (Fotos: Polk)

21: a3s2;

22: a2s2;

23: a1s2.

21–23 Kapitelle der vorgelagerten Spoliensäulen vor den Kapellen-Zwischenwänden. (Fotos: Polk)

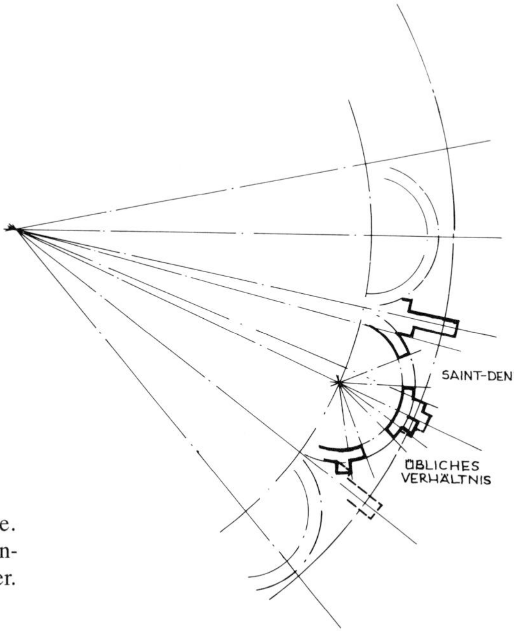

24 Ostanlage, Unterkirche. Radialverhältnisse der Flankenvorlagen der Strebepfeiler.

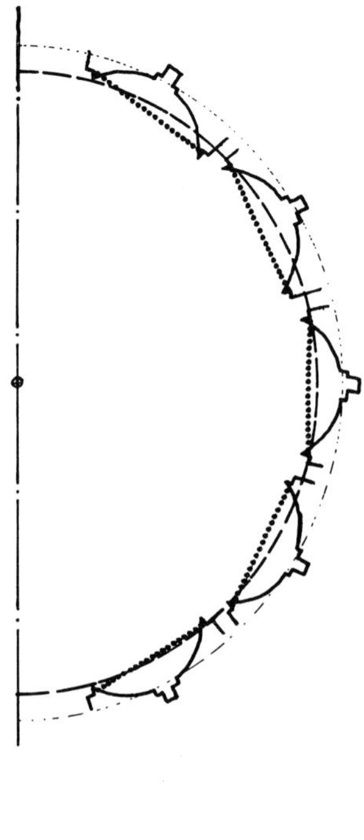

25 Ostanlage, Unterkirche. Schrägstellung der Kapelleneinheiten zwischen den Strebepfeilern.

26 Ostanlage, Oberkirche. Ostjoch des Langchores und die Apsis von Südwesten. (Foto: Crosby)

27 Querhaus und Chorraum von der Vierung aus gesehen. (Foto: Crosby)

28: e2n;

29: a1n.

28 und 29 Oberkirche, Chorraum. Abgemeißelte Deckplatten.

(e1n)

30 Kapitellzone des 13. Jahrhunderts mit durchlaufendem Dienstbündel (e1n).

31: e2s;

32: e3s;

33: a1s.

31–33 Oberkirche, Chorraum. Knospenkapitelle der Hauptarkade.

34 

 35

36 

 37

38 

34: e2n1
(Foto: Jutta Brüdern)
35: e3n1
(Foto: Polk)
36: a1n
(Foto: Polk)
37: a2n
(Foto: Jutta Brüdern)
38: a3n
(Foto: Jutta Brüdern)

34–38 Oberkirche, Chorumgang. Spolienkapitelle der Monolithsäulen des Umgangs.

39: a3s1

40: a2s1

41: a1s1

42: e3s1

43: e2s1

39–43 Oberkirche, Chorumgang. Spolienkapitelle der Monolithsäulen des Umgangs. (alle Fotos: Polk)

44 Säulenbasis der Kompositpfeiler an der Mündung der Ur-Apsis. Links, die nördliche Pforte in die Unterkirche, rechts, das moderne Eisenbetonpodest des Hauptaltars, mit Aussparung an der Stelle des ursprünglichen Martyrium-Eingangs.

45 Hoechst, Sankt Justinus. Langhauskapitell des 9. Jahrhunderts. (Foto Marburg 60990)

46 Saint-Benoît-sur-Loire, Westfassade, Eckkapitell vor 1026. Anschluß an die westliche Turmvorhalle (Pwn_1).

47 Lisieux, Kathedrale, Langhauskapitell, undatiert. (Gall, Abb. 129).

48 Topographische Übersicht der Spolienkapitelle der inneren Krypta.

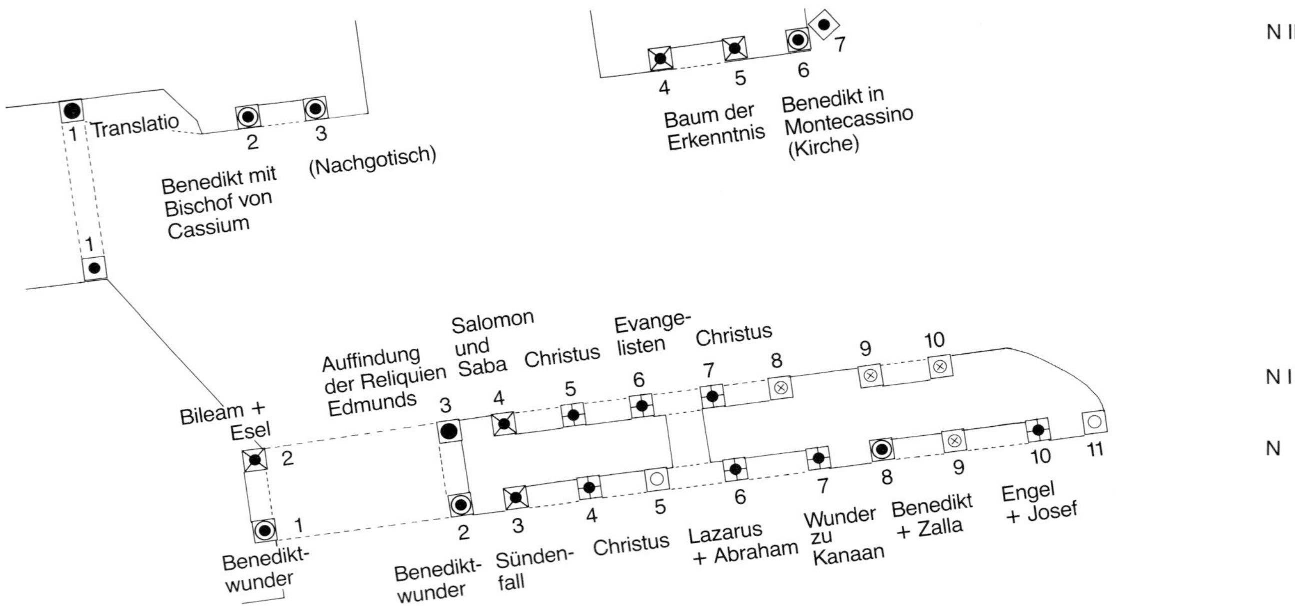

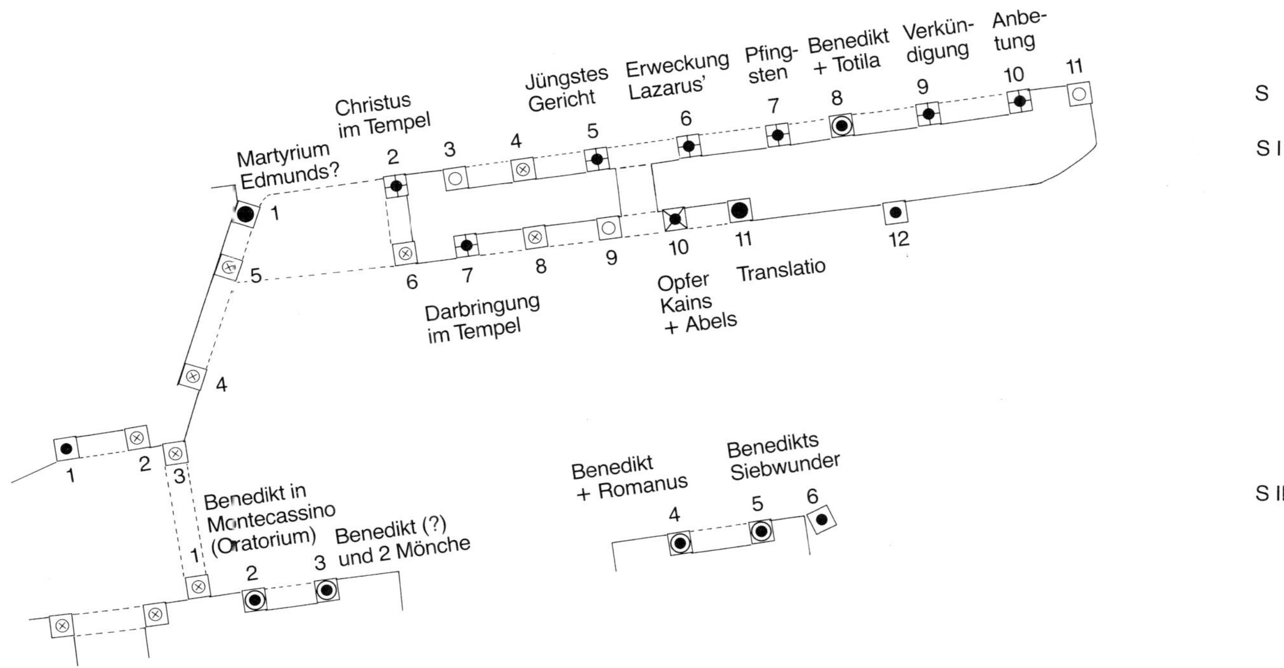

Numerierung der einzelnen Kapitelle und Zuordnung zu den einzelnen Zyklen

- Szenen aus dem Alten Testament
- Szenen aus dem Neuen Testament und der Apokalypse
- Szenen aus der Benedikt-Vita
- Szenen aus dem monastischen Leben – Auffindung der Edmund-Reliquien
- Vegetabile Kapitelle
- Zerstörte oder moderne Kapitelle
- Nicht gedeutete Kapitelle

49: N/3 'Sündenfall'
(Foto: Blumenberg)

50: N/6 'Gleichnis vom armen Lazarus und vom reichen Prasser'
(Foto: Stefan Schmidt)

49/50 Innere Krypta, Spolienkapitelle.

51: S II/4 ‘Begegnung Benedikts mit dem Mönch Romanus’ (Foto: Blumenberg)

52: N I/3 ‘Übertragung der Kopfreliquie des Hl. Edmund’ (Foto: Blumenberg)

51/52 Innere Krypta, Spolienkapitelle.

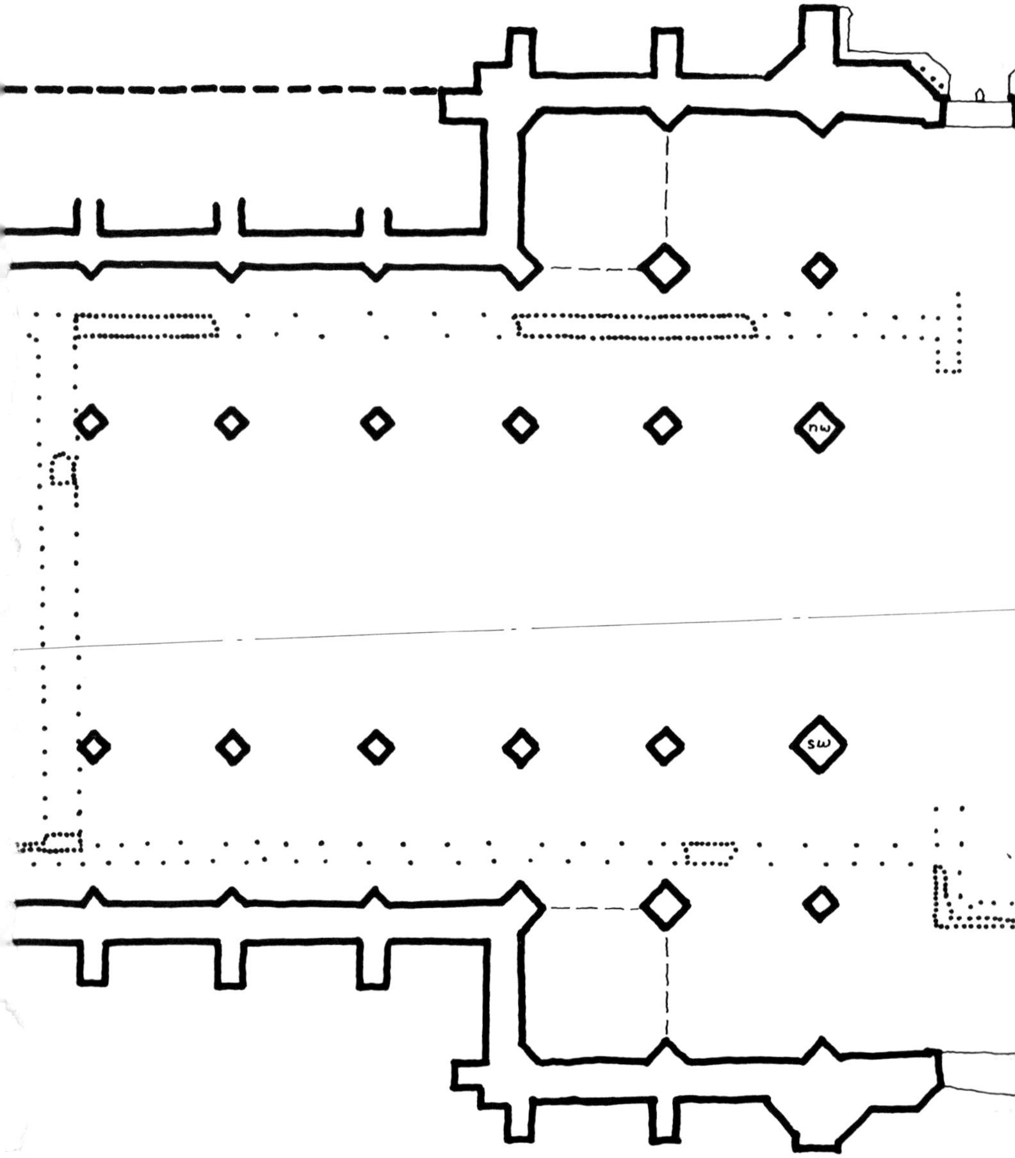
nw
sw

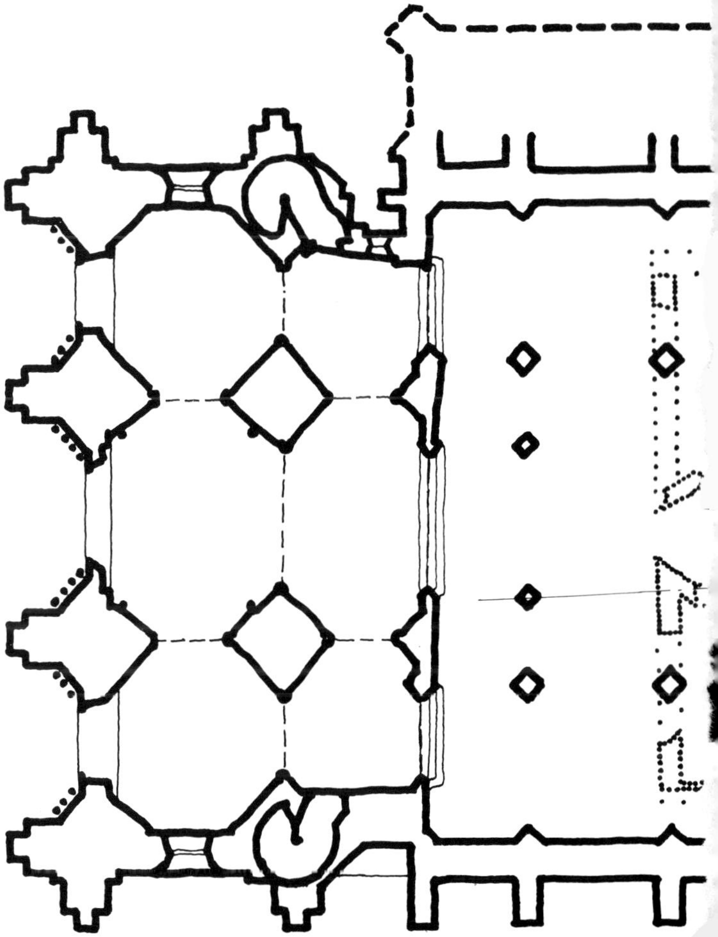

Grundrißdiagramm der Abteikirche mit topographischer Bezeichnung der Achsen und Joche der Ostanlage. Das erhaltene aufgehende Apsismauerwerk der Ur-Basilika fett punktiert; weitere Baureste im Westen nach veröffentlichten Grabungsergebnissen gestippelt angedeutet.